Le sujet de la passion

Cours du Collège de France
2016

DU MÊME AUTEUR

Le Problème de l'être chez Maître Eckhart, Genève-Neuchâtel-Lausanne, 1980.
Ulrich de Strasbourg. De summo bono, II, 1-4, Hambourg, Felix Meiner, 1987.
Maître Eckhart. Sur l'humilité, traduction et postface, Paris, Arfuyen, 1988.
Maître Eckhart. Poème, Paris, Arfuyen, 1988, 1996.
La Philosophie médiévale, Paris, PUF, « Que sais-je ? », 1989, 1991, 1994, 2001, 2015, 2021.
Albert le Grand et la philosophie, Paris, Vrin, 1990.
Penser au Moyen Âge, Paris, Seuil, 1991, 1996, 2015.
La Philosophie médiévale, Paris, PUF, « Premier Cycle », 1992, 2001, 2004, 2014.
Maître Eckhart. Traités et Sermons, édition et traduction, Paris, « GF », 1993.
Thomas d'Aquin. Contre Averroès, traduction et édition, Paris, « GF », 1994.
La Mystique rhénane. D'Albert le Grand à Maître Eckhart, Paris, Seuil, 1994.
Eckhart, Suso, Tauler et la divinisation de l'homme, Paris, Bayard, 1996.
La Querelle des universaux, Paris, Seuil, 1996, 2014.
Morgen Schtarbe (roman), Paris, Flammarion, 1999.
L'Art des généralités, Paris, Aubier, 1999.
Maître Eckhart et la mystique rhénane, Paris, Cerf, 1999.
La Référence vide. Théories de la proposition, Paris, PUF, 2002.
Raison et Foi. Archéologie d'une crise, Paris, Seuil, 2003.
L'Unité de l'intellect de Thomas d'Aquin, Paris, Vrin, 2004.
Métaphysique et Noétique. Albert le Grand, Paris, Vrin, 2005.
Archéologie du sujet I. *Naissance du sujet*, Paris, Vrin, 2007 [²2010], 2014.
Archéologie du sujet II. *La Quête de l'identité*, Paris, Vrin, 2008 [²2010].
Archéologie du sujet III.1. *L'Acte de penser. La Double Révolution*, Paris, Vrin, 2014.
Où va la philosophie médiévale ?, Paris, Fayard - Collège de France, 2014.
L'Invention du sujet moderne. Cours du Collège de France 2013-2014, Paris, Vrin, 2015.
L'Archéologie philosophique. Séminaire du Collège de France 2013-2014, Paris, Vrin, 2016.
La Volonté et l'Action. Cours du Collège de France 2014-2015, Paris, Vrin, 2017.
Maître Eckhart et ses disciples, Paris, Bayard, 2020.

EN COLLABORATION

Maître Eckhart. Métaphysique du Verbe et théologie négative, Paris, 1984.
Maître Eckhart. Commentaire de la Genèse, Paris, Cerf, 1984.
Celui qui est. Interprétations juives et chrétiennes d'Exode 3, 14, Paris, 1986.
Aux origines de la Logica Modernorum. Naples, Bibliopolis, 1987.
Maître Eckhart. Commentaire du prologue à l'Évangile de Jean, Paris, 1989.
Lectionum varietates. Hommage à Paul Vignaux (1904-1987), Paris, Vrin, 1991.
Porphyre. Isagoge, Paris, Vrin, 1995 [avec A.-Ph. Segonds †].
Averroès. Discours décisif, introduction par A. de Libera, Paris, « GF », 1996.
L'Être et l'Essence. Le vocabulaire médiéval de l'ontologie, Paris, Seuil, 1996.
Langages et Philosophies. Hommage à Jean Jolivet, Paris, Vrin, 1997.
« Pour Averroès », in *Averroès. L'Islam et la Raison*, Paris, « GF », 2000.
Dictionnaire du Moyen Âge, Paris, PUF, 2002.
Vocabulaire européen des philosophies, Paris, Seuil-Robert, 2004.
Les Grecs, les Arabes, et nous, Paris, Fayard, 2009.
Après la métaphysique, Augustin ?, Paris, Vrin, 2013.
Dante et l'averroïsme, Paris, CDF-Belles Lettres, 2019.

Alain de Libera

Le sujet de la passion

Cours du Collège de France
2016

PARIS
LIBRAIRIE PHILOSOPHIQUE J. VRIN
6, place de la Sorbonne, V^e^

—

2021

Alain DE LIBERA
**COURS ET SÉMINAIRES
DU COLLÈGE DE FRANCE**

Cette série fait partie de la collection
« Bibliothèque d'histoire de la philosophie »

*Avec la collaboration
de David Simonetta*

Imprimé en France
ISSN 0249-7980
ISBN : 978-2-7116-2962-6

www.vrin.fr

Avant-Propos

On trouvera ici le contenu des neuf cours de deux heures donnés durant le semestre d'hiver 2016, du 18 janvier au 14 mars. Poursuivant les recherches d'archéologie du sujet, on y a abordé la question du *sujet de la passion* en philosophie et en théologie, en suivant les controverses tardo-antiques et médiévales sur la prière d'agonie du Christ et le « refus de la Passion », pour montrer l'importance des débats christologiques dans l'histoire de l'anthropologie, tout en réintégrant la théologie des Pères grecs dans l'histoire de la pensée dite « européenne ».

La question du sujet de la souffrance sur la Croix, celle du statut de la douleur dans la stigmatisation de François d'Assise ou les pratiques ascétiques de Suso, ont été l'occasion d'examiner sur une base nouvelle les notions de « partage de la souffrance », sympathie, empathie, compassion, depuis les *Problemata* du Pseudo-Aristote jusqu'à la théorie luthérienne de la communication des idiomes.

On a pu ainsi revenir sur les modèles concurrents d'union de l'âme et du corps au Moyen Âge : le modèle « périchorétique » augustinien et le modèle « attributiviste » aristotélicien, et en évaluer les apports respectifs à la construction du *problème de l'unité de l'homme*, âme, esprit et corps, sujet sentant et pensant, mais aussi désirant et souffrant.

Le texte, ici ou là remanié ou développé, a été établi sur la base de versions préparatoires et de notes personnelles, complétées par les transcriptions, relectures et mises au net de David Simonetta, alors ATER de la chaire de philosophie médiévale, à la collaboration duquel je dois d'avoir pu réaliser ce quatrième volume. Qu'il en soit amicalement remercié.

J'exprime également ma gratitude à Anne-Marie et Denis Arnaud, mes éditeurs, à Dominique de Libera, qui a mis en forme et corrigé le livre ; au public qui a suivi mon enseignement, à Sophie Grandsire-Rodriguez et aux personnels du Collège de France, qui en ont rendu possible la tenue.

ALAIN DE LIBERA

« On apprend en souffrant. »
Tô pathei mathos,
ESCHYLE, *Agamemnon*, v. 177 :

Il {Zeus} conduit les hommes dans la voie de la sagesse,
et il a décrété qu'ils posséderaient *la science par la douleur*.
Ζῆνα [...] τὸν φρονεῖν βροτοὺς ὁδώσαντα,
τὸν πάθει μάθος θέντα κυρίως ἔχειν

« Le temps de l'incarnation n'est pas encore venu. »
EMMANUEL MACRON, *AFP*, 30.08.16

Cours du 18 janvier 2016

Première partie

Introduction générale. — Aristote, Problemata VII, 7 : contagion et compassion. — Un problème « aristotélicien » : la « synalgie » ou « partage » de la souffrance. — La tradition des Problemata *: Pierre d'Abano (1250-1316). — Analyse linguistique : le lexique de (la) passion. — Deux séries : sens archéologique et sens obvie. — Un théorème aristotélicien : action et passion résident dans le patient. Le principe subjectif de l'action (PSA) : « actiones sunt suppositorum », « les actions appartiennent aux suppôts ». — PSA dans la Querelle des Anciens et des Modernes. — Le français, langue de la pensée. — Les* Avantages de la langue française sur la langue latine *de Louis Le Laboureur (1669). — La thèse des « Modernes » : l'ordre des mots français est celui de la pensée. — « Les Romains pensaient en français, puis parlaient en latin ». — Action et passion : analyse d'un tableau du Palais Fesch (Ajaccio) : Scène de chasse avec chien et lièvre. — Une objection augustinienne : le langage de la pensée n'est « d'aucune langue »* (nullius linguae). *— Augustin et le Verbe intérieur. — Tableau et spectacle. — Spectacle de l'esprit et spectacle de la chair. — Augustin sur les aloques et l'alogie. — Le problème de la traduction. — La traduction au Moyen Âge. Deux méthodes rivales :* « verbum de verbo » *et* « sensus de sensu ». *— Néologies et périphrases dans les traductions allemandes du* XIV*e siècle. — Berthold von Regensburg († 1272) et la notion de* « circumlocutio » *(mha.* « Umbred »*, all.* « Umschreibung »*). — Débats médiévaux sur la pauvreté de l'allemand, langue « sauvage et tard venue ». — Comment traduire Rm 6, 23 :* « stipendia peccati, mors » *?— Querelles viennoises entre nominalistes et modistes. — La thèse « lettrée » :*

l'« ordo verborum » *latin comme norme idéale de traduction et principe de traductibilité universelle. — Reprise de la controverse au* XXe *siècle. — Analyse de l'interview de Martin Heidegger par le* Spiegel *(1966). — Thèses de la* « Geschichte des Seins » *(histoire de l'être) sur la traduction du grec en latin. — La romanisation de la pensée grecque aurait « ouvert sous la pensée occidentale le vide qui la prive désormais de tout fondement ».*

Les sociopathes ne bâillent pas, dit-on. Ou plutôt, ils ignorent le bâillement de contagion. Ils ne souffrent pas en voyant quelqu'un d'autre souffrir. Ils ne connaissent pas la pitié. Ils n'ont généralement pas lu Aristote. Nous qui bâillons, qui compatissons, qui avons lu, lisons ou lirons peut-être un jour Aristote, sommes invités ce soir, ici, maintenant, à entendre deux questions tirées des *Problemata* longtemps attribués au Stagirite [1] :

> *P1* : Pourquoi, quand on voit des gens bâiller, se laisse-t-on aller presque toujours à bâiller à son tour ?
>
> Διὰ τί τοῖς χασμωμένοις ἀντιχασμῶνται ὡς ἐπὶ τὸ πολύ [2] ;
>
> *P7* : Pourquoi, en voyant quelqu'un se couper, ou se brûler, ou se contorsionner, ou souffrir quelque horrible douleur, souffrons-nous aussi en pensée ?
>
> Διὰ τί, ἐπειδὰν τεμνόμενόν τινα ἴδωμεν ἢ καιόμενον ἢ στρεβλούμενον ἢ ἄλλο τι τῶν δεινῶν πάσχοντα, συναλγοῦμεν τῇ διανοίᾳ ;

Belle question que la septième, dans la traduction de Jules Barthélemy-Saint-Hilaire, même adoucie en sa formulation. L'anglais d'E.S. Forster est plus explicite, qui parle de « torture » :

> Why is it that when we see anyone cut or burned or tortured or undergoing any other painful suffering, we share mentally in his pain [3] ?

Torture : c'est, en effet, le sens de στρεβλόω : tordre, disloquer, briser les membres, rouer vif, soumettre au supplice de la roue. Belle question, oui, qui demande pourquoi nous « partageons » cette *pénible souffrance* par la pensée ou l'esprit, συναλγοῦμεν τῇ διανοίᾳ. La compassion comme synalgie, comme co-douleur : comment s'explique cette merveille ? Deux réponses. Soit l'ontologie, la nature commune (κοινὴ φύσις), partagée par les hommes qui fait que tous sont parents.

> Ἢ ὅτι ἡ φύσις ἡμῖν κοινὴ ἅπασιν ; συνήλγησεν οὖν, ἐπειδάν τι τοιοῦτον ἴδῃ, τῷ πάσχοντι διὰ τὴν οἰκειότητα.
>
> N'est-ce pas parce que nous avons tous une nature commune ? On partage la douleur de celui qu'on voit souffrir, à cause de la parenté qu'on a avec lui ?
>
> Is it because nature is common to us all, and it is this which shares in the sufferer's pain, when we see any of these things happening to him, through kinship with him ?

Soit la psycho-physiologie, les effluves ou les impressions instillées par les choses en nos organes.

> Ἢ ὅτι ὥσπερ αἱ ῥῖνες καὶ αἱ ἀκοαὶ λαμβάνουσί τινας ἀπορροίας κατὰ τὰς οἰκείας δυνάμεις, οὕτω καὶ ἡ ὄψις αὐτὸ πάσχει καὶ ἀπὸ τῶν ἡδέων καὶ λυπηρῶν;
>
> N'est-ce pas encore que, de même que le nez et l'ouïe reçoivent des effluves[4] selon leurs fonctions spéciales, de même aussi la vue subit les impressions des choses, soit agréables, soit pénibles ?
>
> Or is it because, just as the nose and hearing according to their particular faculties receive certain emanations, so also the sight does the same as the result of things pleasant and painful ?

Belle question, disais-je, et réponses intéressantes, qu'on jugerait plus intéressantes encore si l'on pouvait méditer un instant les commentaires philosophiques et médicaux que dans son *Expositio problematum*, le grand aristotélicien de Padoue, Pierre d'Abano (1250-1316) a donnés, au début des années 1300, des quelque 890 problèmes du Pseudo-Aristote, traduits par Barthélemy de Messine pour le roi Manfred de Sicile dans les années 1258-1266[5]. Les questions que je viens de citer sont extraites de l'une des 38 sections en lesquelles les problèmes ont été répartis. Elles sont tirées de la section VII, intitulée en grec συμπάθεια, terme que Barthélemy de Messine a rendu par *compassio*[6].

Nous y reviendrons. D'ici là, beaucoup de sang aura été versé dans le monde, beaucoup d'humains suppliciés, des millions d'anonymes auront souffert, des femmes auront été violées, des bourreaux auront sévi, tranché des têtes, brûlé des corps, torturé, mis le tout en images. Nous aurons vu. Nous aurons compati.

Le cours qui commence aujourd'hui a pour titre « le sujet de la passion ». Cet intitulé pose au moins deux problèmes archéologiques : celui de « sujet » – auquel nous faisons face depuis le début de cet enseignement ; celui de « passion ». Ayant beaucoup traité de « sujet » depuis 2014, je me limiterai à « passion » – parlant d'abord du mot, avant d'en venir à la chose.

Le terme *passion* est saturé, pour ne pas dire « sursaturé ». Il relève évidemment d'une pluralité de discours et de champs qu'il faut tenter de maîtriser. Pour cela, on peut, comme j'aime à le faire et l'ai fait le 20 mars 2014 pour *subjectif*, consulter le dictionnaire, en l'occurrence le *Trésor de la langue française*[7]. Voici, simplifiée, la notice du *TLF*, articulée en cinq points A, B, C, D, E, où je distingue deux ensembles : A-B et C-E.

Le premier ensemble, A-B, est dominé par une idée de durée de la souffrance ou de succession de souffrances :

A. Action de souffrir ; résultat de cette action

a) *Au sing.* [Gén. avec une majuscule] Souffrances, supplices qui précédèrent et accompagnèrent la mort de Jésus-Christ ; et b) absolument : tout ce qui s'y rattache : récits, sermons, représentations théâtrales, etc.

B est dit « vieux », pas même « vieilli ». Il n'est plus dans l'usage ou quasiment plus. C'est un emploi disciplinaire, dont l'entrée comporte deux références qui, pour nous, sont tout sauf triviales, puisqu'il s'agit d'un côté d'Aristote, de l'autre de Descartes, en somme des deux extrêmes de la période qui court de la philosophie antique aux premiers moments de la modernité : le « Long Moyen Âge ».

B. Vx. [P. oppos. à action volontaire]
1. *HIST. PHILOS., PHYSIOL.*
a) Chez Aristote, celle des dix catégories (gr. *pathos*) qui désigne l'accident consistant à subir une action.
b) Chez les cartésiens, elliptiq[t] (pour : passions de l'âme) : tous les états de l'âme résultant des impressions produites par les esprits animaux ; ou même (Descartes) tous ceux qui ne se rattachent pas à la volonté (FOULQ.-ST-JEAN 1962) ; *p. ext.*, tous les mouvements de la sensibilité en général (FRANCK 1875). Synon. *émotion*.
2. *GRAMM*. Rôle du sujet qui reçoit l'action. *Le passif marque la passion du sujet (Ac.). [Le participe] est toujours l'expression de la qualité du sujet qui est, soit dans le présent, soit dans le passé. Il n'y a là ni action, ni passion ; c'est toujours un état, et le même état, dans des époques différentes* (DESTUTT DE TR., *Idéol.* 2, 1803, p.95).

Second ensemble : C-E. Ici, ce n'est plus l'idée de durée de la souffrance ou de succession des souffrances qui prédomine, mais celle de démesure, d'exagération, d'intensité. Où se manifeste-t-elle ? La réponse est simple : dans le domaine de l'esprit, dans celui des sentiments, dans celui ou ceux du corps et de l'esprit.

C. 1. ***Domaine de l'esprit et des sentiments.*** Tendance d'origine affective caractérisée par son intensité et par l'intérêt exclusif et impérieux porté à un seul objet entraînant la diminution ou la perte du sens moral, de l'esprit critique et pouvant provoquer une rupture de l'équilibre psychique.
2. En partic., *domaine des sentiments*
a) Amour violent et exclusif inspiré par une personne et dégénérant parfois en obsession
b) *Absol.* Tendance naturelle à éprouver des sentiments d'une intensité peu commune ; affectivité, émotion, sentimentalité, sensibilité.
c) Domaine de l'*expression* – Expression intense des émotions, des sentiments... Synon. *ardeur, chaleur, élan, exaltation, feu, fièvre, transport*.
d) *Vieilli.* Vif désir, volonté de.
3. *Fam., domaine du corps ou de l'esprit.* Asservissement, dépendance à quelque chose ; manie tyrannique.

D. ***P. ext.*** [Sens affaibli] Très vive attirance, goût extrême, penchant très vif et persistant pour quelque chose ou quelqu'un, pour un type d'activité, un domaine de la recherche, de l'art, etc.

Reste l'acception proprement péjorative, E, qui se manifeste dans deux domaines : celui du politique, de l'idéologique, et celui de la sexualité, qui en est comme le pendant.

E. ***Péjoratif*** [dans deux domaines : politique, idéologique et sexualité, avec ces deux chefs principaux fanatisme et perversion]
1. *Domaine du comportement intellectuel, pol., idéol.* Jugement *irraisonné* qui manque d'objectivité et peut conduire au *fanatisme* ; emportement *polémique* dû à l'affectivité qui perturbe le jugement et la conduite.
2. *En partic. Vice*, goût très marqué, souvent exclusif pour une composante particulière et considérée comme aberrante de l'activité sexuelle (sadisme, masochisme, fétichisme, sodomie, etc.)

On a deux séries bien distinctes et cohérentes : A-B et C-E. A-B donne le sens que j'appellerai « archéo-logique » ; C-E le sens obvie, courant, usuel, commun, celui qui vient en premier à l'esprit du locuteur, celui que nous trouvons couramment attesté dans la littérature, bref, l'usage quotidien.

Le passage de C à E ne pose pas de difficultés : il a l'allure d'une pente, la pente fatale qui trace le chemin familier menant du normal au pathologique, ou si vous préférez, dans le cas précis, de l'extrême à l'excessif – deux termes trop souvent confondus dans l'usage actuel, qui identifie *excessivement* et *extrêmement* (vous avez tous entendu parler d'une personne « excessivement sympathique » ou d'une femme « excessivement élégante » – « trop », comme on dit aujourd'hui pour dire « très »).

Comment passe-t-on, en revanche, de A-B à C-E ? Réponse : par la souffrance qui habite la passion ; par le souffrir interne au pâtir ; par l'accentuation du souffrir dans le pâtir.

Les deux dimensions, le pâtir et le souffrir, sont nouées inauguralement dans la Passion avec un grand P, la passion majuscule. Ce qu'il nous faut penser et retracer cette année est donc multiple : c'est l'articulation passion-souffrance, celles d'action-passion et de volontaire-involontaire (impliqués tous deux dans le sens B), mais aussi la distinction entre *passion* au singulier – telle la Passion du Christ, qui est la passion par antonomase, la passion par excellence –, et *passions* au pluriel.

Mettons-nous en route. Je commence par B, et dans B, par le deuxième sens, le « grammatical » : ce qui fait penser à Nietzsche et nous ramène à la notion de *sujet de l'action* – thème des cours de 2014 et 2015.

Si l'on adopte le point de vue du linguiste, du grammairien, de l'historien des « idées linguistiques », l'expression « sujet de la passion » exprime la même chose que « sujet de l'action » : ce que Nietzsche appelle « la superstition du logicien » et « l'habitude grammaticale », que j'ai résumées dans le « syllogisme du grammairien » en 2013-2014[8] et 2014-2015, et la formule : *pas d'action sans sujet*. Rien d'étonnant. Si les deux expressions *sujet de l'action, sujet de la passion* expriment la même chose, c'est d'abord (1) parce que l'action de l'agent s'atteste dans la passion du patient. L'action réside dans le patient, sous forme de passion dite « subjective ». Il faut entendre cette thèse aristotéliquement : dans l'horizon synergique de « l'acte commun », qui intervient notamment dans la théorie aristotélicienne de la sensation, définie comme « acte commun du sensible et du sentant ». De cette théorie, évoquée dans le séminaire du 3 mars 2015, vous trouvez les assertions fondamentales dans le *De anima*, à savoir :

> 426a9-11 : Et de même que l'action et la passion résident dans le patient et non pas dans l'agent, l'acte du sensible (ἡ τοῦ αἰσθητοῦ ἐνέργεια) et l'acte de la faculté sensible (τοῦ αἰσθητικοῦ) résident dans le sentant (ἐν τῷ αἰσθητικῷ)[9], puisque :
> 426a2-3 : le mouvement, l'action et la passion résident dans ce qui est mû (ἐν τῷ κινουμένῳ).
> 426a4-5 : l'acte de l'agent et du moteur se produit dans le patient.

Si l'on peut mettre aussi facilement en parallèle le sujet de l'action et le sujet de la passion c'est également (2) parce que, comme on va le voir, la passion non moins que l'action fait intervenir le principe subjectif de l'action, PSA, évoqué dans le cours du 14 avril 2015, à propos de la controverse sur le monothélisme entre Leibniz et Bossuet : *Actiones sunt suppositorum* ; « Les actions appartiennent aux suppôts ».

J'évoque donc en premier le point de vue du linguiste et du grammairien, parce qu'ils ont parfaitement saisi le phénomène visé par Nietzsche. Je m'appuie pour ce faire sur un document fourni par le théoricien de la littérature, maître de la narratologie, Gérard Genette : *Avantages de la langue françoise sur la langue latine*, un texte de l'âge classique, conçu en 1667, dû au père Louis Le Laboureur, dont j'ai pu consulter une édition datant de 1669, la première, me semble-t-il. PSA y figure en toutes lettres et en bonne place.

Comme le montre Genette dans *Mimologiques* [10], l'axiome *Actiones sunt suppositorum* est allégué au plus vif de la Querelle des Anciens et des Modernes en faveur de la naturalité de l'ordre sujet-verbe-complément caractérisant le français, qui, elle-même (cette naturalité) et lui-même (cet ordre), sont censés fonder la supériorité du français sur le latin. « La grande faiblesse de fait du latin, c'est "l'embarras" dû à la "transposition des mots" », « la qualité suprême d'une langue » étant « la clarté, à quoi contribuent d'une part la propriété (c'est-à-dire l'univocité) de ses termes, et de l'autre leur "arrangement juste", c'est-à-dire fidèle à l'ordre de la pensée ». Dans l'espèce de compétition entre le français et le latin, qui est au cœur du débat entre Anciens et Modernes, tout roule donc sur la correspondance entre l'ordre des mots et l'ordre de la pensée. Voici le passage clef du texte de Louis le Laboureur, tiré des *Avantages de la langue françoise.*

> ... s'il est vrai que les paroles doivent représenter les pensées, il est certain que la construction de paroles qui imite davantage l'ordre des pensées est la plus raisonnable, la plus naturelle & conséquemment la plus parfaite. Or nous suivons cet ordre inviolablement en prose & en vers, dans nos écrits & dans nos discours. Voulons nous dire qu'un homme a fait quelque action, nous commençons par le nom de cet homme, nous continuons par le verbe qui signifie cette action, & nous achevons par le nom de la chose en [166] laquelle cette même action s'est terminée.

> Ainsi nous disons *le Roy a pris la Franche Comté*, au lieu que les Latins diraient *la Franche le Roy Comté a pris*[11]. Cet ordre que nous tenons est conforme à ce que les Philosophes expliquent de la Nature quand ils disent *Actiones sunt suppositorum* : c'est un Axiome dont tout le monde convient, & qui fait bien entendre qu'on ne peut *concevoir une action sans concevoir un sujet qui la produit*, au lieu que l'on peut *concevoir un sujet sans action.*
> J'ai dit que les Latins pensaient ainsi que nous autres Français, & je ne crois pas qu'on me le puisse disputer. Comme leur tête n'était point [167] faite autrement que la nôtre, il y a grande apparence qu'ils concevaient les choses de la même façon que nous les concevons, & cela est d'autant plus vraisemblable que notre Logique n'est point différente de la leur. C'est pourquoi il faut croire qu'ils pensaient à celui qui faisait l'action auparavant que de penser à l'action, & qu'ensuite ils pensaient à l'action devant que de penser à ce qui la terminait. *Nous pensons ainsi & parlons de même ; les Latins* pensaient *de même & parlaient autrement.* Lesquels dira-t-on qui parlent mieux ? Je le laisse à juger aux Philosophes par le rapport qui doit être entre le discours & la pensée [12].

Pas de suspens : les « Philosophes » ont tranché. L'ordre des mots français est celui de la pensée. Rappelez-vous le *Bourgeois gentilhomme*, acte II, scène IV, et le dialogue des « beaux yeux » de Monsieur Jourdain avec son Maître de philosophie :

> MONSIEUR JOURDAIN : ...Je suis amoureux d'une personne de grande qualité, et je souhaiterais que vous m'aidassiez à lui écrire quelque chose dans un petit billet que je veux laisser tomber à ses pieds [...] Je voudrais donc lui mettre dans un billet : *Belle Marquise, vos beaux yeux me font mourir d'amour* ; mais je voudrais que cela fût mis d'une manière galante, que cela fût tourné gentiment... MAÎTRE DE PHILOSOPHIE : On les peut mettre premièrement comme vous avez dit : *Belle Marquise, vos beaux yeux me font mourir d'amour.* Ou bien : *D'amour mourir me font, belle Marquise, vos beaux yeux.* Ou bien : *Vos yeux beaux d'amour me font, belle Marquise, mourir.* Ou bien : *Mourir vos beaux yeux, belle Marquise, d'amour me font.* Ou bien : *Me font vos yeux beaux mourir, belle Marquise, d'amour.* MONSIEUR JOURDAIN : Mais de toutes ces façons-là, laquelle est la meilleure ? MAÎTRE DE PHILOSOPHIE : Celle que vous avez dite : *Belle Marquise, vos beaux yeux me font mourir d'amour.*

La thèse de Louis Le Laboureur est claire. Comment pense-t-on une action ? On pense d'abord à l'agent (sujet), puis à l'action, puis à ce qui la termine – comme l'exige PSA, le principe subjectif de l'action. Mais on ne l'exprime pas nécessairement dans cet ordre. On ne le fait qu'en français, qui, contrairement au latin, respecte pleinement l'ordre du penser. Il n'y a pas de correspondance automatique entre l'ordre des pensées et l'ordre du discours : un médiéviste dirait, avec Roger Bacon, la *generatio sermonis*, l'engendrement du discours. J'ai traité de cette notion ailleurs, avec Irène Rosier-Catach[13]. Je me limite ici à l'argument que je tire de Molière. *Belle Marquise, vos beaux yeux me font mourir d'amour* sera toujours plus « naturel » et plus efficace que le ridicule *Me font vos yeux beaux mourir, belle Marquise, d'amour*.

Sans référer à Molière, mais le sourire aux lèvres, Genette ajoute « cette formule » de Le Laboureur « dont le succès immédiat, dit-il, ne fut pas de comique : “Il faut que l'on me demeure d'accord que Cicéron et tous les Romains pensaient en français devant que de parler en latin.” Formulation risquée mais frappante, et qui donnait le ton pour plus d'un siècle. »

Arrêtons-nous un instant. Notez ces deux formules :

> 1. Nous pensons ainsi et parlons de même. Les Latins pensaient de même et parlaient autrement. 2. Les Romains pensaient en français, puis parlaient en latin.

La seconde affirmation, qui explicite la première, va contre Augustin, pour qui le langage de la pensée « n'est d'aucune langue », et elle pose aussi le problème de la traduction. J'y reviendrai. Pour le moment considérons une objection que Le Laboureur dresse contre sa propre thèse. Le supposé *ordre de la pensée* n'est pas réel, la succession n'est qu'apparente, elle est le fruit d'une décomposition artificielle, d'une analyse *a posteriori* : dans la réalité, dans le feu de l'action, comme dans celui de la passion, tout est simultané, comme dans un tableau où sont figurés, posés à la fois l'action, l'agent et le *terminans*.

> Vous m'objecterez [168] peut-être que l'esprit humain qui est vif & subtil ne fait point tant de poses dans ses pensées, & que concevant un Chien qui prend un Lièvre, il imagine cela tout à la fois, comme si on le voyait en peinture. Je réponds que quand cela serait vrai, il est vrai aussi que lorsqu'on veut exprimer cette prise par l'action du Chien on pense au Chien avant que d'exprimer son action & à désigner qu'elle se termine au Lièvre. Tout de même quand on veut expliquer cela par la passion, en disant que le Lièvre a été pris par le Chien, on songe au suppôt de cette passion qui est le Lièvre, puis à ce qu'il souffre, & enfin à ce Chien qui le fait souffrir. De sorte que si l'on [169] veut faire concevoir le Chien agissant, ou le Lièvre souffrant, dans l'ordre qu'on imagine la chose, on doit suivre notre construction française, & non pas celle des Latins ; lesquels dans leur expression changeaient l'ordre de leur conception. C'est pourquoi l'on peut dire que leur expression n'était pas une véritable image de leur pensée : & lorsque le signe est différent de ce qu'il signifie c'est une grande marque qu'il est défectueux.

Le Laboureur répond à son objection en comparant la représentation mentale, la *conception*, à un tableau. Il distingue l'acte de concevoir et celui de faire concevoir, d'imaginer et de faire imaginer.

Concevoir : dans la conception, un événement, la « prise » d'un lièvre par un chien se fait ou du *point de vue du chien* et de l'action (prendre) que le chien accomplit ou du *point de vue du lièvre* et de la passion (être pris, se faire prendre) que le lièvre subit. Dans les deux cas, il y a un ordre : celui que les grammairiens « modistes » des XIIIe et XIVe siècles établissaient syntaxiquement entre ce qu'ils appelaient le *dependens,* à savoir : le terme ouvrant une dépendance syntaxique, autrement dit : le sujet, et le *terminans* qui « termine » cette dépendance. Par exemple : dans '*homo legit*', c'est le verbe qui pour le sujet est *terminans,* tandis que, dans '*legit librum*', c'est le complément d'objet qui « termine » la dépendance du verbe. Une phrase comme '*video legentem librum*' (je vois un homme lisant un livre) contient donc pour un modiste deux « constructions » : (1) *video* → *legentem* et (2) *legentem* → *librum*, où dans (1) *video* est *dependens,* et *legentem* est *terminans,* et dans (2) *legentem* est *dependens,* et *librum* est *terminans* [14].

L'imagination qui fait vivre la scène dans l'esprit part de l'agent ou part du patient, car elle fait vivre la « prise » comme une action ou une passion. Que voit-on dans le tableau italien anonyme du XVIIe siècle, intitulé *Scène de chasse avec chien et lièvre*, légué par le cardinal Fesch à la ville d'Ajaccio en 1839 [15] ? Un chasseur voit un chien qui a pris un lièvre ; un ami des animaux voit un lièvre qui a été pris par un chien. [*Cf.* figure 1.]

Il se passe dans l'esprit qui se représente une scène de « prise », ce qui se passe dans l'esprit qui fait vivre, qui anime le tableau d'une « prise ». Pour concevoir T, le tableau, comme une action, pour voir dans T une action, il faut concevoir le représenté du point de vue de l'agent, *à partir de l'agent* : le sujet de l'action ; pour concevoir T comme une passion, pour voir dans T une passion, il faut concevoir le représenté du point de vue du patient, à partir du patient : le sujet de la passion. Conclusion : le phantasme a une structure ordonnée, et elle est française.

Ce qui se passe dans l'esprit de X qui imagine *sans tableau*, ce qui passe dans l'esprit de X qui imagine *devant un tableau*, c'est ce qui se passe dans l'esprit de X quand il veut *faire concevoir la « prise » du lièvre à un tiers*, Y, comme une action ou comme une passion, en fonction de ce qu'il veut communiquer. Le même ordre vaut pour le *concevoir* et le *faire concevoir* : le même pour la *conception* et l'*expression* ou *communication*. L'ordre de la représentation est celui de la syntaxe française. On imagine et on fait imaginer selon l'ordre du français. Ce que la langue exprime a la même structure que ce que la pensée conçoit : celle du français. Bref, il y a une isomorphie entre le français et la pensée, une ressemblance, ici syntaxique, entre le signifié (le tableau représenté) et le signe (le signifiant). C'est ce que devrait dire Le Laboureur : le français – une langue – a la même syntaxe que la pensée. Mais il dit plus : la pensée – le langage mental – *est du français. La pensée est en français. Le français est la langue de la pensée.* C'est ce qu'il exprime par la formule « les Romains pensaient en français, puis parlaient en latin ».

Ces thèses à la fois banales et étonnantes vont, disais-je, contre Augustin, et posent le problème de la traduction. Je reviens sur ces deux points.

Elles vont contre Augustin, pour qui le verbe intérieur, le « langage mental », ou du moins le langage de la pensée, n'est d'aucune langue. « *Nullius linguae* », dit-il. Je vous rappelle ce passage des *Homélies sur l'Évangile de Jean* (je cite la traduction de la *Bibliothèque augustinienne*[16], qui rend toujours *verbum* par « parole », mais l'on peut aussi bien dire « verbe »),

> Regarde ce qui se passe en ton cœur[17]. Quand tu conçois la parole que tu vas dire, [...] quand tu conçois la parole que tu vas proférer, tu as l'intention de dire une chose – *rem vis dicere* : tu veux dire une chose –, et la conception même de cette chose est déjà dans ton cœur une parole ; elle n'est pas encore sortie au-dehors, mais déjà elle est née dans ton cœur et elle y demeure en attendant le moment d'en sortir. Tu fais attention cependant à qui tu l'adresseras, avec qui tu vas parler : si c'est un Latin, tu cherches une expression *(vocem)* latine ; si c'est un Grec, tu prépares des mots grecs ; si c'est un Punique, tu te demandes si tu sais le punique : selon la différence de tes auditeurs tu as recours à des langues différentes pour proférer la parole que tu as conçue, mais ce que tu avais conçu en ton cœur n'y était renfermé en aucune langue[18].

Comme l'écrit Claude Panaccio, « le verbe intérieur en question n'est lié à aucune langue particulière. C'est seulement lorsqu'on veut le communiquer à certains auditeurs qu'on doit le traduire dans un idiome conventionnel qui leur soit compréhensible »[19]. La première traduction est celle du Verbe intérieur : elle ne se fait pas de langue à langue, mais de concept à langue. Car, dit Augustin, dans le sermon 288 :

> Enlevez la diversité des auditeurs, et ce verbe qui est conçu dans le cœur n'est ni grec, ni latin, ni punique, ni d'aucune langue[20].
> *Remove diversitatem auditorum, et verbum illud, quod corde conceptum est, nec graecum est, nec latinum, nec punicum, nec cujusquam linguae*[21].

Augustin « est le premier à se montrer aussi net sur ce point ». « On a des raisons de croire que le *logos endiathetos* des philosophes grecs n'était pas non plus dépendant des langues de communication, mais il y fallait toujours quelque argument indirect, les auteurs n'étant pas eux-mêmes très explicites à ce sujet ». Si « la chose prend plus d'importance » chez Augustin, « c'est qu'il tient à mettre en évidence les aspects les plus spirituels de la *psychê* humaine, ceux qui, à ses yeux, rendent l'homme intérieur plus apparenté à son Créateur que l'homme extérieur, et davantage en mesure, par là même, d'en être l'*image*. Le verbe mental, de ce point de vue, s'oppose à la parole orale par un surcroît d'unité et d'intégration » [22]. Voici ce que dit Augustin, toujours dans le sermon 288 :

> ... dans mon cœur, en effet, dans ce que je veux dire, dans ce que je pense, il n'y a ni diversité de lettres, ni différences de sons entre les syllabes [23].
>
> ... *in corde autem meo, in eo quod volo dicere, in eo quod cogito, nulla est diversitas litterarum, nullus sonus varius syllabarum* [24].

La psychologie d'Augustin, explique Panaccio, est *spiritualiste*. Soit. Il faut cependant manier ce terme avec précaution, car c'est le point décisif. Voyez ce texte des *Homélies sur l'Évangile de Jean*, où vous noterez le mot « *spiritalis* » (et non pas *spiritualis* [25]) – très fréquent au Moyen Âge :

De même que, toi, tu as dans ton cœur la parole [le verbe] que tu vas dire, et qu'elle est en toi, et que cette conception même est spirituelle, — car, comme ton âme est esprit, la parole que tu as conçue est pareillement esprit : elle n'a pas encore reçu en effet le son qui la divisera en syllabes, mais elle demeure dans la conception de ton cœur et *dans la vision de ton esprit*, – de même Dieu a donné naissance à la Parole, c'est-à-dire il a engendré son Fils.	Quomodo enim tu verbum quod loqueris in corde habes, et apud te est, et *ipsa conceptio spiritalis est* (nam sicut anima tua spiritus est, ita et verbum, quod concepisti, spiritus est : nondum enim accepit sonum ut per syllabas dividatur, sed *manet in conceptione cordis et in spectaculo mentis*), sic Deus edidit Verbum, hoc est, genuit Filium.
Toi, c'est dans le temps,	Et tu quidem ex tempore gignis

bien sûr, que tu engendres ta parole, même au fond de ton cœur ; c'est en dehors du temps que Dieu a engendré *le Fils par lequel il a créé tous les temps*[26].	verbum etiam in corde ; Deus sine tempore genuit Filium per quem creavit omnia tempora[27].

Filium per quem creavit omnia tempora : vous reconnaissez le Verbe de Jn 1, 1 : « *In principio erat Verbum, et Verbum erat apud Deum, et Deus erat Verbum* » : « Au commencement était le Verbe, et le Verbe était en Dieu, et le Verbe était Dieu », à quoi s'ajoute Gn 1, 1 : « Au commencement – *in principio* – Dieu créa le Ciel et la Terre », pour donner le thème de la création dans le Principe, de la création dans l'*Arkhè*, de la création dans le Verbe. Mais ce n'est pas cela que je veux accentuer. Ce que je veux accentuer, c'est dans « manet in conceptione cordis et in spectaculo mentis » cette expression : « *spectaculo mentis* ». Les traducteurs de la « Bibliothèque augustinienne » traduisent par « dans la *vision* de ton esprit ». Sans doute. Mais le terme exact serait, est et reste à mes yeux : « *spectacle* ».

Il s'agit du spectacle de l'esprit ! Ce spectacle, ce n'est pas le *théâtre cartésien*, « an inner space in which both pains and clear and distinct ideas, pass in review before a single Inner Eye » (selon le mot de Rorty) : le « je » posté en position d'*artiste dans la coulisse*, regardant la scène où se produisent les émotions[28]. Le spectacle de la *mens* dont parle Augustin, c'est l'opposé de ce qu'il appelle le *spectacle de la chair* : c'est la *vérité*, *veritas*, opposée à la *vanité*, *vanitas*[29]. C'est aussi pour nous l'équivalent du tableau de la prise du lièvre par le chien chez Le Laboureur. Tableau pour tableau : voyez dans l'Homélie VII cette autre occurrence de *spectaculum*, voyez cette page qui décrit l'affrontement du lion et de l'Agneau[30].

> Quand est venu le temps de la miséricorde de Dieu, l'Agneau est venu. Quel Agneau, celui qui est redouté des loups ! Quel Agneau, celui qui, mis à mort, a tué le lion ! On a dit du diable en effet qu'*il est un lion qui rôde et qui rugit, cherchant qui dévorer*[31]. Par le sang de l'Agneau, ce lion a été vaincu[32]. Tels sont les spectacles des chrétiens. Bien plus, *alors que les autres, avec leurs yeux de chair, ne voient que la vanité, avec les yeux de notre cœur nous*

contemplons la vérité. Ne pensez pas, mes frères, que le Seigneur notre Dieu nous a laissés sans spectacles. Car, s'il n'y a pas de spectacle, pourquoi vous êtes-vous rassemblés aujourd'hui ? Ce que nous avons dit, voici que vous l'avez vu, et vous avez poussé des cris : vous n'auriez pas crié si vous n'aviez pas vu. Et quelle merveille que de regarder ce spectacle qui remplit l'univers, le lion vaincu par le sang de l'Agneau, les membres du Christ arrachés aux dents des lions et réunis au corps du Christ [33] !

La *vanité* s'oppose à la *vérité* comme *ce qui passe* s'oppose à *ce qui est éternel*. Le mot s'applique en particulier aux spectacles et aux jeux du cirque. Petite remarque d'actualité, ou presque : Augustin n'aimait pas les calendes de janvier, qui depuis Dioclétien duraient du 17 au 24 décembre, à quoi l'on ajoutait, le 25 décembre, le « *dies natalis solis invicti* », ce « jour de naissance du Soleil invaincu », dont, depuis l'édit de Thessalonique promulgué en 380 sous Théodose Ier, ne subsistait plus que le Noël chrétien. Les savants éditeurs de la *Bibliothèque augustinienne* rappellent que « pour lutter contre les multiples désordres auxquels donnaient lieu les fêtes païennes des calendes de janvier, autrement dit : les "saturnales", qui se célébraient par des spectacles, des danses, des chansons, des banquets et des échanges d'étrennes, Augustin essaya d'établir à cette date un jour de pénitence, de prières et d'aumônes [34]. » Il y a un beau passage du sermon 198 :

> Les païens donnent des étrennes [35], donnez des aumônes ; ils se distraient par des chansons impures, distrayez-vous en écoutant prêcher sur les Écritures ; ils courent au théâtre, accourez à l'église ; ils s'enivrent, jeûnez et, si vous ne pouvez pas jeûner aujourd'hui, mangez du moins avec sobriété [36].

Le contraire de la sobriété est l'alogie. C'est le terme employé officiellement pour inviter à ces désordres que réprouve Augustin : « *Alogiemus, bene sit nobis*, et tali die festo Ianuariarum non debes ieiunare » : « Perdons la raison, prenons du bon temps, il ne faut pas jeûner en cette fête de janvier » – on pense à la chanson de Guitry, à Henry Garat, à *Florestan Ier Prince de Monaco* [37]. Mais c'est à « *alogiemus* » qu'il faut penser, à ce verbe qui renvoie à l'*alogia*, dont une lettre d'Augustin rappelle la signification proprement chrétienne – si l'on ose dire – celle du repas dominical, du « banquet du dimanche », auquel certains prétendaient, après les jeûnes de la semaine, « donner une allure quasi liturgique » – à quoi notre évêque s'oppose à la fois en chrétien et en philologue : l'*alogia* fait des *aloga*, l'« alogie » fait des « aloques » [38].

Que signifie ce mot *alogie*, d'origine grecque, si ce n'est un festin où l'on s'éloigne du chemin de la raison ? Et on appelle *aloques* les animaux privés de raison, auxquels peuvent être comparés ceux qui sont adonnés à leur ventre c'est pourquoi on nomme *alogie* ce repas immodéré où l'âme, qui est le siège de la raison, se trouve comme submergée dans le boire et le manger.	Quid est autem *alogia*, quod uerbum ex graeca lingua usurpatum est, nisi cum epulis indulgetur, ut a rationis tramite deuietur ? Unde animalia ratione carentia dicuntur *aloga*, quibus similes sunt uentri dediti : propter quod, immoderatum conuiuium, quo mens, in qua ratio dominatur, ingurgitatione uescendi ac bibendi quodammodo obruitur, *alogia* nuncupatur [39].

Je reviens à l'Homélie. *Magnum est hoc spectare per totum orbem terrarum, victum leonem sanguine Agni, educta de dentibus leonum membra Christi et adiuncta corpori Christi.* « Quelle merveille que de regarder ce spectacle qui remplit l'univers, le lion vaincu par le sang de l'Agneau, les membres du Christ arrachés aux dents des lions et réunis au corps du Christ. » Je vous laisse imaginer la chose et je passe à mon second point : la traduction.

Tout le monde, dit Le Laboureur, pense en français. Ce n'est pas le cas. Reste la diversité des langues. Comment traduit-on ? Je prendrai un exemple médiéval emprunté à l'allemand plutôt qu'au français : l'opposition entre traduction *mot à mot* et traduction *périphrastique*, au moyen d'une périphrase, d'un *Umbred*.

Le Moyen Âge a connu deux grands types de traduction : la traduction littérale, *verbum de verbo*, la traduction interprétative, *sensus de sensu (ad sensum)*. C'est un fait universel. On en a une illustration avec les traducteurs du grec, syriaques et arabes, à Bagdad. On en a une en Provence, avec les Tibbonides, traducteurs juifs de l'arabe à l'hébreu [40]. Pour les traducteurs arabes, voyez ce texte d'al-Safadi (m. 1363 //H 764) cité par Abdurrahman Badawi, dans *La Transmission de la philosophie grecque au Monde arabe* :

> Les traducteurs ont deux méthodes de traduction : la première est celle de Yahya ibn al-Bitrîq, d'ibn Nâ' imah al-Himsî et d'autres, elle consiste en ce que le traducteur regarde chaque mot grec et ce qu'il signifie, et alors il apporte un mot arabe équivalent dans le sens et le transcrit, puis il regarde un autre, et ainsi de suite jusqu'à ce qu'il finisse ce qu'il a à traduire. Mais cette méthode est mauvaise, pour deux raisons : 1° parce qu'il n'existe pas dans la langue arabe des équivalents de tous les mots grecs, aussi voyons-nous dans cette sorte de traduction plusieurs mots grecs qui sont restés tels quels ; 2° parce que la syntaxe et la structure des phrases dans une langue ne correspondent pas toujours à celles d'une autre langue. La deuxième méthode de traduction est celle de Hunayn ibn Ishâq et d'autres ; elle consiste à lire la phrase et à la comprendre, ensuite le traducteur la traduit par une phrase qui lui correspond, les mots étant équivalents ou non, peu importe. Aussi les livres de Hunayn ibn Ishâq n'ont-ils pas besoin de correction – excepté dans les sciences mathématiques, car il n'était pas versé en mathématiques [41].

Pour les Tibbonides, voyez la lettre de Maïmonide à Samuel Ibn Tibbon (Lunel, 1150 - Marseille, 1230), le traducteur du *Guide des égarés* en hébreu : le *More Nevoukhim*, devenu *Nevoukhat ha-Morim*, *L'Égarement des guides*, sous la plume de ses critiques – ce qui ne reflétait pas l'avis de Maïmonide qui admirait beaucoup son traducteur. Dans la lettre qu'il lui écrit, dont voici un extrait, il lui rend un chaleureux hommage, décrit sa méthode, et loue ses prédécesseurs syriaques :

> Tous ceux qui s'efforcent de traduire d'une langue à une autre et prétendent transcrire mot à mot en préservant à la fois l'ordre du texte et celui des mots se donnent beaucoup de mal, mais leur traduction s'avère confuse et corrompue. Ce n'est pas ainsi qu'il faut procéder : pour traduire il faut en premier lieu comprendre le sens, puis l'écrire, le commenter et bien l'expliquer dans l'autre langue. Cela ne peut se faire sans changer l'ordre des mots, mettre un seul mot à la place de plusieurs autres (et réciproquement) et canceller ou supprimer certains termes [...].

C'est ce qu'a fait Hunayn ben Yishaq avec le livre de Galien et son fils Yishaq avec celui d'Aristote[42].

À cette distinction s'ajoute la différence entre ce que l'on appelle en latin *nova verba* (« mots nouveaux ») et *circumloqui* (« employer une circonlocution »). *Nova verba,* c'est le néologisme ; *circumloqui,* c'est la périphrase. Il ne faut pas confondre les deux distinctions – *ad verbum* vs *ad sensum* et *nova verba* vs *circumloqui* – même si, évidemment, il y a un lien étroit entre elles, qui fait qu'elles se recoupent plus ou moins.

Les deux méthodes de traduction, le mot à mot créatif, riche en néologismes, et l'« *umbred* »-*Übersetzen*, le nom allemand de la *circumlocutio*, qui, dans le monde germanique, s'opposent à partir du XIVe siècle[43], affrontent un seul et même problème : savoir si l'allemand peut égaler le latin comme langue de la culture scientifique, s'il peut être utilisé pour traduire la Bible ou les énoncés de la science moderne sans perte de la « *warhait des sinnes* », la « vérité du sens »[44]. Toutes deux partent du même présupposé : le déficit historique de l'allemand, « tard venu et sauvage », comme l'écrit Leopold Stainreuter, le traducteur du *Rationale divinorum officiorum* (1384) de Guillaume Durand l'Ancien (1230-1296), évêque de Mende[45], un *bestseller* médiéval, fondamental pour la liturgie[46]. Le succès de ce livre laisse rêveur : 200 manuscrits, et 111 éditions imprimées, dont 40 pour le seul XVe siècle, la première édition de l'œuvre, le 6 octobre 1459, en faisant le cinquième document imprimé en Occident – ce qui n'est pas rien.

Traduisant ce texte, Stainreuter plaide pour les *nova verba* dans le *Prologue*, ou plutôt la *Préface* qu'il a substituée au *Prologue* original de Guillaume Durand dit « l'Ancien »[47].

> Teutsche zunge ist auch von alter her die mynniste (= geringste) und gegen latein di wildiste di^e wi^er wizzen, davon haizzet si barbara, daz ist wilde, und darumb mu^ezzen wi^er ofte wort fu^er worte nennen, so wi^er latein bedeutschen wellen.

> La langue allemande est depuis toujours la moindre [dans la hiérarchie], et comparée au latin c'est la plus sauvage que nous

> connaissions. C'est pour cela qu'on l'appelle *barbara*, c'est-à-dire sauvage [*i. e.* c'est une langue « barbare »]. Et c'est pourquoi nous devons souvent procéder « mot pour mot » (c'est-à-dire créer des mots, des néologismes, des *nova verba)* lorsque nous voulons mettre le latin en allemand (le « germaniser »).

Pour la périphrase, l'*Umschreibung* en allemand moderne, c'est Berthold von Regensburg[48] qui explique :

> Nû sîn wir alsô arm an tiuscher sprâche, daz wir niht wol betiuten mügen waz tiutsche sprichet *stipendia*, wann mit vil umbrede.
>
> Notre langue allemande est si pauvre que nous ne pouvons pas bien rendre en allemand ce que dit le mot *stipendia* sinon avec force périphrases.

Le problème de Berthold de Regensburg concerne le rendu allemand du mot latin *stipendia* dans l'Épître aux Romains, 6, 23[49] :

> Stipendia enim peccati, mors ; gratia autem Dei, vita aeterna, in Christo Jesu Domino nostro.

C'est pour cette phrase latine (traduisant le grec τὰ γὰρ ὀψώνια τῆς ἁμαρτίας θάνατος, τὸ δὲ χάρισμα τοῦ Θεοῦ ζωὴ αἰώνιος ἐν Χριστῷ Ἰησοῦ τῷ Κυρίῳ ἡμῶν) que Berthold écrit que *la langue allemande est si pauvre qu'on ne peut traduire sans force périphrases*. Comment entendre *stipendia* (le grec ὀψώνια) ? S'agit-il de salaire, de paiement, d'émoluments[50] ? Comment entendre en allemand l'opposition *stipendia/gratia* ? La traduction que l'on propose à l'époque est : *Der lôn nâch den sünden ist der tôt*. Il faut force explications (*gar vil umberede*) pour entendre dans *lôn* le concept auquel renvoie la Vulgate : *ce que mérite* le chevalier qui s'est ou non illustré au combat. *Stipendia*, écrit Berthold, comme s'il cherchait à expliquer ce mot à un gamin ou à un interlocuteur de Socrate incapable de s'élever au concept, « *c'est quand (swenne)* » on paie bien un chevalier parce qu'il a bien combattu, ou qu'on le paie mal parce qu'il a mal combattu :

« Stipendia sprichet eigenlichen, *swenne ein ritter* wol gestriten hât dem lônet man wol, der aber übele gestriten hât dem lônet man übele ». Évidemment, c'est un peu long à adapter pour rendre Rm 6, 23. Mais une idée se dégage : le mérite ou plutôt la récompense méritée. *Stipendia* vs *gratia*, c'est mérite contre grâce. Maître Eckhart explique en ce sens le verset dans son commentaire latin sur l'Évangile selon saint Jean [51]. La pointe de l'argument est que la vie éternelle n'est pas accordée à l'homme comme une récompense en vertu de ses propres mérites, mais comme une pure grâce, fruit exclusif de la miséricorde divine. La thèse est empruntée à Augustin [52], et corroborée par le Psaume 102, 4 : « Il te couronne dans la miséricorde et la compassion. » Finalement Luther traduira *stipendia* par *sold*. La *King James Version* – c'est-à-dire la « Bible du Roi Jacques », publiée pour la première fois en 1611 sous le règne de Jacques VI d'Écosse, le Jacques Ier d'Angleterre – donne *wages*. Martin, en 1744, a : « les gages du péché ». Louis Segond, en 1910, propose : « Le salaire du péché, c'est la mort. » L'abbé Genoude, qui au XIXe siècle traduit la Vulgate latine, préfère : « Car la mort est la solde du péché. »

Au XIVe siècle, les deux styles de traduction, néologique et périphrastique, s'affrontent en Autriche. Le débat est particulièrement vif à l'université de Vienne – fait intéressant, car il coïncide avec la création d'une université et d'une faculté de théologie nouvelles dans les pays de langue allemande en pleine époque de crise politique et religieuse. Vous savez que la première université de langue allemande est celle de Prague (1348), puis vient en 1365, créée par Rodolphe IV, duc d'Autriche, l'université de Vienne, qui est refondée une deuxième fois en 1384, avec la création d'une faculté de théologie, par un autre souverain, le duc Albert III, qui est un partisan du pape Urbain VI. Albert accueille dans sa faculté de théologie un certain nombre de professeurs qui avaient dû quitter la Sorbonne à cause du Grand Schisme d'Occident [53] – les Français soutenant Clément VII. Je rappelle, à ce propos, que le grand schisme d'Occident avait été déclenché le 18 avril 1378 par l'élection d'Urbain VI (Barthélemy Prignano) à Rome sous la pression populaire, à laquelle répondait le

20 septembre 1378, celle du cardinal Robert de Genève, qui prenait le nom de Clément VII – point de départ du schisme qui, sur près d'un siècle, de 1378 à 1417, si l'on s'arrête à l'élection de Martin V, le 11 novembre 1417, allait voir, sur fond de Guerre de Cent ans, l'Europe se déchirer, y compris militairement, autour de papes et d'antipapes respectivement installés en Avignon, à Rome, à Pise, en Aragon, à Rodez.

Les positions qui s'affrontent à Vienne reflètent la tension qui, à l'époque, traverse la philosophie du langage : l'opposition entre une approche « modiste » de la langue et une approche « nominaliste ».

La thèse « modiste » est celle qui domine à Vienne à la fin du XIVe siècle. Elle veut que la langue latine soit dans sa structure, *via* la structure de la pensée, un tableau de la structure ontologique du réel (le fameux parallélisme des *modi significandi, intelligendi et essendi*), ce qui impose à toute traduction en vernaculaire de se faire à la fois mot pour mot et en respectant l'*ordo verborum* du texte latin. Conséquence : il faut traduire en allemand selon l'ordre des mots latin ! Je vous laisse imaginer les phrases que cela peut ou pourrait donner. L'ordre latin, l'*ordo verborum*, est la norme idéale de toute traduction authentique.

On peut se demander si les deux méthodes de traduction rivales se disputent le même public. Certains pensent qu'elles s'opposent sociologiquement. Les traductions modistes néologiques, modelées sur le latin, seraient destinées à la noblesse autrichienne et aux *litterati* en général, l'*umbred-Übersetzen* des nominalistes s'adresserait aux *ungelerten*, au « peuple » *(gemaine volkch)*. Le latin ne serait pas seulement la langue des philosophes de métier, ce serait la langue de la distinction philosophique, pour ne pas dire de la distinction tout court [54]. Mais ce n'est pas un avis unanime, donc je vous le livre avec toutes les réserves qui s'imposent.

Cela dit, on retrouve de nos jours le conflit des deux méthodes. C'est là que je voulais en venir. Vous savez que j'aime la longue durée. C'est éminemment le cas ici, puisque l'on retrouve notre conflit chez Heidegger, dans la célèbre interview accordée le 23 septembre 1966 au magazine *Der*

Spiegel – mais publiée seulement *post mortem* dans le numéro du 31 mai 1976[55].

La critique de la traduction mot pour mot y revêt une dimension stupéfiante. Cet entretien, dont je vous recommande la lecture, permet de mieux comprendre la vision que Heidegger a de l'histoire occidentale, axée sur ce qu'il présente comme une catastrophe, voire une malédiction : la romanisation de la pensée grecque.

Heidegger a une vision bien particulière de la *translatio studii*[56] fondée sur le ternaire traduction – transposition – transformation. Il met en cause la traduction mot pour mot. Sans le savoir, il prend donc parti dans le débat allemand du XIVe siècle et rejoint les thèmes bagdadiens et maïmonidiens. Il met en cause la traduction mot pour mot parce qu'elle est coupée, comme nous le sommes tous, du sens originel, de l'expérience vitale et/ou vivante des locuteurs du texte source.

Bref commentaire sur la couverture du *Spiegel*. *Der Spiegel* : le miroir. L'enfant dans le miroir a une frange, comme un petit *Beatle*. Mais si la couverture est un miroir, alors ce que reflète cette image, c'est nous – vous, moi, *jeunes*. L'enfant est entouré par deux piles de livres : une brèche ouverte à travers laquelle nous voyons le petit prisonnier, perplexe, qui se tient la tête. Il nous regarde : nous nous regardons nous-mêmes le regardant nous regarder. C'est une sorte d'icône, surgie du passé, qui pose son regard sur nous, comme toute icône.

Deux mots : *Schul Angst* : la peur de l'école, la phobie scolaire. Mais surtout : l'*angoisse*. Le maître-mot de Heidegger. Et en bas, à gauche, *Spiegel-Gespräch mit Martin Heidegger*. C'est un « entretien du *Spiegel* », mais en même temps cela forme un mot composé : *« entretien miroitant » avec Martin Heidegger*, pour ne pas dire « entretien *avec soi* », ou « entretien *au miroir* », – ou mieux (puisque le texte n'est pas publié avant dix ans) : entretien... *à venir* ! *Der Philosoph und das Dritte Reich*, « le philosophe et le troisième Reich ». Tout cela est fort intéressant, surtout depuis que nous connaissons le contenu des *Cahiers noirs*, autre publication *programmée posthume*. En fait : un enfant triste, entre deux colonnes de livres, nous regarde lire le titre de l'autojustification de Heidegger.

Mais voici le passage qui m'importe. Repris dans les *Écrits politiques*, il concerne la « conversion » ou, si l'on préfère, le « dépassement » de la technique, ainsi que le rôle des Allemands en l'affaire :

S. : C'est à l'endroit même où le monde technique est né qu'il doit, croyez-vous...	S. : An eben dieser Stelle, wo die technische Welt entstanden ist, muß sie auch, meinen Sie...
H. : ... être dépassé au sens hégélien du terme, non pas écarté, mais dépassé, mais pas par l'homme seul.	H. : ... im Hegelschen Sinne aufgehoben werden, nicht beseitigt, sondern aufgehoben, aber nicht durch den Menschen allein.
S. : Vous pensez que les Allemands spécialement ont ici une tâche particulière ?	S. : Sie messen speziell den Deutschen eine besondere Aufgabe zu ?
H. : Oui, en ce sens, celui du dialogue avec Hölderlin[57].	H. : Ja, in dem Sinne, im Gespräch mit Hölderlin.
S. : Croyez-vous que les Allemands ont une qualification spécifique pour cette conversion ?	S. : Glauben Sie, daß die Deutschen eine spezifische Qualifikation für diese Umkehr haben ?
H. : Je pense à la parenté particu-	H. : Ich denke an die besondere

lière qui est à l'intérieur de la langue allemande avec la langue des Grecs et leur pensée. C'est une chose que les Français aujourd'hui me confirment sans cesse. Quand ils commencent à penser, ils parlent allemand : ils assurent qu'ils n'y arriveraient pas dans leur langue [58].

innere Verwandtschaft der deutschen Sprache mit der Sprache der Griechen und deren Denken. Das bestätigen mir heute immer wieder die Franzosen. Wenn sie zu denken anfangen, sprechen sie deutsch; sie versichern, sie kämen mit ihrer Sprache nicht durch.

S. : Expliquez-vous ainsi que vous ayez eu dans les pays de langue romane, surtout chez les Français, une si forte influence ?
H. : Parce qu'ils voient qu'avec toute leur grande rationalité, ils n'arrivent plus à rien dans le monde d'aujourd'hui, quand il s'agit de comprendre celui-ci dans la provenance de son être. Pas plus que des poèmes, on ne peut traduire une pensée. On peut tout au plus la transposer. Dès qu'on se met à traduire mot pour mot, tout est transformé.

S. : Erklären Sie damit, daß Sie in den romanischen Ländern, zumal bei den Franzosen, eine so starke Wirkung gehabt haben ?
H. : Weil sie sehen, daß sie mit ihrer ganzen großen Rationalität nicht mehr durchkommen in der heutigen Welt, wenn es sich darum handelt, diese in der Herkunft ihres Wesens zu verstehen. So wenig wie man Gedichte übersetzen kann, kann man ein Denken übersetzen. Man kann es allenfalls umschreiben. Sobald man sich ans wörtliche übersetzen macht, wird alles verwandelt.

S. : Une idée qui met mal à l'aise.
H. : On ferait bien de prendre ce malaise au sérieux sur une vaste échelle et de réfléchir enfin à toutes les conséquences de la transformation qu'a subie la pensée grecque quand elle a été traduite dans le latin de Rome, un événement qui aujourd'hui encore nous interdit l'accès dont nous aurions besoin pour penser fidèlement les mots fondamentaux de la pensée grecque [59].

S. : Ein unbehaglicher Gedanke.
H. : Es wäre gut, wenn es mit dieser Unbehaglichkeit im großen Maßstab Ernst würde und man endlich bedächte, welche folgenreiche Verwandlung das griechische Denken durch die Übersetzung ins Römisch-Lateinische erfahren hat, ein Geschehnis, das uns noch heute das zureichende Nachdenken der Grundworte des griechischen Denkens verwehrt.

Trois remarques : *premièrement*, Heidegger est l'anti-Le Laboureur. Non seulement tout le monde ne pense pas en français, mais les Français eux-mêmes, quand ils se mettent à penser, doivent penser en allemand. Louis Le Laboureur ou *l'arroseur arrosé*.

Deuxièmement, par un de ces retournements dont l'Histoire a le secret, Heidegger, le chantre du génie de la langue allemande, reprend l'idée de « périphrase » qu'invoquait Berthold von Regensburg pour en pallier la pauvreté alors alléguée. De fait, le mot que le traducteur des *Écrits politiques* de Heidegger rend par « transposer » est ce bon vieux mot : *umschreiben*, dont vous avez la prémisse, dans l'Allemagne du XIVe siècle, avec l'*umbred-Übersetzen,* la périphrase opposée à la néologie. Ledit traducteur, F. Fédier, donne lui-même un insurpassable exemple d'utraquisme, qui, dans la traduction des *Beiträge zur Philosophie (Vom Ereignis)*, le « grand » texte/titre séminal du « second » Heidegger, rendu par *Apports à la philosophie. De l'avenance*, puise équitablement aux deux sources du *néologisme* et de la *périphrase* [60].

On peut ainsi tantôt savourer les plaisirs des *nova verba*, comme *allégir*, *allégie* (pour *Lichten, Lichtung* : éclaircir, éclaircie), *nullition*, *nuller* (*Nichtung, nichten* : néantisation, néantiser), *retiraison* (*Entzug* : retrait), *ouverteté* (*Offenheit* : ouverture), *déifiement* (*Götterung* : déploiement divin), *fondamentation* (*Gründung* : fondation), *abîmement* (*Untergang* : déclin), *abandonnement* (*Verlassenheit* : abandon), *util* (*Zeug* : outil), *dignefier* (*würdigen* : apprécier), tantôt goûter les joies de l'*umbred-Übersetzen* en découvrant le « déferlement de la pleine puissance » pour *Wesung*, la « défense qui oppose son refus » pour *Verweigerung*, et le « pays du couchant », pour *Abendland* [61] !

Troisièmement, mais nous laissons cela en pierre d'attente, Heidegger s'en prend historialement au latin, ou plutôt, à travers lui, à la romanisation de la pensée grecque. Historialement, c'est-à-dire du point de vue de cette *Seynsgeschichte*, de cette « Histoire de l'Être », sur laquelle nous reviendrons dans quelques mois, lorsqu'il sera question de Heidegger lors d'un colloque organisé ici même sur l'histoire des idées [62], mais aussi, et surtout, dans les cours des années à venir, consacrés à la « déconstruction de la déconstruction », *destructionis destructio* [63]. Concernant le latin, il faut noter en effet que ce n'est pas tant la nature de la langue qui est ici en cause que l'événement historique de la traduction. Françoise Dastur précise :

> Ce n'est pas la langue latine en elle-même qui est jugée indigne du point de vue ontologique – « l'être parle partout et toujours au travers de toute langue », affirmera Heidegger en 1946 dans *La Parole d'Anaximandre* [64] – mais bien le fait historiquement datable d'un transfert terminologique d'une langue à une autre [65].

On peut se demander si, sous la plume de Heidegger, ce fait est aussi historiquement daté qu'il peut l'être. Et même si pareille datation est ce que vise l'Histoire de l'Être – tout me paraît indiquer que non. Justement parce que, pour reprendre les termes mêmes de Dastur, Heidegger est réputé être le premier qui se soit sérieusement interrogé sur le *transfert* qui est à l'origine même de la tradition occidentale, à savoir cette fameuse traduction du grec en latin dans laquelle il voit en 1942 « l'événement proprement dit de l'histoire », *das eigentliche Ereignis in der Geschichte* [66]. Déjà en 1936 – l'année de *Qu'est-ce qu'une chose ?* cours du semestre d'hiver 1935-1936 [67] –, méditant sur la choséité de la chose, il met, dans « L'origine de l'œuvre d'art [68] », l'accent sur le caractère particulier de cette traduction du grec au latin en soulignant qu'elle consiste en « un transfert de l'expérience grecque en un autre univers de pensée », car « la pensée romaine reprend les mots grecs, sans l'appréhension originale qui correspond à ce qu'ils disent, sans la parole grecque » [69]. Et il ajoute : « C'est avec cette traduction que s'ouvre, sous la pensée occidentale, le vide qui la prive désormais de tout fondement. » *Die Bodenlosigkeit des abendländischen Denkens beginnt mit diesem Übersetzen* [70].

« Le vide qui la prive désormais de tout fondement » : le mot est *Bodenlosigkeit*, « l'absence de sol ». Je vous invite à retenir ce terme. Vous en entendrez de nouveau parler quand les *Schwarze Hefte* seront traduits en français. De même nous reparlerons du phénomène historial « traduction », car il y a, à mes yeux, plus d'un événement « historique », plus d'une traduction effective qui, des stoïciens et de Cicéron à Boèce et au néoplatonisme, tombent, au long des décennies, voire des siècles sous le terme de « transfert », si l'on entend par là la *tra-duction* du grec au latin. Plus d'une traduction, et plus d'un domaine d'application, car, à côté de la philosophie, il y a la théologie, la patristique et la scolastique. Une chose est sûre, avec la romanisation alléguée du grec philosophique s'opère une transmission qui, *pour Heidegger*, « loin de rendre accessible ce qu'elle transmet, contribue au contraire à le recouvrir et barre l'accès aux sources originelles où ont été puisés les concepts traditionnels de la philosophie » – d'où la nécessité de la déconstruction, du « démantèlement », censé nous permettre d'échapper au processus de déracinement *(Entwurzelung)* par rapport à l'origine grecque, « de fermeture et d'aliénation qui constitue le mouvement de fond de la tradition occidentale ».

J'aurai à revenir sur chacun de ces points dans les années qui viennent. Ils sont partie intégrante, constitutive de la *Seynsgeschichte*. Je marque la pause avant d'aborder la partie philosophique du programme de 2016.

Notes

1. Sur les *Problemata*, *cf.* J. Bertier, « *Problemata physica* », *in* R. Goulet, J.-M. Flamand, M. Aouad (éd.), *Dictionnaire des philosophes antiques*, Supplément, Paris, 2003, p. 575-582 ; E.S. Forster, « The Pseudo-Aristotelian Problems : Their Nature and Composition », *Classical Quarterly*, 22 (1928), p. 163-165.

2. Sur cette question, *cf.* B. Delaurenti, « Jalons pour une histoire de la *compassio*. Controverses philosophiques et théologiques sur la contagion du bâillement dans les commentaires aux *Problèmes*

d'Aristote au XIVe siècle », *Recherches de philosophie et théologie médiévales*, 79/1 (2012), p. 149-194.

3. ARISTOTE, VII, 7, 887a15 *sq.*, trad. E.S. FORSTER, *in* W.D. Ross (dir.) *The Works of Aristotle*, vol. VII, Oxford, Clarendon Press, 1927. Il traduit ainsi VII.1, 886a24 *sq.* : « Why do men generally themselves yawn when they see others yawn ? »

4. Le terme « effluve » (απόρροια) figure chez Aristote et Alexandre, qui rejettent son application à la vue, à la lumière et à la couleur. Selon Aristote, la lumière et la couleur ne naissent pas d'effluves émanant des corps. Sur ce point, voir les commentaires de M. Bergeron et R. Dufour sur 42.19-43.4, dans ALEXANDRE D'APHRODISE, *De l'âme*, Introd., texte grec, trad. et comm. par M. BERGERON & R. DUFOUR, Paris, Vrin (Textes et commentaires), 2008, qui renvoient à *De l'âme* II, 7, 418b14-15 et II, 10, 422a14-15 et *De la sensation et des sensibles* 3, 440a15-17. Sur les effluves, *cf.* A. DE LIBERA, « L'onto-théo-logique de Boèce. Doctrine des catégories et théorie de la prédication dans le *De Trinitate* », *in* O. BRUUN, L. CORTI (éd.), *Les Catégories et leur histoire*, Paris, Vrin (Bibliothèque d'histoire de la philosophie), 2005, p. 182, rappelant les analyses de C. LUNA, *Commentaire*, dans SIMPLICIUS, *Commentaire sur les* Catégories *d'Aristote*, chapitres 2-4, trad. par Ph. HOFFMANN avec la coll. de I. HADOT et P. HADOT, Paris, Belles Lettres [*Anagôgê*], 2001, p. 256-257 : « ... au long du temps, les commentaires de *Catégories* 1a24-25 ont introduit six solutions de l'aporie des accidents séparables : 1) la solution des temps verbaux ; 2) celle des émanations (= nos « effluves ») ; 3) la solution dite "diosmique" ; 4) celle du changement ; 5) la solution dite "mixte" (combinant les trois précédentes) et 6) celle des propriétés constitutives de l'essence (propre à Simplicius). »

5. Sur la traduction des *Problemata*, *cf.* P. DE LEEMANS, « Was Peter of Abano the Translator of Pseudo-Aristotle's *Problemata Physica* ? », in *Bulletin de philosophie médiévale*, 49 (2007), p. 103-118. Sur les commentaires médiévaux aux *Problemata*, voir M. VAN DER LUGT, « Aristotle's *Problems* in the West. A Contribution to the Study of the Medieval Latin Tradition », *in* M. GOYENS & P. DE LEEMANS (éd.), *Aristotle's "Problemata" in Different Times and Tongues*, Leuven, Leuven University Press, 2006, p. 71-112. Le même volume fournit une bibliographie commentée sur les *Problemata*.

6. La question VII est traduite dans B. DELAURENTI, « Pietro d'Abano, *Expositio Problematum*, VII (v. 1310). Traduction en fran-

çais », *Spicae. Cahiers de l'Atelier Vincent de Beauvais,* nouvelle série, 3, 2013, p. 1-27.

7. Le *Trésor de la langue française informatisé* (noté ici *TLF*) est accessible sur http ://atilf.atilf.fr.

8. Voir les cours du 10 avril 2014 et du 6 janvier 2015.

9. ARISTOTE, *De l'âme*, III, 2, trad. J. TRICOT, Paris, Vrin, 1995 ([1]1934), p. 155 ; trad. E. BARBOTIN, *De l'âme*, texte établi par A. JANONE, Paris, Belles Lettres (CUF), 1966, p. 70-71 : « ... l'acte du sensible et celui du sens résident dans le sens » ; trad. R. BODÉÜS, Paris, Flammarion (GF), 1993, p. 207 : « ... l'activité du sensible et celle du sensitif prennent place dans le *sujet* capable de sentir. » Bodéüs introduit le mot « sujet » qui n'a pas de correspondant dans l'original grec.

10. G. GENETTE, *Mimologiques. Voyage en Cratylie,* Paris, Seuil (Poétique), 1976, p. 188.

11. Comme le rappelle le *Catalogue iconographique de la Galerie des glaces* à Versailles, la Franche-Comté avait été conquise une première fois en quinze jours lors de la guerre de Dévolution, du 3 au 19 février 1668. La province avait été rendue à l'Espagne à l'issue du traité d'Aix-la-Chapelle. De nouveau conquise entre février et mai 1674 (la citadelle de Besançon fut prise le 22 mai 1674), elle demeura française. *Cf.* www.galeriedesglaces-versailles.fr. L'épisode a fait l'objet d'un poème de Molière : *Au Roi, sur la conquête de la Franche-Comté*, qui est un chef-d'œuvre de la littérature de cour.

Ce sont faits inouïs, GRAND ROI, que tes victoires !
L'avenir aura peine à les bien concevoir ;
Et de nos vieux héros les pompeuses histoires
Ne nous ont point chanté ce que tu nous fais voir.

Quoi ! presque au même instant qu'on te l'a vu résoudre,
Voir toute une province unie à tes États !
Les rapides torrents et les vents et la foudre
Vont-ils, dans leurs effets, plus vite que ton bras ?

N'attends pas, au retour d'un si fameux ouvrage,
Des soins de notre muse un éclatant hommage.
Cet exploit en demande, il le faut avouer ;

Mais nos chansons, GRAND ROI, ne sont pas si tôt prêtes ;
Et tu mets moins de temps à faire tes conquêtes
Qu'il n'en faut pour les bien louer.

12. *Cf.*, pour tout cela, L. Le Laboureur, *Avantages de la langue françoise sur la langue latine*, Paris, Chez Guillaume de Luyne, 1669, p. 165-169.

13. *Cf.* A. de Libera & I. Rosier, « Intention de signifier et engendrement du discours chez Roger Bacon », *Histoire des concepts de l'énonciation, Histoire, épistémologie, langage,* fasc. 8/2 (1986), p. 63-79. *Cf.* en outre A. de Libera, « Référence et champ : Genèse et structure des théories médiévales de l'ambiguïté (xiie-xiiie siècle) », *Medioevo*, 10 (1984), p. 155-208.

14. Sur tout cela, *cf.* A. de Libera, *L'Invention du sujet moderne*, p. 83. La théorie modiste de la *constructio* repose sur l'idée qu'une construction grammaticale est une relation entre deux « constructibles », dont l'un, le *dependens*, « ouvre une dépendance », et l'autre, le *terminans*, la « termine ». Ce sont les « modes de signifier » *(modi significandi)* des constructibles qui déterminent leur statut de dépendant ou de terminant en acte dans une construction donnée – le mode dit « de l'adjacence » ou « de l'adjacent » *(adiacentis)* fait du « nom adjectif » un *dependens*, le mode de signifier dit « de la transitivité » fait du verbe un *dependens*, alors que celui du « nom substantif » fait de lui un *terminans*. Sur ces notions, cf. I. Rosier-Catach, « Modisme, prémodisme, proto-modisme : pour une définition modulaire », *in* S. Ebbesen & R. Friedman (éd.), *Medieval Analyses in Language and Cognition*, Copenhague, 1999, p. 45-81, et « La tradition de la grammaire universitaire », *in* M. de Nonno, P. de Paolis, L. Holtz (éd.), *Manuscripts and Tradition of Grammatical Texts from Antiquity to the Renaissance, Proceedings of a Conference Held at Erice 16-23 october 1997, as the XIth Course of International School for the Study of Written Records*, 2000, p. 449-498.

15. Belle reproduction de l'œuvre conservée au Palais Fesch, galerie des natures mortes, sur http ://www.musee-fesch.com/index.php/musee_fesch/Collections/Peintures-du-xviie-siecle/Scene-de-chasse-avec-chien-et-lievre

16. *Cf.* Augustin, *Homélies sur l'Évangile de saint Jean I-XVI (Tractatus in Iohannis evangelium I-XVI)*, trad. M.-F. Berrouard, Bibliothèque augustinienne (= BA) 71, Paris, Desclée de Brouwer, 1969. Le texte latin est celui des Mauristes reproduit dans la PL 35, 1379-1527 (avec quelques amendements).

17. Augustin, *Hom.* XIV, 7, BA 71, p. 734 : « Cor tuum attende. Quando concipis verbum quod dicas (dicam enim, si potero, quod in nobis attendamus, non unde illud comprehendamus), quando ergo concipis verbum quod proferas, rem vis dicere, et ipsa rei

conceptio in corde tuo iam verbum est ; nondum processit, sed iam natum est in corde, et manet ut procedat ; attendis autem ad quem procedat, cum quo loquaris : si Latinus est, vocem latinam quaeris ; si Graecus est, verba graeca meditaris ; si Punicus est, attendis si nosti linguam punicam ; pro diversitate auditorum diversas linguas adhibes, ut proferas verbum conceptum ; illud autem quod corde conceperas nulla lingua tenebatur. »

18. *Cf.* AUGUSTIN, *Hom.* XIV, 7, trad. M.-F. BERROUARD, BA 71, p. 735. Sur le verbe intérieur *n'appartenant à aucune langue*, voir également *Sermo* 288, 3 (PL 38, 1304-1305), *Sermo* 225, 3, 3 (PL 38, 1097) et *De Trinitate*, XV, x, 19 (BA 16, p. 468-470).

19. *Cf.* C. PANACCIO, *Le Discours intérieur*, Paris, Seuil, 1999, p. 113.

20. *Cf.* Augustin, *Sermon* 288, in *Œuvres complètes de saint Augustin*, trad. fr. sous la dir. de M. Raulx, t. VII, *Sermons*, Paris, V. Palmé-Bar-le-Duc, L. Guérin, 1808, 430B-431A : « De plus, séparée même de la voix, la parole peut avoir son efficacité ; tandis que sans la parole la voix est vaine. Rendons compte de cette proposition, expliquons-la si nous le pouvons. Tu voulais dire quelque chose ; ce que tu veux dire est déjà conçu dans ton cœur ; ta mémoire le garde, ta volonté se dispose à l'exprimer, c'est une idée vivante de ton intelligence. Mais ce que tu veux dire n'est encore formulé dans aucune langue ; cette idée que tu veux émettre, que tu as conçue dans ton esprit n'est encore formulée dans aucune langue, ni grecque, ni latine, ni punique, ni hébraïque, aucune langue enfin ; l'idée n'est encore que dans l'esprit, d'où elle se prépare à sortir. Remarquez bien : C'est une idée, c'est une pensée, c'est une raison que conçoit l'intelligence et qui se prépare à s'en échapper pour s'insinuer dans l'esprit de l'auditeur. Or, en tant que connue de celui qui la possède dans son entendement, cette idée est un verbe, une parole ; parole connue de celui qui doit la proférer, mais non de celui qui doit la recueillir. Voilà donc dans l'esprit une parole déjà formée, déjà entière et cherchant à s'en échapper pour se donner à qui l'entendra. Considère à qui il va s'adresser, celui qui a conçu cette parole intérieure qu'il veut manifester et qu'il voit distinctement en lui-même. Au nom du Christ je veux me faire entendre des esprits cultivés qui sont dans cette église, j'ose même présenter à ceux qui ne sont pas dépourvus de toute instruction, des considérations plus métaphysiques. Que votre charité se rende donc attentive. Voyez une parole conçue dans l'intelligence, elle cherche à en sortir, elle veut qu'on la profère ; on examine à qui on va la porter.

Rencontre-t-on un Grec ? On cherche une expression grecque pour la lui faire comprendre. Un Latin ? C'est un terme latin. Un Carthaginois ? C'est une expression punique. Supprime ces différents interlocuteurs, et la parole intérieure n'est ni grecque, ni latine, ni punique, ni d'aucune autre langue. Elle a besoin, pour se montrer, d'un son de voix connu de celui à qui on veut l'adresser. »

21. *Cf.* Augustin, *Sermo* 288, 3 ; PL 38, 1305 (= éd. Mauristes, t. V, Paris, *Apud Gaume Fratres*, 1838, 1697A-D) : « Verbum valet plurimum et sine voce : vox inanis est sine verbo. Reddamus rationem, et quod proposuimus, si possumus, explicemus. Ecce voluisti aliquid dicere : hoc ipsum quod vis dicere, jam corde conceptum est ; tenetur memoria, paratur voluntate, vivit intellectu. Et hoc ipsum quod vis dicere, non est alicujus linguae. Res ipsa, quam vis dicere, quae corde concepta est, non est alicujus linguae, nec graecae, nec latinae, nec punicae, nec hebraeae, nec cujusquam gentis. Res est tantum corde concepta, parata procedere. Ergo, ut dixi, res est quaedam, sententia quaedam, ratio corde concepta, parata procedere, ut insinuetur audienti. Sic igitur quomodo nota est ei in cujus corde est, verbum est, jam notum dicturo, nondum audituro. Ecce ergo verbum jam formatum, jam integrum, manet in corde : quaerit procedere, ut dicatur audienti. Attendit ille qui concepit verbum quod dicat, et notum habet verbum sibi in corde suo, attendit cui dicturus est. Loquar in nomine Christi auribus eruditis in Ecclesia, et audeo etiam aliquid jam quod sit subtilius, insinuare non rudibus. Intendat ergo Charitas vestra. Videte verbum corde conceptum, quaerit procedere, ut dicatur : attendit cui dicatur. Invenit Graecum ? graecam vocem quaerit, qua procedat ad Graecum. Invenit Latinum ? latinam vocem quaerit, qua procedat ad Latinum. Invenit Punicum ? punicam vocem quaerit, qua procedat ad Punicum. Remove diversitatem auditorum, et verbum illud, quod corde conceptum est, nec graecum est, nec latinum, nec punicum, nec cujusquam linguae. Talem vocem quaerit procedendi, qualis assistit auditor. »

22. C. Panaccio, *Le Discours intérieur*, p. 113. Sur les thèses d'Augustin, *cf.* L. Valente, « *Verbum mentis – Vox clamantis* », *in* T. Shimizu & C. Burnett (éd.), *The Word in Medieval Logic, Theology, and Psychology*, Acts of the 13th Annual SIEPM Congress, Kyoto, 27 September - 1 October 2005, Brepols, 2009, p. 400.

23. *Cf.* Augustin, *Sermon* 288, trad. Raulx, 431A : « Afin de vous faire parfaitement comprendre, je voudrais, mes frères, vous citer maintenant un exemple : je voudrais exprimer l'idée de Dieu. Cette

idée conçue en moi est une idée grande ; car ce n'est pas la syllabe, ce n'est pas ce petit mot que j'ai en vue, c'est l'idée même de Dieu. Je considère donc à qui je parle. Est-ce à un Latin ? Je prononce : *Deus*. À un Grec : Θεόν. Au Latin donc je dis : *Deus* ; au Grec : Θεόν. Entre ces deux mots il n'y a de différence que le son et les lettres qui le forment ; mais dans mon esprit, dans l'idée que je veux exprimer, que je médite, il n'y a ni diversité de lettres, ni variété de sons et de syllabes : c'est la même idée. Pour parler à un Latin, il m'a fallu une voix latine ; une voix grecque pour m'adresser à un Grec. Pour me faire comprendre d'un Carthaginois, d'un Hébreu, d'un Égyptien, d'un Indien, il m'aurait fallu également des voix différentes. Combien de voix différentes, vu le changement de personnes, n'amènerait pas la même idée à former, sans changer ni sans se modifier en elle-même ! Elle se communique à un Latin sous la forme d'une voix latine, sous une voix grecque à un Grec, hébraïque à un Hébreu. De plus, tout en parvenant à celui qui écoute, elle ne quitte pas celui qui parle. Est-ce en effet que je n'ai plus en moi ce que je dis à un autre ? En te portant ma pensée, le son qui m'a servi d'intermédiaire te l'a communiquée sans me la ravir. J'avais présente l'idée de Dieu ; tu n'avais pas encore entendu ma voix ; mais après l'avoir entendue tu as commencé à avoir la même idée que moi : l'ai-je perdue en te la donnant ? En moi donc, dans mon cœur qui lui donne le mouvement, dans mon esprit qui l'engendre secrètement, la parole existe avant de paraître sous forme de voix. La voix n'est pas encore formée dans ma bouche, et la parole est dans mon intelligence : c'est pour arriver jusqu'à toi que cette conception de mon âme recourt au ministère de ma voix. »

24. AUGUSTIN, *Sermo* 288, 3 ; PL 38, 1305 (éd. Mauristes, 1697D-1698C) : « Modo, fratres, ut aliquid propositum sit quod iatelligatis, concepi corde ut dicam, Deus. Hoc quod con cepi corde, magnum aliquid est. Non enim duae syllabae sunt Deus ; non enim vox ista brevis est Deus. Deum volo dicere, intendo cui dicam. Latinus est ? *Deum* dico. Graecus est ? Θεόν dico. Latino dico *Deum*, Graeco dico Θεόν. Inter Deum et Θεόν distat sonus : litterae aliae sunt hic, aliae sunt ibihic, aliae sunt ibi : in corde autem meo, in eo quod volo dicere, in eo quod cogito, nulla est diversitas litterarum, nullus sonus varius syllabarum : hoc est quod est. Ut enuntiaretur Latino, alia vox adhibita est ; ut Graeco, alia. Si Punico enuntiare vellem, aliam adhiberem ; si Hebraeo, aliam ; si AEgyptio, aliam ; si Indo, aliam. Quam multas voces faceret personarum mutatione verbum cordis, sine ulla sui mutatione vel varietate ? Pergit ad Latinum voce

latina, ad Graecum graeca, ad Hebraeum hebraea. Ad audientem pervenit, nec a loquente discedit. Numquid enim quod dicendo in alio facio, ego amitto ? Sonus ille adhibitus medius in te aliquid propagavit, a me non emigravit. Deum jam ego cogitabam : tu nondum audie ras vocem meam ; hac audita, coepisti et tu ha bere quod cogitabam : sed ego non perdidi quod habebam. Ergo in me, tanquam in cardine cordis mei, tanquam in secretario mentis meae, praecessit verbum vocem meam. Non dum sonuit vox in ore meo, et inest jam verbum cordi meo. Ut autem exeat ad te quod corde concepi, ministerium vocis inquirit. »

25. Le terme *spiritalitas* est dérivé du nom *spiritus*, adj. *spiritalis*, correspondant au grec paulinien *pneuma* et *pneumatikos* ; les deux termes s'opposent à *sarx*, latin *caro*, « chair », plutôt qu'à *sôma*, latin *corpus*, « corps ». L'opposition entre *spiritalis* et *carnalis*, *spiritus* et *caro*, concerne moins la distinction *immatériel* vs *matériel* que les deux manières de vivre antagonistes, guidées l'une par l'Esprit de Dieu, l'autre, non. *Cf.* sur ce point, W. Principe, « Toward defining Spirituality », *Studies in Religion/Sciences religieuses*, 12/2, june 1983, p. 127-141, J. Leclercq, « Spiritualitas », *Studi medievali,* 3 (1962), p. 279-296, et A. Solignac, « Spiritualité », in *Dictionnaire de spiritualité*, vol. 14, col. 1142-1160.

26. Augustin, *Hom.* XIV, 7, BA 71, p. 735. Dans *« sic Deus edidit Verbum »*, on a affaire à *edo, is, ere, didi, ditum*, tr. (et non pas, évidemment, à *edo, edis* ou *edes, edere* ou *esse, edi, esum* : manger, mâcher ou avaler). Le sens du verbe est dévoiler, divulguer, découvrir, révéler, rendre public, faire sortir, mettre au jour – d'où chez Cicéron : *librum edo* : éditer, publier un livre – notre usage actuel.

27. Augustin, *Hom.* XIV, 7, BA 71, p. 736.

28. Selon Richard Rorty, l'idée de « l'espace intérieur » en tant que scène de toutes les idées est une innovation cartésienne. *Cf.* R. Rorty, *Philosophy and the Mirror of Nature*, Oxford, Blackwell, 1980, p. 50 : « There were, to be sure, the notions of taking tacit thought, forming resolutions *in foro interno*, and the like. The novelty was the notion of a single inner space in which bodily and perceptual sensations ('confused ideas of sense and imagination' in Descartes' phrase), mathematical truths, moral rules, the idea of God, moods of depression, and all the rest of what we now call 'mental' were objects of quasi-observation. » Sur le théâtre cartésien et la question du « sujet cartésien », voir S. Zizek, « The Cartesian subject without the Cartesian theatre », *in* K.R. Malone,

S.R. Friedlander (éd.), *The Subject of Lacan*, Albany, SUNY Press, 2000, p. 23-40.

29. Sur ce thème, *cf.* L. Chevalier &-H. Rondet, *L'Idée de vanité dans l'œuvre de saint Augustin*, *Rev. ét. aug.*, 1957, p. 221-234.

30. Augustin, *Hom.*, VII, 6, BA 71, p. 417.

31. I Pet., 5, 8.

32. *Cf.* Augustin, *Sermo* 263, 1, PL 38, 1210.

33. *Cf.* Augustin, *Hom.*, VII, 6, BA 71, p. 416 : « Quando venit tempus ut misereretur Deus, venit Agnus. Qualis Agnus quem lupi timent ! qualis Agnus est qui leonem occisus occidit ! Dictus est enim diabolus leo circumiens et rugiens, quaerens quem devoret ; sanguine Agni victus est leo. Ecce spectacula christianorum. Et quod est amplius, illi oculis carnis vident vanitatem, nos cordis oculis veritatem. Ne putetis, fratres, quod sine spectaculis nos dimisit Dominus Deus noster, nam si nulla sunt spectacula, cur hodie convenistis ? Ecce quod diximus, vidistis, et exclamastis ; non exclamaretis nisi vidissetis. Et magnum est hoc spectare per totum orbem terrarum, victum leonem sanguine Agni, educta de dentibus leonum membra Christi et adiuncta corpori Christi. »

34. *Cf.* Augustin, *Hom.*, V, 17, p. 331, note 4 de Berrouard.

35. De l'impureté supposée des « étrennes » témoignent l'étymologie et l'histoire du mot latin et français. Le latin class. *strena* qui signifie « pronostic, présage, signe », désigne en particulier les « présents qu'on fait un jour de fête pour servir de bon présage ». Le *TLF* cite « Nonius Marcellus, [...] lequel fait remonter l'origine des étrennes à Tatius, roi des Sabins. » « Le premier jour de l'an (on ne sait pas très-positivement la date), on avait fait présent à ce prince, un peu crédule, de quelques branches d'arbres consacrées à Strenno, déesse de la force ; ce qui lui parut de bon augure. Jouy, Hermite, t. I, 1811, p. 316 ». Le mot « étrenne » désigne aussi la « première utilisation que l'on fait d'une chose » ; le *TFL* cite : *Avoir l'étrenne d'une femme. Lui faire perdre sa virginité.* « S'il ne l'a pas eue, il va l'avoir... et il n'en aura pas l'étrenne » (Zola, *Bonh. dames*, 1883, p. 667).

36. Augustin, *Sermo* 198, 2, PL 38, 1025.

37. Le célèbre refrain de la chanson de W. Heymans et Sacha Guitry, musique d'A. Willemetz, créée en 1934 par Henri Garat (tirée de l'opérette *Florestan Ier, Prince de Monaco*) était, certains s'en souviennent peut-être : « Amusez-vous, foutez-vous d'tout // La vie entre nous est si brève // Amusez-vous, comme des fous // La vie est si courte, après tout. » Six ans plus tard, c'était *Sichelschnitt*. La vie est courte en effet.

38. Comme l'explique BERROUARD, dans sa Lettre 36, 9, « Augustin nous a conservé quelques lignes d'un libelle émané de Rome en faveur du jeûne du samedi : *dominica alogia* y désigne le banquet du dimanche qui fait suite aux jeûnes de la semaine et auquel on prétend, semble-t-il, donner une allure quasi liturgique. » Mais Augustin ne s'y trompe pas, rétorque, puis s'indigne en 36, 11 (PL 33, 141) : « Ce banquet du dimanche, où tout est pour le ventre et rien pour l'esprit, est jugé digne qu'on le chante et qu'on le consacre par ces paroles : "Vous avez rassasié, Seigneur, une âme qui était vide, et vous avez abreuvé une âme qui avait soif !" »

39. AUGUSTIN, *Lettre* 36, 9, PL 33, 141 et *Lettre* 36, 1. Sur tout cela *Hom.*, V, 17, p. 330, n. 3.

40. Voir A. DE LIBERA, « *Sermo mysticus.* La transposition du vocabulaire scolastique dans la mystique allemande du XIVe siècle », *Rue Descartes*, 14 (1995), p. 67-68, n. 20 : « Dans la première étape de la *translatio studiorum*, l'acculturation philosophique des Arabes dans la Bagdad abbâsside, c'est Hunayn ibn Ishâk qui semble avoir inauguré la méthode de traduction que les scolastiques ont appelée ad sensum. Selon le biographe Sal-âh al-Dîn al-Safadî (m. 1363), les prédécesseurs de Hunayn, les Yahya ibn al-Bitrîq et autres ibn Nâ'imah al-Himsî, traduisaient les textes grecs dans un simple mot à mot. Hunayn, au contraire, aurait créé une méthode de traduction partant du sens global de la phrase, détachée de la syntaxe de la langue de départ et libérée de toute littéralité mécanique ». On retrouve la même alternative dans la philosophie juive médiévale, cette fois pour le passage de l'arabe à l'hébreu, puisque c'est en faveur de la méthode de Hunayn que se prononce Maïmonide, dans une lettre de septembre 1199 adressée à son traducteur Samuel ibn Tibbon, quand il lui recommande de suivre le sens des phrases plutôt que le sens et l'ordre des mots. Sur les traducteurs de Bagdad, *cf.* M. SALAMA-CARR, *La Traduction à l'époque abbâsside. L'école de Hunayn ibn Ishâq et son importance pour la traduction*, Paris, Didier, 1990. Sur les traductions juives, *cf.* R. SINGERMAN, *Jewish Translation History : A Bibliography of Bibliographies and Studies*, chap. 11, *Medieval and Early Renaissance, 900 to 1500*, Amsterdam-Philadelphia, John Benjamins Publishing (Benjamins translation library, vol. 44), 2002, avec p. 86 # 611 la bibliographie sur la *Lettre*.

41. A. BADAWI, « La technique de la traduction. V. Les méthodes de traduction », in *La Transmission de la philosophie grecque au monde arabe*, Paris, Vrin (Études de philosophie médiévale, vol. 56), 1968, p. 33.

42. Voici la traduction anglaise du passage de la Lettre : *Letter of Maimonides to Rabbi Jehudah Ibn Tibbon : Translated from the Hebrew*, with Notes by the Rev. Dr. H. ADLER, p. 222 [p. 219-227], parue dans les *Miscellany of Hebrew literature*, vol I, London, Trübner & co., 1872 : « Let me premise one canon. Whoever wishes to translate, and purposes to render each word literally, and at the same time to adhere slavishly to the order of the words and sen tences in the original, will meet with much difficulty ; his rendering will be faulty and untrustworthy. This is not the right method. The translator should first try to grasp the sense of the subject thoroughly, and then state the theme with perfect clearness in the other language. This, however, cannot be done without changing the order of words, putting many words for one word, or vice versa, and adding or taking away words, so that the subject be per fectly intelligible in the language into which he translates. This method was followed by Honein ben Is'hak with the works of Galen, and his son Is'hak with the works of Aristotle. It is for this reason that all their versions are so peculiarly lucid, and therefore we ought to study them to the exclusion of all others. »

43. Concernant les traductions allemandes médiévales et la compétition des modes de traduction, on consultera en priorité l'ouvrage pionnier de G. STEER, *Hugo Ripelin von Straßburg. Zur Rezeptions-und Wirkungsgeschichte des 'Compendium theologicae veritatis' im deutschen Spätmittelalter*, Tübingen, 1981. Le mot *umbred*, lat. *circumlocutio*, correspond au grec περίφρασις, autrement dit au français « circonlocution », « périphrase », toutes idées exprimées en allemand moderne par « *das Umreden* », « das durch einen *Umschweif* Ausdrücken » (= expression périphrastique) et « *Umschreibung* ». La formule « *umbred* »-*Übersetzen* utilisée par Steer et certains germanistes désigne un mode de traduction périphrastique, circonlocutoire, *ex-plicatif*, voire descriptif.

44. *Cf.* G. STEER, *Hugo Ripelin von Straßburg...*, p. 23.

45. *Cf.* G.H. BUIJSSEN, *Durandus' Rationale in spätmittelhochdeutscher Übersetzung. Das vierte Buch nach der Hs. CVP 2765*, Assen, 1966, p. 5. Pour le texte de Durand, *cf.* GUILLELMUS DURANTUS, *Rationale divinorum officiorum V-VI. Corpus Christianorum Continuatio Mediaevalis* (CCCM-PB 140A), A. DAVRIL, T.M. THIBODEAU (éd.), 1998 ; *Rationale divinorum officiorum VII-VIII. Praefatio. Indices.* (CCCM-PB 140B), A. DAVRIL, T.M. THIBODEAU, B.G. GUYOT (éd.), 2000.

46. Comme le souligne à juste titre la notice du CCCM : « Le *Rationale divinorum officiorum* de Guillaume Durand l'Ancien (1230-1296) [...] est un des écrits religieux les plus importants du Moyen-Âge et incontestablement le plus important, pendant trois siècles, dans le domaine des écrits sur la liturgie. » Et de souligner que « la popularité immense du *Rationale* est attestée, entre autres, par des traductions en français, allemand, espagnol, italien et anglais, par plus de 200 manuscrits, et par 111 éditions imprimées dont 40 pour le seul XVe siècle. La première, du 6 octobre 1459 [faisant] de l'œuvre de l'évêque de Mende le cinquième document imprimé [!]. »

47. *Cf.* CH. BRUCKER, « Variations et fixité dans la réception du *Rationale divinorum officiorum* de Guillaume Durand : ses traductions au XIVe siècle », *in* A. VANNESTE, P. DE WILDE, S. KINDT & J. VLEMINGS (éd.), *Memoire en temps advenir. Hommage à Theo Venckeleer*, Leuven-Paris-Dudley (MA), Peeters (*Orbis Supplementa*, t. 22), 2003, p. 28 [p. 13-33 pour l'ensemble] : « ... le *Prologue* de Guillaume Durand, ouvrant l'ensemble de l'ouvrage n'est en rien pris en compte par le traducteur allemand. Il s'agit d'une sorte de préface au sens moderne du terme où c'est lui, Stainreuter, qui, manifestement est l'auteur, et exclusivement, du contenu de son *Prologue* ». Sur le traducteur lui-même, *cf.* n. 59 : « On admet que c'est Stainreuter qui est à l'origine de la traduction allemande. Il est sans doute né en 1340 à Vienne. Il était le chapelain du duc Albert III. Il appartenait à l'ordre des Augustins. » On lui doit plusieurs traductions allemandes (dont celle de l'*Historia tripartita* de Cassiodore le Sénateur, fin. V[e]-début VIe). Selon Brucker, « le *Prologue* a dû être rédigé en 1384 » – date importante dans l'histoire de l'université de Vienne. On trouve le texte allemand complet du *Vorrede*, sur https ://korpora.zim.uniduisburgessen.de/Fnhd/FnhdC.HTM L_alt/111.html

48. Pour Berthold de Regensburg, on se reportera à l'édition de Franz Pfeiffer et Joseph Strobl, avec la mise en perspective de Kurt Ruh : BERTHOLD VON REGENSBURG. *Vollständige Ausgabe seiner Predigten.* Einleitungen und Anmerkungen von F. PFEIFFER & J. STROBL. Bibliographie und überlieferungs- geschichtlicher Beitrag von K. RUH. Bd. 2. Berlin, De Gruyter, 1965 (*Deutsche Neudrucke, Texte des Mittelalters*, réimpr. de l'édition de 1880).

49. N.R. WOLF, « Was macht eine Sprache zur Wissenschaftssprache ? Synchrones und Diachrones », in A[nja] E[dith] Ference & L[ibuše] Spáčilová (éd.), *Deutsch als Sprache der (Geistes) Wissenschaften. Linguistik. Akten der Olmützer Tagung des Germanisten-*

verbandes der Tschechischen Republik, 17.–18. Mai 2012, Kunstzentrum der Palacký-Universität Olomouc, Brno 2013, p. 144 [143-150] : « Der berühmte Franziskaner Berthold von Regensburg (um 1210-1272) beklagt sich in seiner Predigt, von bîhte und buoze' über Mangel der deutschen Sprache. Diese Predigt steht unter dem Motto *Stipendia peccati mors est* (Röm. 6, 23), wobei die vollständige Bibelstelle lautet *Stipendia enim peccati, mors. Gratia autem Dei, vita aeterna, in Christo Iesu Domino nostro* („Denn der Lohn der Sünde ist der Tod, das Gnadengeschenk Gottes aber ewiges Leben in Christus Jesus, unserem Herrn"). Berthold hat Schwierigkeiten mit der Übersetzung eines lateinischen Wortes (Berthold 1965, S. 221) » – le mot *stipendia*. Et WOLF de citer : « Nû sîn wir alsô arm an tiuscher sprâche, daz wir niht wol betiuten mügen waz tiutsche sprichet *stipendia*, wann mit vil umbrede. *Stipendia* sprichet eigenlichen, swenne ein ritter wol gestriten hât dem lônet man wol, der aber übele gestriten hât dem lônet man übele. » Commentaire sur la détermination de la signification par l'exemplification – le recours au « c'est quand » : « Hier also beklagt sich Berthold über die Armut der deutschen Sprache, die das lateinische Wort *stipendia* nicht adäquat wiedergeben könne. *Deswegen greift er zu einer Form der Paraphrase (umbrede), die uns auch heute noch, vor allem in umgangssprachlicher Rede, begegnet : „Das ist, wenn...".* Er tut dies, weil er sich nicht imstande sieht, das lateinische Ausgangswort mit einer deutschen Entsprechung zu betiuten, was hauptsächlich „verständlich machen, auslegen" und erst in zweiter Linie „übersetzen"... bedeutet. Mit anderen Worten : *stipendia* gibt, so zumindest die Meinung Bertholds von Regensburg, einen bestimmten ‚Begriff' wieder, für den es im Deutschen kein Wort gebe, sodass ihm nichts anderes übrig bleibt, als diesen Begriff paraphrasierend zu ‚beschreiben', anstatt ihn (mit einem Wort oder einer – mehr oder weniger – festen Wortgruppe) zu ‚benennen'. » On notera l'opposition entre « nommer » (désigner au moyen d'un nom) un concept et le « décrire » au moyen d'une paraphrase.

50. Pour ὀψώνιον, Strong donne : 1° universally, a soldier's pay, allowance ; 2° metaphorically, wages : *the hire that sin pays* (Rm 6, 23).

51. *Cf.* MAÎTRE ECKHART, *In Iohannem*, § 183, trad. *Maître Eckhart. Commentaire du Prologue à l'Évangile de Jean,* Introd., trad. et notes par A. DE LIBERA, É. WÉBER & É. ZUM BRUNN, Paris, Cerf (L'Œuvre latine de Maître Eckhart, 6), 1989, p. 328-331.

52. AUGUSTIN, *La Grâce et le Libre Arbitre*, IX, 21, PL 44, col. 893.

53. *Cf.* C. Cormeau, « Wiens Universität und die deutschen Prosatexte im Umkreis Heinrichs von Langenstein », *in* D. Poirion (éd.), *Milieux universitaires et mentalité urbaine au Moyen Âge*. Colloque du département d'études médiévales de Paris Sorbonne et de l'université de Bonn, Presses de l'université de Paris-Sorbonne (Cultures et civilisations médiévales, VI), p. 35-48, a des pages sur les deux types de traduction, p. 41-42. Dans son abstract français, p. 47-48, Corneau écrit : « Il y a deux styles de traduction : l'un suit de près le texte latin en s'inspirant étroitement de la grammaire latine et se présente comme langage érudit d'élite qui suppose la connaissance de la langue latine. Ce style de traduction est moins répandu que l'autre qui au contraire cherche à rendre le sens de l'original dans une prose allemande basée sur les règles de la grammaire allemande. » *Cf.*, en outre, A. Gardt, *Geschichte der Sprachwissenschaft in Deutschland : Vom Mittelalter bis ins 20. Jahrhundert*, De Gruyter, 1999, p. 20-21 et 78.

54. Pour plus de détails, *cf.* A. de Libera, « *Sermo mysticus...* », p. 45-48.

55. L'entretien de Heidegger avec le « *Spiegel* » du 23.9.1966, à Fribourg-Zähringen, a été traduit par Jean Launay et publié au Mercure de France en 1977, sous le titre *Martin Heidegger interrogé par « Der Spiegel ». Réponses et questions sur l'histoire et la politique* – c'est cette édition que cite J. Derrida dans *De l'esprit. Heidegger et la question*, Paris, Galilée, 1987. La traduction est reprise dans Martin Heidegger, *Écrits politiques 1933-1966*, présentation, trad. et notes par F. Fédier, Paris, Gallimard, 1995, que je cite ici sous le titre *Entretien avec le 'Spiegel'*. Pour la version allemande : *Spiegel-Gespräch mit Martin Heidegger*, GA 16, p. 652-683.

56. La vision heideggérienne de la *translatio studii* (expression que Heidegger n'utilise pas, à ma connaissance) se conjugue chez lui secrètement au thème de la *translatio imperii*, car il y a une réflexion sur l'impérial et l'empire (« das *Imperiale* als Seinsart des geschichtlichen Menschentums ») dans le cours sur *Parménide* donné au semestre d'hiver 1942-43, qui porte la question de la traduction – on rejoint là de façon étonnante la critique de l'impérial(isme) chez les tenants de l'histoire « postcoloniale ». *Cf.* M. Heidegger, *Parmenides*, § 3b, GA 54, Francfort-sur-le-Main, Klostermann, 1982, p. 62. Pour la tr. fr. de Th. Piel, *cf. Parménide*, Paris, Gallimard, 2011.

57. Hölderlin, c'est-à-dire « le poète qui fait signe en direction de l'avenir », « le poète qui attend le dieu », *Entretien avec le 'Spiegel'*, in *Écrits politiques*, p. 267.

58. Sur cette phrase, voir le commentaire de J. Derrida, *De l'esprit*..., p. 110-111, dont j'extrais ces phrases : « Que le privilège conjoint de l'allemand et du grec soit [...] absolu au regard de la pensée, de la question de l'être, et donc de l'esprit, c'est ce que Heidegger implique partout. Mais dans l'entretien du *Spiegel*, il le dit d'une façon tranquillement arrogante, peut-être un peu naïve, à la fois armée et désarmée, et je dirais, dans "notre" langue, sans beaucoup d'esprit. Devant de telles sentences, on aurait envie de mettre un point d'exclamation très latin à mon titre : *de l'esprit, que diable !* (retour du diable dans un moment, et du double au cœur du *Geist*). Voici donc un certain Heidegger quand on lui tend le micro ou le *Spiegel* » – et Derrida de citer le passage litigieux. Le « privilège » du grec et de l'allemand réside en cela que « la pensée correspond uniquement avec l'être et ne peut lui correspondre que selon l'événement singulier d'une langue capable de nommer, d'appeler l'être ou de s'entendre, plutôt, appelée par l'être » (*De l'esprit*, p. 110) – ce qui est le cas du grec et de l'allemand, et commande en partie l'articulation chez le « second » Heidegger des thèmes du « Premier commencement » (grec) et de « l'Autre commencement » (allemand). Sur la différence entre les deux « commencements », voir les *Grundfragen der Philosophie. Ausgewählte « Probleme » der « Logik »*, cours de Fribourg du semestre d'hiver 1937/38, éd. F.-W. von Herrmann, GA 45, Francfort-sur-le-Main, Klostermann, 1984.

59. Cf. Entretien avec le *Spiegel*, in *Écrits politiques*, p. 268-269.

60. *Cf.* M. Heidegger, *Beiträge zur Philosophie (Vom Ereignis)*, éd. F.-W. von Herrmann, Francfort, Vittorio Klostermann, 1989 (GA 65) ; trad. fr. F. Fédier, *Apports à la philosophie. De l'avenance*, Paris, Gallimard, 2013.

61. Sur cette traduction et ces exemples, voir la salutaire mise au point de C. Sommer, *Bhdg*, 4, 2014, p. 146-153, à laquelle on ajoutera la recension d'E. Pinat, dans *Actu Philosophia* (http ://www.actu-philosophia.com/spip.php ?article516), qui pointe allégrement certaines des plus dramatiques réussites de la novlangue heideggérienne française, comme : « fermesse », « horsain », « retirade », « insistible », « dépaysance » et « aoûtement ». On notera que, dans le volume des *Écrits politiques*, F. Fédier traduit *Die Selbstbehauptung der deutschen Universität* par *L'Université allemande envers et contre tout elle-même*, là où Gérard Granel avait sobrement choisi : *L'Auto-affirmation de l'Université allemande* (Mauvezin, TER, 1982). Les *Beiträge zur Philosophie* ont été traduits deux fois en anglais : sous le titre de *Contributions to Philosophy (From Enowning)* par P. Emad et

K. MALY, en 1999, de *Contributions to Philosophy (of the Event)*, par R. ROJCEWICZ et D. VALLEGA-NEU, en 2012 (Bloomington, Indiana University Press).

62. Le colloque *Histoire et historiens des idées*, organisé par David Simonetta et Alexandre de Vitry dans le cadre conjoint de la chaire d'Histoire de la philosophie médiévale (A. de Libera) et de la chaire de Littérature française et contemporaine (A. Compagnon), a eu lieu les 18, 19 et 20 mai 2016 au Collège de France. Il est accessible en audio et vidéo, sur le site du Collège de France : www.college-de-france.fr/site/alain-de-libera/symposium-2015-2016.htm et imprimé sur books.openedition.org/cdf/9832.

63. Le cours intitulé « *Destructionis destructio*. Heidegger, Foucault et la pensée médiévale », a été donné du 17 février au 23 mars 2017. Il est également accessible en audio et vidéo sur le site du Collège sur http ://www.college-de-france.fr/site/alain-de-libera/course-2016-2017.htm.

64. M. HEIDEGGER, « La parole d'Anaximandre », in *Chemins qui ne mènent nulle part*, tr. fr. W. BROKMEIER, Paris, Gallimard, 1962 (coll. *tel* 1986), p. 442. Ce texte est la traduction de « Der Spruch des Anaximander » publié dans *Holzwege*, Francfort/M., Klostermann, 1950, p. 296-343 [= GA 5].

65. F. DASTUR, *Heidegger et la question anthropologique*, Louvain-la-Neuve, Éd. de l'Institut supérieur de philosophie – Louvain-Paris, Peeters (Bibliothèque philosophique de Louvain, 56), 2003, p. 72.

66. *Cf.* F. DASTUR, *Heidegger et la question...*, p. 71 *sq.* et M. HEIDEGGER, *Parmenides*, GA 54, p. 62.

67. *Cf.* M. HEIDEGGER, *Die Frage nach dem Ding. Zu Kants Lehre von den transzendentalen Grundsätzen* (cours du semestre d'hiver 1935/36, Fribourg), Tübingen, Niemeyer, 1962 [= GA 41] ; *Qu'est-ce qu'une chose ?*, tr. fr. J. REBOUL & J. TAMINIAUX, Paris, Gallimard, 1971 (coll. tel 1988). Je reviendrai ailleurs sur ce texte capital.

68. *Cf.* « L'origine de l'œuvre d'art », in *Chemins qui ne mènent nulle part*, tr. fr. W. BROKMEIER, p. 16 [p. 13-98, pour l'ensemble]. Le texte allemand est *Der Ursprung des Kunstwerks* [série de conférences 17/11, 24/11, 4/12/1936, Francfort <troisième version>], in *Holzwege*, Francfort/M., Klostermann, 1950, p. 7-68 [= GA 5]. À ne pas confondre avec *Vom Ursprung des Kunstwerks* [texte de la conférence du 13.11.1935 à Fribourg <seconde version>], in *De l'origine de l'œuvre d'art*, tr. fr. E. MARTINEAU, Authentica (hors commerce), bilingue, Paris, 1987 ; repris dans la revue *Conférence*, 4 (1997).

69. Dans « Science et méditation » (conférence du 4.8.1953) in *Essais et conférences*, tr. fr. A. Préau, Paris, Gallimard, 1958 [Tel, 1980], p. 53, pour rendre clair ce que veut dire le terme *réel* dans la phrase « la science est la théorie du réel », Heidegger, soutenant qu'il faut se laisser « guider par le mot lui-même », s'explique sur son usage de l'étymologie : « Établir simplement le sens ancien des mots, qui souvent n'évoque plus rien, s'emparer de cette signification avec l'intention de s'en servir dans un usage nouveau de la langue, cette manière de faire ne conduit à rien, si ce n'est à l'arbitraire. Il s'agit bien plutôt, en s'appuyant sur la signification ancienne du mot et les changements qu'elle a subis, d'apercevoir le domaine de choses dans lequel le mot introduit et où il parle. Il s'agit de considérer ce domaine essentiel comme celui à l'intérieur duquel se meut la chose désignée par le mot. C'est ainsi seulement que le mot parle et il le fait en rapport avec les significations que la chose désignée a parcourues et dans lesquelles elle s'est déployée d'un bout à l'autre de l'histoire de la pensée et de la poésie » ; *cf.* « Wissenschaft und Besinnung », in *Vorträge und Aufsätze*, GA 7, éd. F.-W. von Herrmann, Francfort, Vittorio Klostermann, 2000, p. 42 : « Das bloße Feststellen der alten und oft nicht mehr sprechenden Bedeutung der Wörter, das Aufgreifen dieser Bedeutung in der Absicht, sie in einem neuen Sprachgebrauch zu verwenden, führt zu nichts, es sei denn zur Willkür. Es gilt vielmehr, im Anhalt an die frühe Wortbedeutung und ihren Wandel den Sachbereich zu erblicken, in den das Wort hineinspricht. Es gilt, diesen Wesensbereich als denjenigen zu bedenken, innerhalb dessen sich die durch das Wort genannte Sache bewegt. Nur so spricht das Wort und zwar im Zusammenhang der Bedeutungen, in die sich die von ihm genannte Sache durch die Geschichte des Denkens und Dichtens hindurch entfaltet. »

70. Traitant de « l'interprétation désormais décisive de la *choséité de la chose* et l'interprétation occidentale de l'être de l'étant », Heidegger écrit : « Elle commence avec la reprise *(Übernahme)* des mots grecs dans la pensée romano-latine. Ὑποκείμενον devient *subjectum* ; ὑπόστασις, *substantia* ; συμβεβηκός vire en *accidens*. Mais il est bien vrai que cette traduction *(Übersetzung)* des termes grecs en langue latine n'est nullement ce petit événement inoffensif pour lequel on le prend encore de nos jours. Cette traduction apparemment littérale et par là apparemment sauvegardante est bien une véritable tra-duction *(ein Übersetzen)*, un transfert de l'expérience grecque en un autre univers de pensée. La pensée romaine

reprend les mots grecs, sans l'appréhension originale correspondant à ce qu'ils disent, sans la parole grecque *(ohne das griechische Wort)*. C'est avec cette traduction que s'ouvre, sous la pensée occidentale, le vide qui la prive désormais de tout fondement. » *Cf.*, pour l'allemand, GA 5, p. 7-8 : « Durch diese Bestimmungen aber wird die fortan maßgebende Auslegung der Dingheit des Dinges gegründet und die abendländische Auslegung des Seins des Seienden festgelegt. Sie beginnt mit der *Übernahme* der griechischen Wörter in das römisch-lateinische Denken, ὑποκείμενον wird zu *subiectum* ; ὑπόστασις wird zu *substantia* ; συμβεβηκός wird zu *accidens*. Diese Übersetzung der griechischen Namen in die lateinische Sprache ist keineswegs der folgenlose Vorgang, für den er noch heutigentags gehalten wird. Vielmehr verbirgt sich hinter der anscheinend *wörtlichen* und somit bewahrenden *Übersetzung* ein *Übersetzen* griechischer Erfahrung in eine andere Denkungsart. Das römische Denken übernimmt die griechischen Wörter ohne die entsprechende gleichursprüngliche Erfahrung dessen, was sie sagen, *ohne das griechische Wort*. Die Bodenlosigkeit des abendländischen Denkens beginnt mit diesem Übersetzen. » La thèse est discutée par F. Volpi, « La romanité philosophique et son vocabulaire », *in* J.-F. Mattéi (éd.), *Philosopher en français : Langue de la philosophie et langue nationale*, Paris, PUF (Quadrige), 2001, p. 487-499.

Cours du 18 janvier 2016

Deuxième partie

Rappels : la notion de « chiasme de l'agence ». — La notion de sujet-agent. — La notion de sujet-patient. — Deux questions distinctes : Quel est le sujet qui souffre ?— Qui est le sujet qui souffre ?— Par extension : Qui est le sujet de « ma » souffrance ?— Dire : « le sujet de la passion », c'est poser le problème de la relation entre l'esprit et le corps. — Distinction entre le Mind/Body Problem (MBP), la relation entre le corps et l'esprit, et le Mind/Soul Problem (MSP), la distinction entre l'âme et l'esprit. — Le questionnaire de la subjecti(vi)té et le quadrangle anthropo-noétique. — Question « Qui ? » et Question « Quoi ? ». — Distinction entre le « je » et le « ça ». — Parallélisme entre pensée et souffrance. — Une structure commune : étiologie et topologie. — Sujet de la souffrance (l'esprit ?) et lieu de la souffrance (le corps ?). — Question : peut-on assimiler cause / lieu de la souffrance et cause/lieu de la passion ?

Si la notion de sujet-agent peut apparaître comme contradictoire – elle n'a historiquement cours qu'*une fois réalisé* ce que j'appelle *le « chiasme de l'agence »*, c'est-à-dire la dévolution au « sujet » des fonctions et conditions de l'*agency* –, la notion de sujet-patient, elle, ne pose pas de problème : c'est le sens qu'a originairement, autrement dit *avant le chiasme*, le mot « sujet », l'ὑποκείμενον-*subjectum*, qui, on l'a vu maintes fois, en latin comme en grec, chez Augustin comme chez Aristote, désigne un support ou un substrat, une substance ou un substant, bref un porteur, un récepteur de qualités ou propriétés accidentelles.

Ce qui pose problème, c'est de savoir QUEL est ce sujet qui souffre, puis QUI est le sujet qui souffre, le passage du QUEL au QUI, supposant ou impliquant que ce sujet soit posé comme capable de dire qu'il souffre, c'est-à-dire de s'attribuer sa souffrance / passion. Cela implique aussi qu'il soit capable de souffrir « en première personne », capable d'une souffrance personnelle, d'un discours personnel sur sa souffrance – ce qui est sujet à variations, à degrés, d'un individu l'autre, d'une personne l'autre. Il y a des douleurs muettes, le proverbe dit : *les grandes douleurs sont muettes.* Il y a des passions éloquentes : une éloquence de la passion. Il y a des souffrances éloquentes : une éloquence de la souffrance. Pas nécessairement la *même* ni en soi, ni pour nous, pour moi, pour vous, pour chacun de nous. C'est d'ailleurs là peut-être que nous nous distinguons, que chacun de nous se singularise : et deux fois, dans la *propriété* de sa souffrance ou de sa passion, dans l'*expression* de sa souffrance ou de sa passion.

Ce qui pose problème, c'est la détermination de ce qui peut revendiquer pour soi le titre de sujet – le « je » – le *je qui suis le sujet de ma souffrance* – ou ce qui en moi ou de moi est le sujet de ma souffrance, ou est ce qui souffre.

Précisons. Dire : le « sujet de la passion », c'est une manière de dire : « l'âme et le corps » et d'induire un problème : l'union de l'âme et du corps ; le problème qu'on appelle aujourd'hui en anglais *Mind-Body Problem* (MBP), en tant qu'il se conjugue ou se noue à celui de la personne et du moi. En effet : quel est le sujet de la passion ? Les candidats naturels sont l'âme et le corps – cela renvoie à MBP. Mais il faut se méfier des candidats naturels. En effet, il y a un troisième candidat : l'esprit, et une distinction tripartite entre l'âme, le corps et l'esprit, ce qui renvoie à un autre problème, celui de la distinction entre *Soul* et *Mind* – le *Mind-Soul Problem* (MSP) – et à la distinction, ou à la confusion possible, entre les deux problèmes : corps-esprit, MBP, et âme-esprit, MSP [1].

J'ai fait allusion à l'ensemble du dossier du « je » de la passion dans le cours du 26 juin 2014, en évoquant l'allongement du questionnaire de la subjecti(vi)té, du Moyen Âge à l'Âge classique, voyant *Qui perçoit ? Qui éprouve ?* s'ajouter à *Qui pense ?* et *Quel est le sujet de la perception ? Quel est le sujet des émotions ?* s'ajouter à *Quel est le sujet de la pensée ?* Parvenu au seuil de la modernité, j'avais évoqué les prémisses d'un problème nouveau, sur le point d'apparaître chez Descartes, celui de l'unité subjective de l'homme, en l'espèce de : *Y a-t-il un sujet unique de la pensée, de la perception, et des émotions ?* Ou : *Qui dit « je » dans « je pense », « je perçois », « j'éprouve »* [2] ?

Qui pense, perçoit et éprouve ?	↔	Quel est le sujet de la pensée, de la perception et des émotions ?
↕		↕
Qui sommes-nous ?	↔	Qu'est-ce que l'homme ?

Partant de ce dispositif, un certain nombre de connexions se présentent à nous. On peut connecter le problème du sujet de la passion à la distinction entre QUI et QUOI, la quissité et la quiddité, la *Werheit* et la *Wassheit* heideggériennes, évoquées dans les cours du 3 avril 2014 et du 6 janvier 2015. Ainsi posé le problème prend la forme d'une distinction entre les questions suivantes :

QU'est-CE qui pâtit *vs* QUI pâtit ?
QU'est-CE qui souffre ? *vs* QUI souffre ?

L'âme, le corps, l'esprit – comme on vient de le dire ? Ou bien le « je », ce qui dit : « *je* souffre » ?

On retrouve ici la distinction entre JE et ÇA rencontrée à propos du *cogito*. Développons. La distinction entre « je pense » et « ça pense en moi » se retrouve avec « je souffre » (j'ai mal) et « ça souffre ». Mais peut-on ajouter « en moi » ? Peut-on dire « *ça* souffre en moi », comme on dit, avec Schelling, « *ça* pense en moi », *es denkt in mir* ? Si oui, quel sens a cette « inclusion » ? On peut peut-être admettre que je ne sois pas le sujet de mes pensées ou qu'il y ait en moi un sujet de mes pensées qui ne soit pas une partie de moi, mais bien seulement quelque chose en moi, *aliquid in anima*, plutôt qu'*aliquid animae* – par exemple le *noûs*, l'intellect dit « possible » ou « patient » dans la philosophie médiévale [3] – mais cela peut-il valoir pour la souffrance, cela peut-il valoir pour la passion, cela peut-il valoir pour l'affect que l'on dirait aujourd'hui *émotionnel* ? On peut en douter. « *Ça* souffre en moi ». La passion implique le corps, la souffrance implique le corps, dira-t-on. La pensée ne l'implique pas. On ne peut faire un parallèle entre pensée et passion : pas d'averroïsme dans le domaine des émotions.

Je réponds : pour un dualiste la pensée n'implique pas le corps. Mais tout le monde n'est pas dualiste. Pour un aristotélicien, par exemple, tout particulièrement un averroïste, l'intellect *a besoin* du corps, car il a besoin d'un fournisseur d'images. Il a, dit Siger de Brabant, besoin du corps et de ses images non comme d'un *sujet*, mais comme d'un *objet* [4]. Le même argument ne vaut-il pas aussi pour la passion, la souffrance, la douleur ?

La question est : *qu'est-ce qui éprouve ma douleur* ? Se pourrait-il que je ne sois pas le sujet de ma douleur ou le patient de ma passion comme il se peut que je ne sois pas le sujet de ma pensée ni l'agent de ma pensée ? Ne pourrait-on distinguer *sujet* de la passion et *patient* de la passion comme certains distinguent *sujet* de la pensée et *agent* de la pensée ? La chose ne se complique-t-elle pas singulièrement si l'on distingue *âme*, *corps*, *esprit*, *je*, d'une part, *sujet* et *objet*, d'autre part, comme le font les averroïstes pour l'intellection et la pensée ? En sens inverse, n'est-il pas évident que s'il y a un sujet de ma passion, ce ne peut être qu'un sujet-patient, et que ce dernier ne peut être que moi, quelle que soit la chose ou l'entité que désigne le terme « moi » : corps, ou âme, ou *âme unie à un corps* en tant qu'elle lui est unie, ou plus simplement encore *conscience*, conscience-sujet ou sujet conscient ? Poursuivons.

On peut connecter le problème du sujet de la passion à la question du lieu, du lieu de la souffrance, à la topologie de la souffrance. Où est le lieu de la souffrance ? Est-ce le corps ? Est-ce l'âme ? On a ainsi deux questions, et liées :

(Qui/Quoi) : (Qu'est-ce) qui souffre ?
(Où) : Où cela souffre-t-il [Où y a-t-il souffrir] ?

Deux réponses : R1 : le lieu de la souffrance est le corps. Dire « le sujet de la passion », c'est dire « le corps souffrant » ; en faire l'histoire, c'est faire l'histoire du corps souffrant. R2 : Le lieu de la souffrance est l'âme / l'esprit – mais, dans ce cas, quelle place, quelle fonction attribuer au corps ? Une réponse obvie : une fonction étiologique.

Topologie et étiologie se conjuguent dans une thèse que l'on peut considérer comme « classique » : l'esprit est le lieu de la souffrance, le lieu où elle est éprouvée ; le corps est le lieu de la cause de la souffrance. Je pense ici au « dérangement » dans le corps, selon l'expression reidienne, à quoi correspond dans la pensée une douleur, une souffrance. Le langage ordinaire nous offre et des expressions personnelles et des expressions impersonnelles pour dire l'expérience de la souffrance, de : « j'ai mal », à l'enfantin : « ça (me) fait mal », qui renvoie à la fois et indistinctement à la cause et au lieu de la souffrance.

Reste à se demander s'il y a un lieu de la *cause de la passion* comme il y a un lieu de la *cause de la souffrance*. De fait, en rigueur de termes, pour un cartésien, *faim, soif, douleur* ne sont pas des passions, mais des sentiments. Je peux dire : *j'ai mal à une dent* quand j'éprouve un mal de dents. Mais *où* ai-je mal quand j'éprouve une passion comme la haine ? Nous y reviendrons.

NOTES

1. Sur la différence entre MBP et MSP, rappelons le texte pionnier de R. PASNAU, « The Mind-Soul Problem », à présent dans P.J.J.M. BAKKER & J.M.M.H. THIJSSEN, *Mind, Cognition and Representation : The Tradition of Commentaries on Aristotle's De Anima,* Aldershot, Publishing Limited (Ashgate Studies in Medieval Philosophy), 2007, p. 1-19. *Cf.*, en outre, *Naissance...*, p. 129-133 et *La Double Révolution*, p. 61-65. Un philosophe a donné un tableau pour lors maximalement précis de l'histoire de *'Mind'* en distinguant νοῦς, ψυχή et πνεῦμα. Il s'agit, évidemment, de celui que nous avons appelé le « premier archéologue », William Hamilton. Dans les *Lectures on Metaphysics*, Lect. VIII, p. 156-157, le philosophe écossais pose clairement les bases de la distinction entre *Mind* et *Soul*. *Cf. La Double Révolution*, n. 2*, p. 610 *sq.* : « I defined Psychology, the science conversant about the phaenomena of the mind, or conscious-subject, or self, or ego. The former parts of the definition have been explained ; the terms *mind, conscious subject, self*, and *ego*, come now to be considered. These are all only expressions for the unknown basis of the mental phaenomena, viewed, however, in different relations. [...] Of these the word *mind* is the first. In regard to the etymology of this term, it is obscure and doubtful ; perhaps, indeed, none of the attempts to trace it to its origin are successful. It seems to hold an analogy with the Latin *mens*, and both are probably derived from the same common root. This root, which is lost in the European languages of Scytho-Indian origin, is probably preserved in the Sanscrit *mena*, to know or understand. The Greek νοῦς, intelligence, is, in like manner, derived from a verb of precisely the same meaning (νοέω). The word *mind* is of a more limited signification than the term *soul*. In the Greek philosophy, the term ψυχή, soul, comprehends, besides the sensitive and rational principle in man, the principle of organic life, both in the animal and vegetable kingdoms ; and, in Christian theology, it is likewise used, in contrast

to πνεῦμα or spirit, in a vaguer and more extensive signification. Since Descartes limited psychology to the domain of consciousness, the term mind has been rigidly employed for the self-knowing principle alone. Mind, therefore, is to be understood as the subject of the various internal phaenomena of which we are conscious, or that subject of which consciousness is the general phaenomenon. »

2. Voir sur ce point J.-B. Brenet, « Moi qui pense, moi qui souffre. L'identité du composé humain dans l'antiaverroïsme de Pierre d'Auriole et Grégoire de Rimini », *in* O. Boulnois (éd.), *Généalogies du sujet, de saint Anselme à Malebranche*, Paris, Vrin, 2007 (Bibliothèque d'histoire de la philosophie), 2007, p. 151-169 ; « Âme intellective, âme cogitative : Jean de Jandun et la *duplex forma propria* de l'homme », *Vivarium*, 46/3 (2008), p. 318-334 ; « Jean de Jandun et la *Quaestio de anima intellectiva* de Thomas Wylton », *Freiburger Zeitschrift für Philosophie und Theologie*, 56/2 (2009), p. 309-340.

3. *Cf.* Thomas d'Aquin, *Iª Pars*, q. 79 a. 4 co. : « Respondeo dicendum quod intellectus agens de quo philosophus loquitur, est aliquid animae. »

4. Pour les averroïstes latins du XIIIe siècle, l'homme n'a pas besoin d'être sujet agent de la pensée pour penser. Il lui suffit d'être *objet,* que son corps soit *objet*, que les *images* que fournit le corps et les facultés logées dans le corps soient *objet* de l'acte d'intellection. Cf. Siger de Brabant, *Q. De anima intellectiva*, chap. III, *in* Siger de Brabant, *Quaestiones in tertium De anima, De anima intellectiva, De aeternitate mundi*, éd. B.C. Bazán, Louvain, Publications universitaires – Paris, Béatrice Nauwelaerts (Philosophes médiévaux, 13), 1972, p. 84-85 : « ... cum intellectus dependeat ex corpore quia dependet ex phantasmate in intelligendo, *non dependet ex eo sicut ex subiecto in quo sit intelligere, sed sicut ex obiecto*, cum phantasmata sint intellectui sicut sensibilia sensui ». Même doctrine chez l'Anonyme de Giele, cf. *Quaestiones in libros Aristotelis De anima,* in *Trois Commentaires anonymes sur le Traité de l'âme d'Aristote*, éd. M. Giele *(Un commentaire averroïste sur les livres I et II du Traité de l'âme)*, Louvain, Publications universitaires – Paris, Béatrice Nauwelaerts (Philosophes médiévaux, 11), 1971, p. 75 : « [intelligere] *eget* [...] *materiali corpore ut obiecto, non ut subiecto suo ;* et pro tanto est dicere hominem intelligere. » Sur cette théorie, *cf.* D. Calma, « Le corps des images. Siger de Brabant entre le *Liber de causis* et Averroès », *in* D. Calma & E. Coccia (éd.), *Les 'sectatores Averrois'. Noétique et cosmologie au XIIIe-XIVe siècle, Freiburger Zeitschrift für Philosophie und Theologie*, 53-1/2 (2006), p. 188-235, spéc. p. 219 *sq.* Sur le *De anima*

intellectiva de Siger, *cf.* F. PIRONET, *L'Intellect opérant intrinsèque chez Siger de Brabant : entre forme substantielle et moteur. Suivi de la traduction française des* Quaestiones in tertium De anima, *du traité* De anima intellectiva *et des* Quaestiones super librum De causis (q. 26-27), Université de Montréal, 2004 [en ligne] ; J.-B. BRENET, « Siger de Brabant et la notion d'*operans intrinsecum* : un coup de maître ? », *RSPT*, 97 (2013/1), p. 3-36. Sur la postérité du thème, *cf.* J.-B. BRENET, « Corps-sujet, corps-objet. Notes sur Averroès et Thomas d'Aquin dans le *De immortalitate animae* de Pietro Pomponazzi », *in* J. BIARD & TH. GONTIER (éd.), *Pietro Pomponazzi entre traditions et innovations*, Amsterdam-Philadelphia, B.R. Grüner Publishing Company (Bochumer Studien zur Philosophie, 48), 2009, p. 11-28.

Cours du 25 janvier 2016

Première heure

Thème général : articuler Passion (du Christ) et passion (humaine). — Christologie et anthropologie : le double tournant. — Vers une déconstruction de la « déconstruction » heideggérienne de la subjectivité. — Archéologie philosophique et histoire des idées. — Deux orientations nouvelles. — Le « Futur passé » (Vergangene Zukunft)*: Reinhard Koselleck. — Le « Passé postcolonial »* (Postcolonial past) *et les « études postcoloniales »* (Postcolonial studies). *— Décolonisation du passé et déconstruction. — « Décoloniser le Moyen Âge ». — « Redonner aux catégories médiévales l'incertitude d'un futur encore ouvert ». — Archéologie et études décoloniales : décoloniser la théologie et son histoire. — Objectif du cours : réintégrer les Pères grecs à l'histoire de la philosophie. — Premiers pas :* πάθος *et* παθεῖν, *passion et émotion chez Basile de Césarée († 379) et Grégoire de Nysse († ap. 394). Analyses lexicales : le statut des émotions et les fondements de l'éthique. — Le rôle du plaisir et de la peine, selon l'*Éthique à Nicomaque, *livre II, chapitre* II. *— « Pathêmes » et « mathêmes » chez Aristote. — Le triangle sémantique du* Peri Hermeneias*: nature et fonction des* pathêmata tês psukhês. *— Le terme «* πάθος *» dans le Nouveau Testament. — Présentation et analyse des trois références scripturaires : Épître aux Colossiens 3, 5 ; Épître aux Romains 1, 26 ; Ire Épître aux Thessaloniciens 4, 5. Liste des passions à « mortifier » dans Col 3, 5. Le cas de la* porneia*:* fornicatio *(Vulgate) et* hurerei *(Luther). — La* fornicatio *à Rome : analyse de textes d'Horace et de Catulle. Variations sur le mot « pathicus ». — Rappel des thèses de Foucault, Veyne, Richlin et Edwards. — Analyse et traduction de l'épigramme de Catulle sur*

Nason : « Multus homo es, Naso ». — Retour au Nouveau Testament. — Bilan des analyses : pathos *et* pathê *sont toujours connotés négativement. — Il n'y a pas de passion(s) positive(s).*

L'articulation entre Passion – majuscule – et passion – minuscule – est l'élément central de l'archéologie du sujet de la passion. J'avais conclu la première heure du cours du 6 janvier 2015 en annonçant une exploration du lien entre christologie et anthropologie, un récit, une mise en intrigue d'un double tournant – christologique de l'anthropologie, anthropologique de la christologie –, permettant d'engager une déconstruction de la généalogie du sujet chez Heidegger, visant, à terme, ce que j'avais appelé dès ma leçon inaugurale une *déconstruction de la déconstruction heideggérienne* de la subjectivité [1]. Je poursuivrai cette année sur cette ligne. J'aurai l'occasion d'aborder directement les notions de destruction (*Zerstörung*) et de déconstruction *(Abbau)* dans leur rapport avec ce que Heidegger appelle « l'histoire de l'Être » *(Geschichte des Seins/Seyns),* lors d'un colloque sur l'histoire des idées, organisé au Collège de France en mai prochain. Entre-temps, lentement, patiemment, j'essaierai d'avancer sur le chemin qui m'est propre, qui, je le rappelle, avait abouti l'an passé à une relecture de la controverse monothéliste à partir du *Psêphos* de Sergius de Constantinople – thème christologique s'il en est. Ce chemin de la déconstruction, qui suppose le scénario heideggérien en tant que premier déconstructible, mais aussi qui emprunte à Heidegger certains de ses concepts fondamentaux – comme la distinction subjectité-subjectivité – croise d'autres chemins. En l'occurrence, deux au moins, qu'il faudrait pouvoir examiner en détail.

Le premier est celui de l'« intégration narrative », qui, sur la base d'un concept original, celui de « Futur passé », la *Vergangegene Zukunft* de Reinhart Koselleck (1923-2006), fait du récit un *échangeur entre structure et événement* [2]. Le second est celui de ce que l'on appelle aujourd'hui le « Passé postcolonial », *Postcolonial Past.* Faute de temps, je laisse le premier de côté, en vous renvoyant, sur le fond, à Paul

Ricœur qui consacre à la sémantique koselleckienne des temps historiques tout un chapitre de *La Mémoire, l'histoire, l'oubli*[3], où il explique comment, chez Koselleck, « la structure, en tant que phénomène de longue durée, devient par le récit condition de possibilité de l'événement » :

> On peut parler ici de structures *in eventu* ressaisies seulement *post eventum* dans leur signification. La description des structures en cours de récit contribue ainsi à éclaircir et à élucider les événements en tant que causes indépendantes de leur chronologie. Le rapport est d'ailleurs réversible [...] L'intégration narrative entre structure et événement double ainsi l'intégration narrative entre phénomènes situés à des niveaux différents sur des échelles de durée et d'efficience [...] La distinction entre description et narration n'est certes pas effacée ; mais, si la description préserve la stratification des plans, il revient au récit de les entrelacer. [...] Il en est ici du rapport entre structure et événement comme du rapport entre durées étagées. Toute stratification peut ainsi être médiatisée narrativement[4].

Pour ce qui me concerne, voyez ce que j'ai dit du *Reenactment* dans ma leçon inaugurale, sur les pas de Collingwood, ainsi, structuralisme oblige, que les divers schèmes, quadrilatères ou quadrangles, que, depuis le premier volume de l'*Archéologie du sujet*, je m'efforce de proposer, pour configurer dans une même intrigue, les « durées étagées » des structures que l'on décrit et des événements que l'on raconte. J'évoquais la semaine dernière le quadrangle de la subjecti(vi)té, ajoutant le « je souffre » au « je pense » dans le questionnaire anthropologique « allongé » au seuil de la modernité :

Qui pense, perçoit et éprouve ?	↔	Quel est le sujet de la pensée, de la perception et des émotions ?
↕		↕
Qui sommes-nous ?	↔	Qu'est-ce que l'homme ?

Je puis rappeler aujourd'hui, au niveau des termes/concepts, la structure théologique « grecque », trinitaire et christologique :

ὑποκείμενον	↔	ὑπόστασις
↕		↕
οὐσία	↔	πρόσωπον

qui, *post eventum*, après un certain nombre d'événements de pensée ou d'événements tout court peut apparaître, et je l'espère apparaîtra ici même, une fois ces événements identifiés et mis en intrigue, comme l'une des conditions qui, fondamentalement, ont rendu possible l'émergence du sujet « moderne ».

Le second chemin, que je pourrais le cas échéant emprunter ou avoir emprunté, est au confluent de deux courants théoriques majeurs des années 1960-1970 : la *déconstruction* et la *décolonisation*. Né des travaux d'Edward Saïd sur l'orientalisme, des *Subaltern studies*, axées sur l'histoire d'en bas (« *history from below* ») et, naturellement, des *Postcolonial studies*, dont le manifeste, *The Location of Culture*, de Homi Bhabha, date de 1994[5], le couple *déconstruction/décolonisation* a fait la fortune du concept de « Moyen Âge postcolonial » et du programme qu'il instrumente : « décoloniser le Moyen Âge »[6].

Pour les études postcoloniales, qui s'inscrivent dans la perspective de l'histoire dite « globale », le Moyen Âge est à la fois une prémisse de l'impérialisme et du colonialisme modernes et une fiction, précisément construite au XIXe siècle au moment de l'essor colonial des grands empires, anglais, français, accessoirement allemand, voire italien. Prémisse *et* fiction, prémisse *en tant que* fiction, fondant un imaginaire national qui est aussi un imaginaire colon, ce qui fait que l'on pourrait aussi bien parler d'une « nationalisation » que d'une « colonisation » du passé[7].

« [It is] *possible to colonize a region of history, as it is to colonize a region of geography* », écrit M. Dagenais. Pour lui, « l'histoire du Moyen Âge commence au moment précis où commence l'expansion des empires coloniaux de l'Europe ». D'où cette formule étonnante : « Le Moyen Âge est, pour l'Europe, le Continent noir de l'histoire, tout comme l'Afrique est son Âge obscur de la géographie »[8]. Vous voyez qu'il y a ici un chiasme remarquable, puisqu'on parle d'habitude d'un « continent noir » en géographie et d'un « âge sombre » en histoire [9]. Dagenais poursuit :

> La colonisation du passé est le compagnon indispensable de l'empire. Le mouvement précis par lequel les empires européens, fondés sur des nations, se sont établis eux-mêmes sur de vastes étendues de l'espace géographique, se constituant eux-mêmes simultanément par une assimilation et une « altérisation » de ces espaces et des peuples qui les habitent, comporta en même temps l'invention d'un passé complémentaire qui fût autre par rapport à ces empires coloniaux naissant, un passé qui appartient à, mais qui n'est jamais parfaitement citoyen de la Nation de la Modernité [10].

La création du Moyen Âge allant de pair avec celle des identités nationales, la « décolonisation du Moyen Âge » apparaît aux yeux de certains comme une tâche légitime, voire prioritaire dans la déconstruction de ce qu'on appelait l'*ethnocentrisme* et le *logocentrisme* au début des années 1970. Décentrement, hybridité, transmission culturelle, postcolonialisme, globalisation, tous ces termes qui se retrouvent dans l'argumentaire du « passé postcolonial », fondent un programme dont Jeffrey Jerome Cohen énonce quelques-uns des mots d'ordre dans « *Midcolonial* », l'*Introduction* au collectif *The Postcolonial Middle Ages*, publié en 2000, dont voici les principaux : « déstabiliser les identités hégémoniques » – « *Destabilize hegemonic identities (racial, sexual, ethnic, religious, class, age) by detailing their historical contingency* » – et « décentrer l'Europe » (« *Decenter Europe* ») [11]. La signification méthodologique et la portée théorique d'une déstabilisation des « identités » dominantes apparaît clairement à propos de la sexualité, qu'il s'agit, en quelque sorte, de *reconduire* à un dispositif médiéval non encore articulé par le déterminisme biologique des modernes, en lui restituant, en outre, ce qu'on pourrait appeler ses propres horizons d'attente, ses propres *visées* – qui non seulement ne sont plus, mais dans bien des cas ne se sont pas réalisées. Il y a là un vrai travail sur le temps. Il ne s'agit pas seulement de retracer *(trace back)*, mais de ramener *(take back)* – ce qui veut dire à la fois : rendre (rapporter), retirer, et revenir en arrière, autrement dit à la fois « déconstruire » et « réactiver ».

Redonner aux catégories médiévales « l'incertitude d'un futur encore ouvert », an *uncertain, open future*. Cette belle formule de J.J. Cohen figure dans un passage de *Midcolonial* – le « Moyen Âge colonial » – sur la sexualité :

> Historians of sexuality have argued the relative modernity of the "homosexual vs. heterosexual" divide. Medievalists are exploring how sexuality and gender could be constructed otherwise [...] not in order to reestablish such categories but to take sexuality back from the biological determinists and *give it the uncertain, open future it deserves*. Other identity categories receiving an urgent rethinking include slaves, sex workers, laborers, people of compound ethnicity— even human identity [12].

Restaurer « l'incertitude d'un futur encore ouvert » est, notez-le, une ambition qui peut aisément se rencontrer avec un travail d'historien sur la teneur du « futur dépassé » des générations « dont notre propre modernité se distingue » : la « *Vergangegene Zukunft* » de Koselleck [13]. Je la partage, à ma manière. Je tiens, de fait, que le travail de l'historien ne porte pas seulement sur le passé, mais aussi, dans certains cas, d'abord ou principalement sur un futur, le futur que ce passé avait pour futur, et qui *n'est plus* – entendez aussi qui n'est pas, n'a jamais été et ne sera jamais *le nôtre*.

Ce qui distingue le présent, notre présent, du passé, c'est avant tout le futur : à chacun son futur [14].

Je vais plus loin : les séances de séminaire consacrées en 2014 à la promotion de la querelle des universaux au rang de centre organisateur de l'histoire de la philosophie médiévale chez Victor Cousin me paraissent offrir un bon exemple de « décolonisation »/« dénationalisation » du Moyen Âge.

Rappelez-vous l'invention cousinienne du « conceptualisme » – une doctrine qui n'a jamais existé en ces termes au Moyen Âge – et l'élévation d'Abélard au rang de paradigme national – *en attendant Descartes*. Rappelez-vous aussi le geste littéraire, l'édition, par Cousin, des deux séries d'*Œuvres complètes* ou quasi complètes, qui prolonge la formation du couple grâce auquel la France a donné à l'Europe d'une main ce dont, de l'autre, elle l'a débarrassée.

> … la France a donné à la fois à l'Europe la scolastique au XIIe siècle par Abélard, et au commencement du XVIIe, dans Descartes, le destructeur de cette même scolastique et le père de la philosophie moderne. Et il n'y a point là d'inconséquence ; car le même esprit qui avait élevé l'enseignement religieux ordinaire à cette forme systématique et rationnelle qu'on appelle la *scolastique*, pouvait seul surpasser cette forme même et produire la philosophie proprement dite [15].

La place accordée dans mes travaux d'histoire de la philosophie médiévale à la *translatio studiorum* [16], au transfert des centres d'études, à la reconnaissance de la pluralité des durées et de la nécessité d'un décentrement du supposé « monde médiéval », va dans le même sens que les thèses des *Postcolonial Approaches to the European Middle Ages* – je me permets de vous renvoyer ici à la préface de *La Philosophie médiévale*, publiée en 1993, tout entière construite sur l'idée que *le monde médiéval n'a pas de centre*. Je n'ai donc rien, en principe, à objecter à l'idée d'un « médiévisme postcolonial » [17].

Je veux en revanche faire valoir, et c'est assez pour ne pas me rattacher à ce courant, que les études auxquelles il donne lieu ne font guère de place à la philosophie et ne réservent qu'un strapontin à la théologie – même si, certains auteurs mettent l'accent sur l'hétérogénéité de la *christianitas*, entre Orient et Occident, et en Occident même, ce qui est un premier pas, mais est loin de suffire, si l'on ne va pas aux idées et au *contenu*. Le statut de la théologie, donc aussi de l'histoire de la théologie, qu'il s'agisse de la *theologia* chrétienne ou du *kalâm* musulman, dans les sociétés dites « sécularisées » ainsi que dans les sciences humaines et sociales censées traduire en actes cette sécularisation, peut être résumé d'un mot : marginalisation, pour ne pas dire : occultation. Ce statut d'« étude subalterne » réservé à la théologie est pour l'archéologue un problème essentiel.

« La théologie a longtemps été un savoir majeur éminemment lié à une pratique de pouvoir. Qu'elle soit chrétienne ou païenne, elle est *devenue* un savoir mineur ». L'actuel *revival* de la « philosophie » comme « manière de vivre », accompagné des noces *New Age* du « développement personnel » et de l'athéologie onfrayenne, fait d'elle une des *minorités invisibles* de l'histoire de la philosophie, un « domaine de mémoire » *occulté*. « On s'efforcera d'aller là *contre* », écrivais-je dans *Naissance du sujet*. C'est ce que nous ferons ici. « *Théologiser à fond la notion de sujet* : tel pourrait être le mot d'ordre de l'archéologie de la subjecti(vi)té moderne », ajoutais-je dans le même passage [18]. C'est, derechef, le mot d'ordre que l'on suivra ici.

Je remonte donc, pour commencer le voyage, à des théologiens, aux Pères grecs, plus précisément à deux Pères cappadociens : Basile le Grand, né en 329 et mort – dit-on – le 1er janvier 379, à Césarée, en Cappadoce, dont il était devenu l'évêque en 370, d'où le nom de Basile « de Césarée », sous lequel il est le mieux connu ; Grégoire de Nysse, son frère, né entre 331 et 341 à Néocésarée, dans la province du Pont-Euxin, et mort après 394. Certains identifient Nysse et Nevşehir, en Turquie, mais cela est discuté. À l'heure actuelle, de toute façon, « Nysse » n'existe plus : elle ne peut figurer que dans la titulature d'évêques *in partibus infidelium* (appelés « titulaires » depuis Léon XIII), exerçant une fonction dans l'Église alors que le diocèse correspondant a disparu. En remontant à Basile et Grégoire, je remonte aussi au grec, et au mot πάθος.

Le grec πάθος comporte tous les éléments articulés dans l'entrée *Passion* du *TLF*, de A à E, c'est-à-dire passion, souffrance [19], mais aussi, et d'abord, ce qui affecte quelque chose, ce qui lui arrive, ce qui marque un changement dans quelque chose, dans le corps ou dans l'âme, chez quelqu'un, en mal ou en bien. Le *Middle Liddell*, c'est-à-dire le *Liddell* Moyen *(Intermediate Greek–English Lexicon)* paru en 1889 (fondé sur la 7e édition du Liddell & Scott) distingue quatre sens de base pour πάθος et παθεῖν. Je veux m'arrêter sur le deuxième sens :

I. anything that befalls one, an incident, accident, Hdt., Soph. 2. what one has suffered, one's experience, Aesch.; in pl., Plat. : — commonly in bad sense, a suffering, misfortune, calamity, Hdt., Aesch., etc.; ἀνήκεστον π. ἔρδειν to do an irreparable mischief, Hdt.

II. of the soul, a passion, emotion, such as love, hate, etc., Thuc., Plat., etc.

III. any passive state, a condition, state, Plat. : in pl. the incidents or changes to which things are liable, τὰ περὶ τὸν οὐρανὸν π. id = Plat., etc.

IV. a pathetic mode of expression, pathos, Arist.

Le *Greek-English Lexicon* original, c'est-à-dire la version longue du Liddell & Scott, parue pour la première fois en 1843, mais à présent accessible en ligne comme le *Middle Liddle*, détaille le mot, avec force citations. Dans l'une et l'autre version, le sens II, qui nous intéresse particulièrement ici, ne distingue pas entre *passion* et *emotion*. Le Liddell & Scott n'ouvre pas, en revanche, comme le fait le *Middle Liddell*, sur Thucydide et Platon, mais commence son entrée avec Aristote, absent du Liddle Moyen.

II. of the soul, *emotion, passion* ("λέγω δὲ πάθη... ὅλως οἷς ἕπεται ἡδονὴ ἢ λύπη" Arist.EN1105b21...

Ce passage est traduit par « états affectifs » chez Tricot, par « *passions* » chez David Ross – passion, émotion, état affectif – toute une gamme, presque toute la gamme.

EN II, 4, 1105b21 *sq.* : λέγω δὲ πάθη μὲν ἐπιθυμίαν ὀργὴν φόβον θάρσος φθόνον χαρὰν φιλίαν μῖσος πόθον ζῆλον ἔλεον, ὅλως οἷς ἕπεται ἡδονὴ ἢ λύπη·

Tricot : J'entends par *états affectifs*, l'appétit, la colère, la crainte, l'audace, l'envie, la joie, l'amitié, la haine, le regret de ce qui a plu, la jalousie, la pitié, bref toutes les *inclinations* [– j'écris ce terme en italiques, car vous voyez que dans le grec il y a seulement : ὅλως –] accompagnées de plaisir ou de peine.

Ross : By *passions* I mean appetite, anger, fear, confidence, envy, joy, friendly feeling, hatred, longing, emulation, pity, and in general the *feelings* [– même remarque –] that are accompanied by pleasure or pain.

Cette définition des passions est importante. Elle s'inscrit dans un cadre théorique dont il faut dire un mot avant de continuer l'analyse de πάθος.

Ce cadre est celui de la théorie de la vertu, c'est-à-dire du but même de l'éthique, science « pratique et normative », dont le seul objet est de déterminer comment devenir, quoi donc ? heureux ? non : *vertueux* – ce qui est la même chose bien sûr. Faute de quoi, « elle ne servirait à rien » dit Aristote au début du deuxième livre de l'*Éthique*[20].

Notez en 1104b14-15 : παντὶ δὲ πάθει καὶ πάσῃ πράξει ἕπεται ἡδονὴ καὶ λύπη, « toute passion et toute action s'accompagnent logiquement de plaisir ou de peine[21]. » Cet énoncé porte la thèse générale d'Aristote sur la vertu, selon laquelle « la vertu a rapport aux plaisirs et aux peines ». Je m'explique. Les vertus concernent les actions et les passions, nous dit Aristote, et c'est en partant de cette prémisse que nous arrivons à poser que la vertu a rapport aux plaisirs et aux peines. Comment cela se fait-il ? Tricot dit : au moyen d'un syllogisme. À dire vrai, il est assez difficile à reconstituer. Peut-être même est-il bancal. En tout cas, il y a ces trois affirmations :

> ἔτι δ' εἰ αἱ ἀρεταί εἰσι περὶ πράξεις καὶ πάθη,
> παντὶ δὲ πάθει καὶ πάσῃ πράξει ἕπεται ἡδονὴ καὶ λύπη,
> καὶ διὰ τοῦτ' ἂν εἴη ἡ ἀρετὴ περὶ ἡδονὰς καὶ λύπας.

> M. si les vertus concernent les actions et les passions
>
> m. si toute action et toute passion s'accompagne logiquement de plaisir ou de peine
>
> C. la vertu a rapport aux plaisirs et aux peines[22].

Notez que « s'accompagne logiquement » est une sur-traduction, puisque, en grec, on a simplement ἕπεται : « s'accompagne ». Cela dit, la théorie se comprend bien si l'on considère les thèses suivantes :

> T1 : σημεῖον δὲ δεῖ ποιεῖσθαι τῶν ἕξεων τὴν ἐπιγινομένην ἡδονὴν ἢ λύπην τοῖς ἔργοις.
>
> Tricot : Nous devons prendre pour signe distinctif de nos *dispositions* le plaisir ou la peine qui vient s'ajouter à nos actions ;

Ross : We must take as a sign of *states of character* the pleasure or pain that ensues on acts.

Comprenez : nous cherchons à nous orienter dans la pensée pour déterminer ce que peuvent bien être le but de l'éthique et le moyen d'arriver à ce but. Pour ce faire, il faut prendre comme guide le plaisir ou la peine qui *accompagne*, qui *vient s'ajouter à* nos actions.

T2 : περὶ ἡδονὰς γὰρ καὶ λύπας ἐστὶν ἡ ἠθικὴ ἀρετή

Tricot : Les plaisirs et les peines sont ce sur quoi roule la vertu morale ; Ross : For moral excellence is concerned with pleasures and pains ;

En fait il vaudrait mieux traduire : « C'est aux plaisirs et aux peines qu'a rapport la vertu éthique ». La vertu éthique est *par rapport à*, elle est *ce qui a trait* (« περὶ ») aux plaisirs et aux peines. Huit arguments le prouvent. Voici le premier :

T3 : διὰ μὲν γὰρ τὴν ἡδονὴν τὰ φαῦλα πράττομεν, διὰ δὲ τὴν λύπην τῶν καλῶν ἀπεχόμεθα.

Tricot : c'est à cause du plaisir que nous en ressentons que nous commettons le mal, et à cause de la douleur que nous nous abstenons du bien ; Ross : it is on account of the pleasure that we do bad things, and on account of the pain that we abstain from noble ones [23].

Nous commettons quelque chose de mal, parce que nous éprouvons du plaisir à le faire, et si nous estimons que la commission d'un bien aurait des conséquences fâcheuses pour nous, alors nous renonçons au bien. C'est cet ensemble de thèses qui donne au plaisir et à la peine la plénitude de leur signification éthique.

Cela dit, chez Aristote, il n'y a pas que le *pathos* et les *pathê*, il n'y a pas que la question du plaisir et de la peine, il y a aussi cette expression : les « pathêmes de l'âme », les *pathêmata tês psukhês.* Les lecteurs d'Alphonse Daudet connaissent Μαθήματα – Παθήματα, le jeu de mots sur lequel s'ouvre *La Doulou*, ce voyage au bout de la souffrance, demeuré longtemps inédit [24]. *La doulou*, c'est la *douleur* en provençal. Le texte ne fut publié qu'en 1930, plus de trente ans après la mort de l'auteur des *Lettres de mon moulin*. C'est un journal intime relatant par notes brèves et fulgurantes dix années du calvaire d'un syphilitique (1885-1895). En voici les premiers mots : « "Μαθήματα – Παθήματα" – Les vraies élémentaires. – La Douleur. – Qu'est-ce que vous faites, en ce moment ? – Je souffre. Devant la glace de ma cabine, à la douche, quel émaciement ! Le drôle de petit vieux que je suis tout à coup devenu. Sauté de quarante-cinq ans à soixante-cinq. Vingt ans que je n'ai pas vécus. »

Cette expression, les « pathêmes de l'âme », celles et ceux qui ont suivi le séminaire de 2014 sur *L'Archéologie philosophique* s'en souviennent peut-être, ce sont les affects du chapitre premier du *De interpretatione*, articulant, dans ce que j'appelle le « triangle sémantique d'Aristote »[25], les *phônai* (*voces* en latin : les « sons vocaux »), les fameux *pathêmata* (que Boèce traduit par *passiones animae*, les « passions de l'âme »), et les *pragmata* (ce qu'il traduit par *res*, les « choses »)[26]. Vous vous rappelez que c'est sur la base de ce triangle que l'on peut construire la théorie complète de la signification et de la référence chez Aristote, pour qui les sons vocaux désignent des choses par l'intermédiaire de ces *passiones animae*. La relation entre les sons vocaux, c'est-à-dire les éléments d'une langue (le grec, le latin, le français) et les *pathêmata tês psukhês* est une relation dite κατά συνθήκην, *ad placitum*, « à plaisir », que l'on traduit aujourd'hui par « conventionnelle », en faisant apparaître une notion de *convention*, de pacte, là où elle n'est pas[27]. Ce qui compte c'est que les *phônai* sont distinctes d'une « ethnie » à une autre, alors que les *pathêmata tês psukhês* sont les mêmes pour tous les hommes, ce qui fait qu'on peut dire que les *phônai* sont les symboles des *pathêmata*, alors que les *pathêmata* sont les signes « naturels » des choses qui les causent ou les impriment dans l'âme. Les choses sont les mêmes pour tous les hommes, les *pathêmata* sont les mêmes pour tous les hommes, les *phônai* ne sont pas les mêmes pour tous les hommes : la relation entre *pragmata* et *pathêmata* n'est donc pas conventionnelle, elle est naturelle.

Ce triangle a été, dans la suite des temps, rempli de bien des façons. Chez les commentateurs néoplatoniciens des *Catégories* d'Aristote, les *pathêmata*, les « pathêmes », les affects ou impressions, ont été très vite remplacés par les *noêmata*, les « noèmes », qui, par la suite, au Moyen Âge, ont été rendus en latin par des termes aussi différents que *passio, affectio, intentio,* ou *conceptus* [28].

Il faudra – ce sera une de nos tâches – clarifier les relations existant archéologiquement et philosophiquement entre tous les termes et concepts gravitant autour de *pathos*, chez les philosophes, d'Aristote à l'Âge classique. Il y a là un problème de traduction, une figure historiale de la *translatio studiorum* et de la « romanisation » de l'expérience grecque à laquelle je faisais allusion la semaine dernière. Mais il y a là aussi un des points de départ possibles d'une *déconstruction* du scénario heideggérien de l'histoire du sujet et de la subjectivité, puisque, par exemple, la venue du terme « *intentio* » au sommet du triangle sémantique d'Aristote dans la tradition interprétative médiévale et la substitution des *intentiones animae* aux *pathêmata tês psukhês* ne correspondent pas à une transposition romaine du *pathêma*, mais à une traduction latine du mot arabe – *ma'nâ*, c'est-à-dire « concept » ou « notion » – placé au sommet du triangle dans la tradition arabe de la logique d'Aristote, mais aussi de sa psychologie, chez Avicenne, notamment, puis Averroès et bien d'autres [29]. Le scénario heideggérien de la romanisation ne fait pas de place au moment arabo-latin de la réception d'Aristote et de la pensée grecque. C'est une lacune.

Ce n'est pas la seule, s'agissant du *pathos*. Ce terme, πάθος, en effet, n'est pas qu'un terme philosophique ; c'est aussi un terme néotestamentaire. Là, on entre sur un autre terrain où le sens de *passions mauvaises,* de *dépravation* – en fait, le sens E2 du *Trésor de la langue française* – vient au premier plan, et même celui de *perversion*. Je vous rappelle le sens E2, car je présume que vous ne l'avez pas encore imprimé tel un *pathême* dans vos esprits depuis la semaine dernière :

> E. *Péjoratif* 2. *En partic.* Vice, goût très marqué, souvent exclusif pour une composante particulière et considérée comme aberrante de l'activité sexuelle (sadisme, masochisme, fétichisme, sodomie, etc.).

Je précise que « etc. » ne fait pas partie des perversions. Dans la concordance du Nouveau Testament, que l'on doit à James Strong, plus exactement dans le dictionnaire de grec néotestamentaire qui accompagne sa gigantesque *Exhaustive Concordance of the Bible* (1890), nous retrouvons le sens qui correspond, en gros, aux acceptions du Liddell, mais, pour l'usage néotestamentaire proprement dit, Strong ajoute trois références qui correspondent à la *depraved passion*, la « passion dépravée ». Il propose alors une distinction entre *pathos* et *épithumia.*

Les trois références sont l'Épître aux Colossiens 3, 5 (πάθη ἀτιμίας, « *vile passions* »), l'Épître aux Romains 1, 26 (ἐν πάθει ἐπιθυμίας, « *in the passion of lust* ») et la première aux Thessaloniciens 4, 5. Strong explique, mais on pourrait en discuter indéfiniment, que *pathos* représente le côté passif du vice et *epithumia* son côté actif. *Epithumia* serait « more comprehensive in meaning than πάθος » : ἐπιθυμία représenterait un désir mauvais, tandis que πάθος représenterait un désir ingouvernable, « ingérable » dirait-on aujourd'hui. Je laisse cela, et considère chacune de ces références.

Le texte de Colossiens 3, 5 est particulièrement intéressant puisqu'il dresse la liste de tout ce qu'il faut, selon Paul, « mortifier de » et « dans » ce qui vient de la terre – τὰ μέλη τὰ ἐπὶ τῆς γῆς : les « membres » qui sont « sur terre », dit le texte, auxquels appartient le πάθος, à savoir la passion elle-même. Voici comme d'habitude diverses versions, dont l'originale grecque, où l'on trouve ce beau mot « Νεκρώσατε » (que l'on reconnaît dans le français « nécroser »), que la Vulgate rend par « *mortificate* ».

> Colossiens 3, 5 : Νεκρώσατε οὖν τὰ μέλη τὰ ἐπὶ τῆς γῆς, πορνείαν, ἀκαθαρσίαν, πάθος, ἐπιθυμίαν κακήν, καὶ τὴν πλεονεξίαν ἥτις ἐστὶν εἰδωλολατρεία,

> VULGATE : Mortificate ergo membra vestra quae sunt super terram, fornicationem inmunditiam libidinem concupiscentiam malam et avaritiam quae est simulacrorum servitus
>
> LUTHER : So tötet nun eure Glieder, die auf Erden sind, Hurerei [prostitution, fornication], Unreinigkeit, schändliche Brunst, böse Lust und den Geiz, welcher ist Abgötterei,
>
> KING JAMES VERSION : Mortify therefore your members which are upon the earth; fornication, uncleanness, inordinate affection, evil concupiscence, and covetousness, which is idolatry :
>
> MARTIN : Mortifiez donc vos membres qui sont sur la terre, la fornication, la souillure, les affections déréglées, la mauvaise convoitise, et l'avarice, qui est une idolâtrie ;
>
> SEGOND : Faites donc mourir les membres qui sont sur la terre, l'impudicité, l'impureté, les passions, les mauvais désirs et la cupidité, qui est une idolâtrie.

Je vais m'intéresser à *pathos* bien sûr, mais d'abord à *porneia,* dont vous avez ci-dessus les différentes traductions : *fornicatio* dit la Vulgate, *Hurerei* dit Luther, *fornication* dit la Bible du roi Jacques, « fornication », dit platement Martin, Segond optant pour « impudicité ».

Nous avons rencontré *fornicatio* l'an dernier, lors du cours du 31 mars 2015, en évoquant le régime du vouloir et du nouloir dans les théories buridanienne puis abélardienne de l'adultère. Nous avions noté qu'Abélard distinguait deux sortes d'adultères, ceux qui le sont sans le vouloir (à leur insu, en ignorant que l'objet aimé est marié) et ceux qui le sont en le voulant (c'est-à-dire qui recherchent une femme mariée parce qu'elle est mariée à un haut personnage, et imaginent qu'une maîtresse est comme une décoration). Abélard assimilait les premiers à de simples fornicateurs, la fornication étant, rappelais-je, le rapport sexuel de deux célibataires, sans attaches *(soluti cum soluta)*, dont le modèle médiéval, hérité des Romains était le rapport avec une prostituée, la *Hurerei* de Luther.

Ces éléments ne figuraient pas directement dans le texte d'Abélard, l'*Éthique* intitulée *Scito te ipsum*[30]. Je rouvre le dossier car je le crois intéressant. En 1277, l'évêque de Paris, Étienne Tempier, condamne la thèse affirmant :

> 183 (205). *Quod simplex fornicatio, utpote soluti cum soluta, non est peccatum.* La fornication simple, par exemple celle d'un célibataire avec une célibataire, n'est pas un péché [31].

Dès les *Collationes in Hexaëmeron* [32] de 1273, Bonaventure dénonçait à Paris les maîtres qui « disaient et écrivaient *(dicerent et scriberent)* que le monde était éternel *(mundum aeternum)*, que l'âme de tous [les hommes] était unique *(animam omnium unam)*, que forniquer n'était pas un péché *(non esse peccatum fornicari)*, etc. » [33]

La définition que présuppose la proposition condamnée par l'évêque de Paris est la définition théologique standard rapportée notamment dans la *Real Encyclopädie der classischen Altertumswissenschaft* de Pauly-Wissowa [34] : « *Copula soluti cum soluta, ex mutuo consensu* » : l'accouplement par consentement mutuel, de deux [êtres] libres d'attaches ou de liens, *soluti* (un homme) et *soluta* (une femme).

Thomas d'Aquin examine la *fornicatio* dans la *Pars* II^{a}-II^{ae} de la *Somme de théologie* où il est question des différentes espèces de luxure [35]. Il soutient que la « *fornicatio simplex, quae est soluti cum soluta* » est illicite parce qu'elle est contraire à ce qu'on appellerait aujourd'hui les *droits de l'enfant* : « Inquantum autem impeditur debita educatio et promotio prolis natae ». Deux célibataires sans attache ne peuvent donner une éducation appropriée, reçue seulement dans le cadre de la famille.

Cela étant, je dois rappeler que, pour les Pères latins, la fornication n'est pas la relation sexuelle entre *célibataires adultes consentants*, mais « l'accouplement avec des femmes publiques ». Pourquoi ? Parce que le premier sens de *fornicatio* est architectural : c'est l'action de cintrer, qui vient de *fornix* : « cintre, arc, arche, passage couvert, arc de triomphe ». Or, comme le rappelle le *Dictionnaire de théologie catholique* :

> Étymologiquement, le nom latin de *fornicatio* a été donné par les écrivains de l'Église latine aux relations avec les prostituées, parce qu'on appelait à Rome et à Pompéi *fornices* (de *fornix*, voûte, chambre voûtée) les chambres où on descendait de la rue et qui servaient de lieux de prostitution [36].

Cette précieuse information est tirée du *Dictionnaire des Antiquités romaines et grecques* d'Anthony Rich, qui est souvent allégué comme source dans les autres dictionnaires [37]. Rich renvoie sur ce point au premier livre des *Satires* d'Horace, ainsi qu'à la onzième *Satire* de Juvénal. Une « prostituée vulgaire », littéralement de « bas-étage », tenant boutique sous une voûte : voilà l'obscur objet de la fornication. Le *Dictionnaire des Antiquités grecques et romaines* de Darenberg et Saglio confirme l'étymologie de *fornicatio* [38].

Le texte d'Horace cité par Rich illustre l'ensemble des éléments avancés dans le DTC. Il est consacré à l'illustration d'une sorte de théorème : *les imbéciles évitent un mal pour se jeter dans le mal contraire* (*dum vitant stulti vitia, in contraria currunt*). Dans le domaine de l'amour, le *ni-ni* est de mise : ni femme mariée ni prostituée. Ceux qui refusent l'adultère pour se jeter dans les bouges – *fornices* – ne font pas un meilleur choix. L'adultère risque mille morts ; le débauché, son argent et sa réputation [39]. D'où le titre de la Satire II, dans la traduction de Jules Janin : « Ni trop haut, ni trop bas, le sage est au milieu. »

Voici le passage pertinent de cette satire, dans la traduction de Leconte de Lisle. On y présente deux sortes d'imbéciles :

> Rufillus sent les parfums, Gorgonius [pour Gargonius] le bouc. Rien de mesuré. Les uns ne veulent toucher d'autres femmes que celles dont les talons sont couverts par la bordure de leur robe ; un autre, au contraire, ne désire que celles qui attendent dans l'odeur d'un mauvais lieu. Un homme connu en sortait : — « Courage ! c'est bien ! » lui cria la sagesse divine de Cato ; « car sitôt que l'ardent désir gonfle leurs veines, les jeunes hommes font bien de *descendre* (*descendere*) là, au lieu d'abuser des femmes d'autrui. » — « Je ne voudrais pas être loué ainsi », dit Cupiennius qui aime les peaux blanches [40].

Les remarques d'André Dacier dans le volume V des *Œuvres d'Horace en Latin*, publiées à Amsterdam en 1735, sont très utiles pour comprendre ce texte difficile [41]. Tout est dans l'explication des mots *descendere* et *pathicus*. Dacier explique que *descendere* signifie effectivement « descendre » dans un mauvais lieu. Que signifie, maintenant, *pathicus* ? Cela ne va pas de soi. Embarrassé par la chose, il explique que Catulle, dans une épigramme bien difficile à traduire et que l'on n'a, dit-il, jamais interprétée correctement, nous donne la clef de cette redoutable question.

Multus homo es, Naso ; nam tecum multus homo est qui
Descendit, Naso multus es, at pathicus.

Ce texte est la croix du traducteur. Il mérite l'attention parce qu'il illustre parfaitement les problèmes de traduction évoqués la semaine dernière. La poésie disait Heidegger est intraduisible. Le mot à mot ne convient pas. Reste au plus la périphrase, l'*Umschreibung*. Et de dénoncer, dans la foulée, la romanisation du grec et la rupture avec l'expérience originaire, qui seule donnait vie et sens, en leur monde propre, aux mots grecs. Le problème revient aujourd'hui. Cette fois pour Rome. Ce que Heidegger dit du grec nous le pouvons et devons dire aussi bien du latin. Et avant tout sur le terrain qui nous intéresse ici : celui de la passion. S'il est un domaine où la traduction défaille, où l'expérience fait défaut, où l'origine se dérobe, où le sens s'éclipse, c'est bien en effet celui de ce que j'appellerai le *pathos* romain ou latin, le sens E2 du mot *passion* dans le *TLF*, qui nous a fait nous tourner vers le grec néotestamentaire et le statut de la *porneia* dans le passage de Colossiens 3, 5 que nous sommes en train de lire.

Le mot « pathique » a de nos jours un usage limité. Certains auteurs l'emploient en psycho-physiologie pour qualifier l'effet de la douleur (on parle d'*effet pathique*), d'autres pour désigner un niveau mental, le *niveau pathique*, présent chez tous les êtres capables de sensations dites « affectives » de plaisir et de déplaisir, et de perceptions « émotionnelles » découlant de ces sensations. Personne ne songerait à utiliser le mot de manière péjorative, comme le fait à l'évidence Catulle exécutant Nason d'un « *es pathicus* » meurtrier.

Gaffiot a une entrée *patheticus*, terme modelé sur παθητικός, qui renvoie à Macrobe et à *pathetice* [42] ; en revanche, il n'a pas d'entrée *pathicus*.

Pour comprendre ce terme ce n'est ni chez Dacier ni chez Gaffiot qu'il faut chercher. C'est chez Michel Foucault et Paul Veyne. Pour le premier, dans *Subjectivité et vérité*, le cours de 1980-1981 au Collège de France ; pour le second, dans l'article « L'homosexualité à Rome », paru dans la revue *Communications* en 1982[43]. La signification de *pathicus* est « passif ». *Pathicus* est une injure typiquement romaine ciblant, comme *concubinus* ou *cinaedus*, la passivité sexuelle. « Pathique », s'il existait en français signifierait ce que désigne l'anglais *pathic* dans la somme qu'Amy Richlin a consacrée à la sexualité dans l'humour romain : *The Garden of Priapus. Sexuality and Agression in Roman Humor* : « a man who only enjoys being penetrated »[44]. *Pathicus* désigne quelqu'un qui s'abandonne à un plaisir sexuel passif. La seule activité naturelle pour un mâle étant la pénétration, ce qui ne consiste pas à pénétrer l'autre est *para phusin*, « contre-nature ». Ainsi, pour un Romain, ce qui est contre-nature n'est pas l'homophilie ou l'homosexualité, c'est le fait de ne pas tenir son rôle de mâle. Pour plus de détails sur la disqualification du plaisir passif dans le monde romain, je vous renvoie à Veyne, qui fait le pendant pour Rome aux analyses de Foucault sur le monde grec, notamment à la leçon du 28 janvier 1981 sur les *Aphrodisia* d'Artémidore d'Éphèse et la détermination de la « règle interne de naturalité » permettant de séparer les actes sexuels en naturels et non naturels – le point essentiel de l'analyse, sur laquelle je ne m'arrête pas étant la *non-relationnalité de « l'activité naturelle »*[45]. Pour l'ensemble du dossier romain, voyez *The Politics of Immorality in Ancient Rome* de Catharine Edwards[46]. Foucault, Veyne, Richlin, Edwards : ces quatre auteurs vous donneront une idée de ce que pouvait être l'expérience romaine donnant sens à un mot – *pathicus* – que, si nous en croyions Heidegger, nous échouerions nécessairement à traduire, faute de la partager encore de façon vivante.

Échec pour échec, celui des traducteurs de Catulle est patent, pour ne pas dire spectaculaire. « Voilà le spectacle du philologue ! » pourrait-on dire en relisant certaines traductions. Spectaculaire et instructif. Je passe sur Nason (« Long Nez ») lui-même : certains ont cru qu'il s'agissait d'Ovide,

« Publius Ovidius Naso », l'auteur de l'*Art d'aimer*, dont les trois mariages successifs lui auraient été reprochés par Catulle[47]. Mais imaginez-vous Catulle reprocher à quelqu'un trois mariages successifs ? L'hypothèse est abandonnée[48]. La cible est et restera inconnue. Quant au texte lui-même, chaque mot pose ou a posé un problème. Que veut dire « *multus* » dans « *multus homo* » ? Que veut dire « *descendere* » ? Que veut dire « *pathicus* » ? Je vous donne quelques traductions, avec une espèce de *Schadenfreude*, consistant à montrer de plus mauvais traducteurs que soi.

En 1653, Michel de Marolles comprend *pathicus*, puisqu'il le rend par « homme efféminé », mais il n'entend pas *descendere*, puisqu'il voit Nason « tomber par terre » :

> Nason qui tombe par terre, n'est-il pas un puissant homme ? Car tu es un puissant homme avec toy-mesme. Nason n'es-tu pas un puissant homme, & en mesme temps un homme effeminé[49] ?

En 1845, Denanfrid le voit seulement se baisser :

> Tu es un vaillant homme, Nason ; du moins avec toi-même. Mais tu te baisses, Nason ? Vaillant homme, tu n'es qu'un infâme mignon[50].

En perdition, cependant, il note : « *Multus*, qui fait beaucoup, *pathicus*, qui se laisse beaucoup faire. Ce distique est très obscur. Il paraît qu'ici *descendere* a un sens obscène, et veut dire se soumettre. » Dans les mêmes années, Charles Héguin de Guerle (1793-1881) perd totalement le fil. Une traduction qu'on lui attribue donne en effet :

> Tu en vaux deux à toi seul, ô Nason ! car à lui seul, il en vaut deux, celui qui se suffit à lui-même. Oui, Nason, tu en vaux deux, et tu es ton propre mignon.

Une autre – plus obscène – est si loin du texte qu'on ne voit plus ce qu'elle traduit hormis *pathicus*, rendu derechef par « mignon »[51]. Dacier, qui connaît le sens de *descendere* – descendre de la rue dans un *fornix* : *lupanar ingredi* – est le seul à comprendre à peu près le sens de l'épigramme, mais malheureusement ne la traduit pas. Il donne ce qui est à ses yeux le texte correct :

> Multus homo es, Naso ; nam tecum multus homo est qui
> Descendit, Naso multus es, at pathicus.

Et commente : « c'est ainsi qu'il faut la lire. On verra là un jour mes Remarques ». Je ne les ai malheureusement pas vues ! La traduction la moins extravagante reste donc pour moi celle de Collet, dans la collection dirigée par Nisard – qui échoue cependant à rendre *pathicus* :

> Nason, tu es un homme multiple, car ils sont nombreux les hommes auxquels tu t'abandonnes ; Nason, tu es un homme multiple et débauché [52].

Je laisse de côté d'autres versions [53], dont celle, récente, de Mulroy, qui donne « *queer* » pour... *patheticus*, préféré à *pathicus*, et entend *descendere*, « as referring to entering the *forum* as a candidate » [54].

La dimension homosexuelle du πάθος ou plutôt du « pathique » accessible à l'historien de Rome, au philologue latiniste lecteur de Catulle ou de Juvénal, se retrouve dans le second des trois passages du Nouveau Testament où figure le grec πάθη : précisément dans l'Épître adressée... aux Romains.

Le contexte de Rm 1, 26 est essentiel, c'est un concentré de théologie chrétienne. Paul a commencé par affirmer en Rm 1, 16 l'universalité du message chrétien, de l'Évangile (τὸ εὐαγγέλιον) – *une puissance de Dieu* (δύναμις γὰρ Θεοῦ) *pour le salut de quiconque croit* (εἰς σωτηρίαν παντὶ τῷ πιστεύοντι), *du Juif premièrement, puis du Grec* (Ἰουδαίῳ τε πρῶτον καὶ Ἕλληνι).

En Rm 1, 17, il a posé la base de ce qui deviendra la théorie de la justification par la foi – *parce qu'en lui* – l'Évangile – *est révélée la justice de Dieu par la foi et pour la foi* (ἐκ πίστεως εἰς πίστιν), *selon qu'il est écrit : Le juste vivra par la foi* (Ὁ δὲ δίκαιος ἐκ πίστεως ζήσεται).

En Rm 1, 20, il a précisé que Dieu s'était fait connaître à tous les hommes dans et de par la perfection même de la Création – une des « autorités » pauliniennes les plus importantes pour les médiévaux[55] – que nous retrouverons, à la fin du semestre, en parlant de Luther et de la théologie de la Croix (« ... invisibilia enim ipsius a creatura mundi per ea quae facta sunt intellecta conspiciuntur sempiterna quoque eius virtus et divinitas » ; « En effet ses perfections invisibles, son éternelle puissance et sa divinité sont, depuis la création du monde, rendues visibles à l'intelligence par le moyen de ses œuvres »).

Les hommes pouvaient connaître Dieu au premier coup d'œil, en regardant simplement le monde. Ils ont donc *connu Dieu* dans son œuvre. Pourtant ils ne l'ont pas *glorifié* comme Dieu, et lui ont préféré les idoles, Rm 1, 23 : « chang[eant] la gloire du Dieu incorruptible en images représentant l'homme corruptible, des oiseaux, des quadrupèdes, et des reptiles ». D'où le terrible châtiment qui attend tous ceux qui ont connu Dieu sans le reconnaître. Ce châtiment est fondamentalement sexuel.

Il est décrit à partir de Rm 1, 24 – *c'est pourquoi Dieu les a livrés à l'impureté* (ἀκαθαρσίαν), *selon les convoitises de leurs cœurs ; en sorte qu'ils déshonorent eux-mêmes* – ou plutôt : qu'ils déshonorent entre eux – *leurs propres corps* (αὐτῶν ἐν αὐτοῖς).

Paul précise sans équivoque en ces termes, dans notre texte, Rm 1, 26 : *C'est pourquoi Dieu les a livrés aux passions du déshonneur*, εἰς πάθη ἀτιμίας, en l'occurrence à un usage des corps contre nature, les femmes entre elles (Rm 1, 26) et/ou puis « semblablement aussi les mâles » (Rm 1, 27) : ὁμοίως τε καὶ οἱ ἄρσενες.

> Rm 1, 26 : Διὰ τοῦτο παρέδωκεν αὐτοὺς ὁ Θεὸς εἰς πάθη ἀτιμίας· ναί τε γὰρ θήλειαι αὐτῶν μετήλλαξαν τὴν φυσικὴν χρῆσιν εἰς τὴν παρὰ φύσιν
>
> Vulgate : propterea tradidit illos Deus in passiones ignominiae nam feminae eorum inmutaverunt naturalem usum in eum *usum* qui est contra naturam
>
> Luther : Darum hat sie auch Gott dahingegeben in schändliche Lüste : denn ihre Weiber haben verwandelt den natürlichen *Brauch* in den unnatürlichen

KING JAMES : For this cause God gave them up unto vile affections : for even their women did change the natural *use* into that which is against nature

MARTIN : C'est pourquoi Dieu les a livrés à leurs affections infâmes ; car même les femmes parmi eux ont changé l'*usage* naturel en celui qui est contre la nature

SEGOND : C'est pourquoi Dieu les a livrés à des passions infâmes : car leurs femmes ont changé l'*usage* naturel en celui qui est contre nature.

Notez le mot *khrêsis*, l'usage – latin : *usum*, allemand : *Brauch* –, central dans la théorie de l'action. L'usage naturel, φυσικὴν χρῆσιν, a été changé en un usage contre-nature, παρὰ φύσιν[56]. On retrouve le lexique foucaldien.

Dans l'Épître aux Romains, l'homosexualité conduit le bal des vices. Après avoir posé en Rm 1, 27 que « les hommes, abandonnant l'usage naturel de la femme (ἀφέντες τὴν φυσικὴν χρῆσιν τῆς θηλείας), [s'étaient] enflammés dans leurs désirs les uns pour les autres, commettant homme avec homme (mâle avec mâle : ἄρσενες ἐν ἄρσεσιν) des choses infâmes (τὴν ἀσχημοσύνην κατεργαζόμενοι), et recevant en eux-mêmes le salaire que méritait leur égarement (τὴν ἀντιμισθίαν ἣν ἔδει τῆς πλάνης αὐτῶν ἐν ἑαυτοῖς ἀπολαμβάνοντες) », Paul ajoute en effet en Rm 1, 28-29, une véritable liste de ce qu'on appellerait aujourd'hui « comportements inappropriés » (τὰ μὴ καθήκοντα) :

28. Comme ils ne se sont pas souciés de connaître Dieu, Dieu les a livrés à leur sens réprouvé, pour commettre des choses indignes,
Καὶ καθὼς οὐκ ἐδοκίμασαν τὸν Θεὸν ἔχειν ἐν ἐπιγνώσει, παρέδωκεν αὐτοὺς ὁ Θεὸς εἰς ἀδόκιμον νοῦν, ποιεῖν τὰ μὴ καθήκοντα,

29. tant remplis de toute espèce d'injustice, de méchanceté, de cupidité, de malice ; pleins d'envie, de meurtre, de querelle, de ruse, de malignité ; rapporteurs,
πεπληρωμένους πάσῃ ἀδικίᾳ πονηρίᾳ πλεονεξίᾳ κακίᾳ μεστοὺς φθόνου φόνου ἔριδος δόλου κακοηθείας, ψιθυριστάς

30. médisants, impies, arrogants, hautains, fanfarons, ingénieux au mal, rebelles à leurs parents,
καταλάλους, θεοστυγεῖς, ὑβριστάς, ὑπερηφάνους, ἀλαζόνας, ἐφευρετὰς κακῶν, γονεῦσιν ἀπειθεῖς

31. dépourvus d'intelligence, de loyauté, d'affection naturelle, de miséricorde.
ἀσυνέτους, ἀσυνθέτους, ἀστόργους, ἀνελεήμονας·[57].

Quelle liste ! Dans le troisième texte, la première Épître aux Thessaloniciens, Paul évoque la « passion de la convoitise » – associant ainsi πάθη et ἐπιθυμία (terme riche de 38 occurrences dans le Nouveau Testament), la plupart du temps au sens de désir dit précisément « passionné », « désordonné ». C'est à cette passion du désir désordonné, encore appelée « convoitise », « concupiscence », « convoitise passionnée », etc., que sont voués tous ceux qui auraient pu connaître Dieu mais qui ne l'ont pas reconnu, à savoir les Gentils ou les Nations qui « ne connaissent pas Dieu », entendez : les païens[58].

Malgré la multiplicité des traductions et l'absence de taxinomie claire permettant d'esquisser tant un classement des « passions » qu'un début de distinction entre passions, émotions et états affectifs, un constat s'impose : dans les trois textes néotestamentaires, *pathos* et *pathê* sont connotés négativement. Il n'y a pas de passions positives.

Notes

1. A. de Libera, *Où va la philosophie médiévale ?*, Paris, Collège de France / Fayard (Collection *Leçons inaugurales du Collège de France*, n° 244), juin 2014. En ligne : http :// books.openedition.org/cdf/3615.

Version anglaise : *Where is Medieval Philosophy going?*, http :// books.openedition.org/cdf/4162

2. Cf. R. Koselleck, *Die vergangene Zukunft. Zur Semantik geschichtlicher Zeiten*, Francfort, Suhrkamp, 1979 (poche : Suhrkamp Taschenbuch Wissenschaft, 1988) ; *Le Futur passé : contribution à la sémantique des temps historiques*, trad. J. & M.-C. Hoock, Paris, EHESS, 1990.

3. Paul Ricœur concentre son analyse sur le chapitre intitulé « *Darstellung, Ereignis und Struktur* », « Représentation, événement et structure », in *Le Futur passé...*, p. 133-144. J'emprunte la formule à P. Ricœur, *La Mémoire, l'Histoire, l'Oubli,* Paris, Seuil, 2000, p. 316 : « Après avoir affirmé que les structures relèvent plutôt de la description et les événements du récit en tant que strates temporelles identifiables séparément, l'auteur suggère que la dynamique qui les entrecroise se prête à une narrativisation qui fait du récit un échangeur entre structure et événement ». La différence entre « raconter » *(erzählen)* et décrire *(beschreiben)* divise la « représentation » *(Darstellung)*, la structure « tombant du côté de la description » et l'événement « du côté du récit » (*cf. La Mémoire...*, p. 342, n. 47).

4. P. Ricœur, *La Mémoire...*, p. 316-317.

5. *Cf.* H. K. Bhabha, *The Location of Culture*, New York, Routledge, 1994 ; *Les Lieux de la culture. Une théorie postcoloniale*, trad. F. Bouillot, Paris-Genève, Payot, 2007.

6. *Cf.* K. Biddick, « Decolonizing the English Past : Readings in Medieval Archaeology and History », *Journal of British Studies*, 32 (1993), p. 1-23 ; et, surtout, *The Shock of Medievalism*, Durham (N.C.), Duke University Press, 1998, consacré à l'instauration des études médiévales comme discipline académique au XIXe siècle. La « dénationalisation » va de pair avec la « décolonialisation » du Moyen Âge, dans la mesure où la construction des identités nationales se fonde (en partie !) sur la « colonisation » de parcelles du passé patrimonialisées/nationalisées par le travail historique. Sur ce thème voir, notamment, P.J. Geary, *Quand les Nations refont l'histoire. L'Invention des origines médiévales de l'Europe*, trad. J.-P. Ricard, Paris, Flammarion, 2002, [2]2006.

7. Pour une description et une analyse du mouvement postcolonial en terrain médiéval à l'âge de la *globalisation*, M. Uhlig, « Quand "Postcolonial" et "Global" riment avec "Médiéval" : sur quelques approches théoriques anglo-saxonnes », *Perspectives médiévales. Revue d'épistémologie des langues et littératures du Moyen Âge,* 35,

2014 : *Tendances actuelles de la critique en médiévistique* (https :// peme.revues.org).

8. J. Dagenais, « Decolonizing the Middle Ages : Introduction », The *Journal of Medieval and Early Modern Studies*, 30/3 (2000), p. 446 : « The history of "The Middle Ages" begins at the precise moment when European imperial and colonial expansion begins. The Middle Ages is Europe's Dark Continent of History, even as Africa is its Dark Ages of Geography. »

9. En 1926, Freud applique la formule à la vie sexuelle de la femme adulte : « Nous connaissons moins bien la vie sexuelle de la petite fille que celle du petit garçon. N'en ayons pas trop honte : la vie sexuelle de la femme adulte est encore un continent noir pour la psychologie. » *Cf.* S. Freud, *La Question de l'analyse profane* (1926), trad. fr. J. Altounian, Paris, Gallimard, 1998, p. 75. Le texte existe également sous le titre complet : *La Question de l'analyse profane – Entretiens avec un homme impartial* (*Die Frage der Laienanalyse – Unterredungen mit einem Unparteiischen*, 1926), dans *Œuvres complètes de Freud / Psychanalyse*, XVIII, Paris, P.U.F., 1994.

10. J. Dagenais, « Decolonizing the Middle Ages : Introduction », p. 446 : « Colonization of the past is an indispensable companion of empire. The very moves by which European nation-based empires establish themselves across vast reaches of geographic space, constituting themselves by a simultaneous assimilation and othering of these spaces and the people who inhabit them, involves them at the same time in the invention of a complementary past other to themselves, a past which belongs to, but which can never be granted full citizenship in, the nation of Modernity ». Dagenais, « Decolonizing... », p. 448, n. 24, voit en Kathleen Biddick une figure tutélaire : « Biddick apparently was the first scholar to explore the potential of postcolonial paradigms for medievalists as they try to restructure their relation, not just to the Middle Ages, but to the academic discipline of medieval studies in Modernity as well. »

11. *Cf.* J.J. Cohen, « Introduction », *in* J.J. Cohen (éd.), *The Postcolonial Middle Ages*, New York, Palgrave, 2001 (2e éd.), p. 7, New York, Palgrave, 2001 (2e éd.), p. 7. Dans « Can the Middle Ages Be Postcolonial ? », Simon Gaunt propose un programme moins radical dans sa formulation, auquel l'archéologue ne peut que souscrire, quand il annonce que « ... postcolonial medieval studies requires 1° working outside the framework of a single literary tradition, since few texts in the Middle Ages were produced solely

within such a limited context ; 2° working across different languages and understanding the dissemination and use of different languages in the Middle Ages ; 3° returning to manuscripts and/or revising the canon, rather than relying on critical editions produced in a tradition of modern national literary histories that is bound to occlude important evidence of cultural contact and hybridities ; and 4° recognizing that the insights afforded by postcolonial theory give us a better understanding of how "Europe" came into being, how it related to the rest of the world, and how the medieval history of contact between Europe and Asia or Africa is in fact an important element of the longer history of which colonialism and post-colonialism are part. » *Cf.* S. GAUNT, « Can the Middle Ages Be Postcolonial ? », *Comparative Literature*, Spring 2009, 61(2), p. 160-176.

12. J.J. COHEN, « Introduction », p. 7.

13. Koselleck lui-même, dans le dernier chapitre de son livre, « *Champ d'expérience* et *horizon d'attente* : deux catégories historiques » donne les instruments nécessaires pour articuler *futur ouvert* et *futur dépassé*, et pose en thèse générale ce qui porte notre propre réflexion : « Il n'y a d'histoire qui n'ait été constituée par les expériences vécues et les attentes des hommes agissants et souffrants » (*Le Futur passé*, p. 308).

14. Même le *non-dit*. Sur ce thème *cf.* M. HOBSON, « Dans la caverne de Platon. Heidegger, Derrida », *Littérature*, 85 (1992) : *Forme, difforme, informe*, p. 44-58 ; DOI : 10.3406/litt.1992.2601. Commentant les réflexions de Heidegger sur le « non-dit » de Platon dans *La Doctrine de Platon sur la vérité* (*Platons Lehre von der Wahrheit*, 1931-1932), M. Hobson écrit, p. 45 : « Il semble que Heidegger nous avertisse que c'est la décision qu'on prend sur la nature de la vérité qui forme, maintenant comme dans le passé, les limites du monde dans lequel on vit. C'est l'irruption d'une "détresse future" qui pourrait changer cette forme, et certaines résonances pathétiques du texte suggèrent que c'est la remémoration de Heidegger qui la provoquerait. *Le non-dit ne se réduit donc pas au non-thématisé, au non-objectivé de Platon, qui se laisserait exprimer une fois pour toutes : il est au futur, comme au passé* », et plus loin (p. 54-55) : « Dans *La Doctrine de Platon*..., le fait que le mythe de la caverne soit incorporé à un dialogue n'est pas pris en compte et "*Gespräch*" (dialogue) paraît avec des guillemets avertisseurs. Ni ici, ni ailleurs, l'ironie platonicienne n'est mentionnée. Au contraire, *le non-dit de Platon se construit à travers le texte comme un reflux du futur sur le passé*. L'ironie, par contre, dit une chose et veut en dire une autre, qui

reste non dite. On se doute que Heidegger aurait eu de sérieuses réserves à l'égard de l'ironie. Les analyses habituelles qu'on en donne, comme scission entre la conscience écrivante et l'écrit, que la conscience survole et totalise, ou comme absence à l'intérieur du texte et manifestation du décentrement moderne de la personnalité, ne lui auraient certes pas plu. » Pour le texte de Heidegger, *cf. Platons Lehre von der Wahrheit*, in *Wegmarken*, Francfort/M., Klostermann, 1976 [GA 9, p. 203-238] ; « La doctrine de Platon sur la vérité », tr. fr. A. Préau, in *Questions* II, Paris, Gallimard, 1968 [coll. tel, 1990], p. 117-163.

15. V. Cousin, *Fragments philosophiques, III. Philosophie scholastique*, Paris, Ladrange, [4]1840, p. 5 ; *Introduction* aux *Ouvrages inédits d'Abélard*, p. IV (le texte des fragments est le même que celui de l'*Introduction*, parue en 1836).

16. L'intérêt que revêt la notion médiévale de *translatio* pour la théorie postcoloniale n'a pas échappé à ses partisans. Comme le note Marion Uhlig dans « Quand "Postcolonial" et "Global" riment avec "Médiéval"... » : « C'est même la poétique de la *translatio imperii et studii*, qu'à partir des romans antiques la littérature médiévale choisit pour décrire son propre mode de transmission des valeurs politiques et culturelles, qui a été élue comme métaphore de prédilection pour dire l'heureuse rencontre des *Postcolonial Studies* et des études médiévales. Le sous-titre *Translating Cultures* choisi par les éditrices de *Postcolonial Approaches to the European Middle Ages* en témoigne, qui désigne tout à la fois le contact entre des cultures en situation de confrontation et d'émulation au Moyen Âge et le mouvement qui soumet celles-ci au crible de l'analyse postcoloniale. » L'ouvrage auquel se réfère Uhlig est A.J. Kabir & D. Williams (éd.), *Postcolonial Approaches to the European Middle Ages : Translating Cultures*, Cambridge, CUP (Cambridge Studies in Medieval Literature, vol. 54), 2005.

17. Sur une des fonctions possibles du concept de Moyen Âge proposé par les tenants du médiévisme postcolonial, *cf.* K. Davis, « National Writing in the Ninth Century : A Reminder for Postcolonial Thinking about the Nation », *Journal of Medieval and Early Modern Studies* 28 (1998), p. 630 [611-637] : « Coming from the space of the colonizing West, but from colonized time— in a sense both colonizer and colonized, but not fully either— the European Middle Ages can return to *disrupt dichotomized space and linear time*. Medievalists can effectively excavate the 'minus in the origin' that

still grounds Western strategies for stereotyping and othering 'Third World' cultures today. »

18. A. DE LIBERA, *Naissance...*, p. 97.

19. Le champ de πάθος contient tous les éléments articulés dans l'entrée *passion* du *TLF* : passion-passivité, passion-souffrance, passivité-souffrance du corps ou de l'âme *ou* de l'âme et du corps, *i.e.* du *composé* d'âme et de corps – question anthropologique qui en appelle, d'une part, à la différence entre l'animal (le vivant animé doué de sensation) et l'homme et, d'autre part, à ce qui fait l'homme en l'homme, à son unité, à l'unité du composé d'âme et de corps, à la composition de l'être humain : duelle (âme, corps) ou trichotomique (âme, esprit, corps). Πάθος c'est non seulement le thème – et le titre cartésien – des *passions de l'âme*, mais ce qui nous invite à réfléchir sur la passibilité – sur la capacité, l'aptitude à pâtir –, les diverses formes, les divers niveaux, les divers modes et domaines de la capacité de souffrir, subir, sentir, ressentir la passion, la souffrance, la douleur. En un mot, c'est le « lieu » où, dans la tradition de la pensée classique (médiévale et postmédiévale), le physique et le psychique se rencontrent, « échangent » leurs propriétes, s'unissent, mais aussi, le cas échéant, selon les théories, se distinguent ou se séparent, sans communication ni interaction. « Tracer » le πάθος, c'est, d'une certaine manière, faire l'histoire du *sujet* de la psychologie et de l'anthropologie. D'où la *remontée* à la patrologie grecque proposée dans ce cours.

20. ARISTOTE, *Éthique à Nicomaque*, II, 2, 1103b27-31 : Ἐπεὶ οὖν ἡ παροῦσα πραγματεία οὐ θεωρίας ἕνεκά ἐστιν ὥσπερ αἱ ἄλλαι (οὐ γὰρ ἵνα εἰδῶμεν τί ἐστιν ἡ ἀρετὴ σκεπτόμεθα, ἀλλ' ἵν' ἀγαθοὶ γενώμεθα, ἐπεὶ οὐδὲν ἂν ἦν ὄφελος αὐτῆς), ἀναγκαῖον ἐπισκέψασθαι τὰ περὶ τὰς (30) πράξεις, πῶς πρακτέον αὐτάς· αὗται γάρ εἰσι κύριαι καὶ τοῦ ποιὰς γενέσθαι τὰς ἕξεις, καθάπερ εἰρήκαμεν ; trad. Tricot, p. 90-91 : « Puisque le présent travail n'a pas pour but la spéculation pure comme nos autres ouvrages (car ce n'est pas pour savoir ce qu'est la vertu en son essence que nous effectuons notre enquête, mais c'est afin de devenir vertueux, puisque autrement cette étude ne servirait à rien), il est nécessaire de porter (30) notre examen sur ce qui a rapport à nos actions, pour savoir de quelle façon nous devons les accomplir, car ce sont elles qui déterminent aussi le caractère de nos dispositions morales, ainsi que nous l'avons dit. » Grec en ligne sur : http://www.mikrosapoplous.gr/aristotle/nicom2a.htm.

21. ARISTOTE, *Éthique à Nicomaque*, II, 2, 1104b14-15 ; trad. Tricot, p. 95.

22. Plus littéralement : Si les vertus ont rapport aux actions et aux passions / Si toutes les actions et passions s'accompagnent de plaisir et de peine // la vertu aura rapport aux plaisirs et aux peines. Selon Tricot, p. 95, n. 2 : « le syllogisme est patent. » Il n'en précise cependant ni la figure ni le mode. Dans un syllogisme valide, toutes les conclusions doivent être de forme P-G (où 'P' = petit terme, et 'G' = grand terme). Si je comprends bien, on a ici : Majeure : les *actions* et les *passions* (M = moyen terme) sont ce sur quoi roule la *vertu morale* (G) ; mineure : toute *action* et toute *passion* (M) s'accompagne logiquement de *plaisir* ou de *peine* (P) ; conclusion : les *plaisirs* et les *peines* (P) sont ce sur quoi roule la *vertu morale* (G). Le raisonnement paraît valide.

23. *Cf.* pour tout cela : ARISTOTE, *Éthique à Nicomaque*, II, 2, 1104b4-1104b12 ; trad. TRICOT, p. 94-95 : « D'autre part, nous devons prendre pour signe distinctif de nos dispositions le plaisir ou la peine qui vient s'ajouter à nos actions. En effet, l'homme qui s'abstient des plaisirs du corps et qui se réjouit de cette abstention même, est un homme modéré, tandis que s'il s'en afflige, il est un homme intempérant ; et l'homme qui fait face au danger et qui y trouve son plaisir, ou tout au moins n'en éprouve pas de peine, est un homme courageux, alors que s'il en ressent de la peine, c'est un lâche. — Plaisirs et peines sont ainsi, en fait, ce sur quoi roule la vertu morale. En effet, c'est à cause du plaisir que nous en ressentons que nous commettons le mal, et à cause de la douleur que nous nous abstenons du bien, aussi devons-nous être amenés d'une façon ou d'une autre, dès la plus tendre enfance, suivant la remarque de Platon, à trouver nos plaisirs et nos peines là où il convient, car la saine éducation consiste en cela » ; trad. A. ROSS, *in* JONATHAN BARNES (éd.), *Complete Works of Aristoteles.* vol. II, *The Revised Oxford Translation*, Princeton, PUP, 1984, § 3 : « We must take as a sign of states the pleasure or pain that supervenes on acts ; for the man who abstains from bodily pleasures and delights in this very fact is temperate, while the man who is annoyed at it is self-indulgent, and he who stands his ground against things that are terrible and delights in this or at least is not pained is brave, while the man who is pained is a coward. For moral excellence is concerned with pleasures and pains ; it is on account of pleasure that we do bad things, and on account of pain that we abstain from noble ones. Hence we ought to have been brought up in a particular way from our very youth, as Plato says, so as both to delight in and to be pained by the things that we ought ; for this is the right education. »

24. Texte publié en 2007 avec *Préface*, notes et postface de JULIAN BARNES, trad. de l'anglais par J.-P. AOUSTIN au Mercure de France (Gallimard), coll. « Le Petit Mercure ». Autre éd. : A. DAUDET, *La Doulou*, Paris, Mille et une nuits (La Petite Collection), 2002.

25. J'appelle « triangle sémantique d'Aristote » l'application au *Peri hermeneias* du triangle articulant *Thoughts, Words and Things* dans l'ouvrage classique de C.K. OGDEN & I.A. RICHARDS, *The Meaning of Meaning. A Study of the Influence of Language upon Thought and of The Science of Symbolism*, New York, Harcourt, Brace & World, [8]1946 ([1]1923), p. 11.

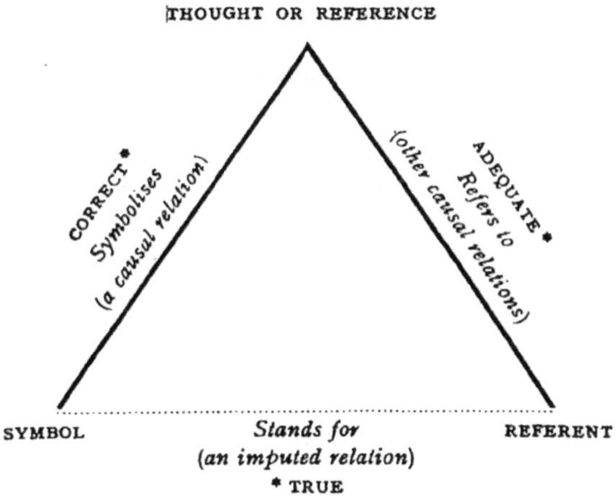

26. Voyez sur tout cela le séminaire du 27 mars 2014.

27. *Cf.* J. ENGELS, « Origine, sens et survie du terme boécien *secundum placitum* », *Vivarium*, I/2 (1963), p. 87-114.

28. Pour tout cela, voir A. DE LIBERA, « Intention », *in* B. CASSIN (dir.), *Vocabulaire européen des philosophies*, Paris, Seuil-Robert, 2004, p. 608-619. Voir également B. CASSIN *et al.*, « signe, symbole », *ibid.*, p. 1159-1175, et A. DE LIBERA, « *Merkmal* », *ibid.*, p. 779-784 et « Terme », *ibid.*, p. 1284-1289.

29. Sur le concept, *cf.* C. PANACCIO, « *Conceptus* », *in* B. CASSIN (dir.), *Vocabulaire...*, p. 248-250. Sur le *ma'nâ*, *cf.* R. BRAGUE, « *Intentio* et *ma'nâ* », *ibid.*, p. 614.

30. L'*Ethica* d'Abélard, connue sous le titre de *Scito te ipsum*, est éditée par D. LUSCOMBE. Cf. *Peter Abelard's Ethics. An Edition with Introduction, English Translation and Notes by D.E. Luscombe*, Oxford, OUP, 1971. Concernant les deux types d'adultères, l'analyse

d'Abélard est la suivante, cf. *Ethica*, éd. Luscombe, p. 16, 16-18 (ma traduction) : « Souvent il arrive que, attirés par sa beauté, nous *voulions* coucher avec une femme dont nous savons qu'elle est mariée : pour autant nous ne *voudrions* pas tant commettre avec elle l'adultère que nous *voudrions qu'elle ne fût pas* mariée » (« Sepe [...] contingit ut cum uelimus concumbere cum ea quam scimus coniugatam, specie illius illecti, nequaquam tamen adulterari cum ea uellemus *quam esse coniugatam nollemus* ») ; *ibid.*, p. 16, 19-22 : « Beaucoup au contraire pour leur propre gloriole désirent davantage les femmes des puissants parce qu'elles sont femmes de puissants qu'ils ne le feraient si elles n'étaient pas mariées, et ils ont plus envie d'être adultères que de forniquer... » (« Multi e contrario sunt qui uxores potentum ad gloriam suam eo magis appetunt quia talium uxores sunt quam si essent innuptae, et magis adulterari quam fornicari cupiunt... ») – en somme : « ils préfèrent *plus* à *moins* de transgression » : « magis quam minus excedere [cupiunt] ».

31. *Cf.* D. Piché, *La Condamnation parisienne de 1277*, éd., trad., introd. et commentaire, Paris, Vrin (Sic et Non), 1999, p. 134-135, qui renvoie à R. Hissette, *Enquête sur les 219 articles condamnés à Paris le 7 mars 1277*, Louvain-Paris, Publications Universitaires-Vander-Oyez (Philosophes médiévaux, 22), 1977, p. 294-296 ; L. Bianchi, *Il Vescovo e i Filosofi. La condanna parigina del 1277 e l'evoluzione dell'aristotelismo scolastico*, Bergame, Pierluigi Lubrina (Quodlibet, 6), 1990, p. 151, 178 (n. 3) et 179 (n. 13) ; A.J. Denomy, « The *De amore* of Andreas Capellanus and the Condemnation of 1277 », *Mediaeval Studies*, 8 (1946), p. 108-110 ; R.-A. Gauthier, « Trois commentaires 'averroïstes' sur l'*Éthique à Nicomaque* », *AHDLMA*, 16 (1947-1948), p. 298 (n. 5) ; R. Hissette, « Étienne Tempier et les menaces contre l'éthique chrétienne », *Bulletin de philosophie médiévale*, 21 (1979) p. 71 (n. 27) ; J.F. Wippel, *Mediaeval Reactions to the Encounter between Faith and Reason* (The Aquinas Lectures, 59), Milwaukee, 1995, p. 23 et 89 (n. 51) et, du même, « The condemnations of 1270 and 1277 at Paris », *Journal of Medieval and Renaissance Studies*, 7 (1977), p. 194.

32. Bonaventure, *Collationes in Hexaëmeron*, I, 1, § 2 ; éd. M.-F. Delorme, *S. Bonaventurae Collationes in Hexaëmeron et Bonaventuriana quaedam selecta*, Quaracchi Florentiae, ex typographia Collegii S. Bonaventurae, 1934, p. 59.

33. Sur ce point *cf.* L. Bianchi, « Students, Masters, and "Heterodox" Doctrines at the Parisian Faculty of Arts in the 1270s », *Recherches de théologie et philosophie médiévales*, 76 (2009),

p. 80. Dans les *Quaestiones de fide*, q. III, § 8, MATTHIEU D'ACQUASPARTA (*Quaestiones disputatae de fide et cognitione*, ed. secunda, cura PP. Collegii S. Bonaventurae, Quaracchi, Florentiae, ex typographia Collegii S. Bonaventurae, 1957, p. 94), abordant de front la question de la fornication, explique que : « Ubi est veritas determinata, asserere contrarium omnino peccatum est, ut in iis quae ad salutem vel religionem pertinent : ut quod Deus est trinus et unus, quod Christus est incarnatus, quod fornicatio est peccatum. In iis nec sentire nec asserere licet contrarium ; et similiter in falsis per oppositum non licet illud concedere. » Il s'appuie sur une distinction entre vrais, faux et indéterminés : « ... aliqua sunt vera determinata et aliqua sunt falsa per oppositum determinata, aliqua autem sunt omnino indeterminata quoad nos. » Pour ce qui est « indéterminé » non pas en soi, mais « pour nous », il n'y a pas péché, car jugeant en fonction de l'apparent on peut naturellement se tromper : « Ubi autem non est veritas determinata nec falsitas, sed debemus sequi probabilitatem signorum, in illis contrarium asserere, nisi alias constet, non est peccatum, ut dicere bonum eum qui malus est, quia apparet bonus et habet bonitatis signum, sicut dicit Augustinus (*Enchiridion*, chap. XIX, n. 6 ; PL 40, 241). Occulta enim cordium, in quibus bonitas consistit, soli Deo sunt nota. »

34. *Cf.* A. F. VON PAULY & G. WISSOWA, *Real Encyclopädie der classischen Altertumswissenschaft,* Stuttgart, 1910, t. VII, col. 11.

35. *Cf.* THOMAS D'AQUIN, *Summa theol. IIa-IIae*, q. 154 a. 1 co.

36. « Fornication », in *Dictionnaire de théologie catholique contenant l'exposé des enseignements, les preuves des enseignements, et l'histoire des enseignements de la théologie catholique*, Paris, Letouzey et Ané, http ://jesusmarie.free.fr /dtc_f/dtc_fornication_1.TIF

37. Le *Dictionary of Greek and Roman Antiquities* d'Anthony Rich (1803-1891) a été traduit de l'anglais dès la fin du XIXe siècle sous le titre : *Dictionnaire des Antiquités romaines et grecques.* Il a fait l'objet de plusieurs éditions dont celle publiée à Paris en 1883 par la Librairie Firmin-Didot, http ://www.mediterranees.net/civilisation/Rich/index.html. L'article *fornix*, illustré d'une gravure représentant « une suite de petites chambres [...] trouvées au milieu des ruines d'une villa romaine sur le golfe de Gaète », donne comme troisième acception : « Voûte ou chambre voûtée ; particulièrement celles qui étaient étroites et communes, comme celles qu'habitaient les esclaves et le pauvre peuple ; de là, le réduit d'une prostituée vulgaire (Hor. Sat. I, 2, 30 ; Juv. XI, 171) ; ces femmes à Rome se

livraient à leur métier sous des voûtes de ce genre, et c'est de là qu'est venu le terme moderne de fornication. »

38. C.V. Daremberg & E. Saglio, *Dictionnaire des antiquités grecques et romaines*, art. *fornix*, Paris, Hachette,1896, t. II, p. 1264 : « De la voûte même le nom de *fornix* s'est étendu à l'endroit que la voûte recouvre ; par exemple, à ces suites de chambres voûtées qui formaient un passage couvert dans l'enceinte fortifiée d'une ville » – lesdites chambres (dont des exemples subsistent à Rome et à Pompéi) étant des « chambres basses où l'on descendait de la rue, et qui servaient de retraites aux prostituées » ; en dérivent « les noms de *fornicator* et *fornicatrix*, ou *fornicaria* et *fornicarius* donnés à ces femmes et à ceux qui les fréquentaient ». « De là aussi est venu le mot *fornicatio*, qui a passé des écrits des Pères de l'Église latine dans la langue ecclésiastique moderne ».

39. Le sort de l'adultère n'est pas enviable. Le voici décrit dans la traduction de Henri Patin parue en 1860 à Paris, chez « Charpentier, Libraire-Editeur », 28, Quai de l'école : « Vous ne serez point fâchés d'apprendre, vous qui ne voulez point de bien aux adultères, que leurs affaires vont mal ; que leurs plaisirs, empoisonnés par bien des peines, et encore bien rares, les jettent dans de graves dangers. Celui-ci s'est précipité du haut d'un toit ; celui-là a été déchiré de coups de fouet à en mourir ; l'un en fuyant est tombé dans une troupe de voleurs ; l'autre pour racheter son corps a donné son argent ; tel a été livré aux outrages des plus vils esclaves ; il en est que le fer a cruellement mutilés. À bon droit, disent-ils tous : Galba seul n'est point de cet avis. »

40. *Cf.* Horace, *Satires*, livre I, satire ii, in *Œuvres de Horace*, trad. nouvelle par Leconte de Lisle, Paris, Alphonse Lemerre éditeur, s.d., p. 11. Les traductions ne manquent pas. Voici celle de Henri Patin : « Les fous n'évitent un excès que pour se précipiter dans l'excès opposé. [...] Rufillus sent les parfums, Gorgonius le bouc. Jamais de mesure en rien. Il en est qui n'approcheront point d'une femme, si ses pieds ne se cachent sous la robe à franges des matrones ; d'autres en veulent uniquement à celles qui attendent l'acheteur dans des caveaux enfumés. Un homme de quelque nom sortait d'un de ces réduits. "Bien, lui cria le sage, le divin Caton. Quand la passion fait bouillonner le sang des jeunes gens, c'est là qu'ils doivent aller au lieu de s'adresser aux femmes des citoyens." "Je ne voudrais pas d'un pareil éloge, dit Cupiennius, admirateur exclusif des beautés que recouvre une robe blanche." » Et la traduction, non versifiée, de Jules Janin, parue, elle aussi, en 1860

à la « Librairie de L. Hachette et Cie », 14 rue Pierre-Sarrazin à Paris : « Rufillus est une civette, Gorgonius est un bouc ! Point de milieu. Celui-ci, dans ses amours, s'adresse à la dame empourprée de l'épaule au talon ; celui-là va relancer les plus viles prostituées dans leur bouge enfumé. "Courage, enfant, disait Caton, ce vrai sage, à un fils de bonne mère qui sortait d'un mauvais lieu ! voilà ce qui s'appelle une bonne action...." J'honore, à son exemple, une passion qui laisse en repos les honnêtes femmes, et se contente à si peu de frais. – Vous aurez beau dire, avec votre Caton, répond Cupiennius, grand amateur des beautés patriciennes, je me passerais fort d'être ainsi loué. » Toutes les traductions anciennes d'Horace sont données sur http ://www.espace-horace.org/index.htm.

41. Cf. *Œuvres d'Horace en Latin*, Traduites en françois par M. Dacier et le P. Sanadon, avec les remarques critiques, historiques et géographiques de l'un & de l'autre, vol. V, Amsterdam, Chez J. Wetstein et G. Smith, 1735. « Dacier » est le nom du philologue André Dacier (1651-1722), reçu en 1695 à l'Académie des inscriptions, puis à l'Académie française, dont il devint secrétaire perpétuel (1713) ; « P. Sanadon », celui du père jésuite Noël Étienne Sanadon (1676-1733). Les remarques sont notées dans le volume « DAC. »

42. L'acception macrobienne de *pathetice* (« de manière expressive ») est sans aucun rapport avec *pathicus*. *Cf.* Macrobe, *Saturnalia*, IV, 5, 12 : « *Sed et illud nimium* pathetice : — Furor inpius intus/ Saeva sedens super arma, et centum vinctus aenis/ Post tergum nodis fremit horridus ore cruento » ; trad. M. Nisard, Paris, Dubochet, 1845, p. 280 : « *Mais nul n'est* plus beau *que le suivant* : La Fureur impie frémira au-dedans du temple, la bouche sanglante, assise sur des armes cruelles, et les mains liées derrière le dos par cent nœuds d'airain », et *Saturnalia*, IV, 6, 10 : « *Utrumque Virgilius* bene pathetice *tractavit, vel cum ait Dido* : Dulces exuviae, dum fata deusque sinebant » ; trad. p. 281 : « Dans les deux cas, Virgile a tiré *un grand parti* de l'un et de l'autre, soit lorsque Didon s'écrie : Dépouilles qui me fûtes chères, tant que les destins et un dieu l'ont permis. » La traduction anglaise de R.A. Kaster (éd.), *Saturnalia*, Volume II : Books 3-5, Cambridge, MA/ London, Harvard University Press [Loeb classical library 511], 2011, p. 201, est meilleure, qui donne : « Virgil used both to *good emotional effect, When Dido says* (A. 4.651) : [...] sweet these mementos, while fate and the god allowed. »

43. *Cf.* P. Veyne, « L'homosexualité à Rome », *Communications*, 35 (1982), *Sexualités occidentales. Contribution à l'histoire et à la sociologie de la sexualité*, p. 26-33.

44. A. Richlin, *The Garden of Priapus. Sexuality and Agression in Roman Humor*, « Preface », New York-Oxford, OUP, 1992, p. viii.

45. *Cf.* M. Foucault, *Subjectivité et vérité. Cours au Collège de France (1980-1981)*, éd. Fr. Ewald, A. Fontana & F. Gros, Paris, Gallimard/Seuil (Hautes Études), 2013, p. 86-92.

46. *Cf.* C. Edwards, *The Politics of Immorality in Ancient Rome*, Cambridge, CUP, 1993.

47. Selon M. Amiel, *L'Éloquence sous les Césars*, Paris, Furne & Cie, 1864, p. 281, qui donne la leçon *patheticus* : « Ces trois mariages successifs pouvaient bien avoir pour cause, outre une légèreté native, un vice, hélas ! commun dans l'Antiquité, dont bien des génies ne furent pas exempts. Catulle le lui reproche expressément : *Multus homo es, Naso ; nam tecum multus homo est qui // Descendit ; Naso, multus es et patheticus*. »

48. Comme l'écrit A. Richlin, *The Garden of Priapus*..., p. 152-153 : « An enormous list of poems remain that seemingly have little in common but their invective. These fall into several groups ; perhaps only because of our lack of information, some of the poems seem less "real" than others, seem to be attacking types or effigies rather than victims with individual personalities. Some poems against men— 69 on Rufus' smell, 71 against an unnamed rival, 78 on Gallus, 97 on Aemilius' smell, 98 on Victius', and 112 on Naso's perversion— demonstrate this quality. The victims are described in the filthiest terms— tongue identified with anus, mouth identified with the vagina of a urinating mule, mouth identified with the anus of a diseased hangman— but they have no other identity, at least in Catullus' poems. Although attempts have been made to identify them, and although all have common Roman names, it is possible that all the names are false ; some, like "Rufus" (*cf.* 59; also Catullus' friend Caelius), "Gallus" (= "eunuch"), and "Naso" (= "Nose-man"), have the ring of *redender Namen*. If these were real people against whom Catullus was expressing his hate, they are unidentifiable. »

49. Cf. *Les Poésies de Catulle de Vérone, en latin et en françois*, traduction par Michel de Marolles, Paris, chez Guillaume de Luyne, 1653, p. 237. Le texte latin est ainsi ponctué : « Multus homo es, Naso (nam tecum multus homo es) qui // Descendit ? Naso, multus es & pathicus. »

50. Cf. *Catulle, nouvelle traduction* par M.C. Denanfrid, Paris, Lefèvre & Garnier Frères, 1845, p. 150. Le latin traduit est : « Multus homo es, Naso (nam tecum multus homo), atqui // Descendis ! Naso, multus es, at pathicus. » (Le volume contient en outre : *Tibulle*, trad. de Mirabeau. *Properce*, trad. de M. Delongchamps. *Veillée de Vénus*, trad. nouvelle).

51. Le texte en est : « Tu es un fier homme, Nason ! car il faut être un fier homme pour se servir ainsi à soi-même de lame et de fourreau. Oui, Nason, tu es un fier homme, et tu es ton propre mignon. » Cf. *Poésies de C. V. Catulle*. Traduction nouvelle [en prose] par Ch. Héguin de Guerle, Panckoucke (C.L.F.) Bibliothèque latine-française, 1836 (repris dans la nouvelle édition « très soigneusement revue par M. A. Valatour », Paris, Garnier frères, 1868). Les deux autres textes : Tibulle et Properce sont traduits par A. Valatour et J. Genouille.

52. [Catulle] *Collection des auteurs latins*, avec la traduction en français, vol IX, publiée sous la dir. de M. Nisard, Paris, Firmin-Didot, 1875, p. 430. Trad. (p. 363 à 437) par M.M. Collet.

53. Une mention tout de même pour la traduction de M. Rat, *Catulle. Œuvres*, Paris, Garnier, 1931, p. 173, d'une savoureuse opacité : « CXII. *Contre Nason*. Tu es innombrable, Nason, mais ceux-là ne sont pas innombrables qui vont avec toi. Oui, Nason, tu es un homme innombrable, un giton. »

54. D. Mulroy, *The Complete Poetry of Catullus*, Wisconsin Studies in Classics, Univ of Wisconsin Press, 2002, p. 105 traduit : « *Naso, compared to your rival, you are a giant, // A giant and also a queer*. Les commentaires de Mulroy sont, pour le moins, de valeur inégale : 1. *Naso* is a frequent *cognomen*, the appellative of *nasum* (nose) and was borne, for example, by the poet Ovid. Catullus' Naso is otherwise unknwon. *Rival* : literally, "the man with whom you descend". I take this as referring to entering the forum as a candidate. *Giant* : literally, "much of a man" *(multus homo)*, apparently an idiomatic expression. Some interpret as "busybody". 2. *Queer* : *patheticus* ; a Greek term, literally, "passive". »

55. Luther fait de Rm 1, 20 la base de la théologie scolastique de la Gloire, à laquelle il oppose la théologie de la Croix. Voir sur ce point le cours du 18 février 2016.

56. Ce passage est allégué dans le *De malo* de Thomas d'Aquin, en faveur de la thèse que la fornication n'est pas un péché – car, dit l'argument, celle-ci est conforme à l'usage naturel des corps, qui, selon la Glose, veut l'union d'un homme et d'une femme. *Cf.*

THOMAS D'AQUIN, *De malo*, q. 15 a. 1 arg. 7 : « Praeterea, Augustinus dicit VII de Civit. Dei, quod omne vitium est contra naturam. Sed fornicatio non est contra naturam : quia super illud Rom., I, 26 : nam feminae eorum immutaverunt naturalem usum, dicit Glossa : naturalis usus est ut vir et mulier in uno concubitu coeant. Ergo non est peccatum. »

57. Rm 1, 32 : « Et, bien qu'ils connaissent le jugement de Dieu, déclarant dignes de mort ceux qui commettent de telles choses, non seulement ils les font, mais ils approuvent ceux qui les font. »

58. 1 T 4, 5 : μὴ ἐν πάθει ἐπιθυμίας καθάπερ καὶ τὰ ἔθνη τὰ μὴ εἰδότα τὸν Θεόν. Quelques traductions : Vulgate : « non in passione desiderii sicut et gentes quae ignorant Deum » ; Luther : « nicht in der Brunst der Lust wie die Heiden, die von Gott nichts wissen » ; King James version : « Not in the lust of concupiscence, even as the Gentiles which know not God » ; Martin : « Et sans se laisser aller aux désirs de la convoitise, comme les Gentils qui ne connaissent point Dieu. » Darby donne : « dans la passion de la convoitise comme font les nations aussi qui ne connaissent pas Dieu » ; Segond : « sans vous livrer à une convoitise passionnée, comme font les païens qui ne connaissent pas Dieu. »

Cours du 25 janvier 2016

Deuxième heure

Y a-t-il un concept théologique original – proprement théologique – de la passion ? — Avant d'aborder la dimension christologique de la passion/Passion chez Maxime le Confesseur († 662), la querelle du monothélisme et les polémiques avec Sergius Ier et Pyrrhus Ier de Constantinople, examen des thèses de Grégoire de Nysse et de Basile de Césarée sur le pathos. — La passion au sens de mal, de souffrance et de mort. — Rappel de la théorie néoplatonicienne du mal. — Le mal comme « parasite » du bien (Proclus, Denys). — La notion de « parhypostase » et l'existence « parhypostatique ». — Le mal n'a pas de sujet (hypostase) propre. — Reprise des thèses des philosophes chez les Pères cappadociens : pathos *et* apatheia. *— La passion e(s)t le péché. — Le péché est un mal intériorisé. — Le péché n'existe que dans la volonté, en tant que tendance au mal, et n'a de nom qu'en tant qu'absence de bien. — Le péché n'a pas de définition positive, il ne se définit que par une double négation : il est « absence d'*apatheia*», « absence d'absence de passions ». — Les deux sens du mot « passion » selon Grégoire de Nysse : 1° le sens propre : ce qui est contraire à la vertu ; 2° le sens « catachrétique » : les propriétés de la nature humaine, qui ne sont en soi ni bonnes ni mauvaises, et ont pour source la « vie naturelle ». — Thèse christologique de Grégoire : en assumant la nature humaine, le Christ n'a assumé que les passions au sens catachrétique du terme. — Analyse de la lettre 261 de Basile de Césarée sur les trois sortes d'affections :* a) *de la chair,* b) *de la chair animée,* c) *de l'âme utilisant un corps : les « affections vicieuses », non assumées par le Christ. — Retour archéologique sur les notions d'usage (« khrêsis ») et d'usager de volonté et d'action chez Jean de*

*Damas († 749). Rappel des thèses de Foucault, commentateur de l'*Alcibiade *sur les notions d'usage/usager. – Remarques sur la catachrèse comme « figure ». — Annonce du thème des prochaines leçons.*

Y a-t-il un concept de la passion dans l'ensemble d'énoncés néotestamentaires dont je vous disais, en concluant la première heure, que tous nous présentaient un concept de *pathos* ou *pathê* connoté négativement ? Sans aucun doute. Mais ce n'est pas à un texte religieux qu'il faut le demander. Si on veut l'avoir à l'état pur et naissant, c'est un théologien qu'il faut consulter. Je veux dire que, si l'on veut avoir non pas un concept reconstruit, mais un concept qui se construit, se présente à nos yeux dans le vif d'une élaboration dogmatique, c'est au théologien qu'il faut le demander, ou plutôt *les* demander – car on peut imaginer à la simple lecture des textes de Paul, qu'il y aura plusieurs concepts, et probablement en conflit, la théologie chrétienne étant, à tous les niveaux, y compris conciliaires, travaillée par les oppositions d'école qui voient sur la longue durée et par les canaux les plus divers s'affronter les grandes philosophies de l'Antiquité grecque et romaine : aristotélisme, mais aussi platonismes et stoïcisme. J'en viens donc aux Pères cappadociens : Basile de Césarée et Grégoire de Nysse.

Pour les deux théologiens, la passion qui concerne l'âme s'entend de deux façons : en un sens moral ; en un sens non moral. Cette distinction est capitale pour la controverse monothéliste, portant sur l'existence dans le Christ d'une ou deux volontés, et plus précisément pour l'interprétation de la prière d'agonie du Christ (« Père, éloigne de moi ce calice ») et l'existence même de ce que j'appelle le « problème de Gethsémani ». Si l'épisode du refus de la coupe n'est pas posé à un niveau moral, il n'y a pas de problème, car il n'y a pas de conflit entre la volonté humaine et la volonté divine du Christ, le refus de la coupe relevant non de la volonté, mais d'un simple « mouvement naturel de la chair qui craint la mort »[1]. La chair se rebelle contre la mort qui vient : pas de volonté là-dedans. La théologie de la Passion avec un grand *P* est donc tributaire de la définition de la passion avec un petit *p*, et de la distinction de ces deux acceptions, morale et non morale. Les deux sont inséparables – ce qui confirme la force du lien, que je rappelais au début de l'heure précédente, entre christologie et anthropologie et l'implication mutuelle de leurs révolutions et progrès respectifs.

Avant de reprendre le dossier de Gethsémani chez Maxime le Confesseur – qui sera une de mes principales références cette année, comme Sergius de Constantinople l'avait été, pour une séance, l'année dernière[2] – et de revisiter l'ensemble des développements qu'il apporte aux questions articulées par les formulations du *Psêphos* et de l'*Ekthêsis* d'Héraclius, il faut examiner la théorie basiléenne et, plus largement, cappadocienne de la passion.

Au sens moral, la passion est, selon Grégoire et Basile, la tendance au péché. Au sens non moral, c'est la souffrance de l'âme, la souffrance psychique. La vie du Christ est une illustration et, jusqu'à un certain point, le paradigme de la passion au sens non moral, le paradigme de la souffrance psychique. Le Christ souffre. Sans parler de la prière d'agonie et du refus de la coupe, sur lesquels nous reviendrons abondamment dans les séances qui viennent, les épisodes de souffrance psychique ou psychologique abondent dans les évangiles. Il y a les pleurs à la mort de Lazare : ἐδάκρυσεν ὁ Ἰησοῦς, dit Jn 11, 35 (Vulgate : *et lacrimatus est Iesus* ; Luther : *Und Jesus gingen die Augen über* ; KJV : *Jesus wept* ; Martin, Darby, Segond : *Jésus pleura*) ; il y a la tristesse ou l'angoisse proprement psychique, qui en Mt 26, 38, précède la première formulation du refus de la coupe (en Mt 26, 39) : ἐστιν ἡ ψυχή μου ἕως θανάτου, « Mon âme est triste jusqu'à la mort ». Vous trouverez beaucoup de traductions disant « je suis triste jusqu'à la mort ». Oui, certes, mais ce qui est dit c'est bien « mon âme est triste », il faudra s'en souvenir. Je vous rappelle la séquence Mt 26, 36-38[3], dans la traduction française de la Vulgate :

> 36. Un peu après Jésus alla avec eux dans le lieu qu'on appelle Gethsémani ; et il dit à ses disciples : *Demeurez ici, pendant que je vais faire là ma prière*.

> 37. Et prenant avec lui Pierre et les deux fils de Zébédée, il commença à être triste et affligé.
>
> 38. Alors il leur dit : Je suis dans une tristesse mortelle, attendez ici et veillez avec moi.

Enfin, il y a le cri de détresse, de déréliction et d'abandon sur la Croix : *Heli Heli lema sabacthani !* – formule hébraïque préservée aussi bien dans le grec de Mt 27, 46 que dans le latin de la Vulgate, les traductions de Luther et de la KJV, Martin 1744 ou Segond 1910 :

> περὶ δὲ τὴν ἐνάτην ὥραν ἀνεβόησεν ὁ Ἰησοῦς φωνῇ μεγάλῃ λέγων Ἠλεὶ Ἠλεὶ λεμὰ σαβαχθανεί ; τοῦτ' ἔστιν Θεέ μου θεέ μου, ἵνα τί με ἐγκατέλιπες ;
>
> Vulgate : et circa horam nonam clamavit Iesus voce magna dicens : *Heli Heli lema sabacthani* hoc est : Deus meus Deus meus ut quid dereliquisti me ?
>
> Luther : Und um die neunte Stunde schrie Jesus laut und sprach : *Eli, Eli, lama asabthani ?* das heißt : Mein Gott, mein Gott, warum hast du mich verlassen ?
>
> King James : And about the ninth hour Jesus cried with a loud voice, saying, *Eli, Eli, lama sabachthani ?* that is to say, My God, my God, why hast thou forsaken me ?
>
> Martin : Et environ les neuf heures Jésus s'écria à haute voix, en disant : *Eli, Eli, lamma sabachthani* ? c'est-à-dire, Mon Dieu ! mon Dieu ! pourquoi m'as-tu abandonné ?
>
> Segond : Et vers la neuvième heure, Jésus s'écria d'une voix forte : *Eli, Eli, lama sabachthani ?* c'est-à-dire : Mon Dieu, mon Dieu, pourquoi m'as-tu abandonné ?

Au sens non moral, la passion c'est aussi la *mort* – comme, derechef, paradigmatiquement dans le cas du Christ, qui réunit *souffrance* et *mort*.

Maintenant qu'est-ce que la passion au sens moral ? Grégoire et Basile répondent : c'est la tendance au péché et le produit du péché. C'est donc à la fois un processus et son résultat. La question devient alors : Qu'est-ce que le péché ? J'aimerais vous rappeler ici la thèse de la non-substantialité du mal, évoquée il y a deux ans en lisant l'opuscule de Proclus – abrégé dans sa langue originale grecque par Isaac Comnène le Sebastokrator, frère de l'empereur Alexis Ier Comnène (1081-1118) sous le titre Περὶ τῆς τῶν κακῶν ὑποστάσεως –, traduit en latin en 1280 par Guillaume de Moerbeke sous le titre *De subsistentia malorum*[4]. Dans cet opuscule proclien le mal est défini comme n'ayant ni essence ni hypostase propre : il est *anousion* et *anhupostaton*. Il n'a pas de réalité positive. Il n'a d'existence qu'à titre parasitaire, comme parasite du bien[5]. Le bien a une existence positive ; le mal parasite le bien, il se nourrit du bien dont il est la privation. Je vois quelques visages se rembrunir : que peut bien être une « existence parasitaire » ?

L'expression figure dans la traduction anglaise du *De subsistentia*. Je cite :

> Therefore, if generation of the contrary takes place, in whichever way this comes about, because of the weakness of the agent or because of the incommensurability with that which actually happens, would we be right in saying that it exists rather than that *it exists parasitically* upon what happens ? Or is it not rather the case that existence belongs to those beings that proceed from causes towards a goal, but *parasitic existence* to beings that neither appear through causes in accordance with nature nor result in a definite end[6] ?

Mais déjà, dans l'*Introduction* de sa traduction française, Daniel Isaac résumait en ces termes la thèse proclienne :

> ... le mal est défaut, manque, carence à divers degrés. Sa relation au bien est celle d'un contraire subordonné qui tient son existence du bien dont il utilise la puissance au profit de son activité corruptrice, il est un *parasite* qui ronge le bien et s'en nourrit, il a une existence négative de contraire[7].

J'ai expliqué ce point dans le séminaire du 10 avril 2014, en comparant le questionnaire de Proclus sur le statut ontologique du mal avec celui de Porphyre sur les universaux. Je veux plutôt revenir ici un instant sur la notion de « parasite ».

Proclus refuse de faire du mal un contraire direct du bien. Il s'agit selon lui d'un « subcontraire »[8] :

> ... parce qu'il est en soi, privation, *mais non privation totale*, et parce que c'est en *empruntant au bien*, en même temps que son état, sa puissance et son activité qu'il assume son destin de contraire ; et il n'est ni privation totale ni contraire mais subcontraire au bien[9].

À nos yeux, un emprunteur n'est pas nécessairement un parasite. Le mot « parasite » a d'ailleurs aujourd'hui plusieurs sens, dont un sens médical et un sens social, voire mondain. Le premier sens, qui ferait du mal une « maladie », pour ainsi dire, ou une cause de maladie, n'est pas étranger à l'histoire néoplatonicienne du « mal » : c'est Denys, semble-t-il, qui introduit l'idée de maladie *(nosos)*, de manière très limitée, toutefois, *i.e.* en utilisant simplement (une fois) le verbe *parhyphistamenê* pour décrire son mode d'existence. Ontologiquement, c'est le sens de « déficience » qui prédomine – ce qui est assez différent : toute déficience n'est pas une maladie, même si, comme le souligne Steele, la déficience du mal est d'abord ou ultimement celle de l'agent[10]. Le sens social et/ou mondain de « parasite » est lui aussi, cette fois massivement, attesté dans les mondes grec et romain. Le problème est que le parasite antique mange avec celui dont il est l'hôte, il ne le dévore pas ! C'est un « commensal attaché à la table d'un riche », qui, pour manger, « doit le divertir » : un personnage vedette de la comédie attique, une figure bien précise dans le système romain de la clientèle. Rien de ténébreux. Au pire le parasite fait rire. Il ne semble pas que la « contre-existence » qui caractérise le mal ait été *stricto sensu* pensée en termes de « parasitisme ». Reste que l'ambigüité de l'image nutritive – le mal « se nourrit du bien », et en même temps, il le « ronge », donc, jusqu'à un certain point, le détruit – implique l'idée moderne, médicale, du parasite[11].

Une chose est sûre : chez les néoplatoniciens, le problème du mal n'est pas seulement ontologique – objectal, ontique ; il est aussi axiologique, pragmatique. Il ne regarde pas seulement l'état des choses, mais le statut de l'action. Le mal se greffe sur le bien visé par l'agent, il arrive par accident, il n'est pas voulu ni recherché pour lui-même. Comme l'écrivent Opsomer et Steele :

> Just as a failure *qua* failure is never intended by an agent, evil *qua* evil is never caused by a cause, nor in view of a (final) cause. It only exists parasitically upon an intended action, as it is never produced by an agent acting per se and directly intending this very result (when we say that someone intentionally commits an evil deed, this person's action can be explained as aimed at what seemed good to him or her). Evils are not the outcome of goal-directed processes, but happen per accidens, as incidental by-products which fall outside the intention of the agents [12].

Chez les Pères cappadociens, cet aspect de la théorie platonicienne et néoplatonicienne est clairement assumé. On ne se situe pas au niveau ontologique ou plutôt ontique, voire cosmique ou cosmologique, mais au niveau psychologique. Ce changement de scène est capital : on passe de la scène du monde à la *psychê*. Le point est essentiel pour la théodicée et le problème de la responsabilité divine du mal. Le mal n'existe pas en dehors du vice : οὐκ ἄν ἄλλο τι κακὸν εἶναι παρὰ τὴν πονηρίαν ᾠήθησαν. Il n'est pas *exô proaireseô*, hors de la volonté humaine. Il ne peut donc avoir Dieu pour auteur. Voici un texte de Grégoire de Nysse dans l'*Oration* :

> Tout mal se caractérise par la privation du bien, sans avoir d'existence propre, ni se présenter à la pensée comme une réalité ; aucun mal, en effet, n'existe en dehors de la volonté *(exô proaireseô)*, mais c'est l'absence du bien qui lui donne son nom. Or, ce qui n'est pas n'a pas de réalité, et ce qui n'a pas de réalité n'est pas l'œuvre de celui qui a créé la réalité [13].

C'est l'absence de bien qui donne son nom au mal. On a du mal, si j'ose dire, à comprendre cette phrase. On se dit : mais vous venez bien de parler du « mal », en utilisant un mot pour le désigner. En quoi donc est-ce l'absence du bien qui donne son nom au mal ? Eh bien, précisément, parce qu'il n'y a pas de contenu à mettre sous le mot « mal ». Il n'y a rien, ni dans l'être ni dans la pensée, à entendre ou à poser d'autre qu'une absence de bien, une privation de bien, une absence. On est sur un terrain psychologique, psychique : le péché, c'est le mal intériorisé. Le péché n'a pas de définition positive. Il est défini négativement. On peut même dire de manière doublement négative, ou plutôt par une double négation. C'est la grande originalité des Pères cappadociens. De même que le mal n'a de nom que comme absence du bien, ne reçoit de nom que d'une absence, le péché n'est et n'a de nom que comme absence d'impassibilité. Le péché est le contraire de l'*apatheia*. Le péché est le contraire de l'absence de passion. Le contraire du bien. Le contraire de la vertu. La réalité positive ou, plutôt fondamentale, qui, elle seule, peut être définie comme une vertu, et même posée comme *la* vertu, est l'a-pathie.

L'apathie – l'*apatheia* – et elle seule est le bien, pour l'âme, de l'âme, en l'âme. Elle seule est la vertu. La passion, en tant que tendance au péché [14], est tendance à l'absence d'apathie, tendance à l'absence d'absence de passion. Difficile de s'exprimer de manière plus négative, plus apophatique : *absence de l'absence de passion*.

Voici, pour illustrer la distinction entre sens non moral et sens moral de la passion, deux textes des Pères cappadociens ; le premier sera de Grégoire de Nysse, le second de son frère, Basile [15]. Le premier texte est tiré du *Contre Eunome* de Grégoire. Il met en œuvre une distinction fondamentale entre deux sens du mot πάθος – le sens propre (κυρίως) et le sens catachrétique – formulée dans l'*Oration*.

> τὸ πάθος τὸ μὲν κυρίως, τὸ δὲ ἐκ καταχρήσεως λέγεται
>
> Le mot *pathos* est employé tantôt au sens propre, tantôt en un sens par catachrèse [16]

Voici le texte du *Contre Eunome* :

> μόνον γὰρ τὸ ἐξ ἐναντίου τῇ κατὰ τὴν ἀρετὴν ἀπαθείᾳ νοούμενον κυρίως προσαγορεύομεν πάθος (...). τῶν δὲ τῆς φύσεως ἡμῶν ἰδιωμάτων, ἃ διά τινος συνηθείας καὶ καταχρήσεως ὁμωνύμως λέγεται πάθη, τούτων μετασχεῖν ὁμολογοῦμεν τὸν κύριον ;

> Nous nommons *au sens propre* 'passion' cela seulement qui est conçu en contradiction avec l'absence de passion de la vertu [...][17]. Les propriétés de notre nature, qui sont appelées de façon homonyme 'passions' par une *catachrèse habituelle*, nous confessons que le Seigneur y a pris part [18].

Ce texte est destiné à nous faire connaître quelles sont les passions qui ont bien pu affecter le Christ, homme et Dieu, uniquement en tant qu'homme, à savoir : les propriétés de la nature humaine – les « idiomes » – qu'on appelle '*passion*s' par catachrèse habituelle – c'est-à-dire par homonymie avec ce que désigne '*passion*' au sens propre, qui est le sens moral. Nous disposons d'une traduction anglaise récente :

> Properly speaking we call passion only what is contrary to the impassibility of virtue, and we do not believe that the one who bestows salvation upon us also remained without a share in our nature : he was 'tempted in all things in the same way without sin' (Heb 4.15). 29. In what is truly passion, which is a disease of the will, he had no part. 'He did no sin,' it says, 'neither was guile found in his mouth' (1 Pe 2.22/ Is 53.9). Those features of our nature however, which *by custom* (συνηθείας) *and usage* (καταχρήσεως) are given the same name, 'passions', those we confess the Lord did share in : birth, nurture and growth, sleep and fatigue, and whatever other bodily stresses the soul by its nature is liable to suffer, since appetite extends the desire of the one in need from the body to the soul; the feeling of pain too, and dread of death, and all that kind of thing, provided it does not lead on to any sin as a consequence [19].

« Nous appelons passion seulement ce qui est contraire à l'impassibilité de la vertu ». Évidemment, on ne peut pas imaginer que cela ait pu se trouver chez le Christ. Car ce que le Christ a assumé c'est la nature humaine : il n'a pas assumé plus que ce qu'il y a dans la nature de chaque homme. Donc, ce qui est passion au sens véritable, cette *maladie de la volonté* éminemment individuelle, propre à chaque homme en sa volonté propre, le Christ ne l'a pas assumée. Il n'y a pas part. Il n'a part qu'à ce qui concerne la nature de l'homme. Or, les traits, les caractéristiques de notre nature qui, « par habitude » (συνηθείας : terme que vous trouvez chez Aristote dans la *Poétique*[20]) et « par catachrèse » reçoivent le même nom de *passion* que toutes les horreurs qui dépendent de notre volonté propre, celles-là oui, nous confessons que le Seigneur les a eues, car elles ne dépendent pas de la volonté. Ce sont des traits caractéristiques de la nature de l'homme, assumée comme telle dans l'Incarnation. Quels sont ces traits ? La naissance, la mort, le sommeil, la fatigue : en somme tout ce qui peut concerner une souffrance qui a sa cause dans le corps mais réclame une âme pour se déployer pleinement. « ... *appetite extends the desire of the one in need from the body to the soul; the feeling of pain too, and dread of death* », etc. Il y a bien sûr ce que le corps souffre, mais il y a aussi ce que l'on éprouve du fait d'un « dérangement dans le corps » (suivant l'expression de Reid évoquée lors du premier cours) : une souffrance causée par celui-ci, qu'on ne peut pas ne pas éprouver, mais qui requiert une âme, car c'est de la rencontre et de l'union de l'un avec l'autre, du corps et de l'âme, de l'âme et du corps, que résulte cette souffrance. Les trois exemples de souffrance qu'on a mentionnés, et que j'ai appelés « souffrances psychiques » du Christ – les pleurs à la mort de Lazare (Jn 11, 35), la « tristesse mortelle » précédant la prière d'agonie (Mt 26, 38), le cri d'abandon sur la Croix (Mt 27, 46) – n'ont rien à voir avec la dépravation. Voilà la différence qui est faite entre le πάθος au sens propre et le πάθος au sens catachrétique.

Reprenons cela pour y voir plus clair. Au sens propre (κυρίως) : le *pathos* vient du péché, du « contraire de l'*apatheia* de la vertu » (ἐξ ἐναντίου τῇ κατὰ τὴν ἀρετὴν ἀπαθείᾳ), il est le péché, il est la tendance au péché. Au sens catachrétique, compris « par catachrèse » (καταχρήσεως), il désigne les « idiomes » (ιδιώματα), les propriétés de la nature humaine – celles-ci ont une importante caractéristique : elles ne sont ni bonnes ni mauvaises, car elles ont pour source la « vie naturelle ». C'est en ce sens catachrétique que le *pathos* se situe à un niveau infra-moral ou extra-moral. Le sens moral est celui qu'indique la formule assertant que la « passion au sens véritable est maladie de la volonté ».

Après le texte de Grégoire, notre deuxième témoin sera la Lettre 261 de Basile de Césarée *aux habitants de Sozopolis*[21]. Le frère de Grégoire y fait une distinction capitale pour l'archéologie de la passion. Il distingue trois sortes d'affections : les affections de la chair (ἀλλα σαρκὸς πάθη) ; celles de la chair animée (ἀλλα σαρκὸς ἐμψύχου, littéralement « douées d'une âme ») ; celles d'une âme qui dispose d'un corps (ἀλλα ψυχῆς σώματι κεχρημένης).

Dire que *les affections de l'homme passent dans la divinité elle-même*, ce serait dire que toutes les passions ont été assumées par le Christ, Dieu-fait-homme : tendance au péché et dépravation. Pareille position est « le fait de gens qui ne conservent rien de la suite logique des idées, et qui ne savent pas qu'autre chose sont les affections de la chair, autre chose celles de la chair animée, autre chose enfin celles d'une âme qui dispose d'un corps ». Démonstration :

> Le propre de la chair est d'être coupée, d'être diminuée, d'être désagrégée ; celui de la chair animée, c'est d'être fatiguée, d'éprouver de la douleur, d'avoir faim, d'avoir soif, d'être vaincue par le sommeil ; le propre d'une âme qui dispose d'un corps, ce sont les chagrins, les inquiétudes, les soucis et toutes les autres affections du même ordre. Les unes sont naturelles et inséparables de l'être vivant ; les autres proviennent d'une volonté perverse, et elles s'introduisent à côté des premières à la faveur d'une vie mal réglée et qui n'est pas exercée à la vertu. On voit par là que le Seigneur acceptait les affections naturelles pour donner la certitude d'une incarnation réelle et non pas seulement apparente, mais que toutes les affections vicieuses, qui souillent la pureté de notre vie, il les repoussa comme indignes de sa divinité sans tache.

Le Seigneur a accepté les affections naturelles, c'est-à-dire les deux premières : σαρκὸς πάθη et σαρκὸς ἐμψύχου pour qu'on ne dise pas que l'Incarnation c'est du toc. « Je suis homme comme vous, j'éprouve de la douleur, j'ai faim, j'ai soif, j'ai sommeil, ma chair peut être coupée, tranchée, martyrisée, désagrégée, corrompue. » Mais il n'a pas assumé la troisième variété : les affections vicieuses, ἀλλα ψυχῆς σώματι κεχρημένης. Basile conclut :

> C'est pour cette raison que l'on a dit qu'il est né *dans la ressemblance de la chair du péché*. C'est pourquoi, s'il a pris notre chair avec ses affections naturelles, il n'a pas commis le péché. Mais de même que la mort, qui nous fut transmise dans la chair par Adam, a été absorbée par la divinité, de même le péché a été supprimé par la justice qui est dans le Christ Jésus. Aussi à la résurrection reprendrons-nous une chair qui ne sera ni soumise à la mort, ni sujette au péché. Les voilà, frères, les mystères de l'Église, les voilà les traditions des Pères [22].

Si le Christ avait été capable d'affections vicieuses, alors il serait vraiment, complètement né dans la chair du péché, mais il est né seulement *dans une ressemblance*, qui ne contient que les souffrances et les affects matériels. Notez deux choses :

1. Concernant la différence entre ἀλλα σαρκὸς πάθη, ἀλλα σαρκὸς ἐμψύχου ετ ἀλλα ψυχῆς σώματι κεχρημένης, dans le texte :

> ... οὔτε εἰδότων ὅτι ἀλλα σαρκὸς πάθη καὶ ἀλλα σαρκὸς ἐμψύχου καὶ ἀλλα ψυχῆς σώματι κεχρημένης.

> ... et qui ne savent pas qu'autre chose sont les affections de la chair, autre chose celles de la chair animée, *autre chose enfin celles d'une âme qui dispose d'un corps.*

Ne vous laissez pas abuser par la traduction de ψυχῆς σώματι κεχρημένης chez Yves Courtonne : une âme « qui dispose d'un corps ». Il s'agit plutôt d'une âme qui *use d'un corps*, qui *se sert* d'un corps. C'est une nuance, mais importante. Dans l'expression de Basile on reconnaît en effet le mot κεχρημένος, rencontré en 2015 chez Jean de Damas, dans les quadrangles de la volonté et de l'action. À savoir, pour la volonté : la volonté [1], le volitif [2], le voulu [3], et le voulant [4].

θέλησις [1]	↔	θελητικόν [2]
↕		↕
θελητόν [3]	↔	ὁ κεχρημένος τῇ θελήσει [4]

et pour l'action : l'opération[1], l'opératif[2], l'opéré[3], [en latin : l'accompli, l'acté], et l'opérant (ὁ ἐνεργῶν) ou l'utilisateur d'opération (ὁ κεχρημένος τῇ ἐνεργείᾳ) [4].

ἐνέργεια [1]	↔	ἐνεργητικόν [2]
↕		↕
ἐνέργημα [3]	↔	ὁ ἐνεργῶν, ὁ κεχρημένος τῇ ἐνεργείᾳ [4]

Donc, κεχρημένος, c'est vraiment l'usager, l'utilisateur, celui qui utilise, celui qui, en l'occurrence, *fait usage d'un corps*. Ce qui nous renvoie ultimement au rapport de l'âme et du corps, d'usage du corps, évoqué en 2014 à propos du commentaire foucaldien de l'*Alcibiade*. Dans la réécriture du texte de Platon, Foucault introduit la notion de *sujet* en tant que sujet utilisant un corps. Je vous rappelle mon commentaire : dans la pensée grecque, il y a bien la notion d'usage, mais pas celle de sujet. Il faut donc dire « l'usager » plutôt que le « sujet agent », le « voulant » plutôt que le « sujet voulant ». Supprimons le sujet dans ces textes, mais sachons y reconnaître la figure du κεχρημένος, de l'utilisateur, de l'usager, de *celui qui use de*.

2. Concernant la formule « par catachrèse (ἐκ καταχρήσεως) », la traduction anglaise a reculé devant la catachrèse. Elle rend le texte grec par : « which by custom and usage ». Il n'y a pourtant pas lieu de se priver de ce terme. « Catachrèse » n'est pas une injure, même si cela peut le devenir. C'est une figure de rhétorique.

Je dis que cela peut le devenir. Tous les tintinophiles, que j'imagine nombreux dans cette salle, le savent [23]. Voyez *Les Bijoux de la Castafiore*. Pendant que le Rossignol milanais massacre Gounod, le téléphone sonne à Moulinsart. Le perroquet offert au capitaine Haddock tintitannabule sur son perchoir. Les deux sonneries se mêlent. Le capitaine décroche. Comme d'habitude, son interlocutrice réclame la *boucherie Sanzot*. Le capitaine répond : « Non, madame, vous avez formé un faux numéro. » Le perroquet sonne : *Trrring! Trrring! Trrring!* Le capitaine explose : *« Vas-tu la boucler, oui ou non, espèce de vieille perruche bavarde ! »* La dame au bout du fil prend la chose pour elle. « Inutile de crier comme ça, monsieur ! Ni surtout de m'insulter. Tout le monde peut se tromper, non ?... Vous êtes un mufle, monsieur ! » La réponse fuse : *« Mais je ne vous insulte pas, espèce de catachrèse ! Je parlais à un perroquet. »* La femme raccroche. Le perroquet mord le capitaine. Tintin exfiltre le volatile.

Qu'est-ce qu'une catachrèse ? Quand une chose n'a pas de nom, on se sert du nom d'autre chose pour la désigner : littéralement, on « profite » du nom d'autre chose – καταχράω signifiant « profiter de ». Quand une chose n'a pas de nom il faut bien la désigner. Comment s'y prend-on ? Par une sorte de déplacement : on étend le sens d'un mot qui existe à une idée qui, elle, est en manque de signe [24]. Les trois principales variétés de catachrèse se font par métonymie, par synecdoque ou par métaphore. Certaines catachrèses sont des métonymies (le mot « cour » mis pour l'ensemble des courtisans), d'autres des synecdocques (le mot « bronze » mis pour un vase de bronze), d'autres des métaphores *lexicalisées* (le mot « aile » dans l'*aile* d'un bâtiment) [25]. Je vous recommande vivement de lire les *Figures du discours* de Fontanier, source de plaisirs renouvelés, qui distinguent assez clairement la métonymie de la synecdoque (ce qui est assez difficile je dois dire – personne ne s'accordant vraiment sur cela). Disons pour simplifier que dans la métonymie deux objets forment « un tout absolument à part » et entretiennent un rapport de *dépendance externe* : par exemple de cause à effet, ou de contenant à contenu. Dans la synecdocque, en revanche, deux objets forment un ensemble tel que « l'existence ou l'idée de l'un se trouve comprise dans l'existence ou l'idée de l'autre », et qu'ils entretiennent un rapport de *dépendance interne*, par exemple entre tout et partie ou genre et espèce. Certains ajoutent que la métonymie est qualitative alors que la synecdocque est quantitative, mais en gros, on peut dire que dans la synecdoque, qui est le cas qui nous intéresse le plus ici, *la partie est mise pour le tout*. Par exemple, quand on dit « une voile » pour un navire (« il y avait cent voiles à l'horizon »), quand le Comte, dans *Le Cid,* dit « ce bras » pour parler de lui (« Et ce bras du royaume est le plus ferme appui ») ou quand on dit « l'âme » ou bien « le corps » pour parler de l'individu. Naturellement, le tout peut, de son côté, être mis pour la partie (un *vison* pour un manteau en poil de vison), et le genre pour l'espèce, comme l'espèce pour le genre. Sans parler des synecdoques d'abstraction (on dit « la magistrature » pour désigner les magistrats) et des synecdoques d'individu, comme l'antonomase dont tous les médiévistes usent et abusent : « l'Apôtre » pour dire Paul, « le Philosophe » pour dire Aristote, « le Commentateur » pour dire Averroès, « le Troyen », chez Virgile, pour dire Énée. Si un nom commun sert ici à désigner un individu, il y a aussi des cas où c'est un nom propre qui joue le rôle d'un nom commun, par exemple pour « Mégère » (une mégère) ou « Poubelle » (une poubelle) [26].

Certaines de ces distinctions sont postérieures à l'époque des Pères cappadociens. Pour ce qui nous concerne directement, voici ce qu'il faut retenir : dans le texte de Grégoire de Nysse, l'absence d'absence de passion s'appelle... *passion.* Ou si vous préférez, « passion » dit l'absence d'absence de passion. Le contraire de l'absence de passion étant le *mal,* le *péché*, on peut résumer ainsi la situation : il n'y a pas de mot pour dire l'absence d'absence de passion, le manque d'*apatheia*, sinon le mot *pathos* lui-même, détourné de son sens propre, le péché, et étendu à tout ce qui n'est pas apathique. Situation extraordinaire : il n'y a pas de mot pour dire la passion, sinon le mot « passion » en tant qu'il désigne l'absence d'absence de passion !

Incompréhensible, me direz-vous ? Je vous renvoie aux *Bijoux de la Catastafiore.* Le capitaine Haddock n'a pas de mot pour dire à son interlocutrice ce qu'il pense d'elle. Il est à la fois dans l'affirmation et dans la négation, à la fois dans l'insulte : « espèce de... » et la dénégation : « Je ne vous insulte pas ». Il n'y aurait pas de problème s'il disait : « Je ne vous ai pas insultée », ou « Je ne vous parlais pas ». Mais ce n'est pas ce qu'il veut dire. Ce qu'il veut dire est ce que la politesse lui interdit de dire, à savoir : « Je ne vous insulte pas, espèce d'*imbécile* ». Pour respecter les usages, tout en s'installant à la fois dans l'affirmation et la négation, il dit : « Je ne vous insulte pas, espèce de *catachrèse.* » Coup de génie *ad hoc*, il détourne le mot désignant le détournement de sens, pour dire ce qu'il ne peut exprimer par le mot juste, en l'occurrence, pris au sens propre : « imbécile », « idiote » ou « vieille perruche bavarde ». Bref, il détourne le nom de la figure du détournement, pour dire ce qu'il ne peut exprimer par un mot propre. Vous voyez qu'il y a chez Hergé un vrai traitement de l'injure. On en a la confirmation supplémentaire dans *L'Étoile mystérieuse*, où le mot *catachrèse* intervient pour résumer toutes les figures de rhétorique accumulées dans ce qu'on pourrait appeler – le locuteur est marin – une « bordée de jurons » : « Bandits !... C'est ça... Bandits ! Rénégats !... Traîtres !... Cloportes !... Judas !... Naufrageurs !... Patapoufs !... Papous !... Catachrèses !... » Et comme cela ne suffit pas, vient un dernier terme, l'injure suprême : « Moujiks ».

Quel programme pour les séances à venir ?

Je tiens à prolonger dans cet enseignement le travail des cours et, en partie, du séminaire de 2015. Je devrais, de ce point de vue, vous rappeler maintenant les dix-huit questions sur lesquelles j'avais conclu la dernière séance de 2015. Mais nous risquerions un moment de « fatigue dans notre chair ». Peut-être même que cela vous inspirerait des pensées qui ne seraient pas seulement l'expression d'un « mouvement naturel de la chair ». Je préfère plutôt centrer immédiatement le propos sur ce que j'ai appelé « le problème de Gethsémani » et sur ce qui est refusé dans l'épisode du refus de la coupe, à savoir la Passion elle-même, donc la souffrance, selon le témoignage de Mt 27, 46. Cet objet du refus, autrement dit, la souffrance, je l'examinerai la semaine prochaine philosophiquement et théologiquement, je veux dire en philosophe et en théologien, mais aussi en historien, en m'efforçant, dans les semaines qui suivront, de l'inscrire dans une histoire de la douleur, articulant structure et événement. En effet, comme l'écrit Javier Moscoso, dans son *Histoire de la douleur* XVIe-*XX*[e] *siècle* : « les martyrs et les saints se situant en quelque sorte en position médiane, moyenne, intermédiaire, sur l'échelle allant décroissant de la Passion (surhumaine) à la souffrance (humaine) »[27], il y a un aspect structurel dans l'histoire de la douleur, une « échelle de la douleur », comme il y a une échelle de la nature *(scala naturae)*.

Revenir sur le problème de Gethsémani, la prière d'agonie et le refus de la coupe, ce serait reprendre en détail les questions 16 et 17 du 14 avril 2015[28], c'est et ce sera reprendre une enquête allant de Sergius de Constantinople et de ses sources à Maxime le Confesseur.

Normalement il n'y a pas, il ne devrait pas y avoir de problème du vouloir ni de conflit de vouloirs ou de volontés chez le Christ. N'a-t-il pas dit lui-même en Jean 6, 38 : « Je suis descendu du ciel pour faire non pas ma volonté, mais la volonté de celui qui m'a envoyé » ? Il y a pourtant un problème : le problème de Gethsémani, le refus de la coupe.

J'entends vous montrer dans les prochaines séances que le conflit des vouloirs, entre vouloir, ne pas vouloir et nouloir chez le Christ, abordé l'an passé avec le *Psêphos* de Sergius de Constantinople, se prolonge chez Maxime le Confesseur.

Nous commencerons en travaillant sur une thèse essentielle de Maxime, qui tient dans l'affirmation que l'opposition d'un vouloir humain pécheur à la volonté divine dans le Christ relève de ce que Maxime appelle un « mode hypostatique », ou *tropos*, et que l'on appellerait tout bonnement, en français de tous les jours, un mode « subjectif ». Je m'arrête là et je vous dis : « À la semaine prochaine. »

Notes

1. J'emprunte cette formule à F.-M. Léthel, « La prière de Jésus à Gethsémani dans la controverse monothélite », *in* F. Heinzer & Chr. Schönborn, *Maximus Confessor. Actes du Symposium sur Maxime le Confesseur, Fribourg, 2-5 septembre 1980*, Fribourg, Éditions universitaires (Paradosis, XXVII), 1982, p. 209-210.

2. Voir le cours du 14 avril 2015 (première heure).

3. La séquence Mt 26, 36-38 est évoquée dans le cours du 31 mars 2015 (2e heure).

4. Sur ce texte, voir le séminaire du 10 avril 2014 sur *L'Archéologie philosophique*. Pour le texte lui-même et ses différents états, *cf.* Proclus, *De malorum subsistentia*, in *Procli Diadochi Tria Opuscula, Latine Guillelmo de Moerbeka vertente et Graece ex Isaaci Sebastocratoris aliorumque scriptis collecta*, éd. H. Boese, Quellen und Studien zur Geschichte der Philosophie, 1, Berlin, De Gruyter, 1960 ; Proclus, *Trois Études sur la Providence,* III, *De l'existence du mal*, texte établi et traduit par D. Isaac, avec une note additionelle par C. Steel, Paris, Belles Lettres (CUF), 1982. Sur la non-substantialité ou non-existence du mal, cf. C. G. Steel, « Proclus et Denys : l'existence du mal », *in* Ysabel de Andia (éd.), *Denys l'Aréopagite et sa postérité en Orient et en Occident. Actes du Colloque international Paris, 21-24 septembre 1994*, Paris, Institut d'Études augustiniennes (collection des Études augustiniennes, série Antiquité 151), 1997, p. 89-116.

5. Le questionnaire de Proclus – qui présente de fortes affinités avec celui de Porphyre sur les universaux – demande « si le mal est ou non ; et, dans l'affirmative, s'il est dans les intelligibles ou non ; et s'il est seulement dans les sensibles, si c'est selon une cause principale ou non ; et si non, s'il faut lui attribuer quelque substance ou s'il faut tenir son être pour totalement insubstantiel ; et dans le premier cas, comment il existe si le principe est autre ; et d'où il tire son origine et jusqu'où il procède » (Proclus, *De l'existence du mal*,

trad. D. Isaac, p. 28-29). Réponse est donnée en ces termes : le mal est « totalement insubstantiel », « *anousion* » (ἀνούσιον), et il n'a pas d'hypostase propre, il est « *anhupostaton* » ; en un mot il n'existe que *parhypostatiquement*.

6. Proclus, *On the Existence of Evils*, chap. 50, trad. J. Opsomer & C. Steel, Ithaca, Cornell University Press (The Ancient Commentators on Aristotle), 2003, p. 95 (nouv. éd., Bloomsbury Academic, 2014).

7. D. Isaac, « Introduction » à Proclus, *Trois Études...*, p. xvii. Comme l'a bien montré C. Steel, « The problem of Evil », *in* S. Klitenic Wear & J. Dillon (éd.), *Dionysius the Areopagite and the Neoplatonist Tradition : Despoiling the Hellenes*, chap. v, Ashgate Publishing, Ltd. (Ashgate studies in philosophy & theology in Late Antiquity), 2013, p. 76, la notion de « mode d'être parhypostatique » vient de Jamblique : « Proclus offers the alternatives that absolute evil as absolute privation is impossible. Instead, Proclus adopts Iamblichus' solution that evil is a perversion which cannot survive on its own, but instead acts as a parasite upon the Good – a *parhypostasis*. Thus, the focus of Proclus' discussion is not on whether evil exists, but on its mode of being. Using the Platonic structure of the universe, Proclus argues that absolute evil cannot exist ontologically, but enters reality when mixed with being. »

8. *Cf.* J. Opsomer & C. Steel, *in* Proclus, *On the existence...*, p. 31 : « The notion of the subcontrary allows Proclus to maintain a form of contrariety between particular, i.e. relative, evils and the good, without attributing any independent being to them. [...] Because evils always parasitize upon good dispositions, they can usurp the power of those dispositions and use it against the good. » Voir également la recension de Wayne J. Hankey dans la *Bryn Mawr Classical Review* 2003.12.07 (en ligne : http ://bmcr.brynmawr.edu/2003/2003-12-07.html#n1) : « As a parasitic privation of good, deriving its power from the good, evil is not a contrary but a "subcontrary", an idea Proclus finds in the Theaetetus 176A. »

9. Proclus, *De malorum subsistentia*, éd. Boese, p. 54, 24-31 ; *De l'existence du mal*, trad. Isaac, p. 101. Sur ce thème, *cf.* J.-M. Narbonne, *La Métaphysique de Plotin, suivi de 'Henôsis' et 'Ereignis' : remarques sur une interprétation heideggérienne de l'Un plotinien*, Paris, Vrin, [2]2001, p. 131. Voir également l'« Introduction » à Plotin, *Traités 51-54 : 51. Que sont les maux et d'où viennent-ils ?*, L. Brisson & J.-F. Pradeau (dir.), trad. L. Lavaud, Paris, GF, 2010.

10. *Cf.* S. KLITENIC WEAR & J. DILLON, *Dionysius the Areopagite and the Neoplatonist tradition. Despoiling the Hellenes*, Aldershot-Burlington, Ashgate, p. 80-81.

11. On passe aisément du monde de Lucien à celui de la botanique ou de la zoologie, autrement dit du parasite social « qui recherchait les repas publics au Prytanée et, par la suite, les tables bien servies chez les riches, payant son écot en empressements, en complaisances, ou en bassesses » à l'« organisme animal ou végétal qui, pendant une partie ou la totalité de son existence, se nourrit de substances produites par un autre être vivant sur lequel ou dans les tissus duquel il vit, lui causant un dommage » (TLF). Sur l'art du pique-assiette, voir le panégyrique de Simon le Parasite à Tychiade, dans le dialogue éponyme de Lucien : « On ne voit point parmi nous des sectes différentes, Stoïciens ou Épicuriens, professant des dogmes opposés ; nous tenons tous le même langage, nous sommes tous d'accord sur les actes et sur le but ; et il me semble à cet égard du moins, que l'art du parasite pourrait bien être la vraie sagesse. » *Cf.* LUCIEN, *Le Parasite ou que le métier de parasite est un art*, en ligne sur http :// remacle.org.

12. J. OPSOMER & C. STEEL, *in* PROCLUS, *On the existence...*, « Introduction », p. 26.

13. GRÉGOIRE DE NYSSE, *Discours catéchétique*, trad. L. MÉRIDIER, Paris, Alphonse Picard (Textes et documents pour l'étude historique du christianisme), 1908, p. 49.

14. *Cf.* GREGORY OF NYSSA, *Against Eunomius Book Three*, § 27, trad. STUART G. HALL, *in* J. LEEMANS & M. CASSIN (éd.), *Contra Eunomium III. An English Translation with Commentary and Supporting Studies*. Proceedings of the 12th international colloquium on Gregory of Nyssa (Leuven, 14–17 september 2010), Leiden-Boston, Brill (Supplements to *Vigiliae Christianae*, 124), p. 128 : « Nothing is in truth passion, unless it tends to sin. »

15. Je m'appuie ici en partie sur Hélène GRELIER, *L'Argumentation de Grégoire de Nysse contre Apolinaire de Laodicée : Étude littéraire et doctrinale de l'Antirrheticus adversus Apolinarium et de l'Ad Theophilum adversus apolinaristas.* Thèse en Langues, histoire et civilisations des mondes anciens, sous la dir. de Olivier Munnich, présentée et soutenue publiquement le 19 novembre 2008, université de Lyon II. H. GRELIER cite elle-même M. ALEXANDRE, « Le Jésus des Évangiles dans l'œuvre de Grégoire de Nysse », *Jesus Christ in St. Gregory of Nyssa's Theology*, Minutes of the Ninth International

Conference on St. Gregory of Nyssa (7-12 September 2000), Athènes, 2005, p. 249-250 et p. 252.

16. Grégoire de Nysse, *Or. Cat.*, XVI, Sources chrétiennes n° 453 (texte grec de W. Jaeger, *Gregorii Nysseni Opera* I). Introd., trad., notes et index par R. Winling, Paris, Cerf, 2013 (Ouvrage publié avec le concours de l'Œuvre d'Orient), p. 222. Pour le *Contra Eunomium*, *cf.* W. Jaeger, *Contra Eunomium libri I, II, III* et *Refutatio confessionis Eunomii*, in *Gregorii Nysseni Opera*, t. I et II, Leyde, 1960.

17. Plus littéralement : la passion est ce qui est conçu comme contradictoire avec l'absence de passion qu'est la vertu.

18. Grégoire de Nysse, *Contra Eun.* III, 4, 28-29, in *Gregorii Nysseni Opera* II, p. 144, 26-30 (traduction : Sources chrétiennes, 551). Voir aussi la reprise par Luc Fritz de la traduction de Jan Michael Van Parys : Grégoire de Nysse. *Réfutation de la profession de foi d'Eunome*. I. *Introduction, traduction et index*. Thèse. Paris 1968, p. 181 : « Ainsi donc le Verbe aussi, devenu chair, a assumé avec la chair la nature humaine tout entière. C'est la raison pour laquelle il pouvait avoir faim, avoir soif, être effrayé, avoir peur, désirer, dormir, être troublé, pleurer, et toutes choses semblables. En effet, la divinité selon sa nature propre n'est pas susceptible de telles passions, et la chair elle-même ne peut les subir si l'âme n'est pas affectée avec le corps. » *Cf.* http ://www.patristique.org/Gregoire-de-Nysse-Refutation-de-la-profession-de-foi-d.html

19. Gregory of Nyssa, *Against Eunomius Book Three*, § 27, trad. Stuart G. Hall, *in* J. Leemans & M. Cassin (éd.), *Contra Eunomium III*, p. 128.

20. Voir Aristote, *Poétique*, 1447a8, chap. 1 (spéc. ligne 20) : Ὥσπερ γὰρ καὶ χρώμασι καὶ σχήμασι πολλὰ μιμοῦνταί τινες ἀπεικάζοντες (οἱ μὲν [20] διὰ τέχνης οἱ δὲ διὰ συνηθείας), ἕτεροι δὲ διὰ τῆς φωνῆς, οὕτω κἀν ταῖς εἰρημέναις τέχναις ἅπασαι μὲν ποιοῦνται τὴν μίμησιν ἐν ῥυθμῷ καὶ λόγῳ καὶ ἁρμονίᾳ, τούτοις δ' ἢ χωρὶς ἢ μεμιγμένοις ; trad. Ch. Emile Ruelle, Librairie Garnier Frères (Chefs-d'œuvre de la littérature grecque), 1922 : « En effet, de même que certains imitent beaucoup de choses avec des couleurs et des gestes, les uns au moyen de l'art, *d'autres par habitude*, d'autres encore avec l'aide de la nature (seule), de même, parmi les arts précités, tous produisent l'imitation au moyen du rythme, du langage et de l'harmonie, employés séparément ou mélangés. »

21. Basile de Césarée, *Lettre aux habitants de Sozopolis*, 261, 3, éd. et trad. Y. Courtonne, *Saint Basile. Lettres,* t. III, Paris, Les Belles Lettres (CUF), 1966, p. 117-118.

22. Basile de Césarée, *Lettre aux habitants...*, trad. cit., *ibid.*

23. On trouve à trois reprises « catachrèse » dans *Tintin* : dans *L'Étoile mystérieuse* (p. 40, 4e bande, 3e case, *au pluriel*), *Les Bijoux de la Castafiore* (p. 19, 3e bande, 2e case, précédé d' « *espèce de* ») et *Vol 714 pour Sidney* (p. 23, 1re bande, 2e case).

24. La notice du *TLF* indique : « catachrèse, subst. fém. rhét. *Procédé qui étend l'emploi d'un terme au-delà de ce que permet son sens strict.* "À cheval sur un mur" (mar. Lex. 1951) : ... la catachrèse est une métaphore dont l'usage est si courant qu'elle n'est plus sentie comme telle ; ex. : les pieds d'une table, les ailes d'un moulin. Ling. 1972. – En partic. *Extension du sens d'un mot à une idée dépourvue de signe propre dans la langue* : catachrèse p. méton. (cour, "ensemble des courtisans"), catachrèse par synecdoque (bronze, "vase de bronze"), catachrèse p. métaph. (les ailes d'un bâtiment) [d'après P. Fontanier, *Manuel des Tropes*, Paris, Flammarion, 1968 (1830), p. 213]. »

25. On peut se servir du terme pour traiter le problème des universaux ou l'ontologie des essences. C'est ce que fait C. Erismann pour rendre compte des thèses de Grégoire de Nysse sur la possibilité d'utiliser des termes d'espèce naturelle au pluriel. *Cf.* C. Erismann, « Catachrestic plural forms. Gregory of Nyssa and Theodore Abû Qurrah on naming and counting essences », *British Journal for the History of Philosophy*, 22/1 (2014), p. 39-59.

26. C. Godin, *La Totalité*, I, *De l'imaginaire au symbolique*, Seyssel, Champ Vallon, 1998, p. 219-220.

27. *Cf.* J. Moscoso, *Histoire de la douleur* xvie-xxe *siècle*, « Représentation », trad. F. Langue, Paris, Les Prairies ordinaires (Singulières modernités), 2015, p. 55.

28. Je rappelle ces deux questions : « 16. La notion de sujet-agent a-t-elle reçu une impulsion décisive des débats christologiques sur le monoénergisme et le monothélisme entre le concile de Chalcédoine et celui de Constantinople III ? » et « 17. L'articulation de l'anthropologie philosophique et de la christologie peut-elle être poursuivie au-delà des premiers conciles, et notamment du concile de Constantinople III ? L'hypothèse des "deux agents" de l'action est-elle une donnée de base de la théorie de l'action au-delà des débats conciliaires ? »

Cours du 1er février 2016

Première heure

Maxime le Confesseur : redéfinition du problème de Gethsémani dans un cadre épistémique nouveau fondé sur la distinction entre « volonté naturelle » et « vouloir gnômique » ; introduction de la notion de « mode hypostatique ». — Plaidoyer archéologique pour la « décolonisation du passé » : rappel des concepts de « mouvement rétrograde du vrai » (Bergson) et de « mirage du présent dans le passé » (Paul Veyne). — Q. Skinner : la « mythologie de la prolepsis ». — Contre le rôle téléologique du thomisme et de la distinction essence vs *existence (essentia* vs *existentia) dans l'histoire de la philosophie et de la théologie médiévales. — Critique de la thèse de Louis Rougier. — Critique de l'oubli de l'hypostase. — Critique de l'interprétation thomiste de Maxime le Confesseur. — Le couple « ousia-hupostasis » comme voie d'accès privilégiée à la signification et à la portée de la querelle du monothélisme pour l'histoire de la subjecti(vi)té. — Réexamen du problème de Gethsémani : le conflit des volontés humaine et divine du Christ dans la prière d'agonie. — Le monothélisme repose sur la validité d'une prémisse de l'argument du « Psêphos » de Sergius Ier (appelé ici « argument a ») visant à prouver qu'on ne doit pas poser deux opérations – une divine, une humaine – dans le Christ. — Cette prémisse, notée ici « a1 », est que : Poser deux volontés dans le Christ au moment de l'agonie revient à poser en lui un conflit de volontés. — « a1 » conditionne l'accès à la seconde prémisse de « a » : « a2 ». — La prémisse « a2 » est que : Poser un conflit de volontés dans le Christ, c'est poser en lui « deux voulants », « ce qui est impie, car impossible ». — Discussion de « a1 » et de « a2 » à partir d'une relecture critique du « Psêphos », à la lumière de Lc 22,*

42, seul des évangiles synoptiques, recourant au mot thelêma (θέλημα). *— Pour sauver l'impeccabilité du Christ, Sergius distingue « mouvement naturel de la chair » et volonté. — Le mouvement naturel de la chair se situant à un niveau infra-éthique (car non volontaire), le monothélisme résout le problème de Gethsémani en le supprimant. — Retour sur la théorie des deux voulants, l'Épître aux Galates (le désir de la chair contre l'esprit), et la théorie paulinienne des « deux hommes ». — Qui parle dans la seconde partie de la prière d'agonie ? — Légitimation de la question « Qui parle ? » comme question authentiquement médiévale. – Lecture de textes d'Alain de Lille sur Mt 26, 33. — «* Bellum *» et «* duellum *». — Dualité du vouloir et duel des voulants. — Rappel de la théorie lockienne des « deux agents ». — Lecture de la règle 97 des Règles du droit céleste d'Alain de Lille. — Le conflit de volontés dans la tradition latine. — Augustin : « Pas de vouloir sans nouloir. » — Le monde grec et le monde latin face à face.*

Revenir sur le problème de Gethsémani, la prière d'agonie et le refus de la coupe, ce serait, disais-je, reprendre en détail certaines des questions ouvertes en conclusion du dernier cours de l'année 2015, dont la seizième et la dix-septième :

> 16. La notion de sujet-agent a-t-elle reçu une impulsion décisive des débats christologiques sur le mono-énergisme et le monothélisme entre le concile de Chalcédoine et celui de Constantinople III ?
> 17. L'articulation de l'anthropologie philosophique et de la christologie peut-elle être poursuivie au-delà des premiers conciles, et notamment du concile de Constantinople III ? L'hypothèse des « deux agents » de l'action est-elle une donnée de base de la théorie de l'action au-delà des débats conciliaires ?

À la première question j'avais donné une réponse positive, annonçant la nécessité d'une enquête allant de Sergius de Constantinople et de ses sources à Maxime le Confesseur.

J'entends vous montrer dans les prochaines séances que le conflit des vouloirs, autrement dit le conflit entre *vouloir*, *ne pas vouloir* et *nouloir* (c'est-à-dire *vouloir que ne pas*) chez le

Christ, abordé l'an passé avec le *Psêphos* de Sergius se prolonge chez Maxime dans la représentation d'un *conflit* déterminé dans un cadre épistémique original fondé sur la distinction entre « volonté naturelle » et « vouloir gnômique », *logos* et *tropos*, et la mobilisation des notions de nature et d'hypostase, cadre repris au Moyen Âge sous diverses formes, autorisant divers complexes de questions, dont la plus éloignée en apparence, mais la plus stimulante, est la possibilité pour l'homme de *vouloir son propre mal*. Cette possibilité, Maxime donne à l'entendre, non pas au niveau de la volonté naturelle, mais de ce qu'il appelle « vouloir gnômique » – notion qui nous permet de comprendre comment il est possible, pour reprendre une expression de Benoît XVI, de « dire Non ! » à Dieu, donc de « pécher ». Je reviendrai sur l'expression du souverain pontife, qui, ne se trouvant pas chez Maxime, nous permet de mesurer l'écart qui sépare une thèse ancienne de sa reformulation moderne.

Sur ce point, la thèse essentielle de Maxime, l'explication qu'il donne de la possibilité d'un tel « Non ! », tient dans la description succincte qu'en propose Corey Ladd Barnes dans son texte sur les deux volontés du Christ – *Christ's two wills in scholastic thought* :

> Il appartient au logos d'une nature intellectuelle d'être douée de volonté *(thelema)*. Cette volonté est naturellement en accord avec Dieu : rien de naturel n'est opposé à Dieu. L'opposition d'une volonté humaine pécheresse à Dieu ne repose pas sur sa nature, mais dans son « mode hypostatique » (ou *trope*) [1].

Le mal n'est pas naturel en l'homme. Ce n'est pas un trait, une caractéristique d'essence, un élément de la nature humaine – cette nature que, rappelons-le, le Christ assume dans l'Incarnation. Qu'est-ce alors ? C'est un mode hypostatique, un mode de son hypostase individuelle : un *tropos* – plutôt que « trope » (qui a aujourd'hui un sens technique en philosophie, incompatible avec l'usage maximien [2]). Il va nous falloir revisiter le problème de la liberté et du « libre choix » sous cet angle « hypostatique », autrement dit, dans un vocabulaire plus moderne, l'angle « subjectif » du conflit des volontés, enrichi par la distinction maximienne entre nature et *tropos*. Le conflit des volontés, plus précisément du vouloir et du nouloir, donné l'an passé, suivant Augustin, comme structurel et permanent, autrement dit comme *structurant*, est au cœur de la réflexion théologique sur la liberté. C'est en gardant présente à l'esprit cette perspective latine, augustinienne, que nous allons lire des Grecs : Maxime, mais aussi, de nouveau, nos deux chrétiens syriens, Némésius d'Émèse et Jean de Damas.

Redonner aux catégories médiévales « l'incertitude d'un futur encore ouvert », *an uncertain open future* : on n'a peut-être pas bien saisi la portée et les enjeux de cette remarque faite la semaine dernière [3], à cause de l'aspect un peu « étatsunien » de la formule : « décoloniser le passé », qui en a choqué certains. En fait, pour ce qui nous occupe ici, cette idée du travail d'*archéologie* philosophique est déjà présente dans la littérature philosophique et historique française depuis longtemps : elle consiste à vouloir s'arracher à la téléologie historique. Cela veut dire premièrement, échapper au « mirage du présent dans le passé », au « mouvement rétrograde du vrai », dénoncé en ces termes par Henri Bergson, je ne peux pas dire : dans cet amphithéâtre, mais, j'imagine, dans ces lieux mêmes – le Collège de France –, avant d'être publiés dans *La Pensée et le Mouvant* :

> Notre appréciation des hommes et des événements est tout entière imprégnée de la croyance à la valeur rétrospective du jugement vrai, à un mouvement rétrograde qu'exécuterait automatiquement dans le temps la vérité une fois posée. Par le seul fait de s'accomplir, la réalité projette derrière elle son ombre dans le passé indéfiniment lointain ; elle paraît ainsi avoir préexisté, sous forme de possible, à sa propre réalisation [4].

Très important théorème, dont Bergson donne une belle illustration – d'autant plus belle qu'elle est compréhensible, et d'autant plus compréhensible qu'elle est littéraire plutôt que philosophique.

> S'il n'y avait pas eu un Rousseau, un Chateaubriand, un Vigny, un Hugo, non seulement on n'aurait jamais aperçu, mais encore il n'y aurait réellement pas eu de romantisme chez les classiques d'autrefois, car ce romantisme des classiques ne se réalise que par le découpage dans leurs œuvres d'un certain aspect, et la découpure, avec sa forme particulière, n'existait pas plus dans la littérature classique avant l'apparition du romantisme que n'existe dans le nuage qui passe le dessin amusant que l'artiste y apercevra en organisant la masse amorphe au gré de sa fantaisie [5].

Autrement dit : sans romantisme il n'y aurait jamais eu de préromantisme, ni évidemment de « romantisme des classiques ». Échapper au mirage du présent dans le passé, c'est donc, pour nous, tenter d'échapper à l'illusion que, dans un texte célèbre, *Foucault révolutionne l'histoire*, Paul Veyne appelait « l'enrichissement du passé et de ses œuvres en fonction des interprétations que l'avenir en donnera à travers les siècles » [6]. [Phénomène dont on peut rapprocher la « mythologie de la prolepse » *(the mythology of prolepsis)*, dénoncée par Quentin Skinner, à savoir : l'anachronisme par anticipation, qui confond la signification qu'une œuvre pouvait avoir pour son auteur avec la portée qu'elle a acquise après coup [7]].

S'arracher à la téléologie historique, cela veut dire aussi, *deuxièmement*, s'arracher aux scénarios historiographiques dominants. Les questions christologiques sont vues à travers ce qui a conquis une place hégémonique – le rôle herméneutique principal – dans le paysage français et mondial : la distinction réelle entre l'essence et l'existence telle que l'ont élaborée Thomas d'Aquin et les thomismes successifs à la fin du XIXe et au début du XXe siècle, où elle a été promue par certains au statut de « fondement de la philosophie chrétienne ».

Téléologie : *télos* : la distinction de l'essence et de l'existence est le *télos* obligé dans l'intrigue matinée d'hagiographie construite autour du magistère théorique de Thomas d'Aquin.

C'est chez l'adversaire moderne de la scolastique le plus acharné, Louis Rougier, qu'est formulé le plus clairement et le plus brutalement ce scénario téléologique : dès 1920, dans *Les Paralogismes du rationalisme* [8], en 1925, dans *La Scolastique et le Thomisme*[9], et des décennies plus tard, en 1966, dans une version très abrégée : *Histoire d'une faillite philosophique : la scolastique*[10]. Cet opuscule avait été commandé par Jean-François Revel à Rougier pour la collection *Libertés* de Jean-Jacques Pauvert – collection inaugurée par le célèbre texte de Revel : *Pourquoi des philosophes ?* alerte pamphlet, qui a conservé une partie de sa vigueur. Le rôle téléologique du thomisme est ainsi caractérisé par Rougier : c'est, dit-il, grâce à la distinction réelle de l'essence et de l'existence que la « christianisation indolore » d'Aristote, la « conciliation » voulue par Urbain IV après les condamnations de l'aristotélisme en 1210, « a été obtenue par Thomas d'Aquin ». Et d'insister : le principe thomiste est le seul qui, en théologie, permette d'« établir la *possibilité ontologique* de l'union hypostatique de deux natures en Jésus-Christ et de la présence de trois personnes en un seul Dieu ». Il va de soi que, pour Rougier, cette « possibilité » ne vaut qu'à l'intérieur du cercle enchanté et fatal de la scolastique, qu'il dénonce. Elle n'a aucune base rigoureuse, puisqu'elle repose tout entière sur « une transformation » indue « de la distinction logique de l'essence et de l'existence, posée par Aristote, en une distinction ontologique »[11].

Rougier est un personnage politiquement discuté[12]. Cela ne remet pas en cause sa thèse historique et philosophique sur la scolastique, et la transformation indue d'une distinction logique en une distinction ontologique. On peut tout à fait la soutenir : beaucoup de gens l'ont fait. Le Rougier qui la professe est celui qui deviendra, au fond, le premier représentant d'un courant analytique en France. La question politique concerne la seconde guerre mondiale, et les relations de Rougier avec le régime de Vichy. En tant qu'ancien élève de Paul Vignaux, enseignant de l'École libre des hautes études, fondée début 1942 à New York, j'ai là-dessus mes opinions[13]. Elles n'importent pas pour ce qui nous occupe ici. Retenez seulement l'idée d'une vision téléologique de l'histoire de la pensée occidentale, commandée par la distinction entre essence et existence, à laquelle se subordonnent, selon Rougier, la question christologique et la théologie trinitaire.

Notez aussi que ce scénario « thomasien » se retrouve chez Heidegger, quand il met en place la différence entre *essentia* (ou *quid est*) et *existentia* comme caractérisant ce qu'il appelle la « thèse de l'ontologie médiévale »[14]. Rappelez-vous que Heidegger oppose à l'*existentia* scolastique (entendue comme mode d'être, « guise », *quomodo*, de l'étant à portée de main, « disponible », *chosique*), l'*Existenz* caractérisant le mode d'être de l'étant que nous sommes, nous les hommes[15], étant qu'il appelle d'un autre terme très célèbre : *Da-sein* – voyez le cours du 27 mars 2014. C'est de ce scénario qu'est tributaire la lecture heideggérienne de la mystique rhénane et son interprétation de *Meister* Eckhart, dont nous avons déjà parlé ici même et dont nous reparlerons dans l'avenir.

Notez enfin que c'est aussi de ce scénario téléologique thomasien et post-thomasien que dépend le théologien Hans-Urs von Balthasar (1905-1988) dans son grand livre de 1941 sur Maxime le Confesseur : *Kosmische Liturgie : Das Weltbild Maximus des Bekenners*, traduit sous le titre *Liturgie cosmique : Maxime le Confesseur* en 1947[16].

Quelques mots sur ce point. Maxime ne parle pas d'*essentia* et d'*existentia*. Il parle d'*ousia* et d'*hupostasis*. Le couple hypostase-ousie doit être restitué à son horizon propre, et soustrait – c'est l'un des sens de l'expression « *take back* » que j'ai employée la semaine dernière en présentant les vues de la « décolonisation du Moyen Âge » – à celui que nous lui attribuons *post eventum*, en fonction de notre connaissance de ce qui est advenu après Maxime. Pour Urs von Balthasar, Maxime vit à une époque où la distinction scolastique de l'*essentia* et de l'*existentia* n'est pas encore formulée. Et cela est décisif, quel que soit le génie de Maxime. La relation entre l'essence et l'hypostase, dit Urs von Balthasar, tient lieu de distinction entre l'essence et l'existence ; elle « révèle la non-identité de l'ordre de l'essence et de l'ordre de l'existence », même si « cette non-identité n'est pas encore aperçue comme le thème d'une “composition métaphysique”[17] ». En bref, Maxime n'est pas Thomas. Il est « homme de son temps ». Et, « en homme de son temps », il « est contraint de travailler avec un matériel philosophique qui n'est pas encore parvenu à maturité », un matériel qui est « nécessairement insuffisant dans les questions les plus délicates [18] ».

On n'est pas obligé de suivre Urs von Balthasar en tout point. Je ne le suis pas, en ce qui me concerne, dans la dévalorisation du « matériel » maximien (l'essence et l'hypostase) par rapport au « matériel » thomasien (l'*essentia* et l'*existentia*), ni par conséquent dans la téléologie du récit thomaso-centré. Si représentée soit-elle ou ait-elle été historiographiquement, la thèse érigeant la différence réelle en fondement indépassable de la christologie est loin, cependant, de capter l'essentiel en ce qui concerne l'histoire du sujet et de la subjectivité. Plus décisives sont précisément lesdites « questions les plus délicates », le détail des « complexes questions-réponses » (CQR) où, de symboles en anathèmes, se construit patiemment, souvent douloureusement, le dogme.

D'ailleurs, qui nous dit, par exemple, que la distinction heideggérienne entre *existentia* et *Existenz* ne peut être abordée à partir de Maxime le Confesseur ? Comme l'écrit Marie-Joseph Le Guillou (1920-1990) à propos du problème du monothélisme :

> Ce qui est au centre de la controverse monothélite, ce n'est pas d'abord une discussion sur les natures et leurs propriétés respectives, mais bien plutôt l'interprétation d'un événement majeur de la vie du Christ : l'Agonie. C'est là, dans la prière de Jésus à Gethsémani, que sa volonté humaine est considérée concrètement, dans un acte libre d'une portée décisive pour notre salut. Ainsi, le grand débat christologique du VIIe siècle a fondamentalement pour objet la liberté humaine de Jésus, manifestée dans son histoire [19].

On a vu l'an dernier comment, à un moment de péril extrême pour l'empire, dans le *Psêphos*, repris dans l'*Ekthêsis*, placardée à Sainte-Sophie par l'empereur Héraclius Ier en 638, après la défaite du Yarmuk face aux armées arabes, pour neutraliser tout conflit entre chrétiens et assurer l'unité de l'empire face à la menace extérieure [20], Sergius Ier, patriarche de Constantinople avait proscrit l'attribution de « deux opérations » au Christ, car, si elle maintenait deux natures dans le

Christ, elle semblait impliquer deux volontés en conflit, donc deux personnes, comme dans le nestorianisme.

Je reprends le raisonnement. Étant entendu que poser « deux opérations », l'une humaine, l'autre divine, conduit à poser deux volontés dans le Christ et que la situation paradigmatique où l'on peut observer ces deux volontés est la prière d'agonie en Mt 26, 39, Lc 22, 42 et Mc 14, 36, on a le problème de Gethsémani, qui est celui de la validité de l'enchainement suivant, que j'appellerai « argument a » :

a1) Poser deux volontés dans le Christ au moment de l'agonie revient à poser en lui un conflit de volontés ;
a2) poser un conflit de volontés dans le Christ, c'est poser en lui deux voulants, ce qui est impie car impossible ;
a3) donc il ne faut pas poser deux opérations et s'en tenir à la thèse monothéliste d'une seule et unique volonté, donc d'un seul voulant dans le Christ.

Dans ce raisonnement tout roule philosophiquement sur la prémisse a1. Le monothélisme, la thèse selon laquelle il n'y a qu'une volonté dans le Christ, suppose la véracité, la validité, la vérité de la thèse *a1*. Si a1 est faux il n'y a plus d'argument, car on ne peut pas passer à *a2*. Cet argument a un présupposé : deux volontés dans le Christ = conflit, c'est-à-dire : deux volontés contraires. Si vous préférez : deux volontés différentes = deux volontés contraires.

Tout roule aussi sur *a2*. Le monothélisme suppose non seulement *a1*, mais *a2*, puisque si *a2* est faux on ne passe pas à *a3*. Le présupposé de *a2* est que s'il y a deux volontés, il y a deux voulants. Là où il y a deux volontés, il y a deux qui veulent. Donc, etc.

Autre présentation possible du problème : « l'argument *b* », qui a pour fonction de montrer les enjeux et d'exploiter le résultat – supposant qu'il y en a un et allant dans le bon sens (le sens monothéliste) – de l'« argument *a* ».

b1) Poser un conflit de volontés dans le Christ en Mt 26, 39, Lc 22, 42 ou Mc 14, 36, c'est rejeter l'impeccabilité du Christ ;
b2) poser deux volontés dans le Christ, c'est poser un conflit de volontés dans le Christ ;

b3) donc il ne faut pas poser deux volontés dans le Christ en Mt 26, 39, Lc 22, 42 ou Mc 14, 36.

L'argument tient si et seulement si *b2* est vrai, autrement dit : si poser deux volontés dans le Christ, c'est poser un conflit de volontés ; ce qui ramène à l'argument *a1*.

Si tout cela tient, il n'y a dans le Christ ni deux opérations (par l'« argument a »), ni deux volontés (par l'« argument b »).

Comment échapper à *b* ? C'est assez simple. Il suffit de soutenir et de prouver qu'il n'y a pas expression d'un conflit de volontés en Mt 26, 39, Lc 22, 42 ou Mc 14, 36. C'est ce que fait Sergius : il démontre qu'il n'y a qu'une volonté dans le Christ, et un seul voulant.

Dans la courte présentation du dernier cours consacré au *Psêphos*, j'avais l'an passé pris comme référence Mt 26, 39. Je prendrai aujourd'hui Lc 22, 42 pour des raisons qui apparaîtront en chemin. Je vous rappelle le texte de Lc 22, 42.

> Πάτερ, εἰ βούλει παρένεγκε τοῦτο τὸ ποτήριον ἀπ' ἐμοῦ· πλὴν μὴ τὸ θέλημά μου ἀλλὰ τὸ σὸν γινέσθω.
> Père, si tu veux, éloigne de moi ce calice. Mais que ta volonté, et non la mienne, soit faite.

On a, dans cette unique prière, deux phrases qui semblent bien se contredire. Voici l'argument de Sergius : si, avec les tenants du concile de Chalcédoine (les chalcédoniens orthodoxes), on admet la coexistence de deux volontés dans le Christ, on est contraint de comprendre les paroles du Christ en Lc 22, 42 comme la manifestation de deux volontés contradictoires : la volonté humaine (VH) – la volonté humaine exprimant un refus de la passion, de la mort qui vient – et la volonté divine (VD) – voulant la Passion rédemptrice du genre humain.

J'introduis (*P1*) et (*P2*) pour distinguer les deux propositions exprimant ces volontés – propositions articulées par l'adverbe πλὴν : « mais », « toutefois ».

> (*P1*) VH : Πάτερ, εἰ βούλει παρένεγκε τοῦτο τὸ ποτήριον ἀπ' ἐμοῦ.
> Père, si tu voulais faire passer cette coupe loin de moi !

(*P2*) VD : πλὴν μὴ τὸ θέλημά μου ἀλλὰ τὸ σὸν γινέσθω.
Toutefois, que ce ne soit pas ma volonté mais la tienne qui soit faite.

Même schéma en Mt 26, 39 :

(*P1*) VH : Πάτερ μου, εἰ δυνατόν ἐστιν, παρελθάτω ἀπ' ἐμοῦ τὸ ποτήριον τοῦτο.
Mon Père, s'il est possible, que cette coupe passe loin de moi !

(*P2*) VD : πλὴν οὐχ ὡς ἐγὼ θέλω ἀλλ' ὡς σύ.
Toutefois, pas comme je veux mais comme tu veux.

On a ici une opposition de la volonté humaine à la volonté divine : c'est la définition du péché. Le Christ n'a pu pécher. Rappelez-vous le cours du 25 janvier : il a assumé seulement une « ressemblance de la chair du péché », *pas le péché lui-même* – c'est pour cette raison, disait Basile de Césarée, que l'on a dit « qu'il est né *dans la ressemblance* de la chair du péché ». Je vous rappelle le texte de Rm 8, 3 :

Car chose impossible à la loi, parce que la chair la rendait sans force, Dieu a condamné le péché dans la chair, en envoyant, à cause du péché, son propre Fils *dans une chair semblable à celle du péché*[21].

Comment sauvergarder l'impeccabilité du Christ face au problème de Gethsémani ? La réponse du monothéliste est simple : il n'y a qu'une volonté dans le Christ, la volonté divine, qui s'exprime dans P2 : *l'acceptation*, et qui, par voie de conséquence, ne s'exprime pas dans *P1* : *le refus*. La question que vous vous posez alors, j'imagine, est : Eh bien, *qui* s'exprime en *P1* ? Ce n'est pas la volonté humaine du Christ qui parle contre la volonté divine. C'est impossible. Mais alors qui parle dans : « Père, si tu veux/voulais faire passer cette coupe loin de moi » ? Qui parle dans : « Mon Père, que ce calice passe loin de moi, s'il est possible » ? La réponse de Sergius, qui veut éviter le conflit de volontés, est : ce n'est pas la volonté humaine du Christ qui parle, c'est un « mouvement naturel de la chair qu'animait une âme raisonnable », chair à laquelle « le Dieu Verbe est uni selon l'hypostase »[22].

Un « mouvement naturel de la chair », cela doit vous rappeler quelque chose. Ce *mouvement* c'est celui qu'on a rencontré l'an dernier, en considérant la notion de désir irrépressible, ou plus exactement de désir dont on ne peut empêcher la manifestation, sans que l'on soit obligé pour autant d'y consentir. Le « mouvement naturel de la chair » c'était le désir qu'éprouvait le religieux enchaîné à un lit au milieu de femmes lascives – le scénario imaginé par Abélard dans son *Éthique*. C'était aussi l'équivalent des « plaisances » et des « déplaisances », dont nous avions trouvé les premières formulations chez Bartholomaeus Arnoldi von Usingen (1464-1532) et Jodocus Trutfetter (1460-1519), les théologiens buridaniens qui avaient été les maîtres de logique de Martin Luther[23]. Les deux avaient clairement articulé la problématique de l'acceptation et du refus au niveau éthique comme tel, en distinguant, d'un côté, les *placentia*, les « plaisances », et les *displacentia*, les « déplaisances », ce que l'on éprouve et que l'on ne peut pas ne pas éprouver parce qu'on a une chair et que la chair est faible, et, de l'autre, cela seul que l'on peut et doit appeler « volonté »[24]. Entre les deux il y a une marge : celle de l'acceptation de ce qui vous arrive (ou pas), le comportement que l'on va adopter (ou non) en fonction de cette situation, d'un mot : le consentement *(assensus)*. Le niveau éthique est donc celui de la volonté et de l'action[25] ; le mouvement naturel de la chair ne se situe pas à un niveau éthique, mais à un niveau *infra*-éthique : c'est ce qui se produit « comme ça », ce à quoi « on ne peut rien ».

Tout cela n'est pas neuf, c'est le combat de la chair contre l'esprit. C'est la grande dynamique paulinienne, décrite dans l'épître aux Galates. Ce n'est pas un conflit de volontés, c'est le désir qui parle contre la volonté. La volonté a pour tâche de refréner, dominer, domestiquer et au minimum de repousser le désir : *Vade retro*. Le monothélisme supprime l'agonisme dans l'*agonia*, disais-je l'an passé. Ce n'est pas un conflit entre deux voulants.

Mais rien n'est jamais complètement simple. Il ne faudrait pas croire que l'Épître aux Galates n'ouvre la porte qu'à un pseudo-conflit, entre une manifestation de niveau *infra*-

éthique qui serait le désir et une tentative de régulation éthique qui serait la volonté. Ce n'est pas si simple. Tout dépend des points de vue, des auteurs, des théories : l'Épître aux Galates peut être aussi l'occasion d'évoquer l'existence en chacun de nous de *deux hommes*. « Il y a deux hommes en moi » – c'est bien ce que dit Paul dans l'Épître aux Romains 7, 13-29. Dualité douloureuse que vous retrouvez dans la « Plainte d'un Chrestien sur les contrarietez qu'il éprouve au dedans de luy-même », le cantique de Jean Racine, évoqué le 7 avril 2015.

Cela dit, vous m'objecterez peut-être que, lorsque je pose la question : « *Qui parle ?* » dans : « *Mon Père, que ce calice passe loin de moi, s'il est possible* », je pose une question moderne, *post*-soixante-huitarde, aussi déplacée que si l'on demandait au Christ : « *D'où parles-tu ?* » Je réponds : non. La question « Qui parle ? » est bien une question *pré*-soixante-huitarde, c'est une question médiévale, qui a une réponse médiévale. Pour vous en persuader, voici un beau texte d'Alain de Lille, *Alanus ab Insulis* :

> *Pater, si fieri potest, transeat a me calix iste ; non tamen sicut ego volo, sed sicut tu vis.* Ecce quomodo in Christo duo loquantur, et de diversis loquantur ! Loquitur sensualitas, loquitur ratio. Loquitur sensualitas ex nostra infirmitate ; loquitur ratio ex divina firmitate ; loquitur sensualitas ex humano affectu ; loquitur ratio ex divino effectu... Hoc est perpetuum in mente humana duellum, quia etsi ratio aliquando sensualitatem refrenet, tamen sensualitas semper remurmurat ; haec est enim rota carri, quae fenum portat, tamen remurmurat [26].

Dans ce texte des *Sentences*, Alain de Lille († 1202) [27] commente précisément Mt 26, 39 : *Père, si cela est possible, que ce calice passe loin de moi ; non pas cependant comme je veux, mais comme toi tu veux.* « Voyez, dit-il, comme il y a deux choses dans le Christ, et qui parlent de choses différentes ! » Qui parle ? La sensualité parle ; la raison parle. *Loquitur sensualitas ex nostra infirmitate ; loquitur ratio ex divina firmitate.* – Vous voyez comment on écrivait au XIIe siècle ! Et de ce fait vous commencez peut-être à percevoir comment on mémorisait : il y a ce *color rythmicus*, cette cadence, qui rend la phrase plus facile à retenir. Je paraphrase :

> La sensualité parle du haut de notre infirmité, la raison parle en vertu de la fermeté divine. La sensualité parle de par l'affect humain ; la raison parle en vertu d'une causalité, d'un effet divin en nous. Cela, c'est dans l'esprit humain, un duel perpétuel : en effet, même si la raison, parfois, arrive à refréner la sensualité, néanmoins, toujours la sensualité *murmure* d'insatisfaction. Elle est comme la roue d'une charrette qui, certes, accomplit quelque chose d'utile puisqu'elle permet de charrier le foin, mais qui, pourtant, pendant qu'elle fait cela, grince, murmure et proteste.

Il y a un duel permanent dans l'âme humaine, avec cette image : la roue de la charrette qui grince mais officie. Ce duel on le retrouve dans le Christ. Le duel, le duo interne, la dualité. « Duel », c'est une expression grammaticale autant qu'une expression d'escrime, qu'un terme agonistique. La personne est duelle, car elle est duel. Elle est en guerre, elle est *en polémique* : elle est guerre – *bellum et duellum* sont d'ailleurs apparentés en latin *(duellum* étant la forme ancienne de *bellum)* [28], sans parler de *bellus* et *bellum* !

Le duel entre voulants, qui sont aussi des agents, nous renvoie à ce que j'appelais l'année dernière la « théorie des deux agents » et au problème posé jusque dans la philosophie classique : Peut-on admettre que des facultés, ici appelées *sensualité* et *raison*, soient en nous comme autant d'agents, au lieu que nous soyons, nous, seuls à agir par leur entremise en nous servant d'elles comme d'instruments ? Est-ce que les facultés agissent librement en nous, s'affrontent *en* nous, *sans* nous, *malgré* nous, *avec* nous comme spectateurs ? Ou bien est-ce nous qui agissons et sommes le cas échéant divisés d'avec nous-mêmes, en nous servant de ces facultés, en agissant à travers elles ? C'est un problème tout à fait moderne, puisqu'il a eu pour solution une des grandes thèses de John Locke : le rejet de la théorie des deux agents. On avait analysé cela l'an dernier [29]. Vous voyez que les problèmes viennent de loin. Ce que dit Locke, Alain de Lille y était déjà confronté.

Voici maintenant une des règles théologiques, dites « Règles du droit céleste », figurant dans un ouvrage d'Alain, qui présente un intérêt particulier pour l'histoire de la littérature philosophique, parce qu'il est constitué de propositions appelées *règles* ou *maximes*, comportant chacune une démonstration, argumentation, illustration ; ce qui fait que l'ouvrage est parfois présenté comme ayant contribué à introduire en philosophie une méthode dite « axiomatique ». Il faudrait revenir là-dessus, mais je n'ai pas le temps. Dans ces *Règles du droit céleste*, on trouve la règle 97 :

> REG. XCVII. Sicut caro dicitur obedire rationi, quando non agit directe contra rationem, et ita ratio dicitur consentire carni, quando non reprimit carnem [30].

« De même que la chair est dite obéir à la raison quand elle n'agit pas directement contre elle, de même la raison est dite consentir à la chair quand elle ne la réprime pas. » Voilà la règle à mémoriser, à graver au-dessus d'une cheminée (immense, car il y en a, avant, quatre-vingt-seize autres). Et voici l'explication :

> Continuum est duellum inter carnem et rationem : aliud enim vult caro, aliud ratio. Quamvis enim ratio refrenet carnalitatem, ne aliquando procedat ad illicita, tamen nunquam ita sedatur, quin remurmuret saltem in primitivis motibus : et ideo obedire dicitur, quia directe contra rationem non operatur. Similiter ratio dicitur consentire carni, non quia consentiat, quia semper opera eius reprobat ; sed quia cum refrenare possit, non refrenat. Sicut rex dicitur consentire latronibus civitatis, non quia consentiat, sed quia non arcet eos, cum arcere possit [31].

Je reprends la paraphrase : continuel est le duel entre la chair et la raison. La chair veut une chose, la raison en veut une autre. En effet, bien que la raison refrène la *carnalitas*, les penchants de la chair, afin que celle-ci ne commette pas, ici ou là, de choses illicites, jamais, cependant, cette *carnalitas* n'est à ce point de sédation qu'elle cesse de murmurer, de protester, au moins dans les mouvements élémentaires, irrépressibles – ces *mouvements de la chair* qui ne peuvent pas ne pas se produire. Pensez au religieux enchaîné d'Abélard. La chair est donc dite « obéir » quand elle n'œuvre pas directement contre la raison. Mais elle ne se calme jamais complètement : elle est toujours en train de murmurer. Ce murmure n'est pas de bon conseil. Ce n'est pas celui dont le Breton du premier *Manifeste du surréalisme* (1924) disait : « Fiez-vous au caractère inépuisable du murmure ». D'ailleurs, il ne parlait pas de la chair, mais de l'inconscient. De son côté, la raison est dite « consentir » à la chair, non parce qu'elle y consent vraiment, puisque toujours elle en réprouve les œuvres, mais parce que parfois, alors qu'elle pourrait la refréner, elle ne le fait pas. C'est dans le même sens qu'un roi est dit « consentir » aux vols qui ont lieu dans son royaume, non parce qu'il y consent vraiment, mais parce qu'il n'empêche pas d'agir les voleurs, alors qu'il pourrait le faire. C'est le péché d'omission.

L'une murmure et n'agit pas directement ; l'autre consent quand elle ne réfrène pas. C'est la guerre entre la chair et l'esprit, guerre qui est peut-être aussi grave qu'un conflit de volontés, guerre qui est « plus que civile », entendons qui est *pire qu'une guerre civile*, comme l'explique le chapitre sur la *Patientia*, dans le *De arte predicatoria*, où Alain distingue trois niveaux de guerre, trois niveaux de belligérance : *extérieure* ou étrangère : entre l'homme et le diable ; *civile* : entre l'homme et son prochain ; *plus que civile* : entre la chair et l'esprit [32].

Si l'on suit Sergius de Constantinople, le combat de la raison et de la sensualité est au niveau anthropologique l'image du combat livré au niveau christologique entre désir (humain) et volonté (divine) dans le Christ. Mais vous le savez, il y a un autre modèle que la confrontation paulinienne entre chair et esprit. Un autre combat que celui que l'on peut présenter comme faisant rage entre ce qui de moi n'est pas moi, et moi ; un autre que le combat entre d'un côté le corps, mon corps, instrument ou simple habit – le corps comme vêtement de l'âme – et de l'autre ce qui est moi : l'âme ; un autre que le combat entre ce qui est mien et ce qui est moi – pour parler comme Platon, Plotin et la tradition de l'*Alcibiade*.

Il y a le modèle augustinien que nous avons tenté de suivre l'année dernière, sur les pas d'Augustin lui-même, bien sûr, mais aussi de Hanna Arendt, qui fait de l'affrontement entre vouloir et nouloir, entre vouloir et vouloir que ne pas, *velle* et *nolle*, un conflit véritable, interne à la volonté humaine [33]. *Pas de vouloir sans nouloir*, disions-nous l'an dernier. Or ce conflit, c'est bien celui que pose le problème de Gethsémani, si on ne veut pas l'esquiver simplement en se repliant sur une position où s'affronteraient un niveau éthique (la volonté) et un niveau infra-éthique (le désir, les mouvements primitifs de la chair). Le vrai problème du *Psêphos* peut se poser et devrait même se poser – Latinité oblige – en termes augustiniens.

Cela dit, nous ne sommes pas ce soir chez Augustin. Nous sommes à Byzance dans les années 600. Sergius pose son problème au niveau du conflit entre volontés et le résout au niveau du conflit entre désir et volonté. Il le pose au niveau moral et le résout à un niveau que certains disent infra-moral, en ayant, en tout cas, changé les protagonistes de l'agonie, du combat : non plus moi contre moi, mais la chair contre l'esprit, une chair qui n'est pas libre, contre un esprit qui est libre.

Ce n'est pas tout ce qu'il fait – en réalité, comme on le verra. Mais, pour l'instant, je m'en tiens à son argumentation.

Notes

1. C.L. Barnes, *Christ's two wills in scholastic thought: the Christology of Aquinas and its historical contexts*, Phd, Notre Dame (Indiana), p. 7 : « It belongs to the *logos* of an intellectual nature to possess will *(thelema)*. This will is naturally in accord with God ; nothing natural is opposed to God. The opposition of a sinful human will to God rests not in its nature but in its hypostatic mode. »

2. En anglais le mot « *trope* » désigne, comme en français, une « *figure of speech* », une « figure du discours ». La « catachrèse », dont il est question dans le cours du 25.01.16, est un « trope ». Dans l'usage

philosophique moderne, le mot « trope » a, cependant, acquis une nouvelle signification, sans rapport avec l'usage traditionnel ou classique. Il désigne à présent l'instance (angl. *instance*, all. *Einzelfall*) particulière d'une propriété ou d'une relation. Introduit en 1953 par le philosophe américain D.C. Williams dans le sens d'« occurrence d'une essence » (*cf.* D.C. WILLIAMS, « The Elements of Being », *Review of Metaphysics*, 7 (1953), p. 3-18, 171-192 ; « Of Essence and Existence and Santayana », *Journal of Philosophy*, 51 (1953), p. 31-42), *trope* s'est imposé dans le monde anglophone comme équivalent de l'expression « *abstract particular* » utilisée par Stout en 1921. En anglais, *trope* est donc synonyme de ce que l'on désigne par « *concrete properties* » (G. KÜNG, *Ontology and the Logistic Analysis of Language*, Dordrecht, Reidel, 1967), « *quality instances* » / « *relation instances* » (D.C. LONG, « Particulars and their Qualities », *in* M.J. LOUX (éd.), *Universals and Particulars*, Notre Dame UP, 1976, p. 310-330), « *unit properties* »/« *unit relations* » (G. MATTHEWS & S. MARC COHEN, « The One and the Many », *Review of Metaphysics*, 21/4 (1968), p. 630-655), « *quality bits* »/« *relation bits* », « *individualized forms* », « *cases* » ou « *aspects* » (N. WOLTERSTORFF, *On Universals*, Chicago, University of Chicago Press, 1970) et « *particularized qualities* » (J. COOK WILSON, *Statement and Inference*, Oxford, Clarendon Press, 1926 ; P. STRAWSON, *Individuals. An Essay in Descriptive Metaphysics*, Londres, Methuen, 1959 et *Subject and Predicate in Logic and Grammar*, Londres, Methuen, 1974). L'initiative onomastique de Williams, prolongée par K. Campbell, est évidemment malheureuse. Il est cependant impossible d'aller aujourd'hui contre cet usage, tant l'expression s'est imposée dans la littérature. Je pense avoir été un des premiers à utiliser la notion de « *trope* » en histoire de la philosophie médiévale. Les médievaux connaissent en effet les « particuliers abstraits ». La théorie « porphyrienne » de l'individu comme « faisceau de tropes » : *sundromê sumbebêkotôn*, « syndrome d'accidents », *concursus accidentium*, est à présent souvent interprétée au sens du « faisceau de tropes » de la *Bundle-theory of tropes* opposée par Armstrong à la théorie traditionnelle ou *Substance-attribute view*. Pour un survol, voir A. DE LIBERA, « Trope », *in* B. CASSIN (dir.), *Vocabulaire européen des philosophies*, Paris, Seuil-Robert, 2004, p. 1321-1324. Pour un travail approfondi, voir : K. CAMPBELL, *Abstract Particulars*, Oxford-Cambridge (Mass.), Blackwell, 1990 ; P. SIMONS, « Particulars in Particular Clothing : Three Trope Theories of Substance », *Philosophy and Phenomenological Research*, 54 (1994), p. 553-575 ; B. SMITH (éd.), *Parts and Moments. Studies in*

Logic and Formal Ontology, Munich, Philosophia Verlag, 1982 ; D. Armstrong, *Universals. An Opinionated Introduction*, Boulder, Westview Press, 1989, trad. fr. par S. Dunand, B. Langlet & J.-M. Monnoyer, *Universaux. Une introduction partisane*, Paris, Éd. d'Ithaque (Science et métaphysique), 2010 ; A. Chrudzimski, « Two Concepts of Trope », *Grazer Philosophische Studien*, 64 (2002), p. 137-155. Sur les tropes au Moyen Âge, *cf.* C. Martin, « The Logic of the Nominales, or, The Rise and Fall of Impossible *Positio* », *Vivarium*, 30 (1992), p. 110-126 ; J. Marenbon, *The Philosophy of Peter Abelard*, Cambridge, CUP, 1997, p. 119-30 ; A. de Libera, « Des accidents aux tropes. Pierre Abélard », *Revue de métaphysique et de morale*, 4 (2002), p. 509-530 ; *La Référence vide. Théories de la proposition*, Paris, PUF, 2002, p. 122-126 et 269-297 ; « *Aliquid, aliqua, aliqualiter*. Signifiable complexe et théorie des tropes au XIVe siècle », *in* P.J.J.M. Bakker (éd.), *Chemins de la pensée médiévale. Études offertes à Zénon Kaluza*, Turnhout, Brepols, 2002, p. 27-45 ; « Le singulier et l'universel », in *Enseigner la philosophie, faire de la philosophie. Actes du séminaire national, 24 et 25 mars 2009 (Programme National de Pilotage), Grand amphithéâtre de la Sorbonne, Cité internationale universitaire de Paris, Paris, Ministère de l'Éducation nationale (ÉDUSCOL)*, 2009, p. 29-47 ; J. Marenbon, « Was Abelard a Trope Theorist ? », *in* C. Erismann & A. Schniewind (éd.), *Compléments de substance. Études sur les propriétés accidentelles*, Paris, Vrin (Problèmes et controverses), 2008, p. 85-101.

3. *Cf.* J.J. Cohen, « Introduction », *in* J.J. Cohen (éd.), *The Postcolonial Middle Ages*, p. 7.

4. H. Bergson, *La Pensée et le Mouvant*, Introduction (Ire partie), *Œuvres*, Paris, PUF (Édition du centenaire), 1963, p. 1264. Le texte intitulé « Croissance de la vérité. Mouvement rétrograde du vrai », qui constitue la première partie de l'« Introduction », d'où je tire ma citation, est donné comme « écrit spécialement » pour le recueil publié en 1934. Bergson le date de 1922.

5. H. Bergson, *La Pensée et le Mouvant*, *ibid.*, p. 1265

6. *Cf.* P. Veyne, *Comment on écrit l'histoire*, suivi de « Foucault révolutionne l'histoire », Paris, Seuil (Points Histoire), 1979 [1996], p. 423-425.

7. Sur ce point, voir Q. Skinner, « Meaning and Understanding in the History of Ideas », *History and Theory*, vol. 8, n° 1 (1969), p. 3-53, cité dans A. de Libera, *Où va la philosophie médiévale ?*, p. 43-45. Comme l'explique bien Skinner, c'est une chose de dire de Locke qu'il a été « un des pères fondateurs de l'école moderne empirique et

libérale de philosophie politique » et une autre que d'être « un théoricien libéral de la politique ». Plutôt que de « père fondateur » – qui suppose l'*intention de fonder une famille* – on ferait d'ailleurs mieux de parler de « référence fondamentale » ou de « figure tutélaire » : la « mythologie de la prolepse » a aussi quelque chose à voir avec le Changement Cambridgien ! Bonne description des diverses « mythologies » skinnériennes dans I. Hampsher-Monk, « Speech Acts, Languages or Conceptual History », *in* I. Hampsher-Monk, K. Tilmans, F. van Vree (éd.), *History of Concepts : Comparative Perspectives*, chap. 3, Amsterdam University Press, 1998, p. 39 [37-50] : « In the mythology of *'prolepsis'*, the meaning or significance a work could have had for its author, is conflated with that subsequently ascribed to it by present-day commentators. »

8. Cf. L. Rougier, *Paralogismes du rationalisme. Essai sur la théorie de la connaissance*, Paris, Félix Alcan, 1920, p. 156.

9. L. Rougier, *La Scolastique et le thomisme*, Paris, Gauthier-Villars, 1925.

10. L. Rougier, *Histoire d'une faillite philosophique : la scolastique*, Paris, J.-J. Pauvert (Libertés), 1966.

11. Pour plus de détails, voir A. de Libera, « La scolastique : une faillite ? Louis Rougier, historien *in partibus* », *in* J.-C. Pont & F. Padovani (dir.), *Louis Rougier : vie et œuvre d'un philosophe engagé. Colloque, Genève, 6-9 octobre 2004*, *Philosophia scientiae*, vol. X, n° 2 (2006), p. 177-206. Pour une critique du travail de Rougier, méthode et utilisation des sources, *cf.* J. Courcier, *O.P.*, « *La Scolastique et le Thomisme* : la réception du livre de Louis Rougier en 1925 par le milieu scolastique », *ibid.*, p. 92-156.

12. Sur la biographie de Rougier, *cf.* C. Berndt & M. Marion, « Vie et œuvre d'un rationaliste engagé : Louis Rougier (1889-1982) », *ibid.*, p. 11-90. L'ensemble du numéro est accessible sur http :// philosophiascientiae.revues.org

13. Sur Paul Vignaux (1904-1987), directeur d'études à l'EPHE de 1934 à 1976, un des fondateurs du SGEN-CFTC (1937), secrétaire général du SGEN de 1949 à 1972, et acteur majeur de la déconfessionnalisation de la CFTC (création de la CFDT, 6-7 novembre 1964), *cf.* O. Boulnois (dir.) & J.-R. Armogathe (collab.), *Paul Vignaux, citoyen et philosophe. Suivi de Paul Vignaux, 'La Philosophie franciscaine' et autres documents inédits*, Turnhout, Brepols (Bibliothèque de l'École des hautes études, Sciences religieuses, 131), 2013.

14. Le scénario que j'appelle « thomasien » est à l'arrière-plan des *Grundprobleme der Phänomenologie* – le cours du semestre d'été 1927,

donné par Heidegger à Marburg, l'année de la publication de *Sein und Zeit*. Sur la différence entre *essentia* et *existentia* et son rôle historial, *cf.* M. HEIDEGGER, *Die Grundprobleme der Phänomenologie*, éd. F.-W. VON HERRMANN, Francfort, Vittorio Klostermann, 1975, GA 24, p. 20 ; *Les Problèmes fondamentaux de la phénoménologie*, trad. fr. J.-F. COURTINE, Paris, Gallimard, 1985, p. 20. La thèse de l'ontologie médiévale (scolastique), remontant elle-même à Aristote est que le ce-que-c'est (*Was-sein*) *(essentia)* et l'être présent-subsistant *(Vorhandensein, existentia)* « appartiennent à la constitution ontologique de l'étant ». Sur tout cela, voir le cours du 3 avril 2014.

15. M. HEIDEGGER, *Die Grundprobleme der Phänomenologie*, p. 170 ; trad. COURTINE, p. 152.

16. *Cf.* H.-U. VON BALTHASAR, *Kosmische Liturgie. Maximus der Bekenner. Höhe und Krise des griechischen Weltbilds*, Freiburg, Herder, 1941, trad. fr. par L. LHAUMET & H.-A. PRENTOUT, *Liturgie cosmique : Maxime le Confesseur*, Paris, Aubier (Théologie, 11), 1947. L'original allemand a été republié en 1961 dans une version entièrement remaniée – sous le titre *Kosmische Liturgie : Das Weltbild Maximus des Bekenners*, Einsiedeln, Johannes Verlag –, qui n'est pas traduite.

17. H.-U. VON BALTHASAR, *Liturgie cosmique*, p. 166-167.

18. *Cf.* H.-U. VON BALTHASAR, *Liturgie cosmique*, p. 175.

19. *Cf.* M.-J. LE GUILLOU, « Préface » à F.-M. LÉTHEL, *Théologie de l'agonie du Christ. La liberté humaine du Fils de Dieu et son importance sotériologique mises en lumière par saint Maxime Confesseur*, Paris, Beauchesne (Théologie historique, 52), 1979, p. 5. Thèse reprise par J.P. FARRELL, *Free Choice in St. Maximus the Confessor*, South Canan, Pennsylvania 18459, St. Tikhon's Seminary Press, 1989, p. 79 : « As Le Guillou observes, what "is at the centre of the monothelete controversy is not so much a discussion of the two natures of Christ and their respective properties, but rather an interpretation of a major event in the life of Christ, the Passion". » Sur la doctrine de Maxime et la portée théologique et spirituelle du problème monothéliste, *cf.* J.-L. MARION, « Les deux volontés du Christ selon saint Maxime le Confesseur », *Résurrection*, 41 (1973), p. 18-66 (*cf.* p. 65 : « Rien ne touche plus aux racines de la vie spirituelle que la théologie des deux volontés »).

20. Sur tout cela, voir F.-X. MURPHY & P. SHERWOOD, *Constantinople II et Constantinople III*, Paris, G. Dumeige (*Histoire des conciles œcuméniques*, 3), 1974, p. 147-162 et 306-308.

21. Le texte grec de Rm 8, 3 donne : τὸ γὰρ ἀδύνατον τοῦ νόμου, ἐν ᾧ ἠσθένει διὰ τῆς σαρκός, ὁ θεὸς τὸν ἑαυτοῦ υἱὸν

πέμψας ἐν ὁμοιώματι σαρκὸς ἁμαρτίας καὶ περὶ ἁμαρτίας κατέκρινε τὴν ἁμαρτίαν ἐν τῇ σαρκί. Celui de la Vulgate latine est : « nam quod inpossibile erat legis in quo infirmabatur per carnem Deus Filium suum mittens in similitudinem carnis peccati et de peccato damnavit peccatum in carne »

22. *Cf.* F.-M. Léthel, *Théologie de l'agonie du Christ*, p. 45. Léthel juge sévèrement la thèse de Sergius : alors que l'hypothèse situait le refus au plan moral de la volonté, la solution le met au niveau infra-moral du « mouvement naturel de la chair », ce qui est une régression. Après avoir posé de façon puissante et neuve un formidable problème moral et métaphysique, Sergius se contente d'une solution tout à fait classique et peu originale. Léthel, *Théologie...*, p. 45, n. 36 : « On trouve à peu près la même explication aussi bien chez Cyrille d'Alexandrie que chez Sévère d'Antioche (selon Doucet, p. 239 et 101). » Ajoutons que l'on retrouve cette explication dans la tradition latine, partout où le problème de Gethsémani est compris à partir du conflit paulinien de la chair et de l'esprit tel que décrit dans l'Épître aux Galates. C'est le cas, exemplairement, dans les *Sententiae* d'Alain de Lille, examinées dans la suite du cours.

23. Sur Usingen et Trutfetter, disciples allemands de Buridan et d'Ockham, enseignant à Erfurt à la fin des années 1490, où ils ont pour élève Martin Luther, *cf.* R. Saarinen, *Weakness of the Will in Renaissance and Reformation Thought*, Oxford, OUP, 2011.

24. Ce qu'Usingen et Trutfetter appellent *complacentia* et *displacentia*, « complaisances » et « déplaisances », ce sont les actes premiers, naturels, de la volonté, qui sont inévitables et, à ce titre, sans évaluation ni qualification morales, et les actes seconds, l'acceptation ou le refus, qui seuls comportent ou entraînent responsabilité et culpabilité. Comme le dit R. Saarinen, *Weakness of the Will...*, p. 109 : « The end result of this action theory is a model in which *the initial desires remain inevitable and morally irrelevant, whereas free will pertains to the second act of acceptance or refusal.* » Voir le cours du 24 mars 2015.

25. *Cf.* H. Lagerlund, « Buridan's Theory of Free Choice and Its Influence », *in* H. Lagerlund & M. Yrjönsuuri (éd.), *Emotions And Choice From Boethius To Descartes*, Springer (Studies in the History of Philosophy of Mind), 2002, p. 190, citant et traduisant Usingen, résume bien l'essentiel de la théorie des buridaniens d'Erfurt sur les propriétés logiques de *volo, nolo* et *non volo* sous-tendant la problématique de l'acceptation et du refus éthique : « The second [act] follow the first and is twofold, namely, contrary and contradictory. Contrary are [acts] such as willing and willing

against, accepting and rejecting. And in these two the will is not free with respect to the same object, since it cannot will and will against, accept or reject the same [thing]. [...] But willing and not willing are contradictory, rejecting and not rejecting, accepting and not accepting. And in these acts [the will] is free with respect to the object in equal degree such as it is with respect to the cognized good to will and not to will, because it can suspend its act in order to deliberate and inquire more about its goodness or in order to experience its freedom. » Sur ces questions, *cf.* en outre R. SAARINEN, « Desire, consent and sin : The earliest free will debates of the Reformation », *in* K. EMERY, Jr., R.L. FRIEDMAN & A. SPEER (éd.), *Philosophy And Theology In The Long Middle Ages : A Tribute To Stephen F. Brown*, Leiden, Brill (Studien und Texte zur Geistesgeschichte des Mittelalters, 105), 2011, p. 471-486.

26. ALANUS AB INSULIS, *Sententiae*, n. 23, PL 110, p. 241B-C. *Cf.*, également, *Liber in distinctionibus dictionum theologicalium*, sv. « *voluntas* », 1009C-D, qui présente la distinction « usuelle » entre les trois volontés du Christ – de la divinité (par laquelle il voulut *immuablement* mourir), de la raison (par laquelle il voulut *avec constance* mourir) et de la sensualité (par laquelle il voulut *ne pas* mourir) : « Voluntas id est quod subiacet voluntati. Dicitur divina natura, unde legitur : *Voluntati eius quis resistet ?* Dicitur effectus voluntatis divinae, unde Christus : *Non veni facere voluntatem meam.* Dicitur subiectum voluntatis divinae, unde in Evangelio : *Fiat voluntas tua.* Solet etiam distingui triplex Christi voluntas. *Voluntas divinitatis* qua immutabiliter voluit mori ; *voluntas rationis* qua constanter voluit mori ; *voluntas sensualitatis*, qua voluit non mori, unde ipse ait : Pater, si fieri potest, transeat a me calix iste ! Voluntas etiam dicitur proprie. Dicitur motus voluntatis secundum quod solet dici : *Haec est mea voluntas*, quasi dicat, *ad hoc moveor.* »

27. Sur Alain de Lille, *cf.* J.-L. SOLÈRE, A. VASSILIU & A. GALONNIER (éd.), *Alain de Lille, le docteur universel : philosophie, théologie et littérature au* XIIe *siècle.* Actes du XIe Colloque international de la SIEPM, Paris, 23-25 octobre 2003, Turnhout, Brepols (Rencontres de philosophie médiévale, 12), 2005 ; L. VALENTE, *Logique et théologie. Les écoles parisiennes entre 1150 et 1220*, Paris, Vrin (Sic et Non), 2008. *Cf.* en outre A. DE LIBERA, « Logique et théologie dans la *Summa "Quoniam homines"* d'Alain de Lille », *in* J. JOLIVET & A. DE LIBERA (éd.), *Gilbert de Poitiers et ses contemporains. Aux origines de la Logica Modernorum.* Actes du 7e Symposium européen de logique et de sémantique médiévales, Poitiers, Centre d'études

supérieures de civilisation médiévale, 17-23 juin 1985, Napoli, Bibliopolis (History of Logic, 5), 1987, p. 437-469.

28. *Cf.* Gaffiot, p. 562 : « *Duellum*, *i*, n. (arch. pour *bellum*), guerre, combat : Hor. *O*. 3, 5, 38. »

29. Je rappelle la thèse de Locke : traiter une puissance, l'intellect ou la volonté, comme un agent est une erreur, favorisée et amplifiée par le nom de « facultés » donné à ces puissances, comme à « autant d'êtres distincts qui puissent agir » (*Essai philosophique...*, liv. II, chap. xxi, § 17, trad. Coste, p. 284), erreur qui aboutit à multiplier inutilement les facultés en l'homme, mais aussi, en les mettant en interaction, à poser des questions absurdes comme celle de savoir si l'entendement, une puissance, peut agir sur la volonté, une autre puissance, et réciproquement, et pour finir à placer en l'homme autant d'*agents distincts* qu'on a mis en lui ou en son esprit de *facultés distinctes*. À cela Locke répond que« [ce n'est pas] une puissance qui agit sur une autre puissance », mais « l'esprit ou l'homme qui met en œuvre ces différentes puissances » (« ... it is not one power that operates on another : but it is the mind that operates, and exerts these powers ; it is the man that does the action ; it is the agent that has power, or is able to do... »), car « les puissances sont des relations et non des agents » (« Powers are relations, not agents »). Transformer les puissances en actes, c'est multiplier les agents en l'homme, sous prétexte que l'homme, par ses diverses activités, est engagé dans diverses relations. Ce n'est pas la capacité d'agir qui a la capacité d'agir, c'est l'agent. Il y a donc une erreur catégorielle – faire de la puissance un agent au lieu d'une relation – à la base de la « théorie des deux agents » – l'intellect, la volonté, de quelque nom qu'on les désigne. Il n'y a qu'un seul agent, et libre : l'homme. C'est l'homme qui est ou non libre, et non sa ou ses volontés, supposé qu'il en ait plusieurs et qui, comme dans le Problème de Gethsémani, viennent à s'opposer. « C'est celui qui fait l'action qui a la puissance ou la capacité d'agir. Et par conséquent, *ce qui a, ou qui n'a pas la puissance d'agir, c'est cela seul qui est ou qui n'est pas libre*, et non la puissance elle-même ; car la liberté, ou l'absence de la liberté ne peut appartenir qu'à ce qui a, ou n'a pas la puissance d'agir » (« ... that which has the power or not the power to operate, is that alone which is or is not free, and not the power itself ; for freedom, or not freedom, can belong to nothing but what has or has not a power to act », *Essai philosophique...*, liv. II, chap. xxi, § 19, trad. Coste, p. 285). Dans les *Nouveaux Essais sur l'entendement humain*, Leibniz reprend la théorie de Locke, pour écarter d'un trait

de plume un argument d'Episcopius (Simon Bischop, 1583-1643) sur la distinction réelle des facultés de l'âme, stipulant que si les facultés de l'âme sont des êtres réels et distincts, « la liberté de l'homme sera ruinée », car *il y aura en lui deux agents.* À quoi Leibniz répond que deux *êtres réels distincts* ne font pas *deux agents réels distincts*, car, comme le dit Locke, « ce ne sont pas les facultés qui agissent », mais les substances au moyen des facultés. Autrement dit : la distinction réelle de l'entendement et de la volonté n'implique pas la *théorie des deux agents.* Vous n'êtes pas double parce que vous disposez de deux facultés. *Cf.* G.W. LEIBNIZ, *Nouveaux Essais sur l'entendement humain*, II, XXI, § 6, contre SIMON BISCHOP [EPISCOPIUS], *De libero arbitrio*, chap. II, *Opera theologica*, vol. I, div. II., p. 198. Sur tout cela, voir les cours du 27 janvier 2015 (2e heure) et du 10 février 2015 (1re heure).

30. ALANUS AB INSULIS, *Regula* XCVII, PL 210, col. 0672D.

31. ALANUS AB INSULIS, *Regula* XCVII, PL 210, col. 0673A. Pour une traduction française, *cf.* ALAIN DE LILLE, *Règles de théologie* suivi de *Sermon sur la sphère intelligible*, Introduction, traduction et notes par F. HUDRY, Paris, Cerf (« Sagesses chrétiennes »), 1995.

32. ALANUS AB INSULIS, *De arte predicatoria*, cap. XV. *De patientia* ; PL 210, col. 0139D *sq.* : « Quinta patientia est contra insultum carnis, quando homo viriliter refrenat insultum carnis, et castigat iumentum, ut sensualitas famuletur rationi, caro spiritui, quando spiritus super carnem tenet imperium, quando contra carnem ratio obtinet regnum. (0141D) Hoc regnum petitur in dominica oratione, cum dicitur. "Adveniat regnum tuum" (Matth. VI), id est fac ut sicut omnia obediunt tibi, ita in nobis sensualitas pareat rationi. Ut, sicut omnia in regno tuo sunt pacifica, ita in regno nostrae mentis omnia sint tranquilla. *O quam timendum est hoc duellum inter carnem et spiritum, ubi caro contra spiritum armatur, illecebris sensuum, iucunditate carnalium delectationum.* (0142A) [...]. *Istud bellum plus quam civile est, et ideo magis cavendum.* (0142B) *Est bellum externum inter hominem et diabolum*, de quo dicitur : "Non est nobis colluctatio adversus carnem et sanguinem, sed adversus principes et potestates aeris huius" (Ephes. VI). *Est civile bellum inter hominem et proximum*, de quo dicitur : "Filii matris meae pugnaverunt contra me" (Cant. I). *Est bellum plus quam civile, inter carnem et spiritum*, de quo dicitur : "Militat caro adversus spiritum, et spiritus adversus carnem" (Gal. V). Hoc bellum sedari potest spirituali luctu, si lugeat quis absentiam sponsi, si fleat pro ingruentia peccati, si doleat abstinendo a desiderio

carnali, si ploret cessando ab amore mundi. De quo luctu dicitur : “Beati qui lugent, quoniam ipsi consolabuntur” (Matth. V). »

33. Selon Hannah Arendt, toute volonté se définit intérieurement d'une contre-volonté, tout OUI, d'un NON, tout NON, d'un OUI. *Cf.* H. ARENDT, *La Vie de l'Esprit*, vol. II : *La Volonté*, trad. L. LOTRINGER, Paris, PUF (Philosophie aujourd'hui), 1983, p. 87 ; Paris, PUF (Quadrige), 2013, un vol., p. 359 : « chaque je-veux se heurte inévitablement à un je-non-veux », comprenez : chaque *volo*, du seul fait d'être et de se dire, se heurte à un *nolo* ; chaque je-veux produit un je-non-veux. « Il faut toujours deux volontés rivales pour vouloir ». Telle est la structure (cf. *The Life of the Mind. II. Willing*, ed. by MARY MCCARTHY, 2 vol., New York, Harcourt, Brace & Jovanovich, 1977-1978, p. 89 : « In every act of the will, there is an I-will *and* I-nill involved. These are the two wills whose “discord” Augustine said “undid [his] soul”. »

Cours du 1er février 2016

Deuxième heure

Examen approfondi des présupposés et des implications des prémisses « a1 » et « a2 » de l'argument du Psêphos *en faveur du monothélisme. — Gethsémani pose deux problèmes philosophiques articulés. Le premier,* P1, *a deux éléments :* P1a) *: Puis-je vouloir en même temps deux choses différentes ?* P1b) *: Puis-je vouloir deux choses différentes sans vouloir ipso facto deux choses contraires ? — Le second,* P2, *est : Qu'est-ce qui m'empêche de vouloir en même temps des contraires ? — Rappel du « principe de consistance subjective du vouloir » (PCV), allégué dans le* Psêphos *: « Il est impossible que pour un seul et même* SUJET (heni kai tô autô hupokeimenô)*, deux volontés (duo thelêmata) contraires subsistent en même temps et sous le même rapport* (hama kai kata tauton)*». — L'une des sources de PCV est PNC, le « principe de non-contradiction » d'Aristote, logique et ontologique : « Il est impossible que le même attribut appartienne et n'appartienne pas en même temps, au même sujet et sous le même rapport ». — Une source possible de PCV est un argument plus « psychologique » d'Apollinaire de Laodicée, faisant intervenir un « sujet » psychique. Rappel des textes. — La critique du monothélisme chez Maxime le Confesseur. — Introduction de la* gnômê *et du « vouloir gnômique » dont Maxime rejettera l'existence chez le Christ. — La* Disputatio cum Pyrrho, *dispute de Maxime avec Pyrrhus Ier, le successeur de Sergius au patriarcat de Constantinople : premières approches. — Repères biographiques et historiques. — De la dispute en Afrique (645) au supplice et au martyr dans le Caucase (13 août 662). — Analyse d'un argument de Maxime fondé sur l'usage de PCV par Pyrrhus. — Nerf de la* *réfutation : l'argumentation par* destructio consequentis. — *Résultat allégué : deux volontés différentes ne font pas un conflit de volontés – diversité ne vaut pas contradiction.*

Je disais que nous ne sommes pas chez Augustin : certaines et certains d'entre vous vont certainement le regretter. Nous sommes, en tout cas, à Byzance, dans les années 600. Nous sommes chez Sergius Ier, patriarche de Constantinople. Sergius, disais-je, pose le problème de Gethsémani à un niveau moral et le résout à un niveau infra-moral. Ce n'est pas tout ce qu'il fait. Il ferme la porte au conflit de volontés en écartant a1 (poser deux volontés dans le Christ), ce qui lui permet de régler aussi bien *a2* et la prémisse *b2*, dans l'argument *b* (qui exploite *a*).

A1 et *b2* soutiennent que poser deux volontés dans le Christ, c'est poser un conflit de volontés dans le Christ. Tout repose là-dessus. Qu'est-ce qui légitime *a1* et *b2* ? Qu'est-ce qui prouve *a1* et *b2* ?

On pourrait bien dire : je peux avoir deux volontés au même moment sans qu'elles soient contraires. Cette objection est importante – retenez-là – mais retenons aussi que, comme toute objection, elle peut être accordée ou rejetée. C'est un premier problème philosophique à régler : puis-je vouloir deux choses distinctes à la fois ? En fait cela fait deux problèmes, dont le premier se subdivise immédiatement – selon cette loi fatale quasi parthénogénétique qui veut que poser un problème revienne presque toujours à en poser en même temps, ou si vous préférez aussitôt et nécessairement, un deuxième.

P1) ou plutôt
P1a) : Puis-je vouloir en même temps deux choses différentes ?
P1b) : Puis-je vouloir deux choses différentes sans vouloir par le fait même deux choses contraires ?
P2) Qu'est-ce qui m'empêche de vouloir en même temps des contraires ?

Je m'arrête sur *P1b* : puis-je vouloir deux choses différentes sans *ipso facto* en faire, du seul fait que je les veux en même temps, deux choses contraires ? Soyons plus clairs : je peux vouloir *x* à *t*, et *y* à *t+1*. Mais si je veux à la fois *x* et *y* à *t* est-ce que cela revient à vouloir à la fois *x* et non-*x* (puisque je veux *y*) ou à vouloir *y* et non-*y* (puisque je veux *x*) ? Est-ce que vouloir deux choses différentes, c'est tout comme (cela revient à) vouloir deux contraires ?

Pour Sergius, *diversité vaut opposition*. Son coup de génie, qui fait qu'il occupe une place particulière dans l'archéologie du sujet, qu'il s'agisse du sujet de l'action ou du sujet de la passion, est *a2* :

> *a2)* Poser un conflit de volontés dans le Christ, c'est poser en lui deux voulants, ce qui est impie car impossible.

Pourquoi est-ce un coup de génie capital dans l'histoire du sujet et de la subjectivité ? Eh bien, précisément, parce qu'il *introduit la notion de sujet pour justifier la première partie de a2*. Parce que la justification qu'il donne de l'impiété de la position de deux voulants en Christ, découlant de la position d'un conflit de volontés en lui, est que la position de deux voulants – donc de deux volontés en qui que ce soit – est tout simplement impossible. Le fondement de cette impossibilité, c'est, vous en vous souvenez peut-être, PCV, le « principe de consistance subjective du vouloir », que Sergius introduit dans le *Psêphos* – qui n'est pas repris dans l'*Ekthêsis*. Je vous rappelle le texte :

> ... l'expression « deux opérations » en scandalise un grand nombre, parce qu'elle n'a jamais été employée par aucun des saints et recommandables prédicateurs des mystères de l'Église et qu'elle aurait pour conséquence que l'on confesserait deux volontés se comportant de façon contraire *(énantiôs)* l'une par rapport à l'autre, comme si d'une part le Dieu Verbe avait voulu accomplir la Passion salvatrice, et que d'autre part l'humanité qui est en lui avait résisté *(antipiptousês)* à sa volonté en lui étant contraire *(énantiouménês)* [car]

> — ce faisant, on introduirait DEUX [ÊTRES] VOULANT LES CONTRAIRES *(duo tous tanantia thelontas)*...
> ..., *ce qui est impie,*
> – car il est impossible que pour un seul et même SUJET *(heni kai tô autô hupokeimenô)*, deux volontés *(duo thelêmata)* contraires subsistent en même temps *(hama)* et sous le même rapport *(kai kata tauton)*.

Le principe de consistance (subjective) du vouloir (PCV) dont Sergius affirme la validité, se définit ainsi :

> $PCV_{\text{déf.}}$: il est impossible que pour un seul et même SUJET *(heni kai tô autô hupokeimenô)*, deux volontés *(duo thelêmata)* contraires subsistent en même temps et sous le même rapport *(hama kai kata tauton)* [1].

Ce principe est une application du principe aristotélicien de non-contradiction (PNC) :

> $PNC_{\text{déf.}}$: Il est impossible que le même attribut appartienne et n'appartienne pas en même temps, au même sujet et sous le même rapport [2].

Il faut souligner à ce propos que Sergius ne cite pas l'intégralité du principe d'Aristote. Il y a en effet une suite *épistémique* plutôt qu'onto-logique, qui, selon le mot de Tricot, fait du principe de non-contradiction une « loi de l'esprit », dérivée par rapport à la loi ontologique que nous venons de lire. Il y a en tout cas dans le texte d'Aristote deux affirmations distinctes qu'il faut avoir présentes à l'esprit, comme il faut rappeler le passage du chapitre III, qui ajoute le même élément épistémique :

> S'il n'est pas possible qu'en même temps des contraires appartiennent au même sujet [...], et si une opinion qui est la contradiction d'une autre opinion est son contraire, *il est évidemment impossible pour le même esprit, de concevoir, en même temps, que la même chose est et n'est pas, car on aurait des opinions contraires simultanées*, si on se trompait sur ce point [3].

> Voilà [...] le plus ferme de tous les principes car il répond à la définition donnée plus haut [= *celui au sujet duquel il n'est pas possible de se tromper*] : il n'est pas possible en effet de concevoir jamais que la même chose est et n'est pas [4].
> Il y a des philosophes qui [...] prétendent d'une part que la même chose peut, à la fois, être et n'être pas, *et d'autre part que la pensée peut le concevoir* [5].

Ils ont tort... Vous le voyez, Aristote n'est pas hégélien.

Cela posé, si l'entrée tonitruante du terme « sujet » dans la controverse théologique déclenchée par Sergius est capitale pour l'archéologie du sujet, c'est précisément parce que le terme « sujet » qu'il utilise et auquel il se réfère est sujet d'attribution, comme on l'a vu en 2014, et sujet d'inhérence ou d'inhésion, autrement dit : sujet logique et ontologique. Voilà ce qu'est le sujet chez Aristote et ce qu'il peut encore être pour un patriarche de Constantinople dans les années 600 – autrement dit : mille ans plus tard. Il n'est pas déjà sujet « moral », « psychologique », sujet d'imputation, c'est-à-dire d'auto-attribution. Il ne faut pas chercher chez Sergius ce qui n'y est pas ni ne peut y être ; il faut lui laisser le *futur ouvert*, prendre ce qu'il dit exactement pour ce qu'il dit :

> $PCV_{déf.}$: il est impossible que pour un seul et même SUJET, deux volontés contraires subsistent en même temps et sous le même rapport – *hama kai kata tauton* [6].

Cet énoncé fonde ce qui compte vraiment, à savoir la version complète de *a2*, que je note *a2** :

> *a2*)* Puisqu'il ne peut y avoir simultanément deux volontés contraires dans un même sujet, il ne peut y avoir simultanément deux voulants des contraires *(duo tous tanantia thelontas)* dans un même sujet.

Prendre à la lettre ce que dit Sergius. Telle est la méthode. Maintenant, s'il ne faut pas mettre chez Sergius ce qui ne s'y trouve pas déjà, autrement dit, le sujet d'imputation lockéen, ce n'est pas une raison pour ne pas mentionner ce qui s'y trouve ou pouvait s'y trouver pour ses lecteurs, son public, ses destinataires, je veux dire : des *versions antérieures* de PCV. Or de telles versions existent, qui ont une charge « subjective » au sens moderne du terme – le sens postérieur à ce que j'appelle le *chiasme du sujet*. C'est étonnant, c'est remarquable, mais c'est à découvrir cela que sert l'archéologie philosophique. Ces versions de PCV plus « subjectives », en fait, que PCV, sont dues à Apollinaire de Laodicée, un théologien bien antérieur à Sergius, puisqu'il a vécu à peu près à l'époque d'Augustin : dans les années 310-390. Je vous rappelle ces deux énoncés canoniques figurant dans les fragments qui nous sont restés d'Apollinaire, ce grand hérétique dans l'histoire du christianisme :

> F2 (ΠΕΡΙ ΕΝΩΣΕΩΣ)
> Il est impossible que deux êtres doués d'intelligence et de volonté *(duo noéra kai thelêtika)* cohabitent en même temps *(hama)* dans le même sujet, de peur que chacun ne soit en guerre *(antistrateuêtai)* contre l'autre à cause de sa propre volonté et de sa propre opération.
>
> F 150 (ΠΡΟΣ ΙΟΥΛΙΑΝΟΝ)
> Il est impossible que dans un seul et même sujet coexistent deux voulant(s) des choses contraires *(duo tous tanantia thelontas)*, car chacun ferait ce qu'il désire suivant une impulsion automotrice [7].

Il ne peut y avoir deux agents dans le même sujet. Le terme « sujet » est là, et il est là, notez-le bien, comme sujet de « voulant », non comme objet de « voulu ».

Rendons à Apollinaire ce qui est à Apollinaire. Mais ne lésons pas pour autant Sergius. De fait, même s'il y a des prémisses bien antérieures à la formulation sergienne du principe de cohérence du vouloir, il faut rendre à Sergius ce qui est à Sergius et parler d'un legs sergien, que je circonscris, pour toute l'histoire subséquente, à ces quatre thèses :

> *a1)* Poser deux volontés dans le Christ au moment de l'agonie revient à poser en lui un conflit de volontés

a2) Poser un conflit de volontés dans le Christ, c'est poser en lui deux voulants, ce qui est impie car impossible
a3) Poser deux volontés dans le Christ, c'est poser un conflit de volontés dans le Christ
a4) Puisqu'il ne peut y avoir simultanément deux volontés contraires dans un même sujet, il ne peut y avoir simultanément deux voulants des contraires *(duo tous tananthia thelontas)* dans un même sujet.

Un dernier mot pour souligner que la version logique dure de l'argumentation de Sergius n'est pas reprise en 638 dans l'*Ekthêsis* d'Héraclius Ier, peut-être parce que ce passage est trop philosophique, comme le prouve le fait que nous ayons eu tant de peine à le commenter et à le comprendre – à supposer que nous l'ayons compris [8].

Je passe à Maxime le Confesseur. Quelques considérations générales. Maxime a beaucoup inventé. Il peut revendiquer au moins deux inventions conceptuelles importantes : il a inventé la θέλησις et il a sinon inventé du moins imposé les notions de γνώμη *(gnômê)* et de vouloir gnômique. Quelques remarques sur ces deux innovations, ces deux percées. Sur l'invention de la *thelêsis*, permettez-moi de citer J.-P. Torrell, un théologien, grand spécialiste de Thomas d'Aquin :

> La réflexion sur la volonté (faculté inconnue d'Aristote, qui ne parlait que de désir) a fait un pas décisif grâce à Maxime, génial inventeur de la *thelêsis*, et à sa réflexion sur les implications de l'agonie du Christ à Gethsémani. Autrement dit, c'est un de ces cas où l'on voit les nécessités de la théologie chrétienne, ici la christologie, provoquer un progrès décisif dans la réflexion sur l'homme, l'anthropologie (l'autre cas le plus notable est celui de la maturation du concept de personne provoquée par les besoins du dogme trinitaire) [9].

Union des deux natures et Trinité, voilà le ferment du progrès philosophique aux yeux de Torrell. C'est une thèse que je partage assez largement pour ce qui nous occupe aujourd'hui, à savoir la question de la *thelêsis.* Il faut malgré tout voir de plus près cette affirmation : « Aristote ignorait la *thelêsis* » – le mot comme la chose. Je ne vais pas le faire immédiatement. Je me contente de noter deux choses : premièrement, que, dans toute cette affaire, on parle grec ; deuxièmement, que le vocabulaire de Maxime est commandé par Luc 22, 42. C'est bien pourquoi il fallait cette année citer Luc plutôt que Matthieu en traitant *ex professo* de la prière d'agonie. Luc emploie θέλημα – que l'on traduit par *volonté* ou par *vouloir*.

Vous comprenez la difficulté : quand on dit « la volonté », on pense à une faculté ; quand on dit « le vouloir », on pense soit à la volonté : la faculté, soit à l'exercice de cette faculté : l'acte de vouloir. Vous pouvez donc, avec un même terme, désigner une faculté et son exercice, c'est embarrassant. Que veut dire *thelêma* ? Il faudrait toujours être certain de sa traduction quand on avance dans les domaines qui nous occupent.

Prenons Luc, 41-42, toute la séquence, avec le texte grec, et en italiques la phrase décisive, puisque c'est de son interprétation que dépend la caractérisation du problème posé : Y a-t-il ou non conflit de volontés à Gethsémani ?

> ... καὶ αὐτὸς ἀπεσπάσθη ἀπ' αὐτῶν ὡσεὶ λίθου βολὴν καὶ θεὶς τὰ γόνατα προσηύχετο λέγων· πάτερ, εἰ βούλει παρένεγκε τοῦτο τὸ ποτήριον ἀπ' ἐμοῦ· *πλὴν μὴ τὸ θέλημα μου ἀλλὰ τὸ σὸν γινέσθω.* Lallemant : « Ensuite il s'écarta d'eux à la distance d'un jet de pierre, et, s'étant mis à genoux, il fit cette prière. Mon Père, détournez, s'il vous plaît, de moi ce calice ; *néanmoins que ma volonté ne se fasse point, mais la vôtre* » ; Segond : « Puis il s'éloigna d'eux à la distance d'environ un jet de pierre, et, s'étant mis à genoux, il pria, disant : Père, si tu voulais éloigner de moi cette coupe ! *Toutefois, que ma volonté ne se fasse pas, mais la tienne.* »

L'épisode du refus de la coupe, tel que le rapporte Luc, a une fonction théorique par le biais du langage, par celui de la langue : il introduit *thelêma* dans la théologie.

L'introduction de *gnômê* par Maxime est tout aussi importante. La dimension subjective, au sens moderne du terme, dont le mot « sujet » se lestera par la suite, bien après Sergius, est virtuellement là, dans le problème de Gethsémani. Elle s'actualise chez Maxime, dans la solution qu'il apporte à ce problème, lorsqu'il fait intervenir la notion de *vouloir gnômique*, qu'il lie à celle d'hypostase. C'est ce couple qui explique que, par la suite, il y aura dans l'histoire un processus que l'on peut décrire comme un processus de « subjectivation », faisant apparaître un « sujet », au sens moderne du terme. L'hypostase théologique fait le lit du sujet moderne, il faut le dire une fois de plus, mais le déploiement final supposera réalisé le chiasme du sujet, commandant ce que nous décrivons comme changement de sens du mot « sujet ».

Ce que j'énonce là donne une partie des conditions pour que le changement s'opère. Mais c'est dans le monde latin qu'il se fera, ou plutôt dans l'Europe latinophone, avec un mot latin, *suppositum* : l'autre absent du scénario heideggérien, qui parle toujours de *subjectum*, jamais, à une ou deux exceptions près, de *suppositum* [10]. L'oubli du *suppositum* est la version latine de l'oubli de l'hypostase – qui est l'autre manque dans le scénario heideggérien de l'invention du sujet moderne [11].

Maxime est l'inventeur ou au minimum le promoteur du *vouloir gnômique*, auquel Jean de Damas donnera ses lettres de noblesse ou plutôt un passeport pour l'Occident, une fois son œuvre maîtresse traduite par Burgundio de Pise [12]. Il reprend tout le dossier du problème de Gethésmani dans une série d'opuscules théologiques et théologico-polémiques [13], mais aussi dans le cadre d'une grande *dispute* avec le successeur constantinopolitain de Sergius.

La *Disputatio cum Pyrrho* de Maxime le Confesseur [14] a été tenue en 645 à Carthage avec Pyrrhus Ier, patriarche œcuménique de Constantinople de 638 à 641 et fervent monothéliste. Il nous faut dire quelques mots sur la vie de Maxime. Quelques éléments de chronologie, donc, dans cette très complexe histoire où les papes et les empereurs se succèdent, une histoire qui s'achève par le martyr, suivi de la mort en déportation.

Maxime avait d'abord accepté le *Psêphos*, même s'il cherchait à en clarifier certains termes qui lui semblaient obscurs [15]. Après le *Psêphos*, il y a l'*Ekthêsis* rédigée par Sergius et publiée par Héraclius. Cet édit est accueilli chaleureusement par Pyrrhus, moine palestinien qui a pris la suite de Sergius au siège patriarcal de Constantinople et qui va exercer ses fonctions de 638 à 641.

En 638 le patriarche de Constantinople est donc Pyrrhus Ier. Fait important : l'*Ekthêsis* est rejetée par quatre papes successifs, ce qui instaure un clivage Est-Ouest, Orient-Occident, Constantinople-Rome, Byzance-Rome. Ces quatre papes sont : Séverin (638-640), Jean IV (640-642), Théodore Ier (642-649) – grand pape dyothéliste – et Martin Ier (649-653).

En 641, mort d'Héraclius. Il laisse deux successeurs, deux fils : Constantin et Heracléonas, de deux mères différentes. Le premier fils, Constantin III, lui succède. C'est un partisan du dyothélisme, de la dualité des volontés, mais il meurt presque immédiatement – il règne de février à mai 641. Lui succèdent Heracléonas et sa mère Martina – l'autre famille, mais Heracléonas est déposé dès décembre 641 et remplacé par Constant II, petit-fils d'Héraclius.

Pyrrhus, déposé après la mort d'Héraclius, s'enfuit en Afrique, revient prendre son siège quand Martina est au pouvoir, puis est de nouveau déposé – ou démissionne – et se retire derechef en Afrique. Il est remplacé par Paul. C'est là en Afrique, foyer orthodoxe antibyzantin, qu'il affronte en 645 Maxime, qui s'y était également retiré. La dispute est « remportée » par Maxime. Pyrrhus, vaincu, se rend à Rome, qui est sous un pape dyothéliste, Théodore Ier : il anathématise l'*Ekthêsis*. Vous connaissez tous les victoires à la Pyrrhus : on croit avoir gagné alors qu'on a perdu. Ici c'est une défaite à la Pyrrhus. Pyrrhus, le patriarche, croit avoir perdu (sur le terrain), en fait il a gagné (sur le tapis) : après ses concessions romaines, il retourne à Constantinople, où il renoue avec le monothélisme. Du coup, il est anathématisé comme apostat par le pape.

Tout s'accélère. En 648, un concile tenu à Rome dépose Paul, patriarche de Constantinople, qui n'a tenu aucun compte des avertissements du pape Théodore Ier qui lui avait écrit pour lui reprocher de favoriser le monothélisme : le voilà excommunié. Aussitôt Constant II vient à son secours et publie le *Typos* où il réitère l'interdiction « de disputer de quelque façon au sujet d'une volonté ou d'une activité, de deux volontés ou de deux activités » du Christ sur tout le territoire de l'empire. Le *Typos* reproduit ce qui avait été le souhait de Sergius dans le *Psêphos* et dans l'*Ekthêsis*.

En 649, le pape Martin Ier reçoit le *Typos* de Constant II : il réplique en convoquant un nouveau concile, qui est aussi peu œcuménique que possible, puisqu'on n'y trouve que des Italiens et des Africains. Il n'y a pas de Constantinopolitains ni, si l'on y réfléchit, de Byzantins. En octobre 649, le concile de Latran, réuni par Martin Ier, condamne l'*Ekthêsis* et le *Typos*, confirme l'anathématisation de Pyrrhus, mais aussi de Sergius et de Paul. Maxime joue un rôle important. Certains soutiennent que les Actes du concile sont rédigés par lui en grec, puis ensuite seulement *traduits* en latin.

La réaction impériale est terrible : le pape est arrêté en 653 par l'exarque Théodore Kalliopas envoyé par Constant II. Suit l'arrestation de Maxime et de ses deux principaux disciples, qui, pour notre malheur, portent tous deux le prénom d'Anastase. Tous ces personnages sont l'objet de procès médiatiques. Un historien américain parle de « *show trials* » devant le sénat constantinopolitain, alors que les Arabes avancent. On impute les problèmes de l'Empire aux dyothélites, que l'on présente comme criminels [16]. Le pape est durement traité, d'abord condamné à mort avant d'être exilé en Crimée [17]. Il y meurt, le 16 septembre 655, des suites des violences subies. En 655 Maxime est jugé à Constantinople en même temps qu'un des Anastase, et exilé en Bithynie. En août 656 il soutient à Bizya une dispute avec Théodose, évêque de Césarée – enfreignant du même coup l'interdit impérial. En 662, nouveau procès à Constantinople. Exil à Laziaca. Maxime meurt déporté dans le Caucase le 13 août 662, après avoir eu la langue et la main droite tranchées.

Le dénouement : le VIe concile œcuménique de Constantinople III (680-681) condamne les doctrines monophysite et monothélite et affirme la pleine humanité du Christ en lui reconnaissant une volonté humaine, distincte de sa volonté divine. Je cite un des canons de ce concile – qui voit le triomphe posthume de Maxime :

> Nous confessons, conformément à l'enseignement des Saints Pères, deux énergies naturelles et deux volontés naturelles, sans séparation et sans changement, sans division et sans mélange ; deux volontés, non pas opposées l'une à l'autre, mais une volonté humaine subordonnée à la volonté divine.

Il va falloir expliquer cette subordination, tout le mystère est là. Je reviens donc à Maxime. Quand je disais qu'il a repris tout le dossier du problème de Gethsémani, je voulais dire qu'il reprend aussi l'argumentaire de Sergius[18], autrement dit : *a1, a2, a3, b1, b2, b3* :

> *a1)* poser deux volontés dans le Christ au moment de l'agonie revient à poser en lui un conflit de volontés ; *a2)* poser un conflit de volontés dans le Christ c'est poser en lui deux voulants, ce qui est impie car impossible ; *a3)* il ne faut pas poser « deux opérations », et s'en tenir à la thèse d'une seule et unique volonté, donc d'un seul voulant dans le Christ : la thèse monothéliste.
> *b1)* poser un conflit de volontés dans le Christ à Gethsémani, c'est rejeter l'impeccabilité du Christ ; *b2)* poser deux volontés dans le Christ, c'est poser un conflit de volontés dans le Christ : *b3)* donc il ne faut pas poser deux volontés dans le Christ à Gethsémani.

et nos deux problèmes :

> *P1a)* : Puis-je vouloir en même temps deux choses différentes ?
> *P1b* : Puis-je vouloir deux choses différentes sans vouloir par le fait même deux choses contraires ?
> *P2)* Qu'est-ce qui m'empêche de vouloir en même temps des contraires ?

Dans la *Dispute avec Pyrrhus*, Maxime commence par affronter *a1* (= *b2*) et *P1b*, et à travers lui, *P1a*. Qu'est-ce qui caractérise sa démarche ? D'abord il prend clairement la coexistence des volontés au sens du *Principe de cohérence du vouloir (*PCV) et en utilisant le mot « personne », *prosôpon*, que lui propose Pyrhhus ; c'est l'intérêt de la *Disputatio* que d'entériner l'aspect *personnel* du problème.

Ensuite il prend position sur *P1b* : Est-ce que vouloir des différents, c'est nécessairement vouloir des contraires ? Il soutient que vouloir des différents n'est pas vouloir des contraires. Pour ce faire, il rejette *a1* : on peut poser deux volontés dans le Christ au moment de l'agonie. Une fois posées deux volontés dans le Christ, on a le dyothélisme. Il faut seulement montrer ensuite que ces volontés ne peuvent être en conflit. C'est ce que fait Maxime, mais il sort « par le haut », en donnant à l'ensemble un sens nouveau, qui fera époque, malgré l'avanie personnelle qu'il subira. En bref : il rejette *b3*, car il rejette *b2*, et il rejette *b2* parce que *a1* ne tient pas.

Tout se joue sur un point précis. Pour Pyrrhus comme pour Sergius, *distinction vaut opposition*. Pyrrhus soutient donc un principe (je le note ΠΥΡ) qui est une reformulation « personnelle » de PCV :

> ΠΥΡ. Ἀδύνατόν ἐστιν ἐν ἑνί προσώπῳ δύο ἀλλήλοις συνυπάρξαι θελήματα ἄνευ ἐναντιώσεως [19].
>
> Il est impossible pour deux volontés différentes [notées ici V1 et V2] d'exister ensemble dans une même personne [notée ici *X*] sans opposition [notée ici O] *(It is impossible for two different wills to exist together in one person without opposition)*.

Cette reformulation du principe de cohérence semble aller de soi, elle se révèle fausse et contre-productive.

Voici, reconstruite, la réponse de Maxime.

La thèse de Pyrrhus repose sur une inférence :

> A : (antécédent) : s'il n'est pas possible que V1 et V2 existent en *X* sans O,
> alors nécessairement
> C : (conséquent) : si V1 et V2 existent en *X* alors O (V1, V2).

C'est cet enchaînement qu'il faut cibler. De fait, si C est faux, alors A est faux. C'est la stratégie implicitement adoptée par Maxime : une réfutation que l'on appellera au Moyen Âge « destruction du conséquent », *destructio consequentis*, dont – sans jeu de mots – la maxime latine est : *Ad destructionem consequentis sequitur destructio antecedentis*.

L'argument est simple : si C est faux, A est faux ; or C est faux ; donc A est faux. Tout repose sur la fausseté de C dans le cas du Christ. On passe du droit (supposé) au fait (attesté) : il n'y a pas ni ne peut y avoir opposition entre une volonté V1 et une volonté V2 dans le Christ. Pourquoi ? Il faut raisonner ici étiologiquement.

Rien n'est sans cause. S'il y a O (V1, V2) dans le Christ, O a une cause. Or, il n'y a que deux causes possibles à pareil conflit : le vouloir naturel du Christ ou le péché.

Si c'est le vouloir naturel, Dieu est cause du conflit, puisqu'il est cause du vouloir naturel. C'est impossible[20].

Si c'est le péché, comme il n'y a pas de péché dans le Christ, il ne peut y avoir de conflit de volontés dans le Christ, car là où manque la cause, manque l'effet[21].

C'est donc faux. Donc A est faux.

Autrement dit : il n'y a pas de conflit de volontés dans le Christ, et pourtant il y a bien en lui deux volontés.

Comment est-ce possible ? Voilà le défi, le problème auquel nos théologiens, Sergius et Pyrrhus d'un côté, Maxime de l'autre, apportent une réponse différente.

Quant à moi, j'ai deux solutions : soit je me lance dans une heure d'explications supplémentaires – ce que je devrais faire puisque je sens la demande qui monte. Mais dans le même temps, ma raison refrénant mon envie, je crois que je vais m'arrêter là.

Je conclus donc aujourd'hui comme Hölderlin à la fin de tant de lettres adressées à sa mère : « Je veux m'en tenir là » (lettre 270 : 1049). « Je m'arrête déjà » (273 : 1050). « Il faut déjà que je m'arrête » (276 : 1051). « Il faut que je m'arrête » (277 : 1051). « Je m'arrête déjà » (283 : 1054). « Que ces quelques mots vous suffisent » (284 : 1054). « Je prends la liberté de terminer » (286 : 1055). « Il faut de nouveau que je termine » (287 : 1055). « Je prends la liberté de m'arrêter de nouveau » (303 : 1061).

Comme le dit la lettre 270 : « La répétition de ce qu'on a écrit n'est pas toujours une affaire inutile[22]. »

Notes

1. *Acta Conciliorum oecumenicorum, volumen II Concilium universale Constantinopolitanum tertium. Pars 2 Concilii Actiones XII-XVIII. Epistulae. Indices*, éd. R. Riedinger, Berlin, De Gruyter, 2012, p. 542, 16-17

2. Aristote, *Métaph.*, IV, 3, 1005b19-20 : Τὸ γὰρ αὐτὸ ἅμα ὑπάρχειν τε καὶ μὴ [20] ὑπάρχειν ἀδύνατον τῷ αὐτῷ καὶ κατὰ τὸ αὐτό, trad. Tricot, p. 195.

3. Aristote, *Métaph.*, IV, 3, 1015b26-31 : trad. Tricot, p. 196. On peut préférer la traduction de J. Barthélemy-Saint-Hilaire, *Métaphysique d'Aristote avec des notes perpétuelles*, t. II, Paris, Germer-Baillière et Cie 1879 (en ligne sur remacle.org) : « mais, s'il ne se peut jamais qu'une seule et même chose reçoive les contraires [...] et si une pensée est contraire à une autre pensée quand elle la contredit, *il s'ensuit évidemment qu'un même esprit ne peut point penser tout ensemble* [30] *que la même chose est et n'est point ; car celui qui commettrait cette grossière erreur devrait avoir en un seul et même instant des pensées contraires* » (... φανερὸν ὅτι ἀδύνατον ἅμα [30] ὑπολαμβάνειν τὸν αὐτὸν εἶναι καὶ μὴ εἶναι τὸ αὐτό· ἅμα γὰρ ἂν ἔχοι τὰς ἐναντίας δόξας ὁ διεψευσμένος περὶ τούτου).

4. Aristote, *Métaph.*, IV, 3, trad. Tricot, p. 195. *Cf. lin.* 11-12 : Βεβαιοτάτη δ' ἀρχὴ πασῶν περὶ ἣν διαψευσθῆναι ἀδύνατον : « Or, le plus inébranlable de tous les principes est le principe sur lequel il est absolument impossible de se tromper. »

5. Aristote, *Métaph.*, IV, 4, 1005b35-1006a1 : Εἰσὶ δέ τινες οἵ [...] αὐτοί τε ἐνδέχεσθαί φασι τὸ αὐτὸ εἶναι καὶ μὴ εἶναι, καὶ ὑπολαμβάνειν οὕτως ; trad. Tricot, p. 197.

6. *Acta Conciliorum*..., II, 2, éd. Riedinger, p. 542, 16-17.

7. *Cf.* H. Lietzmann, *Apollinaris von Laodicea und seine Schule : Texte und Untersuchungen*, Tübingen, J.C.B. Mohr, 1904, p. 204, 11-14 et 247, 23-27.

8. À la place de PCV l'*Ekthêsis* donne : « ... *ce qui est impie*, et contraire aux dogmes chrétiens. Car si l'impie Nestorius, qui

pourtant divisait la divine humanité et introduisait deux Fils, n'a pas osé parler de leurs deux volontés, mais a confessé une volonté identique en ces deux personnes qu'il a imaginées, comment est-il possible que ceux qui confessent la foi orthodoxe et qui glorifient un Fils unique, notre Seigneur Jésus-Christ, vrai Dieu, admettent en lui deux volontés contraires. » Pour cette référence à Nestorius attestée seulement dans l'*Ekthêsis*, cf. *Acta Conciliorum oecumenicorum, Volumen I, Concilium Lateranense a. 649 celebratum*, éd. Riedinger, p. 160, 20-26. D. Bathrellos, *The Byzantine Christ : Person, Nature, and Will in the Christology of Saint Maximus the Confessor*, Oxford, OUP (Oxford Early Christian Studies), 2004, p. 73, souligne bien le point : « Even Nestorius did not dare to proclaim two wills in Christ, but spoke of the like willing (ταυτοβουλία) of the two persons that he imagined. How, then, is it possible that we, who confess one Lord Jesus Christ, admit two wills in him, and those two opposed to each other ? »

9. J.-P. Torrell, *Le Verbe incarné*, t. III, Paris, Cerf, 2002, p. 319 : « Le vouloir naturel, c'est sans doute le souhait aristotélicien. Mais au lieu de faire surgir, avec Aristote, ce souhait sur le fond indifférencité du désir, saint Maxime, et par là il dépasse de loin Aristote, le fait surgir dans la *thelêsis*, mot qu'Aristote ignorait comme il ignorait la chose qu'il désigne ». *Ibid.*, n. 102 : « Les origines de la notion de *thelêsis* restent obscures... La notion d'une volonté *de Dieu* devait être décisive pour l'élaboration du concept d'appétit *rationnel* ; en particulier, le texte de saint *Luc*, 22, 42 : 'Père... que ce ne soit pas ma volonté *(thelêma)*, mais la tienne qui se fasse' (*cf.* Mt, 26, 39 ; Mc, 14, 36, qui emploient le verbe *thelô*), qui a joué dans la querelle monothéliste un rôle décisif, commande le vocabulaire de saint Maxime et l'amène à reconnaître, outre la *thelêsis* divine, une *thelêsis* humaine. Il semble bien, en définitive, que ce soit saint Maxime qui ait élaboré le concept technique de *thelêsis* ; sans doute a-t-il essayé de se trouver des répondants chez les Pères, mais... ». « La *thelêsis*, ce n'est plus un désir raisonnable par accident, c'est un désir rationnel par nature, c'est une faculté *(dunamis)*, emportée par son propre élan, avant toute intervention de la connaissance, vers ce même bien universel de la nature que la raison est faite pour connaître. Cette faculté est une propriété de la nature humaine et c'est naturellement aussi que surgit en elle, dès qu'intervient une représentation simple, exclusive de toute délibération, l'acte qu'est le souhait, élevé ainsi pour la première fois à la dignité d'acte de la volonté ». *Ibid.*, n. 104 : « Cette distinction de la

volonté *thelêsis*, qui est la faculté, et du souhait, *boulêsis*, qui est son acte, a été comprise à contresens par le Moyen Âge… » Sur le thème, *cf.* R.-A. GAUTHIER, « Saint Maxime le Confesseur et la psychologie de l'acte humain », *Recherches de théologie ancienne et médiévale*, 21 (1954), p. 78-79 [p. 52-100].

10. Le mot figure évidemment dans la thèse de 1916 sur « Duns Scot », *Die Kategorien- und Bedeutungslehre des Duns Scotus*, *in* GA 1, *Frühe Schriften (1912-1916)*, éd. Friedrich-Wilhelm von Herrmann, Frankfurt, Vittorio Klostermann, 1978, p. 325, n. 35, dans une citation de Thomas d'Erfurt – le véritable auteur du *De modis significandi* analysé par Heidegger, concernant la distinction entre *dependens* et *terminans,* si importante pour l'archéologie du sujet ! (cf. *supra*, cours du 18 janvier, 1re heure, n. 14), et l'analyse des différentes sortes de dépendance grammaticale (syntaxique) : « Nam hic sunt diversa dependentia : una, qua Adjectivum dependet ad Substantivum, alia, qua Verbum dependet ad suppositum, tertia, qua determinans dependet ad determinabile ; ergo non erit hic una constructio. De mod. sig., cap. XLV, 38 a. » Heidegger ne commente pas le terme *suppositum* dans son analyse des « *mehrere Abhängigkeitsverhältnisse* » : il réduit immédiatement le rapport du verbe au « suppôt » à une « Beziehung des Verbum zum Subjekt ». De même, en GA 1, p. 331, lisant cette fois un passage de Duns Scot (*Sup. elench*. qu. X, 12b), il ramène à des « objets individuels » (particuliers, singuliers) les « suppôts » se rencontrant univoquement dans une même « raison » (« in toto universale contingit considerare aliquam rationem in qua supposita univocantur ») : « Dagegen ist jedes Universale gerade durch die Identität des Gesichtspunktes ausgezeichnet, unter dem es von den Einzelgegenständen ausgesagt wird », et ne commente pas l'affirmation de Duns Scot selon laquelle : « nullum suppositum importatur actu per terminum communem ». Il ne relève pas davantage la spécificité du vocabulaire et des concepts utilisés par Duns Scot dans son analyse de la « distribution » opérée par le quantifieur universel « *omnis* », qui fait appel au langage théorique de la *suppositio* (la théorie médiévale de la « référence »), cf. GA 1, p. 333, n. 52 : « … dicendum quod signum universale [omnis] adveniens termino aequivoco potest *distribuere* ipsum *pro omnibus suppositis* cuiuslibet significati, etc. » Le terme « *suppositum* » cité derechef en GA 1, p. 351, n. 19, d'après les *Reportata parisiensa* : « universale ex hoc quod universale natum est determinari ad suppositum. *Reportata* I, dist. XIX, qu. V, 248 a *sq*., § 11 », est rendu par « *Einzelgegenstand* » (objet individuel, individu). L'acception grammaticale revient en GA 1,

p. 384, n. 76, selon *De modis significandi* cap. XXV, 22 b, § 12, 13, sans que le terme « *suppositum* » fasse l'objet d'un quelconque commentaire. Le mot n'est cité dans le corps du texte que comme équivalent de « *Material* » (matériel opposé à « formel ») et de donné (« das "Gegebene" »), GA 1, p. 387. Je reprendrai certains de ces passages et quelques autres, de même provenance, dans les cours consacrés à la déconstruction du « grand récit » heideggérien. On notera que « *suppositum* » ne figure pas dans F. Jaran, M. Perrin (éd.), *The Heidegger Concordance*, London, New Delhi, New York, Sidney, Bloomsbury, 2013, vol. 3 *(Index of Latin Terms and Expressions)*, p. 111 *sq.* La distinction « sujet »- « suppôt » ne joue semble-t-il aucun rôle dans la reconstruction heideggérienne de l'« ontologie » et de la « psychologie » médiévales.

11. Le contre-récit de l'histoire du sujet que je poursuis dans mes cours et publications, centré sur « l'oubli de l'hypostase » et la nécessité d'une réintégration de la patristique grecque dans le « grand récit » de l'histoire de la philosophie, fait lentement son chemin. Je suis heureux de constater qu'il reçoit un accueil favorable en Russie. Voir sur ce point A. Mikhailovsky, « The Anthropology of Hypostasis. On the Question of the Genealogy of the Subject », *International Journal of Orthodox Theology*, 2/3 (2011), p. 144-166.

12. Sur le rôle médiateur de Jean Damascène, et son influence sur la scolastique latine, notamment Thomas d'Aquin, *cf.* A. Lévy, *Le Créé et l'incréé : Maxime le Confesseur et Thomas d'Aquin*, Paris, Vrin, 2006, p. 39 : « Gauthier discerne dans le *De fide orthodoxa* de Jean de Damas, le moyen terme, l'agent de transmission, par où s'explique la très étroite parenté entre les analyses que Maxime et Thomas font respectivement du processus de la décision humaine. De fait, le Damascène, traitant cette question, reprend des passages entiers des œuvres du Confesseur – la *Lettre à Marinos* et la *Dispute avec Pyrrhus* en l'occurrence – en ne procédant qu'à des modifications mineures. Ces modifications ne sont pas toujours heureuses. Cependant la cohérence au moins apparente de la pensée dont Jean Damascène s'inspire – celle de Maxime, qui synthétise, pour des raisons théologiques un ensemble de données aristotéliciennes et stoïciennes – a, toujours selon Gauthier, servi de repère, voire de pôle d'attraction, pour Thomas. C'est dans cette cohérence sous-jacente au *De fide orthodoxa*, que Thomas cherche, parfois confusément, le moyen de faire coïncider les termes augustiniens et aristotélico-stoïciens de l'analyse de l'action humaine. »

13. Pour les *Opuscules théologiques et polémiques*, voir la traduction d'E. Ponsoye (introd. par J.-C. Larchet), Paris, Cerf, 1998. Un recueil très utile : *Maxime le confesseur. L'agonie du Christ*, Introd. de F.-M. Léthel. Biographie, trad., index, guide thém. et glossaires de M.-H. Congourdeau, Paris, éd. J.-P. Migne (Les Pères dans la foi, 64), 1996. Sept des *Opuscules théologiques et polémiques* (PG 91, 9-353) sont retenus et traduits dans le volume : 1. *À Georges, le très vénérable prêtre et higoumène, qui l'avait interrogé par lettre au sujet du mystère du Christ* (entre 634 et 640) ; 2. *Tome dogmatique au prêtre Marinos* (avant 640). 3. *Il est impossible de parler d'une seule volonté en Christ* (vers 640). 4. *Sur la prière « Père, s'il est possible, que s'éloigne de moi cette coupe »* (Mt 26, 39) (vers 640). 5. *Tome dogmatique envoyé au diacre Marinos en Chypre* (642). 6. *Sur les deux volontés du Christ unique notre Dieu* (après 643). 7. *Quand les Pères parlent de deux volontés en Christ, ils ont en vue les lois de la nature et non les volontés délibératives* (fin 645 ou début 646).

14. Sur ce texte, la dispute et sa rédaction, *Cf.* G. Bausenhart, *« In allem uns gleich außer der Sünde ». Studien zum Beitrag Maximos' des Bekenners zur altkirchlichen Christologie*. Mit einer kommentierten Übersetzung der "Disputatio cum Pyrrho", Mainz, Grünewald (Tübinger Studien zur Theologie und Philosophie. Bd. 5), 1992 ; J. Noret, « La rédaction de la *Disputatio cum Pyrrho* (CPG 7698) de saint Maxime le Confesseur serait-elle postérieure à 655 ? », *Analecta Bollandiana*, 117 (1999), p. 291-296 ; Th. A. Watts, « Two Wills in Christ ? Contemporary Objections Considered in the Light of a Critical Examination of Maximus the Confessor's *Disputation with Pyrrhus* », *The Westminster Theological Journal*, 71 (2009), p. 455-487. J'ai pu consulter en microfiches l'admirable travail de thèse de M. Doucet, *Dispute de Maxime le Confesseur avec Pyrrhus*. Introduction, texte critique, traduction et notes, Thesis (Ph.D.), Université de Montréal, Institut d'études médiévales, 1972. Une nouvelle édition critique est annoncée en préparation par P. Van Deun pour le *Corpus Christianorum Series Graeca*.

15. P. Allen, « Life and Times of Maximus the Confessor », *in* P. Allen & B. Neil, *The Oxford Handbook of Maximus the Confessor*, chap. 1, Oxford, OUP, 2015, p. 5 : « Curiously, the *Psêphos* was approved by Maximus, although he sought clarification of certain terms contained in it », mais *ibid.* n. 5 : « Although several scholars have argued that Maximus had reservations ». Parmi les sceptiques, *cf.* M. Jankowiak, *Essai d'histoire politique du monothélisme à partir de la correspondance entre les empereurs byzantins, les patriarches de*

Constantinople et les papes de Rome, thèse, Paris et Varsovie, 2009, p. 104-105, n. 340.

16. W. Brandes, « "Juristische" Krisenbewältigung im 7. Jahrhundert ? Die Prozesse gegen Papst Martin I. und Maximos Homologetes », *in* L. Burgmann (éd.), *Fontes Minores* 10, *Forschungen zur Byzantinischen Rechtsgeschichte*, éd. D. Simon, Band 22 (Frankfurt am Main : Löwenklau-Gesellschaft), 1998, p. 212 [p. 141-212].

17. Il semble que ce soit Pyrrhus qui ait obtenu sa grâce.

18. *Cf.* H.-I. Dalmais, « Le vocabulaire des activités intellectuelles, volontaires et spirituelles dans l'anthropologie de S. Maxime le Confesseur », *Mélanges offerts à M.-D. Chenu, maître en Théologie*, Paris, Vrin (Bibliothèque thomiste, 37), 1967, p. 194 [p. 189-202].

19. Maximus Confessor, *Disputatio cum Pyrrho*, PG 91, 289C.

20. Maximus Confessor, *Disputatio cum Pyrrho*, PG 91, 292A ; *cf.* G. Bausenhart, *« In allem uns gleich... »*, p. 198 : Ποίαν οὖν ταύτην φῇς ; Ἆρα τήν κατά φύσιν θέλησιν, ἥ τήν ἁμαρτίαν ; Ἀλλ' εἰ μέν τήν κατά φύσιν εἴπῃς θέλησιν, ταύτης δέ οὐκ ἄλλον ἤ τόν Θεόν γινώσκομεν αἴτιον· ἄρα, κατά σέ, τῆς μάχης δημιουργός ὁ Θεός.

21. Maximus Confessor, *Disputatio cum Pyrrho*, PG 91, 292A : Εἰ δέ τήν ἁμαρτίαν· ἁμαρτίαν δέ οὐκ ἐποίησε, οὐδέ τήν οἱανοῦν ἐναντίωσιν ἐν τοῖς κατά φύσιν αὐτοῦ ὁ σαρκωθείς Θεός εἶχε θελήμασι. Τοῦ αἰτίου γάρ οὐκ ὄντος, οὐδέ τό αἰτιατόν προδήλως ἔστα. La version du principe de causalité affirmant qu'« il n'y a pas d'effet sans cause » a un parallèle en Proverbes 26, 2 : « Comme l'oiseau s'échappe, comme l'hirondelle s'envole, Ainsi la malédiction *sans cause* n'a point d'effet » ; en mettant « sujet » à la place de « cause » Martin donne à entendre le sens « objectif » de « cause » : l'affaire, la chose en cause, la *res* latine : « Comme l'oiseau [est prompt] à aller çà et là, et l'hirondelle à voler, ainsi la malédiction donnée *sans sujet* n'arrivera point. » L'hébreu *ḥin·nām* signifie « pour rien » *(for nought)*, donc aussi : sans raison ! La Vulgate donne « en vain », *frustra* : « sicut avis ad alia transvolans et passer quolibet vadens sic maledictum *frustra* prolatum in quempiam superveniet ». Luther, *unverdienter* : « Wie ein Vogel dahinfạhrt und eine Schwalbe fliegt, also ein *unverdienter* Fluch trifft nicht » ; la KJV, *causeless* : « As the bird by wandering, as the swallow by flying, so the curse *causeless* shall not come. » Quant au principe de causalité lui-même, il faut en chercher les premières occurrences dans la traduction du *Timée* par Cicéron (« Omne autem quod gignitur ex aliqua causa gigni necesse est ; nullius enim rei causa

remota reperiri origo potest », PLATO, *Timaeus* I, § 2, éd. R. GIOMINI, *Ricerche sul testo del Timeo ciceroniano*, Rome, s.d.), et chez les stoïciens. Comme l'écrit O. Boulnois, dans le Résumé de ses conférences de 2002 à l'EPHE (cf. *École pratique des hautes études, Section des sciences religieuses. Annuaire*, t. III, 2002-2003, [2002], p. 300-301) : « L'invention du principe de causalité (*nihil est sine causa*) va de pair avec la réduction, dans le stoïcisme, de la cause à la cause efficiente, et son identification avec la raison (*causa id est ratio*, SÉNÈQUE, *Ad Lucilium*, LXV, 2, p. 106). Celle-ci constitue le déploiement interne des raisons séminales, du *logos* cosmique répandu dans chacun des agents, produisant en eux leurs effets. » Et de préciser : « Or la cause efficiente s'articule à un second genre de causes, les causes *sine qua non* (en grec, procatarctiques), qui se relient, se connectent *(nectitur)*, jusqu'à constituer la chaîne du destin. Les Académiciens refusent de voir en celles-ci des causes véritables [...]. La même problématique, le même complexe de questions et de réponses provoque le retour des mêmes concepts mille ans plus tard. Comme les stoïciens, la philosophie médiévale ne cesse de se demander si les objets du monde sont de simples conditions *sine qua non*, des causes partielles concourantes, ou des causes suffisantes. »

22. FR. HÖLDERLIN, *Lettres*, trad. D. NAVILLE, in *Œuvres*, Ph. JACCOTTET (dir.), Paris, Gallimard, 1967.

Cours du 8 février 2016

Première heure

Reprise de la thèse de Sergius de Constantinople : le mouvement naturel (φυσική κίνεσις) *de la chair de l'homme-Christ reste constamment soumis à la volonté du Dieu-Verbe, y compris dans l'épisode du refus – initial – de la coupe. — C'est Dieu qui, dans le Fils, veut la Passion par sa volonté naturelle, la seule que, selon le monothélisme, possède le Verbe incarné. — Question du public sur le sens de l'expression « union hypostatique » : « Ça veut dire quoi ? ». — Réponse et mise au point conceptuelle. — Analyse de la thèse de Maxime. — Le Christ a, de volonté humaine, voulu la Passion. — Commentaire historique et analyse de la formulation maximienne de la périchorèse dans le Christ. — Signification du terme* περιχώρησις *: immanence mutuelle d'un tout et de ses parties. — Périchorèse et « holenmérisme ». — Un contre-modèle méréologique du rapport* ousia*-hypostase au modèle aristotélicien de la subjectité, fondé sur le rapport sujet-accident. — Analyse de la formule tripartite de Maxime sur les deux natures divine et humaine « desquelles, en lesquelles et lesquelles est le Christ ». — Comparaison de la formule tripartite maximienne avec d'autres formules tripartites méréologiques. — La formule de Proclus* (Éléments de théologie, *prop. 67) : « Toute totalité est ou bien antérieure à ses parties, ou composée de parties ou immanente à une partie ». — La formule d'Eustrate de Nicée sur le statut de l'universel et du tout « chez les platoniciens ». — La formule d'Ammonius, reprise par Avicenne, sur les trois états de l'universel : « antérieur au multiple », « dans le multiple », « postérieur au multiple », matrice de la* *distinction scolastique entre universel* ante rem, in re *et* post rem. *— Originalité de la formule périchorétique. — Analyse de la formule christologique maximienne : « desquelles il est, en lesquelles il est et dont il est l'hypostase ». — Comparaison avec la théorie cappadocienne des universaux. — Les fondements ontologiques de la théologie trinitaire cappadocienne : la Trinité comme « universel partagé » (« The Eastern View », selon Richard Cross). — Analyse des règles d'immanence mutuelle. — Deux principes fondamentaux de l'onto-théo-logique grecque de Léonce de Byzance à Jean de Damas. — Le « Principe d'instantiation des entités dépendantes » (Pied) : Il n'y a pas d'essence ou de nature non instantiée. — Le « Principe de subordination de l'hypostase » (Psh) : toute hypostase instantie une essence/nature. — Deux concepts nouveaux :* ἐνυπόστατον *et* ἐνοὐσιον, *« enhypostasié » et « enousié ». — Réfutation archéologique de l'interprétation téléologique de l'histoire de la subjectivité, centrée sur la distinction thomiste de l'essence et de l'existence. — Le « matériel préscolastique » n'est pas « immature ». — Analyse des thèses du concile de Latran en 649. — Le sens de l'expression « opération théandrique » dans le 15ᵉ canon du concile. — Premières observations sur le rapport entre Incarnation (kénose) et Inhabitation du Verbe (déification). — Le modèle « économique » de l'Incarnation implique une vision nouvelle du rapport entre les natures divine et humaine. — Première approche de l'innovation maximienne : la distinction entre «* logos *» et «* tropos *». — La notion de « mode hypostatique ».*

Il ne peut y avoir de conflit de volontés dans le Christ, disent Sergius et Pyrrhus, car il n'y en lui qu'une volonté. Il n'y a pas de conflit de volontés dans le Christ, dit Maxime le Confesseur, et pourtant il y a bien en lui deux volontés.

Reprenons chaque thèse. Chez Sergius, qui rejette le dyothélisme (c'est-à-dire la thèse consistant à attribuer deux volontés au Christ), et est monoénergiste (il n'accorde au Christ qu'une seule opération), le premier moment de la prière d'agonie est imputé au « mouvement de la chair », au désir, pas à la volonté ; le second, à la volonté divine. Mais, dit-il, tout le processus, du début à la fin, est conduit par la volonté unique du Verbe. C'est ce qu'il soutient à la fin du *Psêphos*, en posant de manière générale que « la doctrine salvatrice des Pères théophores enseigne clairement ceci » :

> ... à aucun moment la chair du Christ, qu'animait une âme raisonnable, n'a accompli son mouvement naturel (φυσικὴ κίνησις), ni séparément, ni de sa propre initiative contrairement au commandement du Dieu Verbe (Logos) qui lui était uni selon l'hypostase, mais elle a accompli [ce mouvement naturel] lorsque le Dieu Verbe le voulait, comme il le voulait, et autant de fois qu'il l'a voulu [1].

La même formule figure dans l'*Ekthêsis* – évidemment, puisque celle-ci reprend très largement le *Psêphos*. Mais elle y est cette fois introduite par une véritable profession de foi monothéliste :

> Dès lors, suivant en toute chose et en ce point les saints Pères, nous confessons une [= une seule] volonté de notre Seigneur Jésus-Christ, vrai Dieu.

Pour le monothéliste, il n'y a pas et ne peut y avoir de conflit de volontés chez le Christ, puisqu'il n'y a qu'une seule volonté. On peut se demander, avec ce beau raisonnement, dans quelle mesure il reste place pour un conflit : en quoi il pourrait bien y avoir conflit entre le mouvement naturel (φυσικὴ κίνεσις) de la chair de l'homme-Christ et la volonté du « Dieu Verbe ». Dans le schéma de Sergius le mouvement naturel de la chair est, en effet, entièrement sous contrôle, entièrement contrôlé par le Verbe : il dépend de sa volonté. La chair se meut, mais c'est la volonté qui est le moteur. On ferait donc mieux de dire que la chair *est* mue. Le *Psêphos* invoque à ce propos Grégoire de Nysse.

> Et pour le dire clairement, tout comme notre corps est conduit, orné et ordonné par notre âme intellectuelle et rationnelle, ainsi pour le Christ notre maître, tout son composé humain était toujours sous la motion divine par la divinité du Verbe lui-même, comme le dit Grégoire de Nysse [2].

La chose qui est claire ici est l'analogie entre l'anthropologie et la christologie : tout comme le corps de l'homme est mû par l'âme rationnelle, le composé âme/corps du Christ est mû par le Verbe auquel il est uni hypostatiquement. La thèse n'est pas moins claire : l'humanité du Christ est l'*instrument* du Verbe. Voici le texte de Grégoire auquel Sergius se réfère *ad sensum* :

> ... nous disons qu'en tant que le Fils est Dieu, il est impassible et pur, mais que si une souffrance lui est attribuée dans l'Évangile, il a accompli cette action par [au moyen de] son humanité, qui [sous-entendu : elle et elle seulement] était susceptible de souffrir[3].

Ce texte est important car il pose que souffrir c'est en quelque manière agir, puisque c'est accomplir une action : l'action de pâtir. De là, il pose la question du sujet de la souffrance, de cette souffrance attribuée au Seigneur, Fils de Dieu, qui est lui-même Dieu : Dieu le Fils, donc *impassible*. Cette souffrance attribuée à un impassible est un acte accompli au moyen de l'humanité qui, chez le Christ ou pour lui, est capable de souffrance. Cette question du sujet, de l'agent, de l'instrument et du patient de la souffrance est pour nous une allusion – la première – à un problème théologique dont la dimension anthropologique nous retiendra dans les semaines qui viennent. « *Qu'est-ce qui souffre* ? » là où il y a souffrance. « *Qui souffre ?* » quand il y a souffrance. Ces deux questions – vous les reconnaissez – faisaient partie des questions générales évoquées lors de la première leçon. La première formulation de ces questions anthropologiques est christologique. Elle est également double, puisqu'il y va de : « *Qu'est-ce qui souffre dans le Christ ?* » et de : « *Qui souffre sur la Croix ?* »

Cette dernière question : « *Qui souffre sur la Croix ?* » a eu une fortune extraordinaire et elle a joué un rôle considérable dans l'archéologie du sujet, mais aussi dans l'histoire du christianisme, y compris moderne – comme on le verra en évoquant les débats entre luthériens, calvinistes et réformés ; c'est une pièce essentielle dans l'abondant dossier des hérésies, une mine pour l'archéologue conscient de l'extraordinaire richesse de l'archive hérésiologique.

Qui veut la passion dans le second moment de la prière d'agonie : « ...mais que ta volonté soit faite, et non pas la mienne » ? Pour Sergius, ce n'est pas l'homme. C'est Dieu, dans le Fils, qui veut la Passion, par sa volonté naturelle – la seule que possède, en fin de compte, le Verbe incarné. Cela est bien représenté dans un des schémas du livre de Léthel auquel j'ai fait plusieurs fois allusion[4].

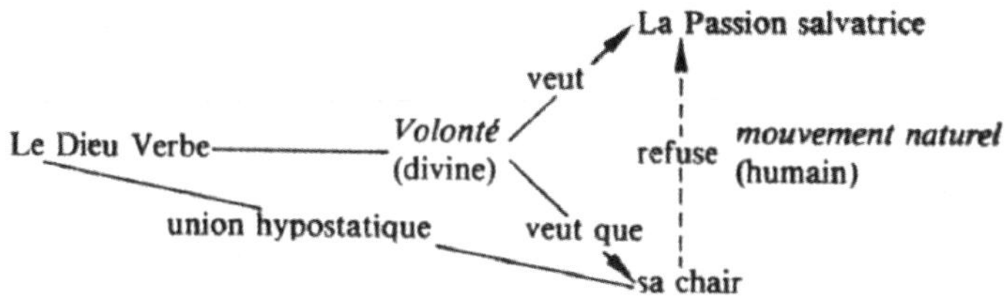

Le Dieu Verbe, par la volonté divine qui correspond à la nature divine, veut que sa chair, à laquelle il est uni hypostatiquement...

[Intervention dans l'assistance : « Ça veut dire quoi ? »]

Hypostatiquement ? Dans et par l'hypostase. *Ça veut dire quoi ?* C'est toute la question posée dans l'*Archéologie du sujet* ! Celle que j'essaie d'articuler autour de « l'oubli de l'hypostase ». Nous avons un maniement plus ou moins aisé de la notion et du terme de *sujet*, un maniement relativement aisé du terme grec qui lui correspond chez Aristote : *hypokeimenon* (ὑποκείμενον), et du terme latin *subjectum*, qui en est la traduction. Mais il y a un autre terme dans l'histoire de la pensée occidentale, européenne, théologique, philosophique, hellénophone, qui reste décidément absent de notre horizon intellectuel : celui d'*hypostasis* (ὑπόστασις). L'hypostase c'est ce en quoi sont unies les deux natures, divine et humaine, du Christ. Mais on peut aussi rendre ce terme par *sujet*. De fait, on dit aujourd'hui que les deux natures sont unies « subjectivement ». Un autre terme, candidat à cette fonction, est celui de *personne* : les deux natures sont unies dans la « personne » du Christ. Quand vous entendez le mot « sujet », vous entendez quelque chose de moderne ; quand vous entendez le mot « hypostase », vous avez une difficulté et, de fait, vous m'avez immédiatement demandé : « *Ça veut dire quoi ?* » On ne peut pas répondre facilement à cela sinon que, pour le moment, c'est précisément le mystère qui nous occupe : deux natures unies dans quelque chose qu'on appelle l'*hypostase* [5].

La nature divine et la nature humaine se présentent de telle façon que le titulaire de ce tout, le Dieu Verbe, a une volonté unique – du moins chez Sergius : la volonté divine, par laquelle il veut que sa chair, la chair de l'homme Christ à laquelle le Logos est uni en une seule hypostase, refuse d'un mouvement naturel et purement humain la Passion qui s'annonce, dans le temps même qu'il veut que cette Passion s'accomplisse pour le salut de l'homme. Vous voyez donc qu'une seule volonté veut que la chair, par un mouvement naturel qu'elle exécute en quelque sorte d'elle-même, refuse ce que le Dieu-Verbe veut positivement par sa volonté divine, à savoir : la Passion. Tout le mystère est dans l'union hypostatique du Dieu-Verbe avec cet homme – âme rationnelle et corps de chair – qu'est le Christ, celui que nous voyons dans l'Histoire, celui dont il y a des témoignages.

C'est la position de Sergius : le Christ veut de volonté divine que sa chair refuse la Passion. Maxime, lui, au contraire, et c'est ce que j'appelais « sortir par le haut », va trouver le moyen de soutenir que le salut de l'homme a été voulu « humainement par une Personne divine » [6], autrement dit que le Christ a voulu la Passion de volonté humaine [7]. Avant le concile de Latran de 649, il écrit dans l'*Opuscule 6* :

> Ainsi, après que pour nous il fut devenu comme nous, il disait humainement à son Dieu et Père : *Que ce ne soit pas ma volonté, mais la tienne qui triomphe*, car lui-même, qui était Dieu par nature, avait aussi, en tant qu'homme, comme volonté l'accomplissement de la volonté du Père. C'est pourquoi, selon les deux

> natures à partir desquelles, dans lesquelles et par lesquelles était constituée sa personne, il était reconnu comme étant par nature à même de vouloir et d'opérer notre salut, ce salut que d'une part il voulait conjointement avec le Père et le Saint-Esprit, et pour lequel, d'autre part, *il s'est fait obéissant* au Père *jusqu'à la mort et à la mort sur la Croix*. Il a ainsi accompli lui-même, par le mystère de l'incarnation, le grand plan de salut en notre faveur [8].

Notez ces deux formules : 1° « après que pour nous, il fut devenu comme nous » : c'est l'incarnation, la kénose, l'humiliation. Autrement dit : après qu'il fut devenu, pour notre salut, capable de souffrir. 2° « selon les deux natures *à partir desquelles, dans lesquelles* et *par lesquelles* était constituée sa personne » : cette formule reprend la thèse ontologique la plus originale de Maxime, la formule « desquelles, en lesquelles, et lesquelles », à savoir : « desquelles – natures –, en lesquelles, et lesquelles Il – le Christ – est », exprimant la *périchorèse du tout et des parties*. Je vous rappelle que le terme grec περιχώρησις signifie l'immanence mutuelle, autrement dit que si A est immanent à B, B est immanent à A. Cette idée neuve, révolutionnaire, rendue possible par l'introduction du duo essence (ousie)-hypostase (οὐσία-ὑποστάσις) à la place du duo sujet (substrat)-accidents (ὑποκειμένον-συμβεβηκότα), ouvre une brêche décisive dans le mur de la « subjectité » *(Subiectität)*.

Par *périchorèse du tout et des parties* j'entends la double immanence du tout à ses parties et de chaque partie au tout. Nous avons déjà vu cette structure à l'œuvre dans le modèle d'immanence de l'âme au corps chez Plotin et Augustin, mais aussi, *mutatis mutandis* chez Henry More ou Descartes. Tous deux utilisent à un moment cette thèse que l'âme ou la *mens* est présente tout entière dans le corps tout entier et tout entière dans chacune de ses parties. Henry More a donné un nom à cela : « holenmérisme » [9]. C'est un néologisme « grec » savant pour dire ce que nous appelons aujourd'hui « méréologie ». Cette périchorèse, je soutiens qu'elle a fourni à la scolastique un modèle alternatif – pour ne pas dire un *contre-modèle* – au modèle « aristotélicien » de l'ὑποκείμενον, pris au sens heideggérien du *Vorliegendes/Vorhandenes* : ce qui se tient là-devant et qui supporte un certain nombre de propriétés accidentelles [10]. Ce contre-modèle, c'est ce qui, archéologiquement, est en jeu ici : *quelque chose de nouveau apparaît dans l'histoire de la philosophie grâce aux Pères hellénophones*.

La formule que j'appelle « formule de Maxime » [ou « formule tripartite »] est employée dans la *Lettre 12* :

> Nous ne cessons de confesser le Christ *de deux natures*, puisque nous croyons [...] qu'Il (tient) de la divinité et de l'humanité ; et *en deux natures*, étant en la divinité et en l'humanité ; et *deux natures*, (étant) à la fois Dieu et homme puisqu'on connaît qu'Il n'est pas seulement *de* ces deux (natures), mais aussi *ces* deux natures ; et non seulement ces deux, mais *en* ces deux natures, comme le tout (tient) *des* parties, et le tout (est) *en* parties, et le tout est *par* les parties [11].

Vous avez là, c'est le moins qu'on puisse dire, une justification philosophique [12]. Tout cela est abrupt, je vous l'accorde volontiers. La formule tripartite elle-même est difficile [13], mais elle a aussi des concurrentes philosophiques extrêmement précises, dans l'Antiquité tardive. On peut en effet comparer « le tout (tient) *des* parties, et le tout (est) *en* parties, et le tout est *par* les parties » avec d'autres formules tripartites, que j'appelle « méréologiques ». La méréologie est ce qui pense le rapport entre un tout et ses parties. Dans la philosophie moderne et contemporaine, on oppose souvent, ou bien on considère comme complémentaires et on combine, l'*ontologie* et la *méréologie*. On va dire, par exemple, que la question des universaux s'entend et se traite comme une manière d'affronter la question du rapport entre l'universel et le particulier ; mais on peut aussi la traiter en y voyant une question portant sur le rapport entre un tout et ses parties. Pensez par exemple à la notion de *classe*, ou d'*ensemble*, qui contient un certain nombre d'individus. L'ensemble, le *set*, est universel ; ce qui y est contenu ce sont des particuliers.

Je reviens à mon propos. Il y a d'autres formules tripartites méréologiques, par exemple celle de Proclus : « toute totalité est ou bien antérieure à ses parties, ou bien composée de parties, ou bien immanente à une partie » (*Éléments de théologie*, prop. 67). Notez la forme : « ... ou bien... ou bien... ou bien... », alors que chez Maxime nous avons : « ... et... et... et... » ! Cette formule proclienne a eu une grande influence ; elle a été reprise par le Byzantin Eustrate de Nicée († 1120/1130) pour exposer ce qu'il appelait la « doctrine platonicienne de l'universel et du tout » : *De universali et toto*[14]. Il met explicitement en parallèle le rapport de l'universel au particulier et celui du tout aux parties, et il attribue cette doctrine à Platon. Le texte d'Eustrate de Nicée, son *Commentaire de l'Éthique à Nicomaque,* a été traduit en 1248 par Robert de Lincoln, alias Grosseteste. Voyez, au passage, comme l'histoire des transmissions est intéressante : c'est par le biais d'un commentaire sur l'*Éthique à Nicomaque*, un des derniers textes d'Aristote à être arrivés en latin, qu'on affronte des questions d'ontologie d'une grande complexité. On aimerait se dire (pas moi) que la métaphysique c'est fini, qu'on est enfin passé à l'éthique. Eh bien non, c'est là que l'on va rencontrer les schémas ontologiques les plus sophistiqués.

Les formules de Proclus et d'Eustrate transmises par Robert de Lincoln se combinent aux formules d'Ammonius sur les universaux, reprises par Avicenne[15]. Ainsi, on voit que, d'une traduction l'autre, d'un monde l'autre, d'une langue l'autre – grec, syriaque, arabe, latin – cet entrelacement de la méréologie et de l'ontologie exerce une influence sur la théorie par laquelle on a voulu résumer l'ensemble de la philosophie médiévale : la théorie des universaux, marquée par la rencontre entre le schéma des universaux *ante rem, in re, post rem*, et celui des touts *ante partes, ex partibus, in partibus*. Je vous renvoie pour tout cela au séminaire du 10 avril 2014.

Le modèle de Maxime est original. C'est vraiment celui de la périchorèse, qui est à la fois immanence mutuelle du tout et des parties, mais aussi des parties entre elles. Il ne suffit pas, en effet, de dire que le tout est immanent aux parties et les parties au tout. Pour aller au bout du modèle de la périchorèse, il faut dire que chaque partie est immanente à l'autre, aux deux autres si elles sont trois. Vous imaginez bien pourquoi on a besoin de cette notion : il s'agit de penser la

Trinité – rien de moins. La Trinité ce n'est pas l'énumération de trois substances, qu'on rangerait comme trois pommes sur une table. Si les théologiens de l'Antiquité tardive et du christianisme alors en essor essaient de penser quelque chose, c'est quelque chose d'autre que ce que soutiennent les non-chrétiens, à savoir que, pour les chrétiens, Dieu serait « le troisième de trois »[16], ce que l'on nomme le « trithéisme »[17].

La périchorèse nous permet de voir qu'il y a là une structure qui apparaît dans le domaine de la théologie trinitaire et de la christologie, mais qui est tout à fait semblable à celle qu'utilisent Plotin et Augustin pour penser le rapport de l'âme et du corps, et que l'on retrouvera de manière très étonnante chez Brentano dans la philosophie moderne, pour penser quelque chose de nouveau : ce qu'il appelle la *Psychische Einwohnung*, l'inhabitation psychique, autre nom de l'intentionnalité[18]. C'est un programme pour vingt ans de travail. Je n'entre pas dans le détail, je dis seulement qu'il y a là un contre-modèle extraordinaire au modèle aristotélicien sujet-accident.

Qu'est-ce ici, dans le cas du Christ, que le « tout » (ὅλον) ? Ce sont les deux natures, la divine et l'humaine, avec leurs propriétés, et l'hypostase composée. Les « parties » ? Chacune des deux natures, qui ont leur source respective dans les deux « extrêmes » (ἄκρα) : la divinité et l'humanité. Le problème ? Entendre correctement la formule des deux natures : « desquelles, en lesquelles et lesquelles est le Christ », la formule maximienne héritée semble-t-il de Léonce de Byzance[19]. Formule tripartite, dont une variante est : « desquelles il est, en lesquelles il est, et dont il est l'hypostase » – ἐξ ὧν καὶ ἐν αἷς καὶ ὧν ὑπόστασις ἦν[20].

Que veut dire exactement : ὧν ἐστιν ὁ Χριστός, ἐν αὐτοῖς ἐστιν ὁ Χριστός· καὶ ἐν οἷς ἐστιν ὁ Χριστός, ταῦτά ἐστιν ὁ Χριστός ? Voilà le problème qui se pose à nous, lecteurs de Maxime.

Pour y faire face, nous pouvons compter sur le secours de *Liturgie Cosmique*, le grand livre de Hans Urs von Balthasar. Pour Balthasar, citant la *Lettre* 15 :

> *Le Christ existe par elles et en elles et en tant qu'elles sont* (573A). En dehors de ces trois relations, il n'y a pas autre chose, οὐχ ἕτερόν τι (121D), et entre ces relations même, il y a la plus stricte équivalence. *Le Christ est également dans les parties à partir desquelles il est et le Christ est aussi les parties en qui il est* [...]. La relation du tout aux parties est identique à celle des parties entre elles [21].

C'est la formulation la plus claire, la plus nette qu'on puisse donner de la périchorèse.

Louis Rougier expliquait que seule la distinction thomiste entre essence et existence permettait d'« établir la *possibilité ontologique* de l'union hypostatique de deux natures en Jésus-Christ et de la présence de trois personnes en un seul Dieu » – ou plutôt eût permis de le faire, si elle avait été fondée sur autre chose que la transformation erronée et fatale, due à Aristote lui-même, d'une distinction logique en une distinction ontologique. Rappelez-vous cette thèse : au point de départ de toute l'affaire scolastique, il y a une erreur d'Aristote, une confusion entre le logique et l'ontologique [22]. Même si Rougier avait tort sur l'ensemble, il avait raison sur un point : il faut un même dispositif théorique pour rendre compte à la fois de la théologie trinitaire et de la christologie. Mais il se trompait en voyant dans la distinction aristotélico-thomasienne, en un mot la distinction *scolastique* entre essence et existence la seule possibilité théorique offerte pour traiter à la fois de la Trinité et de l'union des deux natures. Je crois que Rougier se trompe, et que beaucoup de gens se trompent comme lui, du fait de ce que j'ai appelé et continuerai d'appeler « l'oubli de l'hypostase ».

Avec la théologie trinitaire et la christologie, chez les Pères en général et les Cappadociens en particulier, chez Grégoire de Nysse, Basile de Césarée, Maxime le Confesseur, l'ontologie d'Aristote et de Porphyre subit une *mutation génétique*. La singularité de la formule de Maxime signe, scelle pour l'archéologue la mise en place – que l'on peut bien dire « époquale » – d'un dispositif cohérent, porté par une série d'innovations terminologiques, dont la principale est un recours systématique à deux notions inconnues d'Aristote, les notions d'ἐνυπόστατον et d'ἐνούσιον, d'« enhypostasié » et d'« enousié »[23]. Cela se pense difficilement, et s'entend plus difficilement encore, puisqu'on n'entend plus ce qui se dit dans cette particule ἐν. Il serait prématuré d'aborder ici, aujourd'hui, ne fût-ce que les premiers éléments de cette extraordinaire irruption d'ἐνυπόστατον et ἐνούσιον. Il faut nous limiter à ce dont nous avons parlé jusqu'ici : *ousia* et hypostase.

Mais tout de même, je crois qu'on a intérêt à essayer de *mettre en place* les choses un peu plus clairement, grâce à un schéma. Nous avons ce que je note 'ND' : la nature divine, ou *ousia*. Le fond de la théologie trinitaire chrétienne veut qu'il n'y ait qu'une *ousia* mais trois hypostases, ce que les Latins expriment en disant qu'il y a « un seul Dieu en trois personnes ». Chez les Pères grecs on dit qu'il y a une *ousia* en trois hypostases : celle du Père ('HP'), celle du Fils ('HF'), celle de l'Esprit ('HE'). Je les dispose ainsi, bien que l'on puisse raffiner, puisque l'Esprit n'est rien d'autre que le lien existant entre le Père et le Fils. Mais pour que le schéma reste compréhensible, je place l'hypostase du Fils au centre.

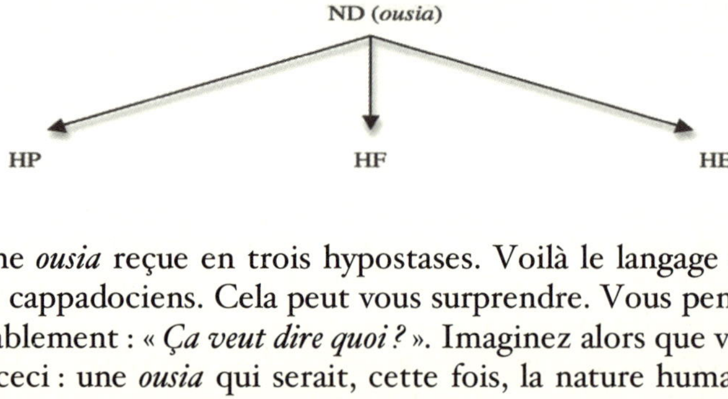

Une *ousia* reçue en trois hypostases. Voilà le langage des Pères cappadociens. Cela peut vous surprendre. Vous pensez probablement : « *Ça veut dire quoi ?* ». Imaginez alors que vous ayez ceci : une *ousia* qui serait, cette fois, la nature humaine ('NH') et que l'on dirait « immanente à », « reçue dans », ou « présente en » Pierre, Paul et Jacques.

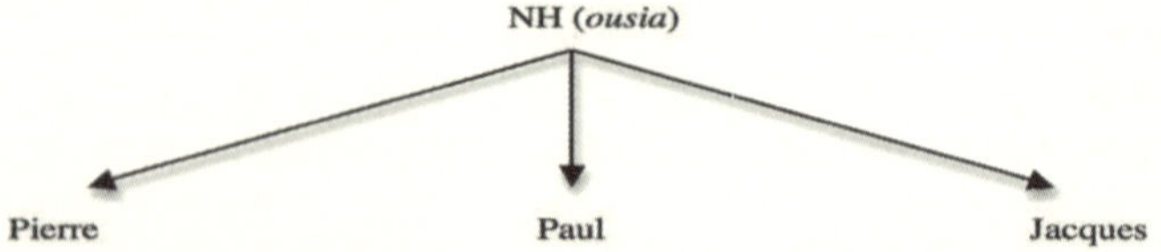

C'est bien la même *ousia*, ni plus ni moins, qui est présente à chaque fois, puisque ce qu'il y a de remarquable dans ce dispositif ontologique, c'est que la même humanité est tout entière et à égalité en cette hypostase, cet individu qu'on peut appeler une personne et qui porte le nom de 'Pierre', en cet autre qui porte le nom de 'Paul', la même enfin chez 'Jacques'. Une nature qui se rend présente, s'atteste, devient visible dans chacun de ces étants, et les fait être tels qu'ils sont, à savoir : toujours, à chaque fois et à égalité un *homme* [24].

Dans ce dispositif il n'y a pas plusieurs espèces d'hommes : l'homme est une espèce ou un genre (on dit tantôt « l'espèce humaine », tantôt « le genre humain ») ; les humains ne se différencient que numériquement, par l'hypostase, par un certain nombre de propriétés individuelles qui font que les uns sont bruns, les autres non, certains sont grands, d'autres petits, etc. C'est le *set*, c'est l'ensemble, c'est la collection des propriétés qui particularise, individualise chacun de ces étants qu'on appelle des *hommes*. Les Pères cappadociens ont eu le culot théorique de mettre sur le même plan, d'une certaine façon, l'immanence de la nature (φύσις) humaine en chacun des humains et la présence, l'immanence de l'*ousia* divine en chacune des divines hypostases : Père, Fils, Esprit [25].

Mais comment vais-je appeler cette immanence ? C'est là que les termes « enhypostasie », « s'enhypostasier » apparaissent. On dit que l'*ousia* « s'enhypostasie », qu'elle « prend hypostase ». Évidemment, on a envie de dire : « existe » ! Mais avant la différence scolastique entre essence et existence, on a la différence entre *ousia* et hypostase et ce mouvement par lequel l'*ousia* s'enhypostasie, se fait l'*ousia* d'un certain nombre d'entités qu'on appelle des individus ou des particuliers.

Là où les choses se compliquent c'est que l'hypostase du fils, HF, est en même temps l'hypostase de la nature humaine, NH. Dans l'hypostase du Fils, les deux natures, la divine et l'humaine, s'unissent.

On a donc :

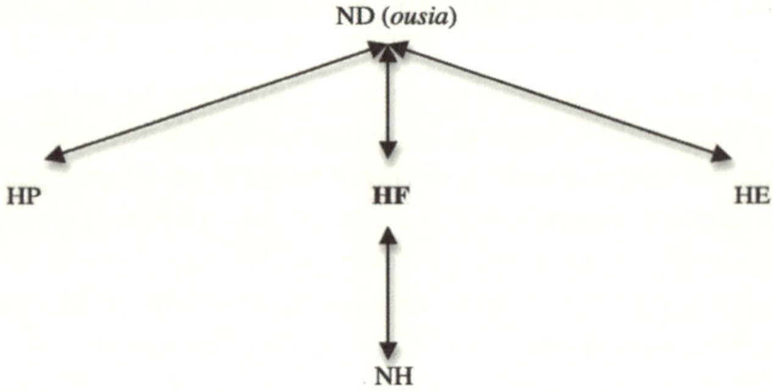

Le mouvement par lequel une hypostase peut être dite s'intérioriser ou être immanente à une nature ou *ousia*, on appelle cela : « enousie », « s'enousier ». Il n'y a pas d'hypostase qui ne présente une certaine nature, une certaine essence, une certaine *ousia*.

[Ce principe antiplatonicien fonde le rejet de l'existence d'universaux – d'essences, de natures – non instantiés. Les philosophes contemporains appellent « platonisme » le *Transcendent Realism*, c'est-à-dire toute théorie admettant l'existence d'« *uninstantiated properties* », et renvoient à Aristote la tentative de « ramener les universaux sur la terre », en lui attribuant, comme D.M. Armstrong, une théorie des *universals in things*, « *whose Latin tag is* universalia in rebus »[26]. On notera qu'il y a là un véritable système. *Ce que j'appelle le « Principe d'instantiation des entités dépendantes »* (PIED), valable pour *tout ce qui n'est pas une hypostase* (et donc, dans son *existence* même, *dépend d'une hypostase*) :

PIED déf. : Il n'y a pas d'essence ou de nature non instantiée

soit, dans la langue de Léonce de Byzance à Jean de Damas :

PIED déf. : toute essence (nature) est dans une hypostase

et ce que j'appelle le « Principe de subordination de l'hypostase » (PSH) :

PSH déf. : Toute hypostase appartient à une espèce (toute hypostase instantie une essence/nature)

sont articulés l'un à l'autre. PSH et PIED sont *réciproques*. Autrement dit : il y a trois modes d'immanence, qu'il ne faut pas confondre : deux modes d'immanence distincts et complémentaires, de l'universel au particulier *(immanence-1)*, du particulier à l'universel *(immanence-2)*, tous deux irréductibles au mode d'immanence de l'accident à l'hypostase *(immanence-3)*. Ainsi, toute hypostase *est dans* une espèce (elle se range sous une espèce, elle instantie une essence et une nature) ; toute essence (et aussi bien toute nature) *est dans* une hypostase (est présente dans, en acte dans, réalisée dans une hypostase).

1. ἐνούσιον μὲν τὴν ὑπόστασιν, ἐνυπόστατον δὲ τὴν οὐσίαν. [Toute] hypostase est à une essence, [toute] essence est dans une hypostase.

2. οὐσία μὲν ἀνυπόστατος οὐκ ἔστι οὐδὲ φύσις πρόσωπος. Il n'y a pas d'essence qui ne soit dans une hypostase ; il n'y a pas de nature qui ne soit dans une personne.

3. οὐκ ἔστιν ὑπόστασις ἀνούσιος. Il n'y a pas d'hypostase qui soit sans une essence.

L'*enhypostaton* qualifie l'*immanence-1* de l'universel au particulier, de l'essence à l'hypostase, de la partie essentielle au tout composé. L'*enousion* qualifie l'*immanence-2* du particulier à l'universel, de l'hypostase à l'essence. L'*anhypostaton* qualifie le mode d'être de l'accident (*immanence-3*), qui n'a pas d'hypostase propre, mais inhère à un autre [27]].

Dans l'ancienne ontologie, il n'est pas pensable qu'il y ait un particulier nu, c'est-à-dire un particulier qui serait dépourvu d'essence et de propriétés – ce qu'on appelle aujourd'hui « *bare particular* ». Que serait un tel particulier ? Un « je-ne-sais-quoi » comparable à l'idée lockéenne de la substance : « a supposed, *I know not what*, to support those ideas, we call accidents » (*Essay*, II, XXIII, 15). Toute hypostase est hypostase d'une *ousia*, ou si vous préférez tout sujet est sujet d'une essence et, réciproquement, il n'y a pas d'essence qui ne soit intérieure, immanente à une hypostase. C'est une manière extraordinaire de dire ce que disait Aristote : il n'y a pas d'essence qui ne soit instanciée dans un particulier, car s'il y avait des essences non instanciées dans des particuliers, il y aurait des Idées platoniciennes [28]. Or, cela Aristote le refuse absolument : il n'y a pas de nature humaine qui ne serait la nature d'aucune chose actuellement. S'il y a une *ousia* d'homme, alors il y a des hommes. Toute *ousia* est parousique : elle se rend visible dans une hypostase. J'espère que vous avez bien saisi ce point. On peut le représenter par un système de doubles flèches conduisant de l'*ousia* aux hypostases, symbolisant l'enhypostasie, et des hypostases à l'*ousia*, symbolisant l'enousie, le double trajet de l'ἐνυπόστατον et de l'ἐνούσιον.

Avec ce « matériel » *préscolastique* – qui est loin d'être « immature » – on peut dire l'essentiel. Je laisse ici la parole à Piret : 1° l'énoncé des natures, *lesquelles est Christ* « prolonge celui de la double enousie » (*en duo phusesin*, l'« *en* lesquelles il est », à savoir : « l'intériorité de l'hypostase du Christ à ses deux natures ET l'intériorité des deux natures entre elles, selon l'hypostase d'union » ou hypostase « composée »), et 2° il est, comme lui, « justifié par la doctrine trinitaire » : Maxime « fait accompagner sa réflexion sur l'intériorité naturelle et hypostatique de la Trinité divine, d'une déclaration sur l'identité de l'*ousia* divine et de ses hypostases » en théologie trinitaire. L'*ousia est* les hypostases. Les hypostases *sont* l'*ousia*. De la « double enousie reconnue en christologie », il dégage « l'identité hypostatique des deux natures du Christ », *lesquelles il est* [29].

Je reviens au Concile de Latran. Le problème de Gethsémani a deux faces, ou plutôt deux versants : il s'agit à la fois de savoir qui parle dans la première partie de la prière d'agonie, et qui parle dans la seconde – autrement dit, si c'est aussi en tant qu'homme que parle, humainement, en tant que Verbe incarné, celui qui dit : *pas comme je veux, mais comme tu veux* ; ou plutôt, puisqu'on s'appuie de manière privilégiée cette année sur Lc 22, 42 : πλὴν μὴ τὸ θέλημα μου ἀλλὰ τὸ σὸν γινέσθω (« mais que ta volonté, et non la mienne, soit faite »).

La thèse de Maxime est que les deux volontés naturelles, humaine et divine, sont unies dans le Christ en un plein accord.

C'est cette doctrine que soutient le Concile de Latran – ou plutôt le synode du Latran, réuni du 5 au 31 octobre 649 –, porté par les idées de Maxime, qui expose une doctrine de l'opération théandrique double, correspondant à l'affirmation que le Christ « a voulu et opéré divinement (c'est la partie *thé-* dans « *thé*andrique ») et humainement (c'est la partie *-andrique* dans « thé*andrique* ») le salut » de l'homme. Voici deux extraits des *Actes du concile*, traduits du grec[30] – dont, je vous le rappelle, certains soutiennent qu'ils ont été rédigés par Maxime lui-même. Vous trouverez la version latine et sa traduction française dans l'*Enchiridion symbolorum* de Denzinger et Schönmetzer, qui est le recueil de toutes les décisions conciliaires et magistérielles de l'Église.

> **500** (texte grec) [...] *de même* que nous confessons ses deux natures [du Christ] unies sans confusion ni division, *de même* conformément aux natures, deux volontés, la divine et l'humaine, ainsi que deux opérations naturelles, la divine et l'humaine, cela pour confirmer parfaitement et sans omission [le latin dit « amoindrissement »[31]] que le même et unique Jésus Christ, notre Seigneur et Dieu, est vraiment par nature Dieu parfait et homme parfait, à l'exception du péché, et qu'ainsi il voulait et opérait divinement et humainement notre salut.

Dans tout synode et dans tout concile il y a des canons, c'est-à-dire des décisions qui engagent. Voici le quinzième canon du synode de Latran :

> **515** (texte grec). Si quelqu'un, selon les hérétiques impies, considère dans sa folie l'opération théandrique comme une seule mais ne le confesse pas, selon les saints Pères, comme double, c'est-à-dire divine et humaine, ou considère que cette nouvelle appellation « théandrique » désigne une seule opération, mais ne signifie pas l'union admirable et surnaturelle des deux, qu'il soit condamné.

La traduction de la version latine de ce canon 15 donne :

> Si quelqu'un, selon les hérétiques impies, considère dans sa folie l'opération divino-humaine que les Grecs appellent *théandrique* comme une seule et même opération, mais ne la confesse pas,

> selon les saints Pères, comme double, c'est-à-dire divine et humaine, ou considère que cette nouvelle appellation « divino-humaine » désigne une seule opération, mais ne signifie pas l'union admirable et glorieuse des deux, qu'il soit condamné [32].

Pour préserver la consubstantialité ou coessentialité du Père et du Fils, il faut considérer que la seconde partie de la prière d'agonie ne peut avoir été adressée par le Christ « en tant que Dieu par nature », mais bien « en tant qu'il était devenu homme par nature », – comme « ayant une volonté humaine naturelle que » selon l'Économie du salut, « il soumettait et unissait à la volonté du Père ». Mais le raisonnement économique vaut pour la première et la seconde partie. Certains d'entre vous, je le sais, s'étonnent de ce mot *économie*. C'est pourtant un terme de théologie avant que d'être un archisignifiant de la dévastation planétaire. L'économie, c'est d'abord l'économie domestique, c'est la manière dont le père administre la maison, la famille (*Les Économiques* d'Aristote c'est bien cela). L'économie, dans son entente théologique, est par définition *solidaire* ; c'est l'économie du Salut, un plan de sauvetage, de sauvetage du monde, tout au long de l'Histoire, un plan d'administration et de gestion du monde par l'Incarnation, qui voit Dieu habiter en sa demeure, cette demeure qu'il va devoir gérer pour le plus grand bien de l'homme, par le Fils, qui est venu, comme le dit Jean, « se faire chair et habiter parmi nous ». Je vous rappelle le texte de Jn 1, 14, et quelques traductions :

> Καὶ ὁ Λόγος σὰρξ ἐγένετο καὶ ἐσκήνωσεν ἐν ἡμῖν
>
> Et le Verbe s'est fait chair et il a planté sa tente parmi nous.
>
> VULGATE : *et Verbum caro factum est et habitavit in nobis*
>
> KING JAMES VERSION : And the Word was made flesh, and dwelt among us
>
> LUTHER : Und das Wort ward Fleisch und wohnte unter uns.

Le mot ἐν signifie : « en », « dans », « parmi ». Dans son commentaire de l'Évangile de Jean, *Meister* Eckhart, le grand mystique du XIVe siècle, dit : « et *habitavit* in nobis id est *habituavit* in nobis »[33]. Il a *habité* en nous, c'est-à-dire *s'est habitué* en nous. Littéralement : « Il a habité en nous, et s'est fait *habitus* en nous », autrement dit : « il s'est fait disposition en nous ».

> « Il a habité », dit-il, « en nous », c'est-à-dire *il s'est fait habitus*. De même, « il a habité en nous », parce que nous l'avons lui-même en nous. Or, à partir de ce qu'une chose a en elle, elle reçoit le nom et l'être. C'est pourquoi l'épouse dans les Cantiques prie en disant : « Qu'il me baise d'un baiser de sa bouche. Une fois qu'elle l'a accueilli, l'hiver se retire et s'en va, la vigne qui fleurit répand son odeur » (Ct 2, 11) ; « car ses lèvres sont comme le miel qui distille » (Ct 2, 13). Il dit donc : « Le Verbe s'est fait chair » et le fils de l'homme est devenu fils de Dieu : « Voyez de quel amour Dieu nous a donné d'être appelés *enfants de Dieu*, et de l'être », 1 Jn, 3 [34].

Vous avez, par un jeu de mots latin sur *habitavit* et *habituavit*, la notation d'une des grandes thèses théologiques grecques : Dieu s'est fait homme pour que l'homme soit fait Dieu. C'est la perspective de la déification. L'articulation entre Incarnation et Inhabitation. Comment cela se produit-il ? À la grâce de l'Incarnation fait suite la grâce de l'*in*-habitation intérieure du Verbe dans l'esprit du chrétien déifié – ou plutôt de *l'homme* déifié en général. « Il s'est fait *habitus* en nous. » C'est ce que l'on appelle la « mystique de Noël », c'est-à-dire de la « naissance du Verbe dans l'âme »[35].

La prière d'agonie doit se lire comme un tout, dont les deux parties ne sont séparées que par un petit mot : « *plên* » (toutefois). Chacune à sa fonction dans le plan du Salut. Chacune témoigne de « l'union sans confusion » ni division des deux natures humaine et divine – des deux opérations, des deux volontés.

Pour exprimer cela, il faut une conceptualité nouvelle : quelque chose que nous n'avons pas encore entendu les deux années passées. Une distinction conceptuelle à laquelle j'ai seulement fait allusion à la fin du cours la semaine dernière : la distinction entre *logos* et *tropos*. Plus précisément entre λόγος τῆς φύσεως (*logos* de la nature, *logos* naturel) et τρόπος ὑπάρξεως. Cette dernière expression constitue la première entrée dans la philosophie de ce que l'on va appeler le mode d'existence, le *modus essendi* [36].

Divinité et humanité ont chacune leur *logos*, leur *logos* définitionnel, leur « raison ». Qu'est-ce que l'humanité ? C'est la combinaison d'un certain nombre de traits qui vont nous permettre de sélectionner, parmi un ensemble d'entités, ce qui est un homme et ce qui ne l'est pas. *Animal*, *raisonnable*, *mortel* est une combinaison de traits qui nous permet de dire ce que c'est que d'être un homme, ce qu'est la nature humaine, ce qu'est l'*ousia* d'homme. Chacune de ces natures, divinité et humanité, a donc un *logos* qui permet de dire ce qu'elle est. Dans l'Incarnation il n'y a ni confusion ni division des deux natures divine et humaine. Il y a en revanche dans cette union caractérisée par deux propriétés qui semblent s'exclure l'une l'autre (« ni confus ni divisé »), quelque chose qui nous permet d'aller plus loin : cette expression qui va faire époque, de prime abord très surprenante : la « communication » (ἀντίδοσις) des « idiomes » [37]. Si, en lisant un texte, vous avez affaire à ce nouveau modèle, vous devez y trouver ces deux traits réunis : d'une part, la distinction entre le *logos* naturel et le mode d'existence, τρόπος ὑπάρξεως ; d'autre part, l'idée de communication des idiomes. Il y a communication des idiomes dans l'union hypostatique des deux natures. Les deux natures échangent, mutualisent, mettent en commun leurs idiomes. Par là, un mode d'existence nouveau entre dans le monde, et plus encore dans l'histoire : un *tropos* théandrique. C'est cela le « matériel philosophique non encore parvenu à maturité », si l'on suit le diagnostic de Balthasar, évoqué la semaine passée. Mais la vraie question serait plutôt, je crois, de savoir si nous ne sommes pas devenus trop vieux pour entendre ce qui se disait là nativement. Certains pensaient que le gauchisme était la *maladie infantile* du communisme, d'autres, dans un livre fraternel écrit à quatre mains, voyaient dans le communisme la *maladie sénile* du gauchisme [38]. C'est un peu le même problème pour nous, qui considérons que quelque chose n'est pas arrivé à maturité par rapport à notre manière de voir, de penser et de nommer alors que, peut-être, c'est nous qui ne sommes plus capables d'entendre ce qui se disait originairement dans cette distinction du *tropos* et du *logos*.

En tout cas, c'est sur cette distinction que repose la solution de Maxime aux problèmes posés par la prière d'agonie. Les deux volontés sont par nature distinctes, mais elles sont en parfait accord en vertu de l'union hypostatique : c'est le point fondamental. Et c'est lui qui nous intéresse, si la christologie éclaire l'anthropologie (et réciproquement). Qu'est-ce que ces thèses nous apprennent sur ce qui s'insinue dans l'histoire du sujet ? Quel mouvement de fond s'accomplit là, qui fait que l'on franchit une étape dans l'histoire de la subjecti(vi)té ?

Notes

1. Sur ce texte, *cf.* P. Piret, *Le Christ et la Trinité selon Maxime le Confesseur*. Préface de J.-M. Le Guillou, Paris, Beauchesne (Théologie historique, 69), 1983, p. 245 ; M. Doucet, *Dispute de Maxime le Confesseur avec Pyrrhus*, Montréal, 1972, p. 28-29. D. Bathrellos, *The Byzantine Christ*..., p. 73, traduit : « ... for his intellectualy ensouled flesh never performed its natural movement (φυσική κίνεσις) separately, on its own impulse and in opposition to the command (νεῦμα) of God the Logos, who was hypostatically united with it, but only when and in the manner and in the measure in which God the Logos willed. »

2. R. Riedinger, *Acta Conciliorum*..., II, *pars* 2, p. 544, renvoie à l'*Adversus Eunomium,* 3 (4) 8, PG 45, 713A ; éd. W. Jaeger II, 1960, p. 136, 19-24. La thèse que les monothélistes tirent de Grégoire est que « l'humanité du Seigneur » étant « conduite en tout par la divinité du Verbe et divinement mue », elle a le statut d'un simple *instrument*.

3. Gregory of Nyssa, *Contra Eunomium* III, éd. J. Leemans & M. Cassin, trad. S.G. Hall, Leiden-Boston, Brill, 2014, p. 123 :

« 8. The teaching of the Gospel about the Lord being a mixture of the exalted and divine with the lowly and human, we attach each kind of idea to one or other of the elements observed in the mystery, as appropriate, the human to the human, the exalted to the Godhead ; and *we say that, inasmuch as the Son is God, he is of course impassible and pure, but if any suffering is attributed to him in the Gospel, he carried out such an act through the humanity, which was of course susceptible of suffering.* »

4. Cf. F.-M. Léthel, *Théologie de l'agonie du Christ. La liberté humaine du Fils de Dieu et son importance sotériologique mises en lumière par saint Maxime Confesseur*, préf. de M.-J. Le Guillou, Paris, Beauchesne (Théologie historique, 52), 1979, p. 45.

5. Sur l'hypostase, on consultera H. Dörrie, « Ὑπόστασις. Wort und Bedeutungsgeschichte », in *Platonica minora*, Munich, 1976, p. 13-69 ; J. Hammerstaedt, « Hypostasis (ὑπόστασις) », *Reallexikon für Antike und Christentum*, 16, 1994, p. 986-1035 ; A. de Halleux, « "Hypostase" et "personne" dans la formation du dogme trinitaire (*ca* 375-381) », *Revue d'histoire ecclésiastique*, 79 (1984), p. 313-369 ; 625-670, et surtout M. Chase, « La subsistence néoplatonicienne. De Porphyre à Théodore de Raithu », dans l'excellente revue Χώρα. *Études de philosophie antique et médiévale. Dossier Thomas d'Aquin*, 7/8 (2009/2010), p. 37-52.

6. F.-M. Léthel, *Théologie de l'agonie du Christ...*, p. 6.

7. Pour une première approche de la position de Maxime, on peut consulter D. Bathrellos, « The Relationship Between the Divine Will and the Human Will of Jesus Christ according to Saint Maximus the Confessor », *Studia Patristica*, 37 (2001), p. 346-352.

8. A. Ceresa-Castaldo, « Tradition et innovation linguistique chez Maxime le Confesseur », *in* F. Heinzer & C. von Schönborn (éd.), *Actes du Symposium sur Maxime le Confesseur, Fribourg, 2-5 septembre 1980*, Fribourg, Éd. universitaires de Fribourg - Universitätsverlag Freiburg, 1982, p. 135 [123-137].

9. Les termes *holenmerianism* et *holenmerism* (holenmérianisme, holenmérisme) ont été forgés par Henry More, afin de caractériser et distinguer deux modes d'immanence d'un tout ou d'une forme à ses parties : le premier que je note « TTPP » *(totus/tota in toto et pars in parte)*, pour une entité présente tout entière dans un tout et partiellement dans chaque partie, le second : « TTTP » *(totus/tota in toto et totus/tota in qualibet parte)*, pour une entité présente tout entière dans un tout et tout entière dans chacune de ses parties. La thèse holenmériste selon laquelle l'âme est tout entière dans le

corps tout entier et tout entière en chaque partie est démontrée par Thomas, quand il arguë – par exemple en *ScG*, II, chap. 72, § 3, trad. C. MICHON, p. 278 –, que « si l'âme était la forme du tout sans être celle des parties, elle ne serait pas la forme substantielle du corps ». Sur le *holenmerism* (ou *holenmerianism*), Henry More et ses sources : Plotin et Augustin (*De Trinitate*, VI, VI, 8 et *De immortalitate animae*, 6, 25), *cf.* A. DE LIBERA, *La Quête de l'identité*, n. 4*, p. 438-445. Il faut bien voir que TTPP n'est pas moins « holenmériste » que TTTP : c'est la version matérialiste du rapport âme (esprit)-corps, dont TTTP est précisément le pôle opposé.

10. Sur la périchorèse en christologie, *cf.* R. CROSS, « *Perichoresis*, Deification, and christological predication in John of Damascus », *Medieval Studies*, 62 (2000), p. 69-124.

11. *Lettre* 12, PG 91, 501A. J'emprunte cette traduction au beau livre de V. KARAYIANNIS, *Maxime le Confesseur : essence et énergies de Dieu*, Paris, Beauchesne (Théologie historique, 93), 1993, p. 245.

12. Pour la formule de Maxime, voir D. BATHRELLOS, *The Byzantine Christ...*, p. 108, n. 494 : « Maximus very often uses jointly either the formulae *'out of which* (natures)' and *'in which* (natures)' (*e.g.* Opusc. 7, 73C-D, 80C, 84C, 85C ; Opusc. 16, 205B-C ; Ep. 12, 468B-C ; Ep. 13, 524D, 525A) or the formulae *'out of which'* and *'which'* (*e.g.* Opusc. 8, 96B, and Ep. 19, 593A-B), as well as the three formulae that form his tripartite formula (*e.g.* Opusc. 6, 68A ; Opusc. 8, 96B ; Opusc. 9, 121D ; Opusc. 9, 221B, 224A-B ; Ep. 12, 500B-C ; Ep. 15, 573A). »

13. *Cf.* D. BATHRELLOS, *The Byzantine Christ...*, p. 109, n. 499 : « See e.g. Ep. 13, 524D-525A, where Maximus says that Christ is out of two natures, as a whole is out of (its) parts, and in two natures after the union, as a whole is in (its) parts (*cf.* Ep. 12, 492D-493A). In Ep. 12, 501A, he adds the third part of his formula and says that Christ is two natures as a whole is recognized through its parts. »

14. Pourquoi attribuer à « Platon » et aux « platoniciens » la division tripartite portant la doctrine « de l'universel et du tout » *(de universali et toto)* ? La réponse est, à mon avis, proclienne. La thèse platonicienne visée par Eustrate est celle de Proclus dans les *Éléments de théologie*. Il suffit de comparer les textes. La thèse des « platoniciens » présentée dans le commentaire à l'*Éthique à Nicomaque* est la suivante (*cf.* EUSTRATE, *In Primum Aristotelis Moralium ad Nicomachum,* 1096a10-14 ; éd. H.P.F. MERCKEN, *Eustratii Metropolitani Nicaeae Enarratio in primum Aristotelis Moralium ad Nichomachum*, in *The Greek Commentaries on the Nicomachean Ethics of Aristotle in the*

Latin Translation of Robert Grosseteste, Bishop of Lincoln [† 1253], vol. I, *Eustratius on Book I*, Leiden, Brill [Corpus Latinum commentariorum in Aristotelem Graecorum, 6/1], 1973, p. 69, 4-70, 14) : « *Tripliciter enim aiunt dici totum : ante partes, ex partibus, in partibus*, etc. » – je traduis : « Ils disent en effet *que le tout se dit de trois manières : avant les parties, à partir des parties, dans les parties*. Sont dites [être un tout] *antérieur aux parties* les Formes existant [de manière] absolument simple et immatérielle, car chacune d'elles subsiste avant les multiples, qui sont faits à leur [ressemblance]. Sont dites [être un tout constitué] *de parties* les réalités composées et [divisées] en plusieurs parties, qu'elles soient homéomères (c'est-à-dire constituées de parties semblables), comme la pierre [se divise] en pierres, le tout existant en chaque partie en laquelle il est divisible, puisque chacune d'elles reçoit et le nom et la notion du tout, ou anhoméomères (c'est-à-dire constituées de parties dissemblables), comme l'homme est [constitué] de mains, de pieds et d'une tête, car aucune des parties de l'homme n'est semblable au tout, puisqu'aucune ne reçoit le nom et la notion du tout. Sont [dits] *dans les parties*, en revanche, les intelligibles qui sont « dits de plusieurs » et « postérieurs dans l'ordre de la génération ». Telle que la reproduit Eustrate, cette thèse « platonicienne » fait clairement écho aux thèses méréologiques de Proclus. Comme je l'ai montré ailleurs, la distinction entre les trois sortes de touts mentionnée par Eustrate est élaborée en détail par Proclus dans les propositions 66-69 des *Éléments de théologie*. La distinction figure en toutes lettres dans la proposition 67 : « Toute totalité est ou bien *antérieure à ses parties*, ou bien composée *de parties*, ou bien *immanente à* une partie ». Si, comme l'explique le commentaire de la proposition 67, le tout *antérieur à* ses parties est la forme d'une pluralité d'êtres, préexistant dans sa cause ; si le tout composé *de* parties est la forme « prise dans l'ensemble simultané de ses parties », *i.e.* le tout dans « sa subsistance propre », et si le tout *immanent à* la partie est la forme saisie « en chacune de ses parties », devenue elle-même tout « par la participation au tout qui fait d'elle un tout partiel » – d'un mot : le tout participé (*cf.* Proclus, *Éléments de théologie*, prop. 67, trad. J. Trouillard, Paris, Aubier, 1965, p. 103) – il est infiniment plausible de voir dans cette tripartition, une fois superposée à la théorie amonienne des trois états de l'universel, *la matrice de la division croisée d'Eustrate*, où le concept abstrait d'Aristote prend la place du tout participé selon Proclus. Sur la source proclienne d'Eustrate, voir le résumé de mon cours à l'EPHE de 1995-1996 : « Conférence de M. Alain de Libera », in *École pratique des hautes études, Section des sciences religieuses. Annuaire*, t. 104, 1995-1996, p. 383-388. Sur Eustrate, *cf.* K. IERODIAKONOU, « Metaphysics in the Byzantine Tradition : Eustratios of Nicaea on Universals », *Quaestio*, 5 (2005), p. 67-82.

15. La distinction avicennienne des « trois états » de l'universel (*ante multiplicitatem*, *in multiplicitate* et *postquam fuerint in multiplicitatem*, *Logica*, Venise, 1503, f° 12rA) développée par les scolastiques en distinction entre universel *ante rem, in re* et *post rem* est issue de la distinction ammonienne entre universel « antérieur au multiple » (πρὸ τῶν πολλῶν), « dans le multiple » (ἐν τοῖς πολλοῖς) et « postérieur au multiple » (ἐπὶ τοῖς πολλοῖς), exposée dans le commentaire du néoplatonicien d'Alexandrie sur l'*Isagoge* de Porphyre. *Cf.* AMMONIUS, *In Porphyrii Isagogen*, éd. A. BUSSE, *Ammonii in Porphyrii Isagogen sive V voces*, Berlin, G. Reimer (= CAG IV/ 3), 1891, p. 41,10-42, 26 (ma traduction) : « Pour éclaircir ce que le texte [de Porphyre] veut dire, présentons-le au moyen d'un exemple, car il n'est pas vrai que [les philosophes] désignent simplement et au hasard telles choses comme des corps ; telles autres COMME des incorporels, mais ils le font au terme d'un raisonnement, et ils ne se contredisent pas non plus les uns les autres, car chacun d'eux dit des choses raisonnables. Imaginons donc un anneau, avec une empreinte [représentant] par exemple Achille, ainsi qu'une multitude de pains de cire : supposons que l'anneau marque de son sceau tous les pains de cire ; supposons maintenant que quelqu'un vienne plus tard et qu'il regarde les pains de cire, en constatant que toutes [les marques] viennent d'une unique empreinte : il aura en lui-même la marque, c'est-à-dire l'empreinte dans sa faculté discursive *(dianoia)* ; on peut donc dire que le sceau sur l'anneau est "antérieur aux multiples" ; que la marque dans les pains de cire est "dans les multiples", tandis que celle qui est dans la faculté discursive de celui qui l'a, imprimée, est "postérieure aux multiples" et " postérieure dans l'ordre de l'être". Eh bien, c'est cela qu'il faut comprendre dans le cas des genres et des espèces. » Sur tout cela, *cf.* A. DE LIBERA, *L'Art des généralités. Théories de l'abstraction*, Paris, Aubier, 1999, et, du même, « Universaux », *in* B. CASSIN (dir.), *Vocabulaire européen des philosophies...*, p. 1329-1333. *Cf.*, en outre, A.C. LLOYD, *Form and Universal in Aristotle*, Liverpool, Francis Cairns, 1981. Dès le VIe siècle la distinction ammonienne est reprise par les chrétiens syriens et adaptée théologiquement à une doctrine de la création, qui transpose l'universel antérieur au multiple en Idée divine : « Les espèces et les genres des choses se divisent (ainsi).

Les uns sont *auprès du Créateur*, et ils sont dits simples et premiers. D'autres sont *dans les matières*, et ils sont appelés matériels et naturels. D'autres sont *dans l'intellect*, et ils sont dits derniers et intellectuels. C'est ce qu'enseignent sur les genres et les espèces Platon et les autres membres de l'Académie, en disant que toute chose quelle qu'elle soit, qui est naturellement dans le monde, a sa propre espèce et possède aussi une espèce propre auprès de son Créateur, qui a sa subsistance propre, par laquelle [la chose dans le monde] a été imprimée et est venue ici-bas à l'existence. Et lorsque quelqu'un la voit, il prend alors son espèce dans sa mémoire, et elle a sa subsistance dans sa pensée, si bien que cette espèce existe de trois façons, à savoir : *auprès du Créateur, dans la chose même, et dans la mémoire de celui qui l'a vue*, c'est-à-dire *la connaît.* » *Cf.* SERGIUS DE RES'AINA, *Traité sur les Catégories « à Philotheos »*, § 5, trad. fr. H. HUGONNARD-ROCHE, *in* « Les Catégories d'Aristote comme introduction à la philosophie, dans un commentaire syriaque de Sergius de Res'ainâ († 536) », *Documenti e studi sulla tradizione filosofica medievale*, 8 (1997), p. 352 (p. 339-363).

16. *Cf.* dans le Coran la sourate 5 *(Al-Ma-Idah*, *La Table servie)*, v. 73 : « Ce sont certes des mécréants, ceux qui disent : "En vérité, Allah est le troisième de trois." Alors qu'il n'y a de divinité qu'Une Divinité Unique ! Et s'ils ne cessent de le dire, certes, un châtiment douloureux touchera les mécréants d'entre eux. »

17. Sur le problème du trithéisme de l'Antiquité au Moyen Âge, *cf.* C. ERISMANN, « The Trinity, Universals, and Particular Substances : Philoponus and Roscelin », *Traditio*, 53 (2008), p. 277-305.

18. *Cf.* F. BRENTANO, *Psychologie vom empirischen Standpunkt*, éd. O. KRAUS, vol. II, 1, note *, Hambourg, Felix Meiner, 1924, p. 125 : « Schon Aristoteles hat von dieser *psychische Einwohnung* gesprochen. In seinen Büchern von der Seele sagt er, das Empfundene als Empfundenes sei in dem Empfindenden, der Sinn nehme das Empfundene ohne die Materie auf, das Gedachte sei in dem denkenden Verstande » ; *Psychologie du point de vue empirique*, trad. M. DE GANDILLAC, Paris, Aubier-Montaigne, 1944, p. 102 : « Aristote parle déjà de cette *inhabitation psychique*. Dans son traité de l'âme, il dit que le senti est, comme tel, dans le sentant, que le sentant contient immatériellement l'objet senti, que le pensé est dans l'intellect pensant. » – *Cf.*, en outre, la définition canonique de l'intentionnalité, in *Psychologie du point de vue empirique*, nouv. éd. revue et présentée par J.-F. COURTINE, Paris, Vrin, 2008, p. 101 : « Ce qui caractérise tout phénomène psychique, c'est ce que les scolastiques

du Moyen Âge ont appelé l'inexistence intentionnelle (ou encore mentale) d'un objet, et que nous pourrions appeler nous-mêmes – en usant d'expressions qui n'excluent pas toute équivoque verbale – la relation à un contenu, la direction vers un objet (sans qu'il faille entendre par là une réalité) ou objectivité immanente. » Un autre passage (*ibid.*, p. 32) dit dans le même sens : « Die psychischen Phänomene unterscheiden sich von allen physischen durch nichts so sehr als dadurch, daß ihnen etwas *gegenständlich inwohnt* » ; trad. p. 216 : « Ce qui distingue essentiellement les phénomènes psychiques de tous les phénomènes physiques, c'est l'immanence en eux d'un objet » – littéralement : « c'est que quelque chose *habite objectivement* en eux. » Pour plus de détails, *cf.* A. DE LIBERA, « Le direct et l'oblique. Sur quelques aspects antiques et médiévaux de la théorie brentanienne des relatifs », *in* A. REBOUL (éd.), *Mind, Values and Metaphysics. Philosophical Essays in Honor of Kevin Mulligan*, vol. I, Heidelberg-New York-Dordrecht-London, Springer, 2014, p. 317-347.

19. *Cf.* D. BATHRELLOS, *The Byzantine Christ...*, p. 108 : « ... contrary to what is commonly held, it was Leontius of Byzantium who took the step of stating that Christ is identical with his two natures, and of shaping, for the first time, the tripartite formula '*Christ is out of two natures, in two natures and two natures*', which combines the statement that Christ is identical with his natures with the formulae of Cyril and Chalcedon ». *Cf. ibid.*, n. 48 : « To the best of my knowledge, all scholars agree that Maximus was the first to identify Christ with his natures (see e.g. PIRET, *Le Christ et la Trinité*, 370, and LARCHET, *La Divinisation de l'homme*, 330) and to combine this statement with the 'out of two' and 'in two' formulae (see *e.g.* N. MADDEN, 'Composite Hypostasis in Maximus the Confessor', *Studia Patristica*, 27 (1993), 183 [175–197]). No one seems to have noticed the [...] passage of Leontius of Byzantium, in which he does both almost a century before Maximus : PG 86, 1904A. Maximus used the same wording in saying that Christ is ἐκ τούτων, ἐν τούτοις καὶ ταῦτα (Ep. 15, 573A). » Sur Léonce de Byzance, *cf.* R. CROSS, « Individual Natures in the Christology of Leontius of Byzantium », *Journal of Early Christian Studies*, 10 (2002), p. 245–265 ; B. DALEY, « "A Richer Union" : Leontius of Byzantium and the Relationship of Human and Divine in Christ », *Studia Patristica*, 24 (1993), p. 239–265 ; « Nature and the "mode of union" : Late patristic models for the personal unity of Christ », *in* S. DAVIS, D. KENDALL, G. O'COLLINS (éd.), *The Incarnation : an Interdisciplinary Symposion on the Incarnation of the Son of God*, Oxford, 2002, p. 164-196.

20. D. Bathrellos, *The Byzantine Christ*..., p. 108, n. 49 : « Maximus employs a similar tripartite formula in which the 'out of which' and 'in which' formulae are followed by the expression 'and of which he is the hypostasis' : ἐξ ὧν καὶ ἐν αἷς καὶ ὧν ὑπόστασις ἦν. »

21. H.-U. von Baltasar, *Liturgie cosmique*..., p. 176-177, d'après *Lettre 15*, PG 91, 224A : ὧν ἐστιν ὁ Χριστός, ἐν αὐτοῖς ἐστιν ὁ Χριστός· καὶ ἐν οἷς ἐστιν ὁ Χριστός, ταῦτά ἐστιν ὁ Χριστός.

22. Voir le séminaire du 1er février 2016 (1re heure).

23. Pour une vue d'ensemble sur l'enhypostasie, *cf.* B. Gleede, *The Development of* the term ἐνυπόστατος *from Origen to John of Damascus*, Leiden-Boston, Brill, 2012. *Cf.*, en outre, U.M. Lang, « Anhypostatos-Enhypostatos : Church Fathers, Protestant Orthodoxy and Karl Barth », *JThS*, 49 (1998), p. 630-657.

24. Sur cette structure, cf. M. Rashed, « Un texte proto-byzantin sur les universaux et la Trinité », in *L'Héritage aristotélicien. Textes inédits de l'Antiquité*, Paris, Belles Lettres, 22016 (12007), p. 857 : « Dire de Pierre qu'il est "homme", c'est affirmer que Pierre possède en lui l'universel individualisé, soit les caractéristiques physiques communes à tous les hommes. Pierre est un *exemplaire* d'un modèle de série. Prédiquer une nature d'un individu, c'est au bout du compte attribuer certaines spécificités physiques à cet individu en cosignifiant qu'elles appartiennent également à d'autres individus qui sont, en vertu d'elles, homospécifiques. »

25. La modélisation de la Trinité comme *universel partagé* est ce que R. Cross a décrit et désigné comme « *Eastern View* » ou « *Generic view of God's trinitarian substance* », théorie « orientale » (= grecque) ou « générique de l'essence trinitaire divine » – opposée à la thèse « occidentale » (= latine), « dérivationnelle » d'Augustin. Orient et Occident ont ici des positions théologiques clairement distinctes fondées sur une conception opposée des universaux. Cette dimension trinitaire et christologique *remet théologiquement le problème philosophique des universaux au centre des problématiques médiévales*. Sur le modèle cappadocien de la Trinité comme modèle de l'universel et le différend conceptuel avec l'Occident, *cf.* R. Cross, « Two Models of the Trinity? », *The Heythrop Journal*, 43/3 (2002), p. 275-294 et « On Generic and Derivation Views of God's Trinitarian Substance », *Scottish Journal of Theology*, 56 (2003), p. 464-480. S'appuyant sur la théorie armstrongienne des universaux, R. Cross montre lumineusement en quoi, sur une base commune – l'affirmation que l'essence divine est un objet numériquement singulier présent en totalité en chaque personne divine (« a numerically singular object that is

wholly present in each divine person ») –, *les traditions grecque et latine s'opposent* : la première (représentée par Grégoire de Nysse et Jean Damascène) fait de cet objet un *universel*, la seconde (représentée par Augustin et Thomas), lui refuse ce statut, pour la raison qu'un universel étant divisé dans les particuliers ne saurait être numériquement un (« ... on the merely philosophical grounds that universals are divided amongst the particulars that share them, and thus cannot be numerically one »). Sur l'irréductibilité des vues de Grégoire de Nysse et Augustin, *cf.* « Two Models of the Trinity? », p. 275 : « There is a clear difference between the two views [*i.e.* the Eastern which follows the Cappadocian Fathers and the Western based on Augustine], [...] and it is this : the Eastern view does, and the Western view does not, generally accept a sense in which the divine essence is a shared universal. This divergence can clearly be seen in the originators of the two different approaches. [...] *Gregory of Nyssa, for example, asserts that the divine essence is a universal, and Augustine just as decisively denies this* » et, *ibid.*, p. 280 : « The Eastern view – that the divine essence is a shared universal – can be found clearly and unequivocally in Gregory of Nyssa. Gregory holds that the divine essence is common *(koinon)* to the three persons. He claims that the essence is, in this respect at least, the same as any created substance » ; « On Generic and Derivation Views... », p. 471 : « The generic view does, and the Western view does not, sanction the theory that the divine essence is correctly classified as a universal. » *Cf.*, dans le même sens, J. WOLINSKI, « Trinité », *in* J.-Y. LACOSTE (éd.), *Dictionnaire critique de théologie*, Paris, PUF, 1998, p. 1167 : « Grégoire de Nysse oppose *ousia* et *hypostasis* comme l'*ousia* seconde et l'*ousia* première d'Aristote, l'*ousia* désignant le concept générique de la divinité et l'hypostase, la réalité concrète des "personnes". » Sur la doctrine nysséenne des universaux, *cf.* J. ZACHHUBER, *Human Nature in Gregory of Nyssa. Philosophical Background and Theological Significance*, Leiden, Brill, 2000 ; R. CROSS, « Gregory of Nyssa on Universals », *Vigiliae christianae*, 56 (2002), p. 372-410 ; J. ZACHHUBER, « Once Again : Gregory of Nyssa on Universals », *Journal of Theological Studies*, 56/1 (2005), p. 75-98. Sur l'ensemble du dossier, *cf.* C. ERISMANN, *L'Homme commun. La genèse du réalisme ontologique durant le haut Moyen Âge*, Paris, Vrin (Sic et Non), 2011.

26. D.M. ARMSTRONG, *Universals...*, p. 77.

27. Pour tout cela, voir le chapitre 29 (dans la numérotation de la Patrologie grecque) de la *Dialectica* de Jean de Damas (chap. x dans

la version latine de Robert Grosseteste), qui définit à la fois l'hypostase, l'ἐνυπόστατον et l'ἐνούσιον. Pour le grec, voir *Die Schriften des Johannes von Damaskos*. vol. 1, éd. B. KOTTER, Berlin-New York, De Gruyter (Patristische Texte und Studien Bd. 7), 1967. Pour le latin, JEAN DE DAMAS, *Dialectica*, trad. de ROBERT GROSSETESTE, éd. A. COLLIGAN, OFM (Franciscan Institute Publications. Text series 6), 1953.

28. *Cf.* C. ERISMANN, « *Non est Natura sine Persona*. The issue of uninstantiated universals from late Antiquity to the early Middle Ages », *in* M. CAMERON & J. MARENBON (éd.), *Methods and Methodologies*, p. 75-91 ; « A World of Hypostases. John of Damascus' Rethinking of Aristotle's Categorical Ontology », *Studia Patristica*, 50 (2011), p. 269-287.

29. P. PIRET, *Le Christ et la Trinité selon Maxime le Confesseur*, Paris, 1983 p. 237 et 238. Pour plus de détails, *cf.* P. PIRET, « Christologie et théologie trinitaire chez Maxime le Confesseur, d'après sa formule des natures "desquelles, en lesquelles et lesquelles est le Christ" », *in* F. HEINZER & C. SCHÖNBORN (éd.), *Maximus Confessor : Actes du Symposium sur Maxime le Confesseur, Fribourg, 2-5 septembre 1980*, Fribourg, Éd. univ. Fribourg (Suisse), 1982, p. 215-222.

30. Sur le concile et sa double tradition manuscrite, grecque et latine, voir la recension de J. DARROUZÈS, « Rudolf Riedinger, *Concilium Lateranense a. 649 celebratum* », *Revue des études byzantines*, 43 (1985), p. 277-278, qui valide les points suivants : « La double tradition, grecque et latine, est inégale, car les manuscrits latins sont beaucoup plus anciens que les grecs. Le texte grec de la première édition (Ph. LABBÉ) venait du *Barberinus* 529, dérivé du *Vaticanus* 1455, qui est à l'origine de toute la tradition, exception faite de quelques fragments. Le *Vaticanus* 1455 contenait un florilège sur la doctrine des deux volontés dans le Christ édité pour la première fois » par RIEDINGER, p. 425-436. « La tradition latine, un peu plus étoffée, avec cinq ou six manuscrits remontant au IXe siècle, fournit un texte de bonne qualité. Les canons du concile (p. 369-389), en double recension, ou avec une seconde traduction révisée, montrent que le grec est considéré comme un véritable authentique. »

31. Concile du Latran, 5-31 octobre 649. Profession de foi. Texte latin de Denzinger-Schönmetzer, n° 500 (http ://www.clerus.org/bibliaclerusonline/fr/fqw.htm) : « et duas eiusdem sicuti naturas unitas inconfuse, ita et duas naturales voluntates, divinam et humanam, in approbatione perfecta et indiminuta eundem veraciter esse perfectum Deum et hominem perfectum secundum veritatem, eundem atque unum Dominum nostrum et Deum Iesum Christum,

utpote volentem et operantem divine et humane nostram salutem » ; trad. fr. : « et de même que nous confessons ses deux natures unies sans confusion, de même aussi ses deux volontés naturelles, la divine et l'humaine, pour confirmer parfaitement et sans amoindrissement qu'un seul et même, Jésus-Christ notre Seigneur et Dieu, est vraiment Dieu parfait et homme parfait en toute vérité, et qu'ainsi il a voulu et opéré divinement et humainement notre salut. »

32. Concile du Latran, 5-31 octobre 649. Canons. Texte latin de D.S. n° 515 : « Can. 15. Si quis secundum scelerosos haereticos deivirilem operationem, quod Graeci dicunt theandriken, unam operationem insipienter suscipit, non autem duplicem esse confitetur secundum sanctos Patres, hoc est divinam et humanam, aut ipsam deivirilis quae posita est, novam vocabuli dictionem unius esse designativam, sed non utriusque mirificae et gloriosae unitionis demonstrativam, condemnatus sit. »

33. *Cf.* MAÎTRE ECKHART, *In Iohannem*, § 501, LW III, p. 432, 4-5 : « *"Habitavit in nobis", id est habitum fecit in nobis et per consequens habitaculum nos sibi fecit* » : « ... il a habité en nous, c'est-à-dire s'est fait *habitus* en nous et par conséquent a fait de nous un habitacle » – voyez le grec σκῆνος (tabernacle : 2 Cor 5, 1), à rapprocher de ἐσκήνωσεν (« became flesh and tabernacled among us », Jn 1, 14). Les traductions actuelles, très littérales, ne font évidemment plus référence à la notion médiévale, aristotélicienne et philosophique, d'*habitus*. *Cf.* par exemple : « Et le Verbe s'est fait chair et *il a planté sa tente parmi nous*, et nous avons vu sa gloire, la gloire qu'il tient de son Père comme Fils unique, plein de grâce et de vérité. »

34. *Cf.* MAÎTRE ECKHART, *In Ioh.* § 118, LW III, p. 103, 1-15, spéc. : *« ... "Habitavit"*, inquit, *"in nobis"*, id est habituavit. Item "habitavit in nobis", quia ipsum in nobis habemus ; ab eo autem quod res in se habet, nomen et esse accipit. Hoc est quod orat sponsa in Canticis dicens : "osculetur me osculo oris sui. Quo accepto hiems abiit et recessit, vineae florentes odorem spargunt" ; "favus enim distillans labia" eius. Ait ergo : "verbum caro factum est " in Christo, "et habitavit in nobis", quando in quolibet nostrum filius dei fit homo et filius hominis fit filius dei : "videte qualem caritatem dedit nobis deus, ut filii dei nominemur et simus", 1 Ioh. 3. » Sur ce texte, *cf.* J. CASTEIGT, « Un baiser entre ciel et terre. Mouvance générique et exégèse dans le commentaire du Cantique des cantiques de Maître Eckhart », *CRMH*, 18 | 2009 : *Le Système d'enseignement occidental (XIe-XVIe siècle). La « mouvance » des genres littéraires au Moyen Âge*, p. 217-238.

35. Sur ce thème, *cf.* F. BRUNNER, *Maître Eckhart, approche de l'œuvre*, Genève, Ad solem, 1999, p. 79 : « La mystique eckhartienne, qui privilégie la considération de la naissance du Fils en nous, est une mystique de Noël. Le centre en est moins la mort ou la résurrection du Christ que sa naissance en tout homme, Noël nouveau qui est en même temps le Noël éternel de la naissance du Fils au sein du Père. »

36. On aura garde d'oublier que le terme *huparxis* peut signifier « auteur » ! C'est le cas dans une célèbre homélie de Basile. *Cf.* BASILE DE CÉSARÉE, *Cur Deus non est auctor malorum*, PG 31, 341B : ὅλως δὲ μήτε Θεὸν αἴτιον ἡγοῦ τῆς ὑπάρξεως τοῦ κακοῦ, μήτε ἰδίαν ὑπόστασιν τοῦ κακοῦ εἶναι φαντάζου. Sur ce texte, *cf.* A. STEGMANN, *Des heiligen Kirchenlehrers Basilius des Grossen Ausgewählte Schriften*, Bibliothek der Kirchenväter, Munich, 1925, vol. II, p. 381. S. KLITENIC WEAR & J. DILLON, *Dionysius the Areopagite...*, p. 41-42, précisent : « The term *hyparxis* in Cappadocian theology refers to the existence of God, or the mode in which the being of God is expressed and related. Pseudo-Justin, for instance, says that phrases such as *genêtos* and *agenêtos* express *modes of hyparxis*, rather than *ousia*, and he explains that members of the Trinity, while unified in *ousia*, differ in their modes of hyparxis » ; on trouve, p. 43, le relevé de toutes les acceptions du terme chez Proclus et Denys, dont une explique que chez Proclus *kath'hyparxin* peut signifier « in its cause » !

37. Sur la première histoire de cette notion et sa conceptualité, dont on pourra voir ici-même l'importance chez Luther, et dans les controverses entre luthériens, catholiques et réformés, *cf.* B. GLEEDE, « Vermischt, ausgetauscht und kreuzweis zugesprochen. Zur wechselvollen Geschichte der Idiome Christi in der alten Kirche", *in* O. BAYER & B. GLEEDE (éd.), *Creator est creatura. Luthers Christologie als Lehre von der Idiomenkommunikation,* Berlin-New York, De Gruyter, 2007 (TBT 138), p. 35-94.

38. *Cf.* G. & D. COHN-BENDIT, *Le Gauchisme, remède à la maladie sénile du communisme*, Paris, Seuil, 1969.

Cours du 8 février 2016

Deuxième heure

Mode hypostatique et vouloir gnômique chez Maxime le Confesseur. La notion maximienne de τρόπος ὑπάρξεως *: « mode hypostatique », « mode d'existence » ou « mode d'être » ? —* Τρόπος ὑπάρξεως *: « mode d'existence d'une nature hypostatique » mais aussi : « mode d'action », « mode d'usage ». — Deux modes d'action en chaque homme. — Le premier mode fait agir quelqu'un « comme quelqu'un » : comme Pierre ou Paul. — Le deuxième mode fait agir quelqu'un « comme quelque chose » : comme un homme. — La notion maximienne de* θέλημα γνωμικόν *: « volonté » ou « vouloir gnômique ». — Le vouloir « gnômique » : vouloir délibératif « caractérisant une humanité déchue qui ne peut vouloir que dans l'ignorance et l'incertitude ». — Thèse fondamentale de la christologie maximienne : le Christ a une volonté humaine naturelle (contre le monothélisme). — Le* tropos *de la volonté humaine du Christ est le mode divin de l'hypostase du Verbe. — Il n'y a qu'une hypostase dans le Christ (contre le nestorianisme). — D'où la solution maximienne au problème de Gethsémani et la réfutation décisive du monothélisme : le Christ a voulu divinement la Passion avec sa volonté humaine. — C'est cette thèse qui fonde la notion d'opération théandrique du canon 15 de Latran (649). — Remarques archéologiques : origine du mot* gnômê*. — La* gnômê *chez Aristote. —* Gnômê *et enthymème : la* gnômê*, un fournisseur de prémisses « sententieuses » pour le raisonnement enthymématique. — La* gnômê *chez Jean de Damas. — Reprise du quadrangle de la volonté dans le* De fide orthodoxa*, chapitre 58. — La* gnômê*, pièce maîtresse de la définition du* πῶς θέλειν *(le « comment » du vouloir) : l'objet* (ὑποκείμενον) *de la volonté.*

— Jean de Damas met ensemble l'objet du vouloir (τὸ τῇ θελήσει ὑποκείμενον) *et la volonté grâce à laquelle l'objet est choisi :* θέλημα γνωμικόν. *— L'incapacité à rendre en français philosophique courant* θέλημα *γνωμικόν « altérise », « orientalise » la théologie grecque. — « Deliberative Will » et « vouloir gnômique » : deux expressions qui n'ont pas la même connotation d'un point de vue « postcolonial ». — Remarques sur l'altérisation des Pères grecs et la question de la tra-duction. — L'exemple de l'*ἐνέργεια *chez Heidegger, les traductions latines (actualitas, actus, operatio), les traductions françaises de Thomas d'Aquin (« actualité », « acte », « opération ») et celles des Pères grecs (« énergie »). — Le « frangrec » (comme on disait : le « franglais ») comme jargon orientalisant.*

Qu'est-ce que les thèses de Maxime nous apprennent ? La réponse est simple : tout tient dans cette notion de τρόπος ὑπάρξεως rendue selon les traducteurs, les langues, les interprétations par « mode hypostatique », « mode d'existence », « mode d'être », le cas échéant « modes of *hyparxis* » – jamais « mode hyparxique », du moins à ma connaissance. En mentionnant ces diverses traductions, on voit à quel point la lecture des théologiens anciens est difficile. Tant bien que mal, à longueur de pages et de notes interminables, on distingue avec les philosophes, les historiens de la philosophie, et notamment les historiens du néoplatonisme, entre *hypostasis* et *hyparxis*, et à peine a-t-on réussi à comprendre quelque chose de cette distinction que l'on se trouve face à « mode hypostatique » pour rendre τρόπος ὑπάρξεως. Comme si cette distinction n'existait pas. Un exemple : « Aucune des hypostases divines n'est séparable des autres, mais chacune réalise cette indivisibilité selon son propre mode hypostatique ». Vous trouvez cette phrase extrêmement claire dans la traduction française d'un des textes de la *Petite trilogie* de Sergueï Nikolaevitch Boulgakov (1871-1944) – un des intellectuels, comme Berdiaev et Lossky, expulsés en 1922 par Lénine, sur les fameux « bateaux des philosophes », de Petrograd à Stettin[1]. Karl Barth, en revanche, utilise τρόπος ὑπάρξεως au sens de *Seinsweise* – mode d'être[2], « guise d'être », dirait un heideggérien. Qui a tort ? Qui a raison ? Y a-t-il seulement une différence ? Vous voyez qu'il n'est vraiment pas inutile d'essayer de restituer aux formules du passé « l'incertitude d'un futur encore ouvert » – *[an] uncertain open future*[3]. Tout le problème est d'y arriver. C'est le moment de reprendre l'analyse de C. Barnes évoquée le 1er février, pour synthétiser les idées de Maxime.

Il appartient au *logos* d'une nature intellectuelle d'être douée de volonté. Cette volonté est naturellement en accord avec Dieu : rien de naturel n'est opposé à Dieu qui l'a créé. L'opposition d'une volonté pécheresse à Dieu n'est pas fondée dans sa nature, mais dans son « mode hypostatique ». *The opposition of a sinful human will to God rests not in its nature but in its hypostatic mode*, écrit Barnes[4].

Its hypostatic mode : son τρόπος ὑπάρξεως. Comment entendre la notion de *tropos* ? Il ne faut pas rendre le τρόπος ὑπάρξεως comme simple « mode d'existence hypostatique », écrit Larchet : c'est le mode d'existence d'une nature hypostasiée. C'est le mode d'existence de quelqu'un qui hypostasie une nature en étant l'individu qu'il est – quelqu'un qui a et même est une nature, précise Larchet[5]. On est décidément ici au cœur d'une nouvelle ontologie : celle de l'ousie et de l'hypostase, qui a ses catégories propres, une ontologie dont dépendent plusieurs siècles d'histoire de la théologie, et, par voie de conséquence, d'histoire de la philosophie.

Le décisif est, du point de vue archéologique, que le τρόπος ὑπάρξεως – le « mode hypostatique » – est un mode d'action, ou plutôt un « mode d'usage ». Voilà en effet revenir ici, précisément, la notion d'usage, qui fera dire à Jean de Damas que « l'hypostase est ce qui use de volonté ».

Reprenons. Chez l'homme, l'opération, en grec, l'*energeia*, découle de sa nature, de sa *physis*, elle est « opération naturelle » – « énergie naturelle » : ἐνέργεια φυσική. Dans l'action proprement dite, autrement dit : dans la *praxis* humaine, le mode, le *tropos*, autrement dit : le πώς (le comment), le *quomodo*, s'ajoute à l'*energeia* naturelle. Le *tropos* de l'*energeia* : voilà ce qu'il s'agit de penser sous la figure du τρόπος ὑπάρξεως. On utilise des expressions de ce genre, lorsqu'on parle, par exemple, d'un *modus operandi*, comme le font les criminologues qui disent reconnaître la signature d'un criminel à son « mode opératoire » – cela n'a rien d'étonnant, si l'un des sens d'*huparxis* est « auteur », comme dans l'expression basilienne ὑπάρξεως τοῦ κακοῦ, *auctor malorum* ! Souvenez-vous aussi de la définition de l'action comme « énergie logique » ou « rationnelle » chez Némésius et Jean de Damas.

« Chacun d'entre nous n'agit pas tout d'abord comme un quelqu'un (ὡς τις ὤν), mais comme un quelque chose (ὡς τι ὄν), à savoir comme un homme », écrit Maxime. Mais quand il agit comme « un quelqu'un », quand il agit en tant que Pierre ou Paul, c'est que l'individu qu'il est « configure le mode de l'opération – τὸν τῆς ἐνέργειας σχηματίζει τρόπον –, concernant "ce qu'il fait ou retient" – ἐνδόσει τυχόν ἤ ἐπιδόσει – selon la *gnômê* »[6].

Gnômê : voilà le deuxième terme introduit ou imposé ou, au moins, lancé par Maxime. Voilà, après la *thelêsis*, le mot et la chose évoqués la semaine dernière, sa deuxième grande innovation.

Qu'est-ce que l'homme a que le Christ n'a pas, qui fait que l'homme peut pécher et s'opposer à Dieu ? Qu'est-ce que le Christ n'a pas et que l'homme a, qui fait que le Christ ne peut s'opposer à la volonté du Père ? Cela s'appelle *gnômê*, on vient de prononcer le terme. Cela s'appelle aussi θέλημα γνωμικόν, « vouloir gnômique », « gnomic will »[7]. Ce vouloir, deux formules d'historiens de Maxime vous permettent d'entendre sa fonction :

> Human beings oppose God not with their natural will but with their gnomic will, which must choose actions based upon uncertain means and ends[8].
>
> The human natural will is different from the divine, but does not oppose it. It is the gnomic will that opposes the divine will, but only when it moves against the logos of nature[9].

Il y a un bon et un mauvais usage de la volonté naturelle en l'homme. C'est le mésusage de la volonté naturelle qui fait l'opposition de l'homme à Dieu. Rappelez-vous l'importance de l'usage et de l'usager chez Jean de Damas. L'idée ne tombe pas du ciel. Le mauvais usage de la nature est la conséquence du péché, c'est, littéralement, la conséquence de la chute d'Adam. Comme l'explique Louth.

> The result of the Fall is not that natures are distorted in themselves, but rather that natures are misused : the Fall exists at the level not of logos, but of tropos [10].

Du fait de la chute, notre nature *nous* est devenue opaque, obscure. Nous ne savons plus lire en nous-mêmes. Voir en nous-mêmes. Nous ne savons pas ce que nous voulons, nous ignorons notre vrai bien, nous lui préférons des biens apparents : c'est pourquoi nous devons délibérer, considérer des options, faire avec nos penchants. Tout cela, c'est le vouloir gnômique. La *Gnômê* est versatile. C'est elle qui contrecarre la tendance naturelle au bien, elle qui défie l'« énergie rationnelle », dont Némésius fait le *definiens* de la *praxis* (rappelez-vous : Πρᾶξίς ἐστιν ἐνέργεια λογική, *Gestio est actus rationalis*) [11]. Comme l'écrit A. Lévy :

> ..., si les hommes ordinaires s'éloignent par leur versatilité gnômique du verbe-*logos* de la nature au lieu de s'en rapprocher, cela ne relève pas du contenu même de leur volonté comme *energeia* rationnelle, mais de l'usage ou plutôt du non-usage qu'ils en font [12].

Le vouloir gnômique est « le mode tropique qui vaut pour une humanité déchue, qui ne peut vouloir que dans l'ignorance et l'incertitude », explique Barnes [13]. Cette incertitude n'existe pas chez le Christ. Il n'y a donc pas de vouloir gnômique dans le Christ. Voilà ce qu'a l'homme et que le Christ n'a pas. Le Christ n'a pas de *gnômê* [14].

Dire que le Christ n'a pas de *gnômê*, de vouloir gnômique, c'est dire que la volonté naturelle de l'homme Christ – sa volonté humaine naturelle – n'a pas de *tropos* hyparxique gnômique. Elle a un autre τρόπος ὑπάρξεως, un mode divin, en fait, elle a le mode de l'hypostase du Verbe, et pas le mode de ce qui serait l'hypostase de l'homme si celle-ci n'était pas l'hypostase du Verbe dans le Christ. Or, il n'y a qu'une hypostase dans le Christ. Il n'y a pas deux Christs, il n'y a pas deux hypostases, il n'y a pas deux personnes – ce serait une hérésie de dire cela. Comme l'explique Maxime dans l'*Opuscule 3* : « le mode concret de l'acte de vouloir est le *tropos* hyparxique de la volonté naturelle » [15]. Ce mode concret c'est la *gnômê*, qui ne se trouve que chez l'homme failli. C'est pourquoi il n'y a pas de *gnômê* dans le Christ.

Qu'y a-t-il à la place ? Ceci : le *tropos* de la volonté humaine du Christ est le mode divin de l'hypostase du Verbe [16]. C'est pourquoi, dit Maxime, le Christ a voulu divinement avec sa volonté humaine [17]. C'est ce qui fonde la notion d'« opération divino-humaine », d'opération théandrique – ou, comme on le dira au Moyen Âge, « déivirile », *deivirilis*, divino-humaine – alléguée au synode du Latran.

Il faut, à ce stade, dire quelques mots du terme et du concept de *gnômê*. On le trouve chez Aristote. Pas dans l'*Éthique*, cependant, mais dans le second chapitre de la *Rhétorique*, où il désigne ce qu'on appelle une *sentence*, parfois aussi une *maxime* – en latin *maxima sententia* qui combine les deux – ou encore un *apophtegme* – le dit notable d'une personne illustre. Gnômique chez Aristote ne qualifie donc pas une volonté ou un vouloir, mais un type d'énoncé – comme il y a aussi, pour les linguistes, des énoncés dits « parémiques », tels que précisément les proverbes, mais aussi, comme le rappelle Charlotte Schapira, les « formes apparentées (dictons et adages) », « créations anonymes, collectives, populaires, fruits de l'expérience accumulée de génération en génération par les usagers de la langue, véhiculant ce que l'on a l'habitude d'appeler la *sagesse des nations* » [18].

Le texte de la *Rhétorique* est, de fait, très précis : la *gnômê* est un fournisseur de prémisses pour les enthymèmes, donc, entre autres, pour la vie pratique.

> La *sentence*, dit Aristote, est une affirmation portant non pas sur des faits particuliers, comme, par exemple, sur le caractère moral d'Iphicrate, mais sur des généralités ; ni sur toutes choses indistinctement, comme, par exemple, cet énoncé que la ligne droite est le contraire de la ligne courbe, mais sur toutes choses

> relatives à des actions et sur la question de savoir le parti qu'il faut prendre, ou repousser, en vue d'une affaire. Ainsi donc, comme les enthymèmes sont des syllogismes qui portent sur telle ou telle chose, presque toujours les conclusions des enthymèmes et leurs points de départ, abstraction faite du syllogisme, sont des sentences [19].

Je vous rappelle qu'un *enthymème* est un raisonnement dont une prémisse est sous-entendue. On a vu l'an dernier le rôle de l'*enthymème* en morale – chez Buridan. Je vous renvoie au cours du 31 mars 2015 [20]. Chez Buridan, l'*enthymème* est le raccourci que l'on emprunte pour agir : on saute une prémisse. On veut aller vite, car le désir n'attend pas, et alors on se contente d'une prémisse pour sauter aussitôt à la conclusion. J'insiste sur ce besoin d'aller vite, car nous en reparlerons bientôt, lorsque j'aborderai la question de la délectation morose. Nous pourrons alors comparer l'attitude *enthymématique* que Buridan attribue à l'homme pressé, et la délectation morose, qui est la forme distinguée de l'oblomovisme.

Le terme « *gnômê* » peut surprendre le philosophe, lecteur de l'*Éthique à Nicomaque*. Il n'en est pas moins important philosophiquement : qu'est-ce après tout qu'une maxime de la prudence chez Kant sinon un énoncé gnômique ? Mais le destin du terme est plus important encore pour l'archéologue [21], pour l'historien, et, tout particulièrement, pour la problématique de la *décolonialisation du Moyen Âge*.

Je m'explique. Ce mot de *gnômê,* nous aurions dû le rencontrer l'an dernier. À dire vrai, même dès le premier cours, quand j'ai introduit le quadrangle du vouloir et la notion d'usager de la volonté. J'aurais pu le convoquer encore la semaine dernière, quand j'ai évoqué l'invention maximienne de la *thelêsis* et la distinction entre *thelêma* et *thelêsis*. Je ne l'ai pas fait parce que je redoutais que l'intrigue que je tentais de nouer ne devienne illisible à force de complexité et ne s'avère impossible à suivre.

Or *gnômê* a sa place dans le quadrangle. Je ne l'ai pas fait apparaître l'an dernier, car j'attendais d'avoir parlé de Maxime. À présent, je le puis et le dois. *Gnômê* est un élément essentiel du dispositif mis en place avec Jean de Damas – le grand transmetteur des idées de Maxime au monde latin – dans le quadrangle du *De fide orthodoxa*. Dans les leçons passées, je n'ai pas décrit entièrement ce que Jean entendait dans le ΚΕΦΑΛΑΙΟΝ, chapitre 58 (Περὶ θελημάτων καὶ αὐτεξουσίων τοῦ Κυρίου ἡμῶν Ἰησοῦ Χριστοῦ) par les quatre termes rendus en français par : la volonté [1], le volitif [2], le voulu [3], et le voulant [4]. La distinction du voulu et du voulant est complétée par deux termes que Jean de Damas confronte et oppose explicitement, ὑποκείμενον et ὑπόστασις, de sorte qu'on a :

θέλησις [1]	↔	θελητικόν [2]
↕		↕
ὑποκείμενον [3]	↔	ὑπόστασις [4]

C'est sur cette base qu'il ajoute le « vouloir gnômique ». Je n'ai pas signalé que Jean empruntait à Maxime les notions de *gnômê* et vouloir gnômique. Pourtant, c'est bien le cas. Le *kephalaion* 58 distingue en effet le vouloir et le « comment du vouloir », θέλειν καὶ πῶς θέλειν, en identifiant le vouloir au « vouloir naturel », et le « comment du vouloir » à ce qui dans le vouloir relève, non de la nature, mais de notre « *gnômê* », ἀλλὰ τῆς ἡμετέρας γνώμης – ce que Ponsoye traduit par « notre propre jugement » :

Chaque élément du quadrangle volonté/volitif/voulu/voulant peut être précisé. Entrons donc dans le détail. Je rappelle le texte :

– Le vouloir, dit *purement et simplement*, c'est la volonté, c'est-à-dire la puissance volitive, le désir rationnel et la volition naturelle [1] ;
– Le vouloir [dit selon le] *comment*, ce qui est le *sujet* de la volonté, c'est le voulu et le vouloir *gnômique* [3] [22] ;
– Le volitif est ce qui a dans son être pouvoir de vouloir [2] : la nature divine, par exemple, est volitive, et semblablement l'humaine ;

– Le voulant c'est celui qui use du vouloir [4], c'est-à-dire l'hypostase, par exemple Pierre [23].

Ce qui compte ici c'est la traduction du point [3] : ὑποκείμενον. Voici la phrase grecque, avec la traduction de Burgundio de Pise, et deux traductions anglaises :

> τὸ δὲ πῶς θέλειν, ἤτοι τὸ τῇ θελήσει ὑποκείμενον, θελητὸν καὶ θέλημα γνωμικόν·
>
> Burgundio : qualiter autem velle, scilicet quod voluntati subiectum est, *theliton* (id est voluntabile) et voluntas *gnomica* (id est sententialis)
>
> Salmond : in a particular way willing, or that which underlies volition (pour τὸ τῇ θελήσει ὑποκείμενον), is the object of will [pour θελητὸν], and will dependent on judgment [pour θέλημα γνωμικόν, i.e. *dispositional volition, will of judgment*].
>
> Chase : but how one wills, or the subject of the volition, is the object willed and will based on judgment [24].

La seule traduction française disponible, celle d'Emmanuel Ponsoye, donne :

> Le comment on veut, c'est-à-dire ce qui est l'objet de la volonté (pour τὸ τῇ θελήσει ὑποκείμενον), c'est le voulu (pour θελητὸν), la volance individuelle [25].

Comme vous le voyez Burgundio explique les termes inhabituels : θέλησις, θελητικόν, γνωμικόν : il les donne en grec, puis en latin – et traduit γνωμικόν par « sententiel » ou « sententieux ».

Jean de Damas met ensemble l'objet du vouloir (τὸ τῇ θελήσει ὑποκείμενον) et la volonté grâce à laquelle il (l'objet) est choisi : θέλημα γνωμικόν. La traduction : « le voulu et le vouloir gnômique » est tout sauf transparente. Elle rend « autres » le texte et son contenu, elle les frappe d'*estrangement*, elle les « altérise » [26]. Les traductions anglaises sont moins exotiques que la traduction française de Ponsoye. En effet, le mot « volance », mis pour θέλημα, n'existe pas en français, semble-t-il. Du moins ne l'ai-je jamais lu ailleurs. Ce qui compte dans cette traduction, c'est « individuelle », mis pour γνωμικόν – signe que Ponsoye comprend le vouloir gnômique comme vouloir hypostatique, personnel, propre à un individu : celui qui use de la volonté, bref l'hypostase.

Certains interprètes anglophones rendent θέλημα γνωμικόν par *deliberative will* ; quelques francophones par « volonté délibérative », en faisant le lien avec le duo *logos-tropos*. C'est le cas de René Lafontaine, qui traduit ainsi le passage de l'*Opuscule 16* où Maxime définit θέλημα γνωμικόν :

> La volonté délibérative est un *élan* de libre choix, qui fait que l'on se tourne d'un côté ou de l'autre. Elle est une marque distinctive non de la nature, mais proprement d'une personne ou d'une hypostase, tout comme le *tropos* l'est en regard du *logos* [27].

Peut-on donner meilleur résumé d'une doctrine que celui que Maxime nous donne lui-même dans son *Opuscule 16* ? Tout y est.

Un mot sur ce que suggère ce vocabulaire. On peut contester la traduction de θέλημα γνωμικόν par « volonté délibérative » et entrer beaucoup plus profondément dans la complexité du champ sémantique des termes employés par Maxime. On peut même pousser la recherche et identifier la ou les sources de cette terminologie. Reste que l'on doit donner une traduction qui signifie quelque chose pour le lecteur qui, comprenant ce qu'il lit ou entend, pourra le cas échéant la corriger ou au moins la critiquer [28]. Je ne prétends pas comprendre ce que dit Maxime, mais du moins comprendre ce que l'on entend. Libre à nous ensuite de confronter ce que l'on a entendu au texte lui-même ; mais pour cela il faut d'abord comprendre la traduction qu'on donne de celui-ci. Si l'on a besoin du grec en face du français pour comprendre le français, alors quelque chose ne va pas.

Il ne faut pas sous-estimer les questions de traduction. Ce sont les traductions qui accordent aux mots, donc aux concepts, donc aussi aux problèmes, aux thèses et aux règles, la citoyenneté dans ce que les tenants de la décolonialisation du Moyen Âge appellent la « Nation de la Modernité », « the full citizenship in the nation of Modernity » [29]. Pour faire partie de cette grande Nation, il faut être passé par la traduction. La traduction de θέλημα γνωμικόν par « vouloir gnômique », qui est un calque, qui revient à laisser le mot en grec, a deux conséquences perverses : premièrement, elle contribue à masquer par un savant effet d'« estrangement » la continuité entre philosophie grecque et théologie chrétienne ; deuxièmement, elle a aussi pour effet de séparer ou d'accentuer la séparation entre théologie chrétienne orientale et occidentale, et d'« altériser », de rendre étrangère à l'histoire philosophique européenne la théologie dite « orientale » (byzantine) là où, c'est-à-dire sur le terrain où, cette théologie est paradoxalement le plus en continuité avec la philosophie ancienne [30].

Ce qui vaut pour la *gnômê* et le θέλημα γνωμικόν vaut pour un terme plus fondamental : ἐνέργεια. On est, de fait, confronté au même phénomène avec le terme ἐνέργεια que nombre de traducteurs et interprètes des Pères grecs rendent par « énergie ». Heidegger déplorait, on l'a vu, la « romanisation » du grec. Un des plus remarquables exemples allégués est la traduction de l'ἐνέργεια par *actualitas*, qui, corrélativement à la mutation de l'ἰδέα en *représentation*, fonde et accompagne la naissance du « sujet » cartésien.

Le phénomène est décrit en ces termes dans *La Métaphysique comme histoire de l'être* :

> L'ἰδέα [platonicienne] devient l'*idea* [latine], et celle-ci, la représentation. L'ἐνέργεια [aristotélicienne] devient l'*actualitas* et celle-ci la réalité effective.
>
> Die ἰδέα wird zur *idea* und diese zur Vorstellung. Die ἐνέργεια wird zur *actualitas* und diese zur Wirklichkeit [31].

La transformation de l'ἐνέργεια en *Wirklichkeit* suppose une nouvelle entente, romaine, de l'*ergon* dans l'*energeia*, que l'on peut résumer ainsi : l'*energeia* désignait primitivement pour les Grecs la venue à la présence, la pro-duction (au sens où « produire une pièce d'identité » revient à la « présenter ») ; avec les Romains elle devient ce qui est effectué, ce qui est produit au sens de l'effectuation.

Les Romains traduisent, c'est-à-dire pensent, ἔργον à partir de l'*operatio* entendue comme *actio* et disent pour ἐνέργεια *actus*, un tout autre mot avec un tout autre domaine de signification. Ce qui est a-mené et pro-duit *(das Her- und Vor-gebrachte)* apparaît maintenant comme ce qui résulte d'une *operatio (was sich aus einer* operatio *er-gibt)* [...]. Le réel est [...] le résultat *(der Er-folg)* [...] le conséquent *(das Erfolgte)* [*i.e.* ce qui s'ensuit d'une *actio*, "was aus einer und auf eine *actio* folgt"] qui apparaît dans la lumière de la causalité de la *causa efficiens*.

L'histoire de l'*actualitas* mène à la *Wirklichkeit*, la réalité efficace ou effective, à la « production » (création), bref à l'activité (*Wirken*), c'est-à-dire aussi à l'acte ou l'action : toutes catégories nécessaires pour penser un sujet qui ne serait pas seulement le substrat ou le support d'états ou de propriétés, mais l'agent, la cause, bref le *sujet-agent* de le pensée. Leur longue mise en place, romaine puis germanique, est décrite en ces termes :

La détermination de l'Être en tant qu'*actualitas* s'étend à travers les âges à toute l'histoire occidentale depuis la Romanité jusqu'aux temps modernes les plus récents. Parce que la détermination de l'essence de l'Être en tant qu'*actualitas* porte à l'avance toute l'histoire, c'est-à-dire du même coup la structure des rapports d'une humanité à l'étant dans sa totalité, toute histoire occidentale depuis lors est en divers sens romaine et jamais plus grecque. Toute tentative postérieure pour ressusciter l'Antiquité grecque n'est qu'une rénovation romaine de l'hellénisme déjà réinterprété dans le sens romain. De même l'élément germanique du Moyen Âge est romain dans son essence métaphysique, parce que chrétien. Depuis la mutation de l'ἐνέργεια en *actualitas* (réalité efficiente), le réel effectif est l'étant authentique et partant constitue le critère de toute possibilité ou de toute nécessité [32].

Une fois l'Être mué en *actualitas* (réalité), l'étant est le réel effectif, déterminé par l'agir efficace au sens du faire, qui cause et produit. À partir de là se peuvent expliquer la réalité efficiente de l'agir humain et du créer divin. L'Être commué en *actualitas* donne à l'étant dans sa totalité ce trait fondamental dont pourra désormais s'emparer le représenter de la croyance biblique et chrétienne en la création, pour assurer sa justification métaphysique [33].

Vous voyez ce que soutient Heidegger : à petites causes, grands effets. La traduction d'ἐνέργεια par « énergie » dans la littérature patristique n'est pas sans justification – ni plus ni moins que celle de θέλημα γνωμικόν par « vouloir gnômique ». Le problème est qu'en recourant au mot « énergie » au lieu d'*acte*, *actualité*, *action* ou *opération* – autrement dit à l'un des avatars français du latin – on creuse l'écart entre les chrétiens d'Orient et les philosophes grecs (puisque les philosophes grecs, lorsque vous les lisez en français, parlent d'opération, d'action, et pas d'énergie). On européanise ces derniers en reprenant en français les traductions latines, romanisées ; on altérise les premiers en multipliant les calques, et le parler « frangrec ». Résultat : les Orientaux parlent un jargon, les Anciens non. Cela dit, *mutatis mutandis*, lorsqu'à la télévision vous entendez quelqu'un dire : « excusez-moi d'employer ce terme barbare », vous pouvez être sûr que le terme barbare en question sera un mot *grec*. Inquiétante étrangeté. Ce qui sonne grec altérise, semble venir du dehors, nous paraît « barbare ».

La thèse précisément dite du « dyoénergisme », celle qui attribue deux opérations, deux activités au Christ, s'énonce ainsi dans les traductions du ΚΕΦΑΛΑΙΟΝ 59 (Περὶ ἐνεργειῶν τῶν ἐν τῷ Κυρίῳ ἡμῶν Ἰησοῦ Χριστῷ) de Jean de Damas :

> Δύο δὲ καὶ τὰς ἐνεργείας φαμὲν ἐπὶ τοῦ Κυρίου ἡμῶν Ἰησοῦ Χριστοῦ. Εἶχε γὰρ, ὡς μὲν Θεὸς καὶ τῷ Πατρὶ ὁμοούσιος, τὴν θείαν ἐνέργειαν, καὶ ὡς ἄνθρωπος γενόμενος καὶ ἡμῖν ὁμοούσιος τῆς ἀνθρωπίνης φύσεως τὴν ἐνέργειαν.

> Ponsoye : Nous disons également qu'en notre Seigneur Jésus-Christ il y a deux énergies ; en tant que Dieu et consubstantiel au Père, il a semblablement l'énergie divine ; en tant qu'homme consubstantiel à nous, il a l'énergie de la nature humaine.

> Salmond : We hold, further, that there are two energies in our Lord Jesus Christ. For He possesses on the one hand, as God and being of like essence with the Father, the divine energy, and, likewise, since He became man and of like essence to us, the energy proper to human nature.

Où vous notez au passage que, pour rendre ὁμοούσιος, le traducteur français parle de « consubstantiel », là où l'anglais dit « de même essence » – ce qui correspond aux deux traductions latines que Boèce et les *Latini* ont données d'*ousia* : *substantia* et *essentia*. Extraordinaire de retrouver cela une fois de plus, mobilisé ici. En tout cas, le lecteur français est renvoyé à la « consubstantialité », que certains rendent par « homoousie ».

Énergies (Ponsoye), *Energies* (Salmond) voilà pour un texte « grec » : si, en revanche, vous lisez la cinquième *Question disputée sur le Verbe incarné* de Thomas d'Aquin vous trouvez *opérations* ou *actions*. *Opération*, dans l'énoncé de la question :

> *Quinto quaeritur utrum in Christo sit una tantum operatio.*
> En cinquième lieu, on se demande si dans le Christ il y a une seule opération [34].

Action, dans le corps de l'argumentation, où le texte de Jean Damascène est cité sous la forme « deux actions » :

> Damascenus dicit in III libro [cc. XIV et XI] : Duas actiones dicimus in Domino Iesu Christo : habet enim ut Patri consubstantialis, divinam actionem ; et ut homo factus, humanae naturae actionem.
>
> Nous disons qu'il y a deux actions dans le Seigneur Jésus-Christ ; il possède en effet, en tant que consubstantiel au Père, une action divine ; et, en tant qu'il s'est fait homme, l'action de la nature humaine [35].

Le paradoxe – mais est-ce un paradoxe ? – est que le « jargon » qui orientalise, est le « frangrec », alors que ce qui occidentalise, c'est le lexique latin, romanisé, passé en français. On dit « acte », « action », « opération » en traduisant Thomas d'Aquin, on ne parle pas d'« énergie » ; on réserve le mot pour les textes de ceux que Thomas appelle justement les « Grecs », entendez : non pas les philosophes anciens, mais les Pères hellénophones – ceux, notamment, dont il est question dans le *Contra errores Graecorum* dédié à Urbain IV.

Schisme.

En regardant les textes des théologiens grecs, des Pères grecs, leur destin, leur « *translatio* », on voit, si je puis dire, *comment les Grecs sont devenus orientaux*. Plus remarquable encore : le nom des hérésies est toujours grec – comme le nom de certaines maladies en médecine – plutôt que latin. Ce qui contribue à éloigner encore davantage, à altériser toujours plus la théologie, à la séparer toujours plus de l'horizon culturel et du patrimoine intellectuel de l'Europe, en achevant d'*orientaliser la patristique*. L'hérésie – le nom même d'hérésie – est taxinomiquement oriental(e). Les espèces que cette discipline remarquable qu'est l'hérésiologie classe sont censément, pour l'Europe, exogènes. Ce sont des maladies du dehors. Le passé dépassé. Le futur dépassé – *die vergangene Zukunft* – d'une Europe née exclusivement de et avec la « laïcité » des Lumières du XVIIIe actionnées au rhéostat, en fonction de l'actualité et de l'idéologie, par et depuis la Troisième République, ses rituels et ses mythes fondateurs.

Notes

1. *Cf.* S.N. Boulgakov, *Le Buisson ardent. Aspects de la vénération orthodoxe de la Mère de Dieu : essai d'une interprétation dogmatique*, Lausanne, L'Âge d'Homme, 1987, p. 102.

2. *Cf.* P.M. Collins, *Trinitarian Theology, West and East : Karl Barth, the Cappadocian Fathers, and John Zizioulas*, Oxford, OUP, 2001, p. 150.

3. *Cf.* J.J. Cohen, « Introduction » à *The Postcolonial Middle Ages*, p. 7.

4. C.L. Barnes, *Christ's two wills...*, p. 7.

5. J.-Cl. Larchet, *La Divinisation de l'homme selon saint Maxime le Confesseur*, Paris, Cerf, 1996, p. 32.

6. *Cf.* A. Lévy, *Le Créé et l'Incréé...*, p. 185, n. 3, qui renvoie aux *Opuscula theologica et polemica* [= *Th. Pol.*, PG 90, 9-273] maximiens. *Cf.* Maxime, *Th. Pol.* 10, PG 90, 137a : Ὡς γάρ τι ὢν προηγουμένως, ἀλλ' οὐχ ὥς τις ἕκαστος ἡμῶν ἐνεργεῖ· τουτέστιν, ὡς ἄνθρωπος· ὡς δέ τις, οἷον Παῦλος ἤ Πέτρος, τόν τῆς ἐνεργείας σχηματίζει τρόπον, ἐνδόσει τυχόν ἤ ἐπιδόσει, οὕτως ἤ ἐκείνως ὑπ' αὐτοῦ κατά γνώμην τυπούμενος. Au même endroit, A. Lévy cite un passage remarquable de la lettre 6, sur la « mutabilité » (τροπή), qui mériterait d'être confronté aux réflexions, semble-t-il tout opposées, du jeune Heidegger sur la *Bewegtheit* chez Paul, Augustin et Luther. *Cf.* A. Lévy, p. 185 : « 21/ La mutabilité (τροπή)... ne touche pas... ce qui a trait à l'essence même de l'âme (puisqu'elle [= l'âme] passe à travers une série indéfinie de vicissitudes, elle [= l'âme] ne resterait pas la même autrement), mais il [= ce qui a trait à l'essence de l'âme] a lieu selon le mouvement de notre ressort (ἐφ' ἡμῖν) qui a pour corrélat la faculté de se régir soi-même, dont la volonté est dotée (τῷ αὐτοκρατορικῷ θελήματι συμφερομένη). [...] /24/ La mutabilité, elle, est un mouvement contre-nature, qui entraîne qu'on manque cette même cause (τῆς ταύτης ἀποτυχία τῆς αἰτίας). /25/ La mutabilité, en effet, si je puis m'exprimer ainsi, ne consiste pas en

autre chose qu'en un accès de faiblesse, une déchéance (ἔκπτωσις) des opérations (= *energeiai*) conformes à la nature (τῶν κατὰ φύσιν ἐνεργειῶν). »

7. *Cf.* S. Markov, *Die metaphysische Synthese des Johannes von Damaskus : Historische Zusammenhänge und Strukturtransformationen*, Leiden-Boston, Brill (Studien und Texte zur Geistesgeschichte des Mittelalters, 118), 2015 : p. 218 *sq.* sur θέλημα et θέλησις et 294 *sq.* sur Photios et Maxime, à propos du θέλημα γνωμικόν. P. 294, Markov évoque une possible identification entre « vouloir gnômique » et « vouloir hypostatique » ou « personnel », Προσωπικόν Θέλημα, et précise : « *das Wollen von etwas Konkretem ist dem hypostatischen Wollen gleich* (c'est moi qui souligne). Bei Maximus konzipiert die Gnome die Subjektivierung des natürlichen Wollens in Bezug auf ein konkretes Objekt des Wollens. Hier werden die Subjektivierung und Objektivierung des Wollens als dasselbe bestimmt. »

8. C. L. Barnes, *Christ's two wills*..., p. 7.

9. D. Bathrellos, *The Byzantine Christ*..., p. 132.

10. A. Louth, *Maximus the Confessor*, London & New York, Routledge (The Early Church Fathers), 1996, p.57.

11. Voir le cours du 10 mars 2015, avec les différentes traductions et reprises de la définition némésienne de l'action.

12. A. Lévy, *Le Créé et l'Incréé*..., p. 185, n. 3.

13. C. L. Barnes, *Christ's two wills*..., p. 7-8 : « The gnomic will is the tropic mode for the will of limited, fallen humanity, which must will from its state of ignorance and uncertainty. » Ignorance et incertitude : ces deux termes, dont nous laissons ici le futur ouvert, en ont incontestablement un, médiéval, qui conduit à l'Âge classique – notre « Long Moyen Âge » ! On en prendra une première mesure en regardant, dans le dernier cours de 2016 (14 mars, 2e heure), les développements consacrés à l'*advertance de raison* et à l'*ignorance invincible* – deux thèmes des polémiques jésuites sur le « péché philosophique », hérités du Moyen Âge (notamment Abélard), et à travers le Moyen Âge, des premières élaborations maximiennes du « vouloir gnômique », poursuivies, pour les Latins, avec la traduction latine de *La Foi orthodoxe* de Jean Damascène.

14. *Cf.* J. Börjesson, « Augustine on the will », *in* P. Allen & B. Neil, *The Oxford Handbook of Maximus the Confessor*, chap. x, Oxford, OUP, 2015, p. 216 : « ... the gnomic will is not only an individual mode (τρόπος), but also a dysfunctional mode of willing due to the Fall and the ensuing changed condition of human existence under corruption. In Christ, who is one hypostasis, there is a new

mode of human existence, as it is the Logos who exists in our nature. Corresponding to the hypostatic mode of Christ's human nature, his will is completely deified (*cf. e.g.* DP, PG 91. 293, 300; Opusc. 3, PG 91. 48). In lacking the gnomic will, Christ also lacks stages in the volitional process akin to us, such as hesitation and choice, and therefore runs no risk of straying from his natural movement. In him the will exists only as a basic 'rational desire' for everything natural, activated in a deified mode. »

15. MAXIME, *Opuscule 3,* 48A, cité par F.-M. LÉTHEL, *Théologie de l'agonie du Christ*, « Annexes. II. Le problème de la *gnômè*, exclue de l'humanité du Christ », p. 129 : « Le fait d'être toujours naturellement capable de parler relève de la nature tandis que le fait de parler d'une façon déterminée relève de l'hypostase. Il en va de même pour le fait d'être naturellement capable de vouloir et le fait de vouloir. »

16. C. L. BARNES, p. 8 : « The *tropos* of Christ's human will is the divine mode of the hypostasis of the Word ».

17. C. L. BARNES, *ibid.* : « Christ willed divinely with his human will. »

18. Pour tout ce qui concerne les énoncés gnômiques, voir CH. SCHAPIRA, « Événement et double itération dans l'énoncé gnômique », *Langages* 2008/1 (n° 169), p. 57-66. On consultera aussi le bel article de J. Vignes sur la littérature gnômique et parémiologique – les recueils de sentences et de proverbes – un genre particulièrement prisé dans l'Antiquité, qui a connu une extraordinaire vogue jusqu'à la Renaissance. *Cf.* J. VIGNES, « Pour une gnomologie : Enquête sur le succès de la littérature gnômique à la Renaissance », *Seizième Siècle*, n° 1, 2005, p. 175-211, qui donne toute la bibliographie.

19. ARISTOTE, *Rhétorique*, II, 21, 2, 1394a, trad. Charles-Émile RUELLE rév. par P. VANHEMELRYCK, Paris, Livre de poche, 1991, p. 254.

20. Le cours évoquait le conflit entre désirs ou entre appétit et raison : les désirs *(orexeis)* se contredisent, et souvent aussi l'appétit (les *epithumiai*) contredit (contredisent) la raison (le *logos*). La première contrariété est chez tous les animaux « sensibles », les bêtes et les hommes. La seconde est seulement chez l'homme, car elle suppose la conscience du temps, disais-je, pour introduire aux thèses de Buridan. *Cf.* ARISTOTE, *De an.* III, 10, 433b4-10 ; trad. E. BARBOTIN, *De l'âme*, texte établi par A. JANONE, Paris, Belles Lettres (CUF), 1966, p. 91 : « ... les désirs naissent en lutte les uns contre les autres, et cela se produit quand raison et appétits militent en sens contraires :

c'est le propre des êtres qui ont la perception du temps – l'intellect nous pousse à résister en considération de l'avenir, l'appétit nous entraîne dans la seule vue de l'immédiat : car le plaisir du moment paraît être agréable absolument et bon absolument, du fait qu'on ne voit pas l'avenir » (ἐπεὶ δ' ὀρέξεις γίνονται ἐναντίαι ἀλλήλαις, τοῦτο δὲ συμβαίνει ὅταν ὁ λόγος καὶ αἱ ἐπιθυμίαι ἐναντίαι ὦσι, γίνεται δ' ἐν τοῖς χρόνου αἴσθησιν ἔχουσιν (ὁ μὲν γὰρ νοῦς διὰ τὸ μέλλον ἀνθέλκειν κελεύει, ἡ δ' ἐπιθυμία διὰ τὸ ἤδηῤ φαίνεται γὰρ τὸ ἤδη ἡδὺ καὶ ἁπλῶς ἡδὺ καὶ ἀγαθὸν ἁπλῶς, διὰ τὸ μὴ ὁρᾶν τὸ μέλλον).

21. On pourrait évoquer la « gnomorrhagie », l'action de « débiter des sentences » dénoncée par Amiel, dans ce petit passage savoureux du *Journal* : « Allons, voici le flux des sentences, le tic de Sancho Pança, qui te reprend. Gare à la gnomorrhagie ; elle confine au radotage », *Cf.* H.-F. AMIEL, *Journal*, 1866, p. 226. Du duel de proverbes médiéval (jeu-parti) au duel de grimaces de Siphon (l'idéaliste) et Mientus (le réaliste) dans *Ferdydurke*, le premier roman de Witold Gombrowicz, l'éventail est large. Sur le jeu-parti, *cf.* M. GALLY, « Le Chant et la Dispute », *in* A. DE LIBERA & I. ROSIER (éd.), *Argumentation* 1/4 (1987), *Argumentation in the Middle Ages*, p. 379-395.

22. Burgundio de Pise, le traducteur de Jean de Damas, explique le mot γνωμικός par le latin *sententialis*, « ayant la forme d'une sentence », « sententieux » (*cf.* en ce sens Cassiod. *Rhet.* 13, p. 499, 22 ; Isid. 2, 9, 11). De fait γνωμικός, ή, όν signifie « en forme de sentence », « qui procède par sentences », « par maximes »; γνωμικῶς, adv., « par sentences », « sentencieusement », γνομολογία, l'« action de parler par sentences », γνομονικός, ή, όν, « qui connaît », « habile à », « expert ». Mais le terme doit être pris comme marquant une distinction forte, bipolaire, avec le vouloir dit « naturel », comme chez Maxime.

23. La palette grecque du vouloir est riche : θέλημα signifie couramment « volonté », « désir » ; θελήμη, ης (ἡ) : « volonté » ; θέλησις, εως (ἡ) : « action de vouloir », « volonté » ; θελητής, οῦ (ὁ) : « qui veut », « qui s'attache à » ; θελητός, ή, όν : « voulu », « souhaité ».

24. JEAN DE DAMAS, *De fide orthodoxa*, *kephalaion* 58 = *Versio Burgundionis*, cap. 58 (PG 94, III, 13 [= 14]), § 4 ; éd. Buytaert, p. 216, 42-50. Pour SALMOND, cf. *Exposition of the Orthodox Faith*, trad. S.D.F. SALMOND, AberdeenPour une gnomologie, 1898 [d'après le texte grec de M. LEQUIEN, dans la PG] : « Simple willing then is spoken of as volition or the faculty of will, being a rational

propension [ὄρεξις] and natural will; but in a particular way willing, or that which underlies volition, is the object of will [θελητὸν], and will dependent on judgment [θέλημα γνωμικόν, i.e. *dispositional volition, will of judgment*]. Further that which has innate in it the faculty of volition is spoken of as capable of willing [θελητικὸν] : as for instance the divine is capable of willing, and the human in like manner. But he who exercises volition, that is to say the subsistence, for instance Peter, is spoken of as willing. » La traduction Salmond est reprise dans la série : *Select Library of Nicene and Post-Nicene Fathers*. 2nd Series, vol. 9, Oxford, Parker, 1899 [réimpr. Grand Rapids, MI, Eerdmans, 1963].

Pour Chase, *cf.* John of Damascus, *Writings*, trad. Frederic H. Chase. *Fathers of the Church* vol. 37, Washington (DC) : Catholic University of America Press, 1958), *The Fount of Knowledge ; On Heresies ; The Orthodox Faith*, p. 297 : « Consequently, simple willing is called will, or the volitive faculty, which is a natural will and rational appetite. But how one wills, or the subject of the volition, is the object willed and will based on judgment. And that is volitive which has it in its nature to will. For example, the divine nature is volitive, and so is the human. And finally, he is willing who uses the volition, and that is the person; Peter, for example. »

25. Jean de Damas, *De fide orthodoxa*, *kephalaion* 58, trad. Ponsoye : « Le vouloir, donc, dit simplement, c'est la volonté, c'est-à-dire la puissance volitive, désir raisonnable et volition de nature ; le comment on veut, c'est-à-dire ce qui est l'objet de la volonté, c'est le voulu, la volance individuelle ; le volitif est le vouloir inhérent à l'être ; la nature divine, ou humaine, par exemple est volitive. Le voulant c'est celui qui use de la volonté, c'est-à-dire l'hypostase, Pierre par exemple. »

26. Sur la notion d'*estrangement*, cf. A. Kemp, *The Estrangement of the Past : A Study in the Origins of Modern Historical Consciousness*, New York, OUP, 1991.

27. *Cf.* R. Lafontaine, « La liberté du Sauveur en agonie selon Maxime le Confesseur », *Nouvelle revue théologique*, 4/2003 (T. 125), p. 574-595.

28. Lafontaine, « La liberté... », n. 30, cite plusieurs textes où θέλημα γνωμικόν est rendu par « volonté délibérative », permettant d'exclure dans le Christ tout conflit de volontés au niveau « gnômique », dont celui de l'Opuscule 16, n° 23, où « Maxime loue son correspondant d'avoir reconnu en "Dieu incarné" la volonté naturelle "en retranchant la volonté délibérative, de sorte qu'il *ne laisse*

pas en Christ de place pour un conflit que causerait la division de deux volontés délibératives". »

29. *Cf.* J. Dagenais, « Decolonizing the Middle Ages : Introduction », p. 446. Voir le cours du 25 janvier 2016.

30. On pourrait faire le même type de remarque pour la philosophie arabo-musulmane ou perse par rapport à l'histoire *générale* de la philosophie.

31. M. Heidegger, *Nietzsche*, II, *Die Metaphysik als Geschichte des Seins*, « Der Wandel der ἐνέργεια zur *actualitas* », GA 6.2, p. 374 ; trad. fr. P. Klossowski, Paris, Gallimard, 1971, p. 330. La signification de la séquence ἐνέργεια – *actualitas* – *Wirklichkeit* est exposée en détail dans la conférence munichoise du 4 août 1953, *Wissenschaft und Besinnung*, in *Vorträge und Aufsätze*, Pfullingen, Neske, GA 7, p. 45-70 (trad. A. Préau, « Science et méditation », in *Essais et conférences*, Paris, Gallimard, 1958, p. 49-79). Voir, spéc., GA 7, p. 44, trad., p. 53-57, dont : « Le terme aristotélicien fondamental pour la présence *(das Anwesen)*, ἐνέργεια, n'est traduit correctement par notre mot *Wirklichkeit* [réalité] que si, de notre côté, nous pensons *wirken* [œuvrer] à la grecque, au sens de : amener – dans le non-caché, *pro*-duire – dans la présence (*her – ins Unverborgene, vor – ins Anwesen bringen* [où l'en entend *hervorbringen*, "produire"]. *Wesen* [être] est le même mot que *währen* [durer], demeurer *(bleiben)*. Nous pensons la présence *(Anwesen)* comme la permanence *(währen)* de ce qui, arrivé dans la non-occultation *(Unverborgenheit)*, y demeure *(da verbleibt)*. Mais postérieurement à Aristote, cette signification d'ἐνέργεια : durer dans l'œuvre *(im-Werk-Währen)*, a été recouverte par d'autres acceptions. Les Romains traduisent, c'est-à-dire pensent, ἔργον à partir de l'*operatio* entendue comme *actio* et disent pour ἐνέργεια *actus*, un tout autre mot avec un tout autre domaine de signification. Ce qui est a-mené et pro-duit *(das Her- und Vor-gebrachte)* apparaît maintenant comme ce qui résulte d'une *operatio (was sich aus einer* operatio *er-gibt)* [...]. Le réel est [...] le résultat *(der Er-folg)* [...] le conséquent *(das Erfolgte)* [*i.e.* ce qui s'ensuit d'une *actio*, "was aus einer und auf eine *actio* folgt"] qui apparaît dans la lumière de la causalité de la *causa efficiens*. »

32. M. Heidegger, *Nietzsche*, II, *Die Metaphysik als Geschichte des Seins*, Ga 6.2, p. 376 : « Die Bestimmung des Seins zur *actualitas* erstreckt sich daher, nach Zeitaltern gerechnet, durch die ganze abendländische Geschichte hindurch vom Römertum bis in die neueste Neuzeit. Weil die Wesensbestimmung des Seins als *actualitas* alle Geschichte, d.h. zugleich das Gefüge der Bezüge eines

Menschentums zum Seienden im Ganzen zum voraus trägt, deshalb ist alle abendländische Geschichte seitdem in einem mehrfachen Sinne römisch und niemals mehr griechisch. Jede nachkommende Wiedererwerckung des griechischen Altertums ist eine römische Erneuerung des bereits römisch umgedeuteten Griechentums. Auch das Germanische des Mittelalters ist in ein seinem metaphysischen Wesen römisch, weil christlich. Seit dem Wandel der ἐνέργεια zur *actualitas* (Wirklichkeit) ist das Wirkliche das eigentliche und deshalb auch für alles Mögliche und Notwendige das maßgebende Seiende [...] » ; trad. cit., p. 331-332 (modifiée).

33. M. HEIDEGGER, *Nietzsche*, II, *ibid.*, Ga 6.2, p. 377 : « Wenn das Sein sich zur *actualitas* gewandelt hat, ist das Seiende das Wirkliche, ist est bestimmt durch das Wirken im Sinne des verursachenden Machens. Von hier aus läßt sich die Wirklichkeit des menschlichen Tuns und des göttlichen Schaffens erklären. Das in die *actualitas* gewandelte Sein gibt dem Seienden im Ganzen jenen Grundzug, dessen sich das Vorstellen des biblisch-christlichen Schöpfungsglaubens bemächtigen kann, um sich die metaphysische Rechtfertigung zu sichern » ; trad. cit., p. 333 (modifiée). *Cf.*, aussi, Ga 6.2, p. 373 : « Beide Weisen der οὐσία, die ἰδέα und die ἐνέργεια, bilden im Wechselspiel ihrer Unterscheidung das Grundgerüst aller Metaphysik, aller Wahrheit des Seienden als solchen. » ; trad. cit., p. 329.

34. *Cf.* THOMAS D'AQUIN, *Question disputée. L'union du verbe incarné (De unione Verbi incarnati)*, introd., trad. et notes M.-H. DELOFFRE, Paris, Vrin (Bibliothèque des textes philosophiques), 2000, p. 139 (texte latin p. 138).

35. *Cf.* THOMAS D'AQUIN, *L'Union du verbe incarné*, trad. DELOFFRE, p. 143 (texte latin, p. 142).

Cours du 15 février 2016

Première heure

Tra-duction et transferts. Les trois « translations ». — Translatio imperii *(transfert du pouvoir),* translatio artium *(transfert des arts),* translatio studiorum *(transferts des savoirs et des centres d'études) : un triple schème médiéval. — Le schéma carolingien : Athènes, Rome, Aix-la-Chapelle. — Alcuin et la « Nouvelle Athènes ». — La translation « française » : Athènes, Rome, Paris. — Témoignages littéraires : le* Prologue *du* Cligès *de Chrétien de Troyes. — Denys l'Aréopagite et « Saint Denis ». — Un mythe français. — L'université de Paris, terme final de la* translatio studii *: Jean Gerson. — La construction de l'altérité byzantine. — Diagnostics divergents sur le destin de l'Europe, du christianisme et de la philosophie : trois visions de la* translatio studiorum. *— Trois événements réputés funestes. — Benoît XVI : la déshellénisation du christianisme. — Heidegger : la romanisation du grec philosophique. — Hobbes : l'hellénisation du christianisme. — L'interprétation maximienne de la prière d'agonie vue par Benoît XVI. — Réflexions sur la liberté. — Retour à la Passion— Trois questions où se nouent christologie et anthropologie. — Qui souffre sur la Croix ? — Qu'est-ce qui souffre dans le Christ ? — Quel est le « sujet » de la souffrance ?— Préalable obligé : définir ce qu'est une personne. — La définition moderne de la personne. Leibniz : Une personne est le suppôt constitué par l'union (la communication) métaphysique de l'âme et du corps. — Archéologie de la définition leibnizienne. — La définition boécienne de la personne. — Ses deux formules : « substance individuelle d'une nature raisonnable ». — « Subsistence individuelle d'une nature raisonnable ». — Le duo substance/*

subsistence renvoie à l'hypostase. — La personne pour la pensée antique et médiévale se définit comme l'hypostase individuelle d'une nature raisonnable. — La définition thomasienne de la personne : Une substance individuelle de nature raisonnable ayant la maîtrise de ses actes, qui n'est pas simplement agie comme les autres, mais agit par elle-même, car les « actions sont dans les singuliers » (une des versions du principe subjectif de l'action (PSA) : « Actiones sunt suppositorum »*). La tâche de l'archéologie du sujet de la passion : reconduire la définition moderne de la personne au dossier patristique grec, qui fonde la conception de la personne professée du Moyen Âge à l'Âge classique.*

En regardant les textes des théologiens grecs, des Pères grecs, leur destin, leurs traductions latines, puis françaises ou anglaises, *on voit comment les Grecs sont devenus orientaux*, disais-je la semaine dernière. Je reviens sur ce curieux transfert, cette curieuse *tra*-duction. Traduction se dit en latin *translatio*, mais *translatio* désigne aussi un transfert qui, au Moyen Âge, joue à trois niveaux : celui du pouvoir, *translatio imperii*, celui des arts, *translatio artium*, celui des savoirs et des centres d'études, *translatio studiorum* [1]. Une translation qui va d'Orient en Occident. Je devrais dire une *triple translation*, car, pour ce qui est des arts et des études, il y a trois *translationes* d'Athènes à ce qu'on est convenu d'appeler aujourd'hui « l'Europe » [2]. Le premier schéma médiéval, qui met Athènes au point de départ d'une trajectoire qui, *via* Rome, mène à Aix-la-Chapelle, la « Nouvelle Athènes », est la translation dite « caroline », la première chronologiquement, voulue par Alcuin de York, le clerc de Charlemagne, qui dans une lettre célèbre écrit à celui-ci :

> Une nouvelle Athènes peut surgir à Aix [la-Chapelle], dans le royaume des Francs, une Athènes qui, illuminée par la grâce de Notre Seigneur Jésus-Christ, éclipsera la sagesse de l'Académie. L'autre Athènes n'a brillé que par l'enseignement de Platon et par la culture des arts libéraux. La nouvelle Athènes, enrichie des dons du Saint-Esprit, surpassera toute la science profane [3].

Plusieurs siècles après Alcuin, au moment où l'Empire et la papauté sont en conflit aigu, une seconde, ou plutôt une deuxième *translatio* est inventée, la translation dite « impériale », ou « ottonienne », qui lie explicitement *translatio imperii*, transfert du pouvoir, et *translatio studii*, transfert du savoir d'Orient en Occident, au bénéfice des descendants allemands de Charlemagne, les « empereurs germaniques ». Elle a pour principal artisan la *Chronica sive Historia de duabus civitatibus* dédiée à l'empereur Frédéric Barberousse (1157), par Otton de Freising, qui reprend une idée de la *Chronique* d'Eusèbe de Césarée : le schéma d'un « passage historique du pouvoir depuis l'Orient jusqu'à l'Occident », « de l'empire babylonien jusqu'aux Perses, aux Macédoniens et aux Romains », passage de témoin qu'il suffit, pour soutenir les empereurs dans leur lutte avec le Sacerdoce de poursuivre jusqu'au monde germanique[4].

La suite de l'histoire est une captation d'héritage, opposant Français et Allemands, qui tourne autour de l'annexion de Charlemagne lui-même par ses descendants. Les Allemands le font canoniser en 1165, par l'antipape Pascal III ; deux siècles plus tard, Charles V introduit son culte en France. La rivalité franco-allemande commence aussi là. Si l'empereur allemand règne sur « le Saint Empire romain » (qui deviendra au XVe siècle le *Sacrum Romanum Imperium Nationis Germanicae* : *Heiliges römisches Reich deutscher Nation*)[5], le roi de France est « empereur en son royaume », mais surtout la translation des études a sa destination finale – dans tous les sens du mot –, et cette destination est unique : c'est Paris.

Avec Paris, c'est la translation dite « française », chantée par Chrétien de Troyes, puis, sous le règne de Charles VI, par Jean Gerson (1363-1429), chancelier de l'université et grande figure de la théologie mystique, qui prend la relève[6]. Voici le texte de Chrétien de Troyes dans le *Prologue* de *Cligès*, mis en français moderne :

> Nos livres nous ont appris que la Grèce eut le premier renom de chevalerie et de science. Puis la chevalerie [l'*imperium*] passa à Rome, et avec elle la somme de la science [la « clergie »], et maintenant sont venues en France. Dieu fasse qu'elles y soient retenues et que le séjour leur plaise tant que jamais ne sorte de France la

> gloire qui s'y est arrêtée. Dieu ne l'avait que prêtée aux autres, car des Grecs ni des Romains on ne parle plus du tout, tous propos sur eux ont cessé et elle est éteinte, leur vive braise [7].

Dans le texte original on a : « *Ce nos ont nostre livre appris, Qu'an Grece ot de chevalerie, Le premier los et de clergie* ». « Chevalerie » est mis pour *empire*, « science » pour le mot médiéval de « clergie », que vous entendez encore dans « clerc ». La *clergie,* c'est le savoir, c'est le monde des clercs et des savants. La Grèce a été connue comme le berceau du pouvoir et de la science, de la chevalerie et de la clergie [8]. Son temps a passé.

Comme les autres « translations », le mythe de la *translatio studiorum* « française » met ou laisse les Grecs en Orient. C'est un *contre-transfert*. Plus question au XIIIe et au XIVe siècle de rêver, comme Alcuin, une *nouvelle Athènes* [9]. Il y a, depuis 1200, une idée et une réalité neuves en Europe. Ce n'est pas le bonheur ; c'est l'Université. Les sept piliers de la sagesse sont à Paris. C'est ce qu'affirme Thomas d'Irlande, théologien séculier membre du collège de Sorbon, vers 1316-1321, interprétant Proverbes IX, 1, dans un sens bien différent de celui qu'envisageait Lawrence d'Arabie pour le livre qu'il projetait d'écrire avant la guerre de 1914 : « La Sagesse s'est bâti une maison : elle a taillé sept piliers » (« Sapientia aedificavit sibi domum excidit columnas septem »). Cette maison de la Sagesse, c'est la maison des sept arts libéraux, c'est l'université de Paris, héritière de la *translatio studii* effectuée *in illo tempore* par « Denis » lui-même [10]. Comme vous le savez, en effet, la confusion plus ou moins sciemment entretenue entre trois personnages : 1° le Denys de Paul, 2° l'auteur inconnu du corpus dionysien (celui que nous appelons aujourd'hui « Denys le Pseudo-Aréopagite »), et 3° le premier évêque de Paris, martyrisé au IIIe siècle, à Montmartre, le mont des Martyrs, sous le règne de l'empereur Dèce – autrement dit, le Denis de la ligne 13, station *Basilique de Saint-Denis. Hôtel de Ville* –, cette confusion est l'un des mythes fondateurs de l'identité culturelle française.

Dans *La Montaigne de contemplacion* – qui n'est pas Montmartre, mais le mont au sommet duquel s'élève l'esprit, vers les cimes de la contemplation mystique – le chancelier Gerson célèbre « Saint Denis apôtre de la Gaule » *(Sanctus Dionysius Galliae apostolus* [11]*)* et la théologie mystique : « ceste sapience et contemplacion [qui fut] celle principallement que enseigna saint Denis de France en ses liures de mistique theologie », qui est « la plus haulte sapience que nous puissions auoir et luy fut reuelee et declairee par saint Paul » [12]. Vous voyez qu'il y a identification entre le premier converti athénien de Paul, évêque d'Athènes, et l'auteur du corpus dionysien, de la *Théologie mystique* qui, par-dessus le marché, se trouve être le premier évêque de Paris : saint Denis de France. Foi et savoir marchent du même pas – vers Paris. C'est ce qu'affirme Guillaume de Nangis († 1330), dans sa *Gesta Ludovici IX*, son « histoire de la sainte mémoire de Louis roi de France ».

> L'estude des lettres et de philosofie [...] vint premierement de Grece a Roume et en France [...] en sivant sain Denis qui prescha la foy en France [13].

Je n'insiste pas, vous avez compris : Denis qui est venu convertir la Gaule a aussi transporté le savoir athénien à Paris. Pour les Latins, tout se passe comme si Athènes n'était pas en Grèce, mais à Paris. À l'Est ne reste que Byzance. Un autre monde, sur lequel la IVe Croisade jette son dévolu – avec la prise et le pillage de Constantinople en 1204 et la création de l'*Imperium Romaniae* ou Empire latin de Constantinople, face aux restes de l'Empire byzantin – empire de Nicée, despotat d'Épire et empire de Trébizonde –, empire latin lui-même flanqué de royaumes et de duchés féodaux répartis entre Francs et Vénitiens (Thessalonique, Athènes, Naxos, Achaïe ou Morée), qui dure une soixantaine d'années, jusqu'à la reconquête de 1261 par Manuel Paléologue.

Tous les chemins mènent à Paris. Cela vaut pour les quatre chevaux en cuivre coulé de l'hippodrome de Constantinople, dérobés une première fois, par le Doge Enrico Dandolo après la conquête et le pillage de Constantinople et installés en 1254 sur la façade de la basilique Saint-Marc, puis, une seconde, par

Bonaparte, en 1797, durant la première campagne d'Italie, qui les fera stabuler successivement aux grilles des Tuileries, puis sur l'arc de triomphe du Carrousel, avant que les Autrichiens ne les restituent à Venise après le congrès de Vienne. Ceux que vous voyez aujourd'hui à Paris sur le Carrousel – *La Paix conduite sur un char de triomphe* – sont une copie réalisée en 1828 par François Joseph Bosio (1768-1845), sculpteur monégasque.

L'altérité byzantine se prolonge dans les traductions modernes des Pères grecs. Non sans raison, il est vrai : leur lexique est celui de Porphyre autant, voire plus que d'Aristote, ce qui le fait graviter autour de l'hypostase et de l'ousie, et de tous les termes, substantifs ou verbes qui s'y rattachent, comme *enousion, enhypostaton*, *anousion, anhypostaton,* auxquels je faisais allusion la semaine dernière en parlant d'énousie et enhypostasie. Ces termes, que j'ai laissés en suspens, forment des réseaux, des structures réglées par un certain nombre de principes – comme cette formule de Jean de Damas : οὐκ ἔστιν ὑπόστασις ἀνούσιος – « il n'y a pas d'hypostase inessenciée » ou « il n'y a pas d'hypostase qui ne soit essenciée », qui sonne d'autant plus « orientale » qu'elle parle un grec qui n'a pas encore été « romanisé ». De même ces deux autres formules, évoquées lors du cours du 8 février 2016 (1re heure) :

> 1. Il n'est pas d'essence qui ne soit hypostasiée, ni de nature qui ne soit personnifiée (οὐσία μὲν ἀνυπόστατος οὐκ ἔστι οὐδὲ φύσις ἀπρόσωπος)
> 2. Toute hypostase appartient à une essence, réciproquement toute essence est hypostasiée (ἐνούσιον μὲν τὴν ὑπόστασιν, ἐνυπόστατον δὲ τὴν οὐσίαν) [14].

Dans le discours de Ratisbonne, le pape Benoît XVI déplorait une déshellénisation du christianisme, entamée par la Réforme [15] et poursuivie jusqu'à nos jours *via* Kant et les Lumières dites « radicales », qui, selon lui, avait, en deux vagues successives, entraîné une certaine déchristianisation de l'Europe. À ces deux premières vagues il ajoutait, pour aujourd'hui, une troisième, qui nous ramène, par un biais inattendu, au thème de la *décolonialisation du Moyen Âge* : le « multiculturalisme ».

> … Au regard de la rencontre avec la pluralité des cultures, on dit volontiers aujourd'hui que la synthèse avec l'hellénisme, qui s'est opérée dans l'Église antique, était une première inculturation du christianisme qu'il ne faudrait pas imposer aux autres cultures. Il faut leur reconnaître le droit de remonter en deçà de cette inculturation vers le simple message du Nouveau Testament, pour l'inculturer à nouveau dans leurs espaces respectifs. Cette thèse n'est pas simplement erronée mais encore grossière et inexacte. Car le Nouveau Testament est écrit en grec et porte en lui-même le contact avec l'esprit grec, qui avait mûri précédemment dans l'évolution de l'Ancien Testament. Certes, il existe des strates dans le processus d'évolution de l'Église antique qu'il n'est pas besoin de faire entrer dans toutes les cultures. Mais les décisions fondamentales, qui concernent précisément le lien de la foi avec la recherche de la raison humaine, font partie de la foi elle-même et constituent des développements qui sont conformes à sa nature [16].

Si le multiculturalisme est le stade ultime d'une déshellénisation jugée funeste pour le christianisme, pour un contemporain et adversaire de Descartes comme Thomas Hobbes, c'est au contraire la tendance des scolastiques à « mêler à l'Écriture plusieurs restes de la religion des Grecs, et beaucoup d'éléments de leur philosophie vaine et erronée, spécialement de celle d'Aristote » – autrement dit c'est *l'hellénisation du christianisme* – qui est considérée comme ruineuse pour l'Ancien et le Nouveau Testaments : le jargon scolastique hérité des Grecs, écrit Hobbes, ces « dénominations qui ne veulent rien dire, reçues des Écoles et apprises par cœur, telles que *hypostatique, transsubstantié, ou consubstancié* », « pervertit les Écritures et en éteint la lumière » ; c'est l'une des « causes des ténèbres spirituelles », qui ont envahi le monde chrétien [17].

Face à ces diagnostics opposés, *romanisation du grec* philosophique selon Heidegger, *hellénisation du christianisme* selon Hobbes, *déshellénisation du christianisme* selon Benoît XVI, le travail de l'archéologue apparaît bien difficile, particulièrement là où il y va du sujet et de la subjectivité, de l'action, et plus encore, sans doute, de la passion.

Comment faire entendre non pas seulement le fait que, chez Maxime, la périchorèse des natures, leur compénétration, fonde la *sumphuia*, la « cohésion » des volontés humaine et divine chez le Christ[18], mais aussi que cette périchorèse joue un rôle majeur dans l'histoire de la subjecti(vi)té, dans l'archéologie du sujet de la passion ? Comment faire entendre ce que le problème de la « communication des idiomes » peut apporter à l'histoire de la souffrance, à l'histoire de la douleur évoquée lors de la première leçon ?

Ce langage est-il encore audible ?

La question est délicate. On peut actualiser le propos, mais, ce faisant, est-ce qu'on ne le déshellénise pas ? Voici comment Benoît XVI conclut une méditation sur Maxime, dans l'*Audience générale du 25 juin 2008*, où après avoir rappelé – sans prononcer le mot – la thèse monothéliste, il expose les éléments du « drame de Gethsémani »,

> Dans ce drame de l'agonie de Jésus, de l'angoisse de la mort, de l'opposition entre la volonté humaine de ne pas mourir et la volonté divine qui s'offre à la mort, dans ce drame de Gethsémani, se réalise tout le drame humain, le drame de notre rédemption. Saint Maxime nous dit, et nous savons bien que cela est exact : *Adam, et Adam c'est nous, pensait que le non fût le point culminant de la liberté.* [19] Il n'y aurait que celui qui est capable de dire « non » qui serait réellement libre ; pour réaliser réellement sa liberté, l'homme doit dire non à Dieu ; de la sorte seulement pense-t-il être finalement lui-même, être arrivé au summum de la liberté.

> Cette tendance, la nature humaine du Christ la portait aussi en elle, mais Jésus l'a surmontée parce qu'il voyait que ce n'est pas le non qui est le maximum de la liberté.
> Le maximum de la liberté c'est le oui, la conformité avec la volonté de Dieu. L'homme ne devient réellement lui-même que dans le oui : ce n'est que dans la grande ouverture du oui, dans l'unification de sa volonté avec la volonté divine que l'homme s'ouvre immensément, qu'il devient « divin ». Être comme Dieu, voilà ce que désirait Adam, c'est-à-dire, être complètement libre. Mais il n'est pas divin, il n'est pas complètement libre l'homme qui se referme sur lui-même ; il l'est en sortant de lui-même, *c'est dans le oui qu'il devient libre* ; *c'est là que se situe le drame*

de Gethsémani : non pas ma volonté, mais la tienne. C'est en transférant la volonté humaine dans la volonté divine que naît l'homme véritable et que nous sommes rachetés [20].

Le oui et le non, *sic et non*. L'Adam de Benoît XVI semble avoir lu Renouvier. Rappelez-vous le cours du 31 mars 2015 sur le nouloir et la nolonté, cette nolonté, qui « définit mieux la liberté qu'une volonté courbée dans l'obéissance ». Rappelez-vous Louis Prat, l'ami et co-rédacteur d'un certain nombre de textes de Renouvier : « c'est […] le pouvoir de *dire* NON *!* », qui définit la liberté ; la liberté est « essentiellement nolonté ».

Cet Adam qui dit « Non ! » est-il bien l'Adam de Maxime ?

Nous n'en avons décidément pas fini avec la Passion du Christ. Revenons-y donc, d'un nouvel élan. Reprenons notre question.

« *Qui souffre sur la Croix ?* » : voilà la formulation la plus radicale de la question du sujet de la souffrance, qui implique et, en un sens, présuppose cette autre : « *Qu'est-ce qui souffre dans le Christ ?* » [21], au mitan, je devrais dire à la croisée ou au croisement de la christologie et de l'anthropologie.

Que faire avec ces questions ? J'entends vous *montrer*, mais d'abord – c'est la méthode du Collège de France, comme celle de l'École pratique des hautes études (exposer une recherche en train de se faire, et non pas déjà faite), – d'abord, dis-je, j'entends *tester* devant vous la thèse la plus générale de l'archéologie du sujet : ce qui vaut problématiquement pour l'union des deux natures dans le Christ, autrement dit, ce qui vaut en christologie, vaut pour l'union de l'âme et du corps dans l'homme, autrement dit, vaut en anthropologie. Cette équi-*valence*, c'est le sens du duel, du duo, du couple ou du binôme « anthropologie-christologie » dont j'ai fait à la fois l'horizon d'un travail de déconstruction et le socle d'une *épistémê* à construire ou reconstruire, sur la base dudit travail. Cela donne une idée de l'ampleur du terrain, du champ de l'enquête et de son orientation – au sens où, dans une enquête, l'on parle d'*orienter des recherches*, et non pas au sens où il s'agirait de suivre un itinéraire imposé par un *télos* prédéfini et prédonné. Unité du Christ et unité de l'homme :

si le parallèle entre union hypostatique des deux natures dans le Christ et union de l'âme et du corps dans l'homme tient, et avec lui le rapport christologie/anthropologie, l'instance de vérification, le point d'application du test, mais aussi le point culminant de l'intrigue doivent être la mise en équation de ces deux problèmes d'unité : *unité des deux natures* (dans le Christ) – *unité de l'âme et du corps* (dans l'homme).

Je soutiens que d'un bout à l'autre de l'intrigue – de l'invention médiévale du sujet-agent jusqu'à la naissance du sujet moderne – le parallèle tient. Je veux dire que, de Thomas d'Aquin à Descartes, des polémiques thomistes sur l'unité de la forme substantielle à la Querelle d'Utrecht opposant Descartes aux aristotéliciens calvinistes de l'université d'Utrecht menés par le recteur Gijsbert Voet (Gisbertus Voetius, 1589-1676), qui, à mes yeux, couronne et relance sur de nouvelles pistes l'histoire de l'hylémorphisme *en psychologie* ou ce qui, en partie, revient désormais au même, *en anthropologie* [22], la question de l'unité de l'homme a un parallèle dans la théologie et la métaphysique de l'Incarnation : l'unité du Christ, laquelle a une histoire propre, ancienne, multiséculaire. Ce que je propose ici, c'est donc de mettre au jour archéologiquement avec vous les problèmes du dyophysisme (en théologie) et les problèmes du dualisme (en psychologie et en anthropologie), là où se nouent dans les deux disciplines, interagissent et se fondent mutuellement les analyses et les élaborations des philosophes et des théologiens concernant les questions du « sujet » de la passion, celles, connexes, du « sujet » de la souffrance et/ou de la douleur et les divers réseaux impliqués dans ou par une théorie des passions, des émotions et des affects : je veux parler de la contagion des émotions, de la communication avec les affects d'autrui et/ou de la participation aux affects ou à la souffrance d'autres que soi – entendons : un autre ou une autre chose que soi.

Avant d'ouvrir le dossier du sujet de la souffrance avec la question : *Qui souffre sur la Croix ?* je veux produire, présenter la définition de la personne correspondant à ce qui nous vient normalement à l'esprit, si l'on nous demande : « Qu'est-ce qu'une personne ? » ou, le cas échéant, mais plus rarement, car cela est plus difficile à placer dans une conversation : « Qu'est-ce qu'un sujet ? » Ce que nous entendons par *personne* ou *sujet* aujourd'hui est la traduction dans le langage ordinaire d'une définition héritée du Moyen Âge, sans que nous le sachions ou y pensions le moins du monde : une définition médiévale latine qui est elle-même le résultat de siècles d'élaboration théorique, au *croisement*, j'emploie, une fois de plus ce terme, de la christologie et de l'anthropologie philosophique. Cette définition est un résultat, l'aboutissement d'un processus que les scénarios de Heidegger, de Hobbes et de Benoît XVI captent en partie, qui articulent romanisation de l'expérience grecque, hellénisation et déshellénisation du christianisme. Cette définition est elle-même au point de départ d'un processus qui mène à Descartes, à Leibniz, puis à nous, par la longue chaîne des « modernités successives », dont la principale est, à mes yeux, la définition leibnizienne de la personne (DLP) :

> DLP : Une personne est le suppôt constitué par l'union (la communication) métaphysique de l'âme et du corps [23].

La définition moderne de la personne, ce n'est pas n'importe quoi, ce n'est pas ce que j'ai envie que ce soit, c'est ce que dit Leibniz. C'est cela qui est *moderne*. Voici un texte des *Essais de théodicée*, parmi les nombreux échantillons possibles :

> Les Philosophes de l'École croyoient qu'il y avoit une influence physique reciproque entre le corps et l'ame...
> [*i.e.* que le corps agissait physiquement sur l'âme et l'âme physiquement sur le corps. Nous retrouverons ce thème lorsque nous évoquerons les questions de la sympathie de l'âme avec le corps, du corps avec l'âme, et que nous traduirons cette question de *sym-pathie* en termes de *com-passion.*]
>
> ... mais depuis qu'on a bien consideré que la pensée et la masse étendue n'ont aucune liaison ensemble, et que ce sont des creatures qui différent *toto genere*, plusieurs modernes ont reconnu qu'il n'y a aucune communication physique entre l'ame et le corps, quoyque la communication metaphysique subsiste tousjours, qui fait, que l'ame et le corps composent un même suppôt, ou ce qu'on appelle une personne [24].

Là où il n'y a et ne saurait y avoir d'interaction physique entre l'âme et le corps, il y a néanmoins quelque chose au-delà de la physique, quelque chose de « méta-physique » qui fait que l'âme et le corps composent un même suppôt, autrement dit une personne. Cette définition de la personne, il faut essayer de la tracer, de la ramener, de la reconduire à ses tout premiers éléments. Je la trouve esquissée en partie, pour ses fondements, dans la caractérisation boécienne de la personne comme « hypostase individuelle d'une nature raisonnable » (« naturae rationalis individua substantia et/ou subsistentia »), définition donnée dans le *Contra Eutychen*. Attardons-nous quelques instants sur cette définition.

Boèce donne d'abord une définition de la personne en utilisant le mot *substantia* :

df 1 Personne : *substance* individuelle d'une nature raisonnable[25].

Après quelques considérations sur l'origine étymologique du mot latin *persona* et une comparaison avec celle de son équivalent grec πρόσωπον, il revient sur sa définition en énonçant un certain nombre de choses qui nous ramènent à Heidegger, à Hobbes et à Benoît XVI, autrement dit aux thèmes convergents/concurrents de la romanisation du grec philosophique d'une part, de l'hellénisation et de la déshellénisation du christianisme, d'autre part :

1. Nous les Latins (c'est Boèce qui parle) nous servons de *persona* parce qu'il n'y a pas d'autre mot. C'est un nom qu'on utilise faute d'un autre, qui serait plus propre dans notre langue. En somme, (c'est moi qui parle), c'est un nom qu'on utilise *par catachrèse*.

2. Ce que nous, les héritiers des romains (c'est moi qui parle) appelons aujourd'hui une « personne », serait bien plus accessible en grec, puisque les Grecs appellent d'un terme « bien plus expressif » *(longe signatius), i.e.* ὑποστάσις, la « *subsistence* individuelle d'une nature dotée de raison » : « naturae rationabilis individuam *subsistentiam* »[26].

J'attire votre attention sur la référence que je fais à notre vieille connaissance : la catachrèse. Cette catachrèse, Boèce dit « *translaticia nuncupatio* », est en effet d'autant plus remarquable que le sens premier de *persona*, comme de *prosopon* en grec, est le masque de théâtre, et que le masque qu'est *persona* n'est littéralement le masque de personne. *Persona* est le masque de chacun d'entre nous. *Persona* c'est notre masque à tous, dans la mesure où nous pouvons répondre à la question « Qu'es-tu ? », « Qui es-tu ? » en disant : « une personne ».

En disant que les Grecs appellent ὑποστάσις la « subsistence », Boèce en l'espace de quelques lignes, vient semble-t-il de donner une seconde définition de *persona* :

df 2 Personne : *subsistence* individuelle d'une nature raisonnable [27].

Celle-ci est-elle une correction de la première ? Pourquoi dire *subsistentia* après avoir dit *substantia* ? Est-ce un *lapsus calami* ? Une *variatio* rhétorique ? Voici le passage où Boèce s'exprime, avec la traduction anglaise de l'édition Rand-Stewart (86, 27-29) :

> Longe uero illi signatius naturae rationabilis indiuiduam subsistentiam ὑποστάσεως nomine uocauerunt, nos uero per inopiam significantium uocum translaticiam retinuimus nuncupationem, eam quam illi ὑπόστασιν dicunt personam uocantes ; sed peritior Graecia sermonum ὑπόστασιν uocat indiuiduam subsistentiam [28].

> But the Greeks far more clearly gave to the individual subsistence of a rational nature the name ὑπόστασις, while we through want of appropriate words have kept a borrowed term, calling that persona which they call ὑπόστασις ; but Greece with its richer vocabulary gives the name ὑπόστασις to the individual subsistence [29].

La réponse que l'on peut tirer de 86, 27-29, où Boèce commente sa définition, en déplorant la misère *(inopia)* du latin et en louant « la plus grande richesse *(peritior)* du vocabulaire grec », est que c'est bien « subsistence » qu'il nous faut entendre dans ὑποστάσις, puisque c'est par *hupostasis* que les Grecs rendent la *subsistentia* individuelle : « sed peritior Graecia sermonum ὑποστάσιν vocat individuam *subsistentiam* ».

En pratique cela veut dire qu'il nous faut comprendre la *substantia* de Boèce au sens de la *subsistentia*-hypostase, et non pas au sens de l'*ousia* aristotélicienne des *Catégories*, dont *substantia* est la traduction standard. J'insiste car cela montre que, dans le *Contra Eutychen*, rédigé dans un contexte de polémique religieuse et politique précis, sur lequel je ne peux m'étendre aujourd'hui, le mot *subsistentia* est un mot de théologien, qui absorbe la *substantia*, pour en faire l'hypostase ; alors qu'ailleurs, dans d'autres œuvres de Boèce et notamment ses commentaires d'Aristote, *substantia* est un mot de philosophe, qui reste posé pour exercer la fonction qui est la sienne dans l'ontologie d'Aristote : supporter des accidents.

La définition de la personne dont hérite le Moyen Âge est donc :

df 3 Personne : *substance-subsistence* individuelle d'une nature raisonnable

autrement dit :

df 4 Personne : *hypostase* individuelle d'une nature raisonnable.

Cette définition porte la théorie scolastique de la personne, dont le modèle canonique est donné par Thomas d'Aquin dans la *Somme de théologie*, *I^a Pars*, q. 29, a. 1, qu'on ne peut entendre que si l'on saisit l'hypostase – l'*hupostasis* – des Pères grecs sous le manteau latin du *subiectum*, du *singulare*, de l'*individuum* et de *l'individua substantia* [30].

La question est simple : *De quoi* personne *est-elle le nom* ? La réponse : *personne* est le nom de ce qu'on appelle, en grec, « hypostase » et, en latin, *individua substantia*. Substance individuelle, donc, mais pas n'importe quelle substance individuelle. L'hypostase dont – nous le savons à présent – parle Jean de Damas, autrement dit : le κεχρημένος, « celui qui use de volonté », ὁ κεχρημένος τῇ θελήσει, « celui qui use d'action », ὁ κεχρημένος τῇ ἐνεργείᾳ. Bref : le sujet d'action, ou plutôt, en rigueur de termes : le *suppôt d'actions* – si vous n'avez pas oublié la distinction faite entre sujet d'attribution et suppôt d'actions.

... convenienter *individuae substantiae* habent aliquod speciale nomen prae aliis : dicuntur enim *hypostaseis*, vel *primae* substantiae.

C'est à bon droit qu'on donne aux *substances individuelles* un nom spécial par rapport aux autres, on les nomme en effet *hypostases* ou *substances premières*.

Les « autres », ce sont les substances universelles, ce qu'on appelle les « substances secondes » dans les *Catégories* d'Aristote, par exemple « l'homme » ou « l'animal ». Les substances individuelles, ce sont : « ce cheval-ci », « Socrate », « moi », etc. *Hypostase* est un mot de théologien, alors que *substance première* est un mot des *Catégories* d'Aristote. Vous voyez le collage s'esquisser. Thomas poursuit.

Sed adhuc quodam specialiori et perfectiori modo invenitur *particulare* et *individuum in substantiis rationalibus, quae habent dominium sui actus, et non solum aguntur, sicut alia, sed per se agunt* : *actiones autem in singularibus sunt*. Et ideo etiam inter ceteras substantias quoddam speciale nomen habent singularia rationalis naturae. Et hoc nomen est persona.

Mais le particulier et l'individu se trouvent sous un mode encore plus spécial et parfait dans les *substances raisonnables*, qui *ont la maîtrise de leurs actes* : qui *ne sont pas simplement agies*, comme les autres, mais *agissent par elles-mêmes* ; or *les actions sont dans les singuliers*. C'est pourquoi, parmi les autres substances, les individus de nature raisonnable ont aussi un nom spécial. Et ce nom est *personne*.

Une substance individuelle de nature raisonnable ayant la maîtrise de ses *actes*, qui n'est pas simplement agie comme les autres, mais agit par elle-même, car les actions sont dans les singuliers – une des nombreuses formulations thomasiennes de PSA le principe subjectif de l'action, plus connu sous la forme : « *Actiones sunt suppositorum* » (« les actions appartiennent aux suppôts »[31]) –, voilà le socle épistémique de la personne moderne[32] (dont relève la critique luthérienne de la théorie aristotélico-scolastique de l'action[33]) ; voilà ce à quoi nous devons *reconduire* nos concepts modernes de « personne » ; voilà ce qu'il nous faut, à son tour, *reconduire* au dossier patristique grec, aux élaborations de Grégoire de Nysse, Basile de Césarée, Maxime le Confesseur, Sergius, Pyhrrus, et tant d'autres ; voilà, enfin, ce qu'il nous faut, de l'anthropologie *reconduire* à la christologie. Triple mouvement de *reconduction*, qu'on appelle « déconstruction ».

Notes

1. Sur cette notion, voir É. Gilson, « Humanisme médiéval et Renaissance », in *Les Idées et les Lettres*, Paris, Vrin, 1932, p. 171-196 ; É. Jeauneau, T*ranslatio studii : The Transmission of Learning. A Gilsonian Theme*, Toronto, PIMS (The Étienne Gilson ser., vol. 18), 1995 ; A. G. Jongkees, « *Translatio studii* : les avatars d'un thème médiéval », in *Miscellanea Mediaevalia in memoriam Jan Frederik Niermeyer*, Groningue, 1967, p. 41-51.

2. Sur tout cela, *cf.* S. Lusignan, *« Vérité garde le Roy ». La construction d'une identité universitaire en France* (XIIIe-XVe siècle), Paris, Publications de la Sorbonne, 1999.

3. Cité par A.G. Jongkees, « *Translatio studii...* », p. 46 - 47.

4. Les deux modèles de la translation *caroline* et *impériale* sont bien distincts. Une de leurs différences est que, comme le note Lusignan, si la *translatio* caroline est construite sur « une tripartition de l'espace géoculturel entre la Grèce, Rome et les Francs », la *translatio* impériale « établit une dépendance entre la géochronologie de la culture inspirée de Flavius Josèphe et d'Isidore, qui débute avec Abraham, voire avec Adam, et celle du pouvoir politique d'Eusèbe-Jérôme, qui prenait elle aussi Abraham comme point de départ ». En somme, la *translatio* caroline « limite l'histoire du savoir à celle des trois grands empires occidentaux », alors que la *translatio* impériale, *via* Adam et Abraham, « l'enracine dans celle de l'humanité ». Sur ce point, *cf.* S. Lusignan, « Vérité garde le Roy », p. 230.

5. La dynastie saxonne se rattache symboliquement à Charlemagne à travers le choix d'Aix-la-Chapelle comme lieu de couronnement

royal par Otton Ier dit « le Grand » (912-973). En 962, il est couronné empereur à Rome par le pape Jean XII († 964), mais ses successeurs le sont à Aix-la-Chapelle jusqu'à Ferdinand Ier (1503-1564) en 1536.

6. Sur Gerson, *cf.* M. VIAL, *Jean Gerson : théoricien de la théologie mystique*, Paris, Vrin (Études de philosophie médiévale), 2006.

7. CHRÉTIEN DE TROYES, *Prologue* de *Cligès*, éd. A. MICHA, Paris, Champion, CFMA, 1982, v. 28-42 : « Ce nos ont nostre livre apris / Qu'an Grece ot de chevalerie / Le premier los et de clergie / Puis vint chevalerie a Rome / Et de la clergie la some / Qui or est an France venue. / Dex doint qu'ele i soit maintenue / Et que li leus li abelisse / Tant que ja mes de France n'isse / L'enors qui s'i est arestee. / Dex l'avoit as altres prestee : / Car des Grezois ne des Romains / Ne dit an mes ne plus ne mains, / D'ax est la parole remese / Et estainte la vive brese. »

8. Les deux pouvoirs sont étroitement intriqués, quand ils ne sont pas en conflit ouvert, au niveau symbolique – avec l'empire et la papauté – ou individuel concret – le chevalier et le clerc. Comme l'écrit E. DOUDET, « Translation du même au même : les mises en jeu de l'autorité et de l'identité littéraires dans les remaniements bourguignons, au seuil de la Renaissance », *Translatio, traduire à la Renaissance*, *Camenae*, n° 3 (revue en ligne), 2008, p. 2 : « Toute *translatio* est une prise d'autorité. Ses enjeux politiques et littéraires sont liés ; au Prince de faire de la France le nouveau centre du monde – notamment en offrant à l'écrivain les meilleures conditions de travail, afin que celui-ci en fasse rayonner la gloire culturelle, immortalisant le nom de son mécène. *Successeurs des Grecs et des Romains, le chevalier et le clerc partagent la même recherche d'identité et de pouvoir.* »

9. Selon la formule de Jean Chelini, à propos de Saint-Martin de Tours. *Cf.* J. CHELINI, « Alcuin, Charlemagne et Saint-Martin de Tours », *Revue d'histoire de l'Église de France*, t. 47, n° 144 (1961), p. 49.

10. Le texte de Thomas est édité par J. JEAUNEAU, dans « *Translatio studii*... », p. 52-54 et par S. LUSIGNAN, dans « L'université de Paris comme composante de l'identité du royaume de France », *in* R. BABEL & J.-M. MOEGLIN (éd.), *Identité régionale et conscience nationale en France et en Allemagne du Moyen Âge à l'époque moderne*, Sigmaringen, Jan Thorbecke (*Beihefte der Francia*, 39), 1997, p. 71-72.

11. Cf. JEAN GERSON, *Sermo coram rege Franciae nomine Universitatis parisiensis : Vivat Rex*, i. IV, 592D, cité par A. COMBES, *Jean Gerson, commentateur dionysien. Pour l'histoire des courants doctrinaux à l'université de Paris à la fin du XIVe siècle*, Paris, Vrin, 1973, p. 296.

12. *Cf.* JEAN GERSON, *Montaigne de contemplacion*, 3, f° 7r, cité par A. COMBES *ibid.* Dans le *Sermo coram rege, de Pace et unione Graecorum* (Combes, *ibid.*) Gerson écrit, t. II 151C : « Nonne Sanctus Dionysius Galliae Apostolus natione Graecus fuit per quem suscepimus veram pacem et Fidem Christianam, nec hoc fuit sine magna fortitudine et labore » ; dans le *Sermo de Sanctis Petro et Paulo*, t. III, 1409D : « Sanctus Dionysius ex Gallia » ; 1410B : « Sanctus Dionysius ex Gallia, qui tunc tempore erat Athenis, nonne paulo post a sole hoc illuminatus fuit ? Revera sic ; per quod quidem clarum lumen tota Gallia fuit et est conversa a tenebris et ignorantia, in verae Fidei et vere scientiae splendorem. »

13. Cf. GUILLAUME DE NANGIS, *Gesta sanctae memoriae Ludovici regis Franciae*, auctore Guillelmo de Nangiaco, éd. P.C.F. DAUNOU & J. NAUDET, in *Recueil des historiens des Gaules et de la France*, Paris, Imprimerie royale, t. 20, 1840, p. 321. Version française citée par S. LUSIGNAN, « Vérité garde le Roy », p. 243, n. 75.

14. *Cf.* C. ERISMANN, « *Non est natura sine persona...* », p. 80, propose : « There is no such thing as a nature (essence) that is not hypostasized », tout en évoquant d'autres possibilités : « We can also refer to the translation of G.C. STEAD 1994, 199 [= *Philosophy in Christian Antiquity*, Cambridge, CUP, 1994] : 'Every physis must have its hypostasis.' Other versions of the axiom are frequently found, in which *aprosôpos* (ἀπρόσωπος) is used instead of *anhypostatos.* » Autres formules : « There is no essence which is not realised in a hypostasis, nor is there a nature which is not realised in a person ». « On the one hand, a hypostasis belongs [necessarily] to an essence, on the other hand, an essence is [necessarily] realised in a hypostasis. » Erismann (p. 79) appelle « Monophysite axiom » (MA), le principe : Οὐκ ἔστι φύσις (οὐσία) ἀνυπόστατος : « There is no anhypostasized nature (or essence) ».

15. Le cas de la Réforme montre qu'il ne faut pas confondre déshellénisation et recul du grec. Concernant l'Antiquité, on notera avec H. DÖRRIE, « Porphyrios als Mittler zwischen Plotin und Augustin », *in* P. WILPERT (éd.), *Antike und Orient im Mittelalter.* Vorträge der Kölner Mediaevistentagungen 1956-1959, *Miscellanea Mediaevalia*, I, Berlin, De Gruyter, 1962, p. 29, que, au cours du IVe siècle, l'influence du grec décline et que, au IVe-Ve siècle la « romanisation » va de pair avec la montée de Milan par rapport à Rome. Une confrontation entre « déshellénisation » à la Ratzinger et « romanisation » à la Heidegger reste à mener.

16. Le texte complet du *Discours* de Benoît XVI est publié sur le site du Vatican. *Cf. Rencontre avec les représentants du monde des sciences.* Grand Amphithéâtre de l'Université de Ratisbonne. Mardi 12 septembre 2006. *Foi, Raison et Université : souvenirs et réflexions.*

17. Th. Hobbes, *Leviathan*, trad. F. Tricaud, Paris, Sirey, 1971, p. 626-627. Sur ce point, *cf.* A. de Libera, *La Quête de l'identité*, p. 377-390. La critique de l'hellénisation du christianisme est également menée aujourd'hui dans le contexte de la théologie de la souffrance de Dieu. *Cf.* T.E. Pollard, « The Impassibility of God », *Scottish Journal of Theology,* 8/4 (1955), p 353-364.

18. *Cf.* M. Doucet, « La volonté humaine du Christ, spécialement en son agonie. Maxime le Confesseur, interprète de l'Écriture », *Science et esprit*, 1985, vol. 37, n° 2, p. 150-151 (p. 123-159).

19. J.-Cl. Larchet, *La Divinisation de l'homme selon saint Maxime le Confesseur*, p. 45-46 : « Le péché constitue un renoncement à la divinisation véritable et donc, du fait de l'homme (et non du fait de Dieu dont le projet prééternel à ce sujet reste immuable) un échec de celle-ci : Adam était libre de s'attacher au Seigneur et de devenir spirituel, soit à la prostituée : séduit, il préféra devenir charnel ; de lui-même il se retire du projet divin et bienheureux, volontairement, préférant être poussière que dieu par grâce » (7, 1092D). Maxime note que « "le premier homme a abandonné la naissance déifiante, divine et immatérielle" qui lui était proposée (42, 1348A), qu'il a négligé volontairement "la naissance à partir de l'Esprit en vue de la divinisation" qui était sa fin (42, 1348C). En fait Adam substitue à la divinisation véritable une pseudodivinisation. Selon Maxime le péché ancestral a consisté (et l'on retrouve ici l'orgueil traditionnellement incriminé par les Pères) en une tentative d'autodéification. Cette tentative était vaine, car elle se faisait en dehors de Dieu et sans Lui, alors que l'homme ne pouvait être vraiment divinisé qu'en Lui et par Sa grâce : Adam, note Maxime, a "essayé d'avoir les réalités de Dieu sans Dieu, à la place de Dieu, et non selon Dieu, ce qui était impossible" (10, 1156C). »

20. Le texte original italien est paru dans l'*Osservatore Romano* du 26 juin 2008. Le texte français se lit dans *La Documentation catholique* n° 2407, du 03/08/2008, p. 727. Dans l'*Audience générale du 1er février 2012*, Benoît XVI traite *ex professo* de « la prière de Jésus à Gethsémani, au jardin des Oliviers ». Il s'appuie sur Mc 14, 36 : « *Abba*... Père, tout est possible pour toi. Éloigne de moi cette coupe. Cependant, non pas ce que je veux, mais ce que tu veux ! » (Mc 14, 36). « Dans cette invocation, dit-il, il y a trois passages

révélateurs. Au début, nous avons le redoublement du terme avec lequel Jésus s'adresse à Dieu : "*Abba* ! Père !" (Mc 14, 36a). Nous savons que le mot araméen *Abba* est celui qui était utilisé par l'enfant pour s'adresser à son père et exprime ainsi la relation de Jésus avec Dieu le Père, une relation de tendresse, d'affection, de confiance, d'abandon. Dans la partie centrale de l'invocation, il y a un deuxième élément : la conscience de la toute-puissance du Père – "tout est possible pour toi" –, qui introduit une demande où, encore une fois, apparaît le drame de la volonté humaine de Jésus devant la mort et le mal : "Éloigne de moi cette coupe". Mais il y a la troisième expression de la prière de Jésus et c'est elle qui est décisive, là où la volonté humaine adhère pleinement à la volonté divine. Jésus, en effet, conclut en disant avec force : "Cependant, non pas ce que je veux, mais ce que tu veux !" (Mc 14, 36c). Dans l'unité de la personne divine du Fils, la volonté humaine trouve sa pleine réalisation dans l'abandon total du Moi au Toi du Père, appelé *Abba*. » Le pape consacre ensuite un long développement à Maxime le Confesseur, qui reprend et développe les thèmes de l'*Audience générale du 25 juin 2008*, notamment sur le « Oui » et le « Non ». Les deux textes sont en ligne sur le site du Vatican.

21. Question qui a deux graphies : « Qu'*est-ce* qui souffre dans le Christ ? » ou « Qu'est *ce-qui* souffre dans le Christ ?

22. Sur la Querelle d'Utrecht, *cf.* R. DESCARTES & M. SCHOOCK, *La Querelle d'Utrecht*, éd., trad. et notes par THEO VERBEEK. Préface de J.-L. MARION, Paris, Les Impressions nouvelles, 1988.

23. On notera que « suppôt » est également employé chez Pascal dans le fragment « Disproportion de l'homme » des *Pensées* (BRUNSCHVICG, 115 ; LAFUMA 65) : « La théologie est une science, mais en même temps combien est-ce de sciences ? *Un homme est un suppôt*, mais si on l'anatomise, que sera-ce ? la tête, le cœur, l'estomac, les veines, chaque veine, chaque portion de veine, le sang, chaque humeur de sang. » Bien des siècles plus tard, ANTONIN ARTAUD écrira à Georges Le Breton : « L'âme est un suppôt, non un dépôt mais un suppôt, ce qui toujours se relève et se soulève de ce qui d'autrefois a voulu subsister, je voudrais dire rémaner, demeurer pour réémaner, émaner en gardant tout son reste, être le reste qui va remonter » (*Œuvres complètes*, XI, p. 194).

24. G.W. LEIBNIZ, *Essais de théodicée*, I, § 59, G 6, 135. Parmi les nombreuses analyses leibniziennes de la personne, on aura garde d'oublier la notice *Persona* dans la *Paraphrasis ad Vallam*, éd. G. GRUA, *Textes inédits de Leibniz*, Paris, PUF, 1948, p. 558 :

« Persona significat eam qualitatem qua homo differt ab homine tum in anima tum in corpore tum in extra positis, ut Hector ad Priamum persona filii est, ad Astyanactem patris, ad Andromachen persona mariti, ad Paridem persona fratris, ad Sarpedonem persona amici, ad Achillem inimici. Sunt autem et personae in divinitate et quidem qualitates, non substantiae, si Vallae credimus, pater filius spiritus sanctus. Sed ita abjicienda falsa et graecula qualitatis definitio, quae possit abesse citra subjecti corruptionem. Lux enim et Calor a sole nunquam abest. Haec Valla *lib. 6.* »

25. Boèce, *Contra Eutychen et Nestorium*, in *The Theological Tractates*, éd. et trad. anglaise de H.F. Stewart, E.K. Rand & S.J. Tester. *The Consolation of Philosophy*, éd. et trad. S.J. Tester, Cambridge 1978 (= The Loeb Classical Library 74), p. 84, 4-5.

26. Pour tout ce qui concerne la définition boécienne de la personne, *cf.* Boèce, *Traités théologiques*, présent. et trad. A. Tisserand, Paris (GF-Flammarion, 876), 2000, p. 74-75. Sur la conceptualité boécienne et sa reprise – traduction – transposition des catégories patristiques grecques, *cf.*, du même, *Pars theologica. Logique et théologie chez Boèce*, Paris, Vrin (Sic et Non), 2008.

27. Boèce, *Contra Eutychen*..., éd. Rand-Stewart, p. 86, 24-25. Sur les multiples approches de la « personne » chez Boèce, on consultera l'article pionnier de M. Nédoncelle, « Les variations de Boèce sur la personne », *Revue des sciences religieuses*, 29/3 (1955), p. 201-238. Sur l'assimilation boécienne entre « hypostase » et « personne », *cf.* D. Bradshaw, « The *Opuscula sacra* : Boethius and theology », *in* J. Marenbon (éd.), *The Cambridge Companion to Boethius*, chap. v, Cambridge, CUP, p. 122 : « ... *hypostasis* in fact did not mean what Boethius alleges, the individual subsistence of a rational nature ; it meant an individual subsistence of *any* nature, including, for example, a horse or a rock. This is partly why it had regularly to be paired with *prosopon* in the Trinitarian and Christological debates. However, it is true that because of their frequent association the two terms had come to be seen as more or less equivalent within these limited contexts, and it is this context-dependent sense that Boethius no doubt has in mind. »

28. Boèce, *Contra Eutychen*..., éd. Rand-Stewart, p. 86, 23-29.

29. Boèce, *Contra Eutychen*..., trad. Rand-Stewart, p. 87.

30. Sur la personne chez Thomas et la lecture thomasienne de Boèce, *cf.* C. de Belloy, « Personne divine, personne humaine selon Thomas d'Aquin : l'irréductible analogie », *Les Études philosophiques*, 2/2007 (n° 81), p. 163-181.

31. Sur PSA voir le cours du 14 avril 2015. Voir en outre A. de Libera, « *Les actions appartiennent aux sujets*. Petite archéologie d'un principe leibnizien », *in* S. Caroti, Z. Kaluza, R. Imbach, G. Stabile, L. Sturlese (éd.), *« Ad Ingenii Acuitionem ». Studies in Honour of Alfonso Maierù*, Louvain-La-Neuve, Fédération internationale des Instituts d'études médiévales (Textes et études du Moyen Âge - TEMA 38), 2006, p. 199-219. PSA est allégué d'un bout à l'autre du « Long Moyen Âge », dans les contextes les plus divers, de Thomas d'Aquin à Leibniz.

32. Pour d'autres interprétations convergentes de la formule boécienne chez Thomas d'Aquin, cf. *Super I Sent.*, d. 25, q. 1, a. 1 ; d. 23, q. 1, a. 1 ; *Super II Sent.*, d. 3, q. 1, a. 2, *ad 4m* ; *ScG*, III, chap. 128 et 130 ; *ScG*, IV, chap. 26 et 52 et *Quaestiones disputatae De Potentia*, 9, 2 et 8, 4, *ad 5m.*

33. Une des thèses fondamentales de Luther est le rejet conjoint de la définition scolastique de la personne par le *dominium* exercé sur les actes propres et de la notion aristotélicienne, « philosophique », de la vertu comme *habitus* ou disposition (*hexis*) consolidée par la pratique, rejet qui à son tour, fonde et explique la théorie de la justification par la foi. Ce double rejet est clairement formulé dans la critique de la théorie scolastique de la justice, articulée dans les thèses anti « philosophiques » n° 39 : « Nous ne sommes pas maîtres de nos actes, mais nous en sommes serfs, depuis le commencement jusqu'à la fin. *Contre les philosophes* » et n° 40 : « Nous ne sommes pas rendus justes en accomplissant des œuvres justes, mais, rendus justes, nous accomplissons des œuvres justes. *Contre les philosophes* ». La position de Luther est énoncée en termes exprès dans la lettre à Spalatin du 19 novembre 1516 : « Ce n'est pas, comme le pensait Aristote, en faisant le juste que nous devenons justes, et pas non plus par l'hypocrisie, mais c'est (pour le dire ainsi), en devenant justes et en étant justes que nous faisons le juste. Il faut d'abord changer sa personne, les actes viennent ensuite : *Prius necesse est personam esse mutatam, deinde opera* » (WA Br 1, 70, 29-31 ; BoA VI, 2, 29-32). Contrairement à ce qu'affirme l'*Éthique à Nicomaque*, II, 1, 1103b 1, ce n'est pas « en pratiquant les actions justes que nous devenons justes » : la justification précède l'œuvre. Pour tout cela, *cf.* Martin Luther, *Disputatio contra theologiam scolasticam* (1517), trad. fr. *Controverse contre la théologie scolastique*, *in* Martin Luther, *Œuvres choisies*, t. I, Genève, Labor et Fides, 1985, et l'ouvrage de référence de Philippe Büttgen, *Luther et la philosophie. Études d'histoire*, EHESS-Vrin (Contextes), 2011.

Cours du 15 février 2016

Deuxième heure

Qui souffre sur la Croix ? L'homme ? Dieu ? L'homme-Dieu (ou le Dieu-homme) ? Deux points d'articulation entre christologie et anthropologie déterminent pour nous deux axes de recherche. — Le premier axe est le chiasme de l'homme-dieu et la communication des idiomes en Dieu. — Le second axe, la communication des idiomes et le chiasme des propriétés du corps et de l'âme dans l'homme. — Premier axe : on lit dans les Écritures que « le Seigneur de gloire a été crucifié » (I Cor 2, 8) et que « le Fils de l'homme est dans le Ciel » (Jn 3, 13). Ces énoncés attribuent, l'un au Verbe-Dieu, l'autre au Christ-homme, une propriété ou disposition incompatible avec sa nature. — Comment expliquer cela ? — Réponse de Jean de Damas : la communication des idiomes. — Thèse du De fide orthodoxa *: en raison de l'unité de leur unique hypostase et de la « périchorèse des parties », les deux natures dans le Christ se « communiquent mutuellement leurs idiomes ». — Cette « communication des idiomes » est ce qui permet d'attribuer à l'homme Jésus ce qui est vrai du Seigneur et au Seigneur ce qui est vrai de l'homme. — Comment penser l'*ἀντίδοσις τῶν ἰδιωμάτων*, la communication des idiomes, encore appelée* κοινωνία ἰδιωμάτων*, communion (ou communauté) des idiomes ? — Description de schèmes conceptuels. — Présentation de deux figures.— Analyse d'un texte d'Augustin :* La Trinité, I, XIII, 28. *— Comment expliquer la phrase de Paul en I Cor 2, 8 : « S'ils avaient su (cognovissent) qui il était, jamais les Juifs n'auraient crucifié le seigneur de gloire ». — Critique des traductions du texte d'Augustin. — Analyse des formules techniques augustiniennes. — Exégèse de Philippiens 2, 7. — De la communication des idiomes* *(dans le Christ) au chiasme des propriétés (dans l'homme). – Parenté des structures. — Deux phrases du langage ordinaire analysées par Augustin montrent le chiasme à l'œuvre : « Il est maintenant en paix » (dit d'un individu, alors que la phrase ne peut concerner que son âme) ; « Il est enterré à tel endroit » (dit d'un individu, alors que la phrase ne peut concerner que son corps). — Chiasme des propriétés et métonymie. — Retour à la Passion du Christ : chiasme des dénominations et communication des idiomes. — L'article « communication d'idiomes » de* l'Encyclopédie. — *La communication d'idiomes comme « dénomination croisée ». — « C'est par communication d'idiomes qu'on dit que Dieu a souffert » ou que « Dieu est mort ». — La communication d'idiomes et les problèmes philosophiques soulevés par Schlick et Wittgenstein. — Quatre « scénarios de souffrance » (notés ici « SS ») utilisés dans la philosophie moderne. — Parmi les scénarios déroutants, ceux qui concernent le plus directement la question du sujet de la passion sont ceux qui combinent « SS3 » et « SS4 » : souffrir quant à une partie ou au tout d'une chose qu'on n'est pas ou qu'on ignore être.*

Je pars donc de la question centrale, décisive pour l'archéologie du sujet de la passion : « Qui souffre sur la Croix ? » et je pose d'emblée ce qui est décisif dans ce décisif, à savoir que cette question : « Qui souffre sur la Croix ? » a un corollaire ou une formulation croisée, ou si vous préférez une réciproque, à savoir celle-ci : « Qui accomplit les miracles ? » Rien d'étonnant à cette implication, elle est « mutuelle » – et l'on pouvait s'y attendre, en entendant parler, lors des séances précédentes, dès l'allusion au synode du Latran, de cette étrange opération dite « théandrique » par les Grecs et « divino-humaine » ou « déivirile » par les Latins[1]. Cette implication mutuelle nous révèle une fois de plus une structure conceptuelle œuvrant en sous-main dans le temps et l'espace mental de nos interrogations, mais aussi dans la durée longue, matérielle, sédimentée de notre archive.

Dieu s'est fait homme. L'homme a été fait Dieu[2]. Cette notion de l'homme-Dieu ouvre structurellement la porte à deux questions concernant l'action, comme elle ouvre la porte à deux questions concernant la volonté – ainsi qu'on l'a vu d'une certaine façon en 2015 –, s'agissant de la Passion : Qui agit, donc aussi qui pâtit, et *en deçà* : Qui veut dans le Christ : l'homme ou Dieu ? Deux questions donc, mais aussi, et c'est là que je parle de *structure*, trois réponses possibles *a priori*, trois réponses possibles conceptuellement : l'homme (dieu) ; (l'homme) dieu ; l'homme-dieu ou le dieu-homme (le trait d'union, bien nommé, en l'occurrence, renvoyant à la dimension « théandrique » de la volonté, de l'action et de la passion). J'insiste sur la graphie : car l'Incarnation est précisément un type d'union qui ne tolère pas la séparation (qu'elle soit réelle ou mentale). La graphie exprime cela. Elle est la trace, la marque écrite du mystère. Mais en même temps elle exprime ses possibilités internes. Il n'y a pas d'autre « alternative » : soit la mise entre parenthèses de l'un des termes, soit leur union sans parenthétisation.

La structure que l'on retrouve à l'œuvre dans les « complexes questions-réponses » où se déploie la question du sujet de la Passion – avec un grand P – mais aussi de la passion – avec un petit p – chez le Christ et chez l'homme, en christologie et en anthropologie, s'articule selon deux axes et se laisse aborder sous deux angles, tant dans le monde « grec » que dans le monde « latin ». Le premier axe est *le chiasme de l'homme-dieu et la communication des idiomes* en Dieu ; le second axe, *la communication des idiomes et le chiasme des propriétés du corps et de l'âme dans l'homme.*

Premier axe : le chiasme de l'homme-dieu et la communication des idiomes.

On lit dans le Nouveau Testament que « le Seigneur de gloire a été crucifié » (I Cor 2, 8) et que « le Fils de l'homme est dans le Ciel » (Jn 3, 13). Ces énoncés semblent comporter ce qu'on appellerait aujourd'hui « une erreur sur la personne ». De fait, l'un attribue au Verbe-Dieu, l'autre au Christ-homme une propriété ou disposition incompatible avec sa nature. Pourtant le premier énoncé est de Paul, et le second du Christ lui-même. Selon l'Évangile de Jean, le Christ a dit :

Jn 3, 13 : Personne n'est monté au ciel, si ce n'est celui qui est descendu du ciel, le Fils de l'homme qui est dans le ciel (ὁ υἱὸς τοῦ ἀνθρώπου ὁ ὢν ἐν τῷ οὐρανῷ).

Comment expliquer cela ? Jean de Damas répond : en raison de l'unité de leur unique hypostase et de la « périchorèse des parties », les deux natures dans le Christ se « communiquent mutuellement leurs idiomes »[3]. Cette « communication des idiomes » – ἀντίδοσις τῶν ἰδιωμάτων, ἀντιμετάστασις, κοινωνία ἰδιωμάτων, *communicatio idiomatum* – est ce qui permet d'attribuer à l'homme Jésus ce qui est vrai du Seigneur et au Seigneur ce qui est vrai de l'homme[4]. La « communication des idiomes » est une expression qui peut surprendre. Mais en grec cela n'a rien de mystérieux : le terme est κοινωνία, c'est-à-dire la communauté, la mise en commun. *Communication*, en français, nous donne à penser une activité, un acte, un échange, alors que κοινωνία nous donne à entendre plutôt le résultat ou une disposition stable. Les deux sont vrais.

Cette terminologie relève d'un modèle philosophique : le modèle porphyrien de l'individualité, tel qu'il a été mis en place dans l'*Isagoge*, l'introduction aux *Catégories* – œuvre de Porphyre que tout le monde avait lu dans l'Antiquité et au Moyen Âge. Les Pères cappadociens, qui occupent une place de plein exercice dans l'histoire des universaux, ont, si l'on peut dire, donné le baptême à ce modèle porphyrien de l'individualité – je parle de la définition de l'individu posée par Porphyre dans l'*Isagoge* : « rassemblement » ou « faisceau » de « propriétés » ou « caractères propres » (ἄθροισμα ἰδιοτήτων) que l'on retrouve, entre autres, dans la définition basilienne de l'individu comme « ἰδιωμάτων συνδρομή » : autrement dit : concours de propriétés[5]. L'intérêt du terme *idioma* est qu'il peut s'appliquer aussi bien à Dieu (notamment à l'hypostase divine du Christ), où il ne saurait y avoir d'accidents, qu'aux individus, tels que les hommes, les personnes, qui, comme l'écrit Grégoire dans l'*Ad Graecos*, « diffèrent entre elles non pas par ce qui caractérise l'essence, mais par ce que l'on appelle *accidents* »[6].

Le terme *idioma* couvre donc à la fois la différence qui peut s'établir en Dieu entre des caractères propres (qui ne peuvent d'aucune façon être accidentels car il n'y a pas d'accident en Dieu) et ce qui, à l'échelle humaine, va permettre de penser comment un individu diffère d'un autre, comment un homme diffère d'un autre homme alors qu'ils ont en commun la même essence. Nous l'avons vu la semaine dernière, deux hommes diffèrent par leurs accidents : le fait d'être blond ou brun, petit ou grand etc. bref, les neuf catégories de l'accident.

Voilà le dogme qui s'est imposé petit à petit. Il est formulé par Jean de Damas de la manière la plus nette qui soit, mais, évidemment, il a derrière lui une longue histoire. Jean de Damas c'est le VIIe siècle, c'est le monde hellénophone syrien, mais il n'y a pas que cela dans l'histoire de l'Église. Nous allons parler aujourd'hui d'Augustin.

Augustin est mort le 28 août 430. Grégoire de Nysse est mort « après 394 », Basile en 379 : ils lui sont donc bien antérieurs. Augustin n'a pu participer au concile d'Éphèse, auquel il était invité. Il n'a donc pas connu les canons du concile, IIIe œcuménique, tenu de juin à septembre 431. Il a en revanche abordé de front le problème dont la « communication des idiomes » est censée apporter la solution.

Voici le problème : étant donné que dans le Christ il y a deux natures, N1 (la nature divine) et N2 (la nature humaine), unies en une seule personne, on doit pouvoir appliquer à N1 les propriétés particulières de N2 et réciproquement ; on doit pouvoir les permuter, les *échanger*.

Autrement dit : étant donné P1, « être au ciel », la propriété qui convient au Christ en tant que fils de Dieu, substrat ou hypostase de la nature divine, et P2, « être crucifié », la propriété qui convient au Christ-Dieu fait homme, homme incarné, hypostase d'une nature humaine capable de souffrir, puisqu'elle inclut la corporéité, on peut dire que :

> P2 : « être crucifié » est une propriété qui convient à X dans la mesure où celui-ci est l'hypostase de la nature humaine N2 et mérite ainsi d'être appelé « fils de l'homme », alors que

P1 : « être au ciel » est une propriété qui convient à X en tant que celui-ci est l'hypostase du Verbe, *i.e.* de la nature divine N1 et mérite qu'on l'appelle pour cela « fils de Dieu ».

On a ainsi :

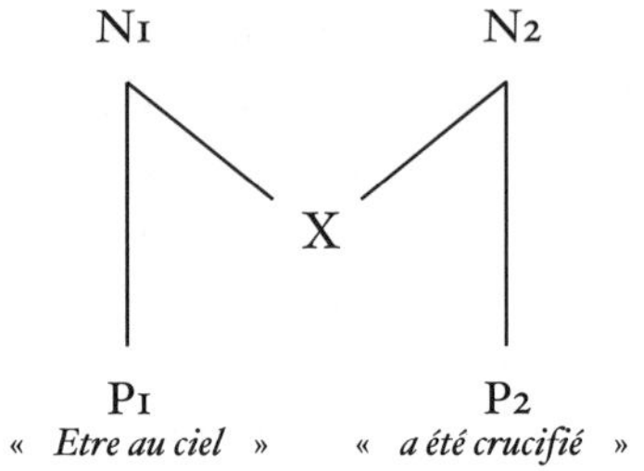

La question qui se pose est de savoir si l'on peut attribuer la propriété « a été crucifié » au fils de Dieu, et la propriété « être au ciel » au fils de l'homme. La réponse est : Oui, s'il y a, précisément ἀντίδοσις ἰδιωμάτων, communication, échange des propriétés, à savoir :

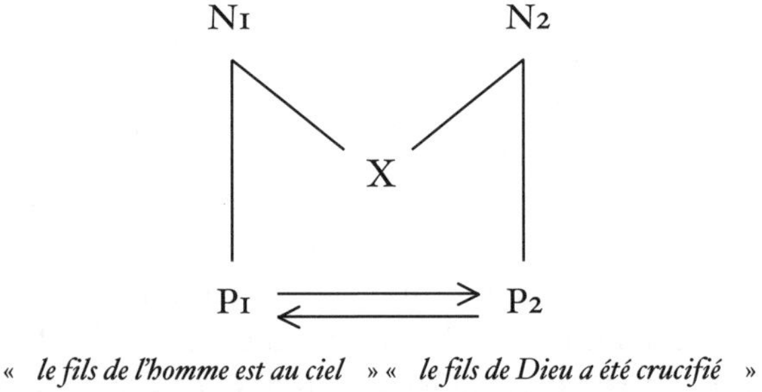

Cette communication est indispensable, elle est *nécessaire*. Je dois pouvoir dire que le Fils de l'homme est au ciel et que le Fils de Dieu, ou Seigneur de gloire, a été crucifié. Car si je ne le pouvais pas, si ces deux énoncés n'étaient pas pertinents, s'ils étaient mal formés ou faux, alors je ne pourrais éviter le nestorianisme. Le nestorianisme est cette position qui consiste à distribuer en deux personnes distinctes les opérations du Verbe-*logos* et du Christ-homme, à dire qu'il y a deux personnes dans le Christ. C'est celle que Cyrille d'Alexandrie décrit en anathématisant ceux qui « *répartissent* entre *deux* personnes ou hypostases les paroles contenues dans les Évangiles et les écrits des apôtres, qu'elles aient été prononcées par les saints sur le Christ ou par lui sur lui-même », et « lui *attribuent* les unes comme à un *homme* considéré *séparément* à part du *Verbe* issu de Dieu », et « les autres au *seul Verbe* issu du Dieu Père, parce qu'elles conviennent à Dieu »[7].

Dans son propre univers de référence, avec sa langue et ses propres concepts, Augustin, lui, a affronté le problème de la communication entre natures divine et humaine au niveau des propriétés, cette κοινωνία ἰδιωμάτων dont parlent les hellénophones.

C'est à propos de la crucifixion et du jugement, autrement dit d'énoncés scripturaires précis tels que : '*Le Seigneur a été crucifié*' et '*L'homme jugera*' que dans le *De Trin.* I, XIII, 28 et 29, il traite le problème qui nous occupe, sans prononcer l'expression grecque de « communication des idiomes ». Et pour cause : Augustin ne partage pas la même ontologie que les Pères cappadociens, tout imprégnés des formules extrapolées de l'*Isagoge*. Il ne soutient pas l'espèce de réalisme de l'immanence que les Cappadociens appliquent à la fois à la Trinité et aux universaux – je laisse ce point de côté : on a vu la semaine dernière que dans la formule cappadocienne on pouvait dire que Dieu était une seule et même *ousia* en trois hypostases[8].

Il n'en a pas moins une ontologie à lui, un vocabulaire technique qu'il faut considérer avec soin. Plus important encore, c'est lui qui forge le modèle que j'appelle *périchorétique* opposé au modèle *attributiviste* aristotélicien de la subjectité. Là encore c'est un paradoxe puisque Augustin n'emploie pas le mot *perichoresis*, introduit, en l'occurrence, quelques siècles plus tard, par Jean de Damas. Mais il y a bien chez lui l'idée d'immanence mutuelle. Il n'y a pas le mot, mais il y a le concept.

Suivons son analyse dans le *De Trinitate* I, XIII, 28. Quel est le problème ? Il s'agit d'expliquer la phrase de Paul en

I Cor 2, 8 : « S'ils avaient su (*cognovissent*) qui il était, jamais ils n'auraient crucifié le Seigneur de gloire. » Il s'agit d'expliquer ce fait : que le Seigneur de gloire a été crucifié.

> Nisi tamen idem ipse esset *Filius hominis* propter *formam servi* quam accepit, qui est *Filius Dei* propter *Dei formam* in qua est, non diceret apostolus Paulus de principibus huius saeculi : *Si enim cognovissent, numquam Dominum gloriae crucifixissent.* Ex forma enim *servi crucifixus est*, et tamen *Dominus gloriae crucifixus est.* Talis enim erat illa susceptio quae Deum hominem faceret et hominem Deum[9].

Il s'agissait pour les « princes de ce siècle » de comprendre l'Incarnation, appelée ici *susceptio* : l'« assomption », la réception des natures dans un même être. S'ils avaient pu comprendre cela, jamais ils n'auraient crucifié le Seigneur de gloire. Quel est le raisonnement ?

Voici d'abord la prémisse sous-entendue : le même Christ X est fils de l'homme et fils de Dieu. Il est fils de l'homme en vertu de la forme d'esclave, de serf (propter *formam servi*) qu'il a revêtue. Il est fils de Dieu à cause de la forme en laquelle il subsiste.

Voici maintenant le raisonnement : si ce n'était pas le même X qui est Fils de l'homme et Fils de Dieu, Paul n'aurait pas dit : « s'ils avaient su [cela ou qui était X], ils n'auraient pas crucifié le Seigneur de gloire ». En effet, c'est « en vertu de » (*ex*) sa forme de serf qu'il a été crucifié, et pourtant c'est bien le Fils de Dieu qui a été crucifié, car telle était la *susception* qui devait faire de Dieu (un) homme et de (un) homme Dieu. Et c'était cela qui était (et reste) tout le mystère – et la force sotériologique – de l'Incarnation.

Comment expliquer ce mystère ? Voici d'abord le texte latin, puis la traduction de la Bibliothèque augustinienne, dont nous reprendrons pas à pas les divers éléments.

> Quid tamen propter quid et quid secundum quid dicatur, adiuvante Domino prudens et diligens et pius lector intellegit. Nam ecce diximus quia secundum id quod Deus est glorificat suos, secundum hoc utique quod *Dominus gloriae* est ; et tamen *Dominus gloriae crucifixus est*, quia recte dicitur et Deus *crucifixus*, non ex

virtute divinitatis sed *ex infirmitate carnis* ; sicut dicimus quia secundum id quod Deus est iudicat, hoc est ex potestate divina non ex humana, et tamen ipse *homo iudicaturus est* sicut *Dominus gloriae crucifixus est.*

Maintenant, que faut-il prendre au sens absolu et que faut-il entendre de façon relative, tout lecteur avisé, attentif et pieux le discernera, Dieu aidant. Nous avons dit, par exemple, que c'est comme Dieu que le Seigneur glorifie les siens, comme Seigneur de gloire, *et pourtant le Seigneur de gloire a été crucifié, car il est exact de parler même de "Dieu crucifié"*, non pas en raison de sa puissance divine, mais du point de vue de sa faiblesse corporelle (II Cor 13, 4). Nous disons aussi que c'est comme Dieu qu'il juge, en vertu d'un pouvoir divin, non en vertu d'une autorité humaine, pourtant *c'est l'homme lui-même qui jugera, de même que c'est le Seigneur de gloire qui a été crucifié* [10].

Analysons. Augustin pose la question méthodologique, herméneutique :

Quid tamen propter quid et quid secundum quid dicatur,
adiuvante Domino prudens et diligens et pius lector intellegit.

La Bibliothèque augustinienne propose :

Maintenant, que faut-il prendre au sens absolu et que faut-il entendre de façon relative,
tout lecteur avisé, attentif et pieux le discernera, Dieu aidant [11].

Raulx traduit :

Mais comment, et en quoi est-il Dieu, et est-il homme ?
Un lecteur prudent, pieux et attentif comprendra aisément avec la grâce de Dieu.

C'est fou tout ce que l'on arrive à comprendre avec la grâce de Dieu. Le problème est que ce n'est pas *cela* qu'il faut comprendre ! Ce n'est pas la bonne question. Nous recevrons sans doute une aide puissante pour la réponse, mais nous n'avons pas la question.

Le plus urgent est donc de comprendre la question. Malheureusement les deux traductions sont mauvaises : on n'a pas *simpliciter (haplos)* et *secundum quid (pros ti)*, comme le suggère la Bibliothèque augustinienne, ni *qualiter* ou *quomodo* et *secundum quid*, comme le laisse entendre Raulx. On a *propter quid* : « à cause de quoi » et *secundum quid* : « selon quoi ».

Augustin pose ce problème : qu'est ce qui est dit « *propter quid* » et qu'est ce qui est dit « *secundum quid* » quand on parle des opérations du Christ ? Ou, si vous préférez : qu'est-ce qui, en cette affaire, est « ce à cause de quoi » et « ce selon quoi » Christ agit ?

Quid tamen propter quid et quid secundum quid dicatur ? Le lecteur comprendra avec l'aide de Dieu, *adiuvante Domino prudens et diligens et pius lector intellegit*.

« *NAM* » : *En effet*. Autrement dit le texte continue, après ce *nam*, il fournit les éléments que le lecteur avisé va pouvoir exploiter – les deux expressions « *propter quid* » et « *secundum quid* » ne figuraient pas dans la séquence précédente ; elles interviennent dans la suivante avec « *secundum quid* » et « *ex* » (qui figurait déjà et est repris, cet « *ex* » étant, ce n'est pas dit, et c'est à nous de le voir, l'équivalent de « *propter quid* »).

Augustin introduit ces expressions pour formuler le problème : *Nam ecce diximus quia* : « Voilà, en effet ce que nous avons dit. »

Je traduis :

> Selon qu'il est Dieu il glorifie les siens selon qu'il est Seigneur de gloire, et pourtant *le Seigneur de gloire a été crucifié*,
>
> car c'est droitement (à bon droit) que l'on dit de Dieu aussi (ou aussi de Dieu : « et » signifiant *etiam*) qu'il a été crucifié, non (*ex*) en vertu de (de par) la puissance divine, mais (*ex*) en vertu de (de par) la faiblesse de la chair.
>
> De même nous disons :
> Selon qu'il est Dieu il juge, à savoir (*ex*) en vertu de (de par) la puissance divine, mais non (*ex*) en vertu de (de par) la puissance humaine, et pourtant *l'homme jugera*
>
> Tout comme
> *le Seigneur de gloire a été crucifié [aussi vrai que…]*

Et il est bien dit que l'homme jugera, insiste Augustin :

> Ita enim aperte dicit : Cum venerit Filius hominis in gloria sua et omnes Angeli cum eo, tunc congregabuntur ante eum omnes gentes, etc.
>
> Car il le dit lui-même ouvertement (sans équivoque) en ces termes : « Quand le Fils de l'homme viendra dans sa gloire, et tous les anges avec lui, toutes les nations seront assemblées devant lui (Mt 25, 31.32) », etc.

On a *secundum quid* et *ex* – pas *secundum quid* et *propter quid*, mais c'est bien de cette opposition qu'il s'agit et Augustin clarifie pleinement la chose dans la suite du texte [12]. Qu'est-ce qui doit être dit « en raison de » *(propter quid ou ex)*, et qu'est-ce qui doit être dit « sous un certain rapport » *(secundum quid*, ou *in forma apparens)* ?

Réponse est donnée sous forme de chiasme :

> Quapropter Filius hominis iudicaturus est, nec tamen ex humana potestate sed ex ea qua Filius Dei est ; et rursus Filius Dei iudicaturus est, nec tamen in ea forma apparens in qua Deus est aequalis Patri, sed in ea qua Filius hominis est

C'est bien le même Christ qui est Fils de l'homme et Fils de Dieu qui jugera.

> – le Fils de l'homme jugera : mais pas *« ex » potestate humana*, « de puissance humaine » en vertu de, en raison de, autrement dit « *propter* » [[*potentiam humanam*]], *propter quid* ;
>
> – le Fils de Dieu jugera, mais pas « selon [[sous]] sa forme apparente » [[la manifestation ; l'apparence]] qui le fait égal au Père, mais sous *la forme par laquelle il est Fils de l'homme*

On verra revenir le Fils de l'homme, on verra le Christ juger le monde. Mais ce n'est pas en vertu d'une quelconque puissance humaine qu'il jugera, c'est sous la forme qui est la sienne en tant qu'il est incarné.

La forme par laquelle il est Fils de l'homme est – c'est une expression extrêmement intéressante – la « forme d'esclave », la *forma servi*, la forme de la kénose. Cette *forme de la kénose* c'est celle qui est énoncée dans Philippiens 2, 7 :

> ... ἀλλὰ ἑαυτὸν ἐκένωσεν μορφὴν δούλου λαβών, ἐν ὁμοιώματι ἀνθρώπων γενόμενος· καὶ σχήματι εὑρεθεὶς ὡς ἄνθρωπος.
>
> ... sed semet ipsum exinanivit formam servi accipiens in similitudinem hominum factus *et habitu inventus ut homo.*
>
> ... mais il s'est anéanti lui-même [13], en prenant la condition d'esclave, en se rendant semblable aux hommes, *et reconnu pour homme par tout ce qui a paru de lui.*

Voilà ce qu'est la kénose : ce mouvement par lequel l'homme-Dieu se laisse voir, s'est laissé rencontrer dans l'histoire du monde, jusqu'à la mort sur la Croix. La kénose, c'est le nom de l'Incarnation en tant qu'humiliation de Dieu. C'est le Dieu qui s'abaisse jusqu'à la condition la plus humble – *humilis* en latin, que tous les exégètes rattachent à *humus*, « la terre », qui est toujours donné comme étymologie de *homo*. L'homme, c'est de l'*humus*, et il n'y a rien qui soit plus bas que terre. L'incarnation, c'est aller jusqu'au fond de l'humiliation – ἐκένωσεν, *exinanivit* : « Il s'est anéanti lui-même. » Nous pourrions également traduire : « Il s'est entièrement vidé de lui-même, déversé, abandonné – en prenant la condition d'esclave, en se rendant semblable aux hommes. »

Il y a ensuite cette phrase extraordinaire, qui est – si vous me passez ce très mauvais jeu de mots – la croix des traducteurs : καὶ σχήματι εὑρεθεὶς ὡς ἄνθρωπος, *et habitu inventus ut homo*.

Dans les versions courantes de Philippiens 2, 7, on traduit par : « reconnu pour homme par tout ce qui a paru de lui ». Mais qu'est-ce qui a « paru de lui » ? On pourrait disserter longuement sur cela. Comment entendre ces expressions ? C'est un premier problème : celui de l'interprétation de la kénose, qui inclut la lecture de καὶ σχήματι εὑρεθεὶς ὡς ἄνθρωπος, *et habitu inventus ut homo* – que je laisse pour le moment de côté.

Mais la théorie que nous venons d'évoquer ne concerne pas que l'union hypostatique des deux natures dans le Christ, elle concerne l'union de l'âme et du corps dans l'homme. C'est un second problème, *anthropologique*. C'est ce que j'ai appelé le second axe : *la communication des idiomes ou le chiasme des propriétés dans l'homme*.

Comme je l'ai dit en effet, le croisement des propriétés a également lieu pour l'union de l'âme et du corps dans l'homme. Et c'est Augustin qui le remarque, en s'appuyant sur le *langage ordinaire*. On dit, en effet que, tel homme étant mort, *il est maintenant en paix* ou *tourmenté*, bien que cela ne puisse être dit que de son âme, et réciproquement, qu'*il est enterré à tel ou tel endroit*, alors que cela ne concerne que son corps [14]. Je parle de croisement de propriétés, mais on peut dire « chiasme » : une fois de plus. Pour le moment, je me contente de souligner le fait. Cette figure revient de façon étonnante dans tout le travail d'archéologie de la subjecti(vi)té.

Le texte de référence est ici Augustin, *Cité de Dieu*, XIII, 24 : il est important pour la distinction corps, âme, homme – et la question anthropologique : qu'est-ce que l'homme ?

> ... l'homme n'étant pas un corps seul ou une âme seule, mais quelqu'un composé à la fois d'une âme et d'un corps. Il est vrai que l'âme n'est pas l'homme tout entier, mais sa partie la meilleure et que le corps n'est pas non plus tout l'homme, mais sa partie inférieure. C'est quand il y a conjonction de l'une et de l'autre, que celle-ci prend le nom d'*homme*, que les parties ne perdent pas, même quand il est question d'elles séparément.
> Aucune loi n'interdit ces phrases d'usage quotidien : « Cet homme est mort, et maintenant il est soit dans le repos soit dans les tourments », même si on ne peut dire cela que de l'âme seule ; et : « Cet homme a été enseveli à tel endroit », même si on ne peut l'entendre que du corps seul.

On dira peut-être que ce n'est pas la façon de parler de l'Écriture. Au contraire, répond Augustin, elle confirme tellement l'analyse que, « même quand les deux parties sont unies dans un homme vivant, *elle appelle chacun du nom d'homme*, appelant l'âme *homme intérieur*, et le corps *homme extérieur*, comme s'il y avait deux hommes, alors que l'un et l'autre ne font ou ne fait qu'un » [15].

Pour justifier le chiasme, l'exemple choisi par Augustin montre une partie d'homme appelée « homme ». On a une métonymie : la partie reçoit le nom du tout – en l'occurrence avec un prédicat : *extérieur* vs *intérieur*.

On peut, en effet, dit-il, alléguer II Cor 4, 16 où il est question de ὁ ἔξω ἡμῶν ἄνθρωπος, notre homme extérieur, et de notre – sous-entendu homme – intérieur.

> Διὸ οὐκ ἐγκακοῦμεν, ἀλλ' εἰ καὶ ὁ ἔξω ἡμῶν ἄνθρωπος διαφθείρεται, ἀλλ' ὁ ἔσω ἡμῶν ἀνακαινοῦται ἡμέρᾳ καὶ ἡμέρᾳ.
>
> VULGATE : propter quod non deficimus sed licet *is qui foris est noster homo* corrumpitur tamen *is qui intus est* renovatur de die in diem.
>
> KING JAMES VERSION : For which cause we faint not; but though *our outward man* perish, yet *the inward man* is renewed day by day.
>
> LUTHER : Darum werden wir nicht müde ; sondern, ob *unser äußerlicher Mensch* verdirbt, so wird doch *der innerliche* von Tag zu Tag erneuert.

Je peux dire « mon homme intérieur » pour dire : *mon âme*, et « mon homme extérieur » pour dire : *mon corps*. Je vous accorde que ce serait une manière un peu cryptique de s'exprimer ; je ne suis pas sûr que je serais entendu par tout le monde, sauf par ceux qui connaissent 2 Corinthiens 4, 16. En tout cas, ces deux hommes sont ceux en lesquels et entre lesquels Paul se dit partagé : l'homme extérieur et l'homme intérieur sont comme la chair et l'esprit, matrice de tous les dualismes évoqués l'an dernier autour de Paul, d'Augustin et de Racine.

Le chiasme des propriétés est, on le voit à l'attention donnée au langage ordinaire, un chiasme des dénominations. L'aspect linguistique apparaît clairement dans l'article que l'*Encyclopédie* de d'Alembert et Diderot a consacré à la communication des idiomes, qui recourt expressément à la notion de « dénomination ». L'auteur de l'article « Communication d'idiomes (Theol.) », Edme-François Mallet (1713-1755) [16], a signé de nombreux articles de théologie dans l'*Encyclopédie*. Il est présenté par certains comme un cheval de Troie du christianisme orthodoxe. Malesherbes considérait que cet auteur était en fait « le plus ardent ennemi de l'*Encyclopédie* » ; il était utilisé pour avoir une caution, et peut-être aussi pour avoir quelqu'un capable de traiter du sujet. Mallet présente la *communication d'idiomes* en disant qu'elle est « fondée sur l'union hypostatique des deux natures en Jésus-Christ », car, selon « les Théologiens » : « Les dénominations qui signifient les *natures* ou les *propriétés de nature,* sont des dénominations de *supposita,* c'est-à-dire de personnes. » Or « comme il n'y a en Jésus-Christ qu'une seule personne, qui est celle du Verbe, c'est à cette personne qu'il faut attribuer les dénominations des deux natures, & de leurs propriétés ». Mais on ne saurait par la *communication d'idiomes* attribuer à Jésus-Christ « ce qui feroit supposer qu'il ne seroit pas Dieu ; car ce seroit détruire l'union hypostatique, qui est le fondement de la *communication d'idiomes* » : on ne saurait dire qu'il « soit un pur homme, qu'il soit faillible, *&c.* » Pour Mallet, la théorie de la dénomination croisée permet de renvoyer dos à dos nestoriens et luthériens [17].

Les exemples mis en relief pour illustrer la communication des idiomes, définie comme « l'application d'un attribut d'une des deux natures en Jésus-Christ à l'autre nature », *nous ramènent à la souffrance.* « C'est par *communication d'idiomes* qu'on dit que *Dieu a souffert,* que *Dieu est mort,* &c. choses qui à la rigueur ne se peuvent dire que de la nature humaine, & signifient que *Dieu est mort* quant à son humanité, qu'*il a souffert* en tant qu'Homme. »

Dont acte. Je veux cependant, avant de vous laisser, souligner que, dans ce thème de la communication des idiomes, il y a matière à poser des problèmes bien distincts, que nous devrions tout ou partie affronter dans les semaines qui viennent au niveau anthropologique, et non plus seulement christologique, par rapport à la communication des idiomes de l'âme et du corps ou entre l'âme et le corps ou entre la nature spirituelle et la nature corporelle de l'homme. Je distingue quatre « scénarios de souffrance » (notés SS) :

SS1 : X (un homme quelconque) souffre quant à une partie de la chose qu'il est – un homme – étant entendu 1° qu'il est cette partie et 2° que cette partie est de lui : il est âme, même s'il n'est pas son âme seule ou seulement son âme, il est corps, même s'il n'est pas son corps seul ou seulement son corps.

> SS2 : X souffre quant à une partie de la chose qu'il est 1° sans être cette partie et 2° sans que cette partie soit de lui – mais par exemple seulement *sienne*, selon la distinction platonicienne entre « moi » et « ce qui est mien » ou « nous-mêmes » et « ce qui est à nous ».

> SS3 : X souffre quant à une partie ou au tout d'une chose qu'il n'est pas – par exemple dans l'hypothèse où X aurait mal à une dent qui ne serait pas sienne – mais à Y, selon l'exemple de Schlick-Wittgenstein.

> SS4 : X ne sait pas qu'il est la chose à une partie de laquelle il a mal : il ne se reconnait pas au miroir ou n'identifie pas son corps comme étant le sien. Ce sont à nouveau les wittgensteiniens qui posent ces terribles difficultés – c'est rapporté plus ou moins dans ces termes par Moore [18].

Vous voyez que nous avons ici, appliqué à la philosophie, à la théologie, à la psychologie, ce principe de densité ou de plénitude que j'applique à la pensée humaine : aucune possibilité de pensée authentique ne peut rester éternellement irréalisée. S'il est possible de penser à quelque chose, on y pense un jour ou l'autre. Nous en avions vu une première version l'an dernier, dans le cours du 10 février, avec le principe de Naudé (PN) :

> PN : Il n'y a iamais eu opinion si absurde, proposition si erronée, maxime tant ridicule, qu'elle n'ait trouvé place dans la creuse cervelle de quelques esprits fantasques & disloquez [19].

Nous verrons qu'il y a, dans l'histoire de la pensée humaine, toutes sortes de problèmes qui méritent d'être posés même si, de prime abord, ils ont l'air d'avoir hanté la cervelle de quelques esprits *fantasques et disloqués*. Avant que les nôtres ne soient définitivement disloqués, je m'arrête. Bonsoir.

NOTES

1. Voir dans le cours du 8 février 2016 le canon 15 du concile de Latran (649, version latine, DS 515 : « Si quelqu'un, selon les hérétiques impies, considère dans sa folie l'opération divino-humaine que les Grecs appellent "théandrique" comme une seule et même opération, mais ne la confesse pas, selon les saints Pères, comme double, c'est-à-dire divine et humaine, ou considère que cette nouvelle appellation "divino-humaine" désigne une seule opération, mais ne signifie pas l'union admirable et glorieuse des deux, qu'il soit anathème ». L'expression semble introduite par DENYS dans la *Lettre à Caius* (PG 3, 1072), trad. M. DE GANDILLAC, p. 330 : « Ajoutons qu'il [Christ] n'a pas accompli à titre de Dieu des opérations divines, à titre d'homme des opérations humaines, mais bien qu'à titre de Dieu fait homme il nous a fait participer à la merveille inouïe d'une opération *théandrique* [tout ensemble divine et humaine] ». Pour sa reprise scolastique, cf., *e.g.*, THOMAS D'AQUIN, *Compendium theologiae*, lib. I cap. 212 : « ... et ideo Dionysius vocat humanam Christi operationem *theandricam*, idest *deivirilem*, quia scilicet sic procedebat ex humanitate, quod tamen in ea vigebat divinitatis virtus » (« ... C'est pourquoi Denys l'Aréopagite appelle l'opération humaine du Christ "théandrique", c'est-à-dire "déivirile" (divino-humaine) : parce que, au moment même où elle procédait de son humanité, c'était la vertu divine qui s'exerçait en elle. ») Cf. *De unione Verbi*, a. 5, *ad 1m,* trad. DELOFFRE, p. 147 : « On dit que l'opération du Christ selon l'humanité est *théandrique*, c'est-à-dire *divino-humaine*, en tant que l'humanité du Christ agissait de par la vertu divine ; et c'est pourquoi l'action de cette humanité était salutaire, comme l'instrument agit de par la vertu de l'agent principal. » Voir, en outre, THOMAS VON AQUIN, *Quaestio disputata 'De unione Verbi incarnati'*, trad. K. OBENAUER, Stuttgart-Bad Cannstatt, Frommann-Holzboog Verlag, 2011, p. 547.

2. Ce théorème fondamental de la théologie et de la christologie médiévales est formulé en ces termes dans la *Postille* d'Hugues de

Saint-Cher, un des principaux « outils de travail » des théologiens scolastiques et des prédicateurs : « Dieu s'est fait homme pour que l'homme devienne Dieu, non par nature mais par grâce », Cf. *Postillae in Bibliam*, VI, f° 285ra. Sur Hugues de Saint-Cher, *cf.* L-J. BATAILLON, G. DAHAN & P.-M. GY (dir.), *Hugues de Saint-Cher († 1263), bibliste et théologien.* Actes du colloque « Hugues de Saint-Cher, *O.P.*, bibliste et théologien », Paris, Centre d'études du Saulchoir, 13-15 mars 2000, Turnhout, Brepols (Bibliothèque d'histoire culturelle du Moyen Âge, 1), 2004.

3. Dans *La Foi orthodoxe*, III, chap. III, Jean de Damas lie explicitement COMMUNICATION DES IDIOMES et PÉRICHORÈSE : Sur tout cela, voir *De fide orthodoxa*, III, 3-4 ; PG 94, 993D-1000A ; trad. PONSOYE, p. 137 *sq.*

4. Concernant l'import de la communication des idiomes, on pourrait ajouter que l'ἀντίδοσις τῶν ἰδιωμάτων est aussi ce qui permet d'attribuer à la Vierge Marie le titre de « mère de Dieu », *theotokos*, que lui dénient Nestorius et les nestoriens.

5. Je ne reviens pas sur la doctrine cappadocienne des universaux et la définition basilienne de l'individu telle qu'elle figure dans l'*Adversus Eunomium* II 4, SC 305, S. 20, Z. 20f) : Πάλιν ἀκούσαντες Παῦλον, ἑτέρων ἰδιωμάτων συνδρομὴν ἐνοήσαμεν. Sur ce point, outre les publications déjà citées de C. ERISMANN, on consultera le beau travail de DMITRY BIRIUKOV, « Description of a Human Being through the "Concurrence of Properties" in Basil of Caesarea and its Theological and Philosophical Context » (en ligne sur Academia.edu).

6. GRÉGOIRE DE NYSSE, *Ad Graecos*, p. 31, 18-20. Sur ce texte, *cf.* J. LEEMANS, « Logic and the Trinity : Introducing Text and Context of Gregory of Nyssa's *Ad Graecos* », *in* V. H. DRECOLL & M. BERGHAUS (éd.), *Gregory of Nyssa : The Minor Treatises on Trinitarian Theology and Apollinarism.* Proceedings of the XIth International Colloquium on Gregory of Nyssa (Tübingen, 17-20 September 2008), Boston, Brill [Supplements to Vigiliae Christianae, 106], 2011, p. 111–130.

7. Voir le 4e anathème de Cyrille d'Alexandrie, joint à la *Lettre du Concile à Nestorius* (= 3^e^ *Lettre de Cyrille* à Nestorius), DS, § 255.

8. Sur le « réalisme de l'immanence » aux confins de l'Antiquité tardive et du haut Moyen-Âge, *cf.* C. ERISMANN, « Immanent Realism : A Reconstruction of an Early Medieval Solution to the Problem of Universals », *Documenti e Studi sulla tradizione filosofica medievale*, 18 (2007), p. 211-229.

9. AUGUSTIN, *De Trinitate*, I, XIII, 28 ; trad. RAULX : « 28. Si Jésus-Christ n'était tout ensemble Fils de l'homme parce qu'il a pris la forme d'esclave, et Fils de Dieu parce qu'il n'a point dépouillé la nature divine, saint Paul n'eût point dit des princes de ce monde que "s'ils l'avaient connu, ils n'auraient jamais crucifié le Seigneur de la gloire (I Cor., II, 8)". C'est en effet comme homme que Jésus-Christ a été crucifié, et néanmoins les juifs ont crucifié le Seigneur de la gloire. Car le mystère de l'Incarnation consiste en ce que Jésus-Christ est tout ensemble Dieu-Homme, et Homme-Dieu. »

10. AUGUSTIN, *De Trinitate*, I, XIII, 28 ; trad. M. MELLET & TH. CAMELOT, Introd. E. HENDRIKX, BA 15, Paris, Desclée de Brouwer, 1955, p. 165-167. RAULX traduit : « Mais comment, et en quoi est-il Dieu, et est-il homme ? Un lecteur prudent, pieux et attentif comprendra aisément avec la grâce de Dieu. Pour moi, j'ai déjà dit que comme Dieu il glorifie ses élus, parce que comme Dieu il est le Seigneur de la gloire. Toutefois il est vrai de dire que les juifs ont crucifié le Seigneur de la gloire, puisqu'on peut dire que Dieu même a été crucifié non en la vertu de la divinité, mais en l'infirmité de la chair (II Cor., XIII, 4). C'est aussi à Jésus-Christ comme Dieu qu'appartient le jugement, parce qu'il juge par l'autorité de sa divinité, et non par la puissance de son humanité. Néanmoins il doit comme homme juger tous les hommes, de même qu'en lui le Seigneur de la gloire a été crucifié. »

11. AUGUSTIN, *De Trinitate*, I, XIII, 28 ; BA 15, p. 165.

12. La suite du texte dit (AUGUSTIN, *De Trinitate*, I, XIII, 28 ; BA 15, p. 166-168) : « Et Iudaei quippe, qui in malitia perseverantes in illo iudicio puniendi sunt, sicut alibi scriptum est : Videbunt in quem pupugerunt (Zach 12, 10). Cum enim et boni et mali visuri sint iudicem vivorum et mortuorum (Act 10, 42 ; II Tim 4, 1 ; I P 4, 5), procul dubio eum videre mali non poterunt nisi secundum formam qua Filius hominis est, sed tamen in claritate in qua iudicabit, non in humilitate in qua iudicatus est. Ceterum illam Dei formam in qua aequalis est Patri procul dubio impii non videbunt. Non enim sunt mundicordes : Beati enim mundicordes quoniam ipsi Deum videbunt (Mt 5, 8). Et ipsa visio est facie ad faciem (I Cor 13, 12 ; Mt 6, 1 ; 5, 12 ; Lc 6, 35), quae summum praemium promittitur iustis ; et ipsa fiet cum tradet regnum Deo et Patri, in quo et suae formae visionem vult intellegi, subiecta Deo universa creatura et ipsa in qua Filius Dei Filius hominis factus est, quia secundum hanc et ipse Filius tunc subiectus illi erit qui ei subiecit omnia ut sit Deus omnia in omnibus (I Cor 15, 28). Alioquin si Filius Dei iudex in forma in qua

aequalis est Patri etiam impiis cum iudicaturus est apparebit, quid est quod pro magno dilectori suo pollicetur dicens : Et ego diligam eum et ostendam me ipsum illi (Jn 14, 21) ? *Quapropter Filius hominis iudicaturus est, nec tamen ex humana potestate sed ex ea qua Filius Dei est ; et rursus Filius Dei iudicaturus est, nec tamen in ea forma apparens in qua Deus est aequalis Patri, sed in ea qua Filius hominis est* (Phil 2, 7). »

Raulx traduit : « Les Juifs qui auront persévéré en leur malice, recevront en ce jugement la punition de leur crime, et “ils tourneront leurs regards vers Celui qu'ils auront percé” (Zac 12, 28). Et en effet, puisque les bons et les méchants doivent également voir Jésus-Christ comme Juge des vivants et des morts, il est certain que les pécheurs ne le verront qu'en son humanité. Mais alors cette humanité sera glorieuse, et non humiliée comme au jour de sa passion. Au reste, les pécheurs ne verront point en Jésus-Christ la divinité selon laquelle il est égal à son Père. Car ils n'ont pas le cœur pur, et Jésus-Christ a dit : “Bienheureux ceux qui ont le cœur pur, parce qu'ils verront Dieu” (Mt 5, 8). Or, voir Dieu, c'est “le voir face à face”, comme dit l'Apôtre (I Cor 16, 12). Et cette vision qui est la souveraine récompense des élus, n'aura lieu qu'au jour où Jésus-Christ remettra son royaume à Dieu le Père. C'est alors que toute créature étant soumise à Dieu, l'humanité sainte que le Fils de Dieu a prise en se faisant homme, lui sera elle-même soumise. Et en effet, comme homme “le Fils sera lui-même assujetti à celui qui lui aura assujetti toutes choses, afin que Dieu soit tout en tous” (I Cor 15, 28). Mais si le Fils de Dieu se montrait comme juge dans la forme divine qui le rend égal à son Père, et s'il se montrait ainsi aux pécheurs, il n'aurait plus de raison de promettre à son fidèle et bien-aimé disciple, comme bienfait inestimable, « “qu'il l'aimera, et qu'il se montrera à lui” (Jn 14, 21). *Concluons qu'au dernier jour le Fils de l'homme jugera tous les hommes en vertu de l'autorité qui lui appartient comme Dieu, et non par la puissance de son humanité. Et toutefois, il est vrai de dire que le Fils de Dieu jugera aussi tous les hommes : seulement il n'apparaîtra point en la nature divine qui le rend égal au Père, mais en la nature humaine qu'il a prise en devenant le Fils de l'homme* (Phil 2, 7). »

13. C'est le verbe κενόω, qui est employé ici, qui signifie « vider », – Strong donne : « I empty, deprive of content, make unreal. »

14. Augustin, *De civ. Dei*, XIII, 24 ; trad. Paris, Gallimard (Pléiade), p. 541 (« ... homo non est corpus solum vel anima sola, sed qui et anima constat et corpore. Hoc quidem verum est, quod non totus homo, sed pars melior hominis anima est ; nec totus homo corpus, sed inferior hominis pars est ; sed cum est utrumque

coniunctum simul, habet hominis nomen; quod tamen et singula non amittunt, etiam cum de singulis loquimur. Quis enim dicere prohibetur cotidiani quadam lege sermonis : *Homo ille defunctus est et nunc in requie est vel in poenis*, cum de anima sola possit hoc dici, et : *Illo aut illo loco homo ille sepultus est*, cum hoc nisi de solo corpore non possit intellegi ? »). Sur ce texte, *cf.* H.A. Wolfson, *The Philosophy of the Church Fathers,* I : *Faith, Trinity, Incarnation,* Cambridge (Mass.), Harvard University Press, 1956, p. 372.

15. Augustin, *De civ. Dei*, XIII, 24 ; trad. Pléiade, *ibid.* (« An dicturi sunt sic loqui Scripturam non solere divinam ? Immo vero illa ita nobis in hoc attestatur, ut etiam cum duo ista coniuncta sunt et vivit homo, tamen etiam singula hominis vocabulo appellet, animam scilicet interiorem hominem, corpus autem exteriorem hominem vocans, tamquam duo sint homines [*Cf.* II Cor 4, 16], cum simul utrumque sit homo unus. »)

16. Dans l'étude sur les collaborateurs de l'*Encyclopédie*, publiée par ENCCRE, l'*Édition numérique collaborative et critique de l'Encyclopédie*, on découvre que « ce théologien que Malesherbes désigne comme "le plus ardent ennemi de l'*Encyclopédie*" » n'était pas dans la ligne de D'Alembert ! « Était-il [...] un cheval de Troie au service de Boyer ? Un garde-fou destiné à éviter des écarts préjudiciables à l'entreprise ? » « Il est certain que le recrutement d'abbés orthodoxes, mis en avant dès le *Discours préliminaire*, constituait pour les éditeurs le meilleur gage de leur bonne foi en matière de religion. » Pour plus de détails, *cf.* http ://enccre.academie-sciences.fr.

17. Comme l'explique Mallet, « les Nestoriens rejettoient » la *communication d'idiomes,* « ne pouvant souffrir qu'on dît que *Dieu avoit souffert,* qu'*il étoit mort :* aussi admettoient-ils dans Jésus-Christ deux personnes », mais « les Luthériens sont tombés dans l'excès opposé, en poussant la *communication d'idiomes,* & en prétendant que Jésus-Christ, non seulement en tant qu'il est une des trois personnes divines, & à raison de sa divinité, mais encore en tant qu'Homme, & à raison de son humanité, est immortel » et « immense ». Et de renvoyer aux articles *Ubiquistes* et *Ubiquité*. Pour tout ceci voir l'article « Communication d'idiomes », sur http ://encyclopédie.eu/index.php/logique/929124137-grammaire/1306161805-communication

18. Plusieurs textes ayant trait au « mal de dents » – plus précisément au statut d'expressions comme « j'ai mal aux dents » et « il a mal aux dents », et autres semblables – mériteraient d'être considérés, en commençant par les textes de base ayant historiquement lancé la discussion : les *Leçons* de Wittgenstein du début des années 1930.

Sur ce point, on consultera G.E. MOORE, « Wittgenstein's Lectures in 1930-33 », *Mind*, LXIV (253), 1955, p. 1-27 (sur la différence entre « I have got tooth-ache », « You have got tooth-ache » ou « He has got tooth-ache ») ; « The 1932-33 Lecture notes », in *Wittgenstein's Lectures, 1932-35*, ed. by A. AMBROSE, Blackwell, 1979, p. 16-22 (p. 2-40), et, naturellement, P. STRAWSON, *Individuals. An Essay in Descriptive Metaphysics*, London-New York, Routledge, 1990, p. 95 (n.), qui présente les thèses de Schlick sur la *No-ownership* – l'absence de *propriétaire* ou de *porteur* des données immédiates de l'expérience – dans « *Meaning and Verification* ».

19. Cf. G. NAUDÉ, *Instruction à la France sur la vérité de l'histoire des Frères de la Roze-Croix*, chap. III, § 2, éd. cit., p. 19.

Cours du 22 février 2016

Première heure

Qui souffre sur la Croix ? — Théopaschisme et patripassianisme. — Théo-sarko-paschisme : souffrance de Dieu dans la chair, et sarkoséôse (incarnation).— Le théopassianisme dans la théologie moderne : les théologies de la souffrance divine : Bonhoeffer, Moltmann.— Analyse du théopaschisme patristique. — La formule théopaschite : « Un de la Trinité a été crucifié dans la chair » validée au IIe *concile de Constantinople (553). — Le problème : concilier l'impassibilité divine et la souffrance du Christ. — Deux oxymores nécessaires : « la souffrance impassible » ; « l'impassibilité souffrante ». — Deux textes de Cyrille d'Alexandrie. — La souffrance impassible dans la philosophie antique. — Éloge d'Anaxarque d'Abdère et d'Épictète dans* Contre les chrétiens, *de Celse. — Lâcheté du Christ dans la prière d'agonie. — Réponse d'Origène. — Pérennité de l'argument antichrétien de Celse. — Reprise du parallèle entre Épictète et le Christ dans* L'Esprit de M. Benoît de Spinoza *(ou* Traité des trois imposteurs*). — Défense du théopaschisme. — Délimitation du cadre théorique : christologie et anthropologie. — Le schème christologique : deux natures en une seule substance. — La définition de l'homme chez Charles Bonnet (1720-1793). — L'homme : une nature constituée de deux substances. — Inversion anthropologique du schème christologique. — Le schème anthropologique cartésien et le problème de l'unité de l'homme. — Incommunicabilité des substances –* res cogitans, res extensa *– constituant la nature de l'homme. — L'unité de l'homme, un fait dont « un sentiment invincible nous atteste la réalité »*

(M. Gueroult) : le sentiment de « la douleur qui surgit à l'improviste », mais aussi : la faim, la soif. — Quand « j'ai faim, je sais que j'ai faim, et non pas qu'« il » – mon corps – a faim. — Critique du modèle « platonicien » du pilote dans le navire. — Défense de l'hylémorphisme. — L'idée de contagion entre le corps et l'âme et la notion de « sympathie ». — L'âme selon Pierre Charron (1541-1603) : « L'âme est au corps comme la forme en la matière, étendue et répandue partout icelui donnant vie, mouvement, sentiment, à toutes ses parties, et tous les deux ensemble ne font qu'une hypostase, un sujet entier, qui est l'animal. » — Retour au Christ. — Personne et individu chez Jean de Damas. — Deux thèses cardinales : 1° la personne du Christ n'est pas un individu ; 2° Christ n'est pas un universel. — Explications. — Analyse d'une formule du chapitre 47 du De fide orthodoxa*:* οὐδέ γάρ ἔχει κατηγορούμενον εἶδος χρηστότητος. *— Le Christ n'est pas quelque chose qui aurait la forme « christicité ». — La traduction reçue : « le Christ n'a pas affirmé un genre de chrismation (ou d'onction) » est un beau symptôme de l'« altérisation » de la théologie « grecque ».*

Nous allons parler aujourd'hui de théopaschisme et de patripassianisme. Donc vous ne serez pas venus pour rien : ça va souffrir ; nous allons souffrir ensemble. Le théopaschisme n'est pas une hérésie. C'est une réponse à la question « Qui souffre sur la Croix ? ». En même temps qu'une réponse, c'est aussi le nom du problème lui-même, celui d'une matière de controverse qui a reçu diverses lectures, orthodoxes ou hétérodoxes, et qui est reprise aujourd'hui par certains théologiens dans l'idée de *théopathie*, de théologie du « Dieu souffrant »[1] – *Der leidende Gott*, selon l'expression de Bonhoeffer[2] et Moltmann.

Il ne faut pas confondre théopaschisme et patripassianisme : le premier est la réponse à un problème christologique relatif à l'union des deux natures, qui s'inscrit dans la théologie de l'union hypostatique ; le second pose un problème de théologie trinitaire, en impliquant le Père lui-même dans la souffrance de la Croix. Les protagonistes ne sont pas les mêmes : dans le cas du théopaschisme, c'est Nestorius,

Cyrille d'Alexandrie, Théodoret, Jean Maxence et un groupe que l'on désigne généralement comme celui des « moines scythes » ; pour le patripassianisme : c'est Noet, Cléomène, Praxéas et Tertullien.

La doctrine théopaschite encore appelée *théo-sarko-paschisme* (TSP) n'a pas de rapport avec le nom d'un ancien président de la République française – d'ailleurs on lui connaît une variante : *théoanthropopaschisme*. Le *sarko* ne correspond pas à une position englobée dans *théo-sarko-paschite* : le sarko-*isme*, qui serait, pour éviter le hiatus, appelé *sarkosisme*. Le mot renvoie évidemment à *sarx* : la chair [3]. L'incarnation se dit en grec *sarkoséôse* : περὶ σαρκώσεως χριστοῦ, signifie *Sur l'Incarnation du Christ* (comme περὶ ἐνσωμάτου θεοῦ signifie *Sur Dieu revêtu d'un corps*) [4]. Le mot *théopaschisme* est transparent : il est formé sur l'association de θεός et πάθος. Le mot gréco-latin *théopassianisme* est utilisé par des théologiens modernes de la « souffrance de Dieu », comme Jürgen Moltmann dans *La Trinité et le Royaume*, qui parle de *théopathie* [5]. Cette théologie est souvent présentée comme *la* théologie d'après la Shoah [6].

Reprenons la question : *Qui souffre sur la Croix ?* Le *théopaschite* (TP) répond : *Dieu*. « Un de la Trinité », en l'occurrence la deuxième Personne, *a souffert*. La formule de TP est : Ὁ εἷς τῆς τριάδος σεσαρκωμένος. Elle n'a rien d'hérétique en elle-même. Elle ne le devient que si l'on soutient que : « un de la Trinité » ayant été crucifié, la déité elle-même a été crucifiée – thèse condamnée par Félix III (pape de 483 à 492) [7]. En 519, sous le pontificat de Hormisdas (514-523), un groupe de moines scythes conduit par Jean Maxence [8] a demandé que la formule « un de la Trinité qui a souffert pour nous dans la chair » [9] soit intégrée au *Credo* de Chalcédoine [10], pour faire pièce aux hérésies, notamment au nestorianisme – sans être suivi par le pape [11].

Cela dit, entendue correctement, au sens de Cyrille d'Alexandrie, la formule théopaschite, *unus de Trinitate crucifixus est carne*, a fini par être canonisée au IIe concile de Constantinople, V^e œcuménique, réuni du 5 mai au 2 juin 553. Vous avez ici, en l'espèce du dixième canon de ce concile, la formule :

> 432 10. Si quelqu'un ne confesse pas que celui qui a été crucifié dans la chair, notre Seigneur Jésus Christ, est vrai Dieu, Seigneur de la gloire et l'un de la sainte Trinité, qu'un tel homme soit anathème [12].

La formule théopaschite condense les données d'un problème, celui du *pathos* divin : concilier l'impassibilité divine avec la souffrance du Christ [13]. Problème que l'on peut appeler de deux façons : problème de « la souffrance impassible », pour reprendre le titre d'un article de J. O'Keefe, « *Impassible Suffering?* Divine Passion and Fifth Century Christology » [14], ou problème de « l'impassibilité souffrante », pour reprendre celui de J. Warren Smith, « *Suffering Impassibility* : Christ's Passion in Cyril of Alexandria's Soteriology » [15].

La formule *souffrance impassible* a été frappée par Cyrille d'Alexandrie (376-444) dans un court traité rédigé pour Eudocia, la femme de Théodose II, et sa sœur Pulcheria [16]. Il n'y a pas de traduction française de ce texte, à ma connaissance, mais vous en trouverez une traduction anglaise complète sur le site de l'université de Yale [17].

> Le Verbe de Dieu est tout-puissant ; il est plus fort que la mort, au-delà de la souffrance et ne participe d'aucune façon à l'angoisse propre à l'homme. Mais bien qu'il existe de cette façon par nature, pourtant il a bel et bien souffert pour nous. Par conséquent, le Christ n'est pas un simple homme, et en même temps le Verbe n'est pas sans la chair. Bien plutôt, uni à une humanité comme la nôtre, il a souffert des choses humaines dans sa propre chair *(pathoi apathos)*. Et par conséquent, ces événements sont devenus pour nous un exemple et un modèle à suivre dans notre propre existence [18].

Sur le modèle du Christ, nous devons apprendre à souffrir de manière impassible. Les mêmes formules se retrouvent dans un autre texte de Cyrille d'Alexandrie : la très célèbre deuxième lettre à Nestorius, son grand adversaire, traduite en anglais par L.R. Wickham [19].

> Voici ce que nous voulons dire lorsque nous disons qu'il a souffert et qu'il s'est redressé : non pas que Dieu le Verbe aurait

> souffert des coups, des clous enfoncés dans la chair et de toutes les autres blessures, dans sa propre nature (puisque le divin est impassible, étant incorporel : ἀπαθὲς γὰρ τὸ θεῖον, ὅτι καὶ ἀσώματον) ; mais que puisque son propre corps créé a souffert ces choses, il a souffert lui-même pour notre salut. Dans le corps souffrant, là était l'impassible. Et nous interprétons la mort exactement de la même façon [20].

Et dans une scholie exploitant le paradigme de l'union de l'âme et du corps pour expliquer l'union du Verbe impassible et de la chair passible dans le Christ, on trouve, encore sous la plume de Cyrille : « de même que l'âme n'est pas touchée par l'épée qui lacère le corps, mais ressent la douleur comme sienne, de même, à un degré incomparable, le Verbe est impassiblement affecté (πασχούσης ἀπαθῶς) par les souffrances du corps parce que ce corps est le sien [21]. »

Souffrance impassible – impassibilité souffrante : un *problème oxymorique* qui est aussi celui de la théorie aristotélicienne de l'intellect : concilier, dans un même être, impassibilité et passibilité [22]. Voyez ce texte du *De anima* :

> Mais on pourrait se poser la difficulté suivante : si l'intellect est simple et impassible, et si, comme le dit Anaxagore, *il n'a rien de commun avec quoi que ce soit*, comment pensera-t-il, puisque penser c'est subir une certaine passion [23] ?

Je n'entrerai pas dans le détail ici, mais je veux simplement vous indiquer que ce problème se pose dans d'autres domaines que celui de la passion du Christ.

Revenons à la souffrance. Comment peut-on à la fois souffrir et rester impassible ? Le problème se pose pour le Christ, il se pose pour l'homme. Certains philosophes ont répondu – sans jeu de mots – dans leur chair. C'est le cas du philosophe sceptique Anaxarque d'Abdère (m. v. 320 av. J.-C.) [24] et du stoïcien Épictète (v. 50 apr. J.C.-m. v. 130 apr. J.-C.), comme en témoigne cet éloge des deux philosophes par Celse (v. 178 apr. J.-C.), dans un célèbre passage du Λόγος Ἀληθής *(Discours véritable)*, rapporté par Origène (v. 185-v. 253) dans le livre VII, du *Contre Celse* [25]. Vous savez que ce Λόγος Ἀληθής est aussi connu sous le titre *Contre les chrétiens*. C'est sous ce titre qu'il a été traduit et publié à l'état séparé dans un petit volume dès 1925 par Louis Rougier. Toutefois, le texte original est perdu ; nous ne le connaissons que par les larges extraits qu'en a donné Origène, pour les réfuter. Donc, le premier – et dernier – travail d'un éditeur du *Contre les chrétiens* consiste à aller piocher dans Origène. Il y a eu plusieurs traductions, je vous cite celle de Rougier :

> Si vous aviez si fort envie de faire du neuf, combien il eût mieux valu choisir pour le déifier quelqu'un de ceux qui sont morts virilement et qui sont dignes du mythe divin ! Si vous répugniez à prendre Héraclès, Asclépios ou quelqu'un des anciens héros qui sont déjà honorés d'un culte, vous aviez Orphée, [poète] inspiré, nul ne le conteste, et qui périt de mort violente. Peut-être direz-vous qu'il n'était plus à prendre. Soit ; mais alors vous aviez Anaxarque, qui, jeté un jour dans un mortier, comme on l'y pilait cruellement, moquait son bourreau. « Pilez, pilez, disait-il, l'étui d'Anaxarque ; car, pour lui-même, vous ne le toucherez pas ! », parole pleine d'un esprit divin. Ici encore, dira-t-on, vous avez été prévenus [devancés] : il y a des physiciens qui l'ont choisi pour maître. Que ne preniez-vous alors Épictète ? Comme son maître lui tordait la jambe, lui calme et souriant : « Vous allez la casser, » disait-il ; et la jambe en effet s'étant brisée : « Je vous le disais bien que vous alliez la casser ! » Qu'est-ce que votre Dieu a dit de pareil au milieu des tourments ? [26]

Origène répond – n'ayez crainte – en deux temps : A) le premier axé sur le silence du Christ pendant les tourments ; B) le second, sur le sens et la portée de la prière qui les a précédés. L'axe de la défense est : 1° que la prière a un sens caché ; 2° que ses deux parties sont inattaquables : la première, parce qu'il n'est pas un homme qui ne voudrait éviter si possible la souffrance ; la seconde, parce qu'elle témoigne du fait que l'obéissance a – si j'ose dire – le dernier mot. Voici la partie A :

> Puisqu'il ajoute, après avoir fait l'énumération de tous ceux à qui il nous renvoie : *Qu'est-ce que votre Dieu a dit de pareil dans les tourments* [27] (I Pier., II, 23) ? il lui faut répondre que le silence de Jésus, sous les coups et au milieu des supplices, a marqué plus de

fermeté et de constance que tout ce que les Grecs ont pu dire dans les maux qu'ils souffraient. Celse refusera-t-il de croire ce qu'en disent de bonne foi des auteurs sincères, qui ont écrit dans toute la vérité ce que Jésus a fait d'étonnant, et qui mettent au nombre des choses de cet ordre le silence qu'il garda pendant qu'on le déchirait à coups de fouet ? Il conserva toujours cette merveilleuse douceur dans les insultes qui lui furent faites, et quand on le revêtit d'un manteau d'écarlate, et quand on lui mit sur la tête une couronne d'épines, et quand on lui mit dans la main un roseau au lieu de sceptre, il ne lui échappa jamais rien de bas, jamais une parole de ressentiment contre ceux qui lui faisaient tant d'outrages (Matth., XXVII, 26, 28, 29).

Et voici maintenant la partie B :

Puis donc qu'il a eu la constance de se laisser fustiger sans ouvrir la bouche, et qu'il a souffert avec tant de douceur toutes les insultes de ceux qui l'outrageaient, il n'a pas été capable de dire par faiblesse comme quelques-uns se l'imaginent : *Mon Père, que ce calice s'éloigne de moi, s'il est possible : toutefois qu'il en soit non selon ma volonté, mais selon la tienne* (Matth., XXVI, 39). La prière qui semble être renfermée dans ces paroles pour l'éloignement de ce qui est désigné par le nom de *calice*, cache un sens que nous avons expliqué ailleurs, où nous l'avons examiné plus particulièrement. Mais pour les prendre le plus simplement qu'il est possible, voyez si dans cette prière, il n'y a rien qui blesse la piété que l'on doit à Dieu, et s'il n'est pas naturel à tous les hommes de regarder les adversités non comme des choses désirables d'elles-mêmes mais comme des accidents qu'il faut soutenir quand on s'y trouve exposé, quoiqu'on voulût bien ne l'être pas. Outre que ces paroles, *toutefois qu'il en soit, non selon ma volonté, mais selon la tienne*, ne sont pas les paroles d'un homme qui succombe sous le faix, mais d'un homme qui supporte patiemment les maux qui lui arrivent, et qui se soumet avec respect aux ordres de la Providence (col. 406).

Malgré Origène, on retrouve au XVIIIe siècle – qui s'en étonnera ? –, le même éloge d'Épictète, doublé d'une charge plus virulente encore contre le Christ et sa prière d'agonie, dans un livre auquel j'avais consacré quelques pages en 1991, dans *Penser au Moyen Âge*. Je veux parler du supposé *Traité des trois imposteurs*, dont le triple blasphème antimonothéiste, depuis ses premières attributions médiévales à Averroès, Pierre des Vignes ou Frédéric II, avait à ce point hanté l'imaginaire européen qu'il avait fallu se résoudre à l'écrire des siècles plus tard pour pouvoir enfin le lire. Voici le texte d'une des versions du *Traité*, publiée pour la première fois à Rotterdam en 1712 sous le titre *L'Esprit de M. Benoît de Spinoza* :

> Pour Épictète, je ne crois pas que jamais homme, je n'excepte pas Jésus-Christ, ait été plus austère, plus ferme, plus égal, et plus dégagé de passions qu'il l'a été. Je ne dis rien qu'il ne soit facile de prouver. Mais de peur de passer les bornes que je me suis prescrites, je ne rapporterai de belles actions de sa vie qu'un exemple de constance. Étant esclave d'un affranchi nommé Épaphrodite, qui était capitaine des gardes de Néron, il prit la fantaisie à ce brutal de lui tordre la jambe. Épictète s'apercevant qu'il y prenait plaisir lui dit en souriant qu'il voyait bien que le jeu ne finirait pas qu'il ne lui eût cassé la jambe. En effet, la chose étant arrivée, comme il l'avait prédite : « Eh bien ! continua-t-il, d'un visage égal et riant, n'avais-je pas bien dit que vous me casseriez la jambe ? » Y eut-il jamais de constance pareille à celle-là ? et peut-on dire que Jésus Christ ait été jusque-là ? Lui qui pleurait et suait de peur à la moindre alarme qu'on lui donnait, et qui témoigna dans sa mort une bassesse d'âme qu'on n'a point vue dans la plupart des martyrs [28].

Je laisse *L'esprit de M. Benoît de Spinoza* et j'en reviens à notre problème. Dire que le problème de la souffrance impassible se pose pour le Christ, c'est dire qu'il se pose aussi pour Dieu.

Peut-on limiter la souffrance de Dieu à l'humanité assumée par le Verbe ? Peut-on maintenir la Trinité tout entière à l'écart de la souffrance du Fils ? Ne peut-on soutenir, au contraire, que la souffrance qui touche la seconde personne de la Trinité en raison de l'union hypostatique, entre dans la communion trinitaire ? Mais comment ? En quel sens ? Dans quelle mesure ? Cela fait beaucoup de questions. Combien de réponses ? Selon Yves Labbé, trois interprétations « se sont disputé l'adhésion des théologies patristiques et scolastiques » :

1. Seule l'humanité assumée par le Verbe a connu la souffrance ;
2. Le Verbe de Dieu lui-même a souffert en tant que subsistant en humanité ;
3. La souffrance appartient à la vie divine, à la communion du Père, du Fils et de l'Esprit.

Les positions 2 et 3 correspondent au théopaschisme, à la souffrance de Dieu. La position 2 est plus ou moins celle que nous avons évoquée jusqu'ici : celle qui, pour finir, dans une certaine version que nous évoquerons plus précisément la semaine prochaine, attribue la passion de la nature humaine à la nature divine, en fonction de l'unité du sujet, « selon la règle de la communication des idiomes »[29]. Si l'unité du sujet fonde l'attribution de la souffrance à la nature divine – en soi impassible – par communication des idiomes – la question se pose de savoir si ce schéma, que l'on a vu fonctionner de l'homme au Christ, dans la scholie de Cyrille, *n'est pas transférable, à son tour, du Christ à l'homme*.

Ne pourrait-on soutenir que dans le cas de la souffrance humaine, de l'homme constitué d'âme et de corps, l'unité du sujet fonde l'attribution de la souffrance d'une partie du composé à l'autre *par communication des idiomes* ? N'y aurait-il pas là un modèle de souffrance exportable ? Sans doute. Mais alors, il faut se demander s'il a été exporté, sous quelle forme, selon quelle notion de « sujet » – ce qui veut dire selon quelle entente du *suppositum*, correspondant latin de l'hypostase christologique et trinitaire. Cela dit, il se pourrait aussi qu'il n'y ait pas eu d'exportation, mais développement parallèle, du seul fait que, pour ce qui est de la souffrance, la même structure se retrouve fatalement dans le cas du Christ comme dans celui de l'homme.

L'hypothèse est plausible. Avant de tenter de la vérifier, il faut cependant déterminer si l'on a vraiment affaire à la même structure. C'est ce que l'on va essayer de voir à présent. Chez le Christ il y a deux natures unies dans une même hypostase. Peut-on dire cela de l'homme, de vous, de moi ?

Je n'avance pas de réponse personnelle, ni générale. Je me contente de noter, car c'est cela qui nous intéresse en énonçant un programme de recherche sur la naissance du sujet moderne, que chez le père allégué dudit sujet, à savoir Descartes, c'est plutôt *l'image inversée du problème christologique* qui nous est renvoyée. Pour voir cela il faut saisir le parallèle existant entre Incarnation et Résurrection. Voici, à grands traits, la situation.

Le premier dogme, l'Incarnation, pose le problème de l'union hypostatique de deux natures, l'humaine et la divine en un seul « suppôt » ou hypostase ; le second, la Résurrection, celui de la détermination de la nature humaine elle-même. Les deux se rencontrent dans un même archi-problème philosophique, celui de l'union de l'âme et du corps.

Le dogme de la Trinité posant en Dieu l'existence de trois suppôts (ou personnes) et d'une seule nature, celui de l'Incarnation, l'existence en Jésus-Christ de deux natures et d'un seul suppôt (ou personne), on peut représenter ainsi la structure correspondant à l'Incarnation :

$$N1 \rightarrow S \leftarrow N2$$

Deux natures, la nature divine (N1) et la nature humaine (N2) : la première est *reçue* dans le suppôt ou hypostase du Fils ; la seconde *assumée* par ladite hypostase. Deux natures convergeant vers un même sujet.

Un philosophe du XVIIIe siècle, nous donne une formulation rigoureuse de *l'inversion anthropologique du schème christologique* : Charles Bonnet [30], le découvreur de la parthénogenèse, qui semble aussi avoir été un des premiers à utiliser le français *psychologie* dans un ouvrage expressément consacré à l'âme : l'*Essai de psychologie* [31] publié à Londres en 1754 [32]. Je m'arrête un instant sur ce texte, car s'il est bon de ne pas perdre le fil du travail mené cette année, il est meilleur encore de garder le contact avec celui des années précédentes – en l'occurrence avec le séminaire de 2015 sur les fonctions psychiques. Le chapitre 35 de l'*Essai de psychologie* est consacré à « la simplicité et à l'immatérialité de l'âme ». L'examen du problème part du rappel des « facultés » humaines : pensée, volonté, action libre ou liberté.

« Nous pensons, nous voulons, nous agissons ». Nous *pensons* : « nous avons des idées ou des représentations des choses ». Nous *voulons* : « Le plaisir, la convenance ou la nécessité nous font désirer la possession de certains objets. Des sentiments contraires nous éloignent d'autres objets »[33]. Nous *agissons* en conséquence, et librement (souverainement) : « nous commandons à nos membres ; ils exécutent ».

Ce ternaire est celui du « sujet moderne » : sujet pensant et voulant *et* agent libre et souverain d'actions, où se combinent subjectivité et liberté (spontanéité). Bonnet l'inscrit au titre de la « conscience » et du « moi » : « Enfin, nous sommes conscients de toutes ces choses : nous sentons que c'est en nous, dans notre moi qu'elles se passent ». Il suffirait donc de joindre les deux thèmes : sujet-agent libre, d'une part, conscience et égoïté, de l'autre, à l'enseigne du « sujet » *nommé comme tel*, pour avoir l'expression linguistique exacte de ce que la modernité appelle « subjectivité » (la *Subjektivität* kantienne).

Ce n'est pas ce que fait Bonnet. Et pour cause, sa vision de l'homme est, de fait, celle que j'annonçais comme l'image inversée du schème christologique : un dualisme substantialiste – et elle ouvre si je puis dire, d'elle-même, sur la Résurrection. Elle tient en une formule, ou plutôt un principe :

> … l'homme est de sa nature un être mixte, un être composé *nécessairement* de deux substances, l'une spirituelle, l'autre corporelle.

Lequel principe « est tellement celui de la Révélation, que la doctrine de la résurrection des corps en est la conséquence immédiate ». Prenez garde, de fait, au mot *nécessairement*. Tout est dans cet adverbe. Le schéma de l'homme selon Bonnet est en tout cas l'inverse de celui de l'union hypostatique : c'est celui d'une nature humaine constituée par l'union de deux substances :

$$S_1 \rightarrow N \leftarrow S_2$$

Voilà pourquoi j'ai parlé d'*inversion du schème christologique*. La nature humaine est constituée, composée d'une substance

S1, qui est la substance corporelle, et d'une substance S2, qui est la substance spirituelle. Cette doctrine est formulée en des termes très clairs au chapitre 36 de l'*Essai de psychologie* :

> Nous sommes [...] formés de deux substances qui, sans avoir entr'elles rien de commun, agissent pourtant ou paroissent agir réciproquement l'une sur l'autre ; et ce composé est un des plus surprenans et des plus impénétrables de la création.

Ce schéma vaut pour Descartes. Il n'est pas question d'entrer ici dans les détails. La position cartésienne est complexe, et sujette à diverses interprétations. On peut toutefois soutenir que pour Descartes la nature humaine est *constituée* par l'union de deux substances incommunicables : la première, immatérielle, l'esprit (la *res cogitans*), ayant pour attribut principal la pensée ; la seconde, matérielle, le corps (la *res extensa*), ayant pour attribut principal l'étendue. Cette *unité* de l'homme *composé de deux substances hétérogènes* – l'esprit et le corps – tient du mystère. C'est un fait « absurde », écrit Gueroult dans son livre sur Spinoza, dont pourtant « un sentiment invincible nous atteste la réalité »[34]. Quel sentiment ? Les candidats ne manquent pas. Au premier rang il y a la douleur. Une expérience de l'union, dont l'analyse s'affine au fil des œuvres. Dans les *Principes* II. 2, la douleur nous permet de conclure que l'âme est unie à un corps :

> Quibus etiam cognoscatur corpus humanum menti esse arcte conjunctum. Eadem ratione, menti nostrae corpus quoddam magis arcte, quam reliqua alia corpora, conjunctum esse, concludi potest, ex eo quod perspicue advertamus dolores aliosque sensus nobis ex improviso advenire ; quos mens est conscia non a se sola proficisci, nec ad se posse pertinere ex eo solo quod sit res cogitans, sed tantum ex eo quod alteri cuidam rei extensae ac mobili adjuncta sit, quae res humanum corpus appellatur[35].

> *Comment nous savons aussi que notre âme est jointe à un corps*. Nous devons conclure aussi qu'un certain corps est plus étroitement uni à notre âme que tous les autres qui sont au monde, parce que [pour ce que] nous apercevons clairement que la douleur et plusieurs autres sentiments nous arrivent sans que nous les

> ayons prévus, et que notre âme, par une connoissance qui lui est naturelle, juge que ces sentiments ne procèdent point d'elle seule, en tant qu'elle est une chose qui pense, mais en tant qu'elle est unie à une chose étendue qui se meut par la disposition de ses organes, qu'on nomme proprement le corps d'un homme [36].

Notez la formulation : la douleur, qui surgit à l'improviste, nous enseigne qu'*il y a un corps qui est plus étroitement uni à notre âme que tout autre*. Un passage de la VIe *Méditation* – auquel je pensais le 18 janvier en utilisant le terme reidien de « dérangements » dans le corps – plaide pour une union plus étroite, rejetant tout particulièrement l'image platonicienne, rigoureusement dualiste, si longtemps populaire en histoire de la philosophie, de l'âme dans le corps comme le pilote dans le navire :

> Docet etiam natura, per istos sensus doloris, famis, sitis etc., me non tantum adesse meo corpori *ut nauta adest navigio*, sed illi arctissime esse conjunctum et quasi permixtum, adeo ut unum quid cum illo componam [37].

> La nature m'enseigne [...] par [les] sentiments de douleur, de faim, de soif, etc., que je ne suis pas seulement logé dans mon corps, *ainsi qu'un pilote en son navire*, mais, outre cela, que je lui suis conjoint très étroitement et tellement confondu et mêlé, que je compose comme un seul tout avec lui.

Car, poursuit Descartes, « si cela n'était, lorsque mon corps est blessé, je ne sentirais pas pour cela de la douleur, moi qui ne suis qu'une chose qui pense, mais j'apercevrais cette blessure par le seul entendement, *comme un pilote aperçoit par la vue si quelque chose se rompt dans son vaisseau* » – ce pilote qui ne fait pas partie du vaisseau, lui est étranger, et voit que quelque chose arrive à ce vaisseau qui ne lui arrive pas, pour autant, à lui – « et lorsque mon corps a besoin de boire ou de manger, je connaîtrais simplement cela même, sans en être averti par des sentiments de faim et de soif » [38]. Autrement dit : je saurais qu'il a faim, mais je n'aurais pas faim.

Or ce n'est pas le cas. L'âme – l'esprit – n'est pas dans le corps comme un fantôme dans une boîte, selon le mot de

Ryle, ou un ange dans une machine, selon celui de Maritain [39]. C'est ce que prouvent « tous ces sentiments de faim, de soif, de douleur, etc. », qui « ne sont autre chose que de certaines façons confuses de penser, qui proviennent et dépendent de l'union et comme du mélange de l'esprit avec le corps ».

> Nam certe isti sensus sitis, famis, doloris etc., nihil aliud sunt quam confusi quidam cogitandi modi ab unione et quasi permixtione mentis cum corpore exorti.

Notez bien que ces modes d'union, qui sont des modes de cogitation, sont *confus*. Insoluble pour les idées claires et distinctes, le problème de l'union de l'âme et du corps se résout par une sorte *d'extension de garantie*, prenant effet de la véracité divine. C'est le fameux « sentiment invincible » de Gueroult, dont, écrit-il, « la raison doit seulement reconnaître que Dieu, étant vérace, n'a pas pu vouloir nous tromper en [le] mettant en nous [...] sans rien nous donner pour démentir son enseignement » [40].

Quoi qu'on pense de la théorie, la structure est là et le parallèle entre christologie et anthropologie se laisse aisément percevoir. Il ne manque que le suppôt. En fait, seul le mot manque. S'il n'est pas chez Descartes – il est, on l'a vu la semaine dernière, chez Leibniz. On peut même trouver l'hypostase, qui plus est dans le même contexte : la critique de la théorie et de l'image nautique platonicienne, augmentée de deux autres métaphores, et avec tous les prédicats évoqués au fil de nos séances, comme le rapport tout-parties ou l'idée de « contagion » – l'autre nom de la *sympathie* entre le corps et l'âme. Ce témoin décisif est le traité *De la sagesse* de Pierre Charron (1541-1603), antérieur de quarante ans aux *Meditationes de prima philosophia* de Descartes.

> Aucuns philosophes empêchés à le dire, ou à bien joindre et unir l'âme avec le corps, la font demeurer et résider en icelui comme un maître en sa maison, *le Pilote en son navire*, le cocher en son coche : mais c'est tout détruire, car ainsi ne serait-elle point la forme ni partie interne et essentielle de l'animal, ou de l'homme, elle n'aurait besoin des membres du corps pour y demeurer, ne

> se sentirait en rien de sa contagion, mais serait une substance toute distincte au corps, subsistant de soi, qui pourrait à son plaisir aller et venir, et se séparer du corps sans distinction d'icelui, et sans diminution de toutes ses fonctions, qui sont toutes absurdités : *l'âme est au corps comme la forme en la matière, étendue et répandue partout icelui donnant vie, mouvement, sentiment, à toutes ses parties, et tous les deux ensemble ne font qu'une hypostase, un sujet entier, qui est l'animal* [41].

Vous voyez que nous avons là un modèle hylémorphique du « sujet entier » ou de l'hypostase unique. Ce modèle met l'homme, l'homme individuel, *l'homme véritable*, au cœur d'un dispositif susceptible d'adaptations multiples, mais dont la provenance théologique – l'union hypostatique – est évidente. Ce n'est pas le modèle cartésien qui, lui, rejette l'hylémorphisme.

Si on lui cherche non pas un équivalent, mais une alternative dualiste substantialiste chez Descartes, c'est dans la thèse finale d'un de ses derniers textes importants sur la question : les *Notae in programma quoddam*, qui mettent un point final inattendu à la Querelle d'Utrecht – à savoir la rupture avec son ancien ami et disciple Regius [42] –, qu'il faut la chercher : l'idée d'un « sujet composé » de deux « substances », une formule bien éloignée de ce que nous appelons, ou trouvons intitulé, « sujet cartésien » dans les manuels, et qu'en fait vous ne trouvez pas chez Descartes. Chez lui vous trouvez ceci :

> L'homme est un sujet composé de deux substances, l'esprit et le corps, qui sont respectivement les sujets simples, substantiellement distincts, d'attributs essentiels uniques : dans un cas, la pensée, dans l'autre, l'étendue [43].

Un sujet composé de deux sujets simples. Voilà le vrai « sujet » chez Descartes, qui n'a rien à voir avec l'*ego* du *cogito ergo sum*.

Je n'évoquerai pas les textes patristiques et médiévaux, de Jean de Damas, ou d'autres, à Thomas d'Aquin [44], et d'autres, contenant la notion d'hypostase (subsistence) composée [45] – certains parlent même de « personne » [46] *composée*. Il ne suffit pas cependant de noter que les notions d'hypostase, de substance et de sujet composés sont structurellement apparentées. Il faut faire deux autres remarques, qui donnent toute sa portée à cette parenté de structure.

Premièrement, s'agissant du Christ, il faut, dans la théologie ancienne et médiévale, noter la différence entre la « personne » et l'« individu ». De ce point de vue, il faut rappeler deux thèses très importantes de Jean de Damas, que je désigne par JD1 et JD2 :

> JD1 : la personne du Christ n'est pas un individu
> JD2 : *Christ* n'est pas un universel.

Comme l'a bien vu Jean-Claude Larchet, un des grands spécialistes de Maxime le Confesseur, « le fait que la nature humaine du Christ n'a pas d'hypostase humaine mais existe enhypostasiée dans l'hypostase divine du Verbe lui permet d'inclure d'une certaine façon en elle-même tous les individus qu'englobe la nature humaine »[47] – c'est ce qui permet à un Maxime le Confesseur de dire : « Il m'a assumé moi-même tout entier avec tout ce qui est à moi »[48].

On peut considérer, d'un autre point de vue – corrélatif –, que comme le souligne Maxime, *la personne du Christ en tant qu'elle est composée n'est pas un individu*. Elle n'est pas au pied de l'Arbre de Porphyre, comme l'est un individu, ni, plus important encore, comme une « espèce spécialissime ». Si vous avez en tête l'arbre de Porphyre, vous avez, tout en haut, le genre généralissime et, tout en bas de la division de celui-ci, ce qu'on appelle l'*espèce spécialissime*, ou *espèce dernière*, qui ne se divise plus qu'en individus, c'est-à-dire numériquement. *Ousia* est un genre généralissime dont l'espèce humaine est l'espèce spécialissime. Sous cette espèce spécialissime, « homme », il n'y a plus que des individus numériquement distincts – car il n'y a pas plusieurs espèces d'hommes.

La personne du Christ, elle, n'est ni un individu ni une espèce spécialissime. Ce qui correspond aux deux thèses JD1 et JD2 de Jean de Damas, qui est postérieur à Maxime, et qui va les chercher chez Maxime. Voici quelques phrases de ce dernier sur l'hypostase composée :

> *La personne composée du Christ n'est pas un individu.* Car elle n'a pas de rapport avec la division qui descend du genre le plus général par les genres subalternes vers la forme la plus spécifiée et qui circonscrit [termine, synthétise, arrête] en cette dernière sa propre procession[49].

Notez le vocabulaire porphyrien : l'allusion indubitable à l'arbre de Porphyre, et à la « division ».

> De là que, selon le sage Cyrille, pour cette raison, le nom du Christ n'a pas de possibilité de définition. Car ce n'est pas une forme attribuée à plusieurs entités différenciées par le nombre, ni certes ne désigne-t-Il l'essence de quelque chose. Il n'est pas non plus un individu réductible à une espèce ou un genre que l'on pouvait circonscrire selon l'essence. Mais Il est une hypostase composée identifiant en soi, au sommet, la séparation naturelle des extrêmes et l'amenant à l'unité par l'union de ses parties propres[50].

La personne composée du Christ n'est pas un individu situé au plus bas de l'arbre de Porphyre, sous une espèce spécialissime (qu'il va bien falloir essayer, quand même, de nommer). En fait, la personne composée du Christ réunifie au sommet ce qui est divisé, dans le processus de la descente, entre nature humaine et nature divine. Si vous voyiez l'arbre de Porphyre, vous verriez que Porphyre, qui était païen, faisait une place aux dieux – mais je passe là-dessus.

Jean de Damas donne une formulation saisissante de JD2 : Il n'y a pas, dit-il, de « christitude » ; la « christicité » ne se prédique pas. Qu'est-ce à dire ?

Christ n'est pas un universel. Jésus le Christ n'est pas un individu rangé dans une espèce, l'espèce Christ, car il n'y a pas de prédicat/prédicable (universel) « christité », « christicité » ou « christitude ». Certains lecteurs des textes théo-logiques sont si peu habitués à y retrouver la marque de la philosophie, de la logique – de cette logique qu'il y a dans théo-*logique* – qu'ils ne voient plus ce qui rattache le christianisme à l'hellénisme. « Décoloniser le Moyen Âge. » Eh bien, si on décolonisait un peu Jean de Damas ? Vous avez ce texte :

ΚΕΦΑΛΑΙΟΝ 47. Περὶ τῶν δύο φύσεων
Ἐκεῖ μέν γάρ ἄτομον, ὁ δέ Χριστός οὐκ ἄτομον· οὐδέ γάρ ἔχει κατηγορούμενον εἶδος χρηστότητος.

La traduction de Ponsoye, reçue et seule disponible en français, dit :

> Là en effet il y a un individu, mais ici le Christ n'est pas un individu et il n'a pas affirmé un genre de Chrismation (ou d'onction) [51].

En théologie orthodoxe, la chrismation est une onction faite avec le saint chrême. C'est un mélange d'huile d'olive et de baume, que l'évêque bénit le Jeudi saint et qui est employé en onction, en différentes cérémonies, en divers sacrements (le sacre des évêques, la consécration d'objets du culte et tout particulièrement le baptême). Que vient faire ici la chrismation ? En fait, ce qui est dit c'est :

> Car dans ce cas on a affaire à un individu, mais Christ n'est pas un individu, car il n'y a pas de forme, d'*eidos* « christicité » prédicable, qu'il posséderait – il n'est pas quelque chose qui posséderait, aurait la forme « christitude ».

Vous voyez ici une nouvelle preuve que la méconnaissance de la culture logique des Pères les « orientalise », les « exotise », les « altérise », nous les rend à la fois étrangers à leur propre tradition philosophique et étrangers à la nôtre qui pourtant, en l'occurrence, est la même.

Notes

1. Un bon survol dans R. Bauckham, « "Only the Suffering God Can Help". Divine Passibility in Modern Theology », *Themelios*, 9.3 (April 1984), p. 6-12. La bibliographie du « Dieu souffrant » est considérable. Une orientation dans W. McWilliams, « Divine Suffering in Contemporary Theology », *Scottish Journal of Theology*, 33/1 (1980),

p. 35 - 53 et K.J. WOOLLCOMBE, « The Pain of God », *Scottish Journal of Theology*, 20/2 (1967), p. 129-148. Pour les périodes antérieures : J.K. MOZLEY, *The Impassibility of God : A Survey of Christian Thought*, chap. 11, Cambridge, CUP, 1926 ; pour les États-Unis, *cf.* H. BUSHNELL, *The Vicarious Sacrifice*, London, Alexander Strahan, 1866.

2. Dietrich Bonhoeffer, né en 1906, universitaire et pasteur, membre actif de l'*Église confessante*, antinazi militant, a été arrêté le 5 avril 1943 par la Gestapo, jeté en prison et mis à mort le 9 avril 1945, au camp de Flossenbürg en Bavière. Il est l'un des dix *Martyrs de l'abbaye de Westminster* (1998). *Cf. Prisoner for God : Letters and Papers from Prison*, éd. E. BETHGE, tr. R.H. FULLER, New York, The Macmilan Company, 1959. Sur ce livre et son auteur, *cf.* M.E. MARTY, *Dietrich Bonhoeffer's Letters and Papers from Prison : a Biography*, Princeton, Princeton University Press (Lives of Great Religious Books), 2011.

3. Sur le *théo*-SARKO-*paschitisme*, *cf.* FL. DUTA, « Une rectification terminologique (la formule "*théoanthropopaschite* ou *théosarkopaschite* et non *théopaschite*") et une distinction entre *théoanthropopaschitisme* et *théopaschitisme* », *ΘΕΟΛΟΓΙΑ*, 72/1 (2000), p. 1-13. L'article synthétise les recherches d'une thèse sur la « formule scythe » : *Les théologiens scythes de 440 a 553. La formule théoanthropopaschite (théo-sarkopaschite)*, soutenue à l'université de Strasbourg 2 en 1998 (sous la dir. de M. Canivet). Selon l'auteur, le « théo-anthropopaschitisme » est un système complet, « tridimentionnel (trinitaire, christologique et sotériologique) ». La doctrine selon laquelle « une Personne de la Trinité a éprouvé la souffrance dans son humanité, grâce à la composition de deux réalités », renvoie à une « communion », une « union vivante » *(Christus compositus)* et non pas absorbante, où la souffrance « dominerait la divinité trinitaire en elle-même ». Dans sa position de thèse, Florea Duta souligne que « l'addition du mot *communicat* à la formule scythe (« unus de trinitate passus est et *communicat* carne ») montre encore plus nettement l'aspect sotériologique du théoanthropopaschitisme ». La « transfiguration de la souffrance humaine » par la composition donne lieu à « une communion divino-humaine de compassion et d'amour *(koinonikothéo-agapisme, hyperthéoagapisme)* ».

4. ERNEST RENAN parle de ces traités dans son livre sur Marc-Aurèle, 7e et dernier volume de l'*Histoire des origines du christianisme*. *Cf.* E. RENAN, *Marc-Aurèle et la fin du monde antique*, Paris, Calmann-Lévy, 1882, p. 183, en note : « Περὶ ἐνσωμάτου θεοῦ (syr. : *Sur Dieu revêtu d'un corps*, Cur., p. 34, texte). Otto, p. 394 *sq.* C'est à tort

qu'Origène (dans Théodoret, *Quaestiones in Gen.*, *cap.* i, *interr.* 20) a conclu de ce titre que Méliton faisait Dieu corporel. Comp. Gennadius, *De dogm. eccl.*, c. 4. Le traité περὶ σαρκώσεως χριστοῦ dont parle Anastase le Sinaïte (*Hodeg.*, chap. XIII, p. 260, édit. Gretser) était peut-être identique au περὶ ἐνσωμάτου θεοῦ mentionné par Eusèbe. Le traité de la Vérité [...], qui paraît bien de Méliton, est plein du déisme et du spiritualisme le plus pur. » Concernant le règne de Marc-Aurèle lui-même, RENAN note, « Préface », p. II : « ... la période des origines, l'embryogénie du christianisme, si l'on peut s'exprimer ainsi, finit vers la mort de Marc-Aurèle, en 180. À cette date, l'enfant a tous ses organes ; il est détaché de sa mère ; il vivra désormais de sa vie propre. La mort de Marc-Aurèle peut d'ailleurs être considérée comme marquant la fin de la civilisation antique. Ce qui se fait de bien après cela ne se fait plus par le principe hellénico-romain ; le principe judéo-syrien l'emporte, et, quoique plus de cent ans doivent s'écouler avant son plein triomphe, on voit bien déjà que l'avenir est à lui. Le IIIe siècle est l'agonie d'un monde qui, au IIe siècle, est plein encore de vie et de force. »

5. Jürgen Moltmann est né le 8 avril 1926. Il est l'auteur de *Der gekreuzigte Gott, Das Kreuz Christi als Grund und Kritik christlicher Theologie*, München, Chr. Kaiser, 1972, trad. fr. *Le Dieu crucifié. La croix du Christ, fondement et critique de la théologie chrétienne*, Paris, Cerf (Cogitatio fidei, 80), 1974, et de *Trinität und Reich Gottes, Zur Gotteslehre*, München, Chr. Kaiser, 1980, trad. fr. *Trinité et Royaume de Dieu, Contributions au traité de Dieu*, Paris, Cerf (Cogitatio fidei, 123), 1984. L'idée de « pathos of God » et de « theopathy » a fait son chemin dans la littérature anglophone, via la traduction de *Trinität und Reich Gottes*. Cf. J. MOLTMANN, *The Trinity and the Kingdom. The Doctrine of God*, Minneapolis, Fortress Press, 1981, p. 25. L'idée de « souffrance de Dieu » semble cependant bien attestée dans la littérature anglo-américaine dès les années 1840. On la trouve notamment chez GEORGE GRIFFIN, dans *The Sufferings of Christ*, publié en 1845, « by a Layman », New York, Harper. Je lis la souffrance du Christ dans sa nature divine à la fin du chapitre Ier (p. 21) : « ... that the second person of the Trinity, clothed in the habiliments of flesh, suffered in very truth for the redemption of our race in his divine as well as in his human nature, it will be the object of these pages to establish by scriptural proofs » ou, de même, chap. VIII (p. 129) : « That the Son of God should have suffered in his divine nature for the redemption of man is not more startling to human reason than the stupendous fact of his incarnation. » Au chapitre II,

il y a une intéressante défense contre l'argument habituel de l'anti-théopaschisme appliqué à la nature divine du Fils : « … the divine nature of the Son of God being common to the Father and the Holy Spirit, if the Son suffered in his divine nature, then the Father and the Spirit must have suffered. It is an inflexible rule in the science of logic than if an argument proves too much, it proves nothing. Its proving too much is an infallible sign that it is intrinsically and radically erroneous. The whole argument is condemned. Now the fatal disease of the argument under consideration is, that it proves too much. It touches even the holy incarnation itself. Test the argument, by applying it to the incarnation instead of the suffering of the Son. The argument, thus applied, would stand thus : The divine nature of the Son is common to the Father and the Spirit. If, therefore, the divine nature of the Son had become incarnate, then must the Father and Spirit have become incarnate also. But we learn from the Bible that neither the Father nor the Holy Spirit became incarnate. The argument, if it proves anything, would, therefore, prove that the incarnation of the blessed Son was but a fiction. Thus the corner-stone of our faith would be removed from its place. » L'importance du texte de Griffin est signalée par Pool, qui souligne que pour l'auteur de *The Sufferings of Christ* la nature divine du Christ non seulement « souffre » mais « meurt » sur la Croix : « Even Christ's divine nature suffered and died on the cross. » *Cf.* J.B. Pool, *God's Wounds: Evil and Divine Suffering*, vol. II de *God's Wounds : Hermeneutic of the Christian Symbol of Divine Suffering*, Casemate Publishers, 2011, p. 404, n. 25. De fait, Griffin, chap. IX, p. 124, pose clairement que « la mort a atteint [le Christ] dans ses deux natures » (« Death reached both his Nature »).

6. On parle aussi de *théologie d'après Hiroshima*. S'agissant du « Dieu souffrant », Hiroshima semble être venue la première dans la littérature, avec le texte « époqual » de Kazoh Kitamori : *Theology of the Pain of God*, publié au Japon en 1946, puis traduit et publié aux USA sous le titre : *Theology of the Pain of God: The First Original Theology from Japan*, trad. M.E. Bratcher, Richmond, John Knox Press, 1965. Sur Katimori, *cf.* R. Bauckham, « Theology after Hiroshima », *Scottish Journal of Theology*, 38/4 (1985), p. 583-601.

7. Pierre le Foulon, premier patriarche miaphysite d'Antioche († 488) passe pour avoir introduit la formule « [Dieu], qui a été crucifié pour nous » dans la prière du *Trisagion (Hágios o Theós, Hágios Ischyrós, Hágios Athánatos, eléïson himás).*

8. Pour les écrits de Maxence, de Jean, évêque de Tomi, et d'autres moines scythes des années 520-525, voir les *Acta Conciliorum oecumenicorum* de E. SCHWARTZ, et surtout l'édition de FR. GLORIE, *Corpus Christianorum ; Series Latina* LXXXVA, Turnhout, Brepols, 1978.

9. Sur la formule du théopaschisme, *cf.* W. ELERT, « Die theopaschitische Formel », *Theologische Literaturzeitung*, 75 (1950), p. 195-206.

10. *Cf.* JEAN MAXENCE, *Libellus fidei*, XI (20) ; éd. GLORIE, p. 17, 262-263, faisant de Christ « *unus de trinitate*, qui pro nobis passus est carne » (« un de la Trinité qui a souffert [ou a été crucifié] pour nous dans la chair »), thèse héritée de la formule du *Tomus ad Armenios* (435) de Proclus de Constantinople, 21, GLORIE, p. 192, 7, rendue en latin par *Unus ex Trinitate crucifixus* chez Denys le Petit.

11. Selon l'appellation réservée aux tenants de la thèse de Maxence, *cf.* GLORIE, p. 202, 25.

12. *Acta conciliorum...*, t. IV, *Concilium uuniversale* etc. 1 (= ACO, 4.1), p. 218, 5-6. *Cf.* J.B. POOL, *God's Wounds : Evil and Divine Suffering*, p. 403 : « Justinian [...] convoked the Fifth Ecumenical Council, the Council of Constantinople (553CE), during which the bishops canonized (in *Actio Octava*, Canon 10) the theopaschite theology, simply quoting Justinian's sixth anathema : "Si quis non confitetur dominum nostrum Iesum Christum qui *crucifixus est carne*, deum esse verum et dominum gloriae et *unum de sancta Trinitate*, talis anathema sit" ». *Cf.* CC (= 8e session [*actio octava*]), 2 juin 553, canon 10 ; DS 432 222 Can. 10.

13. *Cf.* G.D. DUNN, « Divine impassibility and Christology in the Christmas Homilies of Leo the Great », *Theological Studies*, 62 (2001), p. 71-85.

14. J. O'KEEFE, « *Impassible Suffering ?* Divine Passion and Fifth Century Christology », *Theological Studies*, 58 (1997), p. 39-60 ; « Kenosis or Impassibility : Cyril of Alexandria and Theodoret of Cyprus on the Problem of Divine Pathos », *Studia Patristica*, 32 (1997), p. 358-365.

15. J. WARREN SMITH, « Suffering Impassibility : Christ's Passion in Cyril of Alexandria's Soteriology », *Pro Ecclesia* [2002], vol. XI, No. 4, p. 463-483.

16. Sur la théologie trinitaire de Cyrille, l'ouvrage de référence est M.-O. BOULNOIS, *Le Paradoxe trinitaire chez Cyrille d'Alexandrie. Herméneutique, analyses philosophiques et argumentation théologique*, Paris, Institut d'études augustiniennes (coll. des Études augustiniennes, série Antiquité, 143), 1994.

17. En ligne http ://www.yale.edu/adhoc/etexts/cyril.htm.

18. Cyril of Alexandria, *On the Right Faith*, 163, trad. R.A. Greer (unpublished), p. 33 ; PG 76, 1393B ; cité par M. Husbands & J.P. Greenman, *Ancient Faith for the Church's Future*, InterVarsity Press, 2010, p. 221, n. 17.

19. Cyril of Alexandria, *Epistula* 4, *Second Letter to Nestorius* 5, in *Select Letters*, trad. L.R. Wickham, Oxford, Clarendon, 1983, p. 6 : « This is what we mean when we say he suffered and rose again; not that God the Word suffered blows, nail-piercings or other wounds in his own nature (the divine is impassible because it is incorporeal (ἀπαθὲς γὰρ τὸ θεῖον, ὅτι καὶ ἀσώματον), but what is said is that *since his own created body suffered these things he himself suffered for our sake, the point being that within the suffering body was the Impassible* (ἦν γὰρ ὁ ἀπαθὴς ἐν τῷ πάσχοντι σώματι). We interpret his dying along exactly comparable lines. »

20. PG 77, 48A : Οὕτω φαμὲν αὐτὸν καὶ παθεῖν καὶ ἀναστῆναι· οὐχ ὡς τοῦ θεοῦ Λόγου παθόντος εἰς ἰδίαν φύσιν ἢ πληγὰς ἢ διατρήσεις ἥλων ἢ γοῦν τὰ ἕτερα τῶν τραυμάτων· ἀπαθὲς γὰρ τὸ θεῖον, ὅτι καὶ ἀσώματον. ἐπειδὴ δὲ τὸ γεγονὸς αὐτοῦ ἴδιον σῶμα πέπονθε ταῦτα, πάλιν αὐτὸς λέγεται παθεῖν ὑπὲρ ἡμῶν· ἦν γὰρ ὁ ἀπαθὴς ἐν τῷ πάσχοντι σώματι. κατὰ τὸν ἴσον δὲ τρόπον καὶ ἐπὶ τοῦ τεθνάναι νοοῦμεν·

21. L.R. Wickham, *Cyril of Alexandria, Second Letter to Nestorius*, p. 7, n. 9 : « *Cf.* Scholia 2 (AGO 1, 5 p. 220) where Cyril uses the admittedly imperfect analogy of the union of soul and body to explain the union of impassible Word and flesh in Christ. The soul is not itself cut by the blade which lacerates the body, though it feels the pain as its own. So in a far higher degree, *the Word is impassibly conscious* (πασχούσης ἀπαθῶς) *of the body's sufferings which are his because the body is his*. Beyond these (in context) carefully qualified commonplaces, Cyril could not or would not, go. » *Cf.*, aussi, Wickham, « Introduction », p. xxxiii-xxxiv, n. 70 : « ... in the case of God the Word, it is absurd to speak of feeling the afflictions along with anything – the divine is impassible and not within our condition. Yet it was united with flesh possessing a rational soul, and when the flesh suffers *it was impassibly conscious of what happened to the flesh* and, as God, obliterated the weakness of the flesh yet claimed them as belonging to his own body, This is what it means to say he hungered, was tired and suffered for us. »

22. La solution du problème est énoncée en ces termes dans le commentaire 14 d'Averroès [= *De an.* III, 4, 429b29-430a2], trad.

A. de Libera : « Et il dit : *Disons donc que la passion*, etc. C'est-à-dire : on peut résoudre cette question en sachant que la signification [du mot] "passion" utilisé dans l'énoncé de la question est plus générale que tout ce qui est dit "passif" dans le monde matériel. Puis, il explique ce que signifie ce mot dans le cas de l'intellect. Et il dit : *que l'intellect est, en puissance, d'une certaine façon, etc.* C'est-à-dire : dans le cas de l'intellect, la notion générale de "passion" ou de "pâtir" désigne uniquement le fait que l'intellect est en puissance, et non en acte, avant de concevoir. Et dire de lui qu'il est "en puissance" a un sens différent de celui dans lequel on dit que des choses matérielles sont "en puissance". C'est ce que nous avons dit plus haut et qu'il faut bien comprendre ici : les mots "puissance", "réception" et "perfection" sont dits par homonymie quand on les applique à des choses matérielles. La différence de sens *(intentionis)* entre la réception qui a lieu dans l'intellect et celle qui a lieu dans les choses matérielles ne peut se découvrir que par le raisonnement. Il ne faut pas croire que la matière première soit cause de réception absolument parlant, elle ne cause qu'une réception selon le changement *(transmutabilis)* et c'est la réception d'un individu désigné *(huius singularis)* : seule cette nature [la passivité de l'intellect] cause une réception au sens absolu. »

23. Aristote, *De an.* III, 4, 429b22sq. [= *textus* 12 d'Averroès, GCDA] ; Tricot, p. 178-179. Le *textus* 12 donne (ma trad.) : « On pourrait poser ce problème : l'intellect est simple, non patient, et il est impossible qu'il ait la moindre communication avec une autre chose, comme le dit Anaxagore. Comment par conséquent comprendre que concevoir par l'intellect soit une certaine passion ? »

24. Traduction fr. dans *Les Présocratiques*, éd. J.-P. Dumont, en collab. avec D. Delattre & J.-L. Poirier, Paris, Gallimard (Pléiade), 1988, p. 949-957. Anaxarque (m. 320 av. J.-C.) était un philosophe de la cour d'Alexandre le Grand, disciple de Diogène de Smyrne et maître de Pyrrhon d'Élis, surnommé l'« Eudémonique ». Voir la notice de R. Goulet dans le *Dictionnaire des philosophes antiques*, n. 160, p. 188-190. Voici l'anecdote réduite à l'essentiel (p. 189) : « Alors qu'il s'était fait un ennemi en la personne de Nicocréon [...] tyran de Chypre (Salamine), pour avoir réclamé par un jeu de mots à Alexandre la tête de ce satrape au cours d'un banquet, Anaxarque fut un jour, après la mort d'Alexandre, contraint par les hasards de la navigation à aborder sur l'île de Chypre. Nicocréon le fit prendre et jeter dans un mortier pour qu'il y fût frappé avec des pilons de fer. Anaxarque aurait alors, par mépris de

ce châtiment, proféré sa parole célèbre : “Broie, broie l’enveloppe d’Anaxarque, mais Anaxarque, tu ne le broieras pas.” Comme Nicocréon ordonnait qu’on lui coupât la langue, il se la serait coupée lui-même – d’un coup de dent, dit Diogène Laërce – et la lui aurait crachée » (DIOGÈNE LAËRCE IX 58-59, dans le livre sur les philosophes « dispersés »). Sur cet épisode, *cf.* P. BERNARD, « Le philosophe Anaxarque et le roi Nicocréon de Salamine », *Journal des savants*, 1984, vol. I, n° 1, p. 3-49. Voici le texte de la blague fatale, rapporté par Diogène Laërce : « Un jour, au cours d’un banquet, comme Alexandre lui demandait ce qu’il pensait du repas : “En tout somptueux, ô roi, il n’y manquait que la tête d’un satrape” aurait-il répondu, en visant Nicocréon. » Dans la version de Diogène Laërce, Anaxarque dit : « Broie donc le sac d’Anaxarque, tu ne broies point Anaxarque lui-même. » Diogène Laërce a composé une épigramme en l’honneur d’Anaxarque, traduite p. 24, par P. BERNARD : « Pilonnez, Nicocréon, allez, plus fort ! ce n’est qu’un sac. Pilonnez ! Anaxarque, lui, a depuis longtemps rejoint la demeure de Zeus. Quand Perséphone aura commencé de t’effilocher la chair aux peignes à chardon, elle t’apostrophera ainsi : Maudit, sois-tu, cruel meunier. » La bonne traduction de θύλακος est *sac*, plutôt qu’*enveloppe*.

25. Le texte est extrait de celui d’Origène et publié en 1925 par L. Rougier, repris en 1965, sous le titre *Contre les chrétiens*, chez J.-J. Pauvert (coll. Libertés), puis en 1977 : *Celse contre les chrétiens. La réaction païenne sous l’empire romain*. Paris, Copernic, 1977. Dans l’ouvrage de L. ROUGIER, 1977, le texte de Celse est traduit p. 163-241. Le texte qui nous intéresse, dans la version de 1965, est au § 93, p. 140-141. Il y a une nouvelle édition du *Contre Celse* d’Origène, dans la collection Sources chrétiennes, livre I (SC 132), 2005 ; II (SC 136), 1976, III (SC 147), 1976 et V, (SC 227), 1976 par Marcel BORRET, mais pas du livre VII. Je cite l’édition MIGNE, 1843, des *Démonstrations évangéliques*, « ouvrage également nécessaire à ceux qui ne croient pas, à ceux qui doutent et à ceux qui croient ». Au § 19 (chap. II), ROUGIER, p. 54, Celse évoque la prière d’agonie : « Que si ce qui est advenu est arrivé parce qu’il l’a bien voulu, si c’est pour obéir à son père qu’il a enduré d’être supplicié, il est clair que cet accident, affectant un Dieu qui s’y soumet librement et de propos délibéré, n’a pu lui causer ni douleur ni peine. Pourquoi pousse-t-il alors des plaintes et des gémissements et prie-t-il pour que le dénouement qui l’effraie lui soit épargné : *Ô mon père, s’il se peut, que ce calice s’éloigne de moi !* »

26. CELSE, *Contre les chrétiens*, trad. L. ROUGIER, p. 140. Voir l'autre traduction : *Démonstrations évangéliques de Tertullien, Origène, Eusèbe...*, vol. I : « Si vous aviez tant d'envie d'innover, combien auriez-vous mieux fait de choisir quelqu'un qui fût mort glorieusement, et en qui la fiction qui l'aurait fait Dieu, trouvât au moins à se soutenir ? Si vous ne vous accommodiez pas d'Hercule, d'Esculape, et de ces autres héros de l'antiquité, vous aviez Orphée qui était sans contredit un homme divinement inspiré et qui est mort, lui aussi, de mort violente. Mais peut-être que vous aviez été devancés par d'autres à son égard. Vous pouviez donc prendre Anaxarque qui, comme on le pilait dans un mortier avec la dernière barbarie, témoignait un généreux mépris pour ce supplice. Broyez, broyez, disait-il, l'étui d'Anaxarque ; car pour lui vous ne le touchez point. Parole vraiment digne de l'Esprit divin. Mais il y en avait encore d'autres qui faisaient déjà profession d'être ses disciples pour la physique. Vous pouviez prendre Épictète qui comme son maître lui tordait violemment la jambe : Vous me rompez la jambe, lui dit-il en souriant et sans s'émouvoir ; et comme il la lui eu rompue, ne l'avais-je pas bien dit, ajouta-t-il, que vous me la rompriez ? Qu'est-ce que votre Dieu a dit de pareil dans les tourments ? »

27. *Cf.* I Pierre 2, 23 : ὃς λοιδορούμενος οὐκ ἀντελοιδόρει, πάσχων οὐκ ἠπείλει, παρεδίδου δὲ τῷ κρίνοντι δικαίως. Vulgate : *qui cum malediceretur non maledicebat cum pateretur non comminabatur tradebat autem iudicanti se iniuste* ; Luther : welcher nicht wiederschalt, da er gescholten ward, nicht drohte, da er litt, er stellte es aber dem anheim, der da recht richtet ; KJV : Who, when he was reviled, reviled not again; when he suffered, he threatened not; but committed himself to him that judgeth righteously ; Martin : Qui lorsqu'on lui disait des outrages, n'en rendait point, et quand on lui faisait du mal, n'usait point de menaces ; mais il se remettait à celui qui juge justement ; Darby : qui, lorsqu'on l'outrageait, ne rendait pas d'outrage, quand il souffrait, ne menaçait pas, mais se remettait à celui qui juge justement ; Segond : lui qui, injurié, ne rendait point d'injures, maltraité, ne faisait point de menaces, mais s'en remettait à celui qui juge justement.

28. *Traité des trois imposteurs*, chap. IX, « de la morale de Jésus-Christ », § 3.

29. Y. LABBÉ, *Le Sens et le Mal. Théodicée du Samedi Saint*, Paris, Beauchesne (Bibliothèque des Archives de philosophie, vol. XXX), 1980, p. 425.

30. Sur Ch. Bonnet, *cf.* F. Vidal, « La psychologie de Charles Bonnet comme “miniature” de sa métaphysique », *in* M. Buscaglia *et al.* (éd.), *Charles Bonnet, savant et philosophe (1720-1793)*, Genève, Éd. Passé Présent, 1994, p. 43-50 ; « Analyse et sauvegarde de l'âme dans la psychologie des Lumières », *in* M. Porret & F. Rosset (éd.), *Le Jardin de l'esprit. Hommage à Bronislaw Baczko*, Genève, Droz, 1995, p. 217-231. *Cf.* aussi, naturellement, J. Starobinski, « Brève histoire de la conscience du corps », *in* R. Ellrodt (éd.), *Genèse de la conscience moderne. Études sur le développement de la conscience de soi dans les littératures du monde occidental,* Paris, PUF (Publ. de la Sorbonne, série littérature II / 14), 1983, p. 215-229 (réimpr. du texte paru dans la *Revue française de psychanalyse* [*L'inquiétante étrangeté*], t. XLV-3, mai-juin 1981, p. 261-279).

31. Le titre complet du livre est : *Essai de psychologie, ou Considérations sur les opinions de l'âme, sur l'habitude et sur l'éducation, auxquelles on a ajouté des principes philosophiques sur la cause première et sur son effet* (c'est sous ce titre qu'il est également imprimé dans les *Œuvres d'Histoire naturelle et de philosophie*, t. VIII, Neuchâtel, Samuel Fauche, 1779-1783). Pour une édition moderne, *cf.* Ch. Bonnet, *Essai de psychologie*. Avec une introduction de S. Nicolas suivi de la présentation de l'œuvre par A. Lemoine, Paris, L'Harmattan (Encyclopédie psychologique), 2006. Une autre transcription est téléchargeable sur www.psy-desir.com/textes. Sur le texte, *cf.* également J. Starobinski, « L'Essai de Psychologie de Charles Bonnet : Une version corrigée inédite », *Gesnerus. Revue trimestrielle d'histoire de la médecine et des sciences naturelles*, 32 (1975), p. 1-15.

32. Le mot apparaît ici ou là vers les années 1750, notamment avec la traduction française anonyme de la *Psychologia empirica* de Christian Wolff, éditée à Amsterdam en 1745 sous le titre de *Psychologie ou traité sur l'âme*. Compte tenu de l'extraordinaire diffusion qu'a connue son *Essai de Psychologie*, publié à Londres en 1754, on peut penser que, s'il n'en a pas été à proprement parler l'inventeur, le philosophe genevois n'a pas peu contribué à la propagation du terme.

33. On comparera cette séquence à Aristote, *De an.*, III, 7, 431a4-10, trad. Tricot, p. 190 : « Et il apparaît en fait que le sensible fait seulement passer la faculté sensitive, qui était en puissance, à l'acte, car le sens ni ne pâtit, ni n'est altéré. Aussi est-ce là une autre espèce de mouvement. En effet, le mouvement est, disions-nous, acte de ce qui est inachevé, tandis que l'acte au sens absolu, l'acte de ce qui a atteint son plein développement, est tout différent. Ainsi donc la sensation est semblable à la simple énonciation et à la simple

conception ; mais *quand l'objet sensible est agréable ou pénible, l'esprit, émettant une sorte d'affirmation ou de négation, le poursuit ou l'évite.* » On la rapprochera également de ce passage de la VIe *Méditation*, *cf.* DESCARTES, *Meditationes de prima philosophia*, VI, A.-T., VII, p. 81 : « Praetera etiam doceor a natura varia circa meum corpus alia corpora existere, ex quibus nonnulla mihi prosequenda sunt, alia fugienda. Et certe, ex eo quod valde diversos sentiam colores, sonos, odores, sapores, calorem, duritiem, et similia, recte concludo, aliquas esse in corporibus, a quibus variae istae sensuum perceptiones adveniunt, varietates iis respondentes, etiamsi forte iis non similes ; atque ex eo quod quaedam ex illis perceptionibus mihi gratae sint, aliae ingratae, plane certum est meum corpus, sive potius me totum, quatenus ex corpore et mente sum compositus, variis commodis et incommodis a circumjacentibus corporibus affici posse. » Le DUC DE LUYNES traduit (*Méditations métaphysiques*, VI, A.-T., IX, p. 64-65) : « Outre cela, la nature m'enseigne que plusieurs autres corps existent autour du mien, entre lesquels je dois poursuivre les uns et fuir les autres. Et, certes, de ce que je sens différentes sortes de couleurs, d'odeurs, de saveurs, de sons, de chaleur, de dureté, etc., je conclus fort bien qu'il y a dans les corps, d'où procèdent toutes ces diverses perceptions de sens, quelques variétés qui leur répondent, quoique peut-être ces variétés ne leur soient point en effet semblables. Et aussi de ce qu'entre ces diverses perceptions des sens, les unes me sont agréables, et les autres désagréables, je puis tirer une conséquence tout à fait certaine, que mon corps – (ou plutôt moi-même tout entier, en tant que je suis composé du corps et de l'âme) peut recevoir diverses commodités ou incommodités des autres corps qui l'environnent. »

34. *Cf.* M. GUEROULT, *Spinoza, I : Dieu (Éthique, I)*, Paris, Aubier-Montaigne, 1968, p. 229-230.

35. DESCARTES, *Principiorum philosophiae Pars secunda*, II ; A.-T., VIII, p. 41.

36. DESCARTES, *Principes de la philosophie*, *IIe partie*, II ; A.-T., IX-2, p. 64, dans la traduction de l'abbé PICOT (1614-1668). Sur l'abbé (« le sieur Claude Picot, prieur du Rouvre ») et sa traduction, voir le séminaire du 22 mai 2014 (« Un texte clef en deux versions : les *Principia philosophiae* et leur traduction française par "l'abbé Picot", 1647 »).

37. A.-T., VII, p. 81. Sur ce texte, *cf.* C.F. FOWLER, *O.P.*, *Descartes on the Human Soul. Philosophy and the Demands of Christian Doctrine*,

Dordrecht-Boston-London, Kluwer Academic Publishers, 1999, p. 313.

38. *Cf.* A.-T., IX-1, p. 64. *Cf.*, aussi, *Méditations métaphysiques*, éd. J.-M. ET M. BEYSSADE, Paris, Garnier-Flammarion, 1979, p. 179-181 : « Alioqui enim, cum corpus laeditur, ego, qui nihil aliud sum quam res cogitans, non sentirem idcirco dolorem, sed turo intellectu laesionem istam perciperem, ut nauta visu percipit si quid in nave frangatur ; et cum corpus cibo vel potu indiget, hoc ipsum expresse intelligerem, non confusos famis et sitis sensus haberem. »

39. Maritain soutient que l'auteur des *Méditations* fait de l'homme un ange habitant une machine et la dirigeant par le moyen de la glande pinéale, *cf.* J. MARITAIN, *Le Songe de Descartes, Suivi de quelques Essais*, Paris, R.A. Corrêa éd., 1932, p. 275. Dans *The Concept of Mind*, Chicago, University of Chicago Press, 1949, p. 18, Gilbert Ryle attribue à Descartes « the representation of a person as a ghost mysteriously ensconced in a machine ». Il parle ensuite du « dogme du fantôme dans la machine ». On n'aura garde d'oublier que *ghost* se traduit aussi par… « esprit ». Ryle était le successeur de Collingwood à Magdalen College. Sur le « fantôme dans la machine » et la critique du dualisme cartésien, *cf.* R. MARTIN & J. BARRESI, *The Rise and Fall of Soul and Self : an intellectual History of Personal Identity*, New York, Columbia University Press, p. 244.

40. *Cf.* M. GUEROULT, *Spinoza…*, *loc. cit.*, p. 230.

41. PIERRE CHARRON, *De la sagesse*, I, 7, *Œuvres*, t. I, Genève Slatkine reprints, 1970, p. 27. Rappelons que le *Discours de la méthode* date de 1637, et les *Meditationes de prima philosophia* de 1641. Le traité de Charron (1541-1603), publié en 1601 à Bordeaux sous le titre *De la sagesse, trois livres, par Pierre Charron, parisien, docteur es droicts*, constamment republié (1604, Paris, 1606, Bordeaux, 1607, Paris, etc.) pourrait donc compter parmi les « sources » de Descartes. La 2e édition (1604, David Douceur, Libraire iuré rue Saint Iacques à l'enseigne du Mercure arresté, Paris) est reprise sous le titre *De la sagesse (1604)*, B. DE NEGRONI (éd.), dans le *Corpus des œuvres de philosophie en langue française*, Paris, Fayard, 1986.

42. Les *Notae* de janvier 1648 sont, en effet, la réponse à l'*Explicatio Mentis humanae, sive Animae rationalis, ubi explicatur quid sit, et quid esse possit* de Regius, devenu l'adversaire le plus résolu de Descartes, après leur commune polémique avec Voetius et Schoock Claude CLERSELIER en a donné la traduction sous le titre *Remarques de René Descartes sur un certain placard imprimé aux Pays-Bas vers la fin de l'année 1647, qui portait ce titre : Explication de l'esprit humain, ou de*

l'âme raisonnable : où il est montré ce qu'elle est, et ce qu'elle peut être. Sur le dossier Descartes-Regius et *L'Examen du [Remarques sur le] susdit placard*, *cf.* TH. VERBEEK (éd.), *Descartes et Regius. Autour de l'Explication de l'esprit humain* (Studies in the History of Ideas in the Low Countries, 2), Amsterdam-Atlanta, Rodopi, 1993 ; et ID., « Le contexte historique des *Notae in programma quoddam* », *ibid.*, p. 1-33. On peut également consulter A. DE LIBERA, « Remarques sur un placard. Descartes contre Regius », *in* J. DUTANT, D. FASSIO & A. MEYLAN (éd.), *Liber Amicorum Pascal Engel*, University of Geneva, 2014, p. 647-673. www.unige.ch/lettres/philo/publications/engel/liberamicorum.

43. Je synthétise ici plusieurs éléments énoncés séparément dans les *Notae*, dont l'importante théorie de l'attribut essentiel unique, sur lesquels je reviendrai ailleurs. Sur la question de l'attribut, *cf.* M. ROZEMOND, « Descartes's case for Dualism », *Journal of the History of Philosophy*, 33/1 (1995), p. 29-63 [repris dans *Descartes's Dualism*, Cambridge (Mass.), Harvard University Press, 1998, p. 1-37].

44. *Cf.* THOMAS D'AQUIN, *Super Sent.*, lib. 3 d. 6 q. 2 a. 3 arg. 5 : « Sed contra est quod dicit Damascenus, duas naturas unitas invicem in unam compositam hypostasim filii Dei. »

45. La doctrine de l'« hypostase » ou « subsistence composée » va de pair avec la dualité des natures, contrairement à la doctrine monophysite. Comme l'écrit M. RASHED, « Un texte proto-byzantin sur les universaux... », p. 849 : « Le *credo* monophysite consiste à dire que [l']union hypostatique [la personne du Christ comme humano-divine] ne peut avoir de sens que si elle est comprise comme l'exemplification d'une nature elle-même unique, divino-humaine. »

46. J.M. GARRIGUES, « La personne composée du Christ d'après saint Maxime le Confesseur », *Revue thomiste*, 74 (1974), p. 181-204.

47. J.-Cl. LARCHET, *La Divinisation de l'homme selon saint Maxime le Confesseur*, p. 371.

48. *Cf.* MAXIME LE CONFESSEUR, *Th. Pol.*, 9, PG 91, 128D.

49. MAXIME, cité par LARCHET, *La Divinisation...*, p. 372, anticipe clairement JD1 et JD2.

50. MAXIME LE CONFESSEUR, *Th. Pol.*, 16, PG 91, 201D-204A.

51. La traduction anglaise de S.D.F. SALMOND, *Exposition of the Orthodox Faith* (http ://www.documentacatholicaomnia.eu) est beaucoup plus satisfaisante, qui forge le mot *Christlihood* : « ... *a common form cannot be admitted in the case of our Lord Jesus Christ*. For neither was there ever, nor is there, nor will there ever be another Christ constituted of deity and humanity, and existing in deity and

humanity at once perfect God and perfect man. And thus in the case of our Lord Jesus Christ we cannot speak of one nature made up of divinity and humanity, as we do in the case of the individual made up of soul and body. For in the latter case we have to do with an individual, but Christ is not an individual. *For there is no predicable form of Christlihood, so to speak, that He possesses* » ; le texte grec est : Ἐπὶ δὲ τοῦ Κυρίου ἡμῶν Ἰησοῦ Χριστοῦ οὐκ ἔστι κοινὸν εἶδος λαβεῖν· οὔτε γὰρ ἐγένετο, οὐδὲ ἔστιν, οὔτε ποτὲ γενήσεται ἄλλος Χριστὸς ἐκ θεότητος καὶ ἀνθρωπότητος, ἐν θεότητι καὶ ἀνθρωπότητι Θεὸς τέλειος ὁ αὐτὸς καὶ ἄνθρωπος τέλειος. Ἐντεῦθεν οὐκ ἔστιν εἰπεῖν μίαν φύσιν ἐπὶ τοῦ Κυρίου ἡμῶν Ἰησοῦ Χριστοῦ· ὥσπερ ἐπί τοῦ ἀτόμου ἐκ ψυχῆς καί σώματος συγκειμένου, οὕτω καὶ ἐπὶ τοῦ Χριστοῦ ἐκ θεότητος καί ἀνθρωπότητος. Ἐκεῖ μέν γάρ ἄτομον, ὁ δέ Χριστός οὐκ ἄτομον· οὐδέ γάρ ἔχει κατηγορούμενον εἶδος χρηστότητος.

Illustrations

Figure 1. Anonyme italien, *Scène de chasse avec chien et lièvre*,
Ajaccio, Palais Fesch.

Figure 2. Cette image présente un « résumé des souffrances christiformes de Suso », Strasbourg, BNU 2929, f° 57r.

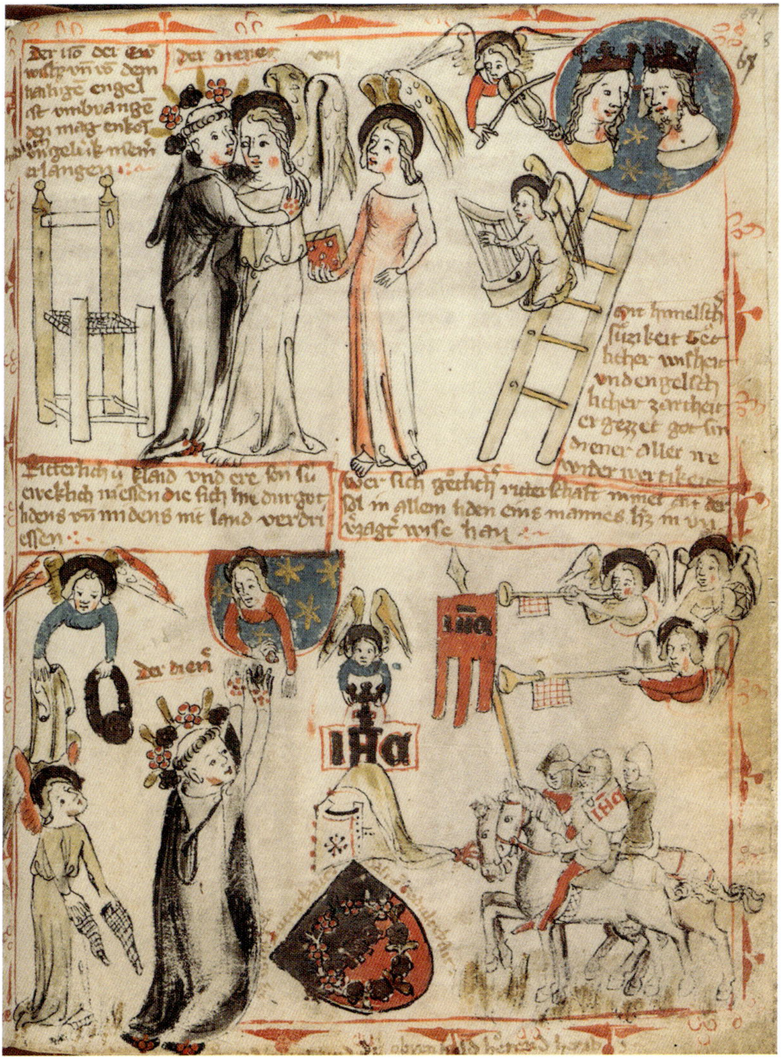

Figure 3. *La chevalerie spirituelle*,
Strasbourg, BNU 2929, fº 67r.

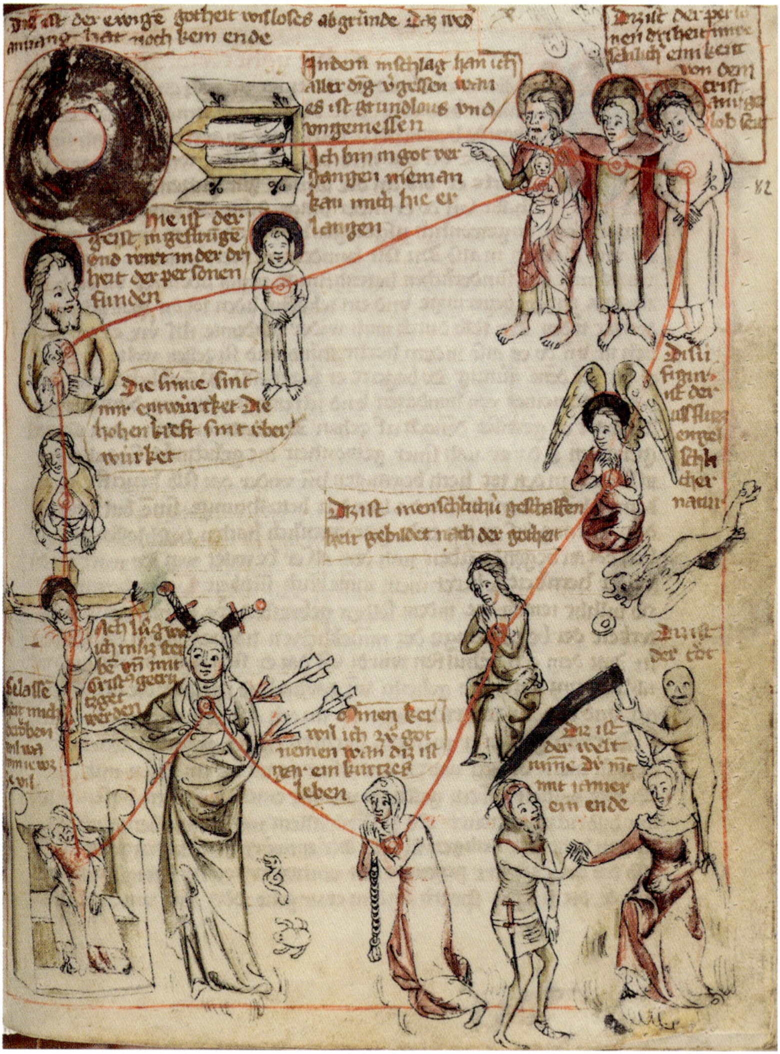

Figure 4. *La voie mystique : la sortie et le retour*, Strasbourg, BNU 2929, fº 82r.

Figure 5. Giotto, *La stigmatisation de François d’Assise*, Musée du Louvre

Figure 6. Giotto, *François reçoit les stigmates*, Florence, Santa Croce, capella Bardi

Figure 7. *Suso : la vision du Christ séraphique en croix*,
Strasbourg, BNU 2929, fº 65v.

Figure 8. *La rencontre de Suso avec la Sagesse éternelle créatrice,* encadrée en haut par David et Salomon, en bas par Job et Aristote, Strasbourg, BNU 2929, fº 1v.

Cours du 22 février 2016

Deuxième heure

Reprise du chapitre 47 de Jean de Damas. — Explication de οὐδὲ γάρ ἔχει κατηγορούμενον εἶδος χρηστότητος, *« car il n'y a pas de forme "christicité" prédicable, qu'il possède[rait] ». — Diagramme. — Rejet du miaphysisme. — Traduction en termes frégéens. — Le Christ n'est pas un individu tombant sous la forme christicité. — Il n'y a pas de koinon eidos, de forme commune qu'on appellerait « christitude » ou « christicité ». — Le patripassianisme. — Ses diverses appellations génériques : monarchianisme, sabellianisme, modalisme. – Définition du patripassianisme : en Jésus, c'est Dieu le Père lui-même qui s'est incarné, a souffert et a sauvé l'humanité. — Les diverses formes de patripassianisme : Noët, Cléomène, Praxéas. — Noët identifie le Père et le Fils. — Cléomène soutient que le Père et le Fils ne sont que des modes d'une même divinité. — Praxéas soutient que « le Christ pâtit », tandis que le « Père compatit ». — Réponse de Tertullien : pas de différence entre passion et compassion : compatir, c'est « pâtir avec ». — De l'Antiquité au Moyen Âge. — L'Incarnation dans les* Sentences *de Pierre Lombard. — Gauthier de Saint-Victor contre les « Quatre labyrinthes de la France » : Pierre Abélard, Pierre Lombard, Gilbert et Pierre de Poitiers. — Jean de Damas, le cinquième labyrinthe oublié. — Pierre Lombard lecteur de Jean de Damas. — Plan des* Sentences. *— Analyse des trois théories de l'Incarnation présentées dans les* Sentences, *livre III, distinction VI. — Première opinion (attribuée à Hugues de Saint-Victor) : l'*homo assumptus. *— Aspects logiques de la théorie. — Sa dimension sophismatique. — Une seule personne, deux suppôts : celui du Verbe, celui de* *l'homme assumé : « un certain homme », tirant son existence d'une âme rationnelle et d'une chair d'homme. — Deuxième opinion (attribuée à Gilbert de Poitiers) : l'homme Jésus est composé de deux natures et de trois substances : divinité, corps et âme. — La personne du Verbe est simple avant, composée après. — Comparaison avec la formule de Maxime : « desquelles, en lesquelles, lesquelles est le Christ ». — Recours des tenants de la deuxième opinion à la théorie damascienne de l'hypostase composée. — Troisième opinion (attribuée à Pierre Lombard et à Pierre Abélard) : la théorie du « vêtement ». — L'union de l'âme (rationnelle) et de la chair (humaine) au Verbe, en sa nature ou en sa personne, est extrinsèque et accidentelle : les deux ne sont que le « vêtement », l'*indumentum, *utilisé par le Verbe pour « apparaître » à la vue, se rendre « visible » aux yeux des créatures. — Les tenants de la troisième opinion ne soutiennent pas absolument que « Dieu s'est fait homme », mais seulement « que Dieu s'est fait homme selon l'habitus ». — Une question disputée : Dieu pouvait-il s'incarner dans une femme ? — Double origine de la théorie de l'*habitus *: la question 73 des 83* Questions *d'Augustin. — L'exégèse de Philippiens 2, 7 : « et habitu inventus ut homo ». — Lecture de 2, 7 et 2, 8 : « humiliavit semet, ipsum factus oboediens usque ad mortem, mortem autem crucis ». — La notion augustinienne d'*habitus *: les quatre types d'*habitus. *— L'homme assumé dans l'Incarnation est un* habitus *du troisième type : celui, précisément, de « l'habit », qui, « en nous arrivant, ne nous change pas, mais est changé par nous » (i.e. prend notre forme). — Retour sur le problème de l'Incarnation de Dieu sous la forme d'une femme. — La solution d'Augustin. — Dieu pouvait-il s'incarner sous n'importe quelle forme ? — L'hypothèse de l'âne : l'« asinus-Christology » du* XIVe *siècle (Heikko Obermann). — La position de Marilyn McCord Adams : distinguer hypostase et personne. — L'union hypostatique est potentiellement ouverte ; l'union personnelle réclame l'humanité. — Le problème de Gethsémani dans les* Sentences *de Pierre Lombard. — La solution « latine » d'Alexandre de Halès. — La « gémination de l'affect » : raison et sensualité. — Reprise du langage augustinien : vouloir et nouloir. — De par l'affect de (sa) raison le Christ voulait mourir, de par l'affect de (sa) sensualité il le noulait – i.e. il voulait ne pas mourir.*

Je vais essayer de vous expliquer ce passage du ΚΕΦΑΛΑΙΟΝ, 47, de Jean de Damas : οὐδέ γάρ ἔχει κατηγορούμενον εἶδος χρηστότητος, « car il n'y a pas de forme « christicité » prédicable, qu'il possède[rait] ». Quand je parle de « décoloniser » ou « décolonialiser le Moyen Âge », je veux dire « revenir à ce dont il était question » dans les textes médiévaux, plutôt que leur imposer ce que nous en pensons en fonction de nos préjugés, de notre conception de l'histoire, de nos croyances personnelles. Quel est le contexte du texte où figurent les expressions « il n'y a pas de christicité », « pas de christitude », et « le Christ n'est pas un individu » ? Il s'agit de quelque chose de précis : réfuter la théorie qu'on appelle *miaphysisme*, la théorie de Sévère d'Antioche († 538). Dans les années 520, cette théorie est très populaire. Quand, en 529, la dernière école de philosophie païenne, l'école d'Athènes, est fermée par l'empereur Justinien, l'école d'Alexandrie – l'autre grande école néoplatonicienne, passée au christianisme, avec son *leader*, Jean Philopon que les Arabes appelleront « Jean le grammairien » – maintient cette théorie, malgré les résistances. Jean de Damas intervient bien après, puisqu'il vit au VIIe siècle, mais il se bat contre quelque chose d'encore très puissant. Le miaphysisme est la théorie selon laquelle il y a un *koinon eidos*, une forme commune, qui serait la « christicité » ; et cette nature unique serait composée de la nature humaine et de la nature divine. J'ai représenté cela par une sorte de diagramme d'Euler.

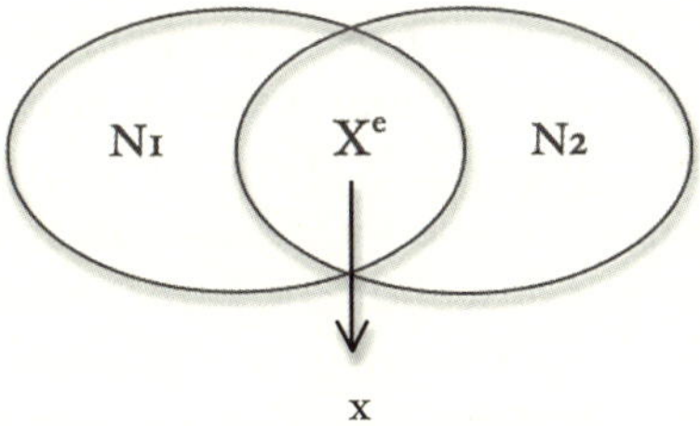

Vous avez la nature humaine (N1), la nature divine (N2) et, à leur intersection, quelque chose qu'on peut appeler la

« christicité », c'est-à-dire une nature composée à la fois d'humanité et de divinité. Selon les miaphysites le Christ Jésus serait un individu qui, en termes frégéens, tomberait sous le concept de christicité [1]. Dans un vocabulaire plus médiéval, on pourrait dire que cet individu aurait pour « forme immanente » la christicité. Le langage de la forme immanente, qui est celui de la philosophie antique, et le langage frégéen, qui se déplace vers le niveau du concept, ici se rencontrent. Il y aurait quelque chose comme la christicité sous quoi tomberait le Christ historique, et une forme qui lui serait inhérente. Le Christ serait donc dans la position de tout individu au sens de Porphyre ; il serait l'individu qu'il est par la possession d'une forme qui « immane » en lui, et sous laquelle il viendrait se ranger. *Huparkein*, chez Porphyre, cela veut dire à la fois être subordonné à une forme et l'avoir en soi.

C'est cela le miaphysisme. La doctrine qui dit qu'il y a une nature – la *christicité* – composée d'humanité et de divinité, qui est la nature d'un seul individu, le Christ. Vous savez que les Grecs admettaient qu'il y eût des natures qui ne fussent la nature que d'un seul individu – c'est le cas par exemple du phénix. C'est ce qu'ils appelaient des « espèces monadiques » [2], que nous appellerions aujourd'hui « classes à un membre ».

Jean de Damas attaque à deux niveaux : il dit *Non !* le Christ n'est pas un individu tombant sous la forme christicité (autrement dit « ce n'est pas un individu ») et *Non !* avant toute chose, il n'y a pas ce *koinon eidos*, cette forme commune qu'on appellerait « christitude » ou « christicité ». Donc le miaphysisme de Sévère d'Antioche, poursuivi par Jean Philopon et tant d'autres, est une doctrine fausse et doublement fausse. On peut l'attaquer sous deux angles, celui de la nature composée, et celui de la subsumption de la chose Christ, qui serait comme un individu subsumé par une forme dans un arbre de Porphyre. C'est Zachée qui doit descendre de l'arbre [3], pas le Christ.

Les Latins n'ont pas eu à affronter le problème de la christicité/christitude. Burgundio de Pise n'a tout simplement pas traduit οὐδέ γάρ ἔχει κατηγορούμενον εἶδος χρηστότητος – ou plutôt, il l'a écrasé sous la très plate formule : « Hinc non est dicere unam naturam in Domine nostro Iesu

Christo »[4]. Un seul manuscrit semble porter la trace du rejet de la formule miaphysite – le ms. P (Paris, Nat. lat. 2570[5]) – qui à « In Domino autem nostro Iesu Christo non est communem speciem suscipere[6] » (qui traduit Ἐπὶ δὲ τοῦ Κυρίου ἡμῶν Ἰησοῦ Χριστοῦ οὐκ ἔστι κοινὸν εἶδος λαβεῖν, et suffit, de toute façon, à rendre la thèse générale de Jean) ajoute : « ita quod hoc nomen Christus univoce dicatur de pluribus secundum eandem rationem – la définition aristotélicienne d'un terme « univoque », prédicable « synonymiquement », *i.e.* selon le nom et la définition –, en précisant : « non enim sicut nature anime et corporis que in homine sunt, ex quibus est, sequitur species communis que in pluribus invenitur, sic unionem in deitate et humanitate »[7]. L'argument est là, sous forme d'interpolation, mais pas les mots pour le dire : en l'occurrence un mot latin pour χρηστότητος (christicité), et correctement placé.

Je m'arrête – trop tard, comme chaque fois – et j'en viens au second point que je vous avais annoncé : le patripassianisme. À la question « Qui a souffert sur la Croix ? » le *patripassianiste* (PP) répond : Dieu, comme le théopaschiste, mais il précise : Dieu *le Père*.

Contrairement au théopaschisme, le *patripassianisme* est une hérésie que l'on retrouve sous divers conditionnements : le monarchianisme, le sabellianisme – du nom de Sabellius, excommunié par Callixte Ier en 220, pour cause de monarchianisme, lui-même accusé de patripassianisme par Hippolyte de Rome[8]. Je n'entre pas dans le détail de ces imputations qui rappellent les scissions des mouvements trotskistes. Tout le monde s'exclut, tout le monde s'accuse mais, en fait, tous ces noms désignent une même hérésie générique qu'on peut appeler le « modalisme ».

Comme le montre François Bousquet, le patripassianisme « consiste à dire qu'en Jésus c'est Dieu (le Père) lui-même qui s'est incarné, a souffert (d'où le nom de patripassianisme) et a sauvé l'humanité[9] ». Comment peut-on être patripassianiste ? Comment peut-on soutenir que le Père a pris chair en Jésus et a souffert sur la Croix ? La réponse est simple : par antimarcionisme, plus largement par antignosticisme, pour contrer la distinction entre « deux Dieux, le Dieu juste et sévère des dix commandements, révélé par l'Ancien Testament, et le Dieu de bonté, révélé par Jésus dans le Nouveau », en affirmant, contre ce dualisme, contre ce dyothéisme, « la monarchie d'un seul dieu et principe » – d'où le titre de *monarchianisme*.

L'enfer théorique est pavé de bonnes intentions : l'intention antidualiste du monarchianisme est bonne, le résultat est discutable. De fait, le monarchianiste ne fait pas que soumettre le Père à la souffrance, il soumet un Dieu véritablement unique, le Père dans le Fils, puisque le Fils n'est pour lui rien d'autre que le Père incarné. Dire, en ce sens, et pour cette raison précise, que Dieu comme Père a souffert sur la Croix, c'est ajouter une disgrâce à une autre. Il est vrai qu'il y a plusieurs versions du patripassianisme : celle de Noetus de Smyrne, celle de Cléomène, celle de Praxéas. Aucune n'est satisfaisante, toutes ont été dénoncées.

Les diverses nuances du patripassianisme sont critiquées dans *Contre toutes les hérésies* (pour ce qui concerne Cléomène) et *Contre les Noétiens* (pour Noetus) par Hippolyte de Rome, et dans *Contre Praxéas*, par Tertullien.

Noët identifie le Père et le Fils. « Il dit que le Christ est lui-même le Père et que c'est le Père qui est né, qui a souffert et qui est mort. » Les noétiens reprennent la thèse en argumentant par l'unicité de Dieu : « Si je confesse que le Christ est Dieu, c'est lui le Père, puisque Dieu est un. Or le Christ a souffert, lui qui est Dieu. Donc le Père a souffert, puisque le Père c'était lui. »

Cléomène est ouvertement modaliste : il maintient que c'est « *un seul et même être* », « appelé successivement Père et Fils », « qui a été *assujetti* à la Croix avec des clous » et qui est « le Dieu et père de l'univers » – le Père et le Fils ne sont que des *modes* d'une même divinité.

Praxéas paraît le plus modéré, qui soutient seulement que « le Christ *pâtit* », tandis que le « Père *compatit* » [10] – renouant, pour nous, avec le thème de la « sympathie » et de la « compassion », sur lequel j'aimerais pouvoir m'arrêter dans les prochaines séances.

Praxéas est le plus raisonnable des trois, mais il n'a pas eu de chance. Il a vu se dresser contre lui Tertullien, sans doute le plus redoutable polémiste de l'Antiquité. L'argument de la compassion est balayé en quelques mots.

> … les sectaires craignant de s'attaquer directement au Père, tentent d'atténuer le blasphème, en accordant enfin que le Père et le Fils sont deux, pourvu que le Fils *pâtisse* et que le Père *compatisse.* Nouvelle extravagance ! Car, qu'est-ce que *compatir,* sinon *pâtir avec un autre* ? Que si le Père est impassible, il ne peut pâtir avec un autre. Que s'il peut *pâtir* avec un autre, tu le fais passible. Tes ménagements n'avancent rien [11].

On ne se remet pas d'une critique de Tertullien. Des siècles plus tard Théodore de Bèze reprenait encore certains passages du *Contre Praxéa*s – j'y reviendrai, quand j'évoquerai le « Colloque » de 1586 entre luthériens et calvinistes, à Montbéliard.

Pour le moment nous sommes loin du XVIe siècle. Il faut commencer à nous en rapprocher. Passer de la patristique au Moyen Âge. Je ne dis pas à la scolastique – mais à ce qui la fonde, et avec elle la modernité. Je veux parler du dossier mis en place dans les *Sentences* de Pierre Lombard.

Le Lombard est avec Pierre Abélard, Pierre de Poitiers et Gilbert de Poitiers *alias* de la Porrée, l'un des « Quatre labyrinthes de la France » – cette version médiévale de la *Bande des quatre* –, dénoncés par Gauthier de Saint-Victor [12] – auxquels, comme on oublie trop souvent de le dire, vient s'ajouter un cinquième larron : syrien, chrétien d'Orient, je veux parler de Jean de Damas.

Le Damascène est une source majeure du Lombard. Une source nouvelle. Une source fraiche. Sur les 25 citations qu'il fait de *La Foi orthodoxe*, Pierre ne cible que les chapitres 46-52 : il ne connaissait certainement pas l'intégralité du texte. Selon I. Brady [13], son premier contact date du voyage à Rome de 1154-1155 – les livres I et II des *Sentences* datant des années 1155-1156 ; les livres III et IV des années 1157-1158. Le lien Pierre Lombard-Jean de Damas, si limité soit-il, n'en est pas moins essentiel. Les attaques de Gauthier contre les quatre « labyrinthes » n'ont pas eu grand effet. Palémon Glorieux, qui a édité le texte en 1952 dans les *Archives d'histoire doctrinale et littéraire du Moyen Âge*, publiait, deux ans plus tard, un article intitulé « Mauvaise action et mauvais travail, le *Contra quatuor labyrinthos Franciae* » [14], où il notait que « nulle mention n'était faite de l'ouvrage » de l'irascible Victorin « dans les écrits contemporains », que « nul ne le connaissait ni ne le citait » et que « tout portait à croire qu'il n'avait pas dû franchir beaucoup les frontières de Saint-Victor » [15]. Une chose est sûre : il n'a pas nui au Lombard. Les *Sentences* sont rapidement devenues la base textuelle et argumentative de toute la scolastique tardive. Elles sont le manuel de théologie sur lequel tous les universitaires doivent faire leurs armes [16], de bachelier sententiaire à maître, en quinze ans d'études, scandées par la lecture et le commentaire – lesdits commentaires, le chef-d'œuvre du *Magister*, ayant, avec le temps, pris toutes sortes de formes : commentaires littéraux, gloses, commentaires questionnés. En 1947, Friedrich Stegmüller a fourni un premier *Répertoire* de ces commentaires [17]. On y passe allégrement le mille. La plupart restent à éditer. C'est dire si nos récits historiques sont fondés sur l'ignorance.

Les *Sentences* sont divisées en quatre livres : I – Dieu, l'essence divine, les Personnes divines, les Noms divins, la connaissance divine, la volonté divine ; II – la création, la chute, le péché ; III – la christologie et les vertus ; IV – les sacrements – eux-mêmes divisés en chapitres. C'est Alexandre de Halès, qui a introduit les fameuses « distinctions », en lesquelles chaque livre est subdivisé [18]. Le livre important est pour nous le III : c'est le livre *test* pour approfondir les problèmes que nous avons évoqués jusqu'ici, suivre leur devenir médiéval, comprendre comment, au XIIe siècle, on se réapproprie la tradition patristique antérieure, et voir ce que l'on en transmet aux siècles suivants – du XIIIe au XVIIe.

Pierre Lombard y mentionne trois théories de l'Incarnation. C'est fondamental pour la christologie médiévale, et au-delà : c'est un socle épistémique. Ces trois opinions sont présentées de manière assez raide, dans une langue technique hérissée : il n'est pas facile de saisir d'emblée le sens et la portée de chacune (et c'est bien pour cela que ce livre était au programme des études de théologie et qu'il devait faire l'objet d'un commentaire)[19].

Ces trois « opinions » sont : T1 : la théorie dite de « l'homme assumé », selon laquelle *un homme est devenu Dieu* ou *Dieu cet homme* – non par nature mais par grâce ; T2 : la théorie de la *personne* ou subsistence *composée*, selon laquelle l'homme Jésus est composé de deux natures NH et ND et de trois substances : divinité, corps et âme – la personne du Verbe étant simple avant l'Incarnation, et composée après ; T3 : la théorie dite de l'*habitus* ou du vêtement selon laquelle l'union de l'âme (rationnelle) et de la chair (humaine) au Verbe, en sa nature ou en sa personne, est extrinsèque ou accidentelle : les deux n'étant que le « vêtement » utilisé par le Verbe pour se manifester.

Comme Boèce, les trois théories ont en commun de rejeter à la fois les erreurs d'Eutychès et celles de Nestorius : 1° contre le monophysisme d'Eutychès, elles soutiennent l'existence de deux natures, la divine et l'humaine dans le Christ ; 2° contre le nestorianisme, qu'il n'y a qu'une personne dans le Christ, la personne divine du Verbe incarné. Pour le reste, elles se distinguent ou s'opposent.

En gros, le principe des *Sentences* est le même que celui du *Sic et Non* d'Abélard – ouvrage rival qui n'a pas eu le même succès –, il consiste à mettre en regard, face à chaque problème théologique que l'on extrait du donné scripturaire, des raisons de répondre oui, des raisons de répondre non ; toutes étant tirées des *auctores*, c'est-à-dire des auteurs faisant autorité. Les textes que l'on juxtapose, que l'on oppose, sont donc précisément ce que l'on appelle des *auctoritates*.

Reprenons chaque théorie. Premièrement, l'*homo assumptus*, « l'homme assumé ». On associe généralement cette théorie à Hugues de Saint-Victor[20]. Voici le texte de Pierre Lombard :

> Les uns disent [...] que dans l'Incarnation elle-même du Verbe *un certain homme* a été constitué d'une âme rationnelle et d'une chair humaine : deux choses à partir desquelles est constitué tout homme véritable. Et *cet homme a commencé d'être Dieu*, non

pas certes la nature de Dieu, mais la personne du Verbe ; et *Dieu a commencé d'être cet homme* [21].

Vous voyez comment on procède : on commence par poser la thèse : dans l'Incarnation du Verbe « un certain homme » a été constitué ; il l'a été comme l'est tout homme : par l'union d'une âme rationnelle et d'une chair humaine ; puis on énonce deux propositions : que *cet homme* ainsi constitué *a commencé d'être Dieu*, et que *Dieu a commencé d'être cet homme*.

Si j'avais été professeur au Moyen Âge, à la fin d'une leçon, un matin, j'aurais pu tout à fait lancer ces propositions dans un cours : s'en serait alors suivi cet exercice, très populaire à l'université, consistant à disputer sur elles dans un cadre fictionnel, *disputationis causa*. Supposant que je montre du doigt le Christ à l'instant de l'Incarnation, je dis : « Cet homme commence d'être Dieu. » Est-ce que cette phrase est vraie ? Est-ce que cette phrase est fausse ? Est-ce que cet énoncé est pourvu de sens ? Avec ce jeu sur des propositions, vous voyez se mettre en place le mode de fonctionnement de la pensée médiévale qu'on appelle « l'approche *propositionnelle* ». Pour penser une difficulté, pour poser un problème, on confronte des propositions qu'on évalue logiquement (en termes de vrai ou de faux) dans des situations précises, qu'on appelle des *casus*, des « cas ». Cela donne lieu à une littérature, un genre pédagogique, une *casuistique* qui portent le nom de *sophismata*. Les *sophismata*, je l'ai souvent rappelé ici, ne sont pas des paralogismes, mais des propositions qui permettent de construire un problème, un *puzzle*, ce qu'Aristote appelait une « aporie », de la développer pleinement et, le cas échéant, de la traverser. Voilà un exemple de problème « sophismatique » : déterminer la valeur de vérité d'une proposition comme « cet homme commence d'être Dieu » ou : « Dieu commence d'être cet homme » à l'instant *t*, l'instant de l'Incarnation.

C'est ce que font les tenants de l'*homo assumptus*. Si « cet homme » a commencé d'être Dieu à *t*, c'est que cet homme est devenu Dieu à *t*. Pierre Lombard poursuit donc : 1° ces gens soutiennent que le Verbe divin a assumé « un certain homme », « cet homme » (que l'on pouvait montrer du doigt à *t*), que cet homme « lui a été uni », et que cet homme « est le Verbe » ; 2° remplaçant le défini (« un certain homme ») par sa définition (« une certaine substance qui tire son existence d'une âme rationnelle et d'une chair humaine »), ils soutiennent en outre que « Dieu est devenu une certaine substance » et que « cette substance est devenue Dieu ».

> Ils admettent encore que cet homme a été assumé par le Verbe et qu'il a été uni au Verbe, et d'ailleurs qu'il est le Verbe. Et, pour la même raison, ils enseignent qu'il a été dit : « Dieu s'est fait homme » ou « est homme », parce que Dieu est devenu (c'est-à-dire a commencé d'être) une certaine substance qui tire son existence d'une âme rationnelle et d'une chair humaine ; et parce que cette substance est devenue (c'est-à-dire a commencé d'être) Dieu [22].

Les tenants de l'*homo assumptus* apportent deux précisions – ou restrictions – à leur thèse. La première concerne l'affirmation que « cet homme a commencé d'être Dieu ». Cette proposition ne signifie pas que « cet homme est devenu la nature de Dieu » (ou qu'il est devenu Dieu selon la nature de Dieu), mais que « cet homme est devenu la personne du Verbe » (ou Dieu selon la personne du Verbe) : « ille homo coepit esse Deus, non quidem natura Dei, sed persona Verbi » ; la même analyse vaut pour la converse : « et Deus coepit esse homo ille. » La seconde restriction concerne l'affirmation que « cette substance est devenue Dieu ». Cette proposition ne signifie pas qu'une nature, la nature humaine, a « migré » dans l'autre nature, la divine. Elle signifie seulement que, les deux propriétés restant ce qu'elles sont, la divine, divine, l'humaine, humaine, dès l'instant *t* Dieu est cette substance et que cette substance est Dieu.

C'est sur cette base précise que l'on peut soutenir toutes les propositions relatives à l'Incarnation :

> Non pas cependant par l'émigration [23] d'une nature dans une [autre] nature ; mais il est fait en sorte que, la propriété de l'une et de l'autre nature étant sauve, Dieu est cette substance, et cette substance est Dieu. C'est pourquoi il est juste de dire que Dieu s'est fait homme et qu'un homme est devenu Dieu, que

Dieu est homme et qu'un homme est Dieu, et que le Fils de Dieu est le fils d'un être humain et inversement [24].

L'homme assumé par le Verbe – « cet homme » que j'aurais pu montrer du doigt – existe comme n'importe quel autre homme : il tire son existence de l'union d'une âme rationnelle et d'une chair d'homme ; il n'a pour parties que ces deux entités ; cela veut dire qu'il n'est pas composé de deux natures, ni n'a ces deux natures pour parties. Le mot 'homme' désigne « celui » qu'est le Verbe du fait de l'union : *Deus est homo, Homo est Deus* ; *Deus factus est homo*. Dans ces trois énoncés, est posé que c'est un homme qui est assumé, un certain homme, le composé d'une âme et d'un corps – plus exactement d'une âme rationnelle et d'une chair d'homme.

Ce qui frappe dans cette théorie, c'est évidemment la subtilité logique, qui porte en retour la dimension historique et économique de l'Incarnation. Ce qui est dit n'est rien de moins que : à un certain instant, l'instant t, un certain être x a commencé d'être Dieu et Dieu a commencé d'être cet x. On peut entendre cela de deux façons : à l'instant t, il y a une certaine chose x, un certain homme, qui, par la Personne du Verbe commence à être Dieu (c'est l'interprétation de N. Häring = H) ; ou bien : à l'instant t, Dieu devient quelque chose, du fait que x devient la même personne que le Verbe et Dieu (c'est l'interprétation d'O. Nielsen = N, à laquelle je souscris).

> H : The first or so-called homo assumptus theory takes as starting point a fully constituted human substance or man composed of body and soul and teaches that, through the Person of the divine Word, *the [human] substance became, i.e. began to be God* [25].

> N : The Lombard finds the characteristic feature of this first theory in its insistence that *God really became something*, as the human substance or soul and body became the same person as the Word and God [26].

Vous voyez le rôle que joue dans cette théologie l'analyse logico-sémantique. On nage en pleine dialectique. La thèse n'en est pas moins remarquable, qui consiste, si je l'entends bien, à dire que Dieu devient quelque chose du fait qu'autre chose devient la même personne que lui. Ce qui *devient* vraiment, dans cette affaire, ce n'est pas Dieu, c'est l'autre chose. Une fois de plus, on n'est peut-être pas très loin ici, et *problématiquement*, de ce que, dans la philosophie actuelle, on appelle un « Changement cambridgien »[27].

Un autre aspect important pour l'archéologie du sujet est la distinction entre suppôt et personne : dans la théorie de l'*homo assumptus*, on compte deux suppôts dans le Christ – celui du Verbe et celui de l'homme assumé –, pour une seule personne.

Deuxième théorie : la personne ou subsistence composée[28], attribuée par certains contemporains à l'un des quatre « labyrinthes » de France, Gilbert de Poitiers (de la Porrée). Selon cette théorie, l'homme Jésus est composé de deux natures NH et ND et de trois substances : divinité, corps et âme. D'autre part, la personne du Verbe y est présentée comme simple avant l'Incarnation, et composée après.

> D'un autre côté, il y en a d'autres aussi qui consentent en partie à ces choses[29], mais ils disent que cet homme n'est pas seulement [composé] d'une âme rationnelle et d'une chair [comme les premiers], mais de la nature humaine et de la nature divine [à la différence des premiers], c'est-à-dire de trois substances : la divinité, une chair et une âme[30] ;
>
> Ils reconnaissent que le Christ est ainsi constitué [*i.e.* de la divinité, d'une chair et d'une âme] ; et qu'il s'agit seulement d'une seule personne, en vérité absolument simple avant l'Incarnation mais effectivement composée de la divinité et de l'humanité avec l'Incarnation[31].

Et de préciser :

> La personne qui d'abord était simple et qui existait en une seule nature seulement, tire donc son existence de deux natures et subsiste en deux natures (Persona ergo quae prius erat simplex et *in* una tantum natura *exsistens*, *in* duabus et *ex* duabus *subsistit* naturis)[32].

Cette formule est proche de celle que nous avons rencontrée chez Maxime le Confesseur : « desquelles, en lesquelles, et lesquelles » natures est le Christ (ἐξ ὧν καὶ ἐν αἷς [...] ἦν) : « tirant son existence de » (= *ex*) correspondant à « desquelles » (= ἐξ) et « subsistante en » (= *in*) à « en lesquelles » (= ἐν). S'y ajoute l'idée que « la personne qui était seulement Dieu, est aussi devenue un homme véritable, tirant son existence non seulement d'une âme et d'une chair, mais encore de la divinité », ladite personne n'étant donc devenue « ni une personne, ni une substance, ni une nature » (formule que le Lombard emprunte apparemment à Gilbert de Poitiers) – entendons pour ce qui est de l'aspect personnel : ni une personne (ce qu'elle était déjà) ni une *autre* personne (que celle du Verbe), mais la personne d'un homme (ce qu'elle n'était pas avant l'union).

Le troisième argument allégué à l'appui de la théorie de la subsistence composée [33], tiré de Jean Damascène, consiste en un collage de deux passages de *La Foi orthodoxe*, III, 4 et III, 7 :

> Sur ce même sujet, Jean Damascène : En notre Seigneur Jésus Christ nous connaissons certes deux natures, mais une seule hypostase composée de l'une et de l'autre [34]. Par conséquent, le Christ s'est incarné, assumant de la Vierge les prémices de notre pâte, en sorte que l'hypostase elle-même, qui est l'hypostase du Verbe de Dieu, est née de la chair et qu'elle est devenue composée, elle qui auparavant était l'hypostase simple du Verbe ; composée, de fait, de deux natures parfaites : la déité et l'humanité ; et qu'elle porte le caractère propre et défini de la filiation divine du Verbe de Dieu, selon lequel elle se différencie du Père et de l'Esprit-Saint, et les caractéristiques propres et définies de la chair, selon lesquelles il diffère de sa Mère et du reste des hommes [35].

Notez cette référence à la théorie damascienne de l'hypostase composée, qui confirme l'implication du *De fide orthodoxa* dans la nouvelle *épistémê* christologique construite par Pierre Lombard et dénoncée par Gauthier de Saint-Victor et ses *Labyrinthes*.

Notez aussi que, contrairement à la première théorie, la théorie de la personne ou subsistence composée compte dans le Christ une seule personne et un seul suppôt. Je vais très vite, mais c'est parce que je garde le plus beau pour la fin : la troisième théorie, celle de l'*habitus* ou de l'habit.

Troisième théorie, donc : la théorie du « vêtement », attribuée derechef par certains contemporains à deux autres de nos « labyrinthes » : Pierre Lombard et Pierre Abélard.

> Il y en a encore d'autres aussi qui, non seulement nient que la personne soit composée de natures dans l'incarnation du Verbe [comme les tenants de la première opinion] mais qui récusent aussi qu'un certain homme, ou encore une certaine substance y soit composée ou faite d'une âme et d'une chair...

Selon eux, l'union de l'âme (rationnelle) et de la chair (humaine) au Verbe, en sa nature ou en sa personne, est extrinsèque ou accidentelle : les deux n'étant, on l'a dit, que le « vêtement », l'*indumentum*, utilisé par le Verbe pour « apparaître » à la vue, se rendre « visible » aux yeux des créatures :

> ... mais ils affirment ainsi que ces deux choses, à savoir l'âme et la chair, sont unies à la nature ou à la personne du Verbe, de sorte que, non pas une certaine substance ou personne serait faite ou serait composée de ces deux choses ou de ces trois [contrairement aux tenants de la deuxième opinion], mais que le Verbe de Dieu serait vêtu de ces deux choses comme d'un vêtement, afin d'apparaître de la façon qui convient aux yeux des mortels [36].

Ils soutiennent ainsi non pas absolument que « Dieu s'est fait homme », mais seulement « que Dieu s'est fait homme *selon l'habitus* ».

Cette théorie est celle que Jean de Cornouailles attribue à Pierre Lombard lui-même, qui l'aurait empruntée à, ou héritée de Pierre Abélard [37]. Elle est dirigée à la fois contre la première et contre la seconde opinion – l'accent principal étant mis, *via* la notion de « vêtement » sur le rejet de la seconde. Comme le dit bien Häring :

> They [the proponents of the third opinion] denied that Christ's body and soul were ever actually so united to one another as to form a man's substance, because such a union, they thought, would result in a human person. To eliminate Christ's humanity

> as a substantial component, taught by the second theory, they contended that, if we speak in terms of categories, Christ's human nature is related to the second Divine Person not like substance united to substance, but like a habitus united to a substance [38].

On dit que l'habit ne fait pas le moine, mais là, c'est l'habit qui fait le Verbe *incarné*. Il y a un jeu de mots, implicite au début, où il est question d'*indumentum*, puis explicite, lorsqu'il est question d'*habitus*. C'est pourquoi l'historiographie moderne appelle cette théorie *clothing-theory*, théorie du « vêtement ». Ses partisans sont « ceux qui disent que Dieu s'est fait homme *selon l'habit* » [39] :

> ... il a été dit [40], en effet, que c'est en revêtant la nature humaine que Dieu s'est fait homme ; et que c'est à cause de la nature humaine qui a été revêtue, qu'on dit que Dieu est vraiment homme ; et, à cause de Dieu qui a assumé, qu'on dit qu'un homme est Dieu.

Les tenants de ladite position ajoutent un argument massue que j'appellerai un argument *genre*, ou si vous préférez un argument relatif au sexe. La relation du Verbe incarné à la nature humaine qu'il a assumée doit être accidentelle, extrinsèque – dans le cas contraire, Dieu pouvant s'incarner en femme, Dieu aurait pu être par essence femme, et une femme par essence Dieu.

> Le fait est, disent ceux-ci, que si l'on entend de manière essentielle que Dieu est homme, ou que l'homme est Dieu, dans le cas où Dieu aurait assumé un être humain de sexe féminin, une femme serait essentiellement Dieu, et inversement.
> Mais [or] Dieu avait la possibilité d'assumer un être humain de sexe féminin ; une femme, par conséquent, pouvait être Dieu, et inversement [41].

Cet argument, que j'appellerai « l'argument du sexe », n'est pas évident. On part de : Pourquoi (comment) Dieu est-il dit homme ? Pourquoi (comment) l'homme est-il dit Dieu ? Réponse : Dieu est homme à cause de la nature humaine qui a été revêtue. L'homme est Dieu à cause de Dieu qui a assumé l'homme. Mais, de par sa toute-puissance, Dieu pouvait s'incarner comme il le voulait. Donc il pouvait s'incarner en femme. Donc s'il était essentiellement dit ce en quoi il s'est incarné – et non pas par accident – Dieu serait dit et serait essentiellement femme. Ce qui est faux – puisqu'il est (le) Père. Pour éviter cela, une seule solution : dire qu'effectivement, dans l'Incarnation, Dieu assume un vêtement, le vêtement d'homme, pour « apparaître de la façon qui convient aux yeux des mortels », c'est-à-dire *apparaître comme un être humain à des yeux humains*.

Le propos serait intéressant pour une histoire du sexisme. On pourrait en effet se demander pourquoi, pour apparaître comme un être humain, il fallait que le Christ apparût comme un *homme*. La réponse est chez Augustin – source du passage. J'y reviendrai.

La théorie du vêtement est très importante dans l'histoire de la théologie médiévale. D'une certaine façon, elle répond au problème d'Épictète. Mon corps et moi, *cela fait deux* ; ce qui arrive à mon corps ne m'arrive pas. Cette radicalisation de la distinction platonico-plotinienne entre « moi » et « ce qui est mien » se retrouve dans la théorie du vêtement où le parallèle christologie-anthropologie se continue contre toute attente. Ce qui se dit du Christ peut se dire de moi et réciproquement. Mon corps ce n'est pas moi, c'est à moi. Il y a une christologie du vêtement – la *clothing-theory* –, comme il y a une théorie qui fait du corps un simple vêtement de l'âme : c'est le platonisme.

Je disais que Jean de Cornouailles attribue cette doctrine à Pierre Lombard. Il faut souligner que celui-ci se défend de la professer : ce n'est pour lui qu'une simple opinion. Jean le reconnaît lui-même :

> En outre, peu avant d'être élu évêque de Paris, il [= Pierre] protesta auprès de moi et de tous les auditeurs qui étaient présents, qu'il ne s'agissait pas de sa propre affirmation, mais d'une simple opinion qu'il avait reçue des maîtres. Il a ajouté, en effet, ces paroles : « Et jamais, par la volonté de Dieu, ne sera mienne une affirmation, sans avoir été celle de la foi catholique »[42].

On l'attribue aujourd'hui à quelques élèves d'Abélard, après sa condamnation, et elle est en général âprement critiquée[43].

Plutôt que de me lancer sur le terrain historiographique, je voudrais m'arrêter, pour que vous compreniez sa rationalité et sa raison d'être, sur l'aspect proprement archéologique de l'*opinio tertia* : sa source scripturaire, l'épître aux Philippiens 2, 7, et sur l'interprétation canonique qui en a été donnée, celle d'Augustin dans la Question 73 des *Quatre-vingt-trois questions*.

Avant cela, je voudrais souligner que beaucoup plus que la première théorie (la théorie de l'*homo assumptus*), la théorie du vêtement (la théorie de l'*homo habitus*) introduit le « Changement cambridgien » – ou au moins la dénomination extrinsèque – en christologie. Comme le dit lumineusement Richard Cross, la *clothing-theory* soutient que : « a proposition such as 'God became man' is true not in virtue of any change in God, but *merely in virtue of a change in the created order* – a new sort of relation of a creature to God »[44]. Telle quelle, la théorie paraît incontournable : cet « unreal-relation claim was seen to be necessary to save divine impassibility », mais, selon Thomas Weinandy, elle a un défaut évident : elle ôte toute réalité à l'Incarnation : « it empties the Incarnation of any real content : "Such a relation is no relation at all. God may appear to be related, but really is not" »[45].

J'en viens à Augustin et à la source scripturaire[46]. Dans la Question 73, exégèse de Philippiens 2, 7 (« *et reconnu pour homme par tout ce qui a paru de lui* »), Augustin tente d'expliquer grâce à une analyse de la notion philosophique d'*habitus* « ce qui est écrit » dans la Vulgate latine : « *Et habitu inventus ut homo* » (correspondant à : καὶ σχήματι εὑρεθεὶς ὡς ἄνθρωπος)[47].

Je rappelle le texte :

> ἀλλὰ ἑαυτὸν ἐκένωσεν μορφὴν δούλου λαβών, ἐν ὁμοιώματι ἀνθρώπων γενόμενος
>
> VULGATE : *sed semet ipsum exinanivit formam servi accipiens in similitudinem hominum factus.*
>
> LUTHER : *sondern entäußerte sich selbst und nahm Knechtsgestalt an, ward gleich wie ein andrer Mensch*
>
> [NB : l'*Entäußerung* aura un destin extraordinairement important dans la philosophie allemande, jusqu'à Hegel. C'est un futur terme philosophique qui apparaît ici sous la plume de Luther :

l'*extranéation* des traducteurs de Hegel encore appelée *expression* dans des traductions moins « radicales »[48]].

KING JAMES VERSION : *But made himself of no reputation, and took upon him the form of a servant, and was made in the likeness of men.*

MARTIN : Cependant il s'est anéanti lui-même, ayant pris la forme de serviteur, fait à la ressemblance des hommes.
SEGOND : mais il s'est dépouillé lui-même, en prenant une forme de serviteur, en devenant semblable aux hommes.

avec la suite – le début du passage capital...

καὶ/ σχήματι/ εὑρεθεὶς/ ὡς/ ἄνθρωπος

VULGATE : et/ habitu/ inventus/ ut/ homo

LUTHER : Und/ an Gebärden / als/ ein Mensch/ erfunden [noter : *an Gebärden* : « à son comportement » – on est proche de l'ange de Tobie]

KING JAMES VERSION : And/ being found/ in/ human/ form,

MARTIN : Et/ étant trouvé/ en figure/ comme/ un homme
SEGOND : et/ ayant paru/ comme/ un simple/ homme,

... et la fin, en Philippiens 2, 8 :

ἐταπείνωσεν ἑαυτὸν //γενόμενος/ ὑπήκοος/ μέχρι/ θανάτου/, θανάτου/ δὲ/ σταυροῦ

VULGATE : humiliavit semet // ipsum factus oboediens/ usque/ ad mortem/ mortem/ autem/ crucis

LUTHER : er erniedrigte sich selbst// und ward gehorsam/ bis/ zum Tode/, ja/ zum Tode/ am Kreuz

KING JAMES VERSION: //he humbled himself // and became obedient/ unto/ death/, even/ the death/ of the cross

MARTIN : il s'est abaissé lui-même // et a été obéissant/ jusques/ à la mort/, à la mort/ même/ de la Croix
SEGOND : il s'est humilié lui-même//, se rendant obéissant/ jusqu'à/ la mort/, même/ jusqu'à la mort/ de la Croix

Ἐταπείνωσεν, *humiliavit, erniedrigte, humbled, abaissé* : voilà un extraordinaire champ sémantique qui nous intéressera dans la suite.

Quel est le problème pour Augustin ? Il faut rendre compte de l'assomption ou plutôt de la réception – littéralement la *susception* – de la nature humaine par le Verbe, « *habitu* ». C'est-à-dire, pour nous, clarifier ce mot latin d'*habitus*, dont vous avez vu qu'il était rendu dans quelques-unes des traductions (mais j'aurais pu vous en donner vingt autres) de la façon la plus discordante qui soit.

S'appuyant sur trois cas : l'acquisition d'une science (*habitus animi*, car dans la philosophie ancienne l'acquisition d'une science c'est l'acquisition d'un *habitus* mental)[49], la vigueur physique *(habitus corporis)*, le port d'une arme ou d'un vêtement (*habitus* corporel extrinsèque : un habit), Augustin définit l'*habitus* comme un *avoir* « qui nous échoit à titre accidentel », littéralement : *qui nous arrive pour que nous l'ayons. Habitus ergo in ea re dicitur, quae nobis ut habeatur accidit.* À la torture, la Bibliothèque augustinienne traduit : « On parle donc d'*habitus* pour telle chose qui, pour que nous l'ayons, nous est surajoutée : *accidit* ». Puis, étant entendu que tout *habitus* nous *arrive accidentellement* – ce qui est un pléonasme : dire « il m'est arrivé un accident », c'est ne rien dire de plus que : « il m'est arrivé quelque chose » ou « j'ai eu un accident »[50] – Augustin met en place une combinatoire distinguant :

[1] les habitus qui, en nous arrivant, ne sont *pas changés* par nous, mais au contraire *nous changent* en eux (demeurant eux-mêmes entiers et immuables), comme la sagesse, qui ne subit pas de changement du fait qu'elle arrive à l'homme, mais au contraire le change lui, qui d'ignorant devient sage ;

[2] les habitus qui, en nous arrivant, à la fois *nous changent* et *sont changés* par nous, comme les aliments ;

[3] ceux qui, en nous arrivant, *ne nous changent pas*, mais *sont* nécessairement *changés* par nous, comme les habits, qui perdent leur forme quand on les ôte et prennent celle du corps quand on les revêt (leur *forme*, et non leur « formalité » *(sic !)* comme le traduit la *Bibliothèque augustinienne*, qui voit de la scolastique partout) – de fait, contrairement à ce que suggère le français, celui qui change de vêtements ne *se change pas* : c'est le vêtement,

l'habit, qui change, en l'occurrence, en épousant la forme de celui qui le porte ;

[4] ceux qui pour devenir *habitus* n'auraient *ni à changer ni à être changés* par ce à quoi ils « arriveraient », tel l'anneau par rapport au doigt : classe peu utile pour le raisonnement d'Augustin. Elle est juste là pour compléter le dispositif et révèle qu'on pense selon une logique qui, compte tenu des termes de départ, offre et réclame à la fois quatre possibilités.

Tout repose sur cette comparaison : Dieu qui s'incarne sous forme humaine « a homme » (ou : « a un homme »), comme l'âme « a corps » (ou : « a un corps »).

Je m'explique.

Selon Augustin, et c'est la base de la théorie de l'Incarnation dite « de l'*habitus* », en endossant, « recevant » ou assumant, *suscipiendo – vous reconnaissez le terme correspondant à susceptio –*, « un vrai homme », *verum hominem*, le divin « receveur », *ipse susceptor*, « ne s'est pas converti ou transmué en homme », « il n'a rien perdu de son immuable stabilité », mais, « s'étant rendu semblable aux hommes », « il a été reconnu pour homme », « non par lui-même, mais par ceux à qui il est apparu dans un homme » (« *non sibi sed eis quibus in homine apparuit* »), et il a été « trouvé » ou « reconnu comme homme par l'*habitus*, entendez : grâce à un avoir, une ayance – c'est-à-dire *en ayant* [un] homme » : « *et habitu inventus est ut homo*, id est, HABENDO HOMINEM *inventus est ut homo* ».

La question est : de quel type est cet *avoir homme* ? La réponse va de soi : Pas du type [1], car il est faux que la nature humaine demeurant elle-même ait changé la nature de Dieu ; pas du type [2], car il n'est pas vrai qu'à la fois l'homme a changé Dieu et a été changé par lui ; ni du type [4], car il est faux que l'homme a été assumé d'une façon telle qu'il n'ait ni changé Dieu ni n'ait été changé par lui. De fait, l'homme *a été changé par Dieu, sans le changer lui-même*.

L'homme assumé est donc un *habitus* du type [3] : en étant *assumé*, il a été « changé en mieux » *(sic enim assumptus est, ut commutaretur in melius)*, il a reçu du Verbe une « forme ineffablement plus parfaite et étroitement unie à lui » *(ineffabiliter excellentius atque coniunctius)* que tout habit revêtu par un homme. Grâce au mot *'habitus'* Paul a bien marqué en quel sens le Verbe « s'est rendu semblable aux hommes » : il ne s'est pas transfiguré en homme, il n'a pas non plus pris habit d'homme, il a pris l'homme en habit, l'a revêtu, pour se l'associer, « en s'unissant à lui et le conformant d'une certaine manière à l'immortalité et à l'éternité » (« quia non transfiguratione in hominem, sed habitu factus est, cum *indutus est hominem* quem sibi uniens quodammodo atque *conformans immortalitati aeternitatique* sociaret »)[51].

Il faut avoir présent à l'esprit cette formule étonnante d'Augustin qui scelle le parallèle entre anthropologie et christologie : *habendo hominem*, en *ayant homme* – *« having man »*, comme le traduit en anglais Wolfson – ou *en ayant un homme*.

> Filius hominis habet animam, habet corpus. Filius Dei, quod est Verbum Dei, habet hominem, tamquam anima corpus. Sicut anima habens corpus, non facit duas personas, sed unum hominem ; sic Verbum habens hominem, non facit duas personas, sed unum Christum. Quid est homo ? Anima rationalis habens corpus. Quid est Christus ? Verbum Dei habens hominem[52].

> Le Fils de l'homme a une âme, il a un corps ; le Fils de Dieu, qui est le Verbe de Dieu, a un homme comme l'âme a un corps. De même que l'âme ayant un corps ne fait pas [avec lui] deux personnes, mais un seul homme, de même le Verbe ayant un homme ne fait pas [avec lui] deux personnes, mais un seul Christ. Qu'est-ce que l'homme ? Une âme raisonnable ayant un corps. Qu'est-ce que le Christ ? Le Verbe de Dieu ayant un homme.

Un dernier mot : c'est d'Augustin que vient la discussion sur la possibilité d'une incarnation de Dieu en femme. C'est un thème important : fallait-il un humain, ou un homme pour l'Incarnation ? Dieu aurait-il pu s'incarner en femme – ou plutôt *assumer l'homme dans le sexe féminin* ? Pierre Lombard revient sur cette question au livre III, d. 12, chap. IV, en mentionnant au passage que certains n'y voient que vaine curiosité :

> Il convient encore habituellement de chercher, bien que ce soit par curiosité, pour quelques-uns, si Dieu pouvait assumer la

nature humaine comme femme. – Certains ont été d'avis qu'il pouvait l'assumer dans le sexe féminin comme il l'a assumé dans le sexe viril ; mais il a été fait en sorte, d'une manière plus opportune et plus conforme, qu'il naisse d'une femme et assume un homme, de manière à montrer ainsi la délivrance de l'un et l'autre sexe.

Si Deus potuit assumere hominem in sexu muliebri. Solet etiam quaeri quamvis curiose, a nonnullis, si Deus humanam naturam potuit assumere secundum muliebrem sexum. – Quidam arbitrantur eum potuisse assumere hominem in femineo sexu ut assumpsit in virili ; sed opportunius atque convenientius factum est ut de femina nasceretur et virum assumeret, ut ita utriusque sexus liberatio ostenderetur.

La solution empruntée au *Livre des 84 questions* – en réalité 83 – d'Augustin paraît raisonnable, qui implique directement chaque sexe. Elle est aussi conforme à la « nature » et à la distribution « naturelle » des rôles sociaux et /ou « sociale » des rôles naturels.

Vnde Augustinus in libro 84 Quaestionum : « *Hominis liberatio in utroque sexu debuit apparere.* Ergo quia virum oportebat suscipere, qui sexus honorabilior est, consequens erat ut feminei sexus liberatio hinc appareret, quod ille vir de femina natus est ». « Sapientia ergo Dei, quae dicitur unigenitus Filius, homine suscepto » in utero et de utero Virginis, « liberationem hominis indicavit ».

La délivrance de l'être humain devait apparaître dans l'un et l'autre sexe. Donc parce qu'il fallait assumer un homme, sexe qui est le plus honorable, il était conséquent que la délivrance du sexe féminin apparaisse à ce sujet, dans le fait que cet homme est né d'une femme. Donc la Sagesse de Dieu qu'on appelle le Fils unique, en assumant l'homme dans le sein et du sein de la Vierge a signifié la délivrance de l'être humain [53].

La question de savoir si Dieu pouvait s'incarner sous n'importe quelle forme est cruciale. La forme « féminine » n'est pas la plus discutée. Il y en a d'autres. Le problème christologique comporte une variante contrefactuelle transposable au problème de l'union de l'âme et du corps : cette variante, liée à la théorie de la toute-puissance divine est ce que l'on appelle depuis Heikko Oberman *asinus-Christology*, « christologie de l'âne », à savoir que Dieu aurait pu assumer la nature d'âne, au lieu de la nature d'homme, s'il l'avait voulu, donc, et plus généralement, unir l'âme d'un homme à un autre corps que le nôtre [54].

Une des premières discusions de l'hypothèse de l'âne figure chez Bonaventure [55]. On notera à ce propos que, tout comme suppôt et personne ne vont pas forcément de pair (on l'a vu avec la première opinion rapportée par le Lombard), certains distinguent union hypostatique et union personnelle. C'est le cas de Marilyn McCord Adams, qui distingue l'union hypostatique *potentiellement ouverte* et l'union personnelle *réclamant l'humanité*. On peut, pour aller en son sens, rappeler la définition thomasienne de la personne évoquée lors du cours du 15 février dernier : hypostase, certes, mais d'une nature raisonnable *ayant la maîtrise de ses actes*. Voici le texte de la grande historienne d'Ockham [disparue en mars 2017] :

> Natures that lack life, sense, or reason are mere vestiges that are incapable of personal (as opposed to mere hypostatic) union. But rational natures are made in God's image and likeness and are capable of making deiformity explicit. Thus, hypostatic union with a donkey nature would not show forth God's power, goodness, and wisdom, in the way personal union with a rational nature would [56].

La question mériterait d'être reprise au double niveau christologique et anthropologique. Elle est cruciale pour le cartésianisme, et communique avec les problèmes d'identité contrefactuelle soulevés par Rorty ou Olson [57]. Pour la figure de l'âne : voyez l'admirable film de Robert Bresson *Au hasard Balthazar*, l'*asinus mirabilis*, l'âne admirable, sorti en 1966, l'*annus mirabilis*, l'année admirable, à laquelle Antoine Compagnon a consacré un cours ici même [58].

Pierre Lombard a évidemment traité le problème des deux volontés du Christ, l'épisode du refus de la coupe et le problème de Gethsémani. Il l'a fait dans la distinction 17 du livre III.

La question est : Est-ce que toute la prière ou volonté du Christ a été exaucée {accomplie} ? On peut penser que toute sa volonté n'a pas été accomplie, puisque sa volonté semble être distincte et différente de celle du Père – qui, elle, est réalisée dans la Passion.

> Si omnis Christi oratio vel voluntas impleta sit. Post praedicta considerari oportet utrum Christus aliquid voluerit vel oraverit, quod factum non sit. Hoc enim aestimari potest per id quod ipse ait 3 *Pater, si possibile est, transeat a me calix iste ; verumtamen non quod ego volo, sed quod tu vis*. Hic namque voluntatem suam a Patris voluntate discernere videtur[59].

La réponse est donnée au chapitre 2, § 1 : *De voluntatibus Christi secundum duas naturas*. Elle repose sur la distinction entre deux affects dans la volonté humaine : l'affect rationnel – selon la raison ; l'affect sensuel – selon la sensualité ; bien que différents, tous les deux portent le nom de « volonté humaine »[60]. L'affect c'est l'équivalent de *pathos*, la « disposition » dit Barnes. Selon la disposition de raison, le Christ voulait ce que voulait la volonté divine (la souffrance et la mort) ; selon la disposition de sensualité, il ne le voulait pas, il le refusait : « Affectu autem rationis id volebat quod voluntate divina, scilicet pati et mori ; sed affectu sensualitatis non volebat, immo refugiebat. » Il ne faut pas, pour autant, se faire d'idées sur ce point.

Dans le Christ, *la chair n'a pas désiré contre l'esprit ou contre Dieu* : *Non tamen in eo caro contra spiritum vel contra Deum concupiscebat*. Pareil conflit ne se produit que si et quand l'âme désire avec la chair contre l'esprit ; mais pareille « rixe », pareille « concertation » ne pouvaient avoir lieu dans l'âme du Christ. Le refus de la Passion selon la disposition de sensualité était voulu par Dieu et *plaisait à la raison* du Christ car elle témoignait de son humanité[61].

Cette argumentation sera reprise dans la littérature ultérieure. C'est le cas dès la *Summa fratris Alexandri*, le premier grand texte de référence de la tradition franciscaine, où l'argument sur Gal. 5,17 est repris dans le langage pour nous familier de la volonté *(volo)* et de la nolonté *(nolo)* – mais vidé de toute référence à PNC et PCV. On n'est plus à ce moment dans le cadre « logiciste » de Sergius et des Pères grecs, ni dans celui, augustinien, du nouloir inhérent à tout vouloir. Il y a bien eu *volontés diverses*, mais pas de « rébellion de la chair contre l'esprit » : « Sic ergo patet responsio quod diversae fuerunt voluntates nec tamen fuit rebellio carnis ad spiritum[62]. » On troque la problématique logique contre une analyse psychologique de la volonté, on multiplie les distinctions, mais la veine maximienne semble tarie. L'arsenal conceptuel est passé de la logique à la psychologie. Le duo *volo-nolo* n'en est pas moins présent – même aseptisé – dans la suite du texte du Lombard. On le voit au § 3 : tout comme en nous il y a un double affect, celui de l'esprit – la *mens*, *i.e.* le *noûs*, la raison – et la sensualité, il y a eu dans le Christ un « affect géminé » (c'est-à-dire dédoublé, dupliqué), tel qu'il *voulût* mourir par l'affect de raison ou de la *mens*, et *noulût* mourir par l'affect de sensualité, « comme cela arrive aux saints » : « Ideoque, sicut in nobis duplex est affectus, mentis scilicet et sensualitatis, ita et in eo debuit esse geminus affectus, ut mentis affectu vellet mori, et sensualitatis affectu nollet, sicut in viris sanctis fit[63]. » C'est selon cette disposition que le Christ a « voulu ne pas mourir » – littéralement « qu'il a noulu mourir » –, et c'est *selon cette disposition* qu'il n'a pas obtenu ce qu'il *demandait* : « Secundum istum affectum Christus mori noluit ; nec obtinuit quod secundum istum affectum petiit. »

Pourquoi, dans ces conditions, prier ? Pourquoi la prière d'agonie ? Réponse : Le Christ sait que la Passion aura lieu. Il ne prie pas pour que sa prière soit réalisée. Il a prié pour laisser à ceux qui le suivraient une « forme de comportement » : « crier vers le Seigneur » *et* « soumettre leur volonté à la sienne »[64]. Il a prié pour laisser un exemple.

NOTES

1. Rappelons que Frege distingue « UF » : « das *Fallen* eines Einzelnen *unter* einen Begriff », à savoir : pour un individu, le fait de tomber sous un concept, d'être « subsumé » sous un concept ; « UO » : la relation de subordination (*Unterordnung*) entre deux concepts ; et « IF » : la relation UF entre deux concepts. *Cf.* I. ANGELELLI, *Études sur Frege et la philosophie traditionnelle*, trad. par J.-F. COURTINE, A. DE LIBERA, J.-B. RAUZY & J. SCHMUTZ, Paris, Vrin (Problèmes & Controverses), 2007, p. 21. Frege reproche à la tradition de n'avoir pas distingué entre UF et UO, subsomption et subordination. Angelelli explique, *Études...*, p. 146 : « En bref, Frege déplore que "Socrate est un homme" et "l'homme est mortel" ne soient pas regardés respectivement comme des instances de UF et de UO. Il insiste sur le fait que l'UF entre un concept du premier ordre et un concept du second ordre (ou IF) devrait être distinguée de l'UO entre concepts ; il ne reproche à personne de confondre l'UF d'ordre supérieur (ou IF) et l'UO, car il présuppose que personne ne sait rien des concepts d'ordre supérieur (ce qui est vrai pour la philosophie moderne). » En revanche, « il a mis l'accent sur le fait que l'UF (entre un individu et un concept) et l'UO devraient être soigneusement distinguées » (*Études...*, p. 147).

2. Selon le point de vue que l'on soutient sur les universaux (la définition par la prédicabilité d'un terme – l'aspect *de pluribus*, ou par la communicabilité d'une forme – l'aspect *in pluribus*) on n'a pas la même thèse sur le phénix. En général on soutient que le phénix est un universel, une « espèce monadique » dans la terminologie des Grecs. Mais il y a des exceptions. Dans la *Logica « Nostrorum petitioni sociorum »* Abélard mentionne, par exemple, la thèse d'un certain « Vasletus », pour qui le phénix n'est pas un universel : « Et magister Vasletus dicit, quia neque phoenix neque sol nec mundus nec terra sunt species, sed individua eo quod non sunt praedicabilia de pluribus, idest non apta coniungi pluribus ad veram enuntiationem

reddendam » (ABÉLARD, *Logica « Nostrorum petitioni sociorum »*, éd. B. GEYER, in *Peter Abaelards philosophische Schriften, Beiträge zur Geschichte der Philosophie des Mittelalters*, Bd. 21, Heft 4, Münster, 1933, p. 545). À l'inverse, discutant du péché originel, où Adam fonctionne de fait comme une espèce monadique (il est le premier homme, en qui tous les hommes pèchent et sont pécheurs), Odon de Cambrai, soutient que « l'oiseau phénix, bien qu'il ne puisse avoir qu'un seul individu, est une espèce qui peut être commune à plusieurs », et il distingue entre « le » phénix et « ce » phénix, sur les pas, mais comment le saurait-il ?, d'Aristote distinguant « le » Ciel et « ce » Ciel (la désignation de la forme dans la matière par l'expression « hoc caelum », tirée du *De Caelo et mundo*, est une des *Auctoritates Aristotelis* les plus citées au Moyen Âge, mais elle n'est pas connue à l'époque d'Odon). Pour Odon, *cf. De peccato originali* (PL 160, 1079B), cité et analysé par C. ERISMANN dans *L'Homme commun*, chap. VI, Paris, Vrin, 2011, p. 331 *sq.* : « Nam phoenix avis, quamvis individuum non habeat nisi unum, species est, quia communis potest esse multorum, aliud enim est phoenix, aliud haec phoenix. Phoenix est specialis natura, quae potest esse communis : haec phoenix vero natura, quae tantum est individua, nec aliud esse potest quam singularis ; phoenix genere, differentiisque terminatur, haec phoenix accidentium proprietate discernitur. Individuum non nisi de uno dici potest. Species etiamsi de uno solo dicitur, de pluribus dici potest [*om.* PL]. Species etiamsi de uno solo dicatur [*om.* PL], universalis est ; individuum vero nonnisi singulare est. » Pour *le* Ciel et *ce* Ciel, *cf.* ANON., *Auctoritates Aristotelis, Auctoritates super primum De caelo et mundo*, 25, éd. J. HAMESSE, p. 161 : « Differt dicere caelum et hoc caelum quod habet formam in materia. »

3. Voyez Lc 19, 1-10.

4. JEAN DE DAMAS, *De fide orthodoxa. Versio Burgundionis*, cap. 47, § 6 ; éd. E.M. BUYTAERT, St. Bonaventure (N.Y.), The Franciscan Institute - Louvain, Nauwelaerts - Paderborn, F. Schöningh (Franciscan Institute Publications, Text Series, 8), 1955, p. 176, 65.

5. Le ms. Paris, Nat. lat. 2570, qui contient le *De fide orthodoxa* aux fol. 188ra-233ra, est le 56e sur les 117 manuscrits transmettant la traduction de Burgundio. Il est décrit par Buytaert, p. XXIX-XXX.

6. JEAN DE DAMAS, *De fide orthodoxa. Versio Burgundionis*, cap. 47, § 6, éd. Buytaert, p. 176, 61.

7. JEAN DE DAMAS, *De fide orthodoxa. Versio Burgundionis*, apparatus, p. 176, ad lin. 61.

8. Cf. J. Wolinski, « Le monothéisme chrétien classique. Principalement au IVe siècle », *in* P. Gisel & G. Emery (éd.), *Le christianisme est-il un monothéisme ?* Actes du 3e cycle de théologie systématique des facultés de théologie de Suisse romande, Genève, Labor et Fides (Lieux théologiques, 36), 2001, p. 150, n. 45 [141-183, pour l'ensemble], qui renvoie aux *Philosophoumena*, IX, 12, 16-19, in *Hyppolitus Werke, Refutatio omnium haeresium,* t. III, Leipzig, J.C. Hinrichsche Buchhandlung, 1916, p. 248-249. Cf. M. Richard, « Une homélie monarchienne sur la Pâque », *Studia Patristica,* 3 (1961), p. 287-289 [273-289 pour l'ensemble].

9. F. Bousquet, *La Trinité*, Ivry, Éd. de l'Atelier, 2000, p. 62-63.

10. Sur le patripassianisme, voir J. Moingt, *La Théologie trinitaire de Tertullien*, t. 1, *Histoire, doctrine, méthodes*, Paris, Aubier, 1966 (Théologie, 68), p. 87-128 et *passim*. Selon Moingt, la véritable difficulté qu'affronte Praxéas n'est pas de concilier deux Personnes en une seule divinité, mais le dyothéisme. Pour y échapper, il fait de Dieu « un acteur qui tiendrait deux rôles à la fois, se donnant la réplique à lui-même, un illusioniste qui feindrait d'être où il n'est pas et de ne pas être où il est ». Dans cette interprétation, il n'y a aucune diversité « transitoire et extrinsèque dans l'être de Dieu » (pas plus, évidemment, que « permanente et intrinsèque ») dans la thèse de Praxéas, et donc « aucune trace de modalisme » chez lui (*cf.* J. Moingt, *La Théologie trinitaire...*, p. 192). Sur l'identité de l'auteur du *Contre Noët*, *cf. Ippolito. Contro Noeto*, éd. M. Simonetti, Bologne (Biblioteca patristica, 35), 2000, p. 17-139.

11. Tertullien, *Contre Praxéas ou Sur la Trinité*, XXIX, 5, trad. E.-A. de Genoude, 1852 (modifiée).

12. Gauthier de Saint-Victor, *Contra quatuor labyrinthos Franciae*, éd. P. Glorieux, *AHDLMA*, XIX (1952), p. 187-335. Sur cet auteur et son texte, voir A. de Libera, « Jean Damascène à Paris », en ligne sur http ://www.college-de-france.fr/site/alain-de-libera/symposium-2017-05-30-09h20.htm ; Id., « L'invention d'une hérésie. Le nihilisme christologique », Académie des inscriptions et belles-lettres, *CRAI*, 2017, fascicule II (avril-juin), p. 1013-1034.

13. Voir les indications fournies par I. Brady, dans les « *Prolegomena* » de l'édition de Pierre Lombard, *Sententiae in IV Libris Distinctae*. Cura PP. Collegii S. Bonaventurae ad Claras Aquas. Grottaferrata, Roma (Spicilegium Bonaventurianum, V), 1981 : *Sententiae*, I, *Prolegomena*, p. 121* et II, *Prolegomena*, p. 13*-18*.

14. P. Glorieux, « Mauvaise action et mauvais travail, le *Contra quatuor labyrinthos Franciae* », *Recherches de théologie ancienne et médiévale*,

21 (1954), p. 179-193. Sur les « labyrinthes », *cf.* J. Jolivet, « Sur quelques critiques de la théologie d'Abélard », *AHDLMA*, 30 (1963), p. 7-51 et, Id., « Gauthier devant les quatre labyrinthes », *in* Collectif, *Un fil d'Ariane pour le labyrinthe de Chartres. Actes du Colloque européen des 3 et 4 juillet 1999*, Association des Amis du Centre médiéval européen de Chartres, 1999, p. 97-105 (repr. *in* J. Jolivet, *Mediaevalia et arabica*, Paris, Vrin, 2013).

15. P. Glorieux, « Mauvaise action... », p. 182.

16. *Cf.* C. Angotti, « Les débuts du *Livre des Sentences* comme manuel de théologie à l'université de Paris », *in* P. Hurtubise (dir.), *Université, Église, Culture. L'Université catholique au Moyen Âge*. Actes du IVe symposium Katholieke Universiteit, les 11-14 mai 2005, Leuven, 2007, p. 57–124.

17. *Cf.* Fridericus Stegmüller, *Repertorium Commentariorum in Sententias Petri Lombardi*, t. I : *Textus*, t. II : *Indices*. Herbipoli (Würzburg), *apud* F. Schöningh, 1947.

18. *Cf.* I. Brady, « The Distinctions of Lombard's Book of Sentences and Alexander of Hales », *Franciscan Studies*, 25 (1965), p. 90-116.

19. J'utilise ici, pour la traduction française : Pierre Lombard, *Les Quatre Livres des Sentences*. III, Introd., trad., notes et tables par Marc Ozilou, Paris, Cerf (Sagesses chrétiennes), 2014. Le texte latin est celui des *Sententiae in IV Libris Distinctae*.

20. *Cf.* Hugues de Saint-Victor, *Les sacrements*, II, 1, 9 et 11 (PL 176, 394A-C et 401C-D) ; *Le Verbe incarné*, *Conf.* II (PL 177, 318D-319A). La thèse est évidemment plus ancienne, prémédiévale. On la trouve dans le monde hellénophone, associée au nestorianisme. C'est le cas dans le traité *Sur les universaux et la Trinité*, édité par M. Rashed, *in* « Un texte proto-byzantin sur les universaux... », *loc. cit.*, on lit que : « ... celui qui dit qu'il [le Fils de Dieu] n'a pas pris l'homme universel, ou l'humanité, mais un homme particulier (ἀλλὰ μερικὸν ἄνθρωπον), il dit qu'il a pris seulement une hypostase et il est Nestorien, reconnaissant que le Christ est fait de deux hypostases (ἐκ δύο ὑποστάσεων) ».

21. Pierre Lombard, *Sentences*, III, d. VI, chap. II (18), 1 : « Alii enim dicunt in ipsa Verbi incarnatione hominem quenam ex anima rationali et humana carne constitutum : ex quibus duobus omnis verus homo constituitur. Et ille homo coepit esse Deus, non quidem natura Dei, sed persona Verbi ; et Deus coepit esse homo ille » ; trad. Ozilou, p. 213.

22. Pierre Lombard, *Sentences*, III, d. VI, chap. 11 (18), 1 ; trad. Ozilou, p. 213.

23. Le terme latin *demigratio* correspond au français « migration » – terme qui peut couvrir à la fois la notion théologique de « communication » des idiomes et/ou des natures et celle, philosophique, de « migration des qualités » ou, comme on dit aujourd'hui, de « transférabilité » des tropes (particuliers abstraits). Sur cette seconde acception de « *demigratio* », *cf.* A. DE LIBERA, *Naissance du sujet*, p. 397, n. 54*. *Cf.*, pour la tradition aristotélicienne, G.B. MATTHEWS, « The Enigma of *Categories* 1a20ff and Why it Matters », *Apeiron*, 22 (1989), p. 91-104 ; « Container Metaphysics According to Aristotle's Greek Commentators », *Canadian Journal of Philosophy* [Supp.], 17 (1991), p. 7-23 et J. ELLIS, « The Trouble with Fragrance », *Phronesis*, 35 (1990), p. 290-302. On retrouve le thème philosophique de la migration des qualités en contexte christologique dans l'admirable exégèse eckhartienne de Jn 20, 11-18 dans la *Predigt* 55 (Sturlese n° 34) sur Marie-Madeleine au tombeau – en l'occurrence, sur la question de savoir pourquoi Marie-Madeleine reste seule au tombeau alors que Pierre (« celui qui aimait Dieu ») et Jean (« celui qui était aimé de Dieu ») sont partis. L'allusion à la migration de l'odeur de la pomme dans la main qui la conserve et la manie quelque temps figure dans la troisième explication. *Cf.* trad. A.-H. & E.M., p. 261 : « La troisième raison pour laquelle elle était si près, c'est que, s'ils [les meurtriers du Christ] étaient venus et l'avaient tuée – elle savait bien que personne ne pouvait parvenir au royaume du ciel avant que le Christ y soit lui-même monté et il fallait bien que son âme ait un soutien quelque part –, alors elle désirait que son âme soit avec lui au tombeau et son corps près du tombeau : son âme à l'intérieur et son corps tout près, car elle avait l'espoir que Dieu ayant fait une *irruption dans l'humanité*, quelque chose de Dieu *serait resté dans le tombeau*. De même que *si j'avais tenu un certain temps une pomme dans ma main, lorsque je l'enlèverais, il y resterait quelque chose d'elle, comme un parfum*. De même elle avait l'espoir que quelque chose de Dieu serait resté dans le tombeau. » Par « trad. A.-H. & E.M. » j'entends la traduction de J. Ancelet-Hustache, reprise dans MAÎTRE ECKHART, *Sermons, traités, poème. Les écrits allemands,* trad. de J. ANCELET-HUSTACHE et É. MANGIN, Introd. et notes de É. MANGIN, Paris, Seuil, 2015. Par « trad. MANGIN », j'entends les textes traduits par Éric Mangin, publiés dans ledit volume, ou séparément dans *Le Silence et le Verbe. Sermons 87-105*, Paris, Seuil, 2012. On doit au même Éric Mangin l'excellente traduction des *Sermons latins*, parue dans *La Mesure de l'Amour. Sermons parisiens*, Paris, Seuil, 2009 et le volume *Maître Eckhart, Commentaire du Notre-*

Père, Paris, Arfuyen, 2005. Les sources néoplatoniciennes du *topos* de l'odeur de pomme sont étudiées par C. LUNA, « Commentaire », *in* SIMPLICIUS, *Commentaire sur les 'Catégories' d'Aristote, chap. 2-4,* trad. Ph. HOFFMANN avec la collaboration de I. HADOT & P. HADOT, Paris, Belles Lettres, 2001, p. 256-257. Pour un commentaire de l'ensemble du sermon allemand 55 d'Eckhart, *cf.* H. DE MONVALLIER, *Incarner la parole : Figures du Christ dans la prédication allemande de Maître Eckhart*, thèse soutenue le 15 décembre 2016, Paris, EPHE (dir. A. de Libera).

24. PIERRE LOMBARD, *Sentences*, III, d. VI, chap. II (18), I ; trad. OZILOU, p. 213.

25. N.M. HÄRING, « The Case of Gilbert de la Porrée », *Mediaeval Studies*, 13 (1951), p. 29.

26. L.O. NIELSEN, *Theology and Philosophy in the Twelfth Century*, Leiden, E.J. Brill (Acta Theologica Danica, 15), p. 247.

27. Sur cette notion, *cf.* A. DE LIBERA, « Dénomination extrinsèque et "changement cambridgien". Éléments pour une archéologie médiévale de la subjectivité », *in* K. EMERY, Jr., R.L. FRIEDMAN & A. SPEER (éd.), *Philosophy And Theology In The Long Middle Ages...*, p. 451-470.

28. Sur cette opinion, *cf.* L.O. NIELSEN, *Theology and Philosophy*, p. 248-251.

29. Les éditeurs du *Collegium S. Bonaventurae* notent : « Inter quos primus erat Magister Gilbertus Porretanus, ut indicatur a N.M. HÄRING, "The Case of Gilbert de la Porrée", in *Mediaeval Studies*, 13 (1951), 32. Cui lubet verba addere Ioannis Cornubiensis : "Magister Gilebertus Porretanus, ut multi perhibent, ea docuit quae in secunda sententia praemissa sunt, scilicet quod Christus et sit et factus sit persona composita ex duabus naturis sive tribus substantiis. Et tamen non est factus aliqua persona, non factus aliqua substantia, non aliquid secundum quod homo" (*Eulogium ad Alex*. III, c. 3 ; PL 199, 1050 D-1051 A ; ed. N.M. HÄRING, "The Eulogium ad Alexandrum Papam tertium of John of Corwall", in *Mediaeval Studies*, 13 (1951), 263). » M. Ozilou, *Sentences*, III, p. 216, n. 2, traduit le Plaidoyer *(eulogium)* de Jean de Cornouailles adressé au pape Alexandre III : « Maître Gilbert de la Porrée, comme beaucoup le rapportent, a enseigné les choses qui ont été mises en avant dans la deuxième sentence, à savoir que le Christ est et est devenu une personne composée de deux natures ou de trois substances. Et qu'en tant qu'homme, toutefois, il n'est pas devenu une certaine

personne, il n'est pas devenu une certaine substance, il n'est pas devenu quelque chose. ».

30. Cette constitution trichotomique (en trois « substances ») n'est pas la thèse de Leibniz, qui, telle que la résume M.A. ANTOGNAZZA, dans « *On the Person of Christ* », parle de « trois natures ». Deux natures en trois substances n'est pas trois natures, purement et simplement. Les deux positions présentent néanmoins quelques affinités. *Cf.* M.A. ANTOGNAZZA, *Leibniz on the Trinity and the Incarnation : Reason and Revelation in the Seventeenth Century*, trad. G. PARKS, New Haven & London, Yale University Press, 2007, p. 83-87. Spéc. : « Therefore, on close inspection, we see that there are *three natures* in the one person of Christ : divine nature, finite spiritual nature, and corporeal nature. The mystery of the Incarnation therefore harmonizes beautifully with that of the Trinity : "As in the Trinity there are three persons, [but] one nature [*una natura*], so in the incarnation there are three natures (godhead, soul, flesh) within one person [*tres sunt naturae (deitas, anima, caro) cum una persona*]" [= *De Persona Christi* (A VI, 4, 2295; VE, 658)]. The passage continues : "From which it is clear how beautifully all things harmonize in the Catholic faith, both what is said about the Trinity and what is said about the incarnation, and how wisely conceived are the formulas the Church uses." Further on Leibniz uses the following statement as the title for one of the paragraphs of *De Persona Christi* (A VI, 4, 2295; VE, 659) : "The Mystery of incarnation is very beautiful." »

31. PIERRE LOMBARD, *Sentences*, III, dist. VI, cap. III, (19), I : « *Aliorum sententia.* Sunt autem et alii, qui istis in parte consentiunt, sed dicunt hominem illum non ex anima rationali et carne tantum, sed ex humana et divina natura, id est ex tribus substantiis : divinitate, carne et anima, constare ; hunc Christum fatentur, et unam personam tantum esse, ante incarnationem vero solummodo simplicem, sed in incarnatione factam compositam ex divinitate et humanitate » ; trad. OZILOU, p. 216 (modifiée).

32. PIERRE LOMBARD, *Sentences*, III, dist. VI, cap. III, (19), I : « Nec est ideo 25 [53] alia persona quam prius, sed cum prius esset Dei tantum persona, in incarnatione facta est etiam hominis persona : non ut duae essent personae, sed ut una et eadem esset persona Dei et hominis. Persona ergo quae prius erat simplex et in una tantum natura *exsistens*, *in* duabus et *ex* duabus *subsistit* naturis » ; trad. OZILOU, p. 217 : « ... pour cette raison, il ne s'agit pas d'une autre personne qu'en premier lieu, mais alors qu'elle était auparavant

seulement la personne de Dieu, elle est aussi devenue la personne d'un homme avec l'incarnation : non pas pour être deux personnes, mais pour qu'une seule et même personne soit la personne de Dieu et d'un homme. La personne, qui d'abord était simple et qui existait en une seule nature seulement, tire donc son existence de deux natures et subsiste en deux natures. »

33. Pierre Lombard, *Sentences*, III, dist. VI, cap. iii, (19), 3 ; trad. Ozilou, p. 218.

34. Jean Damascène, *De fide orthodoxa*, III, chap. iv (PG 94, col. 998B ; SC 540, p. 31) ; *versio Burgundionis*, chap. 48, § 2, éd. Buytaert, p. 181 et 396.

35. Jean Damascène, *De fide orthodoxa*, III, chap. vii (PG 94, col. 1010A-B ; SC 540, p. 45) ; *versio Burgundionis*, chap. 51, § 2, éd. Buytaert, p. 192 et 402.

36. Pierre Lombard, *Sentences*, III, dist. VI, cap. iv, (20), 1 : « *Tertia aliorum sententia.* Sunt etiam et alii, qui in incarnatione Verbi non solum personam ex naturis compositam negant, verum etiam hominem aliquem, sive etiam aliquam substantiam, ibi ex anima et carne compositam vel factam diffitentur ; sed sic illa duo, scilicet animam et carnem, Verbi personae vel naturae unita esse aiunt, ut non ex illis duobus vel ex his tribus aliqua substantia vel persona fieret sive componeretur, sed illis duobus velut indumento Verbum Dei vestiretur ut mortalium oculis congruenter appareret » ; trad. Ozilou, p. 219-220.

37. Les éditeurs du Collegium S. Bonaventurae notent : « Iuxta iudicium Ioannis Cornubiensis, haec tertia sententia propria fuit Magistri, quam acceperat ab Abaelardo (*cf. Proleg.* ad tom. I, p. 119*). Statim autem lectorem certiorem facit quod haec fuit eius opinio, non vero eius assertio : "Praeterea paulo ante quam electus esset in episcopum parisiensem, michi et omnibus auditoribus suis qui tunc aderant protestatus est, quod hoc non esset assertio sua sed opinio sola, quam a magistris acceperat. Hec enim verba subiecit : Nec unquam Deo volente erit assertio mea nisi que fuerit fides catholica" (*Eulogium ad Alex. Papam tertium*, C. 3 ; éd. N.M. Häring, in *Med. Studies*, 13 (1951), 265). Vide epilogum ipsius Magistri infra, Dist. 7, C. 3, n. 3, ad totum tractatum. »

38. N.M. Häring, « The Case of Gilbert », p. 34. *Cf.* aussi L.O. Nielsen, *Theology and Philosophy*, p.251-255. C.L. Barnes, *Christ's two Wills*, p. 21, dit dans le même sens : « The third opinion (habitus theory) argues that Christ's body and soul were not united

to form a substance but that they were united to the person of the Word in an accidental manner, *as clothing is united to a person.* »

39. Il s'agit de GRÉGOIRE LE GRAND, *Homélies sur Ézéchiel*, livre I, hom. VIII, n° 24-25 (PL 76, 865 ; CCL 142, p. 115 *sq.*; SC 327, p. 311 *sq.*).

40. Voir AUGUSTIN, *83 Questions*, qu. 11, BA 10, p. 63 (PL 40, col. 14 ; CCL 44A, p. 18).

41. PIERRE LOMBARD, *Sentences*, III, dist. VI, cap. IV, (20), 3 ; trad. OZILOU, p. 220.

42. JEAN DE CORNOUAILLES, *Plaidoyer (Eulogium) adressé au pape Alexandre III*, chap. III (PL 199, 1053A-B) ; trad. OZILOU, p. 219, n. 4.

43. *Cf.* L.O. NIELSEN, *Philosophy and Theology*, p. 231-242 ; M. COLISH, *Peter Lombard*, Leiden-New York, Cologne, E.J. Brill (Brill's Studies in Intellectual History, 41), 1994, t. I, p. 408-412 ; R. CROSS, *The Metaphysics of the Incarnation. Thomas Aquinas to Duns Scotus*, Oxford, OUP, 2002, p. 30-31. R. CROSS, p. 31, traduit en termes clairement vestimentaires *(vesting, clothing)* la présentation de la troisième théorie : « There are some who in the Incarnation of the Word [...] say that two, namely body and soul, are united to the person or nature of the Word such that there is no nature or person made or composed of those or from these three (viz. body, soul, and divinity), but rather *that the Word of God was vested with those two as a clothing*, so that he should appropriately appear to the eyes of mortals [...] They say that *God was made man by clothing* (habitus). » Sur la christologie du Lombard, *cf.* M. COLISH, p. 417-438 ; D. LUSCOMBE, *The School of Peter Abelard*, p. 267-274 ; L.O. NIELSEN, *Theology and Philosophy*, p. 243-279.

44. *Cf.* R. CROSS, *The Metaphysics of the Incarnation*, p. 206-207, et l'ensemble du chapitre 9, *Relations and Intrinsic properties*, pour l'aftermath médiéval de la théorie de l'*habitus* (p. 205-217).

45. *Cf.* TH. WEINANDY, *Does God change ? The Word's Becoming in the Incarnation*, S. Bede's Publications (Studies in Historical Theology, 4), 1985, p. 87 (cité par R. CROSS, *The Metaphysics...*, p. 207).

46. Sur cette question, et sur la notion augustinienne d'*habitus*, *cf.* A. DE LIBERA, « Augustin et la question du sujet », in *Après la métaphysique : Augustin ?* Actes du colloque inaugural de l'Institut d'études médiévales de l'Institut catholique de Paris, 25 juin 2010, éd. par A. DE LIBERA, Paris, Vrin (Publications de l'Institut d'études médiévales de l'Institut catholique de Paris), 2013, p. 13-41.

47. Sur le sens de « *habitu* » (= σχήματι), dans le cadre de la théorie luthérienne de la communication des idiomes, et de « l'occultation » de la majesté du Christ, voir cette page de M. CHEMNITZ, *De*

duabus naturis in Christo : de hypostatica earum unione, de communicatione idiomatum, et aliis quaestionibus inde dependentibus libellus, Cum Praefatione D. Nicolai Selnecceri [= N. Selnecker], Lipsiae, 1580, p. 353 : « ... ideo non voluit contra vocationem, maiestatem suam in carne, ac per carnem, ostentare, & eius usurpationem, contra Dei volutatem et missionem, quasi per rapinam & vim arripere, ed sponte iure suo cessit, ac exinanivit se, hoc est, usurpationem & ostensionem divinae suae gloria, & potentiae, in carne, & per carnem occultavit, retraxit & quiescere fecit, ac *in similitudine hominum factus*, σχήματι, *hoc est proprietatibus, conditionibus, sensibus, affectibus, gestibus, ac tota conversatione*, ut quivis alius vulgaris & nudus homo, absque peccato se gesit, imo servi formam accipiens, omnes infirmitates humanas suscepit, & omnes poenas peccatorum totius mundi in se derivavit, ut ita servuus noster fieret, hoc est, ut ministraret nobis, Matth. 10. Factus oboediens Patri usque ad mortem crucis. » On retrouvera Martin Chemnitz (1522-1586) et Nikolaus Selnecker (1530-1592), deux figures majeures de la théologie luthérienne du XVIe siècle dans le cours du 29 février 2016. Le *De duabus* de Chemnitz a fait l'objet d'une traduction anglaise, *cf.* MARTIN CHEMNITZ, *The Two Natures in Christ : A Monograph Concerning the Two Natures in Christ, Their Hypostatic Union, the Communication of Their Attributes, and Related Questions and the Witnesses of the Ancient Church*, trad. J.A.O. PREUS, Saint Louis, Concordia, 1970.

48. Le substantif hégélien *Entäußerung*, correspondant au *entäußerte sich selbst* luthérien, est rendu en français par « extériorisation » (Jarczyk et Labarrière) ou « aliénation » (Hippolyte, Lefebvre), et généralement distingué de *Entfremdung* : « aliénation » (Jarczyk et Labarrière), « Extranéation » (Hippolyte) – l'idée étant de « devenir étranger » à quelque chose ou à quelqu'un, y compris... à soi-même – Lefebvre considérant que « *Entäusserung* et *Entfremdung* expriment une même idée sous deux modalités, ou encore sous deux éclairages distincts ». Sur ce point, *cf.* S. HABER, « Le terme "aliénation" *(Entfremdung)* et ses dérivés au début de la section B du chapitre VI de la *Phénoménologie de l'esprit* de Hegel », *Philosophique*, 8 | 2005, p. 6 [p. 5-36] : « ... il s'agit bien dans les deux cas de la perte d'un propre ou d'une possession, mais qui se dit une fois à l'aide de métaphores juridiques et l'autre fois grâce aux suggestions présentes dans l'idée de devenir étranger à quelque chose ou à quelqu'un, de perdre une familiarité jusque-là évidente et porteuse. » Exinanition et aliénation étant virtuellement le même mot en allemand, on peut penser

que la kénose et l'aliénation ont, à un certain niveau, la même origine. Mais si le parallèle a été noté, on distingue en général *Entaüsserung* paulino-luthérienne et hégélienne. « On a souvent remarqué que le terme d'*Entaüsserung* est la traduction de la kénose dans la Bible de Luther », *cf.* X. TILLIETTE, « L'Exinanition du Christ », in *Les Quatre fleuves*, cahier 4 (1975), p. 52. Réciproquement, Cottier propose le terme théologique de « kénose » pour traduire l'*Entaüsserung* hégélienne, mais, commente A. CHAPELLE, *Hegel et la religion*, t. III, Annexes, Lessius Éd. (Institut d'études théologiques), p. 123, « si cette solution a l'avantage de relever une dimension historique et spéculative de l'*Entaüsserung,* cette expression paulinienne appartient trop à la langue de la représentation pour exprimer adéquatement la rationalité systématique du vocable hégélien ».

49. On notera que Luther rejette vigoureusement la notion scolastique de « *hexis* » et la réduction des vertus et des vices à des *habitus* existant subjectivement dans l'âme. Ce double rejet de l'attributivisme et de la subjectité est l'occasion d'une remise en cause radicale de la comparaison des états mentaux à des qualités physiques, et d'un rejet conjoint du modèle « physique »-subjectif de l'immanence psychique. Imbus de « logique et de métaphysique », les « théologiens scolastiques croient que la justice se trouve seulement, de façon subjective, dans la volonté » (et de même « son contraire, la privation »). C'est une erreur grossière, qui a partie liée avec les sources aristotéliciennes de la théologie scolastique, comprise comme « théologie de la Gloire ». D'où ce jugement sans appel sur les « théologiens scolastiques » : « Aussi bien leurs élucubrations sont-elles futiles et nuisibles, quand ils se sont avisés d'enseigner, d'après Aristote, avec des mots et des métaphores tout à fait catastrophiques, que *les vertus et les vices adhèrent à l'âme comme du plâtre sur un mur, comme la craie sur un tableau, comme la forrne sur la matière qui lui est sujette*. C'est ainsi en effet que la différence entre l'esprit et la chair a cessé complètement d'être comprise » (*Cf.* M. LUTHER, *Œuvres*, t. XII, p. 111, sur Rm 7, 17). La comparaison entre la couleur sur le mur et l'*habitus* psychique dans l'âme est un des modèles standard de l'existence « subjective » au XIVe siècle – c'est contre lui que se dressent la psychologie « intentionnelle », et l'ensemble des théories scolastiques qui – malgré ce qu'en dit Luther – s'opposent elles aussi aux théories fondées sur la combinaison de l'attributivisme et de la « subjectité ». Sur la critique luthérienne de l'*hexis* scolastique, *cf.* C. SOMMER, « Notes » à M. HEIDEGGER, « Le problème du péché chez Luther (1924) », n. 7,

in S.-J. Arrien & S. Camilleri, *Le Jeune Heidegger (1909-1926) : herméneutique, phénoménologie, théologie*, Paris, Vrin (Problèmes et controverses), 2011, p. 269-270.

50. Ce sens de « ce qui arrive » pour l'« accident » formé sur συμβαίνω est présent dans le grec néotestamentaire, par exemple dans Lc 24, 14 : καὶ αὐτοὶ ὡμίλουν πρὸς ἀλλήλους περὶ πάντων τῶν συμβεβηκότων τούτων (KJB : « And they talked together of all these things *which had happened* » ; Martin (1744) : « Et ils s'entretenaient ensemble de toutes ces choses *qui étaient arrivées* » ; Segond (1910) : « et ils s'entretenaient de tout *ce qui s'était passé* » – la Vulgate latine donnant : « et ipsi loquebantur ad invicem de his omnibus quae *acciderant* ».) Même sens dans Ac 3, 10 : καὶ ἐπλήσθησαν θάμβους καὶ ἐκστάσεως ἐπὶ τῷ συμβεβηκότι αὐτῷ (KJB : « and they were filled with wonder and amazement at *that which had happened unto him* » ; Martin : « ils furent remplis d'admiration et d'étonnement de *ce qui lui était arrivé* » ; Segond : « et ils furent remplis d'étonnement et de surprise au sujet *de ce qui lui était arrivé* » – Vulgate : « et impleti sunt stupore et extasi in *eo quod contigerat illi* ».)

51. On parle ici de théorie du « vêtement », parce que Augustin lui-même souligne que l'homme assumé n'est pas une disposition du Verbe, comme la sagesse ou un savoir est une disposition de l'âme, ce que les Grecs appellent une ἕξις, mais qu'il a le statut de l'habit ou de l'équipement *(vestitum vel armatum)*, ce que les Grecs appellent σχῆμα. C'est bien pourquoi, conclut Augustin, les exemplaires grecs de l'Épître de Paul ont le mot σχήματι, pour lequel nos textes latins donnent *habitus*. Le mot, qu'il soit grec ou latin, nous fait entendre que, quelque étroite ait été, en l'occurrence, l'ineffable union de l'homme assumé au Verbe qui l'assumait, le Verbe n'a pas été changé en prenant sur lui l'homme, pas plus que les membres ne changent une fois vêtus.

52. Sur ce thème chez Augustin, *cf.* H.R. Drobner, *Person-Exegese und Christologie bei Augustinus : zur Herkunft der Formel Una Persona*, Leiden, Brill, 1986, p. 284. *In Iohannem*, XIX, 15 (CCL 36, p. 198, 7-199, 31); *Epist.* 137, 3, 11. Wolfson traduit (p. 368-369) : « The Son of God, which is the Word of God, has man, as the soul has body [...]. What is man ? A rational soul having a body. What is Christ ? The Word of God having man. »

53. Augustin, *83 questions*, q. 11 ; BA 10, p. 63 (PL 40, 14 ; CCL 44A, p. 18) ; Ozilou, p. 257-258.

54. Sur la christologie de l'âne, *cf.* H.A. Oberman, *The Harvest of Medieval Theology : Gabriel Biel and Late Medieval Nominalism*,

Cambridge (Mass.), Harvard UP, p. 255, § 3 : « The Intention of Occam's *asinus*-Christology : Rejection of the Charge of Nestorianism ». Sur ce thème, *cf.* J. HAGA, *Was there a Lutheran Metaphysics ? The Interpretation of 'communicatio idiomatum' in Early Modern Lutheranism*, Göttingen, Vandenhoeck & Ruprecht, 2012, p. 78 et O.D. CRISP, *Divinity and Humanity. The Incarnation Reconsidered*, Cambridge (UK), CUP, p. 84-85. Sur le nestorianisme d'Occam, *cf.* M. MCCORD ADAMS, « Relations, Inherence and Subsistence : or, Was Ockham a Nestorian in Christology ? », *Noûs*, 16/1 (1982), p. 62-75.

55. BONAVENTURE, *Sent.* III, d.2, q.1 ; le texte est traduit en angl. sur le site *The Franciscan Archive* sous le titre : « Whether it would have been fitting that God assume the womanly gender. » La réponse est négative. Le 4e argument du *contra* est celui qui nous concerne ici : « 4. Likewise, if He had assumed the womanly gender, therefore when the *communicatio idiomatum* is undertaken, there should be said *goddess* and there should be said *daughter* : if therefore it is not fitting that there be but God and Son in that highest Trinity, not goddess nor daughter ; in no manner was it fitting that God assume the woman. »

56. *Cf.* M. MCCORD ADAMS, *What sort of human nature ?: Medieval philosophy and the systematics of Christology (The Aquinas Lecture 1999)*, Marquette University Press, 1999, p. 29.

57. *Cf.* A.O. RORTY, « *Introduction* » à A.O. RORTY (éd.), *The Identities of Persons*, Berkeley, University of California Press, 1976 ; E.T. OLSON, « Personal Identity », *The Stanford Encyclopedia of Philosophy (Spring 2007 Edition)*, E.N. ZALTA (éd.).

58. Il s'agit du cours de 2010-2011, en ligne sur le site du Collège de France. Le film de Bresson sort en mai 1966 – le même mois sont projetés *La Religieuse*, *La Guerre est finie* et *Un homme et une femme*, tandis que Lucien Neuwirth dépose son projet de loi sur la contraception.

59. PIERRE LOMBARD, *Sentences*, III, dist. XVII, cap. 1.

60. PIERRE LOMBARD, *Sentences*, III, dist. XVII, cap. 11, § 1 : « Et humana voluntas est affectus rationis, vel affectus sensualitatis ; et alius est affectus animae secundum rationem, alius secundum sensualitatem ; uterque tamen dicitur humana voluntas. »

61. PIERRE LOMBARD, *Sentences*, III, dist. XVII, cap. 11, § 2 : « Talis igitur rixa talisque concertatio in anima Christi nullatenus esse potuit, quia carnalis concupiscentia ibi esse nequit. Dei etiam voluntas erat, et rationi placebat, ut id secundum carnem vellet,

quatenus veritas humanitatis in eo probaretur. Nam qui hominis naturam suscepit, quae ipsius sunt subire debuit. »

62. Alexandre de Hales, *Summa fratris Alexandri*, III, IV, q. 1, c. 1, *respondeo*.

63. Pierre Lombard, *Sentences*, III, dist. XVII, cap. 11, § 3.

64. Pierre Lombard, *Sentences*, III, dist. XVII, cap. 11, § 9.

Cours du 29 février 2016

Première heure

Archéologie d'une controverse religieuse : le « Colloque de Montbéliard ». — Selon Foucault : « Le XVI*e siècle a fait couler plus de sang que la lutte des classes au* XIX*e ». — Rappel : les Guerres de Religion : 1562-1598. — Le colloque de Montbéliard réunit des représentants de l'Église réformée calviniste et de l'Église luthérienne, les 21-29 mars 1586, à l'instigation du prince luthérien Frédéric Ier, duc de Wurtemberg, comte de Montbéliard, pour tenter de trouver un accord sur la théologie de l'Eucharistie. — Les principaux protagonistes sont, pour les calvinistes, Théodore de Bèze (1519-1605), successeur de Calvin à Genève, éditeur et traducteur du Nouveau Testament ; pour les luthériens ou « wurtemburgeois », Jakobus Andreae (1528-1590), principal théologien du duc de Wurtemberg, et Martin Chemnitz (1522-1586), tous deux parmi les coauteurs de la « Formule de Concorde ». — Portée archéologique du colloque de Montbéliard. — L'analyse des contoverses entre réformés et luthériens permet d'aborder une série de concepts et de distinctions fondamentaux pour l'archéologie du sujet, en général, et celle du sujet de la passion, en particulier. — Inventaire des éléments du dossier, qui seront abordés, présupposés ou exploités dans le cours : l'ubiquisme ; la communication des idiomes ; la kénose ; l'exinanition ; l'«* alleoesis *» zwinglienne ; l'« Extra calvinisticum » ; le « chiasme des propriétés » ; l'occultation (« voilement ») ; la théorie des « quatre genres » ; la distinction entre «* genus majesticum *» et «* genus tapeinoticon *» luthériens. — Première approche : la controverse entre Luther et Zwingli. — Théologie de l'Eucharistie : le point de vue catholique est défini par les notions de « présence réelle » et de*

*« transsubstantiation », fixée dès le concile de Latran IV, sous le pontificat d'Innocent III (11-30 novembre 1215). — La position de Luther dans La captivité babylonienne de l'Église (1520) : la Cène n'est pas un « sacrifice », mais une « promesse et un testament ». — Luther soutient la « présence réelle », mais rejette la transsubstantiation, au bénéfice de la consubstantiation. — Ses thèses sont condamnées par le concile de Trente le 11 octobre 1551. — Luther rejette le figurativisme des zwingliens, appelés « sacramentaristes » dans la Formule de Concorde. — Pour rendre compte de la présence réelle, Luther et les luthériens soutiennent que le corps du Christ, aussi bien que sa divinité, est partout, « ubique », à la fois sur l'autel, à chaque célébration eucharistique, et à la droite du Père. — C'est l'ubiquisme. — L'ubiquisme est rejeté par Zwingli, qui refuse toute présence réelle. — Les zwingliens réduisent la « communication des idiomes » à une figure de style : l'*alleosis. *— Ils rejettent pour la même raison la théopaschisme. — Réaction de Luther : l'*alleosis *est « le masque du démon ». — Elle mène au nestorianisme. — L'exégèse figurée de « hoc est corpus meum » – au sens de : « ceci signifie mon corps » – est condamnée par le concile de Trente. — Le colloque de Montbéliard voit les luthériens faire aux calvinistes le même reproche qu'aux sacramentaires. — Les calvinistes rejetant l'ubiquisme rejettent le théopaschisme, et par là, tombent dans l'hérésie de Nestorius : ils soutiennent que « Dieu souffre » signifie seulement que l'humanité du Christ souffre. — Analyse de la réponse de Théodore de Bèze. — Originalité de la position calviniste : Dieu « souffre *kat'allo *», non pas « par soi », mais « par un autre » ou « en un autre » ou « en autre chose » que Lui-même. — Présentation de la théorie dite de « l'Extra calvinisticum ». — Distinction entre les expressions « *totus Christus *» et « *totum Christi *». — La position calviniste est que le Christ tout entier (« tout le Christ ») a souffert sur la Croix, mais pas le Christ en entier (« le tout du Christ »), car sa divinité n'a pas souffert ; de même tout le Christ est présent à son Église, mais par le Christ en entier, car son corps est au Ciel jusqu'à son retour. — Application à l'anthropologie de la distinction christologique entre « *totus *», qui réfère à la personne, vs. « *totum *», qui réfère à la nature. — En quel sens pourrait-on dire que l'homme, qui est lui-même un tout constitué de parties, souffre *kat'allo *?*

D'où viennent les idées ? les problèmes ? les théories ? les concepts ? les distinctions ? les règles ? Comment mettre en intrigue l'articulation de l'ancien et du nouveau en matière d'histoire des idées ? Je ne prétends pas répondre aujourd'hui à ces questions. Ce sont celles auxquelles est confrontée l'archéologie philosophique, comme l'est toute histoire intellectuelle. Je ne puis les résoudre aujourd'hui, mais je puis au moins montrer la nature et l'étendue du problème en partant d'un événement qui se prête au récit, pour faire émerger la matrice d'où procèdent les « faits » qui sont pertinents pour une archéologie du sujet de la passion ; je veux parler de la controverse connue sous le titre de « colloque de Montbéliard », une conférence tenue du 21 au 29 mars 1586, entre théologiens réformés et théologiens luthériens, pour tenter de s'entendre sur une forme d'eucharistie unique, commune aux deux confessions. Avec ce colloque, réuni à l'instigation de Frédéric Ier, duc de Wurtemberg et comte de Montbéliard, lui-même luthérien, ancien étudiant de l'université de Tübingen, nous sautons de Pierre Lombard, évoqué la semaine dernière, autrement dit du XIIe siècle, au XVIe, du Moyen Âge à la modernité [1].

Le XVIe siècle, c'est pour nous le siècle qui, *via* la question du sujet, est censé avoir *fait couler plus de sang que la lutte des classes* au XIXe, selon la formule de Foucault rapportée par Paul Veyne [2], que j'avais évoquée dans les cours de 2014. Dans le passage cité par Veyne, Foucault précisait, en renvoyant à Lucien Febvre, que « l'enjeu des guerres de Religion était pour les protestants de se constituer en sujets religieux qui, pour accéder à Dieu, ne dussent plus passer par la médiation de l'Église, des prêtres, et des confesseurs » [3]. Ce n'est pas ce qui nous intéressera dans le colloque de Montbéliard. Nous nous situerons sur un autre terrain, celui que nous avons entrepris de fouiller cette année : la théologie de l'Incarnation, qui non seulement commande une grande partie du reste (de la théologie de la grâce à celle de l'eucharistie), mais aussi un réseau de concepts nouveaux, intriqué dans ceux que nous avons déjà identifiés comme partie intégrante de l'archéologie du sujet, tels que *substance*, *hypostase* ou *suppôt*.

D'autre part, et c'est l'élément non intégré par Foucault, les guerres de Religion ne sont pas le seul horizon de la question du sujet au XVIe siècle – si l'on entend, du moins, et je concède que ce n'est pas rien, les huit guerres de Religion opposant en France catholiques et protestants : de 1562-1563 à 1585-1598 [4], la dernière, déclenchée par l'édit de Nemours pris par Henri III, se transformant en guerre standard, si j'ose dire, opposant la France à l'Espagne. Ce n'est pas le seul horizon, dis-je. Ou plutôt, il y a aussi à l'horizon d'autres controverses : entre les « protestants » eux-mêmes. Car il n'y a pas une Réforme, la *Reformation*, mais au moins quatre réformes et un grand nombre de débats. Il y a les débats entre les « réformés » et les « luthériens », on va le voir, mais aussi les débats entre luthériens « philippistes », disciples de Melanchthon, et « gnésoluthériens », c'est-à-dire vrais luthériens, chevillés autour des écrits de Luther et de la *Formule dite de Concorde*, dont nous reparlerons ; et il y a les débats entre réformés – zwinglistes et calvinistes, notamment, qui ont chacun un point de vue distinct de celui des luthériens, et un rapport différent avec l'héritage grec et médiéval, l'équipement philosophique, ontologique, métaphysique de l'hellénisme, la théologie des Pères et leur « philosophie ». J'ajoute, et ce n'est pas leur moindre intérêt qu'un colloque comme celui de Montbéliard nous conduit à une certaine modernité « allemande », capitale en l'occurrence pour l'archéologie du sujet, puisqu'elle est représentée inauguralement par Leibniz, qui dans les *Essais de théodicée*, notamment dans le « discours de la conformité de la foi avec la raison », revient en détail sur les controverses eucharistiques qui font le gros du dossier que nous allons évoquer à présent [5]. Enfin, dans la mesure où elle débouche sur les notions de kénose et de *theologia crucis* – théologie de la Croix – opposée par Luther à la théologie scolastique de la Gloire – *theologia gloriae* – l'évocation du colloque de Montbéliard est un élément dans la déconstruction de la déconstruction heideggérienne, compte tenu du rôle joué par la *theologia crucis* en 1921 et 1924 dans les travaux heideggériens de phénoménologie de la religion précédant *Sein und Zeit* [6].

C'est, donc, disais-je, d'un réseau de concepts nouveaux que je vous parlerai aujourd'hui, structuré par les questions eucharistiques, imbriqué dans ceux des concepts que l'on pourrait dire *hérités* de la tradition antico-médiévale. Je dispose d'un temps évidemment trop court pour le faire de manière vraiment satisfaisante. Mais il s'agit d'un premier relevé de terrain, d'une première cartographie. Ce réseau, j'en désigne maintenant les éléments ou plutôt je fais l'appel des termes qui seront convoqués dans les minutes qui viennent et qui nous accompagneront, je l'espère, encore un peu au-delà :

Ubiquisme ;
communicatio proprietatum ou *communicatio idiomatum* ;
kénose ; exinanition ;
Alloeosis zwinglienne ;
« chiasme des propriétés » ;
occultation (« voilement ») ;
théorie des « quatre genres » ;
genus majesticum et *genus tapeinoticon* luthériens ;
Extra calvinisticum.

Le colloque de Montbéliard réunit des représentants de l'Église réformée calviniste et de l'église luthérienne. Le point de litige est la Cène, le « dernier repas », et l'Eucharistie. C'est un des nombreux « colloques » qui ont vu se rencontrer en Allemagne les diverses « confessions » : celui de Marburg en 1529, des luthériens avec les réformés, ceux d'Hagenau (1540), de Worms (1540), et de Ratisbonne (1541), avec les catholiques.

Je ne m'étendrai pas sur les aspects proprement historico-politiques. Un coup d'œil sur une carte suffit. Nous avons le duché de Lorraine, catholique romain, allié du pape et de la Sainte-Ligue ; l'électorat du Palatinat, majoritairement calviniste, allié des cantons suisses, des protestants français et des Pays-Bas ; et le duché de Wurtemberg (Württemberg), luthérien conservateur, allié d'autres puissances luthériennes du nord et de l'est de l'Allemagne. Le comté francophone de Montbéliard, qui appartient au Wurtemberg luthérien, a une particularité : il est largement acquis à la Réforme – au calvinisme –, et quasi submergé de refugiés français, fuyant les Guise et la Sainte Ligue. Les débats internes au comté impliquent Français, Suisses et Allemands. Les discussions de 1586, dont je vais parler aujourd'hui, sont menées par les deux champions respectifs du calvinisme et du luthéranisme rigoureux : d'un côté, Théodore de Bèze (1519-1605), voyageur inlassable, installé à Genève en 1558, porte parole de la Réforme au Colloque de Poissy (1561), successeur de Calvin (1509-1564) dès 1564, mais aussi éditeur (en 1565 et 1582) et traducteur (en 1556 et 1565) du Nouveau Testament.

De l'autre – du côté des luthériens –, non pas Jacques André, qui est un célèbre psychanalyste français, mais Jakobus Andreae (1528-1590), principal théologien du duc de Württemberg et coauteur de la *Formule de Concorde*.

Vous savez peut-être ce qu'est la *Formule de Concorde* : une Profession de foi luthérienne, rédigée en 1577 [7] après plusieurs formules intermédiaires (Concorde souabe de 1573, Concorde souabe-saxonne de 1575, Formule de Maulbronn de 1576, synthétisées dans le *Livre de Torgau* en 1576, par Andreae, chancelier de l'université de Tübingen en 1561, et Nikolaus Selnecker (1530-1592), avec une équipe de théologiens [8], au premier rang desquels nous trouvons, non pas *Musclor*, mais Musculus : Wolfgang Müslin (1497-1563) [9] – chaque parti ayant son Müslin, puisqu'il y a un Abraham Musculus (1534-1591) chez les réformés – mais je ne parlerai pas de celui-là. Il y a aussi un certain Cornerus (Christoph Körner, 1518-1594), un certain Chytraüs (David Chytraüs, 1530-1600), et Martin Chemnitz (1522-1586), sur qui je reviendrai tout à l'heure.

Cette petite équipe a mis au point la *Formule de Concorde*, composée de deux parties : un *Épitomé* et un texte plus développé intitulé *Solida declaratio* (ou *Livre de Bergen*), comprenant tous deux 12 articles, qu'un historien de Théodore de Bèze décrit comme « un monument d'intolérance, consistant à anathématiser les réformés et les mélanchtoniens qui pourraient encore subsister çà et là » [10]. De fait, dès 1577, Andreae et Selnecker, les deux principaux théologiens de Wurtemberg, écument l'Allemagne, allant de ville en ville avec la bénédiction d'Auguste, électeur de Saxe (1526-1586), pour lire leur texte et le faire signer. C'est une campagne de signatures, si vous voulez, comme lorsqu'on recueille aujourd'hui des signatures pour se présenter à une élection en France. On allait un peu partout faire signer la formule de Concorde, avec ce détail intéressant qu'on ne communiquait le texte aux intéressés qu'au moment de la signature, et en le reprenant ensuite. De sorte que le temps de consultation du document était réduit à des proportions qu'on pourrait qualifier de congrues. Étant donné l'ambiance de départ, je puis aller tout de suite à la conclusion : comme celui qui avait vu en 1529, Luther (1483-1546) et Melanchthon dialoguer à Marburg avec les Zurichois Zwingli (1484-1531) et Oecolampade (Jean Husschin [Hausschein] ou Häusgen, dit Œcolampadius, 1482-1531), le colloque de Montbéliard est un échec. On se quitte sans même se serrer la main [11].

Frédéric exige que les exilés français signent non seulement la Confession d'Augsbourg, de Melanchthon, mais la *Formule de Concorde* d'Andreae et de son équipe. Ils ne le font pas. Les habitants de Montbéliard ne se soumettent pas, accueillent les exilés comme bourgeois. Dans les mois qui suivent, tout le monde ou presque s'en ira recevoir la communion ou le baptême à Bâle en territoire réformé.

Deux colloques : Marburg et Montbéliard. Deux échecs. Mais deux moments importants dans l'archéologie du sujet qui demandent d'entrer dans ce que j'ai appelé le « réseau de concepts nouveaux relatifs à l'Eucharistie », plus exactement à la Cène et à l'Eucharistie.

Je commence par quelques remarques sur Luther et Zwingli. Comme les catholiques, Luther est un partisan de ce qu'on appelle la « présence réelle » du corps et du sang du Christ sur l'autel après la consécration. Comme eux, il soutient que dans le sacrement de l'autel le Christ est réellement présent sous les espèces du pain et du vin. Cette position, cependant, est énoncée chez les catholiques à l'aide d'un mot et d'une théorie, appelés à une extraordinaire fortune dès le chapitre premier du concile de Latran IV (sous Innocent III), douzième concile œcuménique, tenu du 11 au 30 novembre 1215, contre les albigeois et les cathares : *transsubstantiatis*, « transsubstantiés », que Luther, précisément, rejettera.

Voici un des éléments de la « définition » contre les albigeois et cathares :

> DS **802** Il y a une seule Église universelle des fidèles, en dehors de laquelle absolument personne n'est sauvé, et dans laquelle le Christ est lui-même à la fois le prêtre et le sacrifice, lui dont le corps et le sang, dans le sacrement de l'autel, sont vraiment contenus sous les espèces du pain et du vin, le pain étant *transsubstantié* au corps et le vin au sang par la puissance divine, afin que, pour accomplir le mystère de l'unité [entendez : l'union des deux natures !], nous recevions nous-mêmes de lui ce qu'il a reçu de nous [12].

> DS **802** *430* Una vero est fidelium universalis Ecclesia, extra quam nullus omnino salvatur, in qua idem ipse sacerdos est sacrificium Iesus Christus, cuius corpus et sanguis in sacramento altaris sub speciebus panis et vini veraciter continentur, *transsubstantiatis* pane in corpus, et vino in sanguinem potestate divina : ut ad perficiendum mysterium unitatis accipiamus ipsi de suo, quod accepit ipse de nostro.

Le mot latin – le substantif – *transsubstantiatio* se trouve, dit-on, pour la première fois dans un sermon de Hildebert de Lavardin (1056-1133) [13], évêque du Mans et archevêque de Tours. Il était déjà contenu implicitement dans la profession de foi imposée à Berengar [Béranger] de Tours, par le concile de Rome de 1079. Béranger de Tours avait dû en effet se soumettre à la thèse de la présence réelle, lui qui avait défendu la thèse opposée, que l'on dit de nos jours « figurativiste » ou parfois « symbolique » [14]. Cette déclaration, qu'on lui imposa, était censée mettre un terme au conflit entre les deux interprétations, présentialiste – défendue par Lanfranc – et figurative – défendue par Berengar lui-même [15]. Ce ne fut pas le cas. Le conflit ne s'éteignit pas : il connut un regain de vie tout particulier avec Luther, quoique sous une forme originale.

En 1520, dans *La Captivité babylonienne de l'Église*, Luther réduit les sept sacrements romains à deux : le baptême et la sainte Cène [16].

> Si nous voulons parler avec rigueur, il n'y a que deux sacrements dans l'église de Dieu, le baptême et le pain, puisque c'est dans ces deux sacrements seulement que nous voyons un signe divinement institué et la promesse du pardon des péchés.

Retenons ce terme de *signe*[17]. Retenons aussi celui de *promesse* – qui bouleverse entièrement l'économie du *sacrifice* articulant la Croix et l'autel. La messe dit Luther, n'est pas un sacrifice offert à Dieu, pas plus la Cène qui a institué le sacrement ; c'est une promesse et un testament. On pourrait croire Luther proche de Berengar. Il n'en est rien. Au contraire, comme je l'ai dit, il tient pour la présence réelle. C'est ce qui l'oppose à Zwingli, le véritable rénovateur – *mutatis mutandis* – de la position « figurative ». Mais il s'oppose aussi aux catholiques dans sa conception de la présence réelle. Il tient, en effet, non pour la transsubstantiation, mais pour ce qu'on a appelé, par la suite, la « consubstantiation », qui affirme à la fois la permanence de la substance du pain et du vin et la présence réelle du corps et du sang du Christ « dans, avec et sous les espèces du pain et du vin ». Le pain conserve donc sa forme substantielle, sous les *espèces*, c'est-à-dire sous les formes extérieures qui le caractérisent ; et en même temps il est *ce dans quoi*, *ce avec quoi* et *ce sous quoi* le corps du Christ est vraiment, réellement, authentiquement présent. La substance du pain demeure ; alors que dans ce qui a été dit au concile de Latran, vous l'avez vu, on parlait de transformation de substance, de trans-*substantiation*.

La position de Luther est condamnée dans le deuxième canon du chapitre VIII du Concile de Trente[18], dans sa 13e session, le 11 octobre 1551 :

> DS **1652** 2. Si quelqu'un dit que, dans le très saint sacrement de l'eucharistie, la substance du pain et du vin demeure avec le Corps et le Sang de notre Seigneur Jésus Christ, et s'il nie ce changement admirable et unique de toute la substance du pain en son Corps et de toute la substance du vin en son Sang, alors que demeurent les espèces du pain et du vin, changement que l'Église catholique appelle d'une manière très appropriée transsubstantiation : qu'il soit anathème[19].

Lequel s'appuie sur le chapitre IV (la transsubstantiation).

> DS 1642. Parce que le Christ notre Rédempteur a dit qu'était vraiment son corps ce qu'il offrait sous l'espèce du pain Mt 26, 26-29 Mc 14, 22-25 Lc 22, 19 I Cor 11, 24-26 on a toujours été persuadé dans l'Église de Dieu – et c'est ce que déclare de nouveau aujourd'hui ce saint concile – que par la consécration du pain et du vin se fait un changement de toute la substance du pain en la substance du corps du Christ notre Seigneur et de toute la substance du vin en la substance de son sang. Ce changement a été justement et proprement appelé, par la sainte Église catholique, transsubstantiation [20].

Qu'est-ce qui oppose Luther à Zwingli ? Qu'est-ce qui oppose Luther et Calvin ? Luthéranisme et calvinisme ? Pour le premier, c'est la présence réelle. Zwingli soutient la thèse que la *Formule de Concorde* dénonce sous le titre de « sacramentarisme » : entendons le *figurativisme*. Pour les seconds, c'est l'explication de la présence réelle : Luther et les luthériens pour rendre compte de la présence réelle soutiennent une thèse qu'on appelle « ubiquisme », qui est elle-même liée à leur interprétation de la communication des idiomes, donc de l'Incarnation et, au-delà, de la kénose.

Avec le Colloque de Montbéliard, le débat sur l'Eucharistie recoupe l'ensemble du dossier de l'Incarnation. En fait, qu'il s'agisse du débat entre luthéranisme et zwinglisme ou luthéranisme et calvinisme, on retrouve le problème de la présence du Fils de l'homme *au Ciel* et du Fils de Dieu *sur la Croix*, devenu, s'agissant de l'Eucharistie, celui de la comprésence du Christ sur la terre et au Ciel, sur l'autel et à la droite du Père, au Ciel et dans tous les lieux où est consommée la célébration eucharistique.

Pour les catholiques, il n'y a aucun problème à admettre la comprésence du Sauveur au Ciel et sur l'autel – autrement dit que la même entité puisse être simultanément présente au Ciel et sur terre. Pour Luther non plus, mais leur explication n'est pas la même.

Précision : la « bilocation » du Christ est en fait une *multilocation*, puisqu'il n'y aurait bilocation que s'il y avait célébration d'une seule Eucharistie en un instant *t* ; mais on suppose qu'il y a à la fois plusieurs célébrations, si bien que le Christ est à la fois au Ciel et présent sur plusieurs autels. Selon le Concile de Trente :

> Il n'y a en effet aucune opposition à ce que notre Sauveur lui-même siège toujours dans les cieux à la droite du Père, selon un mode d'existence qui est surnaturel, et à ce que néanmoins il soit pour nous sacramentellement présent en de nombreux autres lieux en sa substance, par un mode d'existence que nous pouvons à peine exprimer par des mots, et que nous pouvons cependant reconnaître et constamment croire comme possible à Dieu *Mt 19,26 ; Lc 18,27*, par notre pensée éclairée par la foi [21].

> Neque enim haec inter se pugnant, ut ipse Salvator noster semper ad dextram Patris in caelis assideat iuxta modum exsistendi naturalem, et ut multis nihilominus aliis in locis sacramentaliter praesens sua substantia nobis adsit, ea exsistendi ratlone quam etsi verbis exprimere vix possumus possibilem tamen esse Deo, cogitatione per fidem illustrata assequi possumus et constantissime credere debemus [22].

Reprenons ce texte. Le Christ est à la droite du père par un « mode d'existence » surnaturel (souvenez-vous de ce τρόπος ὑπάρξεως dont je parlais au début de l'année). Le Christ est « sacramentellement présent en de nombreux autres lieux en sa substance » : substantiellement présent, présent en substance, mais sacramentellement par un « mode d'existence » ineffable, – le latin dit *ratio exsistendi* – qu'on ne peut que « reconnaître » comme « possible à Dieu » et « croire constamment » par la pensée « éclairée par la foi ». Il y a donc deux modes d'existence, *modi* ou *rationes exsistendi*, distincts pour une même présence véritable, réelle et substantielle.

Pour Luther et les luthériens il n'y en a qu'un. C'est l'ubiquité, l'omniprésence divine, transférée de la nature divine à la nature humaine du Christ. « Pour défendre la présence réelle de Jésus-Christ dans l'Eucharistie sans soutenir la transsubstantiation, ils imaginèrent que le corps de J.-C. est partout, *ubique*, aussi bien que sa divinité », écrit l'*Encyclopédie* dans l'article consacré aux *ubiquitaires*[23].

Au lieu de dire qu'une même entité est présente en deux lieux sous deux modes d'existence, on dit qu'une même entité est présente en deux lieux parce que son mode d'existence est l'omniprésence.

Thèse fascinante qui affirme la comprésence d'une même entité sur le même mode – l'ubiquité – en Dieu, hors du temps, et dans le temps, en une multiplicité de lieux. Il y a là une structure ou un schème qui retient l'attention de l'historien de la philosophie : une variation sur le *ubique et semper* – attribué par Aristote à l'universel, qui est « partout et toujours », contrairement au singulier qui est « ici et maintenant » : « universale est ubique et semper, singulare vero est hic et nunc », disent les *Anal. post.* I 31, 87b29-33. Mais évidemment, ce qui en fait l'originalité et le prix, c'est qu'elle est mise en œuvre dans le cadre d'une théorie beaucoup plus originale, qui est la *communication des idiomes d'une nature à l'autre*. Cette doctrine est professée par Luther dès les années 1527-1529, dans ses polémiques contre Zwingli, de Zurich, et Oecolampade, de Bâle, et les partisans, les « sacramentaires », qui refusent la présence réelle.

Elle est formulée sous sa forme canonique par Johann Brentius (Jean Brentz ou Johannes Brenz, 1499-1570) qui devient le chef de file des « Ubiquistes » ou « Ubiquitaires », qui au nom de l'ubiquité qui est l'une des propriétés de la nature divine, attaquent ceux qui, comme certains réformés, soutiennent que le Christ, monté au Ciel « à la droite du Père », ne peut être aussi en même temps dans le pain et le vin sur l'autel.

Depuis l'Ascension, rétorquent les Ubiquitaires, le corps de Jésus-Christ est partout. Vous le voyez, on retrouve bien ici, sous une forme radicale, la thèse d'une communication des idiomes entre les natures humaine et divine, évoquée la semaine dernière à propos de l'attribution de la souffrance à la nature divine, en soi impassible.

L'adversaire de Brentz et de Luther est Zwingli. Il se rattache au courant de l'humanisme, étudie le Nouveau

Testament en grec sur l'édition d'Érasme et refuse une théologie de l'Eucharistie fondée sur l'ubiquité divine. Ce n'est pas son seul point de désaccord avec Luther : il rejette aussi le théopaschisme luthérien, c'est-à-dire l'idée que Dieu souffre, et la théorie luthérienne de la communication des idiomes. Dans les deux cas, et cela vaut pour l'Eucharistie, il oppose aux luthériens une thèse « figurativiste », fondée sur une notion rhétorique originale qui se dit en allemand, en latin plus ou moins bien translitéré : *alloeosis* [24].

Zwingli veut réduire la *communicatio idiomatum* à une simple figure de style. Ce qu'il appelle l'*alloeosis*, à savoir : le « saut de langage » *(desultus)* par lequel, « visant à parler d'une chose, on se sert des mots qui conviennent en réalité seulement à une autre ». C'est la permutation par laquelle, parlant de la nature *a* dans une chose *x*, nous utilisons les mots désignant l'autre nature, *b* [25].

> Est [ergo] ἀλλοίωσις... desultus aut transitus ille, aut si mavis permutatio, qua de altera in eo natura loquentes, alterius vocibus utimur [26].

Luther explique qu'il y a *alloeosis* pour Zwingli « lorsque quelque chose est dit de la divinité du Christ qui convient pourtant à son humanité ou inversement » [27]. Mais il rejette la thèse et met en garde contre elle, car il y voit le « masque du démon ».

> Das heist er *Alleosin*, wenn etwas von der Gottheit Christi gesagt wird, das doch der menscheit zu stehet, odder widderumb... *Hüt dich... fur der Alleosi, sie ist des teuffels larven* [28].

Méfie-toi de cette alleosis ! c'est le masque du démon. La formule est forte, mais à la hauteur du péril. Luther accuse en effet Zwingli de nestorianisme ! En quoi les « réformés », les « sacramentaires » se séparent-ils du *mainstream* luthérien ? Ils soutiennent que le *est* de la formule – *hoc est enim corpus meum* – a le sens de « signifie », que le pain est le signe d'une réalité spirituelle : le commandement du Christ aux Apôtres de

« faire ceci en mémoire » de lui (Lc 22, 19, I Cor 11, 24). Zwingli soutient que dans les paroles de la Cène, « *hoc est enim Corpus meum* », *est* ne veut pas dire « est » – pour dire : « car ceci *est* mon corps » – mais « signifie » – pour dire : « car ceci *signifie* mon corps » ; les espèces du pain et du vin ne sont que les symboles qui *signifient* le corps et le sang du Christ. Refusant la communication des idiomes Zwingli refuse la présence réelle. C'est bien ainsi que l'entend le Concile de Trente. La présence réelle est le sens obvie de l'Évangile.

> DS **1637** Ces paroles, rappelées par les saints évangélistes *Mt 26,26-29 ; Mc 14,22-25 ; Lc 22,19-20* et répétées ensuite par saint Paul *ICor 11,24-25*, se présentent en un sens propre et très clair, selon ce que les Pères ont compris.
> Aussi est-ce le scandale le plus indigne de voir certains hommes querelleurs et pervers l*es ramener à des figures de style sans consistance et imaginaires*, par lesquelles est niée la vérité de la Chair et du Sang du Christ, contre le sentiment universel de l'Église [29].

L'exégèse figurée est le premier adversaire nommé, avant même la consubstantiation luthérienne. Et c'est la première thèse condamnée dans le canon Ier du chapitre VIII (Canons sur le saint sacrement de l'eucharistie). Voici la condamnation de Zwingli :

> DS **1651** 1. Si quelqu'un dit que dans le très saint sacrement de l'Eucharistie ne sont pas contenus vraiment, réellement et substantiellement le corps et le sang en même temps que l'âme et la divinité de notre Seigneur Jésus Christ et, en conséquence, le Christ tout entier, mais dit qu'ils n'y sont qu'en tant que dans un signe ou en figure ou virtuellement, qu'il soit anathème [30].

Enfin, Zwingli rejette le théopaschisme : Dieu n'est pas mort sur la Croix, car la déité ne peut mourir ; là encore il n'y a qu'une « figure ». Même chose pour la souffrance : Dieu n'a pas souffert, car il ne peut souffrir. Il n'y a là qu'une « figure » de style.

J'ai donné la réaction catholique, mais ce qui nous intéresse, c'est la réaction de Luther.

Luther répond, et il répond *à la Luther* – en entendant cette fois dans la voix de Zwingli la voix de l'« *alte Wettermacherin, die frau Vernunft* » : « la vieille sorcière, Dame Raison », « *der* alleosis *Großmutter* », la « grand-mère de l'*alleosis* »[31].

> *Ob die alte Wettermacherin, die Frau Vernunft, der Alleosis Großmutter, sagen würde : ja die Gottheit kann nicht leiden noch sterben, so sollst du antworten :*
>
> Si la vieille « faiseuse de pluie », la sorcière – Dame Raison – la grand-mère de l'Alleosis vient dire que la divinité ne peut ni souffrir ni mourir, voilà ce que tu dois répondre : C'est vrai, mais néanmoins, étant donné que la divinité et l'humanité dans le Christ constituent une seule et même personne, l'Écriture, en vertu de l'union hypostatique, attribue aussi à la divinité tout ce qui arrive à l'humanité et réciproquement à l'humanité tout ce qui est le propre de la divinité.
>
> *Si forte venefica illa, domina ratio (cuius neptis est ipsa alloeosis) reclamare voluerit, dicens : Divinitas neque pati neque mori potest, tu respondebis : Verum id quidem est ; nihilominus tamen, quia divinitas et humanitas in Christo unam personam constituunt, Scriptura propter hypostaticam illam unionem etiam divinitati omnia illa tribuit, quae humanitati accidunt, et vicissim humanitati, quae divinitatis sunt*[32].

Le terme *Wettermacherin* « *weather-maker* », la « faiseuse-de-pluie », la sorcière, est fort : c'est un de ces termes dont Luther a le secret : comme *Milchdiebin*, la « voleuse-de-lait » – également pour la sorcière – et les « putains du diable », toutes catégories de femmes qui s'abandonnent ou s'adonnent à Satan, où, d'ailleurs, elles ne manquent pas de compagnie, puisqu'elles peuvent se rencontrer avec les épicuriens et autres contempteurs de Dieu. Vous trouvez cela dans les « propos de table » sur les *Teuffelshuren*[33], traitant *de Epicuris et contemptoribus Dei sese satanae addicentibus* : les épicuriens et tous ceux qui méprisent Dieu et s'adonnent au culte de Satan. Le latin *venefica* est encore plus agressif, je pense, car il signifie : « empoisonneuse » ! Vous connaissez « La Poison » [le personnage de Sacha Guitry, joué par l'inoubliable Germaine

Reuver[34]] ; on pourrait appliquer à *die Frau Vernunft* ce titre : *La Poison*. La Raison, c'est la Poison ! Enfin, je ne résiste pas à la tentation de vous lire le propos de table 3979, fondé sur Lévitique, 20, 27 :

> Le 25 août 1538 on parla beaucoup des sorcières qui volaient des œufs dans les poulaillers, du lait et du beurre. Le docteur Luther dit : « Je n'aurais aucune compassion à leur égard, je voudrais les faire brûler. »[35]

Naturellement il n'y a pas que *Wettermacherin* : il y aussi *Zauberinnen, Wahrsager, Zeichendeuter* – nos « diseuses de bonne aventure ».

Les thèses « tropistes » et « figuratives » des sacramentaires – quelles qu'elles soient (et, soulignent les luthériens : elles sont nombreuses chez ces réformés qui ne sont jamais d'accord entre eux) – sont rejetées clairement dans la *Formule de Concorde*, qui donne une condamnation claire, nette et sans ambages de l'interprétation dite « tropique » et « figurée » (qu'on dirait aujourd'hui « symbolique ») de la présence essentielle, la *wesentliche Gegenwärtigkeit*, du corps et du sang dans « l'*Abendemahl* ».

Luther lui-même voit le nestorianisme pointer derrière l'*alloeosis*. Les sacramentaires sont des crypto-nestoriens. Il propose un argument pour rapprocher les premiers, et donc Zwingli, du nestorianisme. Si la fameuse *alloeosis*, telle que la propose Zwingli (*Cinglius* en latin), est le cas, alors il sera nécessaire de poser deux personnes dans le Christ, une personne divine et une personne humaine.

> Et rursus post aliqua : Si constabit *alloeosis*, ut eam Cinglius proponit, in Christo duas personas esse necesse erit, divinam videlicet et humanam...

Si vous suivez Zwingli, le Christ sera en deux personnes, car il [Zwingli] attribue tous les passages de l'Écriture concernant la souffrance à la seule nature humaine du Christ, et ne les applique pas à la divinité.

> ... quandoquidem Cinglius dicta Scripturae de passione tantum ad humanitatem inflectit eaque per omnia a divinitate separat.

Or, dit Luther, là où les œuvres sont séparées, il faut diviser les personnes, puisque c'est à elles, et pas aux natures qu'on attribue les œuvres et les passions.

> Ubi enim opera divelluntur et separantur, ibi etiam personam ipsam dividi necesse est, cum omnia opera omnesque passiones non naturis, sed personae tribuantur.

En effet, c'est à la personne qu'on attribue les actions (les miracles) et les passions (la souffrance) – les premières selon la nature divine, les secondes, selon la nature humaine. Tous les gens « érudits » (un tant soit peu « dégrossis ») savent cela.

> Persona enim ipsa est, quae omnia illa *agit* [= miracles] et *patitur* [= souffrance], hoc quidem secundum hanc naturam, illud vero secundum alteram naturam ; quae sane omnia viris eruditis sunt notissima[36].

On ne s'étonne pas que face à un désaccord aussi massif, aucun accord n'ait pu être trouvé au colloque de Marburg entre luthériens et zwingliens. On est étonné par le ton : « Masque du démon », « maudite *alloeosis* ».

Le colloque de Montbéliard, qui rassemble luthériens et calvinistes, a sa propre gamme de dissensions[37]. L'accord est objectivement difficile, pour ne pas dire impossible à atteindre, dans la mesure où Calvin s'accorde sur certains points avec Luther contre Zwingli, et sur d'autres avec Zwingli contre Luther. Et, de toutes façons, les luthériens reprochent aussi aux calvinistes leur nestorianisme !

Voici trois des thèses calvinistes considérées comme hérétiques par les luthériens Jacob Andreae et Lucas Osiander. J'en emprunte la formulation à la belle analyse de Jill Raitt, qui est à peu près la seule à avoir écrit sur le colloque de Montbéliard.

> 1. La communication des idiomes est purement verbale, elle n'est pas réelle ; de sorte que l'humanité du Christ ne participe pas à l'omniprésence de la divinité (traduisez : les calvinistes refusent l'ubiquité luthérienne).

2. Il découle de ce point que « Dieu souffre » signifie seulement que l'humanité du Christ souffre.

3. Le résultat logique de cet enseignement est l'hérésie de Nestorius : il y a deux Christ. Théodore de Bèze, par conséquent, donne sa foi à un Christ humain qui souffre et à un Christ divin qui ne souffre pas [38].

La réponse de Thédore de Bèze [39] à présent. Vous avez la version latine, qui est celle des actes du colloque, dressés et rédigés par... Andreae ! Toutefois, très rapidement, elle a été mise en français, puisque, rappelez-vous, ce colloque a été voulu par le duc de Wurtemberg pour introduire un semblant de paix dans le comté de Montbéliard, où des calvinistes affluaient sur des terres censées être luthériennes. La réponse de Théodore de Bèze aux Wurtembergeois, tout particulièrement à Andreae a été éditée séparément à Genève, en latin, et en français :

Ad acta colloquii Montisbelgardensis Tubingae edita, Theodori Bezae Responsio. Genevae, Excudebat Joannes le Preux, 1587 (2e éd. 1588, 3e éd. 1599) – notée ci-dessous *Responsio*.

Response de M. Th. de Beze aux Actes de la conference de Mombelliard Imprimés a Tubingue, À Genève, De l'imprimerie de Jean le Preux, 1587 – notée ci-dessous *Response*.

J'ai pu consulter en détails la *Response*. Bèze y proteste vigoureusement contre les mauvaises manières d'Andreae :

Response : Mais qui a donne ceste auctorite au D. Iaques Andre, de relire, d'examiner, de polir et enrichir son dire, comme chacun voit qu'il a faict, en mutilant le mien, l'agenceant et le rongnant a sa fantasie contre tout droict equite [40] ?

Puis il réplique. Pour le point 1 : Andreae ne comprend pas la différence entre termes sujets abstraits et termes sujets concrets, tout le mal vient de là.

Responsio [ad. 6] : Immo omnis & D. Andreae & ipsius sociorum inde error promanat, quod inter Abstractas et Concretas voces non distinguant, cuiusmodi sunt in hoc argumento Deitas & Deus, Homanitas (sic) & Homo, in unico Christi supposito :

> Response (p. 122) : Au contraire tout l'erreur de D. André, et de ses compagnons, procede de ce qu'ils ne savent pas distinguer entre les mots emportans Abstraction, & les mots emportans Concretion, tels que sont en ce traicté les mots de Deité et de Dieu, d'Humanité et d'Homme, en ce seul & mesme subiect Iesus Christ [41].

> & idcirco quecunque huic Homini tribuuntur, tribui etiam volunt Humanitati, Eutychiano prorsus errore, contra hypostaticae unionis definitionem. Sciendum est igitur, Abstracta Humanitatis voce naturam humanam significari, qualis est in sese, suis essentialibus proprietatibus à caeteris naturis distincta, et sibi ut subiecto insitis qualitatibus praedita.

> On peut dire que Christ est présent partout et tout-puissant, et même que l'homme Christ est présent partout et tout-puissant, parce que le terme sujet (Christ, Homme-Christ) est un sujet concret qui réfère à la personne. On ne peut le dire de l'humanité car ce serait abolir la différence entre nature humaine et divine. On peut donc dire que Dieu souffre, mais seulement *kat'allo* [42], selon l'autre nature, la nature humaine passible possédée par la personne Christ. [43]

Kat'allo : voilà l'expression décisive [44]. Dieu souffre *kat'allo* – « by virtue of something else », en vertu de quelque chose d'autre. C'est par elle que nous sommes conduits à la théorie dite de l'*Extra calvinisticum*. L'idée semble remonter à la distinction entre prédication *kath'hauto* et prédication *kat'allo*, chez Aristote, *Métaphysique*, Z, 6, 1031b13-14. Je suis ici une analyse extrêmement intéressante – mais pas pour autant fondée – de M. Scaltsas, dans *Substances and Universals in Aristotle's Metaphysics* :

> In M Z 6, Aristotle contrasts the notion of being said *kath'hauto* to being said *kat'allo*. Someting is said to be *kat'allo* if it is *x* in virtue of being *y*. For example, Socrates is *musical*, not on account of being « a musical », but on account of being a *person*. But he is a person in virtue of nothing else ; being a person is what Socrates is in himself *(kath'hauto)*. In that sense, being musical is said of a subject – the person, who is the subject [45].

Cette analyse est intéressante, mais elle attribue à Aristote tout ce que l'on tire de l'application théologique de la distinction aristotélicienne à l'hypostase et à la personne, alors que dans le passage authentique d'Aristote il est seulement question de savoir si la quiddité d'une chose indiquée par son *definiens* coïncide avec la chose particulière elle-même. Par exemple, si je montre une chose blanche, est-ce que la quiddité du blanc coïncide avec la chose que je montre du doigt ? Non, puisque la chose que je montre est un mur. Donc le blanc ne s'y attribue qu'en fonction du fait que le mur possède la qualité « blanc » ; mais il n'y a pas coïncidence entre la définition du blanc et la définition de la chose que je montre du doigt – le mur.

De manière bien plus pertinente et stimulante, cette théorie de la prédication, de l'être et de la souffrance *kat'allo*, est complétée par une autre, qui figure dans les *Actes du Colloque* et qui est capitale. Elle est formulée pour contrer la théorie luthérienne de l'ubiquité. Voici cette théorie : c'est la différence entre *totus Christus* et *totum Christi*[46]. C'est cela qu'on appelle « l'*Extra Calvinisticum* ». La théorie tient en une formule :

> *Totum Christum, non autem totum Christi omnipotentem esse dicimus.*

Ce que nous appelons tout-puissant, dit Théodore de Bèze, c'est « *totus Christus* », et non « *totum Christi* ». Cette distinction est une manière d'exprimer une théorie de la prédication et de l'être *kat'allo*. Bèze l'invoque pour rendre compte de la toute-puissance du Christ et de la souffrance du Christ.

Tout le Christ *(totus Christus)* a souffert, mais pas le tout du Christ *(totum Christi)*, car sa divinité n'a pas souffert. De même, tout le Christ (le Christ tout entier) est présent à son Église, mais pas le tout du Christ ou le Christ en entier, car son corps est au Ciel jusqu'à son retour. Donc la divinité peut agir au-delà de l'humanité : *Extra humanitatem*. D'où l'expression : *Extra calvinisticum*, « l'extra calviniste ». Il n'y a pas besoin de poser l'ubiquité de l'humanité dans le lieu et hors de tout lieu pour « expliquer » la coprésence du Christ au Ciel et sur l'autel[47].

Cette distinction entre *totus* (tout entier), qui réfère à la personne (c'est pour cela que c'est au masculin), et *totum* (en entier), qui réfère à la nature (c'est pour cela que c'est au neutre) est capitale. Cette thèse christologique peut aisément s'appliquer à l'anthropologie : on peut distinguer entre moi et « le tout de moi ». On rejoindrait ce faisant *péniblement* – je veux dire : par la souffrance – le « *Es denkt in mir* » : « ça pense en moi », devenu, pour les besoins de la comparaison « ça souffre en moi ». Je posais, en janvier, la question « averroïste » ou « post averroïste » d'un parallèle éventuel entre souffrance et pensée[48]. On l'a ici, avec ce modèle méréologique, *totum-totus*.

Quand je dis « je souffre », y a-t-il une différence entre *totus* et *totum*, tout moi (ce qui dit « je ») et moi en entier – si ce n'est pas le tout de moi qui souffre, mais mon corps, ou mon âme, si « *ça souffre en moi* », ou « il souffre en moi », comme on dit « ça / il pense en moi ? »

Je pose la question. Une chose est sûre : les luthériens rejettent la distinction. L'argumentation de Bèze, répond Andreae, est sophistique : il n'y a pas de différence entre *totus* et *totum*. Bèze rejette la réponse. Sans chercher l'accord. Les deux restent sur leur position, de façon tout à fait inconciliable.

Nous allons nous arrêter un instant, avant d'enchaîner sur les sources de cette distinction entre *totus* et *totum* et sur les perspectives qu'elle ouvre dans l'histoire de la théologie et de la psychologie.

Notes

1. La bibliographie sur le colloque de Montbéliard est très limitée. L'ouvrage de référence sur le colloque lui-même est *The Colloquy of Monbéliard : Religion and Politics in the Sixteenth Century*, de Jill Raitt, Oxford, OUP, 1993, à qui l'on doit aussi « Metonymy and Relation in the Eucharistic Theology of Theodore Beza and its Reception in the Seventeenth Century », in *Théodore de Bèze, Réformateur et Homme de Lettres,* Institut d'histoire de la Réformation, Université de Genève, septembre 27-octobre 10, 2005, Paris, PUF, 2006, p. 295-307. [Depuis mes leçons de 2016, est paru, en octobre 2019, sur *l'ensemble des dossiers évoqués ici*, le grand livre que l'on attendait : *Communicatio idiomatum. Reformation Christological debates*, Oxford, OUP, de Richard Cross. Il s'agit, à tout point de vue, d'une « somme » tant par les thèmes et les auteurs abordés (dont Johannes Brenz, et le *genus maiestaticum*), que par la méthode suivie et l'attention accordée aux principes sémantiques et métaphysiques mis en œuvre dans les débats, de Luther et Zwingli au colloque de Monbéliard. Avec cet ouvrage et celui, à paraître, sur *Union and Communion : Christology and Metaphysics in the Seventeenth Century*, l'auteur de *The Metaphysics of the Incarnation*, aura fait découvrir sur la « longue durée » et philosophiquement élaboré le complexe de problèmes à la fois méconnu et décisif pour notre *épistémê* qu'est la métaphysique de la christologie].

2. P. Veyne, *Foucault, sa pensée, sa personne*, Paris, Albin Michel, 2008, p. 154

3. Voir le cours du 6 mars 2014.

4. Sans oublier donc les guerres de 1567-1568, 1568-1570, 1572-1573, 1574-1576, 1576-1577 et 1579-1580, qui s'ajoutent à la première (1562-1563) et à la dernière (1585-1598).

5. Dans le *Discours sur la conformité de la foi avec la raison* des *Essais de théodicée*, Leibniz dresse un tableau complet des différences entre évangéliques (luthériens), réformés (zwinglistes) et calvinistes, et

présente de manière simple et claire les débats sur l'impanation, la conssubstantiation, la transsubstantiation – entre autres choses. *Cf.* G.W. Leibniz, *Discours sur la conformité de la foi avec la raison*, § 18, in *Œuvres philosophiques de Leibniz*, Texte établi par Paul Janet, Félix Alcan, 1900, 2, p. 41-42 : « 18. Les deux partis protestants sont assez d'accord entre eux quand il s'agit de faire la guerre aux sociniens ; et comme la philosophie de ces sectaires n'est pas des plus exactes, on a réussi le plus souvent à la battre en ruine. Mais les mêmes protestants se sont brouillés entre eux à l'occasion du sacrement de l'eucharistie lorsqu'une partie de ceux qui s'appellent *réformés* (c'est-à-dire ceux qui suivent en cela plutôt Zwingle que Calvin) a paru réduire la participation du corps de Jésus-Christ dans la sainte Cène à une simple représentation de figure, en se servant de la maxime des philosophes qui porte qu'un corps ne peut être qu'en un seul lieu à la fois, au lieu que les évangéliques (qui s'appellent ainsi dans un sens particulier, pour se distinguer des réformés) étant plus attachés au sens littéral, ont jugé avec Luther que cette participation était réelle et qu'il y avait là un mystère surnaturel. Ils rejettent, à la vérité, le dogme de la transsubstantiation, qu'ils croient peu fondé dans le texte, et ils n'approuvent point non plus celui de la consubstantiation ou de l'impanation, qu'on ne peut leur imputer que faute d'être bien informé de leur sentiment, puisqu'ils n'admettent point l'inclusion du corps de Jésus-Christ dans le pain, et ne demandent même aucune union de l'un avec l'autre ; mais ils demandent au moins une concomitance, en sorte que ces deux substances soient reçues toutes deux en même temps. Ils croient que la signification ordinaire des paroles de Jésus-Christ dans une occasion aussi importante que celle où il s'agissait d'exprimer ses dernières volontés doit être conservée ; et pour maintenir que ce sens est exempt de toute absurdité qui nous en pourrait éloigner, ils soutiennent que la maxime philosophique qui borne l'existence et la participation des corps à un seul lieu n'est qu'une suite du cours ordinaire de la nature. Ils ne détruisent pas pour cela la présence ordinaire du corps de notre Sauveur telle qu'elle peut convenir au corps le plus glorifié. Ils n'ont point recours à je ne sais quelle diffusion d'ubiquité qui le dissiperait et ne le laisserait trouver nulle part, et ils n'admettent pas non plus la réplication multipliée de quelques scolastiques, comme si un même corps était en même temps assis ici et debout ailleurs. Enfin ils s'expliquent de telle sorte qu'il semble à plusieurs que le sentiment de Calvin, autorisé par plusieurs confessions de foi des églises qui ont reçu la doctrine de cet auteur, lorsqu'il établit une participation de la substance, n'est pas si éloigné de la confession d'Augsbourg qu'on pourrait penser, et ne diffère peut-être qu'en ce que pour cette participation il demande la véritable foi, outre la réception orale des symboles, et exclut par conséquent les indignes. »

6. Comme l'a montré Christan Sommer, « dès 1922, Heidegger avait l'intention de publier dans le *Jahrbuch* de Husserl (vol. VII, 1924-1925) ses "Interprétations phénoménologiques d'Aristote" en trois parties dont les deux premières, de 15 feuillets (240 p.) chacune, devaient porter sur *Éth. Nic.*, VI ; *Mét.*, I, 1-2 ; *Phys.*, I, 8 ; *Mét.* VII, VIII, IX ; *Mot. an.* ; *De an.* » – d'où les trois textes publiés séparément par la suite, écrits ou enseignés sous le même titre : le *Natorp-Bericht* de 1922 *(Phänomenologische Interpretationen zu Aristoteles (Natorp-Bericht)*, 1922, Stuttgart, Reclam, 2003, traduit par J.-F. Courtine), « qui devait constituer l'introduction, le cours de 1921-1922 (*Phänomenologische Interpretationen zu Aristoteles*, GA 61) et le cours de 1922 *(Phänomenologische Interpretationen zu Aristoteles*, repris dans GA 62). « Les élaborations partielles de ce livre avorté sur Aristote *(Aristoteles-Buch)* alimenteront la rédaction de *Sein und Zeit* ». Le cours fribourgeois de 1921-1922, « explicitement placé sous l'autorité de Luther », « cherche à conceptualiser, par le truchement d'Aristote, les phénomènes "archichrétiens" précédemment mis en lumière dans ses cours sur Paul (1920-1921) et sur Augustin (1921) ». « Cette conceptualisation phénoménologique, guidée par l'opposition luthérienne entre *theologia gloriae* et *theologia crucis* et l'idée d'un retour à l'archi-christianisme *(Urchristentum)* du Nouveau Testament, imprime l'orientation générale à sa "destruction" d'Aristote située sous l'horizon herméneutique de la vie facticielle *(faktisches Leben)* en sa mobilité *(Bewegtheit)* ». Je souscris pleinement à l'interprétation de Sommer pour qui « la *Destruktion* phénoménologique prolonge et amplifie l'impulsion initiale de la *destructio* paulino-luthérienne qui entend démanteler et désactiver l'architecture scolastique aristotélico-thomiste ». Sur tout cela, *cf.* C. SOMMER, *Heidegger, Aristote, Luther. Les sources aristotéliciennes et néotestamentaires d' 'Être et Temps'*, Paris, PUF (Épiméthée), 2005 et, du même, « L'inquiétude de la vie facticielle. Le tournant aristotélicien de Heidegger (1921-1922) », *Les Études philosophiques* 2006/1 (n° 76), p. 1-28. Sur le même sujet, voir l'article pionnier de J.-F. COURTINE, « Une difficile transaction : Heidegger entre Aristote et Luther », *in* B. Cassin (éd.), *Nos Grecs et leurs modernes*, Paris, Seuil, 1992, p. 337-362. Le titre du recueil illustre remarquablement la notion koselleckienne de « futur

passé », et la thèse de la différenciation du passé et du présent historiques *par leurs futurs respectifs* exposée dans le cours du 25 janvier 2016 (1re heure).

7. J'utilise ici la *Concordia Triglotta*, édition trilingue (allemand, latin, anglais) de la *Formule de Concorde*, et d'une série de documents afférents – admirable outil de travail, dont il existe plusieurs éditions. *Cf.*, pour ce qui nous concerne, *Triglot Concordia. The Symbolical Books of the Ev. Lutheran Church, German-Latin-English*, *Published as a Memorial of the Quadricentenary Jubilee of the Reformation anno Domini 1917 by resolution of the Evangelical Lutheran Synod of Missouri, Ohio, and Other States*, St. Louis (Mo.), Concordia Publishing House, 1921. Voici, en traduction anglaise, le titre original de l'ouvrage paru à Leipzig : *The Pious Confession of Faith and Doctrine. Reitereated by Unanimous Consent of the Electors, Princes, and Estates of the Empire, and of Their Theologians, who Embrace the Augsburg Confession. Whereunto there has been added from Holy Scripture, that Only Norm and Rule of Doctrine A Thorough Explanation of Certain Articles, which after Dr. Martin Luther's happy departure from this life were being controverted.* Published by the joint resolution and order of the said Electors, Princes, and Estates of the Empire for the Instruction and Admonition of their Subjects, Churches, and Schools, as a MEMORIAL TO POSTERITY. Issued for the second time at Leipzig, 1584. With the gracious privilege of the Elector of Saxony ! Pour une traduction française, *cf.* MARTIN LUTHER, *Les Livres symboliques, comprenant La Formule de concorde*, trad. et notes A. JUNDT, introd. de PIERRE & JEAN JUNDT, Paris, Éd. « Je sers », 1948. *Cf.* également MARTIN LUTHER, *Œuvres*, t. II, *Les Livres symboliques, comprenant le petit catéchisme, le grand catéchisme, les articles de Smalkalde*, trad. A. JUNDT, Paris, Éd. « Je sers », 1947.

8. Voir T. JUNGKUNTZ, *Formulators of the Formula of Concord : Four Architects of Lutheran Unity*, Eugene (Oregon), Wipf and Stock Publishers, 2001, p. 39, 41 et 100.

9. Sur Wolfgang Musculus (Müslin) voir la notice du *Dictionnaire historique de la Suisse* (http ://www.hls-dhs-dss.ch/textes/f/F18760.php)

10. A. DUFOUR, *Théodore de Bèze. Poète et théologien*, Genève, Librairie Droz (Titre courant), 2009, p. 160.

11. *Cf.* J. RAITT, *The Colloquy of Monbéliard...*, p. 73-74 : « As Andreae reported it, Beza admitted that the colloquy had been called for the sake of the French exiles living in Montbeliard. Beza then requested that everything be taken down in writing to assure careful speech and fair play. He agreed to the format suggested by

Andreae, that is, that written theses should serve as the basis of discussion. Beza also agreed that the theses should be confirmed only from the Word of God, after which the dogma [74] under dispute would be set forth. Finally, Beza asked that the debate remain on one point until they agreed or it became clear that they could not agree. After thanking God and the prince profusely, Andreae responded. He reiterated that the sole norm was to be the Word of God. He objected to Beza's request that everything be written down. Andreae argued that doing so would delay proceedings and inhibit free discussion. He assured Beza that he need not fear foul play since each side was committed to seeking only the truth. Andreae than moved to the presentation of the Wurttemberg theses. The Swiss would be given time to respond in writing and then to draw up their own theses. When that had been done, the conversation concerning the theses could begin. »

12. Je cite l'*Enchiridion* de Denzinger-Schönmetzer [noté DS] : IVe concile du Latran. (12e œcuménique) 11-30 novembre 1215. *Chap.* 1 - *La foi catholique. Définition contre les albigeois et les cathares.* Étant donné l'extraordinaire coefficient de « réalité » du processus opéré par le prononcé des formules consécratoires, l'enjeu majeur de la doctrine de la transsubstantiation est que *seul un prêtre peut donner l'eucharistie* en vertu de l'ordination reçue de l'Église catholique, apostolique et romaine, comme le précise la suite de la définition : « Et hoc utique sacramentum nemo potest conficere, nisi sacerdos, qui rite fuerit ordinatus, secundum claves Ecclesiae, quas ipse concessit Apostolis eorumque successoribus Iesus Christus » (DS **802** *430*) ; « Et assurément ce sacrement, personne ne peut le réaliser, sinon le prêtre qui a été légitimement ordonné selon le pouvoir des clefs de l'Église que Jésus Christ lui-même a accordé aux apôtres et à leurs successeurs » (DS **802**).

13. Venerabilis Hildeberti primo Cenomanensis episcopi, deindi turonencis archiepiscopi, *Opera omnia, tam edita quam inedita* [1854], PL 171, col. 776.

14. *Cf.* A. de Libera, « La raison du sacrement. Eucharistie et philosophie », *Transversalités*, 105, janvier-mars 2008, p. 53-82.

15. Sur l'ensemble du dossier eucharistique médiéval, voir I. Rosier-Catach, *La Parole efficace. Signe, rituel, sacré*, Paris, Seuil, 2004 et, plus proche de la période qui nous concerne, « Les médiévaux et Port-Royal sur l'analyse de la formule de la consécration eucharistique », *in* S. Archaimbault, J.-M. Fournier & V. Raby (éd.), *Penser l'histoire des savoirs linguistiques. Hommage à*

Sylvain Auroux, Lyon, ENS Éditions, 2014, p. 535-555. Pour une approche gnoséologique du problème de l'Eucharistie, complétant l'approche sémantique et ontologique, *cf.* A. ROBERT, « Scepticisme ou renoncement au dogme ? Interpréter l'Eucharistie aux XIIIe et XIVe siècles », *Chôra. Revue d'études anciennes et médiévales*, 6 (2008), p. 251-288.

16. Aujourd'hui, la liste « romaine » comprend : le baptême, l'eucharistie, la confirmation, la pénitence et la réconciliation (ce qu'on appelait auparavant « confession » pour l'ensemble) ; le mariage ; l'ordination ; le sacrement des malades.

17. Sur la notion de « signe », *cf.* M. PECHARMAN, « Signe », *in* C. BERNER & D. THOUARD (éd.), *L'Interprétation. Un dictionnaire philosophique*, Paris, Vrin, 2015, p. 454-471 et EAD., « Les mots, les idées, la représentation. Genèse de la définition du signe dans la *Logique* de Port-Royal », *Methodos*, 2016. DOI : 10.4000/methodos.4570

18. Le concile de Trente, 19e œcuménique, s'est déroulé du 13 décembre 1545 au 4 décembre 1563, en 4 périodes : 1re période de Trente : 1re - 8e session - décembre 1545-1547 ; Période de Bologne : 9e et 10e session : mars 1547 (février 1548) - septembre 1549 ; 2e de Trente : 11 à 16e session : mai 1551 - avril 1552 ; 3e de Trente : 17 à 25e session : janvier 1562 - décembre 1563. Convoqué par le pape Paul III le 22 mai 1542, en réponse aux demandes formulées par Martin Luther, il se déroule en 25 sessions sous 5 pontificats (Paul III, Jules III, Marcel II, Paul IV et Pie IV).

19. *Canons sur le saint sacrement de l'eucharistie*. DS **1652** 2. La 13e session a lieu sous le pontificat de Jules III (Giammaria Ciocchi del Monte, 10 septembre 1487-23 mars 1555, élu pape en février 1550). *Cf. Canones de ss. Eucharistiae sacramento*. DS **1652** *884* Can. 2. « Si quis dixerit, in sacrosancto Eucharistiae sacramento remanere substantiam panis et vini una cum corpore et sanguine Domini nostri Jesu Christi, negaveritque mirabilem illam et singularem conversionem totius substantiae panis in corpus et totius substantiae vini in sanguinem, manentibus dumtaxat speciebus panis et vini, quam quidem conversionem catholica Ecclesia aptissime transsubstantiationem appellat : an. s. »

20. DS **1642** *877*. « Quoniam autem Christus redemptor noster corpus suum id, quod sub specie panis offerebat (cf Mt 26.26ss ; Mc 14.22ss ; Lc 22.19s ; I Co 11.24ss), vere esse dixit, ideo persuasum semper in Ecclesia Dei fuit, idque nunc denuo sancta haec Synodus declarat : per consecrationem panis et vini conversionem fieri totius substantiae panis in substantiam corporis Christi Domini nostri, et

totius substantiae vini in substantiam sanguinis ejus. quae conversio convenienter et proprie a sancta catholica Ecclesia transsubstantiatio est appellata. » Sur cette base, le concile condamne, notamment, trois positions qui nous concernent directement : canon 1 : le *figurativisme* (Zwingli) ; canon 2 : *la permanence de la substance du pain et du vin* (Luther) ; canon 4 : *l'arrêt de la présence réelle après la consécration et/ou l'usage du sacrement*. Concernant ce dernier point, *cf.* chap. VIII, canon 4. DS **1654** 4. « Si quelqu'un dit que, une fois achevée la consécration, le Corps et le Sang de notre Seigneur Jésus Christ ne sont pas dans l'admirable sacrement de l'Eucharistie, *mais seulement quand on en use en le recevant*, ni avant, ni après, et que le vrai Corps du Seigneur ne demeure pas dans les hosties ou les parcelles consacrées qui sont gardées ou restent après la communion : qu'il soit anathème. » Cette doctrine a été appelée « *Receptionism* » au XIXe siècle.

21. DS **1636**. 13e session, 11 octobre 1551 : décret sur le sacrement de l'eucharistie. Chap. 1. La présence réelle de notre Seigneur Jésus-Christ dans le très saint sacrement de l'Eucharistie.

22. Cf. Sessio XIII, 11 octobre 1551 ; Decretum de ss. Eucharistia ; DS **1636** 874.

23. *Cf. Encyclopédie*, vol. XVI, p. 865-866 : « UBIQUISTES, ou UBIQUITAIRES, s. m. pl. (Hist. ecclés.) secte de Luthériens qui s'éleva & se répandit en Allemagne dans le xvj. siecle, & qu'on nomma ainsi, parce que pour défendre la présence réelle de Jesus-Christ dans l'Eucharistie, sans soutenir la transubstantiation, ils imaginerent que le corps de J.C. est partout, *ubique*, aussi bien que sa divinité.

« On dit que Brentius, un des premiers réformateurs, fit éclore cette hérésie en 1560, qu'immédiatement après Mélanchton s'éleva contre cette erreur, disant que c'étoit introduire, à l'exemple des Eutychiens, une espece de confusion dans les deux natures en Jesus-Christ ; & en effet il la combattit jusqu'à sa mort.

« D'un autre côté, Andrew, Flaccius Illyricus, Osiander, &c. épouserent la querelle de Brentius, & soutinrent que le corps de J.C. étoit partout.

« Les universités de Leipsic & de Virtemberg & plusieurs protestans s'opposerent en vain à cette nouvelle doctrine. Le nombre des Ubiquistes augmenta. Six de leurs chefs, savoir Schmidelin, Selneur, Musculus, Chemnitz, Chytraeus & Cornerus s'étant assemblés en 1577 dans le monastere de Berg, ils y composerent une espece de formulaire où l'ubiquité fut établie comme un article de foi.

« Cependant tous les Ubiquistes ne sont point d'accord. Les Suédois, par exemple, pensent que le corps de Jesus-Christ pendant le cours de sa vie mortelle étoit présent partout ; d'autres soutiennent que ce n'est que depuis son ascension qu'il a cette propriété.

« Hornius n'attribue à Brentius que la propagation de l'ubiquisme, & il en rapporte l'invention à Jean de Westphalie, qu'on nomme autrement Westphale, ministre de Hambourg en 1552. »

Le texte du Dictionnaire raisonné des sciences, des arts et des métiers peut être consulté sur le site de l'ARTFL Project : The Project for American and French Research on the Treasury of the French Language – CNRS-University of Chicago, dirigé par Robert Morrissey.

24. Pour la controverse Luther-Zwingli et l'ensemble du contexte luthérien-réformé, voir P. Lardet, « Martin Bucer contre Robert d'Avranches (1534) », *Logique et théologie au* XVI*e siècle : aux sources de l'argumentation de Martin Bucer, Cahiers de la Revue de théologie et de philosophie* 5, 1980, p. 53-75. Sur l'interpréation « figurative » ou métaphorique, le choc de la découverte du cannibalisme au Nouveau Monde et le « scandale » aux yeux des calvinistes, « du dogme catholique de la transsubstantiation », *cf.* F. Lestringant, *Une sainte horreur ou le voyage en eucharistie,* XVIe-XVIIIe siècle, Paris, PUF, 1996, spéc. p. 15-25.

25. Quintilien, *Institution oratoire*, livre IX, chap. III, Paris, Firmin Didot, 1885, p. 348, évoque en ces termes une figure appelée ἀλλοίωσις : « ... la figure appelée *mutatio*, en admettant que ce soit ce que Rutilius nomme ἀλλοίωσις, son objet est de faire voir la différence des hommes, des choses, des actions : or, si elle a quelque étendue, ce n'est plus une figure ; si elle est courte, elle revient à l'antithèse. Que si cette appellation signifie hypallage, j'en ai suffisamment parlé. » À l'évidence, ce n'est pas la source de Zwingli ! Celui-ci l'indique lui-même : c'est Plutarque – ou plutôt le *De vita et poesi Homeri* alors attribué à Plutarque : soit la source de la définition luthérienne de la synecdoque ! Les deux adversaires puisent au même livre : Luther, au chapitre XXII, Zwingli au chapitre ILI... à chacun son trope.

26. Dans son *Amica exegesis, id est : expositio eucharistiae negocii ad Martinum Lutherum* de 1527, Zwingli écrit : « Quas paulo ante theologi idiomatum [...] communicationem vocabant, eas [...] alloeoses sive desultus, quo grammaticos haberemus magis propicios, adpellavimus. » *Cf.* H. Zwingli, *Amica exegesis... ad M. Lutherum*. 8. Februar 1527. *Huldreich Zwinglis sämtliche Werke*, vol. V, Leipzig, Heinsius

(Corpus Reformatorum 92), 1934, p. 679, 13-15. Pour l'ensemble du développement, *cf. ibid.*, p. 679-682 : « *De alloeosibus duarum naturarum in Christo. Alloeosis*, quam nos desultoriam locutionem interpretati sumus, Plutarcho autore tropus est, quo consuetus ordo sive ratio commutatur, cum scilicet propter affinitatem aliquam passionum grammaticarum fit de una ad aliam saltus aut permutatio. Eas itaque permutationes sive commutationes sive desultus, quibus divini homines de Christo pro duarum in illo naturarum unione libere usi sunt, imo Christus ipse de se ipso iucunda variatione usus est. Quas paulo ante theologi idiomatum ; hoc est : proprietatum communicationem vocabant, eas, inquam, *alloeoses* sive desultus, quo grammaticos haberemus magis propicios, adpellavimus. Habent enim hoc omnes peculiare artifices, ut [680] ei sint paulo iratiores, qui suę artis voces non probe tenent. Est ergo ἀλλοίωσις, quantum huc adtinet, desultus aut transitus ille, aut si mavis permutatio, qua de altera in eo natura loquentes, alterius vocibus [681] utimur. Ut cum Christus ait : "Caro mea vere est cibus" [*Joh. 6. 55*], caro proprie est humanę in illo naturę, attamen per commutationem hoc loco pro divina ponitur natura. Quatenus enim filius dei est, eatenus est animę cibus ; ait enim : "Spiritus est, qui vivificat" [*Joh. 6. 63*]. Rursus cum perhibet filium familias a colonis trucidandum, cum filius familias divinitatis eius nomen sit [*Matth. 21. 38f.*], pro humana tamen natura accipit ; secundum enim istam mori potuit, secundum divinam minime. Cum, inquam, de altera natura prędicatur, quod alterius, id tandem est *alloeosis* aut idiomatum communicatio aut commutatio. Ea tam est necessaria, ut et sciatur et observetur, ut qui eam neglexerit aut ignoraverit, non modo Ioannis euangelion, sed aliorum quoque inauditis erroribus contaminet. Hęc autem causa est, quur propensius omnes sint usi hac idiomatum commutatione sive alloeosibus, quod, qui dei filius ab aeterno est, homine adsumpto, hominis quoque filius est factus, non ut qui [682] dei filius esset, sortem aut statum divinitatis vel amitteret, vel in humanam conditionem transmutaret, neque ut humanam naturam in divinam converteret, sed, ut deus et homo unus fieret Christus, qui pro eo, quod dei filius est, omnium vita esset – nam et omnia per ipsum facta sunt [*Joh. 1. 3*] – et pro eo, quod homo est, oblatio esset, qua ęterna, quę et sua est iusticia, placaretur. » [en ligne sur http :// www.irg.uzh.ch/static/zwingli-werke/index.php ?n=Werk.104].

27. *Cf.* Martin Luther, *D. Martin Luthers Werke : Kritische Gesamtausgabe* (Weimar, H. Böhlau, 1883-), cité à partir de maintenant : WA (= Weimarer Ausgabe).

28. Martin Luther, WA 26 319, 29-31 et 33-34.

29. DS **1637** *874* « ... quae verba a sanctis Evangelistis commemorata (Mt 26,26 ss ; Mc 14,22 ss ; Lc 22,19s), et a divo Paulo postea repetita (1 Co 11,23ss), cum propriam illam et apertissimam significationem prae se ferant, secundum quam a Patribus intellecta sunt, indignissimum sane hagitium est, ea a quibusdam contentiosis et pravis hominibus ad fictitios et imaginarios tropos, quibus veritas carnis et sanguinis Christi negatur, contra universum Ecclesiae sensum detorqueri... » – cette Église qui, poursuit le texte du concile, « en tant que colonne et fondement de la vérité (I Tm 3,15) *déteste comme sataniques ces inventions imaginées par des hommes impies* » (« ... quae, tamquam columna et firmamentum veritatis, *haec ab impiis hominibus excogitata commenta velut satanica detestata est* »).

30. DS **1651** *883* Can. 1. « Si quis negaverit, in sanctissimae Eucharistiae sacramento contineri vere, realiter et substantialiter, corpus et sanguinem una cum anima et divinitate Domini nostri Jesu Christi ac proinde totum Christum ; sed dixerit, tantummodo esse in eo ut in signo vel figura, aut virtute : anathema sit ». *Cf.* DS **1640** : « En effet, les apôtres n'avaient pas encore reçu l'eucharistie de la main du Seigneur (Mt 26,26 Mc 14,22) qu'il affirmait pourtant que c'était vraiment son Corps qu'il présentait ; et ce fut toujours la foi dans l'Église de Dieu que, immédiatement après la consécration, le véritable Corps et le véritable Sang de notre Seigneur se trouvaient sous les espèces du pain et du vin en même temps que son âme et sa divinité. Certes, si le Corps se trouve sous l'espèce du pain, et le Sang sous l'espèce du vin par la vertu des paroles, le Corps lui-même est aussi sous l'espèce du vin, et le Sang sous l'espèce du pain, et l'âme sous les deux espèces, en vertu de cette connexion naturelle et de cette concomitance qui unissent entre elles les parties du Christ Seigneur qui, ressuscité des morts, ne meurt plus (Rm 6,9). La divinité est unie, à cause de cette admirable union hypostatique avec son corps et son âme » ; **1640** *876*. « Nondum enim Eucharistiam de manu Domini Apostoli susceperant (Mt 26, 26 ; Mc 14, 22), cum vere tamen ipse affirmaret corpus suum esse, quod praebebat ; et semper haec fides in Ecclesia Dei fuit, statim post consecrationem verum Domini nostri corpus verumque eius sanguinem sub panis et vini specie una cum ipsius anima et divinitate exsistere : sed corpus quidem sub specie panis et sanguinem sub vini specie ex vi verborum, ipsum autem corpus sub specie vini et sanguinem sub specie panis animamque sub utraque, vi naturalis illius conexionis et concomitantiae, qua partes Christi Domini, qui

iam ex mortuis resurrexit non amplius moriturus (Rom 6, 9), inter se copulantur, divinitatem porro propter admirabilem illam eius cum corpore et anima hypostaticam unionem ».

31. Dans *La Perpétuité de la foi de l'Église catholique touchant l'Eucharistie, défendue contre les livres du sieur Claude, Ministre de Charenton*, Paris, Sigismond d'Arnay, 1781, le Grand Arnauld attaque l'interprétation figurée de l'eucharistie. *Cf.* sur ce point, I. Rosier-Catach, « Les médiévaux et Port-Royal... », *loc. cit.*, p. 549 : « La *Perpétuité* consacre de longs développements à démonter l'interprétation métaphorique ou figurée soutenue par les protestants, en établissant les "principes naturels" qui gouvernent une telle interprétation. Elle les présente d'abord dans le livre I, chap. XII-XIV (avec des prolongements jusqu'au chapitre XVII), puis dans le livre II, en les associant à l'analyse logique, alors qu'[ils] seront dissociés dans la Logique. Pour que l'on prenne une expression en un sens de figure, il faut qu'elle ait ce sens soit "dans le premier établissement", soit lorsque l'usage dérivé est manifeste ou explicite. Il est faux "qu'en toutes occasions et en toutes circonstances on peut affirmer du signe la chose signifiée" » (*Perpétuité*, I, chap. XII, p. 79). Concernant le tableau général, I. Rosier-Catach note : « Une interprétation *in figura* de la formule était considérée comme en contradiction avec le dogme de la présence réelle du corps et du sang du Christ sous les espèces du pain et du vin. Il faudrait d'ailleurs être plus précis qu'on ne peut l'être ici, en montrant que l'interprétation *in figura* de la conversion ne coïncide pas nécessairement avec l'interprétation figurée de la formule de la consécration, et qu'il a existé plusieurs interprétations figurées différentes. » Et de mentionner : « Synecdoque pour Luther, *alloesis* puis métonymie pour Zwingli, métonymie encore ou trope pour Calvin ou Théodore de Bèze, trope aussi pour Bucer, métaphore pour Ramus, etc. » C'est ce qu'on essaie de faire ici. Sur la cible d'Arnauld, *cf.* H. Bost, « Jean Claude controversiste : Charenton contre Port-Royal ? », in H. Bost (éd.), *Ces Messieurs de la R.P.R., Histoires et écritures de huguenots,* XVIIe-XVIIIe *siècle*, Paris, Honoré Champion, 2001, p. 121-147.

32. *Formula Concordiae. Sol. Declar*. VIII. *De Persona Christi*. Sur les fondements du rejet luthérien de la thèse zwinglienne, *cf. Concordia triglotta*, § 20-21, p. 1020-1022 : « **20**] Propter hanc hypostaticam unionem (quae sine vera illa communicatione naturarum nec cogitari nec subsistere potest) non nuda et sola humana natura, cuius proprium est pati et mori, pro totius mundi peccatis est passa, sed ipse Filius Dei vere (secundum tamen naturam humanam assumptam)

passus et, ut Symbolum nostrum Apostolicum testatur, vere mortuus est, etsi divina natura neque pati neque mori potest. Hanc **21]** rem D. Lutherus in maiore sua de Coena Domini confessione copiose et solide declaravit, ubi blasphemam Cinglii *alloeosin*, qui docuit, unam naturam pro altera sumi et intelligi, tamquam diaboli larvam reiecit et ad inferni barathrum damnavit. » La position luthérienne se veut fidèle expression de la tradition, qui rend compte du problème eucharistique à l'aide des seules notions de « communication » (κοινωνία) et d'« union » (ἕνωσις) – et d'invoquer à l'appui, parmi nos auteurs de référence : Basile de Césarée, Grégoire de Nysse et Jean Damascène. *Cf.* § 22, p. 1022 : « **22]** Et sane veteres ecclesiae doctores duo haec vocabula, κοινωνίαν et ἕνωσιν, communicationem et unionem, in explicatione huius mysterii coniunxerunt et alterum per alterum declararunt. Irenaeus, lib. IV, cap. 37 ; Athanasius in Epistola ad Epictetum ; Hilarius De Trinitate, lib. IX ; Basilius et Nyssenus in Theodoreto; Damascenus, lib. III, cap. 19. »

33. Martin Luther, *Tischreden*, vol. 4, n. 3953.

34. *Cf.* S. Guitry, *La Poison*, avec Michel Simon (dans le rôle de Paul Louis Victor Braconnier, horticulteur), Germaine Reuver (Blandine Braconnier, sa femme) et Jean Debucourt, 1951.

35. Cf. Martin Luther, *Tischreden*, vol. 3, n. 3979 ; trad. p. 51-52 : « There is no compassion to be had for these women ; I would burn all of them myself, according to the law. »

36. Pour tout cela, *cf. Formula Concordiae. Sol. Declar.* VIII. *De persona Christi. Concordia triglotta*, § 43, p. 1028 ; trad. angl. p. 1029 : « And again, shortly afterwards : If the *Alloeosis* is to stand as Zwingli teaches it, then *Christ will have to be two persons*, one divine and one human, because Zwingli applies the passages concerning suffering to the human nature alone, and diverts them entirely from the divinity. For if the works be parted and separated, the person must also be divided, since all the works or sufferings are ascribed not to the natures, but to the person. For it is the person that does and suffers everything, one thing according to one nature, and another according to the other nature, all of which the learned know well. Therefore we regard our Lord Christ as God and man in one person, *non confundendo naturas nec dividendo personam*, so that we neither confound the natures nor divide the person. »

37. Voici les thèses jugées inacceptables par les Wurtembergeois, telles que les rassemble J. Raitt, *The Colloquy of Monbéliard...*, p. 75-76 (j'indique en italiques celles qui nous concernent directement) :

1. *That the words of Christ are not to be taken simply as they sound but must be interpreted in the light of other passages.* 2. *That the mouth receives only bread and wine, while Christ is eaten by faith. That by faith believers ascend to heaven and there are made partakers of his body and blood since Christ's body is in heaven and will remain there until the last day.* 3. *That God is not able, by his omnipotence, to make the body of Christ present in more than one place at one time.* 4. That Christ is not more present to participants in the eucharist than he was to Abraham of old. 5. That in the Supper the virtue, operation, and merit of the absent body and blood of Christ are dispensed. 6. That among those eating unworthily (and therefore taking judgment to themselves) are numbered those also who are weak or stupid in faith or suffer other weaknesses but who nevertheless have true faith. 7. That oral manducation leads to stercoranism.

Et voici les six thèses luthériennes jugées inacceptables « par les Suisses » (*ibid.*, p. 75) :

> « V. *The true body and blood of Jesus Christ are truly and substantially present and distributed with the bread and wine and taken orally by all who use the Sacrament, whether worthy or unworthy, good or bad, faithful or infidel, the former to life and the latter to judgment.* VI. *The words* "IN, WITH, *and* UNDER *the bread» indicate the presence of the true body. The same thing is indicated by the terms "substantially", " corporally ", " really", "essentially ", and "orally".*
> VII. *The words of institution declare the presence of Christ's real body and blood.* VIII. Christ is no liar. IX. Christ is God-man in one inseparable person to whom nothing is impossible. All power in heaven and earth is given him. What he wished to do, he could do : *Quod vellit, possit, ergo fecit.* He wished to give himself to be eaten; therefore he did so. X. The mode of Christ's presence is not expressed in Scripture. But this much can be said : It is supernatural and incomprehensible to human reason and therefore it is not to be disputed. God can find many ways to make the body and blood of Christ everywhere available other than the natural and physical mode, which is the only mode understood by human reason. Christ's words are simply to be believed. »

38. *Cf.* J. Raitt, *The Colloquy of Monbéliard...*, p. 112 : « 1. The *communicatio idiomatum* is merely verbal, not real, so that the humanity of Christ does not share in the omnipresence of the divinity. 2. It follows from (1) that "God suffers" means only that the humanity of Christ suffered. 3. The logical result of this teaching is the heresy of

Nestorius : There are two Christ. Beza therefore implies a human Christ who suffers and a divine Christ who does not suffer. »

39. Voici le texte français pour le point n° 1. D'abord la *thèse* n° 5 des « Wurtembourgeois » : « Il y a en la Personne de Christ une certaine communication de propriétés, laquelle dit de toute la personne, ce qui est propre à l'une des natures seulement : et ne se prononce que d'une nature. De là est venue en l'Église la doctrine de la communication des proprietés. »

À cela répond l'*antithèse* n° 5 de Thédore De Bèze, qui est annotée par les luthériens, annotations auxquelles répond ensuite le théologien réformé :

> *Antithèse de Théodore de Bèze*, p. 119-121 : « Quand on parle de la Personne de Christ, on l'exprime aucunes fois par des mots, qui conviennent à toutes les deux natures, ou à Christ considéré tout entier, comme quand on l'appelle Christ, ou Iesus, ou Mediateur & autres tels noms. Aucunesfois aussi à cause de [1] l'unité de la Personne, il est nommé d'un mot signifiant seulement l'une des deux natures : ce qui se fait en deux sortes. Car aucunesfois les noms desquels on le nomme conviennent à la nature de laquelle [2] on l'exprime, comme quand on dit de lui qu'il est, Dieu bénit [sic], éternel, toutpuissant, &c Ou comme [*120*] quand on dit, que cest Homme-là a duré, qu'il est mort, qu'il a été crucifié pour nous. Or ces enonciations, ou façons de parler sont [3] très propres. Au contraire il se trouve des énonciations, qui conviennent bien proprement à tout Christ, à cause qu'il n'est qu'une personne indissoluble, mais qui cependant ne conviennent pas à la nature [4] en soy, de laquelle il est [5] nommé, non pas mesmes estant considérée en l'union personnelle : comme quand il est dit, que Dieu a racheté son Église par son sang, & que le Dieu de gloire a esté crucifié : & que le fils de l'homme parlant en terre à Nicodème estoit au ciel : laquelle façon de parler les anciens ont appelée, Permutation, & les modernes l'ont appellée Communication des propriétés. Or ces manières de parler ne peuvent estre sinon ès noms emportans [6] Concrétion : à cause que toute la personne de Christ, ne peut jamais estre déclarée par l'une ou l'autre des natures, ès mots qui emportent Abstraction. Dont nous voyons, que pour avoir ignoré ceste différence qui est entre ces mots, dont les uns emportent Concretion comme Dieu ou Homme & les autres Abstraction, comme Deité ou Humanité, [7] Nestorius est tombé en ceste

hérésie, d'avoir nié que Dieu (à savor la Parole) fust fils de Marie, & eust esté crucifié : & Eutyches en [*121*] une autre, soustenant que la [8] Déité de Christ avoit soffert. Il faut donc observer soigneusement [9] cette regle generale, Qu'une des natures ne se peut dire de l'autre nature, & que les propriétés d'une nature ne peuvent estre attribuées à l'autre nature.

Annotations critiques (= réponses) des Wurtembergeois, dites « Annotations de la marge » (chaque annotation correspond à un des points numérotés ci-dessus de [1] à [9] dans le texte de Bèze) :

Annotations d'Andreae [1] Vous entendez & descrivez ceste unité par laseule combination, sans reelle communication des propriétés : ce que nous monstrerons est faux. [2] Christ n'est pas exprimé seulement, mais communiqué réellement à l'autre nature. [3] Ces enonciations ne sont pas propres, mais inusitées : à cause, que la chose qu'elles signifient, c'est-à-dire ce mystère de l'union des natures est inusité. [4] Ce mot EN SOY est ambigu, denotant quelquesfois la propriété de la nature, quelquesfois aussi la réelle communication faicte par effect. [5] Ce n'est pas seulement une nomination, mais c'est une communication réelle. [6] Nos adversaires cachent leur erreur soubs ces mots de concretion, lequel est descouvert par les mots d'Abstraction [7] L'erreur de Nestorius n'est point procédé de l'ignorance de ces mots. Car Nestorius a recogneu une seule personne, mais il a nié la communication des propriétés dont est procédé son erreur. (*121*) [8] Ce n'a pas esté pour cela qu'il a esté iugé heretique : veu que Cyrillus dit lemesme ; mais d'autant qu'il n'a recognu & confessé qu'une nature en Christ depuis son Ascension ès cieux. [9] C'est une règle très fausse que les propriétés d'une nature ne puissent être attribuées à l'autre, car c'a esté l'erreur de Nestorius. »

40. *Response de M. Th. de Beze*, Genève, Jean le Preux, 1587, p. 9. Pour la *Responsio*, *cf.* RAITT, p. 129, n. 33 : « D. Andreae vero quinam sua dispicere, expendere, expolire, (sicut ab illo factum fuisse res ipsa evincit,) mea vero pro arbitrio mutilata, interpolata, diminuta proferre in manus hominum licuerit ? Et ut licuisse demus, quorsum illa mea ne sic quidem intacta relinquere, sed observationes & refutationes adiicere fas fuit ? »

41. On notera que le français « mots » rend le latin « *voces* » (voix, son vocal). Pour ce texte, *cf.* J. RAITT, *The Colloquy of Monbéliard*..., p. 127.

42. C'est une thèse que, dans le *De duabus naturis*, Martin Chemnitz reprend à Cyrille, qu'il cite, mettant en garde contre « l'équivoque de la *phrasis* : κατ'ἄλλο » et soulignant la « différence entre ἄλλο et ἄλλος ». Il cite aussi Prosper, et expose le tout dans le cadre de la théorie des quatre « genres de prédication ». *Cf.* MARTIN CHEMNITZ, *De duabus naturis in Christo*..., p. 184 : « Damascenus hinc observavit, quod ἄλλος sit nomen personae, ἄλλο nomen naturae, sicut & Prosper inquit : Sic homo, sic Deus es, ut non sis alter & alter. Et observetur phrasis κατ'ἄλλο, Nam in primo hoc genere communicationis, est particula distinctiva, ut cum dico : Dominus gloriae est crucifixus, κατὰ ἄλλο, hoc est, non secundum Divinam, sed humanam naturam. Item : Filius hominis descendit de caelo κατ' ἄλλο, hoc est, non secundum humanam, sed divinam naturam. Sed in tertio genere [le genre majestique ?], κατ'ἄλλο significat caussam (!), Ut cum Cyrillus dicit : Caro Christi est vivifica, non καθ'ἑαυτῷ non secundum se, sed κατ'ἄλλο, δὶ ἄλλο *καθ'ἕνωσιν*, Ibi caussa significatur hac phrasi, unde scilicet, & quomodo caro Christi sit vivifica, Sicut in tertio genere ostendemus. Et hoc illud moneo. Multi enim aequivocatione illius phrasis ludunt, Carnem Christi esse vivificam, sed κατ'ἄλλο : quod ita intelligunt, non carnem Christi, sed solam divinam eius naturam, quasi seorsim vivificare. Sed haec in tertio genere repetenda erunt. »

43. *Cf.* J. RAITT, *The Colloquy of Monbéliard*..., p. 121 : « Thus one could say that Christ is omnipresent, omnipotent, or even that the man Christ is omnipresent and omnipotent because such a concrete subject refers to the person. On the other hand, one may not say that the humanity is omnipresent and omnipotent because this would abolish the distinction between the human and the divine natures. So one can say that God suffers, but only κατ'ἄλλο or according to the other nature, the passible human nature, possessed by the person, Christ. »

44. La thèse que commande l'idée de « souffrir *kat'allo* » est capitale. C'est autour d'elle que s'articulent le plus fortement christologie, anthropologie et psychologie, autour d'elle que se lèvent les questions. La première, la plus fondamentale : *ne pourrait-on pas l'étendre à l'homme, composé de deux natures* : une immatérielle, une matérielle ? Ou, sans aller jusque-là, *à l'homme, composé de deux substances* : âme et corps ? N'est-ce pas ce que fera Descartes lors de la controverse avec Regius, dans les *Remarques sur un certain placard* ? Ne pourrait-on penser l'union de l'âme et du corps comme une communication d'idiomes ? Si oui, serait-elle réciproque ou asymétrique ?

Ne pourrait-on dire : je souffre *kat'allo* – ce qui serait différent de : « je souffre dans mon corps », ou : « mon corps souffre [mais pas moi] » ? Nous retrouverons ces questions dans la suite du cours – sans pouvoir, malheureusement, les suivre toutes à fond.

45. M. Scaltsas, *Substances and Universals in Aristotle's Metaphysics,* Ithaca, Cornell University Press, 1994, p. 49.

46. Autrement dit : la différence entre « the whole Christ » et « the whole of Christ », qui correspond à la distinction latine *entre « totus Christus » et « totum Christi ».*

47. *Cf.* J. Raitt, *The Colloquy of Monbéliard...*, p. 121 : « In the *Acta*, Beza explained that *totus* refers to the person, *totum* to the natures. So the whole Christ is omnipotent, but not the whole of Christ (*Acta*, 308 : "Totum Christum, non autem totum Christi... omnipotentem esse dicimus.") Thus one can say that the whole Christ suffered, but not the whole of Christ because his divinity did not suffer. It is in this sense that B. affirmed the presence of the whole Christ to his Church while denying that the whole of Christ is so present since the body of Christ is in heaven until the Second Coming. The divinity can act, therefore, outside of, beyond, the humanity, *extra humanitatem*. There is no need to posit the ubiquity of Christ's humanity either locally or illocally. »

48. Voir le cours du 18 janvier 2016 (2e heure), et les références à G.C. Lichtenberg, *Sudelbücher,* et Schelling, *Contribution à l'histoire de la philosophie moderne*, pour le « *Es denkt (in mir)* », « ça pense » ou « il pense en moi » – comme, chez Verlaine, le célèbre : « *Il pleure* dans mon cœur / Comme il pleut sur la ville ».

Cours du 29 février 2016

Deuxième heure

Archéologie de l'« Extra calvinisticum ». — Source probable de la différence « totus *» vs «* totum *»: les* Sentences *de Pierre Lombard, livre III, distinction XXII. — La formule du Lombard combine « Extra calvinisticum » et ubiquisme : « Que le Christ est tout entier partout, mais pas en entier » : puisqu'il est homme ou Dieu tout entier, mais pas en entier. — « Quod Christus ubique totus est, sed non totum : ut totus est homo vel Deus, sed non totum ». — La source de Pierre Lombard est, une fois de plus, Jean Damascène. — Le chapitre 51 de* La Foi orthodoxe *distingue* ὅλος *et* ὅλον *(latin : totus et totum), ainsi que* ἄλλος *et* ἄλλο *(latin :* alius *et* aliud*). — Sans ces notions, écrit Jean de Damas, on ne peut comprendre l'ubiquité, l'omnipotence ou la souffrance du Christ. — Excursus : application de la distinction* ὅλος-ὅλον *à la question de la binationalité. — Une source possible de Jean de Damas : la Lettre de Grégoire de Nazianze à Cledonios. — L'« Extra calvinisticum » ajoute une distinction au duo* totus/totum *attesté chez Pierre Lombard : la distinction entre* totus intra *et* totus extra*. — Cette distinction introduit une dialectique du « et... et... » au lieu du « ou... ou... ». — Aufhebung du principe de bivalence et de non-contradiction (PNC) dans l'union hypostatique. — Figures du* totus intra/totus extra *: le Dieu de Bonaventure dans l'*Itinerarium *: « Intra omnia, non inclusum, Extra omnia, non exclusum » ; la sphère infinie (ou intelligible) du* Livre des XXIV philosophes*, « dont le centre est partout et la circonférence nulle part ». — Lecture de l'hymne De sancta Trinitate d'Hildebert de Lavardin : « Super cuncta, subter cuncta, Extra cuncta, intra cuncta ». — Deux passages* *de Maître Eckhart sur la même structure d'inclusion/exclusion (ou : immanence/transcendance) totale. —* Extra calvinisticum *et* Extra lacanicum *: l'opérateur « pastout » chez Lacan.— Retour à Luther. — Kénose et occultation. — L'exégèse luthérienne de Philippiens 2, 5-11. — Signification de la* forma servi *en Philippiens 2, 7. — La « forme du serviteur » endossée dans l'Incarnation n'est pas l'humanité (la nature humaine) mais une condition servile temporaire. — L'exinanition* (kenosis) *est une « occultation » de la majesté divine communiquée au Christ pour le temps de sa mission temporelle. — Rejet de l'occultation par Théodore de Bèze. — Pour les calvinistes, la « forme du serviteur » désigne l'humanité, la « forme de Dieu », la divinité. — Le Christ ne peut déposer « la forme du serviteur ». — La théorie luthérienne des « manières de parler » de la personne du Christ : quel statut accorder aux énoncés théologiques sur les natures et propriétés du Christ ? — Simples mots ou modes de prédication « réels » ? — Martin Chemnitz et la théorie des « quatre genres de prédication ». — Analyse des quatre genres : idiomatique, apotélesmatique, majestique et tapéinotique. — Dans le* Genus idiomaticum *les attributs des deux natures divine et humaine sont attribués à la même personne – le Christ : omniprésence, omniscience, omnipotence (attributs de la nature divine), localisation dans l'espace, aptitude à souffrir, croissance (attributs de la nature humaine). — Dans le* Genus apotelesmaticum *tout ce que fait le Christ est posé comme opéré en vertu des deux natures. — Le* Genus maiestaticum *marque la communication de la majesté divine (donc de l'ubiquité) à la nature humaine, occultée durant l'humiliation. — Le* Genus tapeinoticon *est censé marquer la communication de l'humilité,* ταπείνωσις, *donc de la souffrance, à la nature divine. — Le genre tapéinotique est rejeté par la* Formule de Concorde *comme « horrible et blasphématoire », et par Chemnitz lui-même, qui s'appuie, pour cela sur les chapitres 48 et 51 de Jean de Damas. — La théologie luthérienne comme* theologia crucis. *— Théologie de la Croix contre théologie de la Gloire : le rejet luthérien de la théologie scolastique fondée sur Rm 1, 20. — La thèse 19 de la Controverse de Heidelberg (1518) : « On ne peut appeler à bon droit théologien celui qui considère que les choses invisibles de Dieu peuvent être saisies à partir de celles qui ont été créées ». — Kénose divine et chiasme des propriétés.— Défense du genre tapéinotique. — Maître Eckhart :*

l'abaissement intérieur de Dieu. — Incarnation et Inhabitation. — Une troisième voie ? — Le détachement entre théologie de la Gloire et théologie de la Croix.

Y a-t-il des précédents à la théorie dite de l'*Extra Calvinisticum* ? Assurément. En fait, la distinction qui fonde l'*Extra* est formulée en toutes lettres dans le IIIe livre des *Sentences* de Pierre Lombard sur la base d'un texte précis de Jean Damascène. Plus remarquable encore : non seulement la distinction, mais l'application à ce qui est le cœur de la théorie luthérienne que les réformés désignent comme « ubiquisme » figure chez Pierre Lombard. Le socle médiéval de l'*Extra Calvinisticum* est donc constitué par les *Sentences*.

Voici un premier texte du Lombard, livre III, distinction XXII, qui rappelle que *Totus* (tout entier) réfère à la personne, et *Totum* (en entier) à la nature. Notez que l'on trouve d'entrée de jeu la formule *ubique totus*, « tout entier partout »[1], qui concernera, quelques siècles plus tard, le *credo* luthérien.

> Que le Christ est tout entier partout, mais pas en entier : puisqu'il est homme ou Dieu tout entier, mais pas en entier. Sans aucun doute, était-il en même temps tout entier en enfer, tout entier au ciel, tout entier partout.
>
> *Quod Christus ubique totus est, sed non totum : ut totus est homo vel Deus, sed non totum.* Utique totus eodem tempore erat in inferno, totus in caelo, totus ubique.[2].

Si l'on en cherche la source – puisque vous savez que Pierre Lombard procède de cette façon : il met en conflit des autorités –, on n'a pas à chercher bien loin. On trouve d'abord le Pseudo-Augustin, auteur du *Contre Félicien*. À l'époque, on le considère comme le vrai Augustin, mais nous savons aujourd'hui qu'il s'agit en fait de Vigile de Thapse (une petite ville de Tunisie).

> D'où Augustin : « Le Christ n'a pas abandonné le Père, quand il est venu en la Vierge : partout tout entier, partout parfait. Par conséquent, dans un seul et même temps, il était tout entier en

> enfer, tout entier au ciel. Aux enfers, il était la résurrection des morts ; au-dessus des cieux, il était la vie des vivants. Vraiment mort, vraiment vivant : lui en qui l'assomption de la mortalité a porté le poids de la mort, et la divinité n'a pas perdu la vie ». « Par conséquent, le Fils de Dieu n'a pas enduré la mort dans son âme, et il ne l'a pas éprouvée dans sa majesté ; mais c'est seulement parce qu'il avait en partage » notre faiblesse que « le Roi de gloire a été crucifié »[3].

Notez-le « dans sa majesté » *(in maiestate)*, couplé à « dans son âme » – on retrouvera cette expression dans la théorie luthérienne des « quatre genres ». Avec *totum* (neutre) vs *totus* (masculin), on prolonge, notez-le aussi, la distinction entre QUID VS QUIS, QUOI VS QUI, WERHEIT VS WASSHEIT, QUISSITÉ VS QUIDDITÉ, que nous avons vue les années précédentes chez Heidegger.

C'est dans le second paragraphe, que le Lombard renvoie au Damascène, qu'il cite précisément. *En entier* se rapporte à la nature, *tout entier* à l'hypostase.

> À partir de ces choses, il apparaît que, dans un même temps, le Christ était tout entier au tombeau, tout entier en enfer, tout entier partout ; de même qu'aujourd'hui aussi il est tout entier partout où il est, mais pas en entier. Ni au tombeau, ni en enfer[4], il n'était en entier, même s'il était tout entier : de la même façon que le Christ tout entier (337) est Dieu, tout entier est homme, mais pas en entier, car *il est non seulement Dieu ou homme, mais il est et Dieu et homme*[5]. Car « en entier » se rapporte à la nature, mais « tout entier » à l'hypostase ; de même que « autre chose » et « quelque chose » se rapportent à la nature, tandis que « un autre » et « quelqu'un » se rapportent à la personne[6].

> D'où Jean [Damascène] : « Le Christ est tout entier le Dieu parfait, mais en entier il n'est pas Dieu : car non seulement il est Dieu, mais il s'agit aussi d'un homme ; et il est tout entier un homme parfait, mais en entier il ne s'agit pas d'un homme : car il est non seulement homme, mais il est aussi Dieu. Car "en entier" représente la nature, mais "tout entier" représente l'hypostase ; de même que "autre chose" représente, c'est certain, la nature, mais que "un autre" représente l'hypostase »; et de la sorte il en est ainsi[7].

Notez ces différences (avec 'H' pour hypostase, et 'N' pour nature) :

(1) *Totus vs totum* : tout entier (H) *vs* en entier (N)
(2.0.1) *Aliquis vs aliquid* : quelqu'un (H) *vs* quelque chose (N)
(2.0.2.) *Alius vs aliud* : un autre (H) *vs* autre chose (N)
(2.1) *Aliquis vs alius* : quelqu'un (H) *vs* un autre (H)
(2.2.) *Aliquid vs aliud* : quelque chose (N) *vs* autre chose (N)

Il ne faut pas confondre ces notions, explique Jean de Damas, car elles sont la base même de tout ce qu'on peut dire concernant l'ubiquité, l'omnipotence ou la souffrance du Christ.

Telle est donc la source patristique : la distinction ὅλος (H) *vs* ὅλον (N) chez Jean de Damas, ΚΕΦΑΛΑΙΟΝ 51. Περὶ τῆς μιᾶς τοῦ Θεοῦ Λόγου συνθέτου ὑποστάσεως, qui couple 'en entier'/'tout entier' et *kat'allo*.

La traduction Ponsoye donne :

> *Tout entier* donc il est Dieu parfait, mais non *entièrement* Dieu, car il n'est pas seulement Dieu mais homme, et *tout entier* homme parfait, mais non *entièrement* homme, car il est aussi Dieu. Le mot *entièrement* en effet démontre la nature et le mot *entier* l'hypostase, comme le mot *autrement* la nature et *autre* l'hypostase [8].

> Ὅλος μὲν οὖν ἐστι Θεὸς τέλειος, οὐχ ὅλον δὲ Θεός· οὐ γὰρ μόνον Θεός, ἀλλὰ καὶ ἄνθρωπος· καὶ ὅλος ἄνθρωπος τέλειος, οὐχ ὅλον δὲ ἄνθρωπος· οὐ μόνον γὰρ ἄνθρωπος, ἀλλὰ καὶ Θεός. Τὸ μὲν γάρ « ὅλον » φύσεως ἐστι παραστατικόν, τὸ « ὅλος » δὲ ὑποστάσεως, ὥσπερ τὸ μὲν « ἄλλο » φύσεως, τὸ « ἄλλος » δὲ ὑποστάσεως.

Vous voyez qu'ici, outre ὅλος (H) et ὅλον (N), on oppose ἄλλος (H) à ἄλλο (N). On pourrait appliquer ces distinctions à beaucoup de choses, et notamment à l'épineuse question de la binationalité : je suis *tout entier Français*, mais je ne suis pas *entièrement Français*, puisque j'ai, par mon père, d'autres origines. Autrement dit, on pourrait étendre aux *relations*, ce que Jean de Damas dit des *natures*, conserver le même raisonnement, et distinguer entre ὅλος et ὅλον, ἄλλος et ἄλλο. C'est important, car on peut dire que *logiquement* il n'y a aucune raison de refuser à quelqu'un d'être ὅλος, tout entier, Français, mais pas entièrement (ὅλον). Avant de se perdre dans des discussions juridiques interminables, un peu de clarté conceptuelle, ne nécessitant rien de plus que l'étude de deux mots grecs, pourrait apporter une petite lumière à des débats politiques ou sociétaux d'autant plus enfiévrés qu'ils sont confus.

Je reprends. La distinction, capitale pour l'*Extra Calviniste*, entre *tout entier* et *en entier* a été transmise par Pierre Lombard, qui lui-même la tenait de Jean Damascène. Toutefois, s'y est ajouté quelque chose qui vient du Moyen Âge. Deux oppositions se surajoutent à ὅλος et ὅλον. D'une part (1) celle entre le masculin et le neutre ; d'autre part (2) celle entre *intra* et *extra*, dedans et dehors.

La distinction (1) entre masculin et neutre remonte loin dans l'histoire de la théologie. Je cède ici la parole à Marie-Hélène Deloffre, la traductrice des *Questions* de Thomas *sur le Verbe incarné*.

> Depuis la controverse apollinariste s'était imposé, en théologie trinitaire et en christologie, l'usage d'opposer le genre neutre, désignant la nature, et le masculin, renvoyant à la personne : trois au masculin, un au neutre dans la Trinité ; un au masculin, deux au neutre dans le Christ [9].

Je passe rapidement sur la source de Jean de Damas : Grégoire de Nazianze et sa *Lettre à Cledonios*.

> Autre et autre sont les choses dont est (constitué) le Sauveur... mais il n'est pas un autre et un autre, loin de là ! [...] Je dis autre chose et autre chose (au neutre) à l'inverse de ce qui se passe dans la Trinité. Là en effet il y a un autre et un autre (au masculin), pour que l'on ne confonde pas les hypostases, mais non point autre chose et autre chose, car les personnes sont une seule et même chose, de par la divinité [10].

Je préfère insister sur ce qui est nouveau, sur ce qui s'engage au Moyen Âge et apparaît clairement chez Calvin : la distinction (2) entre *totus intra* et *totus extra* qui s'ajoute à la distinction (1) *totus/totum*, attestée chez Pierre Lombard, dont on vient de voir la dérivation, de Jean de Damas à Grégoire de Nazianze. En fait, les deux distinctions (1) et (2) se combinent pour donner naissance à une dialectique du *et... et...* plutôt que du *ou... ou...* [11], grâce à laquelle on va pouvoir penser qu'une chose est *à la fois* passible *et* impassible – ce qui conduit à un troisième thème ou geste théorique : (3) l'*Aufhebung* du principe de bivalence et de non-contradiction (PNC) dans l'union hypostatique.

Le *et... et...* est un dépassement de PNC ou plutôt une instanciation unique, singulière de son dépassement : l'union des natures dans l'hypostase fonde la communication des propriétés, mais aussi garantit le maintien de la différence dans l'identité, de la dualité dans l'unité – les « droits » de la dialectique.

Cette structure d'une chose qui est tout entière à l'intérieur d'une autre et tout entière extérieure à cette même chose est à l'œuvre dans l'*Itinerarium mentis in Deum* de Bonaventure lorsqu'il parle de Dieu : « Il est en toutes choses sans y être renfermé, hors de toutes choses sans en être exclu, au-dessus sans être plus élevé, au-dessous sans être plus bas » (V, 8). C'est encore plus beau en latin : Dieu, *esse simplicissimum et maximum, perfectissimum et immensum*, est...

> *Intra omnia, non inclusum,*
> Extra omnia, non exclusum,
> Supra omnia, non elatum,
> Infra omnia, non prostratum

C'est pour illustrer ce statut : *tout entier en toutes choses*, et *tout entier hors d'elles* que Bonaventure cite la célèbre proposition du *Livre des XXIV philosophes* dans sa version amendée : Dieu est une « sphère intelligible » – l'autre version dit : *infinie* – « dont le centre est partout et la circonférence nulle part » [12].

En tout cas, pour *totus intra/totus extra*, on pense à l'hymne *De sancta Trinitate « Alpha et Ω, magne Deus »* de notre vieille connaissance Hildebert de Lavardin, l'archevêque de Tours, inventeur allégué du mot *transsubstantiatio* :

> Alpha et Ω, magne Deus,
> Heli, Heli, Deus meus,
> Cuius virtus totum posse,
> Cuius sensus totum nosse,
> Cuius esse summum bonum,
> Cuius opus, quidquid bonum,
> Super cuncta, subter cuncta,
> Extra cuncta, intra cuncta :
> Intra cuncta, nec inclusus,
> Extra cuncta, nec exclusus,
> Super cuncta, nec elatus,
> Subter cuncta nec substratus
> Super totus, praesidendo,
> Subter totus, sustinendo,
> Extra totus, complectendo,
> Intra totus es implendo
> Intra nusquam coartaris,
> Extra nusquam dilataris,
> Subter nullo fatigaris,
> Super nullo sustentaris [13].

« ... tu ne seras jamais épuisé sous quelque chose et tu ne t'appuieras jamais sur autre chose. » Ce magnifique texte nous présente, dans toute sa beauté, la structure *totus intra/totus extra* [14]. Il y aurait bien d'autres exemples [15]. Les références sont nombreuses. On peut commencer par un pseudo-Augustin, Eucher de Lyon, dans son *De essentia divinitatis*, où vous trouvez cette formule :

> Super omnem quippe creaturam praesidet regendo atque imperando... Extra omnia est, sed non inclusus [16].

« Au-dessus de toute créature, il préside en régissant et en donnant des ordres... il est extérieur à tout sans y être inclus. » Les formules de ce genre ne manquent pas. Mais c'est évidemment chez Maître Eckhart que vous trouvez la structure complète, par exemple dans les *Sermons et leçons sur l'Ecclésiastique* :

> … *Deus est rebus omnibus intimus, utpote esse […] est et extimus, quia super omnia et sic extra omnia. […] intus totus, […] extra totus* [17].

Dieu est « intime », il est à l'intérieur de toutes choses en tant qu'il est l'être, mais il est aussi « extime » (vous voyez paraître ici un terme, dont beaucoup aujourd'hui revendiquent à tort la paternité), en tant qu'il dépasse tout… Il y aurait de nombreux autres textes. Je pense au *Commentaire de Jean*, § 12 :

> … sciendum quod verbum, *logos* sive ratio rerum sic est in ipsis et se tota in singulis, quod nihilominus est se tota extra singulum quodlibet ipsorum, tota intus, tota deforis [18].

La distinction entre *en entier* et *tout entier* est une structure exportable. Elle peut être aisément transférée de la souffrance du Christ à l'homme souffrant, qui est tout entier à sa douleur, sans être en entier ni dans la cause de sa douleur ni peut-être même dans sa douleur. Il y a, il peut y avoir dans toute personne qui souffre à la fois pâtir et impassibilité, et même dédoublement entre un qui souffre et un qui reste impassible, un qui se détache de sa souffrance et un qui ne s'en détache pas – et chacun sait que l'on peut être l'un et l'autre à la fois.

Il y a un monophysisme de la douleur, dont le *motto* est : *je ne suis que douleur*. Et il y a un nestorianisme de la douleur, dont la maxime est : *j'ai mal, mais je n'ai pas mal*. C'est le « Même pas mal ! » : une structure réactivée des profondeurs de l'enfance, place de la République, dans le récent « Même pas peur ! » (alors qu'on est terrifié, bien entendu).

Mais il faut maintenant quitter tout cela. Il faut quitter aussi – nous n'en parlerons pas cette année, je le crains – le mal de dents de la philosophie anglaise et analytique. Nous n'avons plus le temps de consulter le dentiste, de passer de l'ontologie à l'odontologie. Nous quittons donc le mal de dents et la *simple métonymie*. Je n'ai pas le temps non plus d'évoquer, et je n'aurais d'ailleurs pas pu en dire grand-chose, car la compétence me manque singulièrement, la notion du Pastout, que l'on retrouve par exemple chez Lacan, écrivant que « la femme n'est pas-toute » ou plutôt qu'elle « est pas-toute » – c'est dans *Encore*, le séminaire de 1972-1973, publié en 1975 :

> Ce n'est pas parce qu'elle est pas-toute dans la fonction phallique qu'elle n'y est pas du tout. Elle y est *pas* pas du tout.

Il y aurait un *extra-lacanicum*, comme il y a un *extra-calvinisticum*, et une archéologie du Pastout à entamer. Pour l'étude de la structure je renvoie à Guy Le Gaufey, *Le Pastout de Lacan : consistance logique, conséquences cliniques* – où il est question de – je cite –, « l'opérateur pastout » qui réaffirme « la partialité foncière et sans totalité de l'être parlant sexué » [19].

Je quitte l'*Extra calvinisticum* pour aborder un autre thème âprement discuté à Montbéliard. Celui de l'occultation de la majesté divine, qui est un élément central dans la théologie luthérienne de la kénose [20].

Kénose et occultation : le thème de l'occultation – rien de Chiite là-dedans ! – est lié à l'exégèse de Philippiens 2, 7 ou plutôt de toute la séquence 2, 5-11. C'est la fameuse « forme d'esclave » ou « forme du serviteur » : *forma servi*. Le Christ a endossé la *forma servi* ; il s'est entièrement vidé de lui-même et a revêtu la forme du serviteur.

Il y a deux thèses. Il y a d'abord celle des luthériens. Qu'est-ce que la *forma servi* que le Christ a endossée dans l'Incarnation ? Pour Jakobus Andreae :

> Forma servi non est humanitas, sed servilis conditio hominis Christi [21].

La *forma servi* n'est pas l'humanité, c'est la condition servile de l'homme Christ : une condition *temporaire*. La thèse est que l'« exinanition » (le mot latin pour *kenosis* en grec) est l'occultation de la « majesté divine » communiquée à l'humanité du Christ au moment de l'Incarnation. En d'autres termes, au moment de l'Incarnation, la majesté divine a été communiquée au Christ, mais elle a été occultée pour le temps de sa mission – pour le temps du « plan de sauvetage économique » que j'évoquais lors d'un précédent cours. La majesté divine est cachée, soustraite au regard. On ne la voit plus : on voit un esclave. Et pourtant elle est là. Pour saisir ce point, Martin Chemnitz, grand théologien luthérien, essaie d'expliquer ce que *n'est pas* la kénose, ce que n'est pas l'exinanition. Et il ne manque pas de termes !

> L'exinanition n'est pas *privation, ablation, despoliation, exuition, ab-jection, déposition, rémotion, carence, absence, défaut, nudité ou vacuité de la plénitude de la Divinité qui a habité dans le Christ corporellement* depuis l'instant de sa conception [22].

C'est une occultation. C'est cette occultation volontaire qui est « prendre la forme d'un serviteur ». Une fois rejoint le Père céleste, siégeant à sa droite, le Christ dépouille la forme du serviteur : c'est le temps si l'on ose dire de la « Gloire », où il exerce la plénitude de ses pouvoirs : omnipotence, omniscience, omniprésence.

Théodore de Bèze, qui est contre l'occultation luthérienne, répond que la « forme du serviteur » désigne l'humanité, comme la « forme de Dieu » désigne la divinité. Nous avons ici quelque chose qu'on a beaucoup de mal à expliquer en classe terminale : le sens de « forme », qui est soit la forme extérieure, l'anglais « *shape* », ce qu'on voit, soit la forme de la matière, principe d'organisation, principe de vie, principe structurant. Heureusement, Molière, encore lui ! a tout dit sur ce point – ouvrez *Le Mariage forcé*, scène IV, et écoutez Pancrace expliquer à Sganarelle la différence entre forme et figure, croix des médiévistes : « ... il y a cette différence entre la forme et la figure, que la forme est la disposition extérieure des corps qui sont animés, et la figure, la disposition extérieure des corps qui sont inanimés. » [23]. En l'occurrence ici, « forme » est à prendre au sens fort, philosophique. « Forme » signifie « essence ou nature », et non « apparence ou similitude (semblance) » : μορφή = φύσις.

Le Christ ne peut déposer « la forme du serviteur » puisqu'il s'agit de son humanité, laquelle demeure ce qu'elle est dans le Christ homme ou dans la Gloire ; quant à la divinité – dite « occultée » de l'Incarnation à la Résurrection (on veut bien utiliser un instant ce terme des luthériens) –, elle pouvait être manifestée [dans les miracles donc – qu'il n'est pas question de nier], mais ni augmentée, ni humiliée, ni glorifiée ; elle n'est pas soumise à variation, elle demeure ce qu'elle est, en pleine puissance.

Pour résumer, on peut dire que les luthériens répondent au problème que l'on évoquait avec Augustin : Qui accomplit les miracles ? Qui accomplit les « actions divines » ? André soutient que l'humanité du Christ dotée par l'Esprit Saint des propriétés constituant la « majesté » divine accomplit des actions divines – à l'occasion ; le reste du temps, le Christ demeure « dans la forme de l'esclave » ou du « serviteur » – μορφὴν δούλου λαβών – la forme du δοῦλος *(doulos)*. Le *doulos*, esclave ou serviteur en grec, nous rappelle le *serviteur souffrant* d'Isaïe ; en argot français, un « *doulos* » c'est un chapeau, mais aussi un indicateur. Je vois que quelques-uns connaissent Melville et Jean-Paul Belmondo.

Cela dit, et en bref, la forme du serviteur c'est soit l'humanité, soit la condition servile. Vous devez vous prononcer là-dessus si vous êtes réformé ou luthérien. La position luthérienne est conforme à la doctrine de la communication des propriétés *(communicatio idiomatum)* [24]. Luther va jusqu'à parler d'*échange* entre les natures [25]. Mais les luthériens ajoutent des concepts nouveaux à ce que disait Luther. C'est le cas de Martin Chemnitz [26], qui introduit la théorie dite des « quatre genres ».

Dans la *Formule de Concorde*, l'attention est attirée sur les *praedicationes* ou *propositiones*, les « manières de parler » de la personne du Christ. Comment parle-t-on de la personne du Christ ? Je vous avais dit que la théologie scolastique faisait une large place à la réflexion sur les propositions, les énoncés, et que l'on pouvait même parler d'une « approche propositionnelle » en théologie. Eh bien, quel est le statut de ces « modes » ou « genres » de prédications ou propositions qui permettent de parler de la personne du Christ, de ses natures et propriétés ? Il s'agit de savoir si tout ce que l'on peut dire du Christ, ou de Dieu, est « purement verbal » – si on ne fait qu'utiliser des mots, sans rejoindre les choses –, ou bien si l'on peut faire une classification des différentes manières de parler *réellement* du Christ [27].

C'est l'origine de la classification des *quatre genres de prédications* selon Chemnitz – l'idiomatique (GI), l'apotélesmatique (GA), le majestique (GM) et le tapéinotique (GT) – qui systématise la position luthérienne [28]. À savoir :

Genus idiomaticum (ou idiopoietikon) : les attributs des deux natures (ND = nature divine ; NH = nature humaine*) sont attribués à la même personne* (V = Verbe*) : omniprésence, omniscience, omnipotence* (ND*), localisation dans l'espace, aptitude à souffrir, croissance* (NH) [29].

$$\text{NH} \Rightarrow \text{V} \Leftarrow \text{ND}$$

Genus apotelesmaticum (ou *koinopoietikon* – comme le diront les théologiens postérieurs : ce qui s'opère en commun, l'œuvre commune –, *sive communicatio operationum*) : tout ce que fait le Christ est opéré en vertu des deux natures – le Christ a une seule opération divino-humaine (A = *apotelesma* = opération) [30].

$$\begin{array}{c}\text{NH} \Rightarrow \text{V} \Leftarrow \text{ND} \\ \downarrow \\ \text{A}\end{array}$$

Genus maiestaticum (*sive auchematicum* – qui fait croître) : communication de la majesté divine (donc de l'ubiquité) à la nature humaine (chez Chemnitz et les luthériens saxons : genre limité au vouloir ou à la promesse du Christ ; chez Brenz et les luthériens souabes : valable dès l'enfance) ; la nature humaine n'est pas seulement assumée, elle est déifiée – les attributs divins étant occultés durant l'humiliation ; les deux positions sont réunies dans la Formule de Concorde.

$$\text{NH} \Leftarrow \text{ND}$$

Genus tapeinoticon (ou *kenoticon*) : communication de l'humilité, ταπείνωσις (donc de la souffrance), à la nature divine (genre rejeté par la Formule de Concorde comme « horrible et blasphématoire »)

$$\text{NH} \Rightarrow \text{ND}$$

Je voudrais souligner l'importance de cette classification. Vous la retrouvez dans la *Vie de Jésus* de David Strauss (1808-1874), qui est considérée comme le point de départ de la méthode historique – avec la *Vie de Jésus* de Renan. Voyez le § CXLII de la *Dissertation finale (Christologie du système orthodoxe)* [31], où vous trouverez réexposées en détail la position de Luther et celle de Chemnitz. C'est ce qui constitue l'orthodoxie luthérienne à l'époque de Strauss.

Ce qui est clair, c'est que le genre tapéinotique est exclu par les luthériens. Chemnitz a posé les quatre genres, mais rejeté le genre tapéinotique [32]. Pour ce faire, il s'appuie une nouvelle fois sur Jean de Damas [33], qui rejette toute communication entre les natures. Chemnitz a bien cherché. Il a trouvé dans le ΚΕΦΑΛΑΙΟΝ 48, Περὶ τοῦ τρόπου τῆς ἀντιδόσεως, de quoi éliminer le genre tapéinotique (et même le genre majestique).

> Quand nous employons le mot : divinité, nous n'entendons pas les particularités de l'humanité (la divinité n'est pas créée ni passible) ; quand c'est le mot : humanité, nous n'entendons pas non plus celles de la divinité (la chair, l'humanité n'est pas increéée).
>
> Θεότητα μὲν οὖν λέγοντες οὐ κατονομάζομεν αὐτῆς τὰ τῆς ἀνθρωπότητος ἰδιώματα· οὔτε δὲ τῆς σαρκὸς, ἤτοι τῆς ἀνθρωπότητος κατηγοροῦμεν τὰ τῆς θεότητος ἰδιώματα οὐ γάρ φαμεν σάρκα ἤτοι ἀνθρωπότητα ἄκτιστον.

Le coup de grâce est donné au *genus tapeinoticon* dans le ΚΕΦΑΛΑΙΟΝ 51, où l'on voit que ce qu'on appelle la « périchorèse, l'immanence mutuelle, des natures », et la « communication des natures » ne vont pas de pair. Je cite la traduction Chase :

> One must know, moreover, that, although we say that the natures of the Lord are mutually immanent (περιχωρεῖν ἐν ἀλλήλαις), we know that this immanence comes from the divine nature (ὡς ἐκ τῆς θείας φύσεως ἡ περιχώρησις γέγονεν). For this last pervades all things (διὰ πάντων διήκει) and indwells (περιχωρεῖ) as it wishes, but nothing pervades it.

La traduction Ponsoye fait un usage immodéré du franglais « pervader » et de ses dérivés.

> Notons enfin, que si nous disons les deux natures du Christ pervader l'une en l'autre, nous savons cependant que cette pervasion est venue de la nature divine ; car celle-ci se répand et pervade partout comme elle veut, mais rien à travers elle.

Comprenez : « Même si l'on dit que les deux natures du Christ sont mutuellement immanentes (περιχωρεῖν), cette immanence vient de la nature divine. » La périchorèse est asymétrique. Il y a pénétration mutuelle, mais en réalité, si on regarde bien, on voit que c'est la nature divine qui se communique à la nature humaine, et pas l'inverse. L'échange est unilatéral, il ne fonctionne que dans un sens.

La nature divine demeure immuable et impassible, entièrement non affectée par la chair assumée. La scolastique luthérienne s'appuie sur ce point pour rejeter le genre tapéinotique : les autres luthériens suivent en effet Chemnitz.

L'expression *genus tapeinoticon* peut étonner. L'origine est le grec ταπείνωσις, qui signifie abaissement, basse condition, humiliation. Le mot est attesté quatre fois dans l'Écriture Sainte. Je vous rappelle que le premier mot de Philippiens 2, 8 est : ἐταπείνωσεν ἑαυτὸν, qui correspond au verbe ταπεινόω (*tapeinóō* – se faire plus bas que, s'humilier).

La théologie de Luther est une *theologia crucis*, une théologie de la Croix, disais-je en commençant. Une théologie qui accède à Dieu *per passiones et crucem*, opposée à la théologie scolastique – la théologie de la Gloire, qui se tourne vers Dieu à partir de la seule considération du créé, *per ea quae facta sunt*.

Dans la thèse 19 de la Controverse de Heidelberg de 1518, le jeune Luther se réfère à Rm 1, 20 (un passage évoqué dans notre cours du 25 janvier dernier) pour rejeter la théologie de la Gloire – geste capital, sur lequel Heidegger a fondé sa réflexion « théologique ».

> (19) *Non ille digne Theologus dicitur qui invisibilia Dei per ea quae facta sunt, intellecta conspicit*[34]. On ne peut appeler à bon droit théologien celui qui considère que les choses invisibles de Dieu peuvent être saisies à partir de celles qui ont été créées.

Comme l'écrit Yves Labbé :

> ... la *theologia crucis* ne cesse de déployer le caractère paradoxal de l'Incarnation rédemptrice du Fils de Dieu : dans l'humanité écrasée, c'est la divinité créatrice qui s'affirme. « C'est en Christ crucifié, soutient Luther, qu'est la vraie théologie et la connaissance de Dieu ». Insécable de la condition d'humiliation, de la destinée de misère, de l'état d'agonie de Jésus, Dieu ne saurait plus être confessé sous le signe de l'immutabilité. Puisque la Croix de Jésus est vraiment celle du Fils de Dieu, la souffrance de Dieu établit son historicité [35].

La kénose introduit le changement, le mouvement en Dieu. Elle est fondée sur le chiasme [36].

> Le Verbe incarné change, sous l'aspect d'un abaissement, en voilant sa déité sous la forme du serviteur souffrant (Isaïe 42-53). Ainsi, lorsque la défense de la Cène contre les allégations de Zwingle oblige à resserrer les liens de la chair et de l'esprit, le réformateur avance une formulation inédite de la communication des idiomes. Entre les deux natures il est un échange des propriétés, de sorte que l'ubiquité divine et la souffrance humaine appartiennent aussi respectivement à l'humanité et à la divinité [37].

C'est un nouveau chiasme. Je l'appelle « chiasme des propriétés », et le figure ainsi :

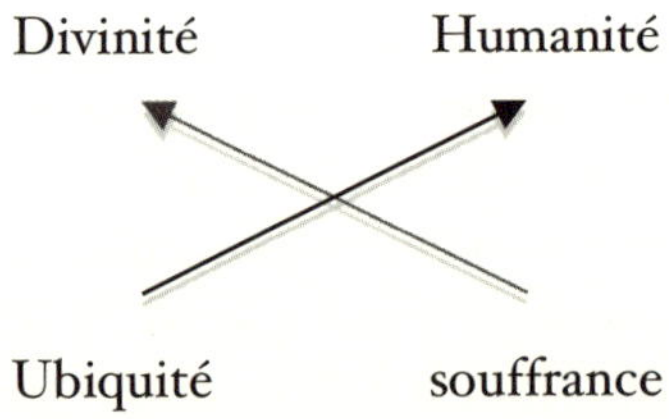

L'ubiquité est la caractéristique de la divinité (elle est partout) ; la souffrance, celle de l'humanité. Mais avec la communication des idiomes, on peut dire que la souffrance est attribuée à la divinité et l'ubiquité à l'humanité du Christ, au corps du Christ, et donc que celui-ci, après l'ascension, est *partout*.

Cette doctrine rencontre la contestation à l'intérieur même de la théologie luthérienne. Évidemment, on peut dire que la quasi totalité de la communauté réformée refuse au départ, et pendant longtemps, le genre tapéinotique, la communication de la souffrance à la divinité. C'est une thèse moderne. En ce qui concerne le genre majestique, la communication de l'ubiquité à l'humanité, certains y répugnent parce que cela contredit la « théologie de la Croix » en réintroduisant un principe de perfection dans l'humanité assumée par le Verbe [38]. Il y a quelque chose qui n'est pas assez abaissé dans cette humanité si *majestueuse*, dans cette assomption qu'est l'Incarnation. La théologie de la Croix contre le chiasme ! la Croix contre le chiasme des propriétés ! *Crise des fondements* [39].

Je conclus pour aujourd'hui en vous disant que le genre tapéinotique, quoi qu'on en pense, est un concept fondamental. En vous disant qu'il y a un lien entre le genre tapéinotique chez Luther et la théologie de l'humilité chez Maître Eckhart, dont je parlerai la semaine prochaine.

Je veux insister sur le fait que *kénose* et *apothéose* sont liées, que les genres majestique et tapéinotique sont une expression de ce lien et des deux figures de la déification : l'Incarnation et l'Adoption ou, si l'on préfère, l'Incarnation et l'Inhabitation.

Chez Eckhart la grâce d'Incarnation est en vue de la grâce d'Inhabitation. Il y a ce moment remarquable – digne de la vision d'Ostie chez Augustin ou du songe de Descartes en sa nuit d'enthousiasme – où Eckhart découvre l'abaissement intérieur de Dieu – la *mystique de Noël* –, où il écrit cela dans son « livre ». Voici le texte qu'il faudra méditer :

> Hier soir il m'est venu cette pensée : la hauteur de Dieu dépend de mon abaissement, plus je m'abaisserai plus Dieu sera élevé.
> « Jérusalem resplendira », disent l'Écriture et le prophète. Mais moi, hier, je pensais que c'est Dieu qui devait être abaissé – non pas totalement, mais intérieurement.
> Cela veut dire un Dieu abaissé. Cela me plut tellement que je l'écrivis aussitôt dans mon livre.
> Cela veut dire un Dieu abaissé non pas totalement, mais intérieurement, afin que nous soyons élevés [40].

> Ce qui était en haut est devenu intérieur. Tu dois te rendre intérieur, et par toi-même en toi-même [41], pour qu'Il soit en toi. Non que nous devions prendre quelque chose de ce qui est au-dessus de nous ; non ! c'est en nous qu'il faut le prendre, et le prendre par nous-mêmes en nous-mêmes.
> Saint Jean dit : « À ceux qui l'ont reçu, il a donné le pouvoir de devenir fils de Dieu. Ceux qui sont fils de Dieu n'ont tiré leur naissance ni du sang ni de la chair, ils sont nés de Dieu [42] », non pas hors de Lui, mais en Lui.

Il faut prendre cela au sérieux. L'Incarnation continue dans l'Inhabitation : le plan de sauvetage économique, c'est la possibilité de devenir par grâce (adoption) ce que le Fils est par nature. Ce qui suppose et réclame ce que Denys appelle l'*aphairesis*, le dépouillement, l'abandon des passions, pour subir le « pâtir Dieu », le *Gotlîden* – l'état théopathique. Le *Gotlîden* n'est pas l'imitation de Jésus-Christ. Eckhart ne propose pas une répétition de la passion, de la mort, mais une rénovation de / dans la naissance [43].

Théologie de la Croix contre théologie de la Gloire... oui. Mais aussi : théologie de la naissance, du détachement, de l'inhabitation intérieure. Cette théologie est celle de Jn I, II : *In propria venit*, que l'on traduit par « Dieu vient dans son bien propre », mais que l'on peut aussi traduire par « il est venu chez les siens ». La maxime en est :

> Sois le bien propre de Dieu : Dieu sera ton bien propre comme il est son propre bien propre [44].

Vous avez là de nouveau une « dialectique ». C'est sur ce dernier mot que je vous quitte.

Notes

1. Sur cette expression « augustinienne », *cf.* O. du Roy, *L'Intelligence de la foi en la Trinité selon saint Augustin.* Genèse de sa théologie trinitaire jusqu'en 391, Paris, 1966 (coll. des Études augustiniennes, série Antiquité ; EAA 27), p. 469 *sq.*

2. Pierre Lombard, *Sentences*, III, dist. XXII, cap. iii (72), 1, p. 138-139 – et de préciser : « Persona enim illa aeterna non maior erat ubi carnem et animam simul unita sibi habebat, quam ubi alterum tantum ; nec maior erat ubi utrumque simul vel alterum tantum unitum habebat, quam ubi erat neutrum habens unitum. *Totus ergo Christus et perfectus ubique erat* » ; trad. Ozilou, p. 336-337 : « Car cette personne éternelle n'était pas plus grande là où elle avait uni à elle la chair et l'âme ensemble, que là où elle avait seulement l'une des deux ; et elle n'était pas plus grande là où elle avait l'une et l'autre ensemble ou l'une d'elles seulement, que là où elle était sans avoir l'une ou l'autre unie [à elle]. *Donc, le Christ était tout entier et partout parfait*. »

3. « Unde Augustinus [= Vigilius Thapsensis, *Contra Felicianum*, c. 14] : "Non dimisit Patrem Christus cum venit in Virginem : ubique totus, ubique perfectus. Uno igitur eodemque tempore totus erat in inferno, totus in caelo. Erat apud inferos resurrectio mortuorum, erat super caelos vita viventium. Vere mortuus, vere vivus : in quo et mortem susceptio mortalitatis excepit, et vitam divinitas non perdidit ". "Mortem igitur Dei Filius et in anima non pertulit et in maiestate non sensit ; sed tantum participatione" infirmitatis "Rex gloriae crucifixus est" [Augustin, De *Trinit.*, I, xiii, n. 28 ; PL 42, 840 ; CCL 50, 69]. » Sur Vigile de Thapse, voir la notice de *Sources chrétiennes*. Pour son œuvre – essentiellement composée de dialogues, voir : *Dialogue contre les ariens, les sabelliens et les photiniens* (*Contra Arianos, Sabellianos, Photinianos dialogus*, v. 480-490) ; CPL 807 ; PL 62, 179-238. Voir en outre *Contre Eutychès (Aduersus Eutychetem)*; CPL 806 ; PL 62, 95-154.

4. Sur la descente aux enfers (qui a lieu durant le *triduum*), *cf.* Actes 2.31 : (Segond) : « C'est la résurrection du Christ qu'il a prévue et annoncée, en disant qu'il ne serait pas *abandonné dans le séjour des morts* et que sa chair ne verrait pas la corruption. » Le Christ ne sera pas « laissé (abandonné) dans l'Hadès » : προϊδὼν ἐλάλησεν περὶ τῆς ἀναστάσεως τοῦ Χριστοῦ, ὅτι οὔτε ἐνκατελείφθη εἰς Ἅιδην οὔτε ἡ σὰρξ αὐτοῦ εἶδεν διαφθοράν. Vulgate : « providens locutus est de resurrectione Christi quia *neque derelictus est in inferno* neque caro eius vidit corruptionem » ; Luther : « hat er's zuvor gesehen und geredet von der Auferstehung Christi, daß *seine Seele nicht dem Tode gelassen ist* und sein Fleisch die Verwesung nicht gesehen hat » ; King's James Version : « He seeing this before spake of the resurrection of Christ, *that his soul was not left in hell*, neither his flesh did see corruption ».

5. Notez le passage de « il est a ou b » à « il est et a et b » : il est « et... et... » comme *totus*, mais pas comme *totum*.

6. Pierre Lombard, *Sentences*, III, dist. XXII, cap. III (72), 2 : « Ex his apparet quod Christus eodem tempore totus erat in sepulcro, totus in inferno, totus ubique ; sicut et modo totus est ubicumque est, sed non totum. Nec in sepulcro vel in inferno totum erat, etsi totus : sicut Christus totus est Deus, totus homo, sed non totum, quia non solum est Deus vel homo, sed et Deus et homo ; *'Totum' enim ad naturam refertur, 'totus' autem ad hypostasim ; sicut 'aliud' et 'aliquid' ad naturam, 'alius' vero et 'aliquis' ad personam referuntur.* »

7. *Cf.* Jean de Damas, *De Fide orthodoxa*, III, c. 7 (PG 94, 1011 B-C) ; *versio Burgundionis*, c. 51, n. 5 ; ed. E. Buytaert, p.194.

8. On notera que le passage qui suit immédiatement est consacré à la périchorèse. Cf. *Versio Burgundionis*, p. 194, 64-195, 71.

9. *Cf.* M.-H. Deloffre, « Introduction » à Thomas d'Aquin, *Question disputée sur l'union du Verbe incarné (De unione Verbi incarnati),* Introd., trad. et notes par M.-H. Deloffre, Paris, Vrin (Bibliothèque des textes philosophiques), 2000, p. 38.

10. Grégoire de Nazianze, Lettre 101 *à Cledonius*, cité et traduit par M.-H. Deloffre, *ibid.*

11. Sur ce point, voir M. de Gandillac, « La dialectique de Maître Eckhart », in *La Mystique rhénane, Colloque de Strasbourg*, Paris, PUF, 1963, p. 59-94.

12. *Cf.* Anon., *Livre des XXIV philosophes*, traduit du latin, éd. et annoté par Fr. Hudry, Grenoble, J. Millon, 1989, prop. 2, p. 93- 96. Sur les retouches, cancellations et mutilations subies par l'œuvre et sa tradition manuscrite, *cf.* l'article pionnier de M.-Th. d'Alverny,

« Un témoin muet des luttes doctrinales du XIIIe siècle », *AHDLMA*, 24 (1949), p. 223-248. Pour l'édition critique, cf. *Liber vigintiquattuor philosophorum*, éd. F. HUDRY, *Corpus Christianorum. Continuatio Mediaevalis*, 143A, Turnhout 1997 (avec une importante « Introduction », p. V-CXIV). Voir en outre : *Il libro dei ventiquattro filosofi*, éd. PAOLO LUCENTINI, Milan, Adelphi, 1999 ; K. FLASCH, *Was ist Gott ? Das Buch der 24 Philosophen*, Munich, Beck, 2011 et le bel article de Z. KALUZA, « *Comme une branche d'amandier en fleurs* », *in* P. LUCENTINI (éd.), *Hermetism from Late Antiquity to Humanism*, Turnhout, Brepols, 2003, p. 99-126. Le *Liber* était sans aucun doute visé par les condamnations parisiennes de 1210, comme en témoignent les cancellations du ms. Paris, Nat. lat. 6286 (le « témoin muet » de M.-Th. d'Alverny), qui avec notre *Livre des XXIV philosophes* transmet le *Liber excitationis* d'al-Fârâbî, l'*Asclepius* d'« Hermès Trismégiste », le Pseudo-Aristote, *De causis proprietatum elementorum*, le *De anima* d'Avicenne et les *Quaestiones naturales* de Sénèque et d'Adélard de Bath. Sur tout cela, *cf.* F. HUDRY, « Le *Liber XXIV philosophorum* et le *Liber de causis* dans les manuscrits », *AHDLMA*, 59 (1992), p. 68-69.

13. *Hildeberti Cenomannensis Episcopi Carmina Minora*, 55, *De Sancta Trinitate*, rec. A.B. SCOTT, Lipisia, 1969, p. 46 *sq.*, 2e éd., München & Leipzig, K.G. Saur, 2001, p. 46 *sq.* Le texte court bien au-delà du vers 20, où nous l'avons arbitrairement arrêté – il couvre les pages 46-53.

14. EERO ILVONEN, dans *Parodies de thèmes pieux dans la poésie française du Moyen Âge. Pater, Credo, Ave Maria, Lateabuntus*, Genève, Slatkine Reprints, 1975, p. 17, voit dans l'hymne d'Hildebert un simple « jeu de bravoure et d'habileté ».

15. Telles les sources de Bonaventure. Sur ce point, voir W. BEIERWALTES, « Neuplatonisches bei Bonaventura. *Adnotatiunculae* zum *'Itinerarium mentis in Deum'*, V, 8 », *in* L.G. BENAKIS (éd.), *Néoplatonisme et philosophie médiévale*. Actes du colloque international de Corfou, 6-8 octobre 1995 organisé par la SIEPM, Turnhout, Brepols (Rencontres de philosophie médiévale, 6), 1997, p. 140-142 (131-146 pour l'ensemble).

16. EUCHER DE LYON (PSEUDO-AUGUSTIN), *De essentia divinitatis*, PL 42, 1199. Sur Eucher, *cf.* F.J. WORSTBROCK, *Deutscher Humanismus 1480-1520 : Verfasserlexikon. A-K.* Band 1, Berlin De Gruyter, 2005, s.v. Hundt, Magnus, col. 1183 : « Die ps-augustinische Schrift, die größtenteils aus der *Formula spiritalis intelligentiae* des Eucherius von Lyon [= *Liber formularum spiritalis intelligentiae*] kompiliert ist,

wurde vielfach auch Hieronymus and Anselm von Canterbury zugeschrieben. Ihre umfangreiche Überlieferung verzeichnet B. Lambert, *Bibliotheca Hier<o>nymian<um> manuscripta*, Bd. III A, Steenbrugge 1970, n. 314, s. 67-75. »

17. Maître Eckhart, *Serm. et lect. S. Ecclesiastici*, § 54, LW 282, 13 *sq.* : « Deus est rebus omnibus intimus, utpote esse, et sic ipsum edit omne ens ; est et extimus, quia super omnia et sic extra omnia. Ipsum igitur edunt omnia, quia *intimus*, esuriunt, quia *extimus* ; edunt, quia *intus totus*, esuriunt, quia *extra totus*. » Pour une (belle) traduction française, cf. Maître Eckhart, *Sermons et leçons sur l'Ecclésiastique*. Traduits du latin et commentés par F. Brunner, Genève, Ad Solem, 2002.

18. Maître Eckhart, *In Iohannem*, n. 12, LW III, p. 11,14 *sq.*

19. Cf. G. Le Gaufey, *Le Pastout de Lacan : consistance logique, conséquences cliniques*, Paris, EPEL, 2006. La consistance logique du Pastout tient dans cette formule (p. 144) : « Pour autant qu'un tout est énoncé, il est fondé sur l'existence d'exceptions, et pour autant qu'il n'y a pas d'exception, ce qui existe ne se collectivise dans aucun tout. »

20. Voici comment David Strauss résume la théorie du double état : exinanition et exaltatation, *cf.* D. Strauss, *Vie de Jésus ou Examen critique de son histoire*, *Dissertation finale*, § CXLII, trad. fr. Émile Littré, Paris, Librairie de Ladrange, 1840, p. 727-728 : « … en parcourant avec sa personne pourvue de deux natures les différentes phases de l'œuvre de rédemption, [le Christ] a, d'après l'expression des dogmatiques appuyée sur Phil. 2, 6 seq., passé par un double état, l'état d'abaissement et l'état d'exaltation, *status exinanitionis et exaltationis*. Sa nature humaine, dans sa réunion avec la divine, entra, lors de la conception, dans la co-possession de propriétés divines ; mais, durant sa vie terrestre, elle n'en fit aucun usage continu : en conséquence, [728] cette vie terrestre de Jésus, jusqu'à la mort et l'ensevelissement, est considérée comme un état d'abaissement avec différentes stations ; mais, à partir de la résurrection ou même de la descente aux enfers, commença l'état d'exaltation, qui atteignit sa plénitude par le siège pris à la droite du père, *sessio ad dextram patris*. »

21. *Acta*, 207, *marginalis* h) : « The form of a servant is not the humanity, but the servile condition of the man Christ », traduit et cité par J. Raitt, *The Colloquy*…, p. 128, n. 20.

22. On peut dire d'ailleurs aussi, réciproquement, en poussant la « communication » (l'échange) dans les deux sens, que, selon un passage de Jean Chrysostome rapporté (de seconde main) par Martin

CHEMNITZ, *De duabus naturis*..., p. 556, le Christ a « quelquefois occulté son infirmité par l'ostension de sa divinité » (dans les miracles – par exemple) : « aliquando vero infirmitatem ostensione divinitatis occultavit, quoniam non nudus homo erat »)

23. Citons, pour le plaisir, le reste du texte de la pièce créée le 29 janvier 1664 : « SGANARELLE : Seigneur Aristote, peut-on savoir ce qui vous met si fort en colère ? PANCRACE : Un sujet le plus juste du monde. SGANARELLE : Et quoi encore ? PANCRACE : Un ignorant m'a voulu soutenir une proposition erronée, une proposition épouvantable, effroyable, exécrable. SGANARELLE : Puis-je demander ce que c'est ? PANCRACE : Ah ! Seigneur Sganarelle, tout est renversé aujourd'hui, et le monde est tombé dans une corruption générale ; une licence épouvantable règne partout ; et les magistrats, qui sont établis pour maintenir l'ordre dans cet état, devraient mourir de honte, en souffrant un scandale aussi intolérable que celui dont je veux parler. SGANARELLE : Quoi donc ? PANCRACE : N'est-ce pas une chose horrible, une chose qui crie vengeance au Ciel, que d'endurer qu'on dise publiquement la *forme* d'un chapeau ? SGANARELLE : Comment ? PANCRACE : Je soutiens qu'il faut dire la *figure* d'un chapeau, et non pas la *forme* ; d'autant qu'il y a cette différence entre la forme et la figure, que *la forme est la disposition extérieure des corps qui sont animés,* et *la figure, la disposition extérieure des corps qui sont inanimés* ; et puisque le chapeau est un corps inanimé, il faut dire *la figure d'un chapeau et non pas la forme*. Oui, ignorant que vous êtes, c'est comme il faut parler ; et ce sont les termes exprès d'Aristote dans le chapitre *De la qualité*. »

Chapeau bas ! Signalons dans le même passage, une « figure » inédite de la syllogistique médiévale : le syllogisme *in balordo – i.e.* dont « la majeure [...] est inepte, la mineure impertinente, et la conclusion ridicule » (*dixit* Pancrace). Molière persiste et signe dans *Le Bourgeois gentilhomme*, II, 4 (représenté pour la première fois le 14 octobre 1670, devant la cour de Louis XIV) : « *Barbara, celarent, darii, ferio, baralipton, etc.* - Voilà des mots qui sont trop rébarbatifs. Cette logique-là ne me revient point. Apprenons autre chose qui soit plus joli. » Quelques années plus tôt, la *Logique de Port-Royal* (1662) s'en prenait aux contempteurs de l'idiolecte des logiciens – vainement. Voyez le *Premier Discours* : « On n'a pas cru devoir s'arrêter au dégoût de quelques personnes, qui ont en horreur certains termes artificiels, qu'on a formés pour retenir plus facilement les diverses manières de raisonner, comme si c'étaient des mots de magie, et qui font souvent des railleries assez froides sur *baroco* et *baralipton*, comme tenant du caractère de pédant ; parce qu'on a jugé qu'il y avait plus de bassesse dans ces railleries que dans ces mots. »

24. Martin Chemnitz, dans le *De duabus naturis*..., note, p. 155, que certains « trépignent » *(trepidant)* devant le mot *communion* (pourtant meilleur, à ses yeux, que « communication »), car ils pensent qu'il implique confusion, transformation et égalisation *(confusio, transmutatio, exaequatio)*, mais, dit-il, il n'y a aucune raison de le refuser ! Sur communion et communication, cf. *ibid.* : « ... κοινωνίας quam latine communionem & communicationem nominamus, licet communionis vocabulum aptius & commodius sit ».

25. On notera que la *Formule de Concorde* mobilise le principe de la *non-migration des qualités*, évoqué à diverses reprises dans nos cours, avec *Les Fiancés* (*I promessi sposi*, chap. XXXVII) de Manzoni, à propos de l'impossibilité (alléguée) de la CONTAGION (dont la compassion – et le baillement de contagion évoqué avec les *Problemata* d'Aristote le 18 janvier 2016 – sont des variantes) : « ... il n'y a rien de plus simple et de plus clair dans toute la philosophie que ceci : qu'*un accident n'émigre pas d'un sujet à un autre.* » Le principe de Manzoni est, on le sait, une formulation de ce que j'appelle « principe de la limitation sub-jective de l'accident » (PLSA) : « accidens non excedit subiectum in quo est », hérité d'Augustin (*De Trinitate*, IX, IV, 5, BA 16, p. 82-85) stipulant qu'un accident ne peut transcender (dépasser, excéder, outrepasser) les limites de son sujet d'inhérence. Preuve d'un certain enracinement scolastique de la théologie luthérienne, la *Formule de Concorde* cite le même principe pour expliquer la communication des propriétés sur la base d'une communion des natures dans l'hypostase unique du Christ. Cf. *Formula Concordiae. Sol. Declar.* VIII. *De Persona Christi. Concordia triglotta*, § 31-32, p. 1024-1026 ; trad. angl. p. 1025.

> 31] Et ex hoc fundamento, cuius iam facta est mentio, et quod unio personalis docet, quomodo videlicet divina et humana natura in persona Christi sint unitae, ut non modo nomina communia, sed realiter etiam et re ipsa inter se, sine omni confusione et exaequatione essentiarum, communicent, promanat etiam doctrina illa de communicatione idiomatum duarum in Christo naturarum, de qua infra aliquid amplius dicetur.
>
> 32] Cum autem indubitatum et extra controversiam positum sit, quod *propria non egrediantur sua subiecta*, hoc est, quod quaelibet natura suas proprietates essentiales retineat, et illae non ab una natura separentur atque in alteram, tamquam aqua de uno vase in aliud, transfundantur, nulla prorsus fieri aut constare posset proprietatum communicatio, nisi

illa, de qua diximus, personalis naturarum in Christo esset unio et communicatio.

31] From this basis of the personal union, as it has been stated and explained above, that is, from the manner in which the divine and the human nature in the person of Christ are united with one another, namely, that they have not only the names in common, but have also in deed and truth communion with one another, without any commingling or equalizing of the same in their essences, flows also the doctrine *de communicatione idiomatum*, that is, concerning the true communion of the properties of the natures, of which more is to be said hereafter.

32] For since this is verily so, quod *propria non egrediantur sua subiecta* (that properties do not leave their subjects), that is, that each nature retains its essential properties, and these are not separated from the nature and poured into the other nature, as water from one vessel into another, so also no communion of properties could be or subsist if the above-mentioned personal union or communion of the natures in the person of Christ were not true.

26. Sur Martin Chemnitz, « the best informed and equipped student of patristics that Lutheranism has ever known », selon R.D. Preus, *The Theology of Post-Reformation Lutheranism*, 1, St. Louis, Concordia Publishing House, 1970(-1973), p. 36, voir *s.v.* F.L.Cross & E.A. Livingstone (éd.), *The Oxford Dictionary of the Christian Church*, Oxford, OUP, 1997 (3rd edition), p. 326-327. *Cf.* en outre, E.F. Klug, *From Luther to Chemnitz : On Scripture and the Word*, Amsterdam : J.H. Kok and N.V. Kampen, 1971 ; G.L.C. Frank, « A Lutheran turned Eastward : The Use of the Greek Fathers in the Eucharistic Theology of Martin Chemnitz », *St. Vladimir's Theological Quarterly*, 26 (1982), p.155-171.

27. La fonction du dispositif est clairement exposée dans la *Formule de Concorde*, Pour tout cela, *cf. Formula Concordiae. Sol. Declar.* VIII. *De Persona Christi*. *Concordia triglotta*, § 35-37, p. 1026 ; trad. angl. p. 1027.

35] ...Plurimum autem refert, ut haec doctrina de communicatione idiomatum convenienti discrimine et distincte tractetur et explicetur. Propositiones enim et praedicationes, quibus utimur, cum de persona Christi et de naturis et proprietatibus eius loquimur, non omnes unius sunt generis aut modi. Et si quando non satis dextre et distincte hoc negotium tractatur, tum doctrina haec involvitur, et lector simplex facile perturbatur. Quare ea, quam subiiciemus, explicatio alta mente reponatur ; ea autem, ut res ipsa lectori planior et intellectu facilior sit...

36] Primo, cum in Christo duae sint distinctae naturae, quae essentiis et proprietatibus suis neque mutantur neque confunduntur, utriusque vero naturae una tantum sit persona, ea, quae unius tantum naturae propria sunt, alteri naturae non seorsim, quasi separatae, sed toti personae (quae simul Deus et homo est) attribuuntur, sive Deus sive homo nominetur.
37] Sed in hoc praedicationum genere non sequitur, quod ea, quae toti personae tribuuntur, simul utriusque naturae sint proprietates, sed distincte declarandum est, secundum quam naturam aliquid toti personae ascribatur [etc.]

35] ...since it is highly important that this doctrine *de communicatione idiomatum*, that is, of the communion of the properties of both natures, be treated and explained with proper discrimination,— for the *propositiones* or *praedicationes*, that is, how to speak of the person of Christ, and of its natures and properties, are not all of one kind and mode, and when they are employed without proper discrimination, the doctrine becomes confused and the simple reader is easily led astray,— the following explanation should be carefully noted, which, for the purpose of making it plainer and simple... :

36] Namely, first, since in Christ two distinct natures exist and remain unchanged and unconfused in their natural essence and properties, and yet of both natures there is only one person, hence, that which is, indeed, an attribute of only one nature is ascribed not to that nature alone, as separate, but to the entire person, which is at the same time God and man (whether it is called God or man).

37] But in *hoc genere*, that is, in this mode of speaking, it does not follow that what is ascribed to the person is at the same time a property of both natures, but it is distinctively explained what nature it is according to which anything is ascribed to the person [etc.]

28. Nombre d'historiens réduisent à trois la théorie des « quatre genres », en éliminant le genre tapéinotique. On n'a plus alors qu'une théorie des « trois genres », comme chez la majorité des théologiens luthériens. C'est le cas, par exemple, de C.R. Trueman, « Reformation », *in* G. Jones (éd.), *The Blackwell Companion to Modern Theology*, John Wiley & Sons, 2008, p. 158 (p. 147-161) : « The first, the genus *idiomaticum*, refers to the predication of the attributes of both natures to the one person of the mediator : *e.g.* Jesus Christ, the one human being, suffers and dies. The purpose of this is to emphasize the unity of the person over the alleged Nestorianism of the Reformed. The second, the genus *maiestaticum*, refers to the hypostatic relationship of the human nature of Christ within the union. The human nature is only constituted as a person in the

context of the union (it is, in itself, anhypostatic, to use the patristic phrase of Leontius of Byzantium). This genus also refers to the transfer of properties within the person between the divine nature and the human nature and accounts for the ubiquity of Christ's flesh. Thirdly, the genus *apotelesmaticum* emphasizes the fact that nothing is done by either nature of the Mediator without the full communion and cooperation of the other. » Les réformés, note l'auteur, n'acceptent que le genre idiomatique, dont ils réduisent drastiquement la portée réelle ou réale, et rejettent le majestique : « Of these three, the Reformed obviously rejected the second genus, the maiestaticum, as this crystalized the point of disagreement between the two confessions, and tended only to adhere to the first, the idiomaticum, which they tended to understand only as referring to a verbal peculiarity and not, as the Lutherans, as referring to the real attribution of both sets of properties to the person who really bears them. »

29. *Cf.* M. Chemnitz, *De duabus naturis*..., p. 162 : « In primo [...] genere, vel singularum naturarum, vel unius naturae Idiomata, in sese distincte considerantur, ac nihilominus tribuuntur personae, sed secundum unam illam naturam, cuius sunt propria, Vel sicut Lutherus inquit in confessione de Coena : Persona Christi agit iam secundum hanc, iam secundum illam naturam. »

30. *Cf.* M. Chemnitz, *De duabus naturis*..., p. 162-163 : « In secundo vero gradu seu genere, consideratur opus ad quod utriusque naturae actiones concurrunt, aut consideratur quod una natura agat cum communicatione alterius, quod cuiusque proprium est. Ac quae in hoc genere personae tribuuntur, conveniunt ipsi, non secundum unam tantum, sed secundum utramque naturam. »

31. *Cf.* D. Strauss, *Vie de Jésus ou Examen critique de son histoire*, *Dissertation finale*, p. 716 sq. qui s'appuie, principalement, sur la *Formule de Concorde* et sur le *De duabus* de Chemnitz. Voir, en outre, p. 726-727, les pages où Strauss expose comment le « système doctrinal de l'ancienne Église sur la personne et l'œuvre du Christ a passé aussi dans les confessions de l'Église luthérienne ».

32. Chemnitz rejette formellement le genre tapéinotique (GT). Présentant GM il écrit qu'il n'admet pas la réciproque (donc GT). *Cf.* M. Chemnitz, *De duabus naturis*..., p. 164 : « Et illa communicatio non est mutua seu reciproca, sicut in primo genere, sed cum divinae Christi naturae, ex hypostatica unione, nihil vel accedat vel decedat, Humane ipsius natura innumerabilia, ex hypostatica illa unione realiter accepit et habet » (même doctrine p. 252) ; *Two*

Natures, p. 165 : « This communication is not mutual or reciprocal, as in the first genus, for since nothing is either added to or subtracted from the divine nature of Christ as a result of the hypostatic union, only His human nature receives and possesses innumerable things because of this union. »

33. Selon Chemnitz, *De duabus naturis...*, p. 167, les trois premiers genres figurent dans le *De fide orthodoxa*. Pour le premier, (« quando proprietas uni natura conueniens tribuitur personae in concreto ») il renvoie au livre III, chap. 4 (= ΚΕΦΑΛΑΙΟΝ 48) ; pour le deuxième (« quando duarum naturarum operationes, una locutione comprehenduntur ») au livre III chap. 19, et de préciser : « Idem aliquoties repetit, vtramque naturam agere *meta koinônias*, cum communicatione alrerius, quod cuiuſque proprium eſt » ; pour le troisième, au livre IV, chap. 19, et III, chap. 7 et 17.

34. Martin Luther, LO I, 125 ; WA 1, 354.

35. Y. Labbé, *Le Sens et le Mal : théodicée du Samedi saint*, préface de C. Bruaire, Paris, Beauchesne, 1980, p. 427.

36. Le chiasme joue un rôle fondamental dans la théologie de la Croix : outre le chiasme des propriétés, ubiquité (divine) et souffrance (humaine), entre les natures divine et humaine du Christ, c'est la même figure croisée qui commande la relation de l'homme et de l'*opus alienum* de Dieu, « l'œuvre étrangère », qui conduit l'homme à « l'œuvre propre » (*opus proprium*) de la grâce, par la Croix, la souffrance et la mort : ce que l'on appelle la « voie » du paradoxe. La vie du chrétien est de « se tenir *sub contrario* » par la foi. Comme l'écrit C. Sommer, « Notes » à M. Heidegger, « Le problème du péché... », n. 10, p. 271-272, « la foi seule peut voir [la] Gloire cachée, *sub contrario*, dans la passion et dans la Croix ». « Le chrétien, par conséquent, se tient *sub contrario* et voit la Gloire dans la Croix, la vie dans la mort, la sagesse dans la folie, la joie dans la souffrance, la force dans la faiblesse, etc. » C'est ce que dit le *Serf-arbitre* (*De servo arbitrio*) de 1525 : « La foi concerne les choses qu'on ne voit pas. Par conséquent, il n'y a de foi que si les choses auxquelles je crois sont cachées. *Mais où seraient-elles mieux cachées que sous une apparence, un sentiment ou une expérience contraires ?* Si donc Dieu veut nous rendre vivants, il nous tue ; s'il veut nous justifier, il le fait en nous rendant coupables ; s' il veut nous ouvrir le ciel, il nous plonge dans l'enfer » (*Œuvres*, t. V, p. 51 ; WA 18, 633). La « relation d'entrelacement » des « deux manières d'opérer selon la "logique de la Croix"» est chiasmatique. Elle correspond à un nouveau statut de PNC, un nouveau statut de la contradiction, qui permet de penser la Gloire comme

cachée *sub contrario* dans la Croix, et la rend ainsi accessible à la seule foi – elle fait du plus visible, la Gloire, le plus caché, objet de la foi seule. La majesté est cachée dans l'humiliation : c'est là qu'elle se laisse saisir par la foi. Parallèlement ou, plutôt, réciproquement, le thème de l'exinanition passe du Verbe à l'homme lui-même : l'homme doit se « vider de lui-même », se « dégonfler », anéantir tout ce qui est en lui, et dont il se « gonfle » devant Dieu. Nouvelle flèche décochée à la théologie de la Gloire, à « cette sagesse, qui considérant les choses invisibles de Dieu telles qu'elles sont comprises à partir de ses œuvres » (Rm 1, 20), « enfle, aveugle et endurcit totalement » (WA 1, 36, *Œuvres*, t. I, p. 137, cité par SOMMER, « Le problème du péché... », n. 18, p. 276-277).

37. Y. LABBÉ, *Le Sens et le Mal...*, p. 427.

38. Cf. *ibid.*, p. 427, n. 42, qui s'appuie sur M. LIENHARD, *Martin Luther, témoin de Jésus-Christ. Les étapes et les thèmes de la christologie du Réformateur*, Paris, Cerf, 1973, p. 352-353 et 238-239.

39. Le rapport de la théologie de la Croix et du chiasme des propriétés est complexe. On peut y voir un conflit débouchant sur une crise ou, à l'opposé, une contradiction sciemment assumée. Le rejet du genre majestique chez certains luthériens correspond de fait à un trait fondamental de la théologie de Luther, que C. SOMMER, « Le problème du péché... », n. 20-22, p. 279-281, exprime parfaitement en mettant deux éléments en relief : 1° la théologie de la Croix est, on vient de le voir, une théologie du paradoxe, une théologie paradoxale : une « *theologia paradoxa*, selon l'expression de Luther [...], car elle promeut la connaissance de Dieu [...] par "Christ crucifié" (I Co 1, 22-23) ». Sommer commente : « Le théologien de la gloire cherche les choses invisibles de Dieu (les *invisibilia Dei* de Rm 1, 20) ; le théologien de la croix se borne aux choses visibles mais, paradoxalement, cachées dans la croix et dans la passion » (n. 21, p. 280) ; 2° « ce qui est au-dessus de nous n'est rien pour nous » (« *Quae supra nos, nihil ad nos* ») : « la théologie spéculative de Denys et la tradition néo-platonicienne cherchent le Dieu caché dans la majesté » (« *Deus absconditus in majestate* »), alors qu'il faut « se tourner vers le Dieu incarné et caché dans la croix » *(ibid.)*. La question du « dieu caché » complique singulièrement la vision que l'on peut avoir de la théologie de la Croix en s'en tenant à une simple description du dispositif des quatre genres de prédication. Elle rend encore plus difficile l'élucidation du double rapport entretenu par le jeune Heidegger avec Luther et Maître Eckhart. Comme l'écrit SOMMER : « ... une étude de l'influence supposée de la théologie

négative sur Heidegger devrait prendre en compte la critique luthérienne, sans oublier le relais important qu'est Maître Eckhart et, dans une moindre mesure, Tauler. Heidegger lui-même, en 1920-1921, situe l'origine de la problématique de toute la théologie négative médiévale dans Paul, 2 Th 2, 10 (cf GA60, 109-110) » *(ibid.)*. Nous y reviendrons, je l'espère, en 2017-2018, dans le second volet du cours sur Heidegger, Foucault et le Moyen Âge.

40. On ne peut rattacher à un épisode précis la genèse de l'idée d'« abaissement intérieur de Dieu » chez Eckhart. En fait, il semble que l'essentiel en soit acquis dès sa première œuvre connue, le *Sermon pascal* prononcé à Paris en 1294, durant les années d'étude : l'équivalence entre la pauvreté ou l'humilité des théologiens et le « mépris du monde » selon les philosophes (§ 7), le rapport entre l'humilité et la grâce expliqué théologiquement et philosophiquement (§ 8), la présentation de l'eucharistie des pauvres et des humbles en termes dionysiens de « déification dans la forme de l'un *(in uniformem deificationem)* » (§ 15), la définition de l'humiliation comme « intériorisation » (d'après Michée 6, 14 : *Humiliatio tui in medio tui*), c'est-à-dire comme inhabitation intérieure du Verbe, prolongeant la grâce de l'Incarnation (n. 14).

41. L'homme noble, l'homme pauvre, l'homme humble, en un mot : l'homme *détaché*, trouvent le bonheur sans le chercher au-dehors, sans « sortir ». L'homme détaché trouve la félicité en lui-même. Sa parfaite humilité abaisse Dieu intérieurement.

42. Jn 1, 12-13.

43. Sur le chemin qui va d'Eckhart à Luther, voir A. DE LIBERA, *« Eyn deutsch Theologia »* préface à *Anonyme de Francfort. Le Petit Livre de la vie parfaite*, traduction de G. PFISTER (Collection Ivoire), Paris, Arfuyen, 2000, p. 5-16.

44. La dialectique de l'humiliation et de l'élévation aboutit à une pensée qui bouleverse Eckhart lui-même : « l'abaissement intérieur » de Dieu. L'« abaissement » de Dieu est l'Incarnation, c'est le premier acte de l'humilité divine, moment primordial de la divinisation salvifique de l'homme. L'« abaissement *intérieur* » est le second moment de l'humiliation de Dieu : l'Inhabitation du Verbe, grâce instauratrice de déiformité. Comme l'explique *Comm. Jn*, n. 117, Dieu « s'est fait chair afin d'habiter en nous », et, plus loin, n. 177 : « La grâce de l'Incarnation est en vue de la grâce d'Inhabitation. »

Cours du 7 mars 2016

Première heure

La kénose selon Maître Eckhart. — Inhabitation intérieure du Verbe et Incarnation. — Jn 1, 14 : il a habité/il s'est fait habitus *en nous ; « *habitavit, *id est* habituavit *in nobis ». — « Dieu s'est fait homme pour que l'homme soit fait Dieu ». — Détachement,* abegescheidenheit, *et délaissement,* gelazenheit. *— Le détachement/délaissement, l'*abegescheidenheit/gelazenheit *sont les noms allemands de l'*apatheia *– et non seulement de l'*apatheia, *mais dans leur articulation, de la « souffrance impassible » ou « impassibilité souffrante », le* pathoi apathos *de Cyrille d'Alexandrie. — Les deux voies de la mystique rhénane. — Le détachement avec Eckhart : la compassion avec Suso. En termes patristiques : l'*apatheia *et le* pathos. *— La double numérotation des sermons allemands de Maître Eckhart : le nouveau classement suit l'ordre liturgique, distinguant sermons «* De tempore *» et sermons «* De sanctis *». — Analyse d'un texte tiré du* Traité du détachement (« Vom abegescheidenheit »). *— Le détachement est la vertu suprême. — Impassible et/ou immuable, il est supérieur à l'amour, à l'humilité et à la miséricorde. — Le détachement comme liberté suprême et vide suprême. — Rejet du théopaschisme. — L'angoisse du Christ à Gethsémani, la souffrance de Marie au pied de la Croix vont de pair avec le détachement immuable. — Reprise et réinterprétation de la distinction entre homme intérieur et homme extérieur : l'homme intérieur « persiste dans le détachement immuable ». — L'image de la porte et du gond. — L'homme extérieur est mû : il fait ou subit ; l'homme intérieur demeure immuable et détaché. — Il est comme le gond autour duquel la porte pivote. — L'*unbewegelichiu abegescheidenheit *reprend la topologie cyrillienne de l'impassible dans le patient,* ὁ ἀπαθὴς ἐν τῷ πάσχοντι (σώματι). *— L'exemple de la porte est emprunté à Augustin. — La voie d'Eckhart n'est pas centrée sur la souffrance éprouvée par le Christ dans la Passion. — Il en va tout autrement chez son disciple Heinrich Seuse, dit « Suso » (1295-1366). — Description de l'œuvre de Suso. — Description de l'*Exemplar*, contenant ses quatre œuvres majeures : le Livre de la vie ; le Livre de la Sagesse éternelle ; le Petit Livre de la vérité; le Petit Livre des lettres. — L'originalité de l'*Exemplar*: le recours à l'iconographie. — La méthode de Suso : accéder au « sans image » par l'image, en « chassant l'image par l'image » (bild mit bilden us triben). —* Le Livre de la vie*: une autobiographie écrite à quatre mains par Suso et Elsbet, sa « fille spirituelle ». — Analyse d'une image du manuscrit strasbourgeois de l'*Exemplar*, ms. 2929, f° 57r, représentant les souffrances « christiformes » de Suso. — Analyse de l'épisode du « chiffon »* (fusstuch). *— Mortification et chevalerie spirituelle. — Analyse de l'image du f° 67r, représentant Suso en chevalier. — Analyse de l'image du f° 82r, décrivant l'intégralité de l'itinéraire spirituel du « Serviteur », la sortie de et le retour dans « l'abîme sans mode de l'éternelle déité sans commencement ni fin ». — Description et explication des étapes parcourues sur le chemin de la souffrance. — Eckhart et Suso habitent les deux versants de la « mystique » médiévale : au couple Passion-compassion susien répond le couple Incarnation-Inhabitation eckhartien. — Trois voies théologiques s'offrent ainsi : la Gloire, la Croix, le détachement. — L'imitation de Jésus-Christ est une des figures de la « compassion ». — Compassion, synalgie, codouleur, contagion : retour aux* Problemata. *— Compassion et partage de la douleur à distance, selon Pietro d'Abano. — Le rôle de l'imagination. — Compassion et cruentation. — La stigmatisation, forme suprême de la compassion.*

J'évoquais la semaine dernière le moment où Maître Eckhart découvrait le véritable sens de la kénose : une théorie de l'Incarnation/Inhabitation du Verbe comme abaissement intérieur, illustrée par une image géométrique : la projection d'une sphère sur un plan, où le pôle, abaissé, vient coïncider avec le centre du cercle auquel la sphère est ramenée – mouvement que le *sermon latin* 24/1 sur l'humilité, méditant en sous-main l'articulation de la kénose et de l'apothéose, décrit comme jouant dans les deux sens : ascension et descente. « Le centre d'un cercle si l'on imagine qu'il s'élève dans la sphère devient un pôle, et inversement, si la sphère est expulsée dans un plan, le pôle devient le centre ».

L'idée d'un Dieu « abaissé non pas totalement, mais intérieurement » plaît tellement à Eckhart, que, dit-il, « il l'écrit aussitôt dans son livre ». Quel livre ? Sans doute un cahier de brouillon pour ses sermons allemands, enrichi et retouché au long du temps, des voyages et des prédications diverses [1] – un « petit livre », *ein hantbuoch*, un « manuel », comparable aux *Retractationes* de saint Augustin, « dans lequel, dit il, était écrit tout ce qu'on ne pouvait pas comprendre dans les autres » [2]. Un certain nombre de thèses d'Eckhart, le plus grand théologien allemand du XIVe siècle [3] – troisième Allemand à avoir obtenu le titre de maître en théologie de l'université de Paris (le premier étant Albert le Grand, le maître Albert de la *place Maubert*, le second Dietrich von Freiberg) et deux fois maître régent en acte à la faculté de théologie de l'université de Paris (un honneur qui n'avait été jusque-là réservé qu'à Thomas d'Aquin) – ont été condamnées en 1329, *post mortem*, par Jean XXII, premier pape d'Avignon, par la bulle *In Agro dominico*, au terme – il y a une « première fois » pour tout – du premier procès d'inquisition intenté à un dominicain. Ce procès a été intenté à Cologne, par l'archevêque de Cologne et sur dénonciation, comme c'était l'usage, de deux frères dominicains d'Eckhart [4]. La théorie eckhartienne de la kénose n'a pas été pour autant éradiquée – c'est le moins qu'on puisse dire. La thèse centrale en est l'articulation de l'Incarnation et de ce qu'on appelle l'Inhabitation intérieure – l'*Einwohnung* – du Verbe. Rappelez-vous le jeu de mots sur *habitavit-habituavit* – il a habité / il s'est fait *habitus* – évoqué le 8 février dernier à propos de l'exégèse de Jn 1, 14 : Καὶ ὁ Λόγος σὰρξ ἐγένετο καὶ ἐσκήνωσεν ἐν ἡμῖν ; *et Verbum caro factum est et habitavit in nobis*.

L'Incarnation continue dans l'Inhabitation : le plan de sauvetage économique, rappelais-je la semaine passée dans les derniers instants du cours, trop rapidement donc, c'est la possibilité pour l'homme de devenir par grâce ce que le Fils est par nature, de devenir tous fils par adoption. L'Incarnation, premier acte de l'humiliation divine est le moment initial, inaugural, mais jamais interrompu, de la divinisation salvifique de l'homme. L'« abaissement intérieur », l'Inhabitation du Verbe, en est, précisément, la continuation, par la grâce instauratrice de déiformité. Comme l'explique le *Commentaire de Jean*, § 117, Dieu « s'est fait chair afin d'habiter en nous », et, plus loin, § 177 : « La grâce de l'Incarnation est en vue de la grâce d'Inhabitation ».

Ces formules de Maître Eckhart sont issues d'une thèse tout ce qu'il y a de plus chrétienne, qui remonte à Irénée de Lyon :

> ... la raison pour laquelle le Verbe s'est fait homme et le Fils de Dieu, Fils de l'homme : afin que l'homme, en entrant en communion avec le Verbe et en recevant ainsi la filiation divine, devienne fils de Dieu [5].

Cette thèse d'Irénée est attestée sous d'autres plumes autorisées, par exemple celle d'Athanase d'Alexandrie dans « Sur l'incarnation » [6]. Eckhart a pu aussi la trouver dans un des grands « instruments de travail » des maîtres en théologie des XIIIe et XIVe siècles, à savoir les *Postilles* ou *apostilles* d'Hugues de Saint-Cher, qui sont un recueil de commentaires de l'Écriture. Dans une des apostilles sur Jn 1, vous trouvez : « Dieu s'est fait homme pour que l'homme devienne Dieu, non par nature mais par grâce » [7].

Voilà la thèse de Maître Eckhart formulée d'avance. Quelle est son originalité propre, me direz-vous ? Elle est d'énoncer les conditions de l'inhabitation intérieure. La principale est décrite sous le nom de « détachement », l'*abegescheidenheit* : c'est le « délaissement » ; la *gelazenheit*, c'est le dépouillement ; l'*ent-bildung*, à savoir, littéralement, la « désimagination » [8], l'abandon ou dépassement des images ou représentations, mais également – car Eckhart est un des créateurs de la prose philosophique et théologique allemande – une traduction du mot grec de Denys l'Aréopagite, qu'on trouve déjà chez Aristote : l'*aphairesis*, l'abstraction, la séparation. C'est moi qui traduit *gelazenheit* par « délaissement », mais ce terme a une longue histoire, c'est aussi le titre d'un texte de Heidegger – *Gelassenheit* –, qui a été traduit par « sérénité ». J'ai essayé de faire entendre dans ce mot le *lassen*, autrement dit : le « laisser », qu'on a dans « laisser être » ou « laisser faire » [9].

Pour reprendre l'intitulé du cours de Michel Zink, dont je vous recommande d'écouter l'admirable leçon de clôture du 10 février dernier, Maître Eckhart, le prédicateur, parle dans une large mesure aux « gens simples » : c'est à eux – au-delà des religieuses dominicaines, dont il avait statutairement la *cura animarum* – que sont destinés les sermons allemands. La figure théologique de l'homme détaché, délaissé, dépouillé est présentée par Eckhart dans sa prédication allemande dans le langage de tous les jours, sous les noms d'homme *noble*, d'homme *pauvre* et d'homme *humble*. Parler aux simples, c'est d'ailleurs ce que lui reproche la bulle de Jean XXII : avoir « exposé sa doctrine principalement dans ses prédications devant le vulgaire crédule ». Soit dit en passant, quand je lis les sermons allemands je suis époustouflé par le niveau de réception exigé du « vulgaire crédule » !

Le détachement/délaissement, l'*abegescheidnheit/gelazenheit* sont les noms allemands de l'*apatheia* – et non seulement de l'*apatheia*, mais dans leur articulation, de cette « souffrance impassible » et de cette « impassibilité souffrante », du *pathoi apathos* de Cyrille d'Alexandrie. Rappelez-vous la deuxième lettre à Nestorius : ἦν γὰρ ὁ ἀπαθὴς ἐν τῷ πάσχοντι σώματι, dans le corps souffrant était l'impassible, *within the suffering body was the Impassible*. Eckhart ouvre de nouvelles pistes. Ou plutôt, c'est à partir de lui que s'ouvre une des alternatives, que s'effectue l'un des partages majeurs dont est issue notre modernité : celui que l'historiographie aborde traditionnellement à travers l'opposition du « mysticisme spéculatif » et de la « mystique affective », encore appelée « sponsale » ou « féminine » [10].

Je ne puis entrer ici dans les détails, car il ne nous reste que deux séances, mais je peux, en me centrant sur un thème et un terme – le *détachement* –, mettre en place les tenants et aboutissants, les éléments théoriques du « partage des partages », qui fonde et structure archéologiquement en sa dernière formulation médiévale une des problématiques modernes, je pourrais presque dire « la » problématique moderne du sujet de la passion.

Maître Eckhart a eu des disciples en Allemagne – à Erfurt, à Strasbourg, à Cologne. Le plus célèbre, le plus proche, le plus impliqué est Heinrich Seuse, qui n'a pas craint de rédiger un livre – le *Petit Livre de la vérité* – pour défendre Eckahrt en plein procès d'inquisition[11]. Mais il y a trois périodes dans l'activité de Suso. La première, d'intense activité doctrinale, à Cologne, auprès d'Eckhart. La deuxième, consacrée à la *cura animarum* à Constance, et dans un cercle toujours plus large, faite de visites spirituelles dans les couvents de dominicaines, à Katharinental près de Diessenhofen, à Ötenbach près de Zurich, à Adelhausen près de Fribourg en Brisgau, à Unterlinden près de Colmar, et surtout à Töss, près de Winterthur, où résidait Elsbeth Stagel, sa principale « fille spirituelle » – coautrice de son autobiographie[12]. La troisième période est à Ulm, qui prolonge sans grand changement celle de Constance. C'est là que Suso achève son « autobiographie » et confectionne son testament spirituel sous la forme de l'*Exemplar*. Entre la période de Cologne, auprès de Maître Eckhart, et celles de Constance et d'Ulm, il y a un tournant, une cassure. Le Seuse de Cologne était un « eckhartiste » militant ; celui de Constance et d'Ulm prend une autre direction, où l'imitation de Jésus-Christ prend la première place et, avec elle, la souffrance du Crucifié[13].

Au XIVe siècle, deux pistes s'ouvrent décisivement : avec Eckhart, celle du détachement, conditionnant la naissance intérieure ou inhabitation intérieure du Verbe, avec Suso, celle de la macération et de l'ascèse, la voie de la souffrance, la voie de la compassion[14]. Naturellement, on ne peut opposer rigoureusement les deux voies au départ. Mais avec le temps, la différence se creuse, le choix se fait explicite. Si j'avais à l'exprimer en grec, je dirais : c'est soit l'*apatheia*, soit le *pathos*. Dans le sermon 73 ou, plutôt, 70 – car il y a maintenant deux numérotations pour les sermons de maître Eckhart (il faut suivre à présent celle introduite par Loris Sturlese, qui a renuméroté les sermons en fonction de l'ordre liturgique, c'est-à-dire de l'ordre dans lequel ils ont été prononcés dans l'année, soit au titre des sermons *De tempore*, soit au titre des sermons *De Sanctis* : deux périodes, deux semestres, en gros, de l'année liturgique [15]) –, dans le sermon 70, donc, prononcé un 21 mars pour la saint Benoît, sur un passage (« aimé de dieu ») tiré du Siracide – dans l'ancienne appellation : l'Ecclésiastique, 45, 1, Eckhart s'écrie :

> Je suis souvent effrayé, quand je dois parler de Dieu, du détachement total que doit avoir l'âme qui veut parvenir à l'union [16].

Le détachement que doit posséder le prédicateur au moment de prêcher à propos du détachement que doit posséder l'âme pour parvenir à l'union avec Dieu : voilà ce qui effraie Eckhart. Voilà ce qu'il écrit dans un opuscule d'attribution contestée – mais à mon sens sans raisons décisives – le traité précisément intitulé : « Du détachement », *Vom abegescheidenheit* [17]. Le détachement, qui est dit « immuable », *unbewegelichiu abegescheidenheit*, où « immuable » a aussi bien le sens d'*impassible*, est la vertu suprême. Eckhart la place au-dessus de l'amour *(die minne)*, de l'humilité *(dêmüeticheit)* – telle que l'entendent les maîtres –, et au-dessus de la miséricorde *(barmherzicheit)* ou pitié.

> Le vrai détachement signifie que l'esprit se tient immuable dans tout ce qui lui arrive, que ce soit agréable ou douloureux, un honneur ou une honte, comme une montagne de plomb reste immuable sous un vent léger *(als ein blîgîn berc unbewegelich ist gegen einem kleinen winde)*. Rien ne rend l'homme plus semblable à Dieu que ce détachement immuable *(Disiu unbewegelichiu abegescheidenheit bringet den menschen in die groeste glîcheit mit gote)*. Car que Dieu soit Dieu, cela repose sur son détachement immuable : de là découlent sa pureté, sa simplicité et son immutabilité *(Wan daz got ist got, daz hât er von sîner unbewegelîchen abegescheidenheit, und von der abegescheidenheit hât er sîne lûterkeit*

> *und sîne einvalticheit und sîne unwandelbarkeit)*. Si donc l'homme doit devenir semblable à Dieu (dans la mesure où l'égalité avec Dieu peut échoir à une créature) cela ne peut arriver que par le détachement *(daz muoz geschehen mit abegescheidenheit)*. Le détachement conduit l'homme à la pureté, de la pureté à la simplicité, de la simplicité à l'impassibilité, toutes choses qui apportent une ressemblance entre Dieu et l'homme *(Diu ziuhet danne den menschen in lûterkeit und von der lûterkeit in einvalticheit und von der einvalticheit in unwandelbarkeit, und diu dinc bringent eine glîcheit zwischen gote und dem menschen)*. Et cette ressemblance doit être produite par la grâce, car la grâce retire l'homme de toutes les choses temporelles et le purifie de tout ce qui est passager. Sache-le : être vide de toutes les créatures, c'est être plein de Dieu ; être rempli de toutes les créatures, c'est être vide de Dieu [18].

Éloge du détachement, qui est aussi un éloge de la vacuité, dont le nom allemand peut être aussi celui de « liberté ». Être *ledic* c'est être à la fois libre et vide, comme lorsqu'on demande : « Est-ce que cette place est libre ? ».

Eckhart rejette hors de Dieu tout théopaschisme, toute passion. Le « détachement immuable » de Dieu, qui était, est et demeure, n'est troublé par rien : ni par la création, ni par l'Incarnation, ni par les prières ni par les bonnes œuvres de l'homme.

> Dans ce détachement immuable, Dieu s'est tenu, et se tient encore, éternellement *(got in dirre unbewegelîchen abegescheidenheit ist êwelten gestanden und noch stât)*. Même quand il créa le ciel et la terre et toutes les créatures cela ne touchait pas plus son détachement que s'il n'eût jamais rien créé. Je dis en outre : toutes les prières et toutes les bonnes œuvres que l'homme peut accomplir ici dans le temps, le détachement de Dieu en est aussi peu touché que s'il n'y avait absolument rien de tout cela, et Dieu n'en est en rien plus clément ou mieux disposé envers l'homme que s'il n'avait jamais fait ces prières ou accompli ces bonnes œuvres. Je dis davantage : même quand au sein de la déité le Fils voulut devenir homme et le devint et souffrit le martyre, cela ne toucha pas plus l'immuable détachement de Dieu que s'il n'était jamais devenu homme *(Ich spriche ouch mêr : dô der sun in der gotheit mensche werden wolte und wart und die*

marter leit, daz gienc die unbewegelîche abegescheidenheit gotes alsô wênic ane, als ob er nie mensche worden waere).

Évoquant Mt 26, 38 – « Mon âme est triste jusqu'à la mort », ἐστιν ἡ ψυχή μου ἕως θανάτου, autrement dit la tristesse, l'angoisse proprement psychique précédant la prière d'agonie et la première formulation du refus de la coupe (en Mt 26, 39), – un des cas, où sans équivoque, il est question d'une souffrance du Christ –, Eckhart étend à la fois au Christ et à Marie, au pied de la Croix, le « détachement immuable » entendu comme une sorte d'impassibilité souffrante ou plutôt d'impassibilité dans la souffrance (sur la base de la distinction augustino-paulienne de l'homme intérieur et de l'homme extérieur, une fois de plus attribuée aux « maîtres »).

On pourrait encore objecter : Le Christ avait-il aussi le détachement immuable quand il s'écria : *Mon âme est triste jusqu'à la mort !* et Marie quand elle était debout au pied de la Croix ? – et l'on parle pourtant beaucoup de ses plaintes : comment tout ceci s'accorde-t-il avec le détachement immuable ? Eh bien ! dans chaque homme se trouvent à proprement parler, comme l'enseignent les maîtres, deux hommes : d'une part l'homme extérieur ou sensuel ; au service de celui-ci sont les cinq sens, qui d'ailleurs reçoivent aussi en réalité leur pouvoir de l'âme ; d'autre part l'homme intérieur, l'intériorité de l'homme.

Allons plus loin : l'homme extérieur peut exercer une activité, cependant que l'homme intérieur en reste néanmoins entièrement dégagé et immuable ! Eh bien, même dans le Christ, tout comme dans Notre-Dame, il y avait un homme extérieur et un homme intérieur, et tout ce qu'ils exprimèrent en ce qui concerne les choses extérieures, ils ne le firent que du point de vue de l'homme extérieur, et l'homme intérieur en eux persistait dans un détachement immuable. C'est de cette manière que le Christ a aussi prononcé les paroles : *Mon âme est triste jusqu'à la mort* ! Et quelques plaintes et gémissements que fît entendre Notre-Dame elle n'en restait pas moins toujours dans son intérieur dans un détachement immuable *(Und alsô redete Kristus, dô er sprach : 'mîn sêle ist betrüebet biz in den tôt', und swaz unser vrouwe klagete, und ander rede, die si tete, sô stuont doch alzît ir inwendicheit in einer unbewegelîchen abegescheidenheit)*. Prenez une

> comparaison. À la porte appartient le gond dans lequel elle tourne : je compare la planche de la porte à l'homme extérieur et le gond à l'homme intérieur. Si la porte est ouverte ou fermée, la planche de la porte se meut bien ici et là, mais le gond reste immuable en un seul lieu et n'est pas touché par le mouvement *(Und nim des ein ebenbilde : ein tür gât in einem angel ûf und zuo. Nû glîche ich daz ûzer bret an der tür dem ûzern menschen, sô glîche ich den angel dem innern menschen. Sô nû diu tür ûf und zuo gât, sô wandelt sich daz ûzer bret hin und her, und blîbet doch der angel an einer stat unbewegelich und enwirt dar umbe niemer verwandelt)*. Il en est de même ici.

On peut faire deux choses en même temps ou plutôt à la fois faire et ne pas faire, subir et ne pas subir : l'homme extérieur fait ou subit, l'homme intérieur reste immuable, détaché. À l'exemple du gond, autour duquel la porte pivote, s'ouvre ou se ferme, l'homme intérieur demeure stable, fixe, immuable, indifférent au mouvement que, pourtant, il rend possible. Au pied de la lettre on peut dire qu'Eckhart reprend avec l'idée d'*unbewegelichiu abegescheidenheit* la topologie cyrillienne de l'impassible dans le patient, ὁ ἀπαθὴς ἐν τῷ πάσχοντι (σώματι).

L'exemple du gond est remarquable : Eckhart applique au détachement immuable ce qu'Augustin – qui est le premier à utiliser l'image – applique à la volonté, à la *motion*, non locale, du *corps*, localisé, par *l'âme*, non localisée, faisant de la volonté à la fois un « moteur qui meut ce qui est muable sans changer soi-même » (*De immortalitate animae*, III, 4) et le « mouvement par lequel l'âme immobile meut *par elle-même* localement le corps mobile » (vous trouvez ceci dans la huitième des *83 Questions* d'Augustin) [19].

> Quiconque sent en lui une volonté, sent que son âme se meut par elle-même. En effet, quand nous voulons, ce n'est pas un autre qui veut pour nous. Et ce mouvement de l'âme est spontané, car c'est Dieu qui le lui a donné. Mais ce mouvement ne se fait pas d'un lieu à un autre comme celui du corps ; car c'est le propre du corps que d'être mû localement. Et puisque par la volonté, c'est-à-dire par un mouvement qui n'est pas local, l'âme meut cependant son corps localement, ce n'est point une preuve

qu'elle subisse elle-même un mouvement local. Ainsi, nous voyons un objet se mouvoir sur un gond à travers un grand espace, bien que le gond lui-même reste immobile.
Moveri per se animam sentit, qui sentit in se esse voluntatem. Nam si volumus, non alius de nobis vult. Et iste motus animae spontaneus est ; hoc enim ei tributum est a Deo. Qui tamen motus, non de loco in locum est tamquam corporis ; localiter enim moveri corporis proprium est. Et cum anima voluntate, id est, illo motu qui localis non est, corpus suum tamen localiter movet, non ex eo demonstratur et ipsa localiter moveri. Sicut videmus a cardine moveri aliquid per magnum spatium loci, et tamen ipsum cardinem non moveri loco [20].

Le Christ en Croix, la folie de la Croix, la souffrance de la Passion ne jouent pas un rôle central dans la spiritualité eckhartienne. La souffrance n'y est pas valorisée pour elle-même, comme l'objet d'une imitation nécessaire. Le Christ dont parle Eckhart est « au-delà de la joie et de la peine », et ce qu'il propose comme modèle à imiter est moins sa souffrance, que son « détachement » et son « délaissement » au cœur de l'action comme de la passion. La spiritualité eckhartienne se boucle sur une équivalence ultime : l'homme humble, pauvre et noble est un homme détaché et délaissé. Elle ne fait appel à aucune expérience extraordinaire ou « affective », à aucune vision ou reviviscence de la souffrance éprouvée par le Christ lors de sa passion : elle appelle chaque chrétien à renaître dans le Christ.

Il en va tout autrement chez Suso (1295-1366), comme on peut le voir aisément en lisant la *Vita*, le *Livre de la Sagesse éternelle* ou *Le Petit livre de l'amour*. Suso fait une large place aux images dans le livre – l'*Exemplar* – qui regroupe quatre de ses œuvres majeures : *La Vita ; Le Livre de la Sagesse éternelle ; Le petit Livre de la Vérité ; Le Petit Livre des lettres* [21]. *Exemplar* c'est le livre-modèle, au sens de l'édition médiévale, quand l'auteur, ayant revu et mis la dernière main à une œuvre, la confiait à un stationnaire (un libraire-éditeur médiéval) pour qu'elle soit reproduite, copiée. Ce qui est donné à la copie c'est le modèle, et le modèle s'appelle *Exemplar* (alors que, pour nous, un « exemplaire », c'est plutôt une copie !) [22]. Suso explique qu'il se sert d'images, qu'il « parle en images » de « ce qui est au-dessus de tous les sens et au-dessus de l'intellect humain ». Mais comment parler en images de ce qui n'a pas d'image ? La réponse évoque le *point de passage* de la théologie symbolique et affirmative à la théologie négative et mystique de Denys : il faut « chasser l'image par l'image » *(bild mit bilden us triben)*. L'ensemble de l'œuvre est une production d'images *(mit bildgebender wise)*, de métaphores productrices d'images *(bildgebender glichnus)* destinées à la consommation finale dans le « sans image »[23]. Je cite :

> Comment peut-on traduire en images ce qui est sans images, et montrer le mode de ce qui n'a pas de mode, qui dépasse toutes les pensées et tout intellect humain ? Lorsqu'on trouve une similitude, celle-ci est mille fois plus dissemblable que ressemblante. Mais cependant, afin de chasser les images par les images, je te montrerai ici, autant qu'il est possible, par des images et en faisant des comparaisons, comment entendre en vérité ces mêmes pensées dépouillées d'images, et je terminerai ce long discours par de brèves paroles[24].

Dans la première partie de son autobiographie écrite à quatre mains avec sa disciple Elsbeth[25], Suso relate l'imitation de la souffrance du Christ, la « souffrance christiforme » que s'impose celui que le texte désigne comme « Le Serviteur » – le serviteur de la Sagesse éternelle, mais aussi, évidemment, une réminiscence du Serviteur souffrant d'Isaïe –, dans une accumulation vertigineuse où l'ingéniosité technique le dispute au désir du martyr[26].

Tout commence par une auto-impression. Suso écrit au stylet, sur sa poitrine, qui sera cachée ensuite par le tissu, le monogramme IHS. Il se stigmatise lui-même – terme sur lequel je reviendrai.

Les souffrances sont représentées dans tous les manuscrits connus de l'*Exemplar*, notamment dans une belle image du manuscrit 2929 de la Bibliothèque nationale et universitaire (BNU) de Strasbourg, f° 57r[27].

Cette image (voir figure 2) présente un « résumé des souffrances christiformes de Suso »[28]. On y trouve représentées les mortifications qu'il s'est imposées, avec la croix de bois hérissée de clous, où il se couchait[29], et les épreuves qu'il a subies, sans se les infliger lui-même, figurées par les attaques des démons, les morsures d'animaux, les mauvais traitements de ses frères (dominicains) qui lui tendent au bout d'une lance – comme le Centurion au Christ – une éponge de vinaigre. À ses pieds, un chien joue à déchirer un chiffon *(fusstuch)*.

C'est le rappel d'un épisode extrêmement important dans la *Vita* : la période de macération se termine lorsque, contemplant par la fenêtre le chien jouant avec le *fusstuch*, Suso comprend, sur le modèle des *Vies des Pères*, qu'il doit renoncer à ses pratiques de mortification pour des souffrances moins maîtrisables, de vraies souffrances, infligées par autrui. Tel un chevalier, il endure alors, comme dans un roman courtois, toutes les épreuves extérieures : diffamation, péril physique, trahisons, ou intérieures : doute, désespoir, mélancolie – épreuves tempérées par des visions consolatrices, où lui apparaît, notamment, Maître Eckhart lui-même.

L'épisode du *chiffon* est rapporté en ces termes dans la *Vita* :

> Un matin, après la messe, le Serviteur était assis tristement dans sa cellule, réfléchissant à ce qui lui était arrivé. Il était glacé. C'était l'hiver. Soudain, une voix dit en lui : « Ouvre la fenêtre de ta cellule, regarde et apprends ! » Il ouvrit. Il regarda. Il vit un chien qui courait à l'intérieur du cloître, tenant dans sa gueule un pauvre torchon pour les pieds. Il en faisait n'importe quoi : il le jetait en l'air, il le tirait à terre, il le mettait en lambeaux. Le Serviteur leva les yeux, poussa un profond soupir, et la voix lui dit au-dedans : « Tu seras pareil dans la bouche de tes frères. » Il pensa en lui-même : « S'il ne peut en être autrement, résigne-toi et vois comme le torchon se laisse maltraiter en silence. Fais la même chose ! » Il ramassa et conserva le torchon durant de longues années, comme si c'était un trésor précieux. Chaque fois qu'il était sur le point de céder à l'impatience, il le prenait en main, pour se reconnaître en lui, et cela l'aidait à garder le silence à l'égard des autres[30].

Le thème de la chevalerie spirituelle joue un rôle important. Dans le *Prologue* Suso rencontre un *aventúrer* (terme classique des romans de chevalerie d'Hartmann von der Aue ou de Wolfram von Eschenbach), « qui lui explique ce que sont joutes et tournois, et les durs combats que doit subir sans montrer peur ou défaillance celui qui aspire à l'honneur et à l'anneau » (*Vita*, chap. XLIV), le tout culminant dans une méditation sur Jb 7, 1, ponctuée par la vision d'un ange qui passe au doux Seuse les vêtements du reître – du *ritter* :

> Sois chevalier ! Jusqu'à présent tu n'étais qu'écuyer, et Dieu veut que tu sois maintenant chevalier [...]. Celui qui veut appartenir vaillamment à la chevalerie spirituelle de Dieu doit se trouver dans de bien plus grandes mêlées qu'en supportèrent jamais les héros célèbres des temps anciens (*Vita*, chap. XX).

Une autre image du manuscrit de Strasbourg, BNU 2929, f° 67r, illustre ce thème de la chevalerie spirituelle (voir figure 3).

Dans la partie inférieure gauche on voit un ange tendant du ciel à Suso, qui s'en saisit, la tenue de chevalier : chausses, surcot, écu. À droite, trois chevaliers caracolent, l'un portant l'emblème de Suso : IHS sur son bouclier. En haut à droite, il est accueilli par des anges à l'entrée du paradis, représenté par une échelle conduisant à la Vierge et au Christ trônant dans les cieux. Des anges musiciens font sonner leurs instruments dans les deux parties de l'image.

La première des trois parties que comporte le *Livre de la Sagesse éternelle* est un ensemble de vingt considérations sur la souffrance du Christ, rédigé sous forme de dialogue entre le Serviteur et la Sagesse éternelle, où Suso présente « la voie royale » de sa spiritualité : la nécessité du passage par la souffrance du Christ pour « accéder à la contemplation de la déité soustraite au devenir », de la déité « non devenue » *(ungewordenen gotheit)*. Cette « voie mystique » est « imagée » dans l'*Exemplar*.

Prenez l'image du manuscrit de Strasbourg, BNU 2929, f° 82r (voir figure 4). Vous voyez qu'il y a un trajet – une sorte de cordon ombilical relie toutes les figures, chacune ayant son commentaire[31]. Ce trajet consiste en une « sortie » et un « retour » dans le triple anneau, les trois cercles concentriques en haut à gauche, qui représentent l'insondable déité, la déité sans fond[32]. L'image correspond aux cercles qui se forment lorsqu'on jette une pierre dans un étang ou un bassin. « Ceci est l'abîme sans mode de l'éternelle déité sans commencement ni fin », dit la didascalie ou plutôt le phylactère – on a là comme une BD –, qui accompagne chaque image. De cette unité d'essence émanent les trois personnes de la Trinité. « Ceci est la Trinité des personnes dans l'unité d'essence dont parle la foi chrétienne ». Que voit-on ? le Père, l'Esprit et le Fils, *qui a une figure féminine*. Pourquoi ? Parce que la deuxième personne de la Trinité est « la sagesse du Père », donc *le Fils est aussi femme*. Émanant à son tour des trois personnes, un personnage ailé représente les anges, leur création, avec en dessous la chute des anges rebelles.

La nature humaine est, derechef, *symbolisée par une femme* : « ceci est la créature humaine, formée d'après la déité » – on est loin du passage du Lombard sur l'Incarnation, affirmant après Augustin que, pour « apparaître » comme un être humain, il fallait que le Christ apparût comme un *homme*, évoqué dans le cours du 22 février d'après le livre III des *Sentences*, distinction VI, chapitre IV.

En bas à droite, un chevalier armé tient sa dame par la main. Vous voyez que ce couple est hors circuit, il ne figure pas dans le trajet de la « sortie » et du « retour », ce qui veut dire que les amours humaines, l'amour du monde qui est aussi l'amour dans le monde, l'amour tel qu'on le connaît dans le monde, restent soumis à une seule issue : « *Diese ist der Tod* », celle-ci est la mort. Et de fait, vous la voyez derrière, la camarde, avec sa faux. Puis, une religieuse en prière, attachée par une chaine, en pénitence, représentant la vie spirituelle. « Je veux retourner à Dieu, dit-elle, car la vie est courte. » Comment faire ? Il faut passer par l'imitation de la Passion du Christ. Ici, le personnage est assailli, frappé de toutes parts : glaives, flèches, serpent, scorpion ; un chien s'apprête à le mordre. Après la souffrance, la dépression. Mais le Serviteur touche de sa main droite le pied du Christ crucifié et dit :

« C'est comme cela qu'il faut mourir, être crucifié avec le Christ. » Au-dessus de cette bonne mort, on trouve la sérénité de la vie contemplative, représentée par une femme assise dans une posture méditative. « Je m'abandonne au détachement, car il y a toujours eu trop de moi-même ». Ensuite, l'âme détachée de la vie active s'élève ; les sens sont désactivés ; les puissances de l'âme sont suractivées, et il y a la naissance de Dieu dans l'âme, à l'image de la Trinité. « Ici, l'esprit est absorbé dans la Trinité des personnes. » L'homme se retrouve alors enfin inclus dans le sein du Père. « Rien ne peut m'atteindre, car je suis en Dieu. » De là, la porte étroite étant franchie, toutes choses sont oubliées dans le *raptus*, le ravissement, car l'âme revient dans la Trinité, qui est sans fond ni mesure.

Souffrir en silence. Méditer la souffrance du Christ. Tel est le chemin pris par Seuse. La méditation de la souffrance du Christ, thème capital de la spiritualité de Suso, prépare l'âme à l'humilité absolue, celle de l'abaissement volontaire où, avant, pendant et après la Croix, s'accomplit le mystère de la mort rédemptrice. La contemplation de la souffrance de Jésus, libère l'âme de tout ce qui l'attache encore au monde. Dans le *Petit Livre de l'amour*, le « doux » Suso retrouve des accents chevaleresques pour dire l'entrée du chrétien « en lice », de la joie de l'amour à l'épreuve de la compassion, de la méditation de la mort à la « virilité » du combat. Une inspiration que l'on retrouve dans un des poèmes composant les « *Sentences* » où le chevalier est assimilé au martyr : « Preux chevaliers, prouvez ardeur, de souffrance n'ayez peur. Peut bien se retirer de crainte, en qui éternité reste empreinte. Ah ! montre-toi homme de cœur, jamais mollesse n'acquit d'honneur ! »

Voici un dernier texte de Suso, qui s'adresse au Christ :

> Ah ! maître très doux, qui me donnera de pouvoir mourir pour toi ?
> Car je désire que toute ma force meure avec toi, que tous mes os soient rompus en même temps que toi, que mon âme soit accrochée et pende avec toi.
> Oh ! Bienheureux celui qui meurt, celui qui, comme un lutteur plein de vigueur, entre en lice avec toi dans le combat des vertus.

> Celui que la douleur ne fait pas reculer, celui que la joie ne fait pas vaciller, parce qu'il combat avec toi fermement, et parce qu'il meurt tous les jours volontairement.
> N'est-il pas blessé d'une douce blessure, celui qui cherche avec constance tes blessures, celui qui, par cette contemplation, se libère de toute adversité ?
> *Consurge*, *consurge*, debout, debout, mon cœur, lève-toi, revêts la force divine, agis virilement, sois vaillant, sois hardi, n'aie pas peur, ne retourne pas en arrière ! Ne fuis jamais ! Mets sous ton regard ton roi, ton guide, qui s'est battu courageusement pour toi, qui a souffert pour toi blessures à mort, qui a vaincu la mort par l'amertume de sa mort, qui t'a prêté sa main droite pour te secourir !
> Mène joyeusement le combat de Dieu contre Goliath [33] !

Les deux versants de la « mystique » médiévale sont clairement distingués : avec Suso le couple Passion-compassion (sous le chef de l'Imitation), avec Eckhart le couple Incarnation-Inhabitation (sous le chef de la déification), à quoi correspondent deux visages du Christ : celui du Crucifié ayant souffert pour racheter le péché d'Adam, celui du Dieu fait homme, nouvel Adam, venu nous annoncer la possibilité d'être par grâce ce qu'il est par nature.

Il y a bien trois théologies comme je le suggérais la semaine dernière en concluant l'exposé de la théorie des quatre genres de prédications – idiomatique, apotélesmatique, majestique, et tapéinotique : une théologie de la Gloire, une théologie de la Croix et une théologie du détachement. Ou bien il y en a deux, mais chacune peut être compliquée, pluralisée : il y a plusieurs théologies de la Croix, plusieurs théologies de la Gloire, chacune ayant plusieurs aspects, plusieurs versants. La théologie du détachement est peut-être l'intersection de la Gloire et de la Croix – si, comme je le pense, le détachement mène à la déification (c'est-à-dire à la *theosis* des Pères grecs).

L'imitation de Jésus-Christ est une des figures de la compassion : elle est imitation appareillée, technique, de la souffrance du Christ, des *cinq douleurs*, comme on le voit dans les stratégies mises en place par Suso dans la *Vita*. Mais imitation n'est pas compassion. Reproduire une douleur n'est pas compatir. Ce n'est pas cette *pénible souffrance* que nous partageons par la pensée ou l'esprit, συναλγοῦμεν τῇ διανοίᾳ, cette synalgie, cette co-douleur que nous éprouvons sans le vouloir à la vue d'un corps souffrant. C'est une douleur provoquée, maîtrisée, rejouée, voulue.

La compassion véritable n'est pas voulue. C'est littéralement une co-douleur, une con-doléance. Mais c'est d'abord une imitation involontaire. Ce qu'essaient de comprendre l'Aristote des *Problemata* et son commentateur Pietro d'Abano, c'est cela : une réaction mimétique involontaire. Nous aurons la chance de disposer bientôt – dans les jours qui viennent – de la somme consacrée à la compassion par Béatrice Delaurenti : *La Contagion des émotions. 'Compassio', une énigme médiévale*, publié dans la collection des Classiques Garnier[34]. Cette con-doléance, cette synalgie éprouvée à distance – à petite distance, le cas échéant, mais sans contact direct, avec ceux qui sont soumis à des actes de chirurgie ou des châtiments corporels, qui sont « brûlé(s) par le feu comme dans les tortures et les cautérisations, ou contusionné(s) », « lapidé(s) ou écrasé(s) », « mutilé(s), blessé(s), jeté(s) d'une hauteur », ou à la simple vue, cette fois à distance, d'un funambule, marchant « là haut dans les airs », sur une corde tendue entre deux tours, de peur qu'il ne « perde son balancier et ne se lance dans l'abîme, dans un tourbillon de jambes et de bras », et que son corps ne tombe au sol, « déchiré et brisé, mais vivant encore », comme le dit Nietzsche dans le Prologue de *Zarathoustra*. Le sujet de la synalgie, Pietro d'Abano, médecin, le cherche dans la « faculté appréhensive intérieure occulte, qui est appelée *esprit (mens)* par Haly Abbas au livre IV de la *Theorica* – entendez la partie théorique du *Kitâb Kâmil as-sinâ'a at-tibbîya* de 'Alî ibn al-'Abbâs al-Majûsii, traduit sous le titre latin de *Pantegni* par Constantin l'Africain, puis en 1127, dans une version complète des 20 livres de médecine théorique et pratique, par Étienne d'Antioche – plus connu sous le titre de *Liber Regius*[35].

> Il faut noter que, pour qu'il y ait condouleur ou compassion, il n'est pas nécessaire que quelqu'un subisse en acte l'une des

> souffrances susdites, mais il suffit qu'il soit proche de celui qui souffre, parce que l'intellect perçoit ce qui se trouve à une petite distance *comme s'il ne lui paraissait pas distant*, comme cela est dit dans la *Physique* ; ou bien, il suffit aussi qu'il estime que quelqu'un souffre, même s'il ne souffre pas, comme cela arrive lorsqu'on observe ceux qui jouent là-haut dans les airs, sur des cordes tendues entre des tours : chez certaines personnes, en effet, la compassion est si forte qu'elles s'effraient en les voyant [36].

J'insiste dans ce passage sur la « petite distance ». Nous posions la question de savoir si l'on peut souffrir dans un autre corps que le sien ; eh bien, si la distance est faible, la discrimination qui se fait perceptivement entre mon corps et l'autre corps n'est pas suffisante pour que je n'éprouve pas ce qu'il est censé éprouver au moment où je le vois éprouver ce que manifestement il éprouve, quand on lui broie les os ou lui verse de l'huile bouillante sur le corps. Mais la même chose vaut là-haut pour le funambule. La distance, c'est moi qui la mets. La distance dépend de moi.

Tout roule sur la faculté imaginative ou imagination, la faculté cogitative ou discernement et la mémoire – je n'entre pas dans les détails : je me contente de noter que Pietro d'Abano ajoute aux causes mentionnées par le Pseudo-Aristote le « mouvement et la compassion provoquée dans les facultés d'imagination par l'imagination *(ymaginatio)* », que l'on peut observer – ou pouvait en tout cas observer au Moyen Âge, et dans quelques films d'épouvante aujourd'hui – dans le phénomène de la « cruentation », autrement dit de la reprise du saignement d'un cadavre en présence de son meurtrier, dû, selon certains, « au mouvement imprimé par le meurtrier dans sa victime par la force de sa puissante imagination *(ymaginatio)* et de sa fureur » – phénomène dont Alain Boureau a traité en détail [37].

Mais je reviens au Christ et à la Passion avec un grand « P ». Il y a en effet une forme de compassion radicale, de codouleur, qui pose un problème plus aigu encore que celui du danseur de corde à l'historien, mais aussi au philosophe, au théologien et plus récemment au psychologue et au psychiatre. Je veux parler de la stigmatisation. Attention : en matière de stigmatisation, il faut, comme ailleurs, refuser tout amalgame ! Pas d'amalgame sur la stigmatisation ! Par stigmatisation, je n'entends pas, comme en novlangue, une forme d'exclusion, de discrimination, de ségrégation, d'étiquetage, de « construction sociale de la déviance » – une acception qui, en fait, prolonge le sens du *stigma* latin : la marque imprimée au fer chaud par le maître sur la peau de l'esclave [38] – je n'entends pas même ces « stigmates » qu'Honoré de Balzac évoque dans la quatrième et dernière partie de *Splendeurs et misères des courtisanes*, qu'il n'a pas intitulée par hasard « la dernière *incarnation* de Vautrin » :

> Il en est du vol et du commerce de fille publique, comme du théâtre, de la police, de la prêtrise et de la gendarmerie. Dans ces six conditions, l'individu prend un caractère indélébile. Il ne peut plus être que ce qu'il est. Les stigmates du divin sacerdoce sont immuables, tout aussi bien que ceux du militaire. Il en est ainsi des autres états qui sont de fortes oppositions, des *contraires* dans la civilisation. Ces diagnostics violents, bizarres, singuliers, *sui generis*, rendent la fille publique et le voleur, l'assassin et le libéré, si faciles à reconnaître, qu'ils sont pour leurs ennemis, l'espion et le gendarme, ce qu'est le gibier pour le chasseur : ils ont des allures, des façons, un teint, des regards, une couleur, une odeur, enfin des *propriétés* infaillibles. De là, cette science profonde du déguisement chez les célébrités du bagne [39].

Par stigmatisation, j'entends la forme maximale, *ad litteram*, de la compassion. Un phénomène précis, qui, jusqu'au début du XIIIe siècle, était demeuré « inconnu aussi bien en Orient qu'en Occident » : « l'identification d'un être humain au Christ crucifié par l'impression des cinq plaies en sa chair ». En somme, je parle de la stigmatisation de François d'Assise, premier « stigmatisé » de l'histoire.

Notes

1. Si l'on en croit Loris Sturlese, au long de ses voyages de prédicateur, à Erfurt, Paris, Strasbourg, Cologne, Eckhart a eu avec lui au moins trois « livres » : l'exemplaire des *Prologi* et de l'*Opus expositionum*, « truffé d'ajouts » (constamment enrichi) ; l'exemplaire de ses *Sermones* latins et… un cahier de brouillon pour ses sermons en allemand, comprenant les « discours » *(Reden)*, le *Liber Benedictus* (autrement dit le *Livre de la consolation divine*), et les sermons. C'est probablement à ce cahier que la *Predigt* 14 fait allusion. En tout état de cause, comme l'a montré L. Sturlese, « Zur Stemmatik des offenen Tradition. Überlegungen zur Edition der drei Fassungen von Meister Eckharts *Opus tripartitum* », *Editio*, 6 (1992), p. 26- 42, il a existé trois versions de l'*Opus tripartitum* ou, plutôt, trois copies sur lesquelles Eckhart a travaillé successivement au long des années, et dont des copistes ont tiré des parties qui ont circulé de façon autonome en tant qu'œuvres de plein exercice.

2. Dans la *Predigt* 8, trad. A.-H. & E.M., p. 30-31, Eckhart fait allusion au « petit livre » d'Augustin – à l'évidence les *Retractationes* (ou *Révisions*). Filant l'image jusqu'au bout il fait ensuite de l'homme le « petit livre » de Dieu : « Saint Augustin a fait également beaucoup de livres. Il fit aussi en dernier un tout petit livre, dans lequel était écrit tout ce qu'on ne pouvait pas comprendre dans les autres. Il avait celui-ci en tout temps avec lui et auprès de lui, et ce livre était pour lui le plus cher. Ainsi en est-il absolument à propos de l'homme. Dieu l'a fait comme un livre de poche, qu'il regarde, et avec lequel il joue, et il en éprouve sans cesse de la joie. »

3. Sur Maître Eckhart, *cf.* A. de Libera, *Maître Eckhart et la mystique rhénane*, Paris, Cerf, 1999 et, du même, « Mystique et philosophie : Maître Eckhart », *in* E. Zum Brunn (éd.), *Voici Maître Eckhart*, Grenoble, Jérôme Millon, 1994, p. 319-340. Sur les théologiens rhénans et l'École d'Albert le Grand, *cf.* A. de Libera, *La*

Mystique Rhénane. D'Albert le Grand à Maître Eckhart, Paris, Seuil (Point Sagesses, 68), 1994.

4. Sur le procès de Maître Eckhart, *cf.* K. FLASCH, « Semence du diable ou philosophie de la filiation divine. La défense de Maître Eckhart devant le tribunal de l'Inquisition », in *Introduction à la philosophie médiévale*, Paris, Cerf (Vestigia 8), 1992, p. 190-207 ; W. TRUSEN, « Zum Prozess gegen Meister Eckhart », *in* H. STIRNIMANN & R. IMBACH (éd.), *Eckardus Theutonicus, homo doctus et sanctus. Nachweise und Berichte zum Prozeß gegen Meister Eckhart,* Freiburg (Schweiz), Universitätsverlag (Dokimion 11), 1992, p. 7-30 et, du même, *Der Prozess gegen Meister Eckhart, Vorgeschichte, Verlauf und Folgen*, Paderborn, München, Wien, Zürich, Schöningh (Rechts- und Staatswissenschaftliche Veröffentlichungen der Görres-Gesellschaft. Neue Folge, 54), 1988.

5. IRÉNÉE DE LYON, *Adversus haereses* 3, 19, 1 ; PG 7, 939 : « Deus homo factus est ut homo fieret Deus », « Dieu s'est fait homme pour que l'homme soit fait dieu » ; Contre les hérésies, III, 19, 1, trad. Rousseau et Doutrelau S.J., Cerf, SC 211, 1974, p. 375 : « Car telle est la raison pour laquelle le Verbe s'est fait homme, et le Fils de Dieu, Fils de l'homme : c'est pour que l'homme, en se mélangeant au Verbe et en recevant ainsi l'adoption filiale, devienne fils de Dieu. »

6. ATHANASE D'ALEXANDRIE, *Sur l'Incarnation*, 54, 3 ; PG 25, 192B.

7. HUGO DE SANCTO CARO, *Postillae*, VI, f° 285ra. Sur Hugues de Saint-Cher, maître en théologie de l'université de Paris, prieur provincial de l'ordre des Prêcheurs, cardinal, légat pontifical, *cf.* L.-J. BATAILLON, O.P., G. DAHAN & P.-M. GY, O.P., *Hugues de Saint-Cher († 1263), bibliste et théologien*, Turnhout, Brepols, 2004.

8. J'emprunte ce terme à W. WACKERNAGEL, '*Ymagine denudari*'. *Éthique de l'image et métaphysique de l'abstraction chez Maître Eckhart*, Paris, Vrin (Études de philosophie médiévale), 1991.

9. Sur tout cela, *cf.* A. DE LIBERA, « Sérénité et détachement chez Maître Eckhart », *in* CH. GAGNEBIN, D. SCHULTHESS, G. SEEL (éd.), *Le Dépassement de soi dans la pensée philosophique*. Actes du colloque des 19 et 20 octobre 1990 pour les soixante-dix ans de Fernand Brunner, Neuchâtel, La Baconnière, 1994, p. 27-53.

10. Sur la distinction (alléguée) entre mysticisme spéculatif et mystique « affective » ou « féminine », sa signification et ses limites, voir A. DE LIBERA, « Angèle de Foligno et la mystique "féminine". Éléments pour une typologie », *in* G. BARONE & J. DALARUN (éd.), *Angèle de Foligno. Le dossier*, École française de Rome (coll. de l'École française de Rome, 255), 1999, p. 345-371.

11. *Cf.* Suso, *Petit Livre de la Vérité*, éd. bilingue, prés., trad., notes et index par G. Jarczyk & P.-J. Labarrière, Paris, Belin, 2002.

12. La *Vita* raconte elle-même comment Elsbet est devenue co-auteur de la *Vita*, *cf.* Suso, *Livre de la Vie*, in *Bienheureux Henri Suso. Œuvres complètes.* Présentation, traduction et notes de J. Ancelet-Hustache, Paris, Seuil, 1977, p. 155 : « Il [le Serviteur de la Sagesse éternelle] fit la connaissance d'une personne sainte et éclairée [...]. Cette personne désira qu'elle lui parle un peu de la souffrance d'après sa propre expérience, où son cœur souffrant puisse trouver un réconfort et elle agit ainsi longtemps avec lui : quand il venait la voir, elle lui posait des questions subtiles pour savoir quels avaient été ses débuts, ses progrès, pour connaître quelques-uns de ses exercices et les épreuves qu'il avait subies. Il le lui disait en pieuse confidence. Comme elle trouvait là consolation et enseignement, elle le transcrivit entièrement, afin qu'elle-même et d'autres personnes puissent y trouver un recours. Elle le faisait en cachette, en sorte qu'il n'en savait rien. Mais ayant eu connaissance on ne sait comment de ce larcin spirituel, il la punit, il fallut qu'elle le lui donnât. Il brûla tout ce qu'elle lui avait ainsi remis. Quand il fut en possession de l'autre partie et qu'il voulut agir de même, il reçut de Dieu un message céleste qui l'en empêcha. Et ainsi ne fut pas brûlée la suite dont elle avait écrit la majeure partie de sa propre main. Quand elle fut morte, il y ajouta encore en son nom quelques enseignements. » Sur la co-écriture de la *Vie*, *cf.* F. Tobin, « Henry Suso and Elsbeth Stagel. Was the *Vita* a Cooperative Effort ? », *in* C.M. Mooney (éd.), *Gendered Voices : Medieval Saints and Their Interpreters*, Philadelphia, University of Pennsylvania Press (1999), p. 118-135.

13. Sur les deux « voies » de la mystique dite « rhénane », *cf.* A. de Libera, *Eckhart, Suso, Tauler, ou la Divinisation de l'homme* (L'Aventure intérieure), Paris, Bayard éditions, 1996 et L. Sturlese, Eckhart, *Tauler, Suso. Filosofi e mistici nella Germania medievale*, Firenze, Le Lettere, 2010. Sur Suso et Eckhart, *cf.* R. Imbach, « Die deutsche Dominikanerschule : Drei Modelle einer Theologia mystica », *in* M. Schmidt & D.R. Bauer (éd.), *Grundfragen christlicher Mystik.* Wissenschaftliche Studientagung *Theologia mystica* in Weingarten vom 7.-10. November 1985, Stuttgart-Bad Cannstadt (Mystik in Geschichte und Gegenwart I/5), 1987, p. 157-172.

14. Cette polarité correspond à un nouveau statut de l'image de Dieu, qui subit une évolution notable au Moyen-Âge tardif avec la montée en puissance de « l'imitation de Jésus-Christ ». *Cf.*, sur ce point, O. Boulnois, *Au-delà de l'Image. Une Archéologie du visuel au*

Moyen Âge. v^e^-xive *siècle*, Paris, Seuil (Des Travaux), 2008, p. 330 : « ... celle-ci n'est plus l'image invisible et bienheureuse de *l'essence divine* à laquelle l'âme s'unit, mais la *forme corporelle du Christ* que le croyant s'efforce d'imiter dans son humaine souffrance. »

15. *Cf.* L. Sturlese, « Hat es ein Corpus der deutschen Predigten Meister Eckharts gegeben ? Liturgische Beobachtungen zu aktuellen philosophiehistorischen Fragen », *in* A. Speer & L. Wegener (éd.), *Meister Eckhart in Erfurt*, Berlin-New York, De Gruyter (Miscellanea Mediaevalia, 32), 2005, p. 393-408 [réimpr. L. Sturlese (éd.), *Homo divinus. Philosophische Projekte in Deutschland zwischen Meister Eckhart und Heinrich Seuse*, Stuttgart, W. Kohlhammer Verlag, 2007, p. 79-94] ; trad. fr. : « Y a-t-il eu un corpus des sermons allemands de Maître Eckhart ? Observations liturgiques au sujet de questions d'actualité en histoire de la philosophie », *in* J. Casteigt (dir.), *Maître Eckhart*, Paris, Cerf (Cahiers d'histoire de la philosophie), 2012, p. 79-103.

16. Maître Eckhart, *Predigt* 70 (ex 73), trad. A.-H. & E.M., p. 443.

17. Maître Eckhart, *Vom abegescheidenheit*, DW V, p. 400-437. Il existe plusieurs traductions de l'ouvrage. Outre la traduction A.-H. & E.M., on peut consulter : *Du détachement et autres textes*, trad. G. Jarczyk & P.-J. Labarrière, Rivages Poche, 1995, sans oublier, naturellement, la première traduction parue, œuvre du grand résistant Paul Petit, rédacteur de *La France continue*, décapité à la prison de Cologne le 24 août 1944. Publiée en 1942, la traduction Petit, faite sur l'allemand moderne de H. Büttner, *Meister Eckharts Schriften und predigten*, Iena, 1903, est reprise dans Maître Eckhart, *L'amour est fort comme la mort et autres textes*, Paris, Gallimard (Folio 2), 2013. De P. Petit lui-même, voir la publication posthume : *Résistance spirituelle, 1940-1942*, avec un poème de Paul Claudel, et une préface de Jacques Madaule, Paris, Gallimard, 1947.

18. Sur le détachement et la grâce, *cf.* É.-H. Wéber, « La théologie de la grâce chez Maître Eckhart », *Revue des sciences religieuses*, 70/1 (1996), p. 48-72.

19. Sur ce thème augustinien, *cf.* O. Boulnois, « Recherches sur la liberté au Moyen Âge » (suite) », *Résumés des conférences 2010-2011, Annuaire de l'EPHE*, p. 212.

20. *Cf.* Augustin, *83 Questions diverses*, q. 8, BA 10, p. 58.

21. Sur Suso, *cf.* A.M. Haas, « Introduction à la vie et à l'œuvre de Henri Suso », trad. W. Wackernagel, in *Les Mystiques rhénans*, *Revue des sciences religieuses*, t. 70, fasc. 1, 1996, p. 154-166.

22. Sur l'*Exemplar*, *cf.* J.F. Hamburger, « Heinrich Seuse, 'Das *Exemplar*' », *in* N. Ott (éd.), *Katalog der deutschsprachigen illustrierten Handschriften des Mittelalters* 4/1, 1-2, Munich, Bayerische Akademie der Wissenschaften, 2008, p. 156-192.

23. *Cf.*, pour le texte allemand original, l'édition de K. Bihlmeyer, *Heinrich Seuse, Deutsche Schriften.* Im Auftrag der Württembergischen Kommission für Landesgeschichte, Stuttgart, 1907 (reimpr. 1961), p. 191 : « Er sprach : wie kan man bildlos gebilden unde wiselos bewisen, daz über alle sinne und uber menschlich vernunft ist ? Wan waz man glichnust dem git, so ist es noh tusentvalt ungelicher, denn es glich sie. Aber doch, daz man bild mit bilden us tribe, so wil ich dir hie biltlich zögen mit glichnusgebender rede, als verr es denn muglich ist, von den selben bildlosen sinnen, wie es in der warheit ze nemen ist, und lang red mit kurzen worten bescbliessen. » Sur l'image chez Suso, *cf.* I. Falque, « Théorie et pratique de l'image dans l'*Exemplar* d'Henri Suso », *Koregos. Revue et encyclopédie multimédia des arts*, 149, octobre 2015 (en ligne), et, ead., « Image et expérience mystique chez Henri Suso », *GEMCA* : *Papers in progress*, t. III, n° 1, 2016, p. 7-21 (en ligne).

24. Suso, *Livre de la Vie*, trad. J. Ancelet-Hustache, *in* Bienheureux Henri Suso, *Œuvres complètes*, p. 308.

25. Sur l'état actuel du « dossier » de la *Vita* – et le rôle exact d'Elsbet Stagel dans la production de cette singulière (auto-) biographie – voir W. Wackernagel, « Les noces mystiques du bienheureux Henri Suso », *Diogène* 2004/4 (n° 208), p. 114-131.

26. L'extravagance des supplices que s'inflige Suso lasse ou effraie – ou plutôt effraie et lasse le lecteur. Pour une analyse et un examen critique des récits de pénitences et de visions dans le *Livre de la Vie*, *cf.* A.-J. Festugiere, « Miscellanées sur la '*Vie d'Henri Suso*' », *Revue de l'histoire des religions*, t. 194, n° 2, 1978, p. 159-180. En fin de compte, tout est littérature : « Les effrayantes pénitences d'Henri Suso n'ont pas de précédent en Égypte, mais reproduisent des traits des saints de Syrie ». « Les Pères d'Égypte condamnaient les chaînes de fer, *cf.* *Enquête*, chap. viii, p. 370. Celles-ci par contre étaient d'usage courant en Syrie, *cf.* *Antioche païenne et chrétienne*..., Index s.v. et p. 293 s. Ces chaînes étaient parfois combinées de façon que le pénitent fût toujours courbé vers le sol (*l.c.*, 293). De même sont usuels les liens qui enserrent le corps au point de s'y enfoncer et d'y provoquer des saignées, etc.). » En fait, comme le dit lumineusement Festugière, *Suso, le dominicain, se rattache à la tradition franciscaine* : Henri et François se rejoignent dans la « stigmatisation » –

disons : dans *deux formes de stigmatisation*. Le rapport d'Eckhart à François d'Assise est tout différent : les deux dominicains se séparent là où le « cher seigneur François » les réunit.

27. L'ensemble du manuscrit est numérisé sur http ://www.bnu.fr/collections/la-bibliotheque-numerique/la-mystique-rhenane. On retrouve certaines de ces images et d'autres, provenant d'autres manuscrits ou supports, dans l'édition Bihlmeyer, p. 2, 19, 52, 65, 129, 141, 147, 150, 151, 154, 195 et 255.

28. Voir les reproductions du manuscrit strasbourgeois, les commentaires et les analyses proposées par B. Beyer de Rijke, « Des mortifications à la chevalerie spirituelle chez Henri Suso », *Histoire et Images médiévales*, 12, février-mars 2007, p. 22-27 (en ligne sur http ://dev.ulb.ac.be/philo/urhm/pdf/suso.pdf)

29. Il faut souligner l'importance de ce type de supplice, de ce type de souffrance. Encore une fois, c'est A.-J. Festugière qui a vu l'essentiel : le recours obsédant aux clous, croix cloutées, planches cloutées et autres pointes douloureuses. Cela, c'est la manière qu'a trouvée Suso de se donner les stigmates. « On n'en trouve nulle trace […] chez les Pères d'Égypte et de Syrie », note Festugière, en « Miscellanées... », p. 161, « c'est qu'ils n'ont pas à la base de leur spiritualité la Passion du Christ. L'essence même de leur aspiration morale est l'union à Dieu : ils ne sont pas christocentriques, mais théocentriques... Les clous, chez Suso, viennent, sans aucun doute […] de la dévotion à la Passion issue de l'influence franciscaine. Pour Suso, les marques de ces clous sont proprement des stigmates. Aussi bien il a gravé sur son cœur les initiales I H S (chap. iv) pour manifester son appartenance à Jésus. »

30. Suso, *Livre de la Vie*, chap. xx : *De ses pénibles épreuves*, trad. Ancelet-Hustache, p. 196.

31. Une autre représentation du « trajet spirituel », identique mais apparemment mutilée, est proposée par l'image n° 11 de l'édition Bihlmeyer, p. 195.

32. Comme le montre W. Wackernagel, « Les noces mystiques... », p. 125-126, cette « image » est une *réecriture* – une « retouche » – de la proposition du *Livre des XXIV philosophes* sur la « sphère infinie » (que nous avons rencontrée chez Bonaventure, dans le cours du 29 février 2016) : « Dieu est une sphère infinie, dont le centre est partout et la circonférence nulle part. » Le texte, de fait, *trinitarise la sphère*, en la transformant en « triple anneau » – par une anamorphose dont la « projection » eckhartienne de la sphère

sur un plan, faisant du pôle un centre, mis en œuvre dans les *Predigten* et *Sermones* sur l'humilité, est le premier exemple. Voir le chapitre LIII du *Livre de la Vie*, huitième et dernier chapitre de l'ensemble isolé par Wackernagel sous le titre *Sicut Aquila*, relatant le dialogue amoureux entre Suso – tantôt appelé *Frater Amandus* – et Elsbet sa « fille » spirituelle : « Maintenant écoute : un sage maître dit que Dieu, en tant que Déité, est tel un immense anneau dont le centre est partout et la circonférence nulle part. Pour te représenter cela, *imagine une personne qui jette avec force une lourde pierre au milieu d'une eau tranquille : un anneau se forme dans l'eau et par la même force, cet anneau en produit un autre, et celui-là à son tour un autre*. La grandeur des cercles dépend du premier jet : sa puissance pourrait être si grande qu'elle couvrirait toute la surface de l'eau. L'image du premier anneau est comparable à la puissance active de la nature divine dans le Père, elle est sans fond. La même force engendre un autre anneau pareil au premier selon la Personne, et c'est le Fils. Ces deux Personnes produisent une troisième, et c'est l'Esprit de l'une et de l'autre, coéternel et de même puissance. C'est ce que représentent les trois cercles : Père, Fils et Saint-Esprit. Dans ce profond abîme, la nature divine du Père parle et engendre le Verbe, distinct selon la Personne : demeurant en lui selon l'essence, il a assumé la nature humaine. » Sur *Sicut Aquila*, *cf.* HENRI SUSO, *Tel un aigle. Initiation à la vie spirituelle*. Traduit du moyen-haut allemand, présenté et annoté par WOLFGANG WACKERNAGEL, Paris, Payot & Rivages, 2005.

33. SUSO, *Petit Livre de l'amour*, III, trad. ANCELET-HUSTACHE, p. 580-581.

34. *Cf.* B. DELAURENTI, *La Contagion des émotions. 'Compassio', une énigme médiévale*, Paris, Classiques Garnier (Savoirs anciens et médiévaux, 4), 2016.

35. Sur tout cela, *cf.* M. FRAMPTON, *Embodiments of Will : Anatomical and Physiological Theories of Voluntary Animal Motion from Greek Antiquity to the Latin Middle Ages, 400 B.C.-A.D. 1300*, Saarbrücken, VDM Verlag Dr. Müller, 2008, p. 333-334.

36. PIETRO D'ABANO, *Expositio Problematum*, VII (v. 1310), trad. fr. B. DELAURENTI, *Spicae*, *Cahiers de l'Atelier Vincent de Beauvais*, nouvelle série, 3, 2013, p. 16-17.

37. *Cf.* A. BOUREAU, *Théologie, science et censure au XIIIe siècle. Le cas de Jean Peckham*, Paris, Belles Lettres, 1999, p. 237-291. Ajoutons, pour mémoire, que la cruentation joue un rôle important dans la

Chanson des Niebelungen (XVII, 1002-1072) – c'est par cruentation qu'est révélée à Kriemhild l'identité du (lâche) meurtrier de Siegfried son époux : Hagen de Tronege.

38. Article « Stigmate », *Encyclopédie*, t. 15, p. 519.

39. *Cf.* Honoré de Balzac, *Œuvres complètes*, éd. Houssiaux, 1855, t. XVIII, p. 31.

Cours du 7 mars 2016

Deuxième heure

La stigmatisation de François d'Assise, premier stigmatisé de l'histoire, a lieu en septembre 1224, sur le Monte La Verna. — L'annonce en est faite par Elie de Cortone en octobre 1226. — L'ensemble des documents est rassemblé dans les deux volumes de l'édition du VIIIème Centenaire, Écrits, vies, témoignages, publiée sous la direction de J. Dalarun. — Le statut du stigmate est celui de « sceau » (« sigillo »), selon l'expression de Dante dans le Paradis, *XI, 106-108 : « Sur un âpre rocher entre le Tibre et l'Arno, // il reçut du Christ le dernier sceau, //que deux ans ses membres portèrent ». — L'origine de l'expression est la* Légende mineure *de Bonaventure évoquant « le sceau de ressemblance avec Jésus crucifié, imprimé dans le corps de son serviteur non par un effet de la nature ou de l'art, mais par la puissance admirable de l'Esprit du Seigneur ». — Ni naturel, ni artificiel, le stigmate est un « signe sacré », un « sacrifice visible » selon la définition augustinienne du sacrement. — Rappel d'un des problèmes philosophiques de la compassion tirés de Schlick : « Puis-je éprouver dans mon corps la douleur d'un autre ? »... — La stigmatisation paraît apporter une réponse positive. — En tant que réplique exacte de la souffrance du Christ elle semble la forme littérale de la sympathie. — D'autres formes – non littérales – de stigmatisation sont la trace des coups de fouet reçus par Paul pour la prédication de l'Évangile (les « stigmata » de Galates 6, 19) ; les tatouages (« écritures de pointe ») proscrits par le Lévitique ; les « signes de sortie » des démons graphomanes affrontés par J.-J. Surin (1600-1665). — Analyse du récit de la stigmatisation donné par Thomas de Celano : le jeûne préalable, la nuit d'oraison, la vision du*

Christ séraphique aux six ailes. — L'apparition des stigmates a lieu au moment où François « s'interroge avec angoisse » sur le sens de ce qu'il a vu. — Présentation de deux œuvres de Giotto montrant la vision/stigmatisation de François dans sa relation au Crucifié séraphique : le rétable de l'église san Francesco de Pise conservé au musée du Louvre ; l'admirable fresque de la Capella Bardi dans la basilique Santa Croce de Florence. — Comment expliquer les stigmates ?— Deux hypothèses s'affrontent dès le Moyen Âge : la force de l'esprit de François qui « transparaît dans sa chair » ; l'action du séraphin christiforme dardant ses rayons sur son corps. — Le rôle de l'imagination est soutenu à la fois par les médecins du XIXe siècle, dont Georges Dumas, l'élève de Théodule Ribot au Collège de France, et par Pétrarque dans une lettre à Tommaso Del Garbo du 9 novembre 1366. — Intérêt archéologique et philosophique de la stigmatisation. — Pour penser le statut d'« image expressive » du Crucifié, Bonaventure introduit une différence entre « ressemblance » et « conformité », que l'on peut tracer jusque dans la mystique allemande du XIVe siècle. — La formule en est rapportée par Olivi : « Les stigmates sont le signe de la totale transformation et conformation de François au Christ et dans le Christ ». — « Transformation » et « conformation » : deux termes au long cours. — Premières remarques sur l'interprétation théologique de la vision de François. — Les six ailes du séraphin et les six degrés de l'élévation de l'esprit vers Dieu.

C'est en septembre 1224, pendant le carême de la Saint-Michel, que le Poverello « reçut les stigmates dans la solitude de l'Alverne », à savoir le mont La Verna, dans les Apennins, aux confins de la Toscane et de l'Ombrie, dans le diocèse et la province d'Arezzo. S'y dresse aujourd'hui le sanctuaire de Sainte-Marie des Anges, édifié à l'emplacement du petit ermitage, non loin duquel se produisit l'événement.

Durant les deux dernières années de son existence, François s'efforça de dissimuler autant que faire se pouvait les « marques sanglantes ». Ce n'est qu'en octobre 1226 que, dans une lettre encyclique sur son trépas – son « *transitus* » –, Élie de Cortone [1] révéla l'extraordinaire événement [2] :

Et annuntio vobis gaudium magnum et miraculi novitatem. A saeculo non est auditum tale signum praeterquam in filio Dei qui est Christus Deus : non diu ante mortem frater et pater noster apparuit crucifixus, quinque plagas que vere sunt stigmata Christi portans in corpore suo [3].

Voici que je vous annonce une grande joie et un miracle nouveau. Prodige inouï qui dans l'histoire n'est apparu qu'une fois, en la personne du fils de Dieu qui est le Christ notre Dieu : peu de temps avant sa mort, notre frère et père François a pris l'apparence du Crucifié, portant dans son corps les cinq plaies qui sont les stigmates du Christ [4].

Grâce au chef-d'œuvre que constituent les volumes intitulés *Écrits, Vies, témoignages*, publiés à l'occasion du *VIIIe centenaire de saint François d'Assise* par André Vauchez et Jacques Dalarun, grands médiévistes, à la fois spécialistes de la sainteté féminine et du Poverello, nous allons tenter de penser l'événement, pour l'inscrire dans l'archéologie du sujet de la passion.

Personne ne remet en question l'existence des stigmates. L'accord – cela mérite d'être relevé avec Dalarun – se fait sur l'effet, non sur la cause ; sur la présence des stigmates, non sur le *modus operandi* de la stigmatisation [5]. Il y a l'enquête de Bonaventure, ministre général de l'ordre des Franciscains, bien des années après, qui débouche sur deux légendes, deux œuvres hagiographiques : la *Légende mineure* et la *Légende majeure*. Ce qui est sûr, c'est que François, surtout après la stigmatisation, était « incapable d'aller à pied, il était porté par un ânon [6] » – rappelez-vous *Au hasard Balthazar* !

Le stigmate est un sceau. C'est le terme qu'emploie Dante dans le *Paradiso*, XI, v. 106-108, quand il évoque la stigmatisation :

Nel crudo sasso intra Tevere ed Arno
Da Cristo prese l'ultimo sigillo
che le sue membra due anni portarno

Lamennais traduit :

Sur un âpre rocher entre le Tibre et l'Arno,
il reçut du Christ le dernier sceau,
que deux ans ses membres portèrent [7].

Mais l'expression vient de Bonaventure lui-même, dans la *Légende mineure*, lorsqu'il évoque « le sceau de ressemblance avec le Dieu vivant, avec Jésus crucifié, sceau imprimé dans le corps de son serviteur non par un effet de la nature ou de l'art, mais par la puissance admirable de l'Esprit du Seigneur ».

Ni naturel ni artificiel ... le stigmate est aussi un sacrement – un signe sacré [8] – le signe visible d'une réalité cachée, un « sacrifice visible », selon la définition augustinienne du sacrement :

> *Sacrificium ergo visibile invisibilis sacrificii sacramentum, id est sacrum signum est.* Le sacrifice visible est donc le sacrement, c'est-à-dire le signe sacré du sacrifice invisible.

Pour Thomas de Celano, les stigmates sont un sacrement sur lequel François a voulu garder le secret :

> En vérité, le père vénérable a été marqué sur cinq parties de son corps par le sceau de la Passion et de la Croix, comme s'il avait été pendu en Croix avec le Fils de Dieu. C'est là un grand sacrement et cela indique la majesté d'une affection privilégiée ; mais s'y cache une décision secrète et s'y abrite un mystère vénérable, que nous croyons connu de Dieu seul et révélé en partie à quelqu'un par le saint lui-même [9].

Peut-on éprouver dans son corps la douleur éprouvée par un autre dans son propre corps ? On est ici dans un autre cas de figure que ceux mis en scène par Moritz Schlick dans *Meaning and Verification*, dont Peter Strawson tire la théorie du *No Owner* (l'absence de propriétaire des états mentaux [10]), même si en un sens, la stigmatisation est le cas par excellence où il serait vrai de dire : « I can feel somebody else's pain as well as my own ».

La stigmatisation est la *réplique exacte* de la souffrance du Christ. Dès lors, ce qui nous intéresse, c'est d'une part l'articulation entre extase et compassion, mais aussi le rôle de l'imagination, la dimension proprement *iconographique* de la production du stigmate. Dans la relation de l'événement, il y a quatre phases ou aspects :

1. le travail préparatoire de l'imagination,
2. une première forme de compassion,
3. la vision,
4. l'apparition des stigmates, la compassion proprement dite, qui se produit dans l'interprétation de la vision.

J'insiste sur la compassion car évidemment il y a d'autres marquages chrétiens ou païens, d'autres écritures corporelles, d'autres inscriptions dans la chair, qui relèvent de la flétrissure, – qu'il s'agisse des *stigmata domini Jesu* de l'Épître aux Galates [6, 17[11]], c'est-à-dire la marque des coups de fouet reçus par Paul pour la prédication de l'Évangile[12] ; qu'il s'agisse des tatouages, interdits en ces termes par Moïse dans un texte du Lévitique cité par l'*Encylopédie*, dans le deuxième des trois articles (histoire ancienne et théologie) qu'elle leur consacre : « Vous ne vous ferez aucune écriture de pointe, c'est-à-dire aucune stigmate [*sic*] imprimée avec des pointes »[13] ; ou qu'il s'agisse de l'extraordinaire suite de « signes de sortie » tracés sur les mains de Mère Jeanne des Anges par les démons graphomanes affrontés par Jean-Joseph Surin (1600-1665), comme le relate *Le Triomphe de l'amour divin sur les puissances de l'enfer en la possession de la Mère supérieure des Ursulines de Loudun*[14] : la *possession* démoniaque prenant ici la place de la *compassion*[15].

Pour ce que j'appelle les « quatre phases » : François s'est retiré sur l'Alverne ; absorbé dans la prière, le jeûne et la méditation de la Passion, la veille de la fête de l'Exaltation de la Sainte-Croix (14 septembre), « tout transformé en Jésus par amour et par compassion, » dit une de ses légendes, « il passe la nuit qui précède la fête seul en oraison, non loin de l'ermitage »[16]. Le matin venu, il a une vision que Thomas de Celano raconte en ces termes :

> Il aperçut un homme de Dieu, une sorte de séraphin, qui avait six ailes et se tenait au-dessus de lui, les mains étendues, les pieds réunis, comme cloué à une croix. Deux ailes s'élevaient au-dessus de sa tête, deux se déployaient pour voler, deux enfin

> *cachaient le corps tout entier*. À cette vue, le bienheureux serviteur du Très-Haut fut rempli d'admiration ; mais il ignorait le sens de cette vision, et il était plein de joie quand il considérait la beauté du séraphin [17], plein de tristesse lorsqu'il pensait à son supplice et à ses douleurs. Et il sortit de sa contemplation, ballotté entre la tristesse et la joie qui alternaient dans son âme. Or, tandis qu'il réfléchissait, avec inquiétude, à ce que cette vision signifiait, et qu'il s'angoissait à ne pouvoir la comprendre, les marques des clous commencèrent à se montrer *(cœperunt apparere)* sur ses pieds et sur ses mains [...] Au côté droit était une plaie qui semblait avoir été faite par un coup de lance [18].

Notez ce mélange de joie et de tristesse : la beauté du signe, l'horreur du signifié. Notez aussi que le corps du Christ, donc aussi ses blessures, est, *sont* couverts par les ailes. Les plaies sont cachées dans la vision séraphique : elles apparaissent sur le corps du contemplateur, du voyant, au moment où il s'interroge sur le sens de ce qu'il a vu.

Il y a deux grandes représentations de la stigmatisation par Giotto. La première est tirée d'un rétable, provenant sans doute d'une des chapelles du transept de l'église San Francesco de Pise, conservé au musée du Louvre. Je vous invite à la contempler (voir figure 5). Mais, précisément ce que vous verrez là, ce n'est pas ce que François voit. François voit un séraphin, un Christ séraphique. Son regard, porté vers le haut, est tourné vers la vision. Ce que nous voyons, c'est ce qui descend, ce qui fuse vers le bas, ces divers traits qui commencent aux blessures du Christ et finissent aux stigmates, ces traits qui traversent l'espace en tous sens. Cette vision est extraordinaire du point de vue de la structuration et de la construction de l'espace pictural ; on a véritablement une tridimensionnalité – quelque chose comme une *perspective* s'esquisse ici [19].

Un autre point mérite l'attention : le Christ ailé, le Christ séraphique apparaît également à Suso – avec *ses* paires d'ailes – comme le rapporte le chapitre XLIII de la *Vita* : la scène est représentée dans la septième « image » du ms. K reproduite dans l'édition des *Deutsche Schriften* [20], et ici même (figure 7), d'après le manuscrit strasbourgeois 2929, f° 65v. Il faudrait confronter les deux images. Suso et François voient la même chose. Seul François reçoit les stigmates.

De Giotto, toujours, je vous invite à regarder une deuxième représentation de la stigmatisation de François (voir figure 6), qui se trouve à Florence, dans la Capella Bardi de Santa Croce : il s'agit d'une fresque admirable, placée dans le transept, au-dessus de l'arc d'entrée [21].

Que dire à partir de là ? Que le stigmate est une réplique. Que la réplique est d'une extraordinaire « fidélité » – puisque la chair reproduit non pas seulement les blessures, mais les têtes et les pointes des clous.

> Ses mains et ses pieds étaient percés de clous dans le milieu ; les têtes des clous, rondes et noires, étaient en dedans des mains et au-dessus des pieds ; les pointes, un peu longues, paraissaient de l'autre côté, se recourbaient et surmontaient le reste de la chair dont elles sortaient. Le côté droit était comme percé d'une lance et le sang s'échappait souvent de la cicatrice.

Comment expliquer la chose ? Il y a deux explications : l'une qui attribue l'apparition des stigmates à la « force de l'esprit » ; l'autre, à l'action du séraphin ou plutôt à sa coopération : la pensée marquant la cible, le séraphin dardant ses traits. Cette seconde explication est traditionnelle. Notez qu'on retrouve ici un problème de « présence réelle » : si le séraphin est réellement présent, il darde de vrais rayons, qui causent de vraies blessures. S'il n'est, comme on dit au Moyen Âge, qu'« objectivement » présent, comme objet de vision, *cosa mentale*, il ne cause rien directement ; la cause réelle, efficiente, est l'esprit qui, selon l'expression de Bonaventure sur laquelle je reviendrai tout à l'heure, « transparaît dans la chair ». En somme, dans un cas le séraphin fait quelque chose ; dans l'autre il ne fait rien. Cause efficiente dans un cas – coopérante ; cause occasionnelle dans l'autre. Dans les deux cas, les blessures sont réelles.

La première thèse est largement représentée, mais la seconde, la force de l'esprit, l'est aussi. Notez qu'il y a une ambiguïté possible sur « esprit » : s'agit-il de l'esprit de Dieu, ou de l'esprit de François ? Et peut-on distinguer l'un et l'autre en l'affaire ? En tout cas, cette explication nous est aujourd'hui familière. La force de l'esprit – disons plutôt de l'imagination : c'est l'explication médicale, « psychosomatique », celle des médecins à la fin du XIXe siècle. Mais le médiéviste doit souligner qu'elle n'a rien de nouveau – la nouveauté est simplement le parallèle que le médecin fait avec l'hystérie. L'idée d'une origine interne, elle, est tout sauf neuve.

Les stigmates couronnent si l'on peut dire une longue pratique imaginative. Pour le point de vue médical moderne, je me contenterai d'un seul exemple, celui de Georges Dumas (1866-1946), philosophe et psychologue, élève de Théodule Ribot, dont il suit les cours au Collège de France de 1889 à 1896, et l'un des premiers psychopathologistes qui se soit intéressé en France à la stigmatisation. Sa thèse est que François, qui s'est disposé par l'imagination à la duplication de la souffrance, est l'artisan, le « réalisateur » des « tortures » qu'il a imaginées – et par avance « savourées en esprit »[22].

Mais ce rôle de l'imagination, nous avons vu Pietro d'Abano l'évoquer pour la compassion en général, et la stigmatisation est, je l'ai dit, l'extrême de la compassion. Nous ne nous étonnons donc pas de le retrouver mentionné, ce rôle, dans la correspondance de Pétrarque – si ennemi des médecins soit-il –, en l'occurrence dans une lettre à Tommaso del Garbo, du 9 novembre 1366, rapportée par André Vauchez.

Écartant l'explication de l'impression des stigmates par l'intermédiaire du Séraphin, Pétrarque estime que celle-ci procède d'une méditation intense du mystère de la Croix, dont les effets se manifestent jusque dans la chair du méditant. Ceci figure dans un passage des *Lettres de la vieillesse*.

> Ma delle stimate di Francesco, questa certamente è l'origine tanto assiduo e profondo essere stato il suo meditare sulla morte di Cristo che piena avendone l'anima e parendogli d'essere anch'egli crocifisso col suo Signore, potè la forza di quel pensiero passar dall'anima nel corpo e lasciarvene impresse visibilmente le traccie.

> Quant aux stigmates de François, voici certainement quelle en est l'origine : il s'était adonné à la méditation sur la mort du Christ d'une façon si assidue, si profonde, que l'âme en était remplie et qu'il lui semblait que lui-même était crucifié avec son Seigneur. Tout cela avait atteint un tel niveau d'intensité qu'on peut tout à fait dire que *la force de cette pensée a passé de l'âme dans le corps* de François, et a imprimé de manière visible les traces [23].

Au xve siècle, certains allèrent plus loin, poursuit Vauchez, et affirmèrent que des raisons purement naturelles pouvaient rendre compte du phénomène.

> C'est contre de telles opinions que s'éleva l'apologiste franciscain Francesco Micheli del Padovano dans son *Tractatus de S. Francisco ad plebem veronensem*, rédigé vers 1448. Ces tendances sceptiques trouvèrent leur point d'aboutissement dans le *De incantationibus* de l'humaniste Pietro Pomponazzi, pour qui les stigmates, s'ils ont jamais existé, ne peuvent résulter que du jeu d'une imagination débridée [24].

Je laisse de côté cet aspect ; je veux à présent souligner un autre point, plus important que tout cela. Deux points, en réalité, que j'emprunte à Urs von Baltasar.

Premier point : le rôle de l'extase dans le récit bonaventurien. Les stigmates sont imprimés dans le corps au moment précis où l'âme le dépasse dans ce qu'on appelle l'*excessus mentis* : l'impression corporelle coïncide avec l'*excessus mentis* [25]. Le corps stigmatisé devient l'image du Fils – comme le Fils est l'image du Père.

Deuxième point, qui explicite le premier : c'est pour penser le statut d'image expressive du corps stigmatisé que Bonaventure introduit une différence à mes yeux capitale – la différence entre ressemblance et conformité, qui joue un rôle décisif jusque dans la mystique rhénane.

Voici ce que dit Balthasar sur Bonaventure : François, voyant le « Christ séraphique », saisit que, consumé par un feu spirituel, il sera lui-même changé en l'« image expressive du Crucifié » [26]. Cette expression de Balthasar est le point principal. Ou plutôt, elle prépare l'introduction du point principal : le terme et la notion de *conformité*.

C'est André Vauchez qui relève ce terme. Chez Thomas de Celano, dit-il, on ne trouve encore qu'une comparaison avec Jésus-Christ. Pour lui, François porte les traces des blessures « *comme s*'il avait été suspendu à la Croix avec le fils de l'homme ». Avec Bonaventure, en revanche, et surtout *après lui* [27], on passe du « comme si » à la « conformité ». Je cite :

> Le pas décisif est franchi avec la *Legenda Maior* de saint Bonaventure, où apparaît pour la première fois le thème de la conformité de saint François au Christ, qui confère à son passage en ce monde une signification messianique. Pour lui, le Poverello est « l'ange du sixième sceau, grâce auquel s'ouvre un nouveau temps dans l'histoire du monde : celui du renouveau de l'Église ». « Le signe qui permet de le reconnaître et de l'identifier au personnage dont parle l'Apocalypse, ce sont précisément les stigmates », qui font de lui « une humble image du Christ » [28].

Avec la conformité on passe à la réalité : la stigmatisation de François est une seconde Incarnation. C'est la thèse que développe Pierre de Jean-Olieu.

Par les stigmates, François est devenu véritablement un autre Christ [29]. Voici ce que dit Olieu, en substance :

> Par ces glorieux stigmates, on voit bien qu'il est véritablement l'ange qui ouvre le sixième sceau, lui qui a le signe du Dieu vivant, à savoir le signe des plaies du Christ crucifié. Ces stigmates sont le signe de la totale *transformation* et *configuration* de François au Christ et dans le Christ. Tout cela est attesté de multiples façons et a été rappelé par Bonaventure. J'ai entendu cela [30].

Transformatio et *configuratio* : ce sont les termes des mystiques rhénans ! Olieu tire cette formule d'un sermon de Bonaventure qu'il dit avoir entendu à Paris en 1266 sur François l'ange du sixième sceau, dans un sermon pour le chapitre de Pentecôte de 1266. Ubertino de Casale (1259-

v. 1330) dit avoir entendu le même sermon : *L'Arbor vitae crucifixae Jesu* (*L'arbre de la vie crucifiée de Jésus*). Le personnage d'Ubertino figure dans le film que Jean-Jacques Annaud a tiré du *Nom de la rose*, le roman d'Umberto Eco, titulaire de la Chaire européenne au Collège de France en 1992-1993, mort le 19 février dernier à Milan – dont je salue ici la mémoire.

Bonaventure fait de la vision du séraphin l'argument de l'*Itinerarium*, composé au cours de l'année 1259, après une extase mystique lors d'une promenade sur le mont Alverne. La vision est l'essentiel ici, car ce qui se produit c'est que « l'esprit transparaît dans la chair ». L'accent n'est pas mis sur le rayonnement séraphique. Voici le récit de Bonaventure.

> 2. À l'exemple de notre père saint François, j'étais tout haletant à la recherche de cette paix [= la paix de Jérusalem : Ps 121, 6), moi pauvre pécheur, indigne successeur du bienheureux père, depuis sa mort septième ministre général de ses frères.
>
> *Cum igitur exemplo beatissimi patris Francisci hanc pacem anhelo spiritu quaererem, ego peccator, qui loco ipsius patris beatissimi post eius transitum septimus in generali fratrum ministerio per omnia indignus succedo.*
>
> C'est alors qu'une inspiration, vers le trente-troisième anniversaire de son trépas, me conduisit à l'écart sur le mont Alverne, comme en un lieu de repos, avec le désir d'y trouver la paix de l'esprit.
>
> *contigit ut nutu divino circa Beati ipsius transitum, anno trigesimo tertio ad montem Alvernae tanquam ad locum quietum amore quaerendi pacem spiritus declinarem.*
>
> Là, tandis que je méditais sur les élévations de l'âme vers Dieu, je me remémorai, entre autres choses, le miracle arrivé en ce lieu à saint François lui-même : la vision du séraphin ailé en forme de croix (*cf.* Is 6, 2)
>
> *Ibique existens, dum mente tractarem aliquas mentales ascensiones in Deum, inter alia occurrit illud miraculum, quod in praedicto loco contigit ipso beato Francisco, de visione scilicet Seraph alati ad instar Crucifixi.*

Or il me sembla aussitôt que cette apparition représentait l'extase du bienheureux père et indiquait l'itinéraire à suivre pour y parvenir.

In cuius consideratione statim visum est mihi, quod visio illa praetenderet ipsius patris suspensionem in contemplando et viam, per quam pervenitur ad eam.

3. Les six ailes du séraphin sont en effet une heureuse figure des six élévations ou illuminations qui acheminent l'âme, comme autant de degrés ou de sentiers, à la possession de la paix au moyen des transports extatiques de la sagesse chrétienne.

Nam per senas alas illas recte intelligi possunt sex illuminationum suspensiones, quibus anima quasi quibusdam gradibus vel itineribus disponitur, ut transeat ad pacem per ecstaticos excessus sapientiae christianae.

Quant à l'itinéraire à suivre, il n'est autre que l'amour très ardent du Crucifié, cet amour qui *ravit Paul au troisième ciel* et *le transforma tellement en Jésus-Christ* (II Cor 12, 2) qu'il pouvait dire :

Via autem non est nisi per ardentissimum amorem Crucifixi, qui adeo Paulem ad tertium caelum raptum transformavit in Christum, ut diceret :

« Avec le Christ je suis cloué à la Croix. Je vis, ou plutôt non, ce n'est plus moi qui vis : c'est le Christ qui vit en moi » (Ga 2, 20).

Christo confixus sum cruci, vivo autem, iam non ego ; vivit vero in me Christus ;

... cet amour surtout qui imprégna tellement l'âme de saint François qu'elle finit par *transparaître dans sa chair*, les deux dernières années de sa vie où il porta sur son corps les stigmates sacrés de la Passion.

qui etiam adeo mentem Francisci absorbuit, quod mens in carne patuit, dum sacratissima passionis stigmata in corpore suo ante mortem per biennium deportavit.

Les six ailes du séraphin signifient donc les six degrés d'illumination qui partent des créatures et conduisent jusqu'à Dieu, auprès duquel nul ne réussit à pénétrer s'il ne passe par Jésus crucifié :

Effigies igitur sex alarum seraphicarum insinuat sex illuminationes scalares, quae a creaturis incipiunt et perducunt usque ad Deum, ad quem nemo intrat recte nisi per Crucifixum.

« Celui, en effet, qui n'entre pas par la porte, mais qui monte par ailleurs, est un voleur et un brigand (Jn 10, 1). Celui, au contraire, qui passe par cette porte entrera et sortira à la rencontre des pâturages » (Jn 10, 9).

Nam qui non intrat per ostium, sed ascendit aliunde, ille fur est et latro. Si quis vero per ostium introierit, ingredietur et egredietur et pascua inveniet.

C'est pourquoi Jean déclare dans l'Apocalypse : « Bienheureux ceux qui lavent leurs vêtements dans le sang de l'Agneau : ils auront droit à l'arbre de vie et pénétreront dans la cité par les portes » (Apoc 22, 14).

Propter quod dicit Ioannes in Apocalypsi : Beati qui lavant vestimenta in sanguine Agni, ut sit potestas eorum in ligno vitae, et per portas ingrediantur civitatem ;

Autrement dit : la contemplation ne peut introduire personne dans la Jérusalem d'en haut, s'il n'y entre par la porte qu'est le sang de l'Agneau.

quasi dicat, quod per contemplationem ingredi non potest Ierusalem supernam, nisi per sanguinem Agni intret tanquam per portam.

Aussi bien, pour se rendre apte à contempler Dieu et pour parvenir à l'extase, faut-il être comme Daniel un « homme de désirs » (Dan 9, 23).

Non enim dispositus est aliquo modo ad contemplationes divinas, quae ad mentales ducunt excessus, nisi cum Daniele sit vir desideriorum.

Or deux choses enflamment en nous ces désirs : le cri de la prière, qui fait retentir le cœur de gémissements (Ps 37, 9), et l'éclat de la spéculation, qui tourne directement et intensément notre âme vers les rayons de la lumière céleste.

Desideria autem in nobis inflammantur dupliciter, scilicet per clamorem orationis, quae rugire facit a gemitu cordis, et per fulgorem speculationis, qua mens ad radios lucis directissime et intensissime se convertit[31].

Notez trois choses.

Tout d'abord, la formule *mens patuit in carne*, « son esprit [Duméry traduit : son âme[32]] transparut dans sa chair », qu'il faudrait revoir, requestionner en fonction des travaux récents, dont l'aboutissement est la remarquable édition du VIIIe centenaire. *Patuit* : c'est tout simplement « apparaître », « se montrer », « paraître ». C'est le fondement de toute explication « psychique », qui fait du corps une surface d'inscription où l'esprit imprime ses marques, trace, écrit – je n'insiste pas sur ce point.

Deuxièmement, la formule de Galates 2, 19-20, décrivant le rapt de Paul, qui dédouble le narrateur, enlevé au troisième ciel, dans une sorte de chiasme identitaire, où se croisent kénose et majesté. Le rapt qui est l'équivalent en vision majestueuse, en élévation, de ce que la stigmatisation est kénotiquement, en humiliation : c'est en somme le trajet inverse, l'apothéose *versus* la kénose.

2, 19 : Χριστῷ συνεσταύρωμαι 2, 20· ζῶ δὲ οὐκέτι ἐγώ, ζῇ δὲ ἐν ἐμοὶ Χριστόςῥ ὃ δὲ νῦν ζῶ ἐν σαρκί, ἐν πίστει ζῶ τῇ τοῦ Υἱοῦ τοῦ Θεοῦ τοῦ ἀγαπήσαντός με καὶ παραδόντος ἑαυτὸν ὑπὲρ ἐμοῦ.

VULGATE : 2, 19 : Christo confixus sum cruci : 2, 20 : vivo autem iam non ego vivit vero in me Christus quod autem nunc vivo in carne in fide vivo Filii Dei qui dilexit me et tradidit se ipsum pro me.

LUTHER : 2, 19 : ich bin mit Christo gekreuzigt. 2, 20 : Ich lebe aber ; doch nun nicht ich, sondern Christus lebt in mir. Denn was ich jetzt lebe im Fleisch, das lebe ich in dem Glauben des Sohnes Gottes, der mich geliebt hat und sich selbst für mich dargegeben.

KING JAMES VERSION : 2, 20 : I am crucified with Christ : nevertheless I live; yet not I, but Christ liveth in me : and the life which I now live in the flesh I live by the faith of the Son of God, who loved me, and gave himself for me.

SEGOND : 2, 20 : Je suis crucifié avec Christ, et je vis, non pas maintenant moi, mais Christ vit en moi ; et ce que je vis maintenant en la chair, je le vis en la foi du Fils de Dieu, qui m'a aimé, et qui s'est donné lui-même pour moi.

Enfin, le thème des six ailes. Souvenez-vous que je demandais la semaine dernière : d’où viennent nos idées ? Comment produisons-nous des énoncés ? Eh bien, au Moyen Âge, l’origine, c’est un tissu de réminiscences, de sous-textes qui se croisent, de telle façon que celui qui écrit est en quelque sorte écrit par ce qui s’est écrit avant lui. Ici, le thème des six ailes vient en droite ligne d’Isaïe 6, 1-3. C’est ce qu’on appelle la « vision d’Isaïe ».

> 1L’année de la mort du roi Ozias, je vis le Seigneur assis sur un
> trône très élevé, et les pans de sa robe remplissaient le temple.
> 2Des séraphins se tenaient au-dessus de lui ; ils avaient chacun
> six ailes ; deux dont ils se couvraient la face, deux dont ils se
> couvraient les pieds, et deux dont ils se servaient pour voler. 3Ils
> criaient l’un à l’autre, et disaient : Saint, saint, saint est l’Éternel
> des armées ! toute la terre est pleine de sa gloire !

Ces séraphins sont le prototype du séraphin vu par François. La disposition des ailes est différente – la face du Christ apparaît – évidemment ; mais le nombre d’ailes est le même – six. On le retrouvera bientôt ailleurs.

Pour Bonaventure, le chapitre premier de l’*Itinerarium* en détaille pour nous la signification : six ailes – six degrés d’élévation à Dieu – « selon six degrés ou puissances pour monter des choses les plus basses aux plus élevées, des choses extérieures aux intérieures, des choses temporelles à celles de l’éternité » qui sont : « les sens, l’imagination, la raison, l’intellect, l’intelligence, le sommet de l’esprit ou autrement l’étincelle de la conscience » ; six degrés qui ont été « implantés en nous par la création, défigurés par le péché, rétablis par la grâce, purifiés par la justice, exercés par la science, et rendus parfaits par la sagesse ».

Ces six degrés sont à rapprocher de textes de Richard de Saint-Victor sur les six éléments de l’Arche d’Alliance (Exode 1, 25), dans le *Benjamin Major*, œuvre dont nous reparlerons la semaine prochaine, à l’occasion de quoi j’en viendrai de nouveau à Maître Eckhart, à quelques considérations conclusives sur le thème suivi depuis la semaine passée, ainsi qu’à quelques remarques heuristiques concernant le conflit des désirs et des volontés.

Avec le Poverello, nous sommes passés de la communication des propriétés à la communication des stigmates ! Nous voyons bien cependant – dans ces deux passions successives : celle du Christ, celle de François, son image – que *la communication des idiomes occupe une place centrale dans l'histoire de la subjectivité*. Elle est centrale pour la passion, elle est centrale pour la pensée. Peut-on souffrir *kat'allo* ? Peut-on penser *kat'allo* ? Il y a là un même problème, une même structure, et – qui s'en étonnera ? – une parenté spectaculaire dans les stratégies argumentatives. L'articulation de la christologie et de l'anthropologie n'est pas un phénomène secondaire dans l'archéologie du sujet.

Notes

1. Élie Bombarone (1180-1253), Élie d'Assise ou Élie de Cortone – Cortona, en Toscane, dans la province d'Arezzo –, deuxième ministre général de l'ordre des Frères mineurs (de 1232 à 1239).

2. Pour tout ce qui suit, l'étude de référence est A. Vauchez, « Les stigmates de saint François et leurs détracteurs dans les derniers siècles du Moyen Âge », *Mélanges d'archéologie et d'histoire*, t. 80, 1968, p. 595-625, complétée désormais par J. Dalarun, « À cette époque, le bienheureux François avait des cicatrices aux mains et aux pieds et au côté » [noté ensuite : « À cette époque... »], in : *Archivio italiano per la storia della pietà*, XXVI (*Discorsi sulle stimmate dal Medioevo all'età contemporanea = Discours sur les stigmates du Moyen Âge à l'époque contemporaine*), Roma, Edizioni di storia e letteratura, 2013, p. 43-49. L'événement de la stigmatisation est d'autant plus extraordinaire que, comme le souligne A. Vauchez, « Les stigmates

de saint François... » p. 597, le haut Moyen Âge était resté « étranger à l'adoration de l'humanité du Christ » et que c'est précisément « surtout avec l'essor des Ordres Mendiants que se diffusa dans le peuple chrétien la dévotion envers le Christ-homme et particulièrement le Christ souffrant, que s. François avait personnellement vécue avec une extraordinaire intensité. » La stigmatisation de François est donc non seulement un événement extraordinaire, mais un *événement fondateur*.

3. Élie de Cortone, *Epistola encyclica de transitu S. Francisci*, éd. S. Menclierini dans Codice diplomatico della Verna e delle SS. Stimmate di S. Francesco d'Assisi, Florence, 1934, p. 7-8.

4. Cité par A. Vauchez, « Les stigmates de saint François... », p. 595-596.

5. Comme l'écrit J. Dalarun, « À cette époque... », p. 43-44 : « ... il est maintenant évident qu'il convient, dans le dossier franciscain, de *distinguer stigmates et stigmatisation*, *l'effet et la cause* », et de préciser, p. 44 : « L'effet, on peut en contester l'appellation paulinienne – les "stigmates" –, mais on ne peut, au regard des règles élémentaires de l'érudition critique, en contester la réalité historique : François d'Assise, au moment de sa mort, portait quatre excroissances de chair, au milieu des mains et des pieds, et une plaie, au côté droit. Or la nature même de l'anomalie visible aux extrémités des quatre membres empêche d'y voir une manipulation sur son cadavre. François d'Assise a donc porté ces marques de son vivant. Une telle assurance vient de l'application d'une règle simple : recoupement de témoignages fiables, présentant une convergence de fond et des divergences de détail. »

6. *Cf.* J. Dalarun, « À cette époque... », p. 51 : « ... l'incapacité de François d'Assise à marcher est confirmée par une source tout à fait indépendante, la *Passion de saint Verecondo* : "comme il ne pouvait se déplacer et, surtout après qu'il fut marqué par les blessures du Sauveur, incapable d'aller à pied, il était porté par un ânon." »

7. Dante, *La Divine Comédie*, trad. F.R. de Lamennais, II, Paris, Didier, 1863.

8. Augustin, *Cité de Dieu*, X, vi : « Dans les sacrifices où les patriarches immolaient des animaux et qu'aujourd'hui le peuple de Dieu relit dans l'Écriture sans plus les pratiquer, il faut voir uniquement la figure des œuvres qui s'accomplissent parmi nous, en vue de nous unir à Dieu et de porter vers lui notre prochain. Le sacrifice visible est donc le sacrement, c'est-à-dire le signe sacré du sacrifice invisible » : *Sacrificium ergo visibile invisibilis sacrificii*

sacramentum, id est sacrum signum est – la formule vaut, pour tout le Moyen Âge. Et au-delà. Comme le note F. Trémolières, le terme devient synonyme de « mystère » ou de « secret » – deux termes associés dans le texte de Thomas de Celano sur François cité note suivante. Bossuet donne comme équivalents le grec « mystère » et le latin « sacrement », parlant en ce sens de *sacrement* de l'Incarnation. Plus important : « Bossuet applique à la prédication la même doctrine des signes qu'à l'Eucharistie, qui lui fait précisément parler de sacrement, *sacramentum*, suivant le sens ancien hérité d'Augustin de *sacrum signum* : signe visible d'une réalité cachée ». Il dit : « Le son de la parole frappe au-dehors ; le maître, dit Augustin est au-dedans : la véritable prédication se fait dans le cœur. » *Cf.* BOSSUET, *Sermon sur la prédication évangélique*, p. 189, cité par F. TRÉMOLIÈRES, « Ministère de la parole et controverse eucharistique », *in* A.E. SPICA (éd.), *Bossuet à Metz (1652-1659) : les années de formation et leurs prolongements*. Actes du colloque international de Metz (21-22 mai 2004), Peter Lang (Recherches en littérature et spiritualité, 10), 2005, p. 156.

9. Cité et traduit par J. DALARUN, « À cette époque... », p. 54 : « Revera in quinque partibus corporis passionis et crucis signaculo pater venerabilis est signatus ac si in cruce cum Dei Filio pependisset. Sacramentum hoc magnum est et prerogativae dilectionis indicat maiestatem ; sed arcanum in eo latet consilium et reverendum contegitur *mysterium*, quod soli Deo cognitum credimus, et per ipsum sanctum ex parte cuidam revelatum. ».

10. *Cf.* P. STRAWSON, *Individuals*..., p. 90, 93, 94

11. Galates 6, 17 : Τοῦ λοιποῦ κόπους μοι μηδεὶς παρεχέτω· ἐγὼ γὰρ τὰ στίγματα τοῦ Ἰησοῦ ἐν τῷ σώματί μου βαστάζω. Vulgate : « de cetero nemo mihi molestus sit ego enim stigmata Iesu in corpore meo porto » ; KJV : « From henceforth let no man trouble me : for I bear in my body the marks of the Lord Jesus. » Cf. *Thayer's Greek Lexicon*, sur STRONGS NT 4742, στίγμα (en ligne) : « στίγμα, στιγματος, τό (from στίζω to prick ; (*cf.* Latin *stimulus*, etc.; German *stechen*, English stick, sting, etc.; Curtius, § 226)), a mark pricked in or branded upon the body. According to ancient oriental usage, slaves and soldiers bore the name or stamp of their master or commander branded or pricked (cut) into their bodies to indicate what master or general they belonged to, and there were even some devotees who stamped themselves in this way with the token of their gods. »

12. Voir le *Dictionnaire de Trévoux*, t. VII, p. 849.

13. *Encyclopédie*, t. XV, p. 519 : « STIGMATES (Théologie) marques ou incisions que les payens se faisaient sur la chair en l'honneur de quelque fausse divinité. Ces stigmates s'imprimaient ou par un fer chaud, ou par une aiguille avec laquelle on faisait plusieurs piqûres, que l'on emplissait ensuite d'une poudre noire, violette, ou d'une autre couleur, qui s'incorporait avec la chair, et demeurait imprimée pendant toute la vie. La plupart des femmes arabes ont les bras et les joues chargés de ces sortes de stigmates : Lucien dans son livre de la déesse de Syrie, dit que tous les Syriens portaient de ces caractères imprimés les uns sur les mains, et les autres sur le col. Moïse, Lévitiq. XIX. vers. 28. défend aux Israélites de se faire aucune figure, ni aucune stigmate sur le corps. L'hébreu porte, *vous ne vous ferez aucune écriture de pointe*, c'est-à-dire, aucune stigmate [sic] imprimée avec des pointes. » Le texte du Lévitique a *qaaqa* : « an incision, imprint, tattoo » ; la Vulgate latine a *stigmata* : « et super mortuo non incidetis carnem vestram neque figuras aliquas et stigmata facietis vobis ego Dominus ». Luther donne : « Ihr sollt kein Mal um eines Toten willen an eurem Leibe reißen noch Buchstaben an euch ätzen ; denn ich bin der Herr » ; KJV : « Ye shall not make any cuttings in your flesh for the dead, nor print any marks upon you : I *am* the Lord » ; Martin : « Vous ne ferez point d'incisions dans votre chair pour un mort, et vous n'imprimerez point de caractère sur vous ; je suis l'Éternel » ; Segond : « Vous ne ferez point d'incisions dans votre chair pour un mort, et vous n'imprimerez point de figures sur vous. Je suis l'Éternel ». Enfin, Darby : « Et vous ne ferez point d'incisions dans votre chair pour un mort, et vous ne vous ferez pas de tatouages. Moi, je suis l'Éternel. »

14. Cf. J.-J. SURIN, *Le Triomphe de l'amour divin sur les puissances de l'enfer en la possession de la Mère supérieure des Ursulines de Loudu*n, Grenoble, Millon, 1990, p. 71. Sur ce texte, *cf.* M. KOZUL, *Le Corps dans le monde : récits et espaces sadiens*, Louvain-Paris-Dudley, Éd. Peeters (La République des Lettres, 22), 2005, p. 117.

15. Sur Surin, *cf.* MICHEL DE CERTEAU, *Correspondance de Jean-Joseph Surin*, Paris, Desclée de Brouwer, 1966 ; *La Possession de Loudun*, Paris, Julliard (Archives), 1970 ; *La Fable mystique*, Paris, Gallimard (Bibliothèque des Idées), 1982.

16. *Cf.* P. SABATIER, *Vie de saint* François, Paris, Fischbacher, [1]1894, p. 339.

17. J. DALARUN, « À cette époque... », p. 49, note : « Les stigmates, à ce jour, sont vérité officielle de l'Église, pas le séraphin. »

18. Cité par G. Dumas, « La stigmatisation chez les mystiques chrétiens », *Revue des Deux Mondes*, t. 39, 1907, p. 200-201 (p. 196-228).

19. Pour une analyse du document, voir http ://www.louvre.fr/œuvre-notices/saint-francois-dassise-recevant-les-stigmates.

« La prédelle du rétable représente quatre scènes de la vie du saint : à gauche, le songe d'Innocent III qui en rêve voit saint François soutenir une église sur le point de s'écrouler ; au centre, le pape qui approuve les statuts de l'ordre des franciscains ; à droite, saint François prêchant aux oiseaux, démontrant ainsi que la Parole de Dieu s'adresse à tous les êtres vivants. » La stigmatisation est représentée sur la partie principale du panneau.

20. *Cf. Heinrich Seuse, Deutsche Schriften*, Abb. 7, éd. Bihlmeyer, p. 147 (illustrant le chap. XLIII du *Livre de la Vie* : « Wie im Cristus vor erschein in eins Serafins bilde und in lerte liden » (p. 144-148) : « Comment le Christ lui apparut sous la forme (l'image) d'un Séraphin et lui enseigna à souffrir » [ms K = Einsiedeln, 710].

21. Bonne reproduction de la fresque sur http ://appuntidistoria dellarte.blogspot.it/2016/04/giotto-e-i-francescani

22. G. DUMAS, *La Stigmatisation chez les mystiques chrétiens*, p. 220 : « François d'Assise aimait à se retirer dans les solitudes de l'Alverne pour méditer sur le supplice du Golgotha ; il avait, pour ainsi dire, l'obsession du Calvaire, il vivait si complètement dans l'idée du crucifiement qu'il signait ses lettres d'un T, symbole de la croix de Jésus, et, dans sa retraite de 1224, il se trouva plus absorbé encore que de coutume par l'objet habituel de sa contemplation. Dans les journées qui précédèrent sa grande extase, il vécut sans cesse, par l'imagination et par la pitié, toutes les souffrances de son maître ; il exaspéra sa sensibilité par le jeûne, et quand le séraphin lui apparut, le matin de l'Exaltation de la Croix, François était prêt à réaliser dans son corps toutes les tortures qu'il avait savourées en esprit. »

23. PÉTRARQUE, *Lettere senili*, L. VIII, lettre 3, éd. LE MONNIER, Florence, 1868, p. 465, cité par A. VAUCHEZ, « Les stigmates de saint François... », p. 624-625.

24. *Cf.* A. VAUCHEZ, « Les stigmates de saint François... », p. 625, qui renvoie à « PIETRO POMPONAZZO, *De naturalium effectuum causis sive de incantationibus*, C. VI, *dubitatio* VIII, Bâle 1567, p. 67 : "Et consequenter secundum istum modum dici potest beatum Franciscum ex miraculo non habuisse stigmata, si modo habuit, Salvatoris nostri... Cur igitur in corde et in reliquiis membris talia stigmata fingi non possent, certe non dispar videtur ratio. 3." » Pour plus de détails voir le Cahier *Stigmates*, dirigé par D. DE COURCELLES, *Cahiers de l'Herne*, 2001, avec p. 203-205, un extrait de PIETRO POMPONAZZI, *Les Causes des merveilles de la nature, ou Les Enchantements*, 1515-1520.

25. *Cf.* HANS-URS VON BALTHASAR, *Herrlichkeit. Eine theologische Ästhetik. Band II, Fächer der Stile*, Einsiedeln, Johannes Verlag, 19843, p. 279 : « Es bleibt für die ästhetische Theologie Bonaventuras entscheidungsvoll, daß die Stigmata gerade im ekstatischen Exzeß der Seele irhem Leib eingeprägt werden : wie dort die Gestalt der göttlichen Schönheit erblickt wird, so erhält diese göttliche Schönheit auch dort ihre Weltgestalt » ; trad. angl. A. NICHOLS, *The Word Has Been Abroad : A Guide Through Balthasar's Aesthetics*, The Catholic University of America Press, 1998, p. 86 : « [Permanently decisive for Bonaventure's aesthetic theology is the fact that] "the stigmata were impressed on the soul's body precisely in the soul's ecstatic *excessus* : just as it was there that the divine beauty was glimpsed, so it was also there that the same divine beauty took on its 'worldly' form" (GOTL II, p. 273). »

26. A. Nichols, *The Word Has Been Abroad...*, p. 86 : « In seeing the seraphic Christ, Francis grasped that, since he was consumed by spiritual fire, he would be changed into the "expressive image" of the Crucified » (= Bonaventure, *Legenda minor*, VIII).

27. Comme l'écrit A. Vauchez, « Les stigmates de saint François... », p. 622 : « Ce qui reste dans une certaine mesure une métaphore chez s. Bonaventure, devient une réalité chez les théologiens franciscains de la fin du XIIIe siècle. »

28. A. Vauchez, « Les stigmates de saint François... », *ibid.*, qui renvoie à saint Bonaventure, *Legenda Maior* dans *Anal. Franc.*, t. X, p. 620, et aux textes rassemblés sur le même thème par S. Bihl, « Franciscus fuit ne Angelus sexti sigilli ? » dans *Antonianum*, t. II (1927), p. 59-90.

29. Selon Pierre de Jean Olieu (Olivi), Bonaventure aurait déjà défini en ces termes, devant un chapitre général, la signification ultime des stigmates : « *Signum totalis transformationis et configurations ipsius ad Christum et in Christum.* » *Cf.* Petrus Johannis Olivi, *Lectura super Apocalypsim*, c. 6, cité in R. Manselli, *La 'Lectura super Apocalypsim' di Pietro di Giovanni Olivi. Ricerche sull'escatologismo medievale*, Rome, Istituto storico Italiano per il medio evo (Studi storici, fasc. 19-21), 1955, p. 149-152.

30. Le texte latin dit : « Constat per indubitabile testimonium S. Francisci ineffabili sanctitate et innumeris Dei miraculis confirmatum, et praecipue gloriosissimis stigmatibus sibi a Christo impressis patet ipsum vere esse Angelum apertionis sexti signaculi habentem signum Dei vivi, signum scilicet plagarum Christi crucifixi, et etiam *signum totalis transformationis et configurationis ipsius ad Christum et in Christum* et hoc ipsum per claram et fide dignam revelationem est habitum, prout a fratre Bonaventurae solemnissimo theologiae magistro ac nostri ordinis quondam generali ministro, fuit Parisiis in fratrum minorum me audiente solemniter praedicatum. »

31. Bonaventure, *Itinéraire de l'esprit vers Dieu*, *Prologue*, § 2-3, trad. H. Duméry, Paris, Vrin (Bibliothèque des textes philosophiques), 1994, p. 21-23 (texte de Quaracchi).

32. H. Duméry explique p. 29, n. 1 : « Nous traduisons *mens* tantôt par *âme*, tantôt par *esprit*. *Mens* ne signifie jamais âme au sens d'*anima*, principe animateur. Il faut entendre par *mens* soit la totalité de l'esprit, soit la fonction spirituelle la plus éminente, celle qui se réfère aux objets supérieurs : Dieu et les raisons éternelles. »

Cours du 14 mars 2016

Première heure

Pour aller jusqu'aux « choses mêmes »
que considère la philosophie, le chemin est long[1].

Retour aux Problemata *VII, 7 : quelle est l'origine de la compassion ? — Aristote rapporte le compatir au voir. — La compassion commence à la vue de la passion : au spectacle de la douleur. — Pas de compassion sans spectacle ; pas de spectacle sans compassion. — Pas d'identification à un souffrant sans vision. — En bref : pas de compassion sans image. — La « divinisation » de François d'Assise. — Barthélémy de Pise : la vie de François comme reproduction de celle du Christ : « conformité », copie conforme. — La figure de François chez les dominicains allemands : figure de la conformité. — Deux lectures de la conformité : chez Eckhart, dans le « détachement » ; chez Suso, dans la « souffrance ». — Les six ailes du séraphin christique. — L'interprétation de Bonaventure, Richard de Saint-Victor et Thomas d'Aquin. — Sources : la vision d'Isaïe (Is 6, 2) pour les séraphins, la vision d'Ézéchiel (Éz 1, 5-14) pour les créatures à quatre ailes, la structure de l'arche d'alliance (Ex 25, 10-22), pour les chérubins à deux ailes. — Eckhart suit Augustin. — Relecture eckhartienne des sept degrés augustiniens d'élévation vers l'union avec Dieu : le septième étant le « repos éternel ». — Eckhart ramène l'ascension à six étapes, dans cette vie-ci. — Dès cette vie l'homme peut être « transformé en une image divine ». — La vraie conformation au Christ est la pauvreté et l'humilité parfaites : l'état de François avant la stigmatisation. — La « vie bienheureuse » inchoation de la vision béatifique. — Redéfinition eckahrtienne de la théologie de la gloire : la* theosis *(déification) et le rapt. — Le « ravissement au Troisième ciel » selon le sermon latin XXII. — Réciprocation de la kénose divine et de l'apothéose humaine, de la grâce d'Incarnation et de la grâce d'Inhabitation : de même que le Verbe en s'incarnant a « revêtu » l'homme, de même l'homme doit « revêtir le Christ » (sermon latin XX). — La conformation au Christ par l'*apatheia *eckhartienne, plutôt que par le* pathos *susien, articule le genre kénotique et le genre majestique, humiliation et élévation, kénose et apothéose. — Interprétation révolutionnaire du tolle crucem de Mt 16, 24 : Si quis vult post me venire abneget semet ipsum et tollat crucem suam et sequatur me. — Le sens n'est pas : « Si quelqu'un veut venir derrière moi, qu'il se renonce lui-même, qu'il se charge de sa croix et qu'il me suive ». — Le moyen haut allemand « ûfheben » par lequel Eckhart rend le latin « tolle », signifiant à la fois « prendre » et « déposer », la théologie eckhartienne de la Croix est fondée sur ce que Hegel appellera précisément « Aufhebung » : le « dépassement » qui à la fois supprime et conserve, nouvelle figure de la « souffrance impassible » et/ou de « l'impassibilité souffrante ». — Premières conclusions du cours. — Les dossiers ouverts ont laissé émerger quatre questions : 1. Peut-on dire la douleur ? 2. Peut-on partager la douleur ? 3. Quel est le sujet de la douleur ? 4. Quelles fonctions a la compassion dans la vie psychique ?— Rapport de la souffrance au langage. — Souffrance et spectacle : le pathos tragique. — Le christianisme et le spectacle de la douleur. — L'interdiction de la gladiature à Rome. — Sympathie et empathie. —* Libido nocendi *et souffrance* kat'allo. — *Augustin sur le « plaisir pris à voir souffrir autrui ». — Les jeux du Cirque : l'étrange histoire d'Alypius. — Retour sur l'expression « souffrir* kat'allo *». — Définition augustinienne de la souffrance. — Les souffrances « de la chair » sont des souffrances de l'âme. — La douleur du corps, c'est la douleur de l'âme à cause du corps. — La notion de « chiasme de la compassion ». — Remarques sur la notion de « chiasme » : Paul Valéry et le dernier Merleau-Ponty.*

La première leçon s'ouvrait sur un des *problemata* d'Aristote : d'où vient la compassion, prise au sens d'une souffrance, mais aussi, plus largement, d'une émotion partagée : synalgie, condouleur, *compassio* ?

> Διὰ τί, ἐπειδὰν τεμνόμενόν τινα ἴδωμεν ἢ καιόμενον ἢ στρεβλούμενον ἢ ἄλλο τι τῶν δεινῶν πάσχοντα, συναλγοῦμεν τῇ διανοίᾳ [2];
>
> Pourquoi, si nous avons vu quelqu'un à qui l'on coupe [une partie du corps], ou que l'on brûle ou torture, ou qui subit un autre traitement pénible, partageons-nous sa douleur en esprit ?

Outre l'allusion au fer, qui tranche et mutile – pensez à Maxime le Confesseur, main droite et langue coupées –, au feu, qui brûle et consume, à la roue, bref aux trois grandes formes de supplices, de « souffrance que l'on subit », il fallait noter le petit mot ἴδωμεν, référant le compatir, le συναλγέω, au voir, ἰδέω, ou εἶδον. La compassion commence à la vue de la passion, on dira au *spectacle* de la douleur. Pas de compassion sans spectacle ; pas de spectacle sans compassion ; pas d'identification à un souffrant sans vision [3].

Pas de compassion sans image – le réquisit est le même pour la pensée et la passion : *pas de pensée sans images*, dit Aristote [4]. Mais on peut, on doit aller, on est allé plus loin : jusqu'au point où nous conduit la stigmatisation de François d'Assise, explicitement vécue comme mise en image, réplique, reproduction, *copie conforme*. Soulignant que la doctrine de la « divinisation » de François, est vite « communément acceptée dans l'ordre franciscain », André Vauchez note qu'elle est « développée dans le sens le plus littéral par Barthélémy de Pise dans son *De conformitate vitae Beati Francisci ad vitam Domini Iesu*, approuvé par le chapitre général de 1390 », « le plan et la composition de l'ouvrage visant à démontrer, par des comparaisons terme à terme, que la vie de s. François fut bien une *reproduction* de celle du Christ » [5]. *Conformitas* est le mot décisif. L'allemand qui entend à la fois la forme et l'image dans le mot *Bild* conserve le double registre quand il s'agit de dire la *Gelassenheit*, le délaissement dont, aux yeux même du dominicain Eckhart, son « cher seigneur saint François » a donné l'exemple en l'espèce de la « véritable pauvreté » et de la « véritable humilité », dont la *Predigt* 74[6], 92, dans l'ordre liturgique[7], fait le vibrant éloge.

Suso écrit : « Ein gelassener mensch muss *entbildet* werden von der creatur, *gebildet* werden mit Cristo, und *überbildet* in der gotheit » [8]. Jeanne Ancelet-Hustache traduit :

> Un homme qui s'est renoncé doit être détaché des formes créées, formé avec le Christ et transformé dans la Déité[9].

Alois Haas et son traducteur, W. Wackernagel, entendent au contraire :

> Un homme détaché ne doit plus avoir d'image de la créature, être "imagé" (formé) avec le Christ, et "surimagé" (c'est-à-dire formé de manière éminente) dans la déité[10].

Le ternaire bâti sur *bild* est emprunté à Eckhart, *Predigt* 40 (Sturlese n° 72) qui décrit avec le verbe *bilden* préfixé de trois manières – avec *en-*, *in-* et *über* –, les trois moments de l'union transformante :

> [...] l'homme, lorsqu'il s'unit totalement à Dieu avec amour *(als sich der mensch ze gote blôz füegende ist* [= tendre, *fuog* : tendance]), est détaché des images *(sô wirt er enbildet)*, formé *(îngebildet)*, et transformé *(überbildet)*, dans la conformité divine en laquelle il est un avec Dieu *(in der götlîchen einformikeit, in der er mit gote ein ist)*[11].

Suso ajoute « avec le Christ » à l'*înbilden.* Il ne fait qu'expliciter la pensée d'Eckhart. Mais, avec cette « conformation », cet « être "imagé" (formé) avec le Christ », un changement de paradigme s'opère d'Eckhart à Suso dans la mystique rhénane. De fait, le passage de la mystique de l'essence à la mystique de la souffrance qui a lieu entre les deux est d'abord un changement dans la compréhension de la notion de conformation. Chez Eckhart, le dépassement des images et le détachement entendu comme connaissance inconnaissante, « pauvreté en esprit », sont la voie royale du délaissement. Chez Suso, c'est la souffrance prise comme signe et moyen exclusif d'une totale abnégation de la volonté propre. Quand Eckhart parle de « se conformer au Christ », il pense donc à sa divinité ; Suso, à son humanité souffrante, à l'humanité du Christ en croix.

Nous étions arrivés la semaine dernière à la description des six étapes de l'itinéraire de l'esprit vers Dieu, décrites par Bonaventure, sur la base de l'exégèse victorine de la vision d'Ézéchiel et surtout des six éléments de l'Arche d'Alliance dans le chapitre 25 du premier livre de l'Exode, – deux textes bibliques riches en bruissements de plumes, qui se rencontrent avec le Christ séraphique aux six ailes de François d'Assise et le très populaire *topos* monastique et théologique des six degrés d'élévation de l'esprit [12]. De fait, le sextuple schéma de Richard de Saint-Victor est repris par Thomas d'Aquin [13] dans sa description des six degrés de la vie contemplative [14]. Ce qui nous attend au sixième étage est la contemplation de la vérité divine, *per speculum et in aenigmate* (I Co 13, 12), à savoir – thèse capitale pour comprendre Maître Eckhart – une « inchoation de la béatitude, qui commence ici-bas, pour s'achever pleinement dans le futur » *(quaedam inchoatio beatitudinis, quae hic incipit ut in futuro terminetur)*. Richard de Saint-Victor, peaufinant l'exégèse de l'Arche de Moïse, distinguait deux chérubins de l'âme : l'intelligence opérant « *supra rationem, sed non praeter rationem* », le chérubin de gauche, cinquième étape ; l'intelligence opérant « *supra rationem et praeter rationem* », le chérubin de droite, sixième et dernière étape [15].

À chacun son itinéraire. Eckhart, qui a lu Thomas, opte cependant pour une autre échelle, au moment d'escalader les six degrés. Dans le *Sermon de l'homme noble*, il choisit de suivre la Seconde Épître aux Corinthiens de Paul et le *De vera religione* d'Augustin. Les six degrés sont les six « degrés de l'homme intérieur », de « l'homme nouveau » – donc de « l'homme noble », celui de Lc 19, 12 – analysés à partir de la distinction de II Co 4, 16, entre homme intérieur et homme extérieur :

> L'autre homme qui est en nous, c'est l'homme intérieur ; celui-là, l'Écriture l'appelle un homme nouveau, un homme céleste, un homme jeune, un ami et un homme noble [16]. Et c'est de celui-là que parle Notre-Seigneur, disant qu'« un homme noble s'en fut en un pays étranger pour s'y gagner un royaume et s'en revint chez lui. »

Eckhart suit fidèlement le *De vera religione*. C'est arrivé au sixième étage qu'il y a un changement. En fait, chez Augustin, il y a sept modes – dont l'un se situe *après* la mort. Eckhart, lui, fusionne les deux, le 6e et le 7e, en un mode unique, valable ici-bas.

Comparer Augustin :

> *Sextam omnimodae mutationis in aeternam vitam et usque ad totam oblivionem vitae temporalis transeuntem perfecta forma, quae facta est ad imaginem et similitudinem Dei* [61].
>
> Au sixième le changement s'achève pour la vie éternelle ; il va jusqu'à l'oubli le plus complet de la vie présente, pour acquérir la transformation parfaite à l'image de Dieu et à sa ressemblance.
>
> *Septima enim iam quies aeterna est, et nullis aetatibus distinguenda beatitudo perpetua* [62]. *Ut enim finis veteris hominis mors est, sic finis novi hominis* [63] *vita aeterna. Ille namque homo peccati est, iste iustitiae.*
>
> Enfin le septième est le repos éternel, le perpétuel bonheur, où n'est plus possible aucune distinction d'âge. Car si la mort est la fin du vieil homme, la fin de l'homme nouveau est la vie éternelle, parce que l'un est l'homme du péché et l'autre celui de la justice.

Et Eckhart :

> Le sixième degré, c'est quand l'homme est *détaché des images et transformé au-dessus de lui-même par l'éternité de Dieu*, quand il est parvenu à l'oubli total et parfait de la vie éphémère et temporelle, *transformé en une image divine*, devenu enfant de Dieu. [ex 7e degré] Il n'existe pas au-delà de degré plus haut, là sont le repos et la félicité [*ou* béatitude] éternels, car la fin de l'homme intérieur et de l'homme nouveau est la vie éternelle [17].

L'homme est *transformé en une image divine,* mais pas par la stigmatisation. Que veut dire transformer en une image divine ? Réponse : c'est se retrouver dans l'état où était François *avant la stigmatisation* : la pauvreté et l'humilité parfaites. C'est cela la conformation au Christ.

La nouveauté eckartienne est de faire place à une « vie bienheureuse » – ce sera le titre d'un texte de Fichte : *Die Anweisung zum seligen Leben*[18]. La vie contemplative devient vie bienheureuse. Ce déplacement a une portée philosophique considérable. Il était esquissé par Thomas qui, à la description de la béatitude future dans l'au-delà, juxtaposait celle de la « félicité » mentale selon Aristote – point de rencontre, lieu de *concurrence* brûlant avec l'averroïsme :

> Unde et philosophus, in X Ethic., in contemplatione optimi intelligibilis ponit ultimam felicitatem hominis.

Mais – *vita beata* – c'est d'abord le titre d'une des premières œuvres d'Augustin – la « vie heureuse », rédigée en 386, au moment où Augustin à la fois suit les prédications d'Ambroise, lit (en juin) les « livres des platoniciens », et s'apprête (sans le savoir) à vivre (en août) l'épisode dit du « jardin de Milan », où il entend la voix d'enfant chanter la ritournelle « *tolle lege, tolle lege* », qui décide de sa conversion[19]. Vie bienheureuse : cela veut dire félicité *et* vie heureuse ; Aristote *et* Augustin.

La vie bienheureuse eckartienne, le sixième degré eckartien, est une réévaluation de la théologie de la Gloire. La *theologia gloriae* n'est pas seulement la théologie de Rm 1, 20 celle des *invisibilia Dei per ea quae facta sunt, intellecta,* « des choses divines comprises par les choses créées », cette théologie scolastique, à laquelle Luther, suivi par le jeune Heidegger, oppose la théologie de la Croix[20]. La théologie de la Gloire c'est aussi la vision de Dieu ici-bas dans la lumière de Gloire, autrement dit ce qu'on appelle « théologie mystique ». En fait, c'est la théologie *dionysienne* menée à son terme. Albert le Grand, père de la mystique rhénane, soutenait que l'on pouvait enseigner toute la théologie avec Denys, comme les scolastiques, les maîtres de l'université, le faisaient eux, en s'appuyant sur les *Sentences* de Pierre Lombard. C'est ce qu'il a lancé comme type d'étude, comme méthode d'enseignement, dans le *Studium generale* dominicain fondé à Cologne, en cette Allemagne où, rappelons-le, il n'y avait pas d'université, ni du temps d'Albert, ni du temps d'Eckhart – la première université « allemande » est, je le disais le 18 janvier dernier, celle de Prague, fondée en 1348. Eckhart se rattache à cette « théologie dionysienne », qui culmine dans la déification, la *theosis*, ce qui veut dire aussi dans le *raptus*, le « troisième ciel » du ravissement de Paul, une brève vision de Dieu dans la lumière de Gloire.

Theosis, rapt, vie bienheureuse – il faut penser ces trois ensemble, et changer de rapport au temps. Il y a, de ce point de vue, une belle exégèse de II Co 12, 2 : « *Je sais un homme en Christ, qui fut ravi jusqu'au troisième ciel* » – c'est la phrase de Paul parlant de son propre ravissement – dans le sermon latin XXII sur Lc 16, 1-9, pour le neuvième dimanche après la Trinité. Ce sermon est un véritable traité d'anthropologie chrétienne. Il pose d'emblée (§ 206) la différence entre homme intérieur et homme extérieur, puis (au § 208) expose Col 3, 10 : *Revêtez l'homme nouveau* ! Cette injonction ponctue les paroles de Paul sur la mortification (Col 3, 5-7) et sur le détachement par rapport aux passions (Col 3, 8), que nous avions évoquées le 25 janvier [21] : il faut se « dépouiller du vieil homme » (Col 3, 9) et « revêtir l'homme nouveau » (Col 3, 10). *Je sais un homme en Christ, qui fut ravi jusqu'au troisième ciel* ». Que signifie « en Christ » ? Que signifie « être ravi » ? *En Christ* signifie *conformé au Christ, configuré au Christ unique, pour être fils adoptif criant : Abba ! Père !* C'est une reprise de Rm 8, 15, opposant l'adoption à la servitude : « Et vous n'avez point reçu un esprit de servitude, pour être encore dans la crainte ; mais vous avez reçu un Esprit d'adoption, par lequel nous crions : Abba ! Père ! »

Être Fils plutôt que serviteur. Au § 215, s'appuyant sur I Jn 2, 6, Eckhart explique quels sont « les vrais signes du Fils ». Et il n'y a là, vous allez le voir, rien d'extraordinaire, rien de mystique : un beau comportement ; un comportement pacifique, principalement l'amour des ennemis ; une multiplication continue des bonnes œuvres ; le débordement d'une bonne et fructueuse renommée ; la contemplation studieuse des choses divines ; une constante persévérance dans l'obéissance en toutes choses. Quant au ravissement lui-même, après avoir noté avec Thomas que les mots « extase, ravissement d'esprit et rapt » sont souvent interprétés de la même façon dans les Écritures, le sermon laisse clairement entendre qu'être ravi, c'est être ravi en Christ : le ravissement c'est aussi la vie chrétienne et non plus seulement le rapt au troisième ciel. La vie bienheureuse, l'inchoation de la vision bienheureuse, c'est la vie dans le Christ, par le Christ : je *ne vis plus, c'est le Christ qui vit en moi* dit Paul, en Galates 2, 20, parlant du Christ crucifié. Eckhart ne dit pas autre chose, mais, comme le montre le *Sermon latin* XX, ce qui, selon lui, vit en l'homme, en *tout homme* conformé au Christ, c'est d'abord l'Image vivante – le Christ lui-même : Image du Père dont il n'y a pas d'image, image sans images, image dont il n'y a pas d'images faites de main d'homme, ou d'image tracée sur le corps, dans les stigmates.

On a ici un renversement dialectique, illustrant à sa manière la communication des idiomes, le chiasme des propriétés dont nous avons parlé ces dernières semaines. De même que *le Verbe a revêtu l'homme*, a pris l'homme en habit – rappelez vous « *habitu inventus est homo* » –, de même l'homme doit non seulement dépouiller le vieil homme (c'est-à-dire s'en dévêtir, ἀπεκδυσάμενοι, dit Col 3, 10) et revêtir l'homme nouveau, mais encore, et pour le dire plus exactement, il doit « *revêtir le Christ* » – du grec ἐνδύω (mettre un vêtement, revêtir). Sermon XX, § 199 [22] :

> Celui qui est vraiment un chrétien [qui est/qui reçoit son nom] du Christ considère tous les hommes de la même façon comme lui-même, parce que le Christ a assumé la nature, et non une personne [23].

Celui qui est vraiment chrétien répond à Rm 13, 14 : § 200 : « revêtez-vous du Seigneur Jésus-Christ » (ἐνδύσασθε τὸν Κύριον Ἰησοῦν Χριστόν) ; c'est celui qui est vêtu du Christ.

> Personne n'est chrétien si ce n'est à travers l'être en Christ et à travers l'être du Christ. En effet, comment serait-il chrétien si ce n'est par l'être ? Il peut certes être dit ou appelé [chrétien], mais il ne peut être [chrétien] sans l'être. Donc revêtez-vous du Seigneur Jésus-Christ (Rm 13, 14). C'est cela qu'on appelle vivre selon la vertu [24].

Il y a bien deux modes de conformation au Christ : par l'*apatheia*, l'absence de passion, chez maître Eckhart, ou par le *pathos*, chez Suso. Ce qu'ils ont en commun, dans les deux cas, c'est l'obéissance : la subordination de la volonté humaine à la volonté divine, comme dans le Christ vu par Maxime le Confesseur. Ce qui compte, c'est l'obéissance – le Christ a obéi jusqu'à la mort. Ce qui compte, c'est la subordination de la volonté humaine à la volonté divine : c'est là que les deux modes, *apatheia* et *pathos*, se rejoignent ; dans l'abnégation de la volonté propre ; dans le deuxième temps de la prière d'agonie.

L'originalité d'Eckhart est de tracer un chemin entre théologie de la Gloire et théologie de la Croix, qui conduit aux deux, vient des deux, participe des deux et articule les deux. Un chemin qui articule le genre kénotique et le genre majestique, humiliation et élévation, kénose et apothéose. En témoigne son extraordinaire interprétation du *tolle crucem* de Matthieu, 16, 24 : Εἴ τις θέλει ὀπίσω μου ἐλθεῖν, ἀπαρνησάσθω ἑαυτὸν καὶ ἀράτω τὸν σταυρὸν αὐτοῦ, καὶ ἀκολουθείτω μοι. *Si quis vult post me venire abneget semet ipsum et tollat crucem suam et sequatur me*.

> Notre-Seigneur dit : « Qui veut venir à moi, il doit sortir de soi, se renoncer et doit lever *(ûfheben)* sa croix », c'est-à-dire qu'il doit déposer et supprimer tout ce qui est croix et souffrance. Car il est sûr que qui se serait renoncé lui-même et serait entièrement sorti de soi, pour celui-là il ne pourrait y avoir ni croix ni souffrance ni peine ; tout serait pour lui un délice, une joie, une adoration [25].

Eckhart, vous le voyez, ne commente pas ce que tous ses contemporains commentent, à savoir : « Si quelqu'un veut venir derrière moi, qu'il se renonce lui-même, qu'il se *charge* de sa croix et qu'il me suive », il ne lit pas comme le lira Luther :

> Will mir jemand nachfolgen, der verleugne sich selbst und *nehme sein Kreuz auf sich* und folge mir.

Il ne rend pas le précepte évangélique *Tolle crucem* par l'allemand *aufnehmen*, « prendre », mais par le moyen haut-allemand : *ûfheben*, qui signifie à la fois « prendre » et « déposer ». *Ûfheben* c'est, en allemand moderne, *aufheben*, donc *Aufhebung*. Le terme clef de Hegel, qu'il faut citer ici au long :

> Par *aufheben* nous entendons d'abord la même chose que par *hinwegräumen* (abroger), *negieren* (nier), et nous disons en conséquence, par exemple, qu'une loi, une disposition, etc., sont *aufgehoben* (abrogées). Mais, en outre, *aufheben* signifie aussi la même chose que *aufbewahren* (conserver), et nous disons en ce sens, que quelque chose est bien *wohl aufgehoben* (bien conservé). Cette ambiguïté dans l'usage de la langue, suivant laquelle le même mot a une signification négative et une signification positive, on ne peut la regarder comme accidentelle et l'on ne peut absolument pas faire à la langue le reproche de prêter à confusion, mais on a à reconnaître ici l'esprit spéculatif de notre langue, qui va au-delà du simple "ou bien-ou bien" propre à l'entendement [26].

L'allemand est la langue de la raison, qui voit le *et... et*, là où l'entendement limité ne voit que le *ou... ou*. Voici ce qu'écrit un des commentateurs de Hegel, Simon Knaebel, dans un article intitulé « La réception de la mystique rhénane dans l'idéalisme allemand » :

> La charge sémantique du terme allemand est double, déjà chez Eckhart : il signifie lever, soulever, prendre sur ses épaules, assumer, mais aussi enlever, déposer, ôter, supprimer. Eckhart joue de ce double sens, ainsi que l'indique le contexte. La métaphore *ûfheben* qu'utilise Eckhart pour rendre l'expression « prendre sa croix », permet à ce dernier de passer bien au-delà du sens obvie du verset évangélique. L'auteur fait porter à ce terme une charge de *dépassement* qui ne manque pas d'évoquer l'usage que Hegel fera du même terme *aufheben* au centre de sa dialectique [27].

Je souscris entièrement à cette analyse. Prendre *ou* déposer ? Prendre *et* déposer ? Réponse en un mot : *dépasser*, c'est-à-dire... supprimer et conserver à la fois. Pour un lecteur d'Augustin le *tolle* n'a rien d'équivoque ni de métaphorique. Certes, ce pourrait être le *tolle* du *tolle lege, tolle lege* du récit de la conversion : *Attrape et lis ! Attrape et lis !* [28]. Je n'en crois rien. Le sens est « retire », « ôte », « enlève » : c'est celui, maintes fois repris par Eckhart, du passage de *La Trinité* d'Augustin consacré à la vision de Dieu comme Bien pur : « *Bonum hoc et bonum illud : Tolle hoc et illud, et vide ipsum bonum, si potes ; ita Deum videbis* »[29]. « Bon ceci et bon cela : retire le ceci, retire le cela, et vois le bien lui-même, si tu le peux ; alors tu verras Dieu ». *Tolle hoc*, *tolle illud*, Eckhart reprend des dizaines de fois cette expression en allemand, en disant qu'il faut retirer le *diz* et le *daz*.

Un dernier mot, pour conclure, sur la compassion et le sujet de la douleur.

C'est aujourd'hui la dernière séance, nous allons donc quitter les deux. C'est un thème que je quitte à regret, car c'est le plus riche et le plus problématique philosophiquement : un véritable carrefour, un échangeur conceptuel. Nous y reviendrons peut-être dans l'avenir, mais quand et par quelle voie ?

Les questions sont nombreuses, chacune pouvant servir d'entrée dans un dispositif dont la complexité m'effraie un peu. J'en vois au moins quatre dans les dossiers que nous avons ouverts, entrouverts ou entrevus.

1. Peut-on dire la douleur ?
2. Peut-on partager la douleur ?
3. Quel est le sujet de la douleur ?
4. Quelles fonctions a la compassion dans la vie psychique ?

Les deux premières questions semblent liées. Dans *The Body in Pain*, Elaine Scarry met en relation l'impossibilité de partager la douleur avec *la résistance de la douleur au langage*, autrement dit l'impossibilité de l'exprimer[30]. On pense à Virginia Woolf : l'anglais, qui peut exprimer les pensées d'Hamlet et la tragédie de Lear, n'a pas de mots pour le frisson ou le mal de tête.

> Lorsqu'elle tombe amoureuse, n'importe quelle écolière peut faire appel à Shakespeare ou à Keats pour s'exprimer ; mais qu'une personne souffrante tente de décrire un mal de tête à son médecin et le langage aussitôt lui fait défaut[31]. N'ayant rien à sa disposition, la voilà obligée d'inventer elle-même des mots et, sa douleur dans une main et un morceau de son pur dans l'autre, elle espère faire naître de leur entrechoquement un vocable entièrement neuf.

Il y a bien des mots pour dire la douleur. Arnulphe d'Aumont, l'auteur d'un des articles consacrés à la douleur dans l'*Encyclopédie* de d'Alembert et Diderot en propose quatre, quand il distingue la *tensive*, la *gravative*, la *pulsative*, & la *pungitive*. Il précise, sans hésiter, que « toute autre douleur n'est qu'une complication de ces différentes espèces », et conclut, sans trembler, que « l'histoire des douleurs n'en a pas fait connaître d'autre jusqu'à présent. » C'est probable. Le problème de l'expression reste entier. « Ça vous chatouille », « ça vous gratouille », on sait dire cela, on arrive à le placer ; mais je vous propose d'essayer, face à votre pharmacien de garde : « J'éprouve une douleur pungitive », on verra ce qui se passera. Sans parler du partage de la douleur – qu'il vaut mieux aborder sous l'angle de la compassion. Je veux dire : *sous l'angle du spectacle*.

Je disais tout à l'heure : *Pas de compassion sans spectacle, pas de spectacle sans compassion*. Il est temps de rappeler ce que tout le monde sait, mais oublie peut-être, à savoir que le premier sens de *pathos*, en tout cas chez Aristote, est l'événement pathétique dans une tragédie, l'exposition sur scène d'agonies et de douleurs violentes, littéralement « d'actions qui font périr ou souffrir », événement, qui, dans la tragédie, suit la *péripétie* et la *reconnaissance*. Dans ce spectacle du corps souffrant – propre, selon Aristote, à susciter crainte et pitié – celui qui souffre crie sa souffrance, onomatopéïse, gesticule, ramené à l'état de bête sauvage (ἀγρίος) [32]. Comme le dit le Philoctète de Sophocle : « je suis ensauvagé » (v. 226 : ἀπηγριωμένον), « je suis dévoré » (v. 745), « je suis mort » (ἀπόλωλα, v. 742-745) [33].

Avec le christianisme, le spectacle de la souffrance change de nature. D'abord avec les martyrs on passe du « je » au « nous », et l'effet de la douleur va à l'opposé de l'ensauvagement. La douleur *socialise*. Pour Judith Perkins, le triomphe du christianisme dans le monde romain est lié à la construction d'un « nous », d'une communauté de « souffrants » : ceux qui descendent dans l'arène, ceux qui sont livrés aux bêtes, ceux que l'on fait souffrir [34]. Ensuite, il y a l'interdiction de la gladiature. Il serait intéressant de savoir quel rôle joue la compassion dans cet événement. Il faudrait tenir ensemble : théâtre, jeux du cirque, et supplice public. Le traité de Beccaria *Dei delitti e delle pene*[35], qui, en 1764, porte les premiers coups aux « supplices barbares », part du « présupposé selon lequel l'agonie du corps ne fait pas seulement souffrir le condamné mais aussi quiconque contemple l'application du châtiment »[36]. C'est ce qu'on pourrait appeler le *principe de sympathie* – et le vrai sens de la question : puis-je souffrir dans un autre corps que le mien[37] ? On sait les limites des thèses et des propositions de Beccaria. Il est à craindre *a fortiori* que son principe de sympathie n'ait pas joué grand rôle dans l'interdiction de la gladiature dans la Rome chrétienne. Au « principe de sympathie » répond ce que j'appellerai le « paradoxe de Veyne » :

> ... les mêmes empereurs chrétiens qui ont réprouvé, puis interdit la gladiature ont encore aggravé l'atrocité des supplices judiciaires – les mêmes fidèles qu'on écartait des spectacles de l'arène pouvaient regarder de tous leurs yeux les supplices des condamnés ; les mêmes moralistes qui dénonçaient la jouissance des spectateurs dans l'amphithéâtre omettent de dénoncer cette jouissance chez les spectateurs des supplices[38].

Ce qui vaut pour la gladiature ne vaut pas pour les supplices corporels. Quant aux supplices eux-mêmes, si le IVe siècle voit disparaître la crucifixion et l'*ad bestias*, il « érige le bûcher en peine suprême » et en allume à tout va. « Jamais, écrit Denise Grodzynski, il n'y eut, dans l'histoire romaine, autant de peines de mort »[39]. À en croire Paul Veyne citant le *Code théodosien*, c'est en 390, que « des homosexuels montent pour la première fois sur le bûcher : les prostitués des lupanars de Rome sont arrêtés en masse et brûlés, *spectante populo*[40]. »

La compassion est foncièrement équivoque. Précisément parce qu'elle est capacité de partager la souffrance d'autrui, non pas de la prendre sur soi, mais d'y prendre part, comme on prend part à un spectacle. La même compassion qui rend possible la pitié rend possible la *Schadenfreude*, la joie au spectacle de la souffrance. Il y a là une fois de plus – une dernière fois pour cette année – un *chiasme*. L'empathie rend possible l'intérêt qu'on porte au récit des infortunes de la vertu comme celui que l'on porte au récit des prospérités du vice. Le lecteur de Sade – tel que le veut Sade – prend plaisir aux deux. Il devrait, normalement, souffrir avec Justine affligée, et maudire Juliette triomphante : il donne au contraire à l'une ce qu'il devrait donner à l'autre, et réciproquement. *Antidosis idiomatôn*. Comment passe-t-on de la répulsion pour la souffrance d'autrui au plaisir de le voir souffrir ? Par compassion – parce qu'on éprouve avec lui ce qu'il éprouve – tout en restant impassible. Parce qu'on souffre, parce qu'on éprouve *kat'allo* – selon l'expression de Théodore de Bèze.

En a-t-on assez dit avec cette formule pour comprendre ce qui se joue là ? Non, certes. Mais l'essentiel est posé : le chiasme, et la nécessité de penser le chiasme. Peut-on décrire ce qui a lieu dans cet échange, dans cette transformation *spectaculaire* ? Oui. À condition d'avoir du génie.

Comment transformer un enfant de chœur en hooligan ? Pour le savoir, il suffit de lire Augustin. Ouvrez les *Confessions*, VI, VIII, 13. Voyez l'étrange histoire d'Alypius, l'ami de Carthage qui l'avait précédé à Rome pour y étudier le droit. Alypius avait autant d'aversion que d'horreur pour les combats de gladiateurs. Mais voilà qu'un jour…

> … quelques condisciples de ses amis, au sortir de table, le rencontrent, et malgré l'obstination de ses refus et de sa résistance, l'entraînent à l'amphithéâtre avec une violence amicale, au moment de ces cruels et funestes jeux. Il s'écriait : « Mon corps, vous pouvez l'entraîner, l'installer là-bas, mais vous figurez-vous que vous obligerez mon esprit et mes yeux à se fixer sur ces spectacles ? J'y serai sans y être, et ainsi je triompherai d'eux et de vous. » Il eut beau dire, ils l'emmenèrent avec eux, curieux peut-être d'éprouver s'il pourrait tenir sa promesse.
>
> Ils arrivent, prennent place où ils peuvent ; tout respirait l'ardeur et la volupté du sang. Mais lui, fermant la porte de ses yeux, défend à son âme de descendre dans cette arène barbare. Plût à Dieu qu'il eût aussi condamné ses oreilles ! car, à un incident du combat, un grand cri s'étant élevé de toutes parts, il

est violemment ému, cède à la curiosité, et se croyant peut-être assez en garde pour braver, et vaincre même après avoir vu, il ouvre les yeux. Alors son âme est plus grièvement blessée que le malheureux même qu'il a cherché d'un ardent regard, il tombe plus misérable que celui dont la chute a soulevé cette clameur : entré par son oreille, ce cri a ouvert ses yeux pour livrer passage au coup qui frappe et renverse un cœur plus téméraire que fort, d'autant plus faible qu'il plaçait sa confiance en lui-même au lieu de vous. À peine a-t-il vu ce sang, il y boit du regard la cruauté. Dès lors il ne détourne plus l'œil ; il l'arrête avec complaisance ; il se désaltère à la coupe des furies, et sans le savoir, il fait ses délices de ces luttes féroces ; il s'enivre des parfums du carnage. Ce n'était plus ce même homme qui venait d'arriver, c'était l'un des habitués de cette foule barbare ; c'était le véritable compagnon de ses condisciples. Que dirai-je encore ? il devint spectateur, applaudisseur, furieux, enthousiaste, il remporta de ce lieu une effrayante impatience d'y revenir. Ardent, autant et plus que ceux qui l'avaient entraîné, il entraînait les autres.

Chez les spectateurs de l'arène *(spectarores gladiatorum)*, « le « désir de nuire », la *libido nocendi,* se manifeste « dans le seul plaisir pris à voir souffrir autrui » *(sola voluptate alieni mali)* [41]. Plaisir qui suppose la perception d'une souffrance *kat'allo.*

Je ne reprends pas faute de temps cette expression : souffrir *kat'allo* – même si c'est l'un des points les plus importants que nous ayons vus cette année. Faute de pouvoir m'y arrêter, laissez-moi vous en donner ce que je crois être une de ses formulations les plus claires chez les Latins. La définition augustinienne de la souffrance physique dans la *Cité de Dieu* – qu'il faudrait développer philosophiquement à l'aide des notions de chiasme et de dénomination extrinsèque.

Dolores porro, qui dicuntur carnis, animae sunt in carne et ex carne ; dolor carnis tantum modo offensio est animae ex carne et quaedam ab eius passione dissensio [42].

Les douleurs qu'on dit « de la chair », ce sont des douleurs *de l'âme dans la chair et causées par la chair.* Cette douleur de la chair n'est autre chose qu'un chagrin de l'âme à cause de la chair et le dissentiment qu'elle oppose à ce qui se fait, à ce qui se produit, à ce qui pâtit dans la chair [43].

Le chiasme est là : la douleur du corps c'est la douleur de l'âme dans le corps, du fait du corps. Le chiasme de la compassion s'inscrit dans la série des chiasmes introduits dans l'archéologie du sujet : le « chiasme de l'agence », décrit avec sa formule : sujet = *agency* (= je), dans *Naissance du sujet* ; le « chiasme de la dénomination », analysé dans la *Quête de l'identité* ; le chiasme du sujet et de l'objet, traité dans l'ensemble des volumes et dans les cours. Je pense que cette série est articulable, qu'elle constitue un dispositif qui mérite d'être étudié pour lui-même. Tout chiasme est « étrange ». Le mot est de Lucien Febvre, critiquant un cours de Léon Brunschvicg[44], mais aussi de Paul Valéry, décrivant les « étranges rapports que font naître les regards qui se rencontrent » ou mieux qui « s'échangent ».

> Cet échange, le mot est bon, réalise dans un temps très petit, une transposition, une métathèse, un *chiasma* de deux « destinées », de deux points de vue. Il se fait par là une sorte de réciproque limitation simultanée. Tu prends mon image, mon apparence, je prends la tienne. Tu n'es pas moi, puisque tu me vois et que je ne me vois pas. Ce qui me manque, c'est ce moi que tu vois. Et à toi, ce qui manque, c'est toi, que je vois.

Et de préciser : « Cette espèce d'analyse peut s'appliquer de soi à soi-même[45]. »

Le dernier Merleau-Ponty définit la philosophie comme « chiasme des chiasmes ». « La question philosophique c'est l'existence même du voyant-visible, du parlant-parlé, du pensant-pensé, du couplage et de l'appartenance au même Être »[46].

« La question, écrit-il, *c'est* le chiasme – et la réponse c'est la question retournée, c'est encore le chiasme »[47].

Je ne prétends pas aller aussi loin. Je m'arrête en tout cas ici, avant de présenter quelques remarques de synthèse.

Notes

1. Martin Heidegger, « Remarques sur K. Jaspers » (rédigées entre 1919 et 1921), GA, 9, p. 4-5 ; trad. fr. (modifiée), in *Philosophie*, n° 11, p. 6-7, revue par Courtine, dans *La Cause de la phénoménologie*, chap. vii, « La destruction de la logique », Paris, PUF (Épiméthée), 2007, p. 234. La suite du texte évoque le thème de la déconstruction – central pour nos recherches présentes et futures : « Il se pourrait même que les directions donnant accès aux choses de la philosophie soient recouvertes et qu'il faille défaire et déconstruire, à la faveur d'une véritable explication, coaccomplie au sens de la philosophie elle-même, avec l'histoire que nous "sommes" nous-mêmes. » « *Leben ist historisch* », déclarait Heidegger dans son premier cours de Fribourg (GA, 56/57, p. 117). *Cf.* Courtine, *La Cause*..., p. 234, n. 4.

2. Aristote, *Problemata*, VII, 7, 887a15 *sq.*

3. Ce point, capital, connecte sous l'égide du « spectacle » la plupart des thèmes abordés dans le cours, ou laissés de côté faute de temps, la compassion, la philanthropie (d'abord divine, puis humaine), la « souffrance à distance », la souffrance *kat'allô*. Rappelons à ce sujet, les pages lucides de J. Moscoso, dans *Histoire de la douleur*..., p. 130 : David Hume définissait la philanthropie comme « l'impression causée dans notre corps par la présence d'une souffrance extérieure » ; pour lui comme pour Rousseau qui définissait la piété/pitié comme un « instinct antérieur à toute réflexion et à toute philosophie », le monde se divisait, « du moins idéalement, entre l'animal qui souffre et l'animal qui regarde » ; et de préciser : au xviiie siècle, « dans sa forme la plus simple et la plus idéalisée, que ce soit à l'occasion de pratiques punitives, sur la scène politique, dans la théorie esthétique, dans le discours moral ou au cours des débats portant sur l'âme des bêtes, l'expérience du mal se construisit sur une asymétrie entre celui qui souffre et celui qui regarde » et, surtout, p. 131-132 : « ... le spectateur peut, contre toute logique, vivre les sensations de quelqu'un d'autre, pénétrer dans le corps d'un autre et ne faire d'une manière ou d'une autre qu'un avec

lui ». Bref, « sympathie et théâtralité s'impliquent mutuellement ». Sur la théâtralité, la sympathie et les fondements psychologiques de l'éthique, *cf.* D. MARSHALL, « Adam Smith and the Theatricallity of Moral Sentiments », *Critical Inquiry*, 10 (1984), p. 592-613. Sur la souffrance à distance, *cf.* L. BOLTANSKI, *La Souffrance à distance. Morale humanitaire, médias et politique*, Paris, Gallimard, 2007.

4. ARISTOTE, *De anima*, III, 7, 431a17.

5. *Cf.* A. VAUCHEZ, « Les stigmates de saint François... » p. 622, qui renvoie à Bartholomaeus de Rinonico, *De conformitate vitae beati Francisci ad vitam Domini Iesu*, dans *Anal. Franc.*, t. IV et V. Comme le souligne A. VAUCHEZ, « Les stigmates de saint François... » p. 622, n. 3, le fruit *(fructus)* XXXI du livre III (*ibid.* t. V, p. 369-415) constitue « la somme de toutes les connaissances et opinions franciscaines sur les stigmates au XIVe siècle ».

6. MAÎTRE ECKHART, *Sermons*, introd. et trad. de J. ANCELET-HUSTACHE, Paris, Seuil, 1979, vol. III, p. 95.

7. MAÎTRE ECKHART, *Sermons, traités, poème. Les écrits allemands,* trad. A.-H. & E.M., p. 559.

8. *Leben Seuses*, éd. BIHLMEYER, *Heinrich Seuse, Deutsche Schriften,* p. 168, 9.

9. SUSO, *Livre de la Vie,* trad. J. ANCELET-HUSTACHE, in *Bienheureux Henri Suso, Œuvres complètes*, Paris, Seuil, 1977, p. 137.

10. *Cf.* A.-M. HAAS, « Introduction à la vie et à l'œuvre de Henri Suso », trad. W. WACKERNAGEL, *Revue des sciences religieuses*, t. 70, fascicule I, 1996, p. 160.

11. MAÎTRE ECKHART, *Predigt* 40, D.W. II, p. 278, 4-6 ; *Sermon* 40, trad. ANCELET-HUSTACHE, *Maître Eckhart, Sermons*, vol. II, Paris, Seuil, 1978, p. 64 ; = *Sermon* 72 (ordre liturgique), trad. A.-H. & E.M., p. 451.

12. Les créatures ailées d'Ézéchiel sont dotées chacune de deux paires d'ailes. Il en va de même des deux anges de l'Arche de Moïse (Ex 25, 18-20). Le Christ de François d'Assise est séraphique – il a trois paires d'ailes. Il participe du séraphin de la vision d'Isaïe (Is 6, 2). L'élévation de l'esprit vers Dieu se fait en six étapes, par six degrés. C'est ce qu'affirme Richard de Saint-Victor, suivi par Thomas. Pour accorder tout cela, il faut ajouter un certain nombre de plumes – plus exactement une troisième paire d'ailes. C'est, derechef, ce que fait Richard.

Je rappelle les textes. D'abord, la vision d'Ézéchiel, puis le livre de l'Exode. Le texte d'Éz 1, 5-14 parle de quatre animaux, ayant chacun quatre faces et quatre ailes :

Au centre [...] apparaissaient quatre animaux, dont l'aspect avait une ressemblance humaine. [6]Chacun d'eux avait quatre faces, et chacun avait quatre ailes. [7]Leurs pieds étaient droits, et la plante de leurs pieds était comme celle du pied d'un veau, ils étincelaient comme de l'airain poli. [8]Ils avaient des mains d'homme sous les ailes à leurs quatre côtés ; et tous les quatre avaient leurs faces et leurs ailes. [9]Leurs ailes étaient jointes l'une à l'autre ; ils ne se tournaient point en marchant, mais chacun marchait droit devant soi. [10]Quant à la figure de leurs faces, ils avaient tous une face d'homme, tous quatre une face de lion à droite, tous quatre une face de bœuf à gauche, et tous quatre une face d'aigle. [11]Leurs faces et leurs ailes étaient séparées par le haut ; deux de leurs ailes étaient jointes l'une à l'autre, et deux couvraient leurs corps. [12]Chacun marchait droit devant soi ; ils allaient où l'esprit les poussait à aller, et ils ne se tournaient point dans leur marche. [13]L'aspect de ces animaux ressemblait à des charbons de feu ardents, c'était comme l'aspect des flambeaux, et ce feu circulait entre les animaux ; il jetait une lumière éclatante, et il en sortait des éclairs. [14]Et les animaux couraient et revenaient comme la foudre.

Le plan de construction de l'Arche d'alliance « dicté » à Moïse par Dieu dans le livre de l'Exode, chap. 25, fait nommément intervenir deux chérubins. Après avoir intimé la construction d'une « arche de bois d'acacia », dont « la longueur sera de deux coudées et demie, [la] largeur d'une coudée et demie, et [la] hauteur d'une coudée et demie » (Ex 25, 10), qui devra être couverte d'or pur « en dedans et en dehors » (Ex 25, 11), arche dans laquelle, Moïse « mettra le témoignage qu'[Il] lui donner[a] (Ex 25, 16), l'Éternel conclut en termes exprès :

[17]Tu feras un *propitiatoire d'or pur* ; sa longueur sera de deux coudées et demie, et sa largeur d'une coudée et demie. [18]Tu feras deux chérubins d'or, tu les feras d'or battu, aux deux extrémités du propitiatoire ; [19]fais un chérubin à l'une des extrémités et un chérubin à l'autre extrémité ; vous ferez les chérubins sortant du propitiatoire à ses deux extrémités. [20]Les chérubins étendront les ailes par-dessus, couvrant de leurs ailes le propitiatoire, et se faisant face l'un à l'autre ; les chérubins auront la face tournée vers le propitiatoire. [21]Tu mettras le propitiatoire sur l'arche, et tu mettras dans l'arche le témoignage, que je te donnerai. [22]C'est là que je me rencontrerai avec toi ; du haut du propitiatoire, entre les deux chérubins placés sur l'arche du témoignage, je te donnerai tous mes ordres pour les enfants d'Israël.

13. Sur Thomas d'Aquin et Richard de Saint-Victor, voir J. Maréchal, *Études sur la Psychologie des Mystiques*, t. II, Bruxelles, L'Édition universelle (*Museum Lessianum* – section philosophique, n° 19), 1937, p. 21-24.

14. Voici les grands axes de la position de Thomas dans la *IIa-IIae*. Présentation de la thèse de Richard de Saint-Victor sur les six espèces de contemplation, *IIa-IIae*, q. 180 a. 4 arg. 3 : « Praeterea Richardus de sancto Victore distinguit sex species contemplationum, quarum prima est secundum solam imaginationem, dum attendimus res corporales ; secunda autem est in imaginatione secundum rationem, prout scilicet sensibilium ordinem et dispositionem consideramus ; tertia est in ratione secundum imaginationem, quando scilicet per inspectionem rerum visibilium ad invisibilia sublevamur ; quarta autem est in ratione secundum rationem, quando scilicet animus intendit invisibilibus, quae imaginatio non novit ; quinta autem est supra rationem, quando ex divina revelatione cognoscimus quae humana ratione comprehendi non possunt ; sexta autem est supra rationem et praeter rationem, quando scilicet ex divina illuminatione cognoscimus ea quae humanae rationi repugnare videntur, sicut ea quae dicuntur de mysterio Trinitatis. Sed solum ultimum videtur ad divinam veritatem pertinere. Ergo contemplatio non solum respicit divinam veritatem, sed etiam eam quae in creaturis consideratur. » Explication de la thèse de Richard sur *les six degrés menant à la contemplation* de Dieu, *IIa-IIae*, q. 180 a. 4 *ad 3m* : « Ad tertium dicendum quod per illa sex designantur gradus quibus per creaturas in Dei contemplationem ascenditur. Nam in primo gradu ponitur perceptio ipsorum sensibilium ; in secundo vero gradu ponitur progressus a sensibilibus ad intelligibilia ; in tertio vero gradu ponitur diiudicatio sensibilium secundum intelligibilia ; in quarto vero gradu ponitur absoluta consideratio intelligibilium in quae per sensibilia pervenitur ; *in quinto vero gradu ponitur contemplatio intelligibilium quae per sensibilia inveniri non possunt, sed per rationem capi possunt ; in sexto gradu ponitur consideratio intelligibilium quae ratio nec invenire nec capere potest*, quae scilicet pertinent ad *sublimem contemplationem divinae veritatis*, in qua finaliter contemplatio perficitur. » La vision de Dieu est *possible ici-bas grâce à la « lumière de gloire » dans le « raptus »*. Il y a trois sortes de *raptus* : (1) celui de Pierre, (2) celui de David, (3) celui de Moïse et de Paul, *IIa-IIae*, q. 175 a. 3 *ad 1m* : « Ad primum ergo dicendum quod mens humana divinitus rapitur ad contemplandam veritatem divinam, tripliciter. Uno modo, ut contempletur eam per similitudines quasdam imaginarias. Et talis

fuit excessus mentis qui cecidit supra Petrum (Ac 10, 10). Alio modo, ut contempletur veritatem divinam per intelligibiles effectus, sicut fuit excessus David dicentis, *ego dixi in excessu meo, omnis homo mendax* (Ps 115, 11). Tertio, ut contempletur eam in sua essentia. Et talis fuit raptus Pauli, et etiam Moysi. Et satis congruenter, nam sicut Moyses fuit primus doctor Iudaeorum, ita Paulus fuit primus doctor gentium ». La distinction entre *raptus* et vision béatifique est précisée en *IIª-IIªᵉ*, q. 175 a. 3 *ad 2m* : « Ad secundum dicendum quod divina essentia videri ab intellectu creato non potest nisi per lumen gloriae, de quo dicitur in Psalmo, in lumine tuo videbimus lumen. Quod tamen dupliciter participari potest. Uno modo, per modum formae immanentis, et sic beatos facit sanctos in patria. Alio modo, per modum cuiusdam passionis transeuntis, sicut dictum est de lumine prophetiae. Et hoc modo lumen illud fuit in Paulo, quando raptus fuit. Et ideo ex tali visione non fuit simpliciter beatus, ut fieret redundantia ad corpus, sed solum secundum quid. Et ideo talis raptus aliquo modo ad prophetiam pertinet. »

15. On peut résumer ainsi à grands traits l'exégèse de Richard de Saint-Victor dans *Benjamin Maior* (PL 196). Il y a deux principes qui rendent possible la « contemplation » dite « supérieure ». Le premier, interne à l'âme humaine, est ce que Richard, conformément à une longue tradition, appelle « la pure intelligence », par opposition à la raison discursive et à l'imagination *(Benj. maior*, I, 3, *sq.)*, qui opère soit « supra rationem, sed non praeter rationem », soit « supra rationem et praeter rationem » (*Benj. maior*, I, 6, 7). Le second principe est externe : c'est la « révélation » que Dieu fait directement de lui-même (*Benj. maior*, I, 3, 7 ; IV, 2 *sq.* et 7). Dans la description de l'Arche d'alliance, le chérubin de gauche représente l'intelligence qui opère au-dessus de la raison, mais pas sans ou contre elle, celui de droite, celle qui opère à la fois au-dessus de la raison et sans elle : « ... in illo cherubin qui a dextris stabat, illud contemplationis genus intelligi debeat quod est supra rationem, non tamen praeter rationem. In illo autem qui a sinistris illud quod est supra rationem, et videtur esse praeter rationem. » Très peu d'hommes sont capables d'aller au terme du processus : « vix soli perfecti ad omnia sex contemplationum genera proficiunt » (*Benj. maior*, I, 10). En fait, pour accéder au « Troisième ciel », *quatre ailes ne suffisent pas, il en faut six*. Il faut s'élever au niveau des anges les plus élevés, ceux qui sont les plus proches de Dieu (*Benj. maior*, IV, 1, 7), qui ont de lui une « connaissance surnaturelle », une « vision intuitive ». Une telle connaissance est ébauchée en cette vie – notons le terme : *inchoatur*,

« inchoation » – et consommée dans l'autre (dans la « vision bienheureuse » ou béatifique) : « Huius plenitudinis perfectio in hac vita inchoatur, sed in futura consummatur » (*Benj. maior*, IV, 5). En termes bibliques, il faut ajouter les ailes des « chérubins » de l'Arche aux quatres ailes des créatures ailées de la vision d'Ézéchiel. Ceux-ci avaient quatre ailes : la première paire pour « cacher leur corps », la seconde pour voler : « *Quatuor profecto alas habebant*, et se ex eo coelestia, non autem terrestria esse ostendebant quatuor illa animalia, quae propheta Ezechiel vidit visaque descripsit : *Quatuor, inquit, facies uni, et quatuor pennae uni* (Ezech. I). Duabus autem, ut ibi legis, corpus suum *velabant* : nam caeteris duabus, procul dubio *volabant* » (*Benj. maior*, I, 10. *Quod vix soli perfecti ad omnia sex contemplationum genera proficiunt*, PL 196, 76B). L'homme doit en faire autant. « *In primo ergo alarum pari, velet homo corpus suum ; in secundo, volet ad coelum.* » Mais pour accéder au « Troisième ciel », il doit passer par les six degrés décrits en Ex 25, ce pour quoi il lui faut les six ailes tirées de la méditation de l'Exode : « Verumtamen si usque *ad tertium coelum,* cum eodem Apostolo, penetrare paras (II Cor. XII), nunquam id in duobus alarum paribus posse praesumas. *Oportet absque dubio omnes illas superius designatas sex contemplationum alas habere* qui cupit et ambit usque ad tertii coeli secreta Divinitatisque arcana volare. Has utique sex contemplationum alas soli perfecti in hac vita vix habere possunt. Has omnes in futura vita electi omnes tam in hominibus quam in angelis habituri sunt, ita ut de utraque natura veraciter possit dici quia sex alae uni, et sex alae alteri » (PL 196, 76D). Les six degrés correspondent aux diverses étapes du processus décrit en Ex 25, 10-22 : « De his itaque sex contemplationum generibus Moyses, ut mihi videtur, sub *mystica descriptione* agit ubi materialem illam sed mysticam quidem arcam, ex Dominica praeceptione fieri instituit. Primum itaque designatur in arcae *fabricatione*, secundum in eius *deauratione*, tertium in *corona arcae*, quartum intelligimus per *propitiatorium. Per duo cherubin quintum et sextum* » (*Benj. maior*, I, 11. *Quomodo prima quatuor contemplationum genera mystice describantur*, PL 196, 77A). Le Christ séraphique qui apparaît à François – tel le séraphin de la vision d'Isaïe (Is 6, 2) – offre un support moins compliqué à la méditation de Bonaventure que le montage opéré par Richard entre les chérubins du livre de l'Exode et les créatures ailées de la vision d'Ézéchiel – mais ce qui importe en fin de compte, c'est le nombre des degrés d'élévation : six dans les deux dispositifs.

16. Dans *In Exodum*, § 224, Eckhart désigne l'âme sensitive par le titre de *vieil homme* et l'âme rationnelle, par celui d'*homme nouveau*.

17. Maître Eckhart, *De l'homme noble*, trad. A.-H. & E.M., p. 817. Sur ce texte, *cf.* M.-A. Vannier, « L'homme noble, figure de l'œuvre d'Eckhart à Strasbourg », *Revue des sciences religieuses*, t. 70, fascicule 1, 1996, *Les Mystiques rhénans*, p. 73-89.

18. *Cf.* J.G. Fichte, *Die Anweisung zum seligen Leben, oder auch die Religionslehre*, Hamburg, Felix Meiner (Philosophische Bibliothek), [2]2012 ; *L'Initiation à la vie bienheureuse, ou encore La Doctrine de la religion*, trad. fr. P. Cerutti *et al.*, Paris, Vrin, 2013. Ce texte – un cycle de conférences données en 1806 – contient la christologie de Fichte. Sur ce thème, *cf.* J.-Ch. Goddard, « Christianisme et philosophie dans la première philosophie de Fichte », *Archives de philosophie*, vol. 55, n° 2 (avril-juin 1992), p. 199-220 (pour un exposé de la « christologie ascendante ») et « La signification christologique de la philosophie selon Fichte », *Philosophie*, n° 38, 1993, p. 14-29. *Cf.* en outre E. Brito, « La jésuslogie de Fichte », *Revue théologique de Louvain*, 33e année, fasc. 4, 2002, p. 497-520 et, du même, *La Christologie de Hegel, Verbum Crucis*, trad. par B. Pottier, Paris, Beauchesne (Bibliothèque des *Archives de philosophie*, nouvelle série, 40), 1997.

19. Augustin, *Confessions* VIII, xii, 29 ; trad. Pléiade, p. 950.

20. Comme l'a bien montré Christian Sommer : dans un « bref passage » du cours de 1921, Heidegger glose Rm 1, 20 et les thèses 19, 21 et 22 de la *Controverse de Heidelberg*, dans laquelle Luther expose l'opposition entre théologie de la Croix et théologie de la Gloire *scolastique*, sur la base de l'opposition paulinienne entre sagesse et folie en 1 Co 1 : (19) *Non ille digne Theologus dicitur qui invisibilia Dei per ea quae facta sunt, intellecta conspicit*. Dans la thèse 19, Luther se réfère à Rm 1, 20 pour définir négativement le « théologien de la gloire » qui prétend connaître et voir Dieu sans l'avoir *per passiones et crucem* : « On ne peut appeler à bon droit théologien celui qui considère que les choses invisibles de Dieu peuvent être saisies à partir de celles qui ont été créées ». Heidegger suit Luther sur ce point. Sommer précise : « Pour le jeune Heidegger, alors "théo-*logien* chrétien", comme il se qualifie lui-même, la "considération métaphysique " du monde, propre à la théologie de la gloire qui prétend saisir Dieu comme un objet, s'enracine dans l'"attitude théorétique", laquelle procède de l'orgueil qu'elle contribue à accroître (I Co 8, 1). » Sur tout cela, *cf.* http ://www.cairn.info/revue-les-etudes-philosophiques-2006-1-page-1.htm

21. *Cf.* Colossiens 3, 5 : Νεκρώσατε οὖν τὰ μέλη τὰ ἐπὶ τῆς γῆς, πορνείαν, ἀκαθαρσίαν, πάθος, ἐπιθυμίαν κακήν, καὶ τὴν πλεονεξίαν ἥτις ἐστὶν εἰδωλολατρεία ; Vulgate : « *Mortificate* ergo membra vestra quae sunt super terram, fornicationem inmunditiam libidinem concupiscentiam malam et avaritiam quae est simulacrorum servitus ».

22. Maître Eckhart, *Sermo* XX, sur « Gardez-vous des faux prophètes... » (Mt 7, 15-21) pour le 8e dimanche après la Trinité ; trad. Mangin, *Sermons parisiens...*, p. 198 *sq.*

23. Maître Eckhart, *Sermo* XX, trad. Mangin, p. 200-201.

24. Maître Eckhart, *Sermo* XX, trad. Mangin, p. 201.

25. Maître Eckhart, *Le livre de la consolation divine*, DW V, p. 45, trad. fr. M. de Gandillac, « La dialectique de Maître Eckhart », p. 91 ; *Cf.* trad. A.-H. & E.M., p. 799-800 : « ... qu'il soulève sa croix. »

26. G.W.F. Hegel, *Encyclopédie des sciences philosophiques*, trad. B. Bourgeois, t. I, Paris, Vrin, 1970, p. 530.

27. S. Knaebel, « La réception de la mystique rhénane dans l'idéalisme allemand », *in* A. Dierkens & B. Beyer de Ryke, *Maître Eckhart et Jan van Ruusbroec. Études sur la mystique « rhéno-flamande » (xiiie-xive siècle)*, Bruxelles, Éd. de l'Université de Bruxelles (Problèmes d'histoire des religions, 14), 2004, p. 181- 182, cité par E. Dispersyn, « L'héritage problématique de la mystique eckhartienne dans l'idéalisme allemand », *in* J. Casteigt (dir.), *Maître Eckhart*, Paris, Cerf (Cahiers d'histoire de la philosophie), 2012, p. 320.

28. Augustin, *Confessions,* VIII, xii, 29.

29. Augustin, *De Trinitate*, VII, iii, 4.

30. *Cf.* E. Scarry, *The Body in Pain. The Making and Unmaking of the World*, New York-Oxford, OUP, 1987, p. 4 : « Whatever pain achieves, it achieves in part through its unsharability, and it ensures this unsharability through its resistance to language. »

31. *Cf.* V. Woolf, « On Being ill », in *Collected Essays*, vol. IV, New York, Harcourt, 1967, p. 194 : « English, which can express the thoughts of Hamlet and the tragedy of Lear has no words for the shiver or the headache The merest schoolgirl when she falls in love has Shakespeare or Keats to speak her mind for her, but let a sufferer try to describe a pain in his head to a doctor and language at once runs dry. »

32. Sur ce point, *cf.* P. Vidal-Naquet, « Le *Philoctète* de Sophocle et l'éphébie », *in* J.-P. Vernant & P. Vidal-Naquet

(éd.), *Mythe et Tragédie en Grèce ancienne*, Paris, Maspero, 1972, p. 170 : « Le mal, lui-même défini comme *agrios*, qui le torture, est, en lui, la part du sauvage. »

33. Sur tout cela voir D. CUNY, « Le corps souffrant chez Sophocle : *Les Trachiniennes* et *Philoctète* », *Kentron. Revue du monde antique et de psychologie historique*, publication du groupe de recherche *Mythe et Psyché* du CERLA, Université de Caen Basse-Normandie, vol. 18, fasc. 1-2, Presses universitaires de Caen, 2003, p. 69-78.

34. *Cf.* J. PERKINS, *The Suffering Self : Pain and Narrative Representation in the Early Christian Era*, London & New York, Routledge, 1995, p. 12 : « ... textual representations do not just reflect, in some unproblematic way, reality and social institutions, but, rather, help to create and maintain them. My primary point is that the representation in early Christian narratives of a community of sufferers and the persecuted worked not simply to represent a realistic situation so much as to provide a self-definition that enabled the growth of Christianity as an institution. And, moreover, that the same keen attention to the particularities and specificities of the suffering body displayed in Christian narratives (in their representation of the bodies of martyrs, the sick seeking healing, or ascetic practitioners, for example) appears in other discourses in the culture. All these discourses contributed to the creation of a similar self-representation and therefore helped to produce the very subject needed to provide the basis fr the institutionalization of Christianity. »

35. On reparle beaucoup depuis quelque temps de Cesare Beccaria (1738-1794), d'une part, à cause de la publication de *Théories et institutions pénales* (cours au Collège de France 1971-1972), Paris, 2015, dernier volume des cours de Michel Foucault édités sous la codirection de F. Ewald et A. Fontana, et, d'autre part, de la publication d'une nouvelle traduction du traité *Des délits et des peines* par A. Fontana et X. Tabet, Paris, Gallimard (Bibliothèque de philosophie), 2015. Dans le cours de 71-72, consacré en partie au Moyen Âge, Foucault aborde la *pudenda origo* de l'empirisme – qui a « oublié et recouvert son commencement » : le passage du modèle de l'*épreuve* à celui de l'*enquête*, de « la décision de *l'épreuve symbolique* » au modèle « *inquisitorial* », qui « déplacé et peu à peu transformé va constituer, à partir du XIVe siècle, une des instances de formation des sciences empiriques ».

36. Sur ce point, *cf.* J. MOSCOSO, *Histoire de la douleur XVIe-XXe siècle*, *loc. cit.* p. 134.

37. Tout le monde, chez Beccaria, en prend pour son grade, y compris les Romains (qualifiés de « barbares ») et la fameuse « vertu » romaine (dénoncée pour sa férocité à l'égard des esclaves – férocité : « bête féroce », « cannibale » : on ne peut être plus critique !). La « question » des modernes est un reste, un vestige (un « monument », dit Beccaria) de l'ordalie : « Cette infâme manière de découvrir la vérité est un monument de l'ancienne et sauvage législation, où l'on honorait du nom de jugements de Dieu les épreuves du feu, celles de l'eau bouillante et le sort incertain des armes. » Toutes deux – ordalie et question – reposent sur la *résistance à la douleur* : « Tous les actes de notre volonté sont proportionnés à la force de l'impression sensible qui les cause, et la sensibilité de chaque homme ne va que jusqu'à un certain degré. Or, si l'impression de la douleur atteint ce degré, celui qui souffre sera forcé de choisir le moyen le plus court pour faire cesser son mal actuel. Alors sa réponse sera nécessaire, comme les impressions du feu ou de l'eau ; alors l'innocent s'écriera qu'il est coupable, pour mettre fin à des tourments qu'il ne pourra plus supporter, et ce qu'on cherche à découvrir deviendra plus obscur par les moyens mêmes qu'on veut employer pour le connaître. » D'où ce que j'appelle « le problème de Beccaria » (PB), formulé dans le cadre d'un argument contre la question : « Le résultat de la question est [...] une affaire de tempérament et de calcul qui varie, dans chaque homme, en proportion de sa force et de sa sensibilité. On peut donc le prévoir en résolvant le problème suivant, plus digne d'un mathématicien que d'un juge » :

> [PB] : La force des muscles et la sensibilité des fibres d'un innocent étant connues, trouver le degré de douleur qui le fera s'avouer coupable d'un crime donné.

Beccaria souligne l'iniquité (et l'absurdité) d'une procédure (décrite logiquement comme une *pétition de principes*) qui exige la confirmation de l'aveu par un serment : « La vérité de tout ce que je viens d'exposer a été enfin sentie, quoique confusément, par ceux mêmes qui s'en éloignent, puisque *l'aveu de l'accusé pendant la question est nul s'il ne le confirme ensuite par serment*. Mais cette ressource est bien faible pour un malheureux qu'on tourmentera de nouveau s'il proteste contre sa déposition. »

38. P. VEYNE, « Païens et chrétiens devant la gladiature », *Mélanges de l'École française de Rome. Antiquité*, t. 111, n° 2. 1999, p. 915 (p. 883-917 pour l'ensemble).

39. D. GRODZYNSKI, « Tortures mortelles et catégories sociales. Les *summa supplicia* dans le droit romain aux IIIe et IVe siècles », in *Du châtiment dans la cité. Supplices corporels et peine de mort dans le monde antique*, Rome (coll. de l'École française de Rome, 76), 1984, p. 372.

40. P. VEYNE, « Païens et chrétiens... », p. 915, n. 100, qui renvoie à *Mosaicarum et Romanarum legum collatio*, V, 6. Autre exemple : « En 320, Constantin décide que l'auteur du rapt d'une vierge ou d'une veuve sera brûlé vif ; la nourrice, complice de la fille, aura du plomb fondu coulé dans la bouche (Code théodosien, IX, 24). »

41. Le « plaisir de nuire », la *Schadenfreude* – « joie malsaine » ou « maligne » – ont un nom latin : *libido nocendi* – une des trois formes de cupidité, dénoncées par Augustin dans les *Confessions*, avec la *libido dominandi* et la *libido habendi*. Rien de nouveau sous le soleil. *Cf.* AUGUSTIN, *Confessiones*, III, VIII, 16 : « Item in facinoribus, ubi *libido* est *nocendi* sive per contumeliam sive per iniuriam et utrumque vel ulciscendi causa, sicut inimico inimicus, vel adipiscendi alicuius extra commodi, sicut latro viatori, vel evitandi mali, sicut ei qui timetur, vel invidendo, sicut feliciori miserior aut in aliquo prosperatus ei, quem sibi aequari timet aut aequalem dolet, vel *sola voluptate alieni mali, sicut spectatores gladiatorum* aut irrisores aut illusores quorumlibet. » Sur ce texte, *cf.* P. VEYNE, « Chrétiens et païens... », p. 913-914 : Augustin soutient qu'il faut « suivre les coutumes de sa cité et de son temps, "sauf si Dieu promulgue un commandement qui va à l'encontre d'une coutume ou d'une convention" : il faut alors obéir à Dieu sans hésiter ; comme auteurs de fautes envers autrui *(facinora)* que le Seigneur réprouve, il cite les assassins, les envieux, les railleurs et les spectateurs de combats de gladiateurs, qui "ont plaisir à voir souffrir autrui" ». *Cf.* trad. Pléiade p. 829 : « Il en est de même pour les "crimes" : le désir de nuire s'y manifeste par l'outrage ou l'injustice ou les deux à la fois, [...] soit *pour le seul plaisir du malheur d'autrui – ainsi les spectateurs des combats de gladiateurs*, les railleurs, les mystificateurs. »

42. AUGUSTIN, *Cité de Dieu*, XIV, chap. 15.

43. Il serait intéressant de confronter cette analyse à la théorie de la double projection exposée par Descartes dans les *Principia*, I, 45, A.-T. p. 21-22 et I, 46, A.-T. p. 22, pour rendre compte de l'erreur que nous commettons au sujet de la douleur : *Projection (1)* : en croyant qu'il y a dans la partie du corps troublée, lésée, endommagée, etc. quelque chose de semblable au sentiment de (la) douleur ; *Projection (2)* : en jugeant qu'il y a dans la chose « douloureuse » quelque chose de semblable au sentiment qu'elle cause en nous.

44. L. Febvre, dans sa critique du cours de Léon Brunschvicg, « Esprit européen et philosophie », in : *Annales. Économies, sociétés, civilisations*, année 1948, vol. III, n° 3, p. 300 (p. 297-301 pour l'ensemble), écrit, de fait, à propos du « double » passage (croisé ou à front renversé) du XVIe au XVIIe siècle, de l'irrationnel au rationnel et, en même temps, du rationnel à l'irrationnel : « Ce sont [...] de grosses questions que posent, à chaque instant d'une évolution, les rapports nécessaires qu'entretiennent les sociétés qui se transforment, et les idées qui, elles aussi, changent de caractère et de direction. Je reviens à mes siècles familiers, le XVIe et le XVIIe. Ce passage singulier, ou mieux, cette défaite des philosophes naturalistes de la Renaissance par Descartes et ses tenants ; défaite de l'irrationnel, victoire du rationnel ; et parallèlement, ce passage au moins singulier, ce passage de la Réforme – c'est-à-dire d'une religion en voie de rationalisation progressive, consciente ou non – à une religion de plus en plus chargée d'éléments sentimentaux et irrationnels : deux mouvements de sens contraire, et contemporains. Pas un mot de cela, dans le livre de Léon Brunschvicg, pas une minute d'attention pour ce "chiasme" étrange. »

45. Le chiasme est une notion fondamentale de Merleau-Ponty, mais c'est chez Paul Valéry, qu'il en trouve la matrice, en l'occurrence dans deux textes tirés d'*Aphorismes*, parus en 1930, *NRF*, n° 204 (18e année) p. 296 [p. 289-306] : *Regards* et *Des regards qui « s'échangent »*. Le texte que je cite est repris dans *Choses tues*, VI, *Tel Quel* I, in *Œuvres*, t. II, Paris, Gallimard (Pléiade), 1960, p. 490-491. Merleau-Ponty cite ce « texte source », p. 294 de S(HoAdv). Sur tout cela (et le système de désignation des textes et fragments merleau-pontyens), *cf.* E. de Saint Aubert, *Le Scénario cartésien. Recherches sur la formation et la cohérence de l'intention philosophique de Merleau-Ponty*, Paris, Vrin, 2005.

46. NPVI [191], nov. 1960.

47. NPVI [199], nov. 1960.

Cours du 14 mars 2016

Deuxième heure

Le cours nous a menés du troisième concile de Constantinople au concile de Trente. — Nous avons pu, sur cette durée longue, tester l'hypothèse d'un « tournant christologique » de l'anthropologie en suivant des dossiers aussi différents que la querelle du monothélisme dans l'Antiquité tardive et celle de l'Eucharistie dans la « prémodernité ». — Quel est l'apport de l'enquête christologique et, plus largement, théologique à l'archéologie du sujet ? — La mise au jour d'un fait historique occulté : l'introduction de l'union hypostatique en anthropologie. — Autrement dit : l'intervention du sujet – de l'hypostase – dans la relation esprit-âme-corps (la division dite « trichotomique » de l'homme). — La réhabilitation archéologique de l'hypostase, contre la réduction de l'histoire de la théologie à un « savoir mineur » ou « subalterne », caractéristique d'une certaine « colonisation du Moyen Âge », a permis de marquer quelques étapes de l'allongement christologique du questionnaire anthropologique : des polémiques autour du Psêphos *de Sergius I*[er] *(633) aux discussions aporétiques entre réformés et luthériens au colloque de Montbéliard (1586). — L'attention donnée à l'histoire du « problème de Gethsémani » a permis de mettre l'accent sur le statut problématique des « mouvements de la chair ». — En faisant du refus de la coupe l'expression d'un « mouvement de la chair » involontaire, d'une « angoisse » de niveau infraéthique, le monothélisme se montre incapable d'affronter l'hypothèse d'un véritable conflit de volontés dans le Christ. — Le potentiel anthropologique heuristique de la notion de « mouvements de la chair » ne doit pas pour autant être sous-estimé. — Le travail d'archéologie du sujet effectué dans le cadre du cours comme l'ensemble des recherches qui l'ont précédé entendent mener le public ou le lecteur du sujet d'attribution au sujet d'imputation – plus précisément au sujet capable d'auto-imputation de ses actes comme de ses passions. — Le statut volontaire ou involontaire, donc imputable ou non imputable des « mouvements de la chair » est le plus fécond historiquement des problèmes anthropologiques posés par le problème de Gethsémani : c'est lui qui a permis la production de concepts, de distinctions, de problèmes nouveaux, dont il a lesté la tradition aristotélicienne dominante durant le Moyen Âge tardif. — En guise de conclusion : brève évocation de trois « percées » philosophiques occasionnées par la réflexion sur le statut des mouvements de la chair : la théorie des préaffects ; la théorie jésuite de « l'advertance de raison » ; la condamnation de la « délectation morose ». — Préaffects et péché de sensualité. Rappel : la « prépassion »,* propatheia, propassio, antepassio, *dans la tradition stoïcienne. — La sphère des « prépassions » comme sphère de non-imputabilité. — La reprise médiévale de la théorie des « prépassions » : d'Augustin à Pierre Lombard, la théorie des « mouvements premiers ». —* Suggestio *(Serpent),* delectatio *(Ève),* consensus *(Adam) : l'onto-genèse du péché chez l'individu récapitule sa phylogenèse chez les « premiers parents ». — Où commence le péché ? À la tentation ? Au plaisir ? Au consentement ? L'angoisse de Gethsémani était-elle imputable ? — Réponses théologiques : distinction entre « mouvement premier primaire »* (motus primo primitivus) *non-imputable et « mouvement premier secondaire »* (motus secundo primitivus) *imputable. — Péchés mortels et péchés véniels. — Vers la limitation de la sphère de non-imputabilité : la thèse de Pierre Lombard : l'appétit sensible est sujet de vertus. — Arnauld contre les jésuites : l'advertance de raison et la querelle du « péché philosophique ». — Advertance de raison et délectation morose : articulation des deux thèmes. — La différance et le péché. — « L'homme le plus avancé en perfection ne peut aller plus de quelques heures sans faute. »*

En examinant la question du sujet des passions aux confins de l'anthropologie et de la christologie ou plutôt à leur intersection, j'ai ouvert deux dossiers qui, sans être situés aux deux bornes extrêmes de la « durée longue » sur laquelle travaille nécessairement l'archéologie du sujet, n'en sont pas moins séparés par mille ans – le temps qu'on attribue en général au Moyen Âge. Je veux parler de la querelle du monothélisme à Byzance au VIe siècle et de la controverse eucharistique entre luthériens, réformés et catholiques au XVIe ; un théologien dirait : du IIIe concile de Constantinople au concile de Trente ; un résumé de cours plus tatillon préciserait : du *Psêphos* de Sergius Ier aux *Acta* du colloque de Montbéliard – de 633 à 1586, en somme – avec pour souffler un peu, un intermède médiéval, lui-même gros des quelque deux cents ans qui séparent les *Sentences* de Pierre Lombard de l'*Exemplar* d'Heinrich Seuse, dit Suso.

Depuis les premières séances, il aura été facile de voir ce que la christologie devait conceptuellement à l'anthropologie philosophique – la relation de l'âme et du corps étant le paradigme de l'union des deux natures divine et humaine du Christ. Comme l'écrit Grégoire de Nysse : *si l'on ignore la manière dont l'âme est unie au corps, on n'a aucune chance de se représenter l'union hypostatique* [1]. On peut entendre cela de deux façons : la compréhension du rapport âme-corps est un réquisit absolu ; l'inscrutabilité du rapport âme-corps est le signe de l'absolue incompréhensibilité de l'union de la divinité à l'humanité. Selon Wolfson, c'est la seconde explication qui vaut [2].

Mais en sens inverse, dira-t-on, quels sont, ont été, pouvaient bien être les apports de la christologie à l'anthropologie, dans ce que nous avons trop rapidement évoqué ?

L'élément central est l'introduction de l'union hypostatique en anthropologie, autrement dit l'intervention du sujet – de l'hypostase – dans la relation âme-corps, et même, dans la relation esprit-âme-corps, cette division trichotomique de l'homme, qui est le bien commun de la christologie et de l'anthropologie antico-médiévales depuis les polémiques d'Augustin contre l'apollinarisme – intervention qui rend possible l'émergence de la personne comme sujet dont non seulement les actions, mais aussi les passions, sont susceptibles d'imputation. Sur le fond d'une réhabilitation de l'hypostase, contre la réduction de l'histoire de la théologie à un « savoir mineur » ou « subalterne », et contre ce que certains tenants de l'histoire décoloniale nomment la « colonialisation du passé », tout particulièrement celle du Moyen Âge, j'essaie et ai essayé durant ces séances, en filant la question du sujet d'imputation, autrement dit du sujet « éthique », ouverte dans mes trois livres sur *L'Archéologie du sujet*, de marquer quelques étapes de *l'allongement christologique du questionnaire anthropologique*.

J'essaie de le montrer ici d'année en année, comme j'ai essayé de le montrer ailleurs, depuis hélas plus de trente ans, la théologie a longtemps été une grande pourvoyeuse de problèmes, exploitant et mettant en crise ce que Gilson avait appelé d'une formule heureuse, qualifiant à ses yeux le thomisme, la « victoire de la théologie *dans* la philosophie », et les faisant évoluer du même pas, même si la chose n'était pas toujours immédiatement perçue. Je partage cette vision, mais je ne la limite pas au seul thomisme – je l'attribue à toute la théologie y compris là où interviennent les tendances opposées comme la « victoire de la théologie sur la philosophie », caractéristique, selon Gilson, du scotisme, ou leur séparation, débouchant le cas échéant sur un séparatisme, comme dans l'ockhamisme [3]. L'anthropologie n'est jamais prise en otage par la christologie. Elle est lancée sur des pistes qu'elle n'eût jamais frayées autrement. Les questionnaires, les complexes questions-réponses christologiques ont fonctionné comme de véritables protocoles d'investigation anthropologique. Nous en avons eu un exemple, difficile mais fructueux, avec l'épisode néotestamentaire du « refus de la coupe ».

En suivant la question du problème de Gethsémani et de la prière d'agonie depuis Sergius jusqu'à Maxime, nous avons vu se mettre en place un certain nombre de thèses, faisant intervenir des notions nouvelles, principalement, chez Maxime le Confesseur : l'introduction de la θέλησις, considérée par certains comme inconnue d'Aristote, et celle du « vouloir gnômique », assurément caractéristique, là nul ne le conteste, de la théologie chrétienne hellénophone. Si la première a eu d'emblée un intérêt évident, puisqu'elle entraînait une refonte de la théorie antique de la volonté, dont l'aboutissement est, au VIIe siècle, le quadrangle damascénien de l'action (ἐνέργεια, *actio*), de l'actif (ἐνεργητικόν, *activum*), de l'acté (ἐνέργημα, *actus*) et de l'actant (ἐνεργῶν, *agens*), avec sa théorie de l'usage (χρῆσις) et de l'usager (ὁ κεχρημένος) d'action et de volonté, la seconde, qui lui est liée, comme on l'a dit, n'a pas, pour autant, révélé d'emblée sa portée. Nous n'avons pas immédiatement vu ce que l'absence de vouloir gnômique dans le Christ signifiait, quel contrecoup théorique elle pouvait bien produire dans le domaine de l'anthropologie. Et pour cause, cette absence, ou plutôt la théorie elle-même fonctionnait comme l'arbre qui cache la forêt. Par sa technicité, son appellation déroutante, l'extraordinaire complexité du réseau dans lequel elle s'insère sur la durée longue, par son aspect « grec » enfin ou, si vous préférez, « oriental » – elle masquait le principal et *premier* apport du dossier « monothéliste » à l'anthropologie philosophique, son principal et *premier* effet retour ou *feed-back* conceptuel, son *premier* ferment de nouveauté potentiel : le statut des « mouvements de la chair », chez Sergius de Constantinople lui-même, avec le rôle que ce statut leur confère dans la solution qu'il apportait au problème de Gethsémani, mais au-delà de Sergius, tout au long du Moyen Âge, et même du Long Moyen Âge, une fois reconnue l'ampleur de sa charge anthropologique.

Nous avons souligné que cette solution n'était pas considérée comme satisfaisante par la tradition ultérieure – notamment maximienne – car elle résolvait le problème de l'apparent conflit des volontés dans le Christ en le supprimant, en lui ôtant toute dimension éthique, en le situant à un niveau *infra*-moral, en ne laissant à l'angoisse et au refus de la coupe que le terrain ou le terreau de mouvements dits « incontrôlables » de la chair. On le sait : la chair est faible. On pouvait s'arrêter là. Mais ce n'est pas ce qui est arrivé. Et c'est ce qui fait l'intérêt de l'histoire.

Revenons au problème de Gethsémani. La solution de Sergius paraît fatale au niveau anthropologique. Elle semble exclure tout conflit de volontés en l'homme, ce qui est contraire à notre expérience. Comment sauver les « phénomènes » en psychologie ? Nous avions vu l'an dernier la solution d'Augustin : inscrire le nouloir – le vouloir que ne pas – au cœur de l'acte volontaire, défini comme contradiction permanente entre un vouloir (dans le nouloir) et un nouloir (dans le vouloir), et non pas seulement par la présence ou l'absence du vouloir. Distinguer les usages augustiniens, et post-augustiniens, abélardiens, scotistes, de *volo*, *nolo* et *non volo*, c'était – et cela reste – la voie royale du conflit de volontés dans la tradition issue de la théologie antico-médiévale. C'est même – pardonnez le jeu de mots – la voie de la conscience.

Ajoutez, à la tension du *volo* et du *nolo*, du vouloir et du nouloir, celle du *volo* et du *possum*, ce que nous n'avons pu faire ni l'an dernier ni cette année, ajoutez, dis-je, la tension du vouloir et du pouvoir, vous avez, en effet, la conscience selon Augustin : ce qui, nait d'une double expérience, qui, en un sens, s'articule à chaque instant, en chaque existence, celle de la tension interne au vouloir, entre vouloir et nouloir, et l'expérience de la résistance au vouloir, qu'opposent le pouvoir, le non-pouvoir et l'impouvoir[4]. Double choc, qui distingue l'intérieur de l'extérieur, l'*intus* et le *foris*, par le jeu de l'attente et de la frustration, entamé pour ainsi dire aux premiers vagissements. « *Volebam ... et non poteram* », dit après coup l'*infans* Augustin, rappelant l'impuissance langagière du nourrisson qu'il avait été : « je voulais [...] et je ne pouvais pas »[5]. L'écart – *faute de mots* – entre le vouloir et le pouvoir, entre la volonté de l'homme intérieur et la non-réponse du monde à ses désirs, la non-réponse des « grandes personnes » qui ne se soumettent pas, de « ces personnes libres » qui ne se font pas nos esclaves, et dont « on se venge en pleurant », voilà en l'espèce des premiers moments de la genèse de la conscience de soi un premier moyen de sauver, à l'augustinienne, la factualité de l'expérience très ordinaire du conflit entre le monde, ma volonté et ma représentation, l'intérieur et l'extérieur[6].

Ce n'est pas le seul. Conflit entre volontés, conflit entre désirs, conflit entre désirs et volontés, conflit entre volontés et désirs : les possibilités ne manquent pas. Une fois posée la différence dans le Christ entre volontés et mouvements de la chair, nombreuses sont les voies par lesquelles la nouveauté anthropologique s'insinue. Il suffit de prendre au sérieux lesdits mouvements. De leur donner un statut de protagoniste. Une théorie comme celle de Sergius ou un argument, ou un problème ou une distinction ou un corpus de thèses liés à cette théorie, peuvent donner lieu à des percées anthropologiques nouvelles par l'allongement du questionnaire christologique ou plus simplement de la dimension théologique des problèmes anthropologiques. C'est le cas avec l'imputabilité des mouvements de la chair, ce qu'on a appelé aussi la théorie du « péché de sensualité », avec ce qui relève de ce complexe, sur la longue durée : je veux parler de la *théorie des préaffects*, de la *théorie de l'advertance de raison*, et de la *théorie de la délectation morose*. Ces trois domaines se développent à partir du noyau dur constitué par l'application du principe de non-contradiction (PNC) et du principe de cohérence subjective du vouloir (PCV) à la prière d'agonie et par le déploiement des éléments articulés dans le problème de Gethsémani.

La question des « mouvements de la chair », du conflit entre mouvements de la chair et volonté naturelle – la volonté relevant de la nature de l'homme assumé – portée et occultée en partie par l'importance prise par la distinction entre vouloir gnômique et vouloir naturel en christologie, où elle n'a pas de domaine d'application – le Christ n'ayant pas de vouloir gnômique –, débouche anthropologiquement là où cette distinction est valable, mais insuffisante, sur d'autres problèmes qui ouvrent de larges perspectives et des chemins nouveaux en anthropologie. De fait, chez l'homme, le conflit entre mouvements de la chair et volonté a une pertinence entière, omnivore, qui va s'assimiler toute une série d'aliments conceptuels nouveaux, tout en voyant la réhabilitation, la réactivation, la reviviscence de théories essentiellement stoïciennes, que le formatage aristotélicien avait neutralisées, assimilées, édulcorées ou éliminées, et tout cela, j'insiste, en rejoignant l'inspiration théologique néotestamentaire constante, qui portait aussi bien l'analyse augustinienne de la relation entre vouloir et nouloir l'an dernier : la distinction entre l'homme intérieur et l'homme extérieur. Nous l'avions vue à l'œuvre sous la plume de Racine dans la « Plainte d'un Chrestien sur les contrarietez qu'il éprouve au-dedans de luy-même » (cours du 7 avril 2015). Nous la retrouvons cette année dans les *Sermons* de Maître Eckhart.

Au long de la *translatio studiorum*, l'image de l'homme se complique, l'histoire gagne en densité conceptuelle, certains schèmes demeurent, qui fonctionnent comme autant de centres attracteurs, configurateurs de mondes d'expérience et de pensée, dans la longue chaîne de transmission des textes, des commentaires, des débats et des discussions qu'ils suscitent. Le schème paulinien de l'homme intérieur et de l'homme extérieur est un de ceux-là.

Le Problème de Gethsémani réside dans le fait que l'on ne peut poser deux volontés dans le Christ sans poser en lui une contrariété entre vouloirs – hypothèse dont on ne peut s'accommoder qu'en posant en lui deux voulants. Mais c'est l'hérésie de Nestorius. Ce qui oblige, pour éviter l'hérésie, à renoncer au dyothélisme, et à embrasser le monothélisme, avec Sergius. Être monothéliste, c'est dire qu'il n'y a dans le Christ qu'une volonté, la volonté divine – ce qui implique une exégèse particulière de la prière d'agonie, où la première partie de la prière est référée à un simple « mouvement de la chair ». En évoquant brièvement la *Dispute avec Pyrrhus* et le concile de Milan, nous avons vu se mettre en place les éléments d'une sortie de la crise monothéliste « par le haut », une solution dyothéliste par subordination : les deux volontés du Christ ne se contredisent pas ; sa volonté humaine est subordonnée à la divine. Le Christ veut de volonté humaine ce que veut la volonté divine : la passion comme sacrifice rédempteur – avec tout ce que la passion comporte, en termes d'angoisse et de souffrance, dès le moment que le Christ est non seulement vrai Dieu mais aussi vrai homme. C'est la solution de Maxime le Confesseur, qui tire toutes les conséquences du fait que le Verbe et l'homme assumé, la nature humaine du Christ, ont la même hypostase, l'hypostase du Verbe.

Mais le feu couve sous les braises. Un complexe questions-réponses est un organisme vivant. On a résolu le problème du conflit des volontés du côté de la volonté. On n'a pas tout réglé du côté des mouvements de la chair – leur potentiel anthropologique heuristique n'a pas été exploité. Il est intact. Son exploitation donnera le trio auquel je faisais allusion il y a quelques instants, en évoquant les *préaffects*, l'*advertance de raison* et la *délectation morose*. Nous n'avons pu approfondir aucun des trois sujets durant le semestre. Nous n'avons pas même eu le loisir d'en aborder un seul de front. J'en dis quelques mots aujourd'hui pour donner une idée de la profondeur de champ archéologique d'un thème, le refus de la coupe, qui n'est limité qu'en apparence.

Pour Sergius, le refus de la coupe – l'angoisse, la crainte, la peur – est fondé dans un « mouvement de la chair » qui ne peut pas être imputé, c'est-à-dire qualifié moralement, car, se produisant pour ainsi dire « à l'insu de son plein gré », il n'engage pas celui qui l'éprouve. C'est le statut – volontaire ou involontaire, imputable ou non imputable – de ces « mouvements de la chair » qui est le plus fécond historiquement des problèmes anthropologiques posés par le problème de Gethsémani : celui qui a permis la production de concepts, de distinctions, de problèmes nouveaux, dont il a lesté la tradition philosophique dominante : l'aristotélisme. Les concepts sont comme des virus qui mutent, qui provoquent de nouveaux symptômes, bouleversent les équilibres habituels, perturbent les organismes, suscitent de nouvelles défenses, se combinent ou se recombinent avec d'autres pour exercer des effets imprévus. Il faudrait un modèle viral pour rendre compte de ce phénomène ou un modèle de « contagion des idées », comme celui de Dan Sperber[7] – qui serait particulièrement bienvenu dans le cadre qui est le nôtre : une archéologie de la passion placée, dès la première séance, sous l'égide de la contagion[8]. Je laisse faute de compétence la question ouverte.

Je note seulement que le problème du statut du *motus carnalis* par rapport à la volonté dite « naturelle » devient anthropologiquement productif une fois connecté au problème théologique du péché, une fois, donc, ouvert le questionnaire de l'imputabilité et de la malice morale des mouvements de la chair. C'est par lui que, partis du sujet d'attribution logique aristotélicien, on finit par arriver au sujet d'imputation éthique de Locke puis de Kant.

Nous avons vu l'an dernier qu'Aristote distinguait l'homme de l'animal par la perception du temps : l'animal est confiné au présent ; l'homme voit l'avenir, et en tient – normalement – compte.

> ... les désirs naissent en lutte les uns contre les autres, et cela se produit quand raison et appétits militent en sens contraires : c'est le propre des êtres qui ont la perception du temps – l'intellect nous pousse à résister en considération de l'avenir, l'appétit nous entraîne dans la seule vue de l'immédiat : car le plaisir du moment paraît être agréable absolument et bon absolument, du fait qu'on ne voit pas l'avenir [9].

Ce qui fait muter le problème du statut des mouvements de la chair a trait au temps. J'ai rappelé cette année – fugitivement – la théorie buridanienne de l'enthymème. Chez certains, l'appétit « incliné » n'attend ni le jugement ni le conseil (le résultat de la délibération) de l'intellect : il met une inférence là où il faudrait un syllogisme, efface la prémisse modératrice et enchaîne directement du désir (j'ai envie de fumer) à l'action (je fume), sans passer par la case : *fumer bouche les artères et provoque des crises cardiaques et des attaques cérébrales*. Ces gens font l'économie du conflit.

D'autres ne la font pas. C'est pour eux que l'on a organisé la rencontre des *préaffects*, de *l'advertance de raison* et de la *délectation morose*. C'est chez eux que le concept de mouvements de la chair mute en péché de sensualité. *Recordari volo transactas foeditates meas et carnales corruptiones animae meae*. « Je veux me rappeler mon passé de souillures, et de mon âme les charnelles corruptions », écrit Augustin, au début du livre II des *Confessions* [10]. C'est effectivement à cela qu'il faut s'intéresser. En tout cas, archéologiquement. Pourquoi ? Parce que c'est là, dans le récit que les *auctores* en font, dans les problèmes que les théologiens en tirent et les solutions qu'ils prétendent y apporter en liaison plus ou moins directe avec les décisions du Magistère de l'Église, que s'affrontent, sous nos yeux, l'homme intérieur et l'homme extérieur. Parce que c'est par là que s'opère la conversion d'Augustin – récit fondateur s'il en est – telle que le transmet l'épisode du jardin de Milan. Que dit en effet le premier chapitre du « livre de l'Apôtre », sur lequel tombe le regard d'Augustin, une fois entendu le *tolle ! lege !* chanté dans la maison voisine ? Il dit ce que dit Rm 13, 13-14 : ἐνδύσασθε τὸν Κύριον Ἰησοῦν Χριστόν. « Plus de ripailles ni de beuveries ; plus de luxures ni d'impudicités ; plus de disputes ni de jalousies. *Revêtez-vous du Seigneur Jésus-Christ* et ne vous faites pas les pourvoyeurs de la chair dans les convoitises »[11] – texte dont on a vu la reprise chez Eckhart.

L'articulation du temps, des mouvements de la chair, du conflit des deux hommes, c'est chez Pierre Lombard exposant la théorie augustinienne du péché qu'on la trouve – nouvelle preuve de l'importance des *Sentences* dans l'histoire de la théologie médiévale, dans celle de la théologie et de la philosophie en général, mais aussi, et d'abord, pour nous, de l'éminence de son rôle dans la constitution et l'exploitation de l'archive archéologique du sujet de la passion.

L'espèce humaine tout entière ayant péché en Adam – c'est ce qu'on appelle le péché originel –, la théorie médiévale du péché obéit à une loi de récapitulation qui prend la forme que lui donne Pierre Lombard, sur les pas d'Augustin, dans la distinction 24 du livre II des *Sententiae*, quand il note que l'ordre et la progression de la tentation en chacun de nous, *ordo peccandi in nobis*, est celui qui « a précédé » chez nos « parents » : Adam et Ève. L'ontogenèse du péché, bientôt du désir, en tout cas du désir qu'on dit « charnel », récapitule la phylogenèse adamique : suggestion *(suggestio)*, plaisir *(delectatio)* pris ou non à y penser *(cogitatio)*, consentement *(consensus)* donné ou non au principe de sa réalisation[12]. Serpent – Eve – Adam.

La suggestion, ce sont les « mouvements de la chair », ce que les médiévaux vont appeler les « premiers mouvements ». Ces premiers mouvements sont ce que les stoïciens appelaient « préaffects » – non pas la passion, mais la pré-passion, *propatheia*, en latin : la *propassio*, l'*antepassio*, que la tradition alexandrine et romaine a laissé (je reprends ici l'heureuse formule de Damien Boquet) osciller entre « un élan spontané de la sensibilité favorisant l'émergence de la passion mais agissant en amont de la rationalité » et le « premier signe de la passion elle-même agissant dans l'âme rationnelle »[13].

Cette oscillation, cette équivoque, c'est tout le problème du statut des mouvements de la chair dans la *Rezeptionsgeschichte* du problème de Gethsémani. Et c'est le rôle du trio *suggestio - delectatio - consensus* que d'en donner une formulation rigoureuse. Mais c'est là que tout précipite. Où le théologien chrétien place-t-il le curseur de l'imputabilité ? Là où commence le péché, dira-t-on. Mais, justement, où commence le péché ? À la suggestion ? À la délectation ? Au consentement ? Cela fait trois possibilités. Cela donne trois réponses. Rappelez-vous le principe de plénitude appliqué à la pensée. Mais l'hésitation est aussi une réponse. Comme l'ambiguïté. L'équivoque. L'incapacité ou le refus de trancher. *Suggestio* ou *delectatio* ? *Delectatio* ou *consensus* ? Deux possibilités de plus. Deux réponses de plus.

Il est d'usage d'opposer Augustin et Grégoire le Grand, le premier qui fait commencer le péché au consentement, le second dès la suggestion. En fait, les choses sont plus complexes. Surtout, le consentement lui-même a des degrés. C'est ce qui permet de distinguer le péché véniel du péché mortel. Pierre Lombard distingue appétit sensitif (le serpent), raison inférieure (la femme dans l'âme) et raison supérieure (l'homme dans l'âme) : tous trois sont sujets d'imputation[14]. La volonté ferme, virile, conçue par la raison supérieure, d'accomplir l'acte « suggéré », source de plaisir défendu, est faute grave, péché mortel. Le consentement féminin au plaisir, où se laisse aller la raison inférieure, est faute grave s'il se prolonge et tourne à la complaisance, mais il n'est que faute légère, vénielle s'il est vite réprimé. Quant au mouvement désordonné vers le plaisir, l'*illecebra peccati*, la séduction du péché, avant toute intervention de la raison, ce ne peut être faute grave, puisque la raison n'y prend pas plaisir (« quia ratio tunc non delectatur »), elle n'en est pas moins, si légère soit-elle, faute morale : « Si in motu sensuali tantum peccati illecebra teneatur, veniale ac levissimum est peccatum [15]. » Ce « mouvement sensuel », c'est le préaffect, la *propassio* ; ce sont les premiers mouvements, les « mouvements de la chair » de Sergius.

Pourquoi imputer à charge les premiers mouvements à l'homme – contrairement à ce que disait, par exemple, un païen comme Sénèque, distinguant le premier choc de l'émotion et la passion elle-même ? Pourquoi les lui imputer alors qu'on ne les impute pas aux autres animaux ? Parce que lui seul est doué de raison, donc capable de réprimer ces désordres [16]. Parce que – ne riez pas – s'il ne peut les arrêter tous à la fois, il peut arrêter chaque mouvement désordonné pris isolément, ce qui suffit pour que tous lui soient imputables.

L'angoisse de Gethsémani était-elle imputable ? La peur de la Croix l'était-elle ? *Oui*, si tout *motus sensualis* est imputable. *Non*, ou pas entièrement, si l'on distingue deux sortes de mouvements de la chair, deux moments dans lesdits mouvements, si l'on opère ce qu'on a pu appeler une « scission des préaffects », permettant à la fois d'attribuer et de ne pas attribuer à la *propassio*, l'imputabilité morale.

Cette distinction, attestée dès les années 1130, passe entre le *motus primo primitivus* (premièrement primaire), qui correspond au premier impact de la « titillation de la chair », et le *motus secundo primitivus* (secondairement primaire), où l'âme prend plaisir à l'idée – la fameuse *cogitatio* – sans consentir à l'acte. Scission du préaffect, *duplex sensualitas*, *duplex appetitus*, distinction entre « appétit naturel » et « appétit sensitif », les maîtres rivalisent en ingéniosité pour ménager une sphère de non-imputabilité à la ci-devant *propatheia*. Mais son domaine tend à se réduire. Et à la fin, comme on dit, c'est Pierre Lombard qui gagne. Il y a un péché de sensualité. L'appétit sensible est « sujet de vertus ». C'est ici que s'ouvrent le chapitre de l'advertance de raison et celui de la délectation morose. Deux purs produits de la théologie, qui n'ont pas peu contribué à l'essor de l'anthropologie philosophique et de la psychologie modernes.

La théologie a ses objets propres. Dans sa réflexion sur ce qui fait qu'un acte peut être considéré comme volontaire, l'éthique philosophique – la théorie philosophique de la volonté et de l'action – fait une large place à l'ignorance. Dans l'*Éthique à Nicomaque*, III, 2, 1110b 25 *sq*. Aristote disserte de la différence entre « agir par ignorance » et « accomplir un acte dans l'ignorance » [17]. Les théologiens de l'imputation morale [18] ajoutent à l'ignorance l'advertance [19] : *advertentia rationis* [20], la pleine conscience de la malignité de l'acte [21]. Le terme et le thème ont fait grand bruit. C'est l'une des pièces du dossier instruit par le grand Arnauld contre les jésuites dans sa *Cinquième Dénonciation du philosophisme*, cette *Nouvelle Hérésie du Péché philosophique, auquel les Jésuites sont obligés de croire par les principes de leur morale* [22]. Polémiquant contre le *Traité des péchés*, dicté en 1677, par le P. Audry, un des « philosophistes » de la Compagnie de Jésus [23], Arnauld, qui s'attribue l'invention des termes français « philosophisme », « philosophiste » et « advertance », présente les thèses dudit père sur les conditions du péché mortel : « *afin qu'un péché soit mortel, il faut qu'il soit commis avec une pleine liberté & advertance de la raison à l'aversion que Dieu en a, & à la défense grieve & rigoureuse que Dieu en a faite* ». Sur la question précise des conditions du péché mortel, Audry précise :

> Je réponds, que pour pécher mortellement, il est nécessaire d'avoir une connaissance pleine et parfaite de la malice du péché comme mortel. Et que pour en commettre un véniel, il suffit d'avoir une connaissance demi-pleine & imparfaite, soit qu'on le considère comme mortel, ou qu'on le considère comme véniel [24].

J'aime beaucoup cette « connaissance demi-pleine et imparfaite ». Il faut un jésuite pour inventer cela. *Respect* ! En tout cas, vous avez ici la notion d'advertance de la raison et un beau thème pour la décolonisation du Moyen Âge et le médiévisme « postcolonial » [25]. Tout cela est cité et âprement discuté dans ce texte au titre extraordinaire : La *Cinquième Dénonciation du philosophisme* – où, en prime, Arnauld rompt des lances avec un autre classique de la théologie médiévale, repris par les jésuites : la théorie de l'*ignorance invincible* [26].

La délectation morose est elle aussi invention de théologien. Elle eût mérité sans doute une séance [27]. Cela n'a pas été possible. Quelques mots, à défaut – pour préciser qu'il ne s'agit ni de déprime ni de procrastination. La *delectatio morosa* n'est pas l'oblomovisme, même si elle a trait au temps – à la *mora temporis*, latine, qui signifie « retard ; arrêt, pause (dans le discours) ; délai ». C'est cette « more », que vous entendez à la fois dans « moratoire » et dans le déverbal « demeure », attesté au Moyen Âge sous la forme *demure* (1199) au sens de laps de temps, mais aussi de retard (1176), encore actif dans la locution proverbiale : « il y a péril en la demeure », au sens de danger « à ne rien faire », ou dans l'expression juridique « mettre en demeure », qui figure dans l'édition de 1835 du *Dictionnaire de l'Académie*, au sens de « mettre dans une situation où l'on est responsable de son retard »[28].

La délectation morose va de pair avec l'advertance et ses nombreuses interprétations[29], mais aussi avec le dispositif des mouvements de la chair, et la distinction entre mouvements premièrement primaires et mouvements secondairement primaires[30]. On a vu que les scolastiques attribuaient à l'homme le pouvoir remarquable d'éviter tous les mouvements premiers à condition de les prendre un à un. Certains présentent la chose autrement, distinguant trois sortes de pouvoir ou puissance : physique, logique et morale, ils soutiennent que l'homme peut éviter tous les péchés véniels, de puissance physique ou logique, voire seulement logique, *in abstracto*, mais pas de puissance morale – *in concreto*[31]. Concrètement en effet, disent-ils, « même l'homme le plus avancé en perfection ne peut aller plus de quelques heures sans faute ».

L'amour dure trois ans, titrait un roman récent. Pour le dominicain de Salamanque Pedro de Sotomayor († 1564), l'innocence dure quatre heures[32]. Grand maximum : « ... potest sanctus vir vitare omnia peccata venialia per duas aut quatuor horas, ut in multis de facto contingit, non tamen per longum tempus », assure le commentaire de la *I^{a}-II^{ae}*, a. 4[33]. Ces textes magnifiques sont cités par Roger Couture dans son étude sur *L'Imputabilité morale des premiers mouvements de sensualité de saint Thomas aux Salmanticenses*, parue dans les *Analecta Gregoriana* en 1962.

S'attarder dans la *delectatio*, c'est pécher. Voilà le point décisif : l'antipode de l'enthymème buridanien[34]. Prenons le même cas que celui évoqué l'an dernier, le 31 mars 2015, avec le héros allégué de la Tour de Nesle. L'adultère. Et un contemporain : Nicolas de Lyre, OFM (v. 1270-1349), l'autre grand auteur d'apostilles, avec le dominicain, bibliste et théologien Hugues de Saint-Cher († 1263), évoqué la semaine dernière. Dans sa *Postille sur la Bible* (composée entre 1322 et 1330) Nicolas commente Mt 5, 28 :

> ego autem dico vobis quoniam omnis qui viderit mulierem ad concupiscendum eam iam moechatus est eam in corde suo
>
> Mais moi, je vous dis que quiconque regarde une femme pour la convoiter a déjà commis un adultère avec elle dans son cœur
>
> ἐγὼ δὲ λέγω ὑμῖν ὅτι πᾶς ὁ βλέπων γυναῖκα πρὸς τὸ ἐπιθυμῆσαι αὐτὴν ἤδη ἐμοίχευσεν αὐτὴν ἐν τῇ καρδίᾳ αὐτοῦ[35].

Pour Nicolas, ce n'est pas le simple coup d'œil que réprouve le Christ, mais la concupiscence interne qui l'accompagne. Il analyse cette concupiscence en trois étapes :

> 1. mouvement indélibéré de concupiscence dans l'appétit sensitif qu'on appelle « mouvement de sensualité » causé par la vue
>
> 2. rétention de la concupiscence après la perception, sans consentement à l'action – autrement dit au rapport sexuel
>
> 3. consentement à l'action.

Dans la phase 1, il n'y a *pas de faute*, car « l'activité passionnelle » (rappelez-vous que la passion est une… action psychique) se déroule dans les facultés sensitives seulement et ces mouvements de sensualité ne sont pas au pouvoir de l'homme. Il y a *faute vénielle* s'il y a rétention – ce qu'on appelle « délectation morose »[36]. Il y a *péché mortel* si la délectation est suivie de consentement à l'action, avant toute action ou commencement d'action[37].

Dès que le plaisir est retenu tant soit peu, il y a péché, car il est au pouvoir de l'homme de ne pas le retenir. Comment ? Ce n'est pas dit ; mais c'est possible. À l'appui de cette affirmation, Nicolas invoque un texte d'Augustin « dont les scolastiques de la Renaissance, notamment Vasquez, feront grand cas », dit Couture : « Il n'est pas en notre pouvoir de choisir quelles choses vues nous envahissent, mais il est en notre pouvoir de les rejeter ou de les accepter » – en fait il s'agit d'un adage magistral, bien attesté au Moyen Âge, dont l'original est chez Augustin :

> *De libero arbitrio* III, 74. *Sed quia voluntatem non allicit ad faciendum quodlibet, nisi aliquod visum ; quid autem quisque vel sumat vel respuat, est in potestate, sed quo viso tangatur, nulla potestas est* [38].
>
> « Mais la volonté n'est portée à agir que par quelque représentation ; l'accepter ou la repousser est en notre puissance, mais le fait d'être touché par elle ne l'est pas » [39] (autre traduction : « Mais la volonté n'est sollicitée à un acte déterminé que par un certain objet connu ; et, si chacun a le pouvoir de choisir ce qu'il accepte ou rejette, il ne l'a pas de déterminer l'objet dont la vue le frappera ») [40].

Dès qu'il y a conscience, ou plutôt « advertance » du mouvement de la chair, la volonté doit résister. J'insiste sur le fait qu'il y a deux sens d'*advertance*. Vous avez l'advertance de raison, dont j'ai parlé jusqu'ici et l'advertance tout court. « L'advertance, à la prendre en général, dit, en 1829, l'anonyme auteur de la *Seconde conférence ecclésiastique* du diocèse d'Angers, est l'attention qu'on fait à une chose ; et l'inadvertance, un défaut d'attention et de vue actuelle. Dans la question présente – c'est-à-dire celle de l'imputabilité des premiers mouvements de la chair – il ne s'agit pas seulement de l'attention qu'on fait à une action en la faisant avec connaissance et avec délibération, mais il s'agit principalement de cette attention qui a pour objet la qualité morale de cette action, sa bonté ou sa malice : ces deux choses ne vont pas toujours ensemble. On peut agir d'une manière très-réfléchie, sans penser si ce qu'on fait est un bien ou un mal ; manger, par exemple, très-volontairement de la viande un vendredi, sans se rappeler que c'est un jour d'abstinence [41]. » On peut distinguer les maximes de la prudence et le devoir chez Kant, on trouverait bien des variations sur cela, mais ce qui compte ici, c'est la perception de la qualité morale de l'action. Sans cette advertance de raison, vous n'avez pas de quoi imputer à quelqu'un quoi que ce soit à charge. La simple conscience de ce qu'on est en train de faire, et même de délibérer, ne suffit pas. L'advertance de raison, par distinction avec l'advertance tout court, désigne donc *la perception de la malignité d'un acte*. Par suite, il y aurait deux manières, l'une minimaliste, l'autre maximaliste, d'interpréter l'injonction faite à la volonté de résister « dès qu'il y a advertance » du mouvement de la chair – selon que l'on prend ce terme d'advertance dans un sens ou dans l'autre.

La volonté doit résister dès qu'il y a conscience. Toute hésitation, tout atermoiement, même non suivis d'un consentement, constituent une faute au moins vénielle de *delectatio morosa*. Ce n'est donc pas le contraire de l'enthymème buridanien – car, en fait, il suffit toujours d'un instant – ce que nous avions appelé l'an dernier « l'instant de la décision ». Une rétention d'un instant suffit pour pécher.

> ... la délectation morose, dit saint Thomas, n'est pas ainsi appelée à raison de sa durée, *ex mora temporis*, le consentement qui en fait le péché peut être l'affaire d'un instant, parce que la volonté, étant une faculté spirituelle, n'a pas besoin de plus de temps pour connoître l'objet qu'elle considère, s'y plaire ou s'y refuser. Mais quelque courte qu'ait été cette pensée, elle l'a dû rejeter dès qu'elle s'en est aperçue, comme l'ajoute le même saint docteur ; elle est donc toujours en demeure, *in mora*, par rapport à l'obligation de la rejeter si elle s'y est trop longtemps arrêtée, et un moment seul est toujours de trop [42].

Ne pas perdre un instant pour résister ! *Le premier accroc coûte deux cents francs* disait Radio Londres. Le premier instant passé l'irruption du mouvement premier primaire, c'est déjà la délectation morose – voilà de quoi équilibrer, du côté de la répression, le raccourci enthymèmatique de la satisfaction du désir chez Buridan : l'un dit, ne perds pas un instant pour jouir ; l'autre répond : ne perds pas un instant pour résister. C'est le même geste, mais il n'a pas la même signification ni la même portée [43].

Voilà, il n'y a plus qu'un instant pour finir cette année. Qui résistera ?

Notes

1. Grégoire de Nysse, *Oratio Catechica* 11, PG 45, 44A, cité et traduit par H.A. Wolfson, *The Philosophy of the Church Fathers*, vol. I : *Faith, Trinity, Incarnation*, Cambridge (Mass.), Harvard University Press, 1964, p. 432-433 : « If you are ignorant of the manner by which your soul is united to the body, do not think for a moment that it is within the province of your understanding to know the manner of the union between the Godhead and the manhood. » *Cf.* Grégoire de Nysse, *Discours catéchétique*. Texte grec, trad. franc, Introd. et index par L. Méridier, Paris, Alphonse Picard & Fils (Textes et documents pour l'étude historique du christianisme), 1908, p. 69-71 : « Si vous vous demandez, d'autre part, comment la divinité se mélange à l'humanité, il est temps que vous cherchiez auparavant de quelle nature est l'union de l'âme et de la chair. Et si l'on ignore la manière dont votre âme s'unit au corps (εἰ δὲ τῆς σῆς ἀγνοεῖται ψυχῆς ὁ τρόπος, καθ' ὃν ἑνοῦται τῷ σώματι), n'allez pas croire que l'autre question non plus soit, en aucune façon, du ressort de votre intelligence. Mais de même que, dans le premier cas, nous avons été amenés à croire que l'âme était une nature différente du corps, en considérant qu'une fois isolée de l'âme, la chair est morte, de même aussi dans le second, nous reconnaissons que la nature divine diffère de la nature mortelle et périssable, dans le sens d'une majesté plus haute, tout en étant incapables de concevoir comment s'opère le mélange de Dieu avec l'homme. »

2. Selon Wolfson, Grégoire veut sans doute dire – comme Augustin dans la Lettre 137 – que l'Incarnation est le plus grand des mystères – plus grand que celui de l'union de l'âme et du corps, dejà

elle-même incompréhensible (*Cf.* WOLFSON, *The Philosophy...*, p. 432-433).

3. *Cf.* E. GILSON, *La Philosophie au Moyen Âge*, Paris, Payot, 1962, p. 607.

4. L'articulation du vouloir et du pouvoir, c'est aussi l'argument d'Épicure réfuté par LACTANCE (*De Ira Dei*, XIII, 20-21, Introd., texte critique, trad. C. INGREMEAU, Paris, Cerf, 1982, p. 158-160), sur Dieu et l'origine du mal, qui articule explicitement les deux notions pour penser la possibilité d'une théodicée : « Dieu ou veut éliminer le mal et ne le peut *(vult tollere mala neque potest)*, ou le peut et ne le veut pas *(aut potest et non vult)*, ou ne le veut ni le peut *(neque vult neque potest)*, ou le veut et le peut *(potest et vult)*. S'il le veut et ne le peut, il est impuissant *(inbecillus)*, ce qui ne convient pas à Dieu *(quod in deum non cadit)*. S'il le peut et ne le veut, il est méchant (*invidus*), ce qui est tout aussi étranger à Dieu *(aeque alienum a deo)*. S'il ne le peut ni ne le veut, il est à la fois impuissant et méchant *(inbecillus et invidus)*, il n'est donc pas Dieu. S'il le veut et le peut, ce qui convient à Dieu, d'où vient donc le mal ou pourquoi ne le supprime-t-il pas ? » Sur cet argument, *cf.* P. CLAVIER, « Les théodicées, entre mauvaises excuses et fins de non-recevoir », *Klesis, Revue philosophique*, 2010 : 17. *Philosophie analytique de la religion*, en ligne (http ://www.revue-klesis.org/pdf/Religion04PClavier.pdf).

5. *Cf.* AUGUSTIN, *Confessions*, I, VI, 8. Sur ce texte, *cf.* G. JEANMART, *Généalogie de la docilité dans l'Antiquité et le haut Moyen Âge*, Paris, Vrin, 2007, p. 123, qui commente : « La conscience naît de l'expérience d'une résistance » ; c'est parce que « le *volo* originel est frustré que le moi peut devenir *cogito* et surtout *cogito me cogitare* ». La volonté est à la racine de la conscience de soi, d'un homme intérieur, qui s'éprouve par la résistance du monde à ses désirs, et s'éprouve d'autant plus que se creuse l'écart entre son vouloir et son pouvoir.

6. *Cf.* AUGUSTIN, *loc. cit.*, trad. Pléiade, p. 786 : « Et cum mihi non obtemperabatur vel non intellecto vel ne obesset, indignabar non subditis maioribus et liberis non servientibus et me de illis flendo vindicabam. »

7. Voir D. SPERBER, *La Contagion des idées*, Paris, Odile Jacob, 1996.

8. Sur les différents modèles d'histoire des idées essayés à l'époque moderne, leur généalogie, leurs domaines d'application, leurs méthodes et leurs limites, je rappelle le colloque *Histoire et historiens des idées* organisé au Collège de France par David Simonetta et Alexandre de Vitry, http://books.openedition.org/cdf/9832.

9. ARISTOTE, *De an.* III, 10, 433b4-10 ; trad. E. BARBOTIN, *De l'âme*, texte établi par A. JANONE, Paris, Les Belles Lettres (CUF), 1966, p. 91 : ἐπεὶ δ' ὀρέξεις γίνονται ἐναντίαι ἀλλήλαις, τοῦτο δὲ συμβαίνει ὅταν ὁ λόγος καὶ αἱ ἐπιθυμίαι ἐναντίαι ὦσι, γίνεται δ' ἐν τοῖς χρόνου αἴσθησιν ἔχουσιν (ὁ μὲν γὰρ νοῦς διὰ τὸ μέλλον ἀνθέλκειν κελεύει, ἡ δ' ἐπιθυμία διὰ τὸ ἤδη· φαίνεται γὰρ τὸ ἤδη ἡδὺ καὶ ἁπλῶς ἡδὺ καὶ ἀγαθὸν ἁπλῶς, διὰ τὸ μὴ ὁρᾶν τὸ μέλλον.

10. AUGUSTIN, *Confessions*, II, 1, 1 ; trad. Pléiade, p. 804.

11. Rm 13, 13-14 : μὴ κώμοις καὶ μέθαις, μὴ κοίταις καὶ ἀσελγείαις, μὴ ἔριδι καὶ ζήλῳ· ἀλλὰ ἐνδύσασθε τὸν Κύριον Ἰησοῦν Χριστόν, καὶ τῆς σαρκὸς πρόνοιαν μὴ ποιεῖσθε εἰς ἐπιθυμίας. VULGATE : « ... non in comesationibus et ebrietatibus non in cubilibus et inpudicitiis non in contentione et aemulatione ; sed induite Dominum Iesum Christum et carnis curam ne feceritis in desideriis » ; LUTHER : « ... nicht in Fressen und Saufen, nicht in Kammern und Unzucht, nicht in Hader und Neid ; sondern ziehet an den Herrn Jesus Christus und wartet des Leibes, doch also, daß er nicht geil werde » ; SEGOND : « ... loin des excès et de l'ivrognerie, de la luxure et de l'impudicité, des querelles et des jalousies. Mais revêtez-vous du Seigneur Jésus-Christ, et n'ayez pas soin de la chair pour en satisfaire les convoitises. »

12. Voir AUGUSTIN, *De Sermone domini in monte*, I, § 12, 34-35, éd. A. MUTZENBECHER, Turnhout, Brepols, 1967 (Corpus Christianorum Series Latina, 35), p. 37-38 et *La Trinité*, XII, XII-XIII, BA 16, 1997, p. 242-251.

13. Sur tout cela, voir les études rassemblées dans P. NAGY & D. BOQUET (dir.), *Le Sujet des émotions au Moyen Âge*, Paris, Beauchesne (Bibliothèque historique et littéraire), 2008, dont E. COCCIA, « Il canone delle passioni : La Passione di Cristo dall'Antichità al Medioevo », p. 123-161 et, le bel article de D. BOQUET, « Des racines de l'émotion : les préaffects et le tournant anthropologique du XIIe siècle », p. 163-186, auquel je renvoie ici. Des mêmes NAGY & BOQUET, on consultera également avec fruit la somme : *Sensible Moyen Âge. Une histoire des émotions dans l'Occident médiéval*, Paris, Seuil, 2015. Rappelons aussi le numéro spécial de *Critique*, 716-717, *Émotions médiévales*, paru en 2007, sous la direction de P. Nagy.

14. L'articulation onto- et phylogénétique du désir transgressif est un lieu commun scolastique entée sur les sources patristiques. Le scénario est récurrent. Les éléments de la faute originelle sont la tentation *(suggestio, suasio)*, le plaisir *(delectatio)*, le consentement

(consensio), actués respectivement par le serpent, qui séduit la femme et la persuade de manger du fruit défendu, la femme, qui en mange et qui en donne à son mari, l'homme, qui sans contact avec le tentateur, mais seulement avec la femme, consent à manger du fruit, consomme le péché et assume la responsabilité de l'exil loin de l'Éden. Les instances psychiques de l'âme reproduisent la structure actancielle du récit de la Genèse. Le parallélisme des trois étapes du péché originel et des trois instances psychiques du désir, se poursuit dans la description des trois étapes de l'amour chez André le Chapelain, l'auteur du *De amore*, condamné en 1277, par l'évêque de Paris Étienne Tempier. La séduction a pour pendant la vision ; le second stade est celui de la *delectatio*, le plaisir défini comme *cogitatio immoderata*, donc comme excès, le troisième est la *passio*.

15. Pierre Lombard, *Sentences*, II, dist. XXIV, cap. ix (148) § 2 : « Ut enim ibi serpens suasit mulieri, et mulier viro, ita et in nobis sensualis motus, cum illecebram peccati conceperit, quasi serpens suggerit mulieri, scilicet inferiori parti rationis, id est rationi scienliae ; quae si consenserit illecebrae, mulier edit cibum vetitum ; post de eodem dat viro, cum superiori parti rationis, id est ralioni sapientiae, eandem illecebram suggerit, quare si consentit, tunc vir etiam cum femina cibum velitum gustat. § 3. *Quando peccatum sit veniale*. Si ergo in motu sensuali tantum peccati illecebra teneatur, veniale ac levissimum est peccatum. » Même doctrine : cap. xii (151), § 2 : « Itaque, ut breviter summam perstringam, quando peccatum ita in anima concipitur, ut illud facere disponat vel etiam perficiat, aliud frequenter, aliud vel semel, vel etiam quando delectatione cogitationis diu tenetur, mortale est. Cum vero in sensuali motu tantum est, ut praediximus, tunc levissimum est, quia ralio tunc non delectatur. »

16. *Cf.* l'article pionnier d'O. Lottin, « Les mouvements premiers de l'appétit sensitif de Pierre Lombard à saint Thomas d'Aquin », in *Psychologie et morale aux* xiie *et* xiiie *siècles*, t. II : *Problèmes de morale*, Ire partie, Gembloux, J. Duculot, 1948, p. 497-498 (p. 493-589 pour l'ensemble), qui renvoie à « *Sententiarum libri quinque*, lib. II, cap. xxi, PL 211, col. 1027 ».

17. *Cf.* Aristote, *Éthique à Nicomaque*, III, 2, 1110b25 *sq.*, trad. Tricot, p. 132, n. 2 : « Un acte peut avoir l'ignorance pour cause (δι' ἄγνοιαν, 1130b25) ou être accompli dans l'ignorance, comme dans le cas de l'homme ivre ou de l'homme en colère : l'ignorance est alors *concomitans operationem*, et non *causa eius* (Thomas, n° 409, p. 118) ». Aristote explique en effet que « ce n'est pas l'ignorance

dans le *choix délibéré* qui est cause du caractère involontaire de l'acte (elle est seulement cause de sa perversité) », ni « l'ignorance des *règles générales* de conduite (puisque une ignorance de ce genre attire le blâme) », mais « l'ignorance des PARTICULARITÉS DE L'ACTE » (ἡ καθ' ἕκαστα), c'est-à-dire de ses CIRCONSTANCES et de son OBJET » (ἐν οἷς καὶ περὶ ἃ ἡ πρᾶξις), « car c'est dans ces cas-là que s'exercent la pitié et l'indulgence » (celui qui « est dans l'ignorance de quelqu'un de ces facteurs » agissant « involontairement ») – facteurs dont Jean de Damas, une fois de plus, a dressé l'inventaire transmis aux médiévaux en l'espèce des questions : QUI ? distinguée en QUI[1] agent et QUI[2] patient, et QUOI ?, elle-même distinguée en QUOI[1] (l'acte) et PAR QUOI[2] (l'instrument), complétés par OÙ ? QUAND ? COMMENT ? et POURQUOI ? Le passage visé par Tricot est dans THOMAS D'AQUIN, *Sententia Ethic.*, *lib.* 3, *lectio* 3, § 4 : « Sicut ebrius vel iratus, non operatur propter ignorantiam, sed propter ebrietatem vel iram. Et tamen neuter eorum operatur sciens, sed ignorans, quia ex ebrietate et ira causatur ignorantia, simul cum tali operatione : et ita ignorantia se habet ut *concomitans operationem*, et non sicut *causa eius*. »

18. J'emprunte cette formule au titre de la thèse de Paola NICOLAS, *Du péché à la faute : l'« advertance de raison » et les théologies de l'imputation morale, XVe-XVIIe siècle*, soutenue le 11 décembre 2015 à Paris I (sous la dir. de D. KAMBOUCHNER). Dans « Antoine Arnauld et les théories jésuites de l'imputation à péché : la querelle du péché philosophique », *Cahiers du Séminaire québécois en philosophie moderne/Working Papers of the Quebec Seminar in Early Modern Philosophy*, 1, p. 60-77, P. Nicolas donne en quelques pages un tableau précis et détaillé de la querelle ayant opposé Arnauld et les jésuites. La même remarquable chercheuse est également l'auteur de « Arnauld et la foi implicite : un refuge cartésien », *Dix-septième siècle*, vol. 259/2 (2013), p. 249-263.

19. *Conférences ecclésiastiques du diocèse d'Angers*, t. II, *Péchés. Seconde conférence*, « Sur le péché originel et le péché actuel », Paris, De Gaume frères-Besançon, O. Chalandre & C. Deis, 1829, p. 74-75 : « Il faut bien distinguer l'ignorance de l'inadvertance, quoique l'une et l'autre se ressemblent beaucoup, et produisent les mêmes effets. L'ignorance est un défaut de lumières et de connoissances, d'où s'en suit nécessairement l'inadvertance à la malice de l'action qu'on fait ; mais l'inadvertance est très-séparable de l'ignorance ; on peut être très instruit des lois qui défendent l'action qu'on se permet, et ne pas y penser lorsqu'on agit. Ceci supposé, nous disons que pour se rendre coupable de péché, il faut avoir quelque

connoissance de l'action qu'on fait, y faire actuellement attention, ou au moins ne manquer de cette connoissance et de cette attention que par sa faute. »

20. Le P. Audry, cible du Grand Arnauld, définit ainsi l'advertance essentielle au péché mortel : *Advertentia rationis ad displicentiam Dei & ejus prohibitionem gravem*. Où l'on retrouve, dans un autre contexte, la notion de *displicentia* – la déplaisance, rencontrée chez Usingen et Trutfetter.

21. Les théologiens de l'imputation distinguent deux sortes d'advertance : l'advertance actuelle et l'advertance virtuelle ou interprétative. La *Seconde Conférence ecclésiastique du diocèse d'Angers*, éd. cit., p. 73, donne les définitions standard. « L'advertance, par rapport au péché, est actuelle, lorsqu'en agissant on sait bien qu'on fait un mal et qu'on y fait actuellement réflexion. L'advertance est virtuelle ou implicite lorsque, sans être bien instruit de la malice d'une action, ou sans faire actuellement assez de réflexion à ce qu'on en sait, on sent néanmoins en soi quelque scrupule, quelque doute, quelque soupçon qui font craindre qu'elle ne soit pas permise : ou bien encore, lorsqu'on en entrevoit confusément la malice ou les mauvaises suites. »

22. Cf. A. Arnauld, *V. denonciation du philosophisme c'est a dire de la nouvelle heresie du peché philosophique ou L'on continue de faire voir que les Jesuites sont obligez de croire par les principes de leur morale, qu'il s'est commis une infinité de péchez, qui n'estant point théologiques n'ont point esté des offenses de Dieu ni mérité des peines éternelles*, Cologne, N. Schouten, 1690. Par *philosophisme*, Arnauld entend la « méchante doctrine du péché philosophique » condamnée par Alexandre VIII en août 1690.

23. C'est dans l'article XI, « Conviction du peu de sincérité des Jésuites, par les Écrits de cinq ou six de leurs professeurs, dont on a des copies authentiques entre les mains », qu'Arnauld discute les thèses du P. Audry. Celui-ci, p. 111, est présenté comme le « 3e » des philosophistes de la société de Jésus : le « 2e » étant le P. Béguin (p. 101 sq.), et le « 1er », le P. Bechefer (p. 100), tous professeurs en théologie au Collège de Reims (!) – il faut attendre, le « 4e », le P. de S. Ligier, pour trouver quelqu'un « qui enseignoit le philosophisme à Lion en 1686, la même année qu'on l'enseignoit à Dijon » (p. 115 *sq.*). Le voyage continue par « Chamberri », avec un anonyme qui enseignoit le philosophisme « la même année 1686 qu'on l'enseignoit à Dijon à Lyon & à Louvain : Tant [la] Société sembloit avoir pris à tache de la répandre par tout » (p. 119 *sq.*). Il s'arrête, p. 126-130, avec une « Conclusion » passablement offensive.

24. Cité par Arnauld, Audry poursuit (p. 112) : « La première partie se prouve. On ne doit point estre censé coupable d'une malice mortelle, qui est une malice consommée par rapport aux effets mortels de la peine & et du Dam : sinon en vertu d'un choix qui ait tout ce qu'il faut pour estre un vray choix. Par consequent on ne le peut estre, qu'en vertu d'une advertance tout à fait parfaite de la malice mortelle, en tant que mortelle. »

25. Comme le souligne en effet opportunément P. Nicolas, « Antoine Arnauld et les théories jésuites... », p. 69 : « On se méprend sur le sens de ces débats si on les examine hors de leur contexte : ces thèses sur le péché philosophique tentent de répondre à la crise que subit la notion de syndérèse et, notamment, à l'embarras qu'éprouvent les jurisconsultes face à la découverte du Nouveau Monde et de ses peuplades. En particulier, est ébranlée la croyance en l'universalité de la connaissance de l'existence de Dieu ainsi que des normes morales que la syndérèse était censée fonder. D'où la question suivante : qu'est-ce que la raison pratique permet de connaître dans un environnement culturel incommensurable à celui des provinces évangélisées ? Et, plus particulièrement, l'accessibilité de principe aux normes morales de la syndérèse est-elle un critère suffisant pour imputer à péché théologique ? »

26. Voir, tout particulièrement, l'article X. « Que c'est en vain que les Jésuites ont recours à l'ignorance invincible pour justifier ou excuser leur philosophisme ». La thèse des jésuites est qu'en cas d'inadvertance actuelle du mal que l'on fait, il faut déterminer si cette inadvertance « a été l'effet d'une ignorance invincible et involontaire ou d'une ignorance vincible et volontaire » (p. 82 *sq.*). Sur l'ignorance invincible au Moyen Âge, voir la communication de C. Grellard, « Que m'est-il permis d'ignorer ? La foi, l'ignorance et les limites acceptables de l'orthodoxie », le 21 mai 2014 aux *Journées d'études médiévales* du Collège de France, qui examine le rôle que joue le problème de l'excuse de l'ignorance dans les réflexions médiévales sur le statut de la foi et de l'incroyance (audio et vidéo sur www. college-de-france.fr/site/alain-de-libera/symposium-2014-05-21-11h00.htm). Dans un autre ordre d'idées, la question « Que m'est-il permis d'ignorer ? » ouvre sur cette autre : suis-je libre d'adopter mes croyances ? puis-je *décider* de croire ? C'est le problème de la responsabilité doxastique, abordé par A. Robert dans « Les débats médiévaux sur la foi volontaire et la généalogie de l'individualisme moderne », *Annales. Histoire, Sciences sociales*, 70 (3), 2015, p.713-724.

27. Sur la délectation morose, on consultera en priorité Ch. Baladier, *Érôs au Moyen Âge. Amour, désir et « delectatio morosa »*, Paris, Cerf, 1999. On se reportera ensuite au collectif : « L'Amour au Moyen Âge. Autour du livre de Charles Baladier, *Érôs au Moyen Âge. Amour, désir et "delectatio morosa"* », paru dans *Médiévales*, année 2001, vol. 20, n° 40. *Rome des jubilés*, p. 133-157, comprenant : « L'Amour au Moyen Âge : entre Érôs et Agapè » (Ch. Baladier), « Art d'aimer ou art poétique ? » (Ch. Lucken), « Érôs au Moyen Âge, une leçon d'histoire » (M. David-Ménard) et « Genèses médiévales d'une histoire de l'érotique » (D. Iogna-Prat). Le texte de référence sur lequel s'appuie Baladier est la *Summa aurea* de Guillaume d'Auxerre – un choix judicieux, qui rend la lecture de l'ensemble de l'ouvrage agréable et stimulante. Cf. *Magistri Guillelmi Altissiodorensis Summa aurea*, 7 vol., Éd. du CNRS et *Editiones Collegii S. Bonaventura ad Claras Aquas*, Paris et Gottaferrata (Rome), 1980-1987.

28. Détour du déplaisir momentané, différant la réalisation du désir : l'effet du principe de réalité selon Freud (l'*Aufschub* d'*Au-delà du principe de plaisir*). Articulation du détour économique de la présence différée et du rapport à la présence impossible, comme pulsion de mort : le mouvement de la différance selon Derrida (« La différance », in *Marges de la philosophie*, Paris, Minuit, 1972, p. 20). Voilà semble-t-il la place de la délectation morose, du plaisir morosif, différé, s'il est vrai que la délectation morose est, avant tout et à la fois, détour économique et dépense pure. En fait, les médiévaux distinguent deux sortes de désir : la *concupiscientia rerum absentium*, désir violent de choses absentes, travaillé par une pulsion « scopique », selon la tradition augustinienne et cicéronienne. *Cf. Enarr. In Ps. CXVIII*, viii, 4 ; PL 37, 1522 ; CCSL 40, p. 1688 : « Desiderium ergo quid est, nisi rerum absentium concupiscentia ? » ; *Tusc.* IV, ix 21 : « desiderium libido eius qui nondum adsit videndi ». De ce désir-là, marqué originairement du signe de l'absence et du manque, seul l'homme est capable – je ne dis pas l'humain, mais bien l'homme, l'homme mâle. Et pour une bonne raison. Le désir du coït, le *motus ad coeundum* est déterminé chez l'animal par la perception sensible ou l'image d'un être/étant singulier : *motus ad coeundum est ex sensu vel ymaginatione, que sunt tantum circa singularia*, écrit Guillaume d'Auxerre, *Summa aurea*, II, p. 625, cité par Baladier. Selon la théorie avicennienne de la perception, l'animal, doué seulement d'une *anima sensibilis*, est borné à la perception sensible, l'*apprehensio sensibilis*. L'homme mâle, en revanche, est capable d'une autre sorte de désir. Deux traits distinguent le désir masculin du désir animal.

1. – le désir de l'homme est souvent indéterminé, provoqué par l'*apprehensio mulier universalis*, la représentation de La Femme, « la » femme universelle (comme l'écrit encore Guillaume, « un homme, mû par la seule *libido*, a envie de faire l'amour avec une femme en général sans se soucier de celle qu'il trouvera, uniquement préoccupé d'en rencontrer une avec qui forniquer »). 2. – l'homme s'attarde souvent dans une complaisance imaginaire pour la femme désirée, s'y attarde, résistant, pour mieux les savourer, aux premiers attraits de l'objet de sa sensualité, en langage théologique technique : « aux mouvements premiers de son appétit sensitif ». Une savoureuse complaisance et qui dure, une complaisance dite précisément *morosa*, « de quelque durée », par laquelle se savoure l'écart entre le premier élan du désir et la décision par laquelle on lui donne son consentement – consentement qui est tout le péché, dès lors que ce que l'on désire, il n'est pas licite d'y consentir –, voilà ce qui, dans l'univers théorique de la *delectatio morosa*, fait de l'homme un être de désir, et le distingue, par là même, de l'animal.

29. L'auteur de la *Cinquième conférence ecclésiastique du diocèse d'Angers*, éd. cit., p. 253-254, commente : « La délectation morose qui fait tant de bruit dans l'école n'est point différente de ce que le commun des fidèles appelle de mauvaises pensées. Car ces pensées ne peuvent être des péchés, que par le plaisir qu'on y prend et par le consentement qu'on y donne : et c'est ce plaisir et ce consentement qui l'accompagne, qui font la délectation morose et la caractérisent, lorsqu'on ne va pas plus loin, et que le désir de faire ce qui flatte agréablement l'imagination ne s'y joint pas. Le désir y est souvent uni : mais c'est un mal de plus. La délectation morose ne le renferme pas dans son idée. C'est une simple complaisance dans une chose mauvaise, dont la représentation, suppléant à la présence de l'objet, nous en fait en quelque sorte jouir par la pensée, fait sur notre esprit et sur nos sens une impression plus ou moins vive, effet très-naturel et très-physique de ces sortes d'idées, comme nous l'avons prouvé en traitant de la liberté ; mais toujours subordonné, quant à l'imputation, au consentement de la volonté. » La délectation morose, c'est aussi le lieu où vacille la distinction entre plaisir et jouissance, comme dans le célèbre texte de R. BARTHES, *Le Plaisir du texte*, Paris, Seuil, 1973, p. 10 : « Plaisir/jouissance : terminologiquement, cela vacille encore, j'achoppe, j'embrouille. De toute manière, il y aura toujours une marge d'indécision ; la distinction ne sera pas source de classements sûrs, le paradigme grincera, le sens sera précaire, révocable, réversible, le discours sera incomplet. » On ne saurait mieux dire.

30. C'est ainsi que Guillaume d'Auxerre distingue le besoin « premier primaire » de faire l'amour *(motus primo primus coeundi)*, que manifeste l'érection survenant pendant le sommeil, et le désir sexuel proprement dit, dépendant de la *vis generativa*, qui a pour fin la conservation de l'espèce. Le désir est le produit d'une représentation *(apprehensio, aestimatio)* de l'objet susceptible d'apporter le plaisir charnel *(delectabile carnale)*. Le désir du coït *(concupiscentia ad coeundum)* n'est pas le fait d'un mouvement premier primaire, mais, à cause de la médiation représentative, celui d'un mouvement premier secondaire, qui par là soumet le désir au libre arbitre : le besoin de manger ne peut être réprimé par la raison, le désir du coït peut l'être, puisque seul le premier est essentiel à l'individu, alors que le second ne concerne que l'espèce (*Summa aurea*, II, p. 530). On doit à Guillaume cette superbe formule : *non oportet quod delectatio placeat*, « il n'est pas nécessaire que le plaisir plaise », disons plus clairement : que le plaisir soit ressenti comme plaisir. Prendre plaisir au plaisir voilà le redoublement coupable. Prendre plaisir à la représentation du plaisir voilà la délectation morose : redoublement de ce redoublement. En tant que charnel le plaisir sexuel n'est qu'un mal de peine *(malum poenae)*, comme l'odeur fétide du sperme, un mal nécessaire, qui découle du péché d'Adam, il ne devient mal de coulpe *(malum culpae)*, c'est-à-dire faute personnelle, que si l'on prend du plaisir à ce plaisir, au lieu d'en éprouver un déplaisir, ou si l'on prend du plaisir à la représentation différée de ce plaisir. Encore une fois, on n'est pas loin de Freud décrivant, dans *Au-delà du principe de plaisir*, les états psychiques où « ce qui aurait pu nous procurer du plaisir est ressenti par le moi comme déplaisir » (trad. J. Laplanche, J.-B. Pontalis, Paris, Payot, 1981, p. 47). Voyez aussi *Inhibition, symptôme, angoisse,* trad. M. Tort, Paris, PUF, 1986, p. 7.

31. Selon Bañez nous n'avons pas la puissance physique de les éviter. Cf. *Comentarios ineditos* à la *Prima Secundae*, q. 74, a. 3-4, p. 137, n. 14, cité par R. Couture, *L'Imputabilité morale des premiers mouvements de sensualité de saint Thomas aux Salmanticenses*, Rome, Presses de l'université grégorienne (*Analecta Gregoriana*, vol. 124. *Series Facultatis theologicae* : *Sectio B*, n. 41), 1962, p. 213.

32. Conformément à Gn 6, 5 : « Le cœur de l'homme ne forme que de mauvais desseins à longueur de journée. »

33. Pedro de Sotomayor, *Commentaire de la Ia-IIae*, a. 4, f° 307v, Vat. Lat. 4634, cité par Couture, *L'Imputabilité...*, p. 90, 213, 291.

34. Dans sa fraîcheur matinale, la *Summa* de Guillaume d'Auxerre dit l'essentiel : la délectation morose c'est la différance, le plaisir de

la différ*a*nce, la différ*a*nce comme jouissance, le simple fait de différer le moment de l'adhésion volontaire à l'acte imaginé, de lui imposer un délai permettant de savourer le plaisir que l'on prend à la représentation ou fantasme. L'*apprehensio antecedens* est génératrice de plaisir. Tout le problème moral est celui du *consensus in delectatione*, du consentement au plaisir. Dans une érection spontanée le consentement ne procède pas de la délibération, ce qu'on appelle « consentement » serait plutôt de l'ordre du constat, *apprehensio* sensuelle du *motus primus*, il ne dure que le temps de se ressaisir. Péché véniel, dit déjà gravement Guillaume d'Auxerre. Dans la délectation morose, le plaisir est entretenu par l'imagination. La question est : à quel moment passe-t-on du péché véniel au péché mortel ? Y a-t-il transition continue de l'un à l'autre ou saut qualitatif ? En quel sens peut-on dire qu'un état de conscience perdure ? Guillaume répond : tant qu'il présente les mêmes caractéristiques et surtout la même intensité, sinon on a affaire à une *nova cogitatio* et à un nouveau vouloir *(nova voluntas)*. Quand la raison donne son adhésion au *primus motus*, on a affaire à une nouvelle *apprehensio*, ou *cogitatio*, un nouveau vouloir *(voluntas)*, un nouveau désir *(desiderium)*, qui, en matière de culpabilité, tranche avec la complaisance charnelle antérieure et constitue, seul, la faute mortelle. On ne peut plus dire : « je ne savais pas » ou « cela s'est fait sans moi » ou « je n'y suis pour rien » – on a, sans s'en rendre compte, mis un pied dans la problématique de l'ignorance vincible/invincible, volontaire/involontaire. Un homme averti en vaut deux dit-on : un homme « adverti » n'en fait plus qu'un – responsable et coupable. Avec l'advertance, plus question de plaider la schize ordinaire. Tu as donné ton accord. Tu es comptable de tous tes mouvements.

35. R. Couture, qui commente ce texte, cite l'édition de Mantoue, 1477, sans pag. Je cite l'édition de Nuremberg, 1485. Cf. *Biblia. Cum postillis Nicolai de Lyra et expositioni bus Guillelmi Britonis in omnes prologos S. Hieronymi et additionibus Pauli Burgensis replicisque Matthiae Doering*. Bd. IV. *Postilla Super Mattheum*, Nürnberg, Anton Koberger, 7. V. 1485 ; édition en ligne : Düsseldorf. Universitäts- und Landesbibliothek, 2011 [p. 32].

36. *Conférences ecclésiastiques*..., *V^e^ conférence*, éd. cit., p. 274 : « Cette espèce de délectation se nomme morose, non du mot latin *morosus*, qui chez les bons auteurs signifie toute autre chose ; mais d'un adjectif que les théologiens scolastiques ont donné au substantif *mora*, ou comme le veut saint Thomas, au verbe *immorari* ; ce qui revient au même, puisque ces deux mots ont à peu près la même

signification, et que tous deux expriment très-bien la nature de la délectation morose. Le premier signifie délai, retardement ; le second, s'arrêter à un objet ; or la délectation morose suppose qu'on s'arrête trop à la considération d'un objet mauvais, qu'on tarde trop à l'écarter de son esprit, et qu'on est en quelque sorte en demeure, *in mora*, par rapport à l'obligation d'écarter ces mauvaises pensées. »

37. Voici le texte de la glose de Nicolas de Lyre : « *Omnis qui viderit etc.* Quia videre absolute non est malum, sed inquantum ex eo sequitur concupiscentia interior. Et ista concupiscentia sic procedit, quia primo ex aspectu mulieris causatur concupiscentia in appetitu sensitivo qui dicitur sensualitas et *prevenit actum rationis*, et sic non est peccatum nec veniale nec mortale. Cuius ratio est, quia talis motus sensualitatis non est in potestate hominis, et per consequens non est peccatum. Sed retentio huius concupiscentiae postquam percepta est bene est peccatum. »

38. R. Couture, *L'Imputabilité morale...*, p. 27, n. 90 : « Unde dicit Augustinus : non est in potestate nostra quibus visis tangamur, sed est in potestate nostra ea respuere vel acceptare. Et sic patet quod predictus motus sensualitatis non est peccatum, sed est materia exercendae virtutis, si ei resistatur per rationem. Si autem teneatur per delectationem morosam absque consensu tantum, tunc est peccatum, sed veniale. Si autem sequatur [consequitur Couture, p. 27, n. 90] consensus in animo [Couture : aliquo], tunc est peccatum mortale, etiam antequam exprimatur facto vel signo. Et ideo de concupiscentia quae est consensus dicit salvator : iam moechatus est eam in corde suo » (= PL 32, 1307 ; CSEL 74, *pars 3*, 151 ; CCL 29, 319).

39. Augustin, *Le Libre Arbitre*, III, 74 ; trad. Pléiade, p. 549.

40. Augustin, *ibid.* ; BA 6 *(Dialogues philosophiques)*, p. 465.

41. Cf. *Conférences ecclésiastiques ..., IIe conférence*, éd. cit., p. 73. *Conscience de l'acte et conscience de la qualité morale de l'acte ne sont pas synonymes.*

42. *Conférences ecclésiastiques..., V^e conférence : De la délectation morose*, éd. cit., p. 254.

43. R. Couture, *L'Imputabilité morale...*, p. 26, n. 90, remarque : le rapprochement fait ici par l'auteur entre les premiers mouvements et la *delectatio morosa* « ira en s'accentuant au XVIe siècle et engendrera assez de confusion ». D'autres diraient que la répression sexuelle ira s'accentuant.

Table des illustrations

TABLE

ACHEVÉ D'IMPRIMER
EN SEPTEMBRE 2021
SUR LES PRESSES
DE
L'IMPRIMERIE F. PAILLART
À ABBEVILLE

DÉPÔT LÉGAL : 3e TRIMESTRE 2021
N°. IMP. 16867